ITINÉRANCES

De la même auteure

Anatomie de l'Affiche rouge, Paris, Seuil, 2024.

Tombeaux. Autobiographie de ma famille, Seuil, 2022 ; Points, 2023.
Prix Femina de l'essai 2022.

Mes années chinoises : récit, Paris, Stock, 2021 ; Points, 2024.

Tristes grossesses. L'affaire des époux Bac (1953-1956) (avec Danièle Voldman),
Paris, Seuil, 2019 ; Points, 2020.

Le moment Eichmann (dir. avec Sylvie Lindeperg),
Paris, Albin Michel, 2016.

1945, la découverte, Paris, Seuil, 2015 ; Points, 2016.

À l'intérieur du camp de Drancy (avec Michel Laffitte),
Paris, Perrin, 2012 ; « Tempus », 2015.

Déportation et génocide, entre la mémoire et l'oubli,
Paris, Plon, 2012 ; Fayard, 2013.

L'heure d'exactitude : histoire, mémoire, témoignage
(entretiens avec Séverine Nikel), Paris, Albin Michel, 2011.

Maurice et Jeannette : biographie du couple Thorez,
Paris, Fayard, 2010 ; Perrin, 2016.

Juifs et Polonais : 1939-2008 (dir. avec Jean-Charles Szurek),
Paris, Albin Michel, 2009.

Auschwitz, 60 ans après, Paris, Robert Laffont, 2005 ;
réédition, *La Mémoire d'un lieu*, Paris, Fayard, 2012.

Auschwitz expliqué à ma fille, Paris, Seuil, 1999.

L'Ère du témoin, Paris, Plon, 1998 ; Hachette, 2002.

Le Procès de Nuremberg, Caen, Le Mémorial de Caen, 1995 ;
Paris, Liana Levi, 2006.

Passant, souviens-toi ! Les lieux du souvenir de la Seconde Guerre mondiale,
Paris, Plon, 1995 ; Graphein, 1999.

Le Procès Eichmann, Bruxelles, Complexe, 1989 ; réédition augmentée,
Eichmann, de la traque au procès, Paris, Archipoche, 2021.

Ils étaient juifs, résistants, communistes, Paris, Denoël, 1986 ; Perrin, 2018.

Les Livres du souvenir. Mémoriaux juifs de Pologne (avec Itzhok Niborski),
Paris, Gallimard, 1983.

Annette Wieviorka

ITINÉRANCES

Albin Michel

Ouvrage publié sous la direction d'Hélène Monsacré

À Valérie,
parce qu'elle était là.

Introduction

Quand Hélène Monsacré a proposé de publier mes articles, j'ai fait la fine bouche. À quoi bon mettre en livre ce qui était déjà paru dans des revues, des magazines, des ouvrages collectifs ? Des mois ont passé. Hélène m'a relancée[1]. Nous y sommes donc allées voir, elle et moi, mettant un peu d'ordre dans le vrac d'une de mes bibliothèques. Et j'ai été étonnée. Tant de textes, des centaines, amassés pendant plus de quarante années de vie et d'écriture ! J'en ai redécouvert certains, dont j'avais totalement oublié l'existence. Retrouvé bien sûr de nombreux autres, fidèles au souvenir que j'en avais gardé, qui ont ravivé une autre mémoire, celle des époques et des circonstances dans lesquelles je les avais écrits.

Des liens se retissaient sous mes yeux. Et loin des réticences du début, j'ai finalement mené cette forme d'introspection professionnelle avec beaucoup de plaisir. Mais il y avait là bien trop de pages pour être contenues dans ce volume ! Il a fallu choisir. J'ai opté pour un libre parcours, revisitant les lieux de mes recherches, fréquentés par celles et ceux qui m'ont faite l'historienne que je suis. Je les salue aujourd'hui : ils sont là, toujours présents dans mon esprit, et dans les textes inédits qui ouvrent chaque étape de mes itinérances. Ce livre est aussi un hommage.

---

1. Merci aussi à Amandine Chevreau, Stéphane Pouyaud et Sylvie Taussig.

I.

17, RUE GEOFFROY-L'ASNIER

En 1984, je fus conviée à Bruxelles au colloque qu'allait organiser, l'année suivante, le Centre communautaire juif laïc : « Les Juifs entre la mémoire et l'oubli ». Mon premier colloque. Le Centre avait été le seul à s'intéresser à l'ouvrage que j'avais co-écrit avec Itzhok Niborski, *Les Livres du souvenir. Mémoriaux juifs de Pologne*[1], et j'étais invitée à le présenter. Professeure certifiée d'histoire et de géographie au lycée Voltaire, je ne savais rien alors de ces « colloques », mais le terme m'impressionnait. D'autant qu'il y aurait des universitaires que je plaçais à un niveau inatteignable. C'est dire quelle était mon angoisse, une angoisse mâtinée d'un peu d'orgueil. La mémoire émergeait comme objet d'histoire, Itzhok Niborski et moi étions des pionniers. Nous avions publié un des premiers ouvrages sur ce thème depuis *Les Cadres sociaux de la mémoire* du sociologue Maurice Halbwachs (1925), un ouvrage qui, de plus, mettait au jour un corpus ignoré.

1. *Les Livres du souvenir. Mémoriaux juifs de Pologne*, présenté par Annette Wieviorka et Itzhok Niborski, Paris, Gallimard, coll. « Archives », 1983. Voir le chapitre consacré à New York, p. 99 et suiv.

Cette même année, 1984, Pierre Nora publia chez Gallimard le premier tome de ses lieux de mémoire – consacré à ceux de la République. Il me donna l'idée d'étudier à mon tour un lieu de mémoire : le Mémorial du martyr juif inconnu. Son actuelle archiviste en chef, Karen Taieb (que j'ai connue toute jeune stagiaire en 1992), a retrouvé ma première fiche de lecture auprès du Centre de documentation juive contemporaine (CDJC). Les archives et la bibliothèque ont été la matrice du Mémorial, créé par Isaac Schneersohn. La fiche date du 30 août 1980, juste après mon retour de New York où j'avais suivi un stage accéléré de yiddish et fréquenté le YIVO[1]. J'y indique que je suis « professeur d'histoire », que j'habite au 7, rue Taylor et le sujet de mes recherches : « Wolf Wieviorka, écrivain et journaliste yiddish (Girardow 1896-Auschwiz janvier 1945) ». J'ai fait depuis des progrès dans l'orthographe de ces noms de lieux et je constate avec émotion la constance avec laquelle j'ai cheminé, malgré quelques sentiers de traverse, jusqu'à la publication de *Tombeaux*[2]. Plus de quarante ans. Le temps qu'il fallut aux Hébreux errant dans le désert pour atteindre la Terre promise ! Après cette première visite de 1980, je suis retournée de très nombreuses fois au CDJC.

En ce début des années 1980, le CDJC était peu fréquenté. On sonnait à une petite porte grillagée à la gauche de l'esplanade du Mémorial. Le gardien vous ouvrait. Puis vous laissait seule marcher sur quelques dizaines de mètres, le long d'une allée étroite, jusqu'à sa loge. Certains se souviennent encore du gardien en vêtements rayés de déporté, histoire de mettre le visiteur dans l'ambiance. Je ne l'ai pas connu.

1. Le YIVO est une institution créée en 1925 à Wilno en Pologne sous le nom de Yidisher Visnshaftlekher Institut, ou Institut scientifique juif, pour être une référence en matière d'études et de règles de la langue yiddish. Il a pris le nom d'Institut pour la recherche juive, mais reste connu sous l'acronyme YIVO. Voir le chapitre consacré à New York.

2. *Tombeaux. Autobiographie de ma famille*, Paris, Seuil, 2022.

Celui dont je me souviens se prénommait Armand. Très vite, après quelques visites, il vous saluait amicalement et vous offrait des gâteaux lors des fêtes juives, des oreilles d'Aman à Pourim. Au deuxième étage se trouvaient la bibliothèque et les archives. Les tables étaient encombrées de piles de papiers et de livres qu'on écartait pour dégager un espace de travail. Les ordinateurs portables étaient chose inconnue, et les notes se prenaient à la main. Les horaires de consultation étaient contraints, de 14 à 17 heures du lundi au jeudi. Présidait aux destinées de la bibliothèque Madame Halperyn, très mince, un peu courbée, toujours vêtue d'une blouse bleue comme jadis nos institutrices. On l'appelait toujours « Madame », jamais par son prénom, Sarah, peut-être en signe de respect. Elle savait tout du monde juif et le disait avec cet accent yiddish qui lui aussi a disparu.

Madame Halperyn connaissait l'emplacement de chaque ouvrage. Sarah Mimoum l'épaulait. La salle de lecture était bruyante, chaleureuse. Les conversations allaient bon train et on vous y associait volontiers. Je me souviens d'une jeune femme qui souhaitait, à la consternation générale, se convertir au judaïsme. On me demanda mon avis. Je ne sais plus si je l'ai donné. Quand on était un habitué, on vous offrait de prendre le thé à quatre heures, caché derrière les rayonnages métalliques.

Chacun participait aux recherches des autres. Sentiment que nous partagions la même aventure. Cette sociabilité de chercheurs, alors très peu nombreux, était peu propice à la concentration. D'autant que, outre les discussions improvisées, résonnaient les cliquetis de la machine à écrire de Madame Halperyn et ses conversations au téléphone, notamment avec les éditeurs à qui elle mendiait des services de presse, promettant en échange un compte rendu dans *Le Monde juif*, la revue trimestrielle du Centre, pour laquelle je me garderais bien d'affirmer qu'elle avait une fonction prescriptrice. Mais les éditeurs s'inclinaient. Grâce à elle, dans cette période où le Mémorial vivait si chichement, la bibliothèque était tenue à jour.

C'est par l'implication de ces personnes dévouées à la mémoire des morts qui étaient aussi leurs morts, des personnes pour lesquelles nous éprouvions de l'affection, que les recherches ont été possibles, et que l'outil créé par Isaac Schneersohn a été préservé et enrichi. Les fichiers scrupuleusement tenus ne leur étaient d'aucune utilité : elles savaient tout. De temps en temps, on croisait au CDJC un homme – Monsieur Hessel – d'une très grande douceur et dont je me rappelle les mains déformées, peut-être par l'arthrose. Ajoutée aux documents en allemand, on trouvait parfois une traduction dont il était l'auteur. Un jour, j'aperçus sur l'une des tables *Le Journal d'Helen. Lettres à Henri-Pierre Roché*[1]. Je m'en étonnais puisque ce livre n'était pas de ceux qu'on trouvait au centre. « Mais Helen, c'est la maman de Monsieur Hessel », me dit Madame Halperyn, comme si cela était évident. Ulrich Hessel était donc le fils de l'héroïne de *Jules et Jim*[2], et le frère de Stéphane. J'appris, en lisant *Danse avec le siècle*[3], les mémoires de Stéphane Hessel, qu'Ulrich souffrait d'un handicap physique, dû à une naissance difficile pendant la Grande Guerre. Je ne sais lequel, ni s'il expliquait l'état de ses mains.

Depuis près d'un demi-siècle, je n'ai cessé de fréquenter les archives du Mémorial par intermittence, au gré de mes recherches. J'assiste ou je participe parfois à ses diverses activités : formation des enseignants, conférences, débats… Le Mémorial, avec ses succursales – Drancy, le CERCIL à Orléans, Le Chambon-sur-Lignon… –, est devenu une grande institution aux multiples partenariats. On y est accueilli par des hôtesses comme dans un aéroport. Désormais, on fait

1. Helen Hessel, *Journal d'Helen : Lettres à Henri-Pierre Roché, 1920-1921*, Marseille, André Dimanche Éditeur, 1991.

2. Henri-Pierre Roché, *Jules et Jim*, Paris, Gallimard, 1953.

3. Stéphane Hessel, *Danse avec le siècle*, Paris, Seuil, 1997.

métier et carrière dans la mémoire. Oui, je l'avoue, j'ai la nostalgie – même si je la combats – des temps pionniers.

L'étude que je fis du CDJC et du Mémorial a tissé pour moi un lien intime avec cette institution, comme si le fait d'avoir été la première à en construire l'histoire valait droit de propriété.

Au début de l'année 1985, j'expliquai donc à l'archiviste d'alors que je m'intéressais cette fois non à la finalité du Mémorial (documenter le génocide des Juifs), mais à son histoire. Vidar Jacobsen, un grand Norvégien à l'allure de Gaulois, connaissait ses fonds sur le bout des doigts. Lui non plus n'avait pas à consulter les fichiers. Mais les archives de l'institution elle-même… Non, il ne s'en n'était pas préoccupé. Elles étaient à la cave, non classées. Vidar en remonta pour moi des piles de papiers en vrac. Elles sont désormais classées : 313 cartons qui vont jusqu'à 1980, cotés MDXXXVI. Ce fut une expérience comme j'en ai peu connu dans ma vie. Quand nous menons une recherche, nous reprenons généralement là où le chercheur précédent s'est arrêté. Le neuf s'ajoute à ce qui est déjà écrit, car notre discipline est cumulative. Ici, nul précédent. L'objet n'existait pas, et il fallait le construire dans sa totalité.

Je constatai très vite que la création du CDJC avait pour objet principal non l'écriture de l'histoire, comme le voulait la vulgate, mais le rétablissement des Juifs dans leurs droits après la Libération – Isaac Schneersohn n'était pas Emanuel Ringelblum, le créateur des archives du ghetto de Varsovie, pas plus que la France n'était la Pologne, ce qui ne veut pas dire qu'il était sans mérite. Je découvris aussi avec stupeur, en croyant à peine mes yeux, la polémique avec les Israéliens, indignés par le fait que Paris pût envisager d'être le Centre de la mémoire de la Shoah, notamment en recherchant les noms de toutes les victimes. Cette place revenait à Israël. La loi qui créa Yad Vashem fut votée par la Knesset en réaction à la pose de la première pierre, à Paris, de ce qui s'appelait alors le Tombeau du martyr juif inconnu, afin d'affirmer la centralité d'Israël dans la mémoire de la Shoah. En 2003, quand je fus invitée au colloque célébrant le cinquantième anniversaire du vote de cette loi, mon intervention s'intitulait : « Aux origines françaises de Yad Vashem ». Elle fut accueillie sans enthousiasme, même si les chercheurs israéliens, je pense notamment à Tom Segev dans *Le Septième Million*[1], racontaient la même histoire, à partir de recherches menées en Israël. Les historiens français qui se sont par la suite penchés sur l'histoire du CDJC et du Mémorial l'ont enrichie, en reprenant et faisant leurs toutes mes conclusions.

Le colloque de Bruxelles se tint en février 1985. J'ai publié ma communication sous diverses formes et à plusieurs reprises. Une première fois l'année même, sous le titre « Le mémorial du martyr juif inconnu », dans le numéro 2 de la revue *Pardès. Anthropologie. Histoire. Philosophie. Littérature* que venaient de fonder Annie Kriegel et Shmuel Trigano. J'appartins à son comité de rédaction jusqu'à la mort d'Annie (1995), quand Shmuel Trigano décida de transformer la revue et congédia pour ce faire le comité fondateur. Annie Kriegel, proche de Pierre Nora, lui proposa mon texte pour les tomes suivants de sa grande entreprise des lieux de mémoire. Il ne donna pas suite. Une certifiée d'histoire, professeure de lycée, n'était pas au niveau de tous les historiens qu'il avait réunis. Surtout, à cette époque, Pierre Nora, comme tant d'autres, ne percevait pas l'irrésistible montée de la mémoire de la Shoah, ni que le Mémorial du martyr juif inconnu y tiendrait une place centrale. Il évoqua donc les Juifs en France dans le tome III des *Lieux de mémoire* (1992), intitulé *Les France*, et consacré aux « minorités religieuses ». À côté de Port-Royal et du musée du Désert, dédié à la persécution des protestants, figure le texte de Pierre Birnbaum « Grégoire, Dreyfus, Drancy et Copernic ».

1. Tom Segev, *Le Septième Million*, traduit de l'anglais et de l'hébreu par Eglal Errera, Paris, Liana Levi, 1991.

Une version plus longue de mon étude parut ensuite en 1987, dans ce qui fit office d'actes du colloque, *Les Juifs entre la mémoire et l'oubli*, composé par Foulek Ringelheim, aux Éditions de l'Université de Bruxelles. En 2004, pour le numéro spécial de la *Revue d'histoire de la Shoah* consacré aux lieux (et non-lieux) de mémoire, je publiai « Du centre de documentation juif au Mémorial de la Shoah ». En 2006, avec Karen Taieb, nous avons encore conçu une exposition *Il y a cinquante ans. Aux origines du Mémorial de la Shoah*, qui a fait l'objet d'une brochure.

Ce travail m'a rendue familière des premiers historiens du génocide des Juifs. Ils incarnent le statut qu'a d'abord eu cette histoire : au lendemain de la guerre, elle s'est faite hors de l'université, dans une indifférence quasi totale. Ses pionniers en ont posé les fondations. Ils ont préparé l'avenir. Ils ont rassemblé, compilé les archives, esquissé les premières synthèses. J'ai plaisir à les évoquer, pour marquer ma dette à leur égard, mais aussi parce que j'ai le sentiment de vivre avec leur souvenir.

Léon Poliakov avait un accent russe dont il ne parvint jamais à se défaire. J'aimais son accent, comme sa modestie et son humour. Je n'ai pas oublié notre rendez-vous dans son HLM de Massy. Pour ma thèse, je voulais l'interroger sur la réception de *Bréviaire de la haine*[1] ; il m'en a confié le considérable dossier de presse. Léon Poliakov avait appris son métier sur le tas, au plus près des sources qu'il avait découvertes, rassemblées, montées dans des ouvrages présentant diverses facettes du génocide – comme, en 1946, *La Condition des Juifs sous l'Occupation italienne*[2]. Cette série de travaux se clôturait par deux volumes de la collection « Archives »,

---

1. Léon Poliakov, *Bréviaire de la haine. Le IIIe Reich et les Juifs*, Paris, Calmann-Lévy, 1951.

2. *Id.*, *La Condition des Juifs sous l'Occupation italienne*, Paris, Éditions du Centre, 1946.

inventée et dirigée par Pierre Nora : *Auschwitz*, en 1964, et *Le Procès de Nuremberg*, en 1971. Je suis retournée à Massy en octobre 2017, avec Alain Lewkowicz, qui réalisait un documentaire pour France Culture sur l'historien de l'antisémitisme, et j'ai revu le petit bureau recouvert de livres.

Au rang des pionniers, le nom de Léon Poliakov est inséparable de celui de Joseph Billig, que je n'ai pas connu, mais dont l'apport fut considérable, notamment sur le système concentrationnaire et sur le Commissariat général aux questions juives. Olga Wormser figure également parmi ces chercheurs des premiers temps. Tous les trois ont écrit une œuvre. Aucun n'a fait de véritable carrière, même si Poliakov, longtemps intellectuel précaire, avait finalement rejoint le CNRS. Mais Joseph Billig est mort aux franges de la misère. Et Olga Wormser-Migot n'obtint jamais la respectabilité académique à laquelle elle aspirait tant, bien qu'ayant soutenu en 1968 en Sorbonne une thèse pionnière sur le système concentrationnaire. Leurs ouvrages m'accompagnent, tout comme ceux de Saul Friedländer et de Raul Hilberg.

J'avais assisté au séminaire de Raul Hilberg à l'EHESS en 1988, l'année où la traduction de sa *Destruction des Juifs d'Europe* fut publiée chez Fayard grâce à l'éditeur Éric Vigne. En l'écoutant, j'avais eu le sentiment que ses analyses de la structure de la destruction étaient proches de celles d'Hannah Arendt. Je l'avais donc questionné sur « la banalité du mal ». Ce qui le mit en colère : « *Eichmann is not banal !* » répondit-il. Il avait raison – je le compris en étudiant de plus près le procès de Jérusalem. Mon second souvenir de Raul Hilberg date du colloque qu'organisa Sylvie Anne Goldberg à l'Einstein Forum à Potsdam en 1997. Il était consacré à deux grandes polémiques, celle concernant le *Eichmann à Jérusalem*[1]

1. Hannah Arendt, *Eichmann à Jérusalem. Rapport sur la banalité du mal* (1963), traduit de l'anglais par Anne Guérin, révision par Martine Leibovici et présentation par Michelle-Irène Brudny-de Launay, Paris, Gallimard, 1991.

d'Hannah Arendt et celle qui avait suivi la publication de l'ouvrage de Daniel Goldhagen, *Les Bourreaux volontaires de Hitler. Les Allemands ordinaires et l'Holocauste*[1]. Rien n'avait émoussé la rancœur de Raul Hilberg à l'égard d'Hannah Arendt. Il apprit tardivement qu'elle avait rédigé un rapport qui déconseillait la publication de son livre par les Presses de l'Université de Princeton. Parmi divers livres exposés sur une table, Hilberg m'en montra un : celui de la correspondance, en allemand, de la philosophe avec Karl Jaspers. Il l'ouvrit et pointa une phrase d'Hannah Arendt à son sujet : « Il est assez bête et fou. » Hilberg précisa que le passage avait été supprimé dans l'édition américaine. Il le raconte dans son livre de souvenirs, *La Politique de la mémoire*[2], que je trouve poignant.

À mes yeux, Raul Hilberg est essentiellement l'homme d'un livre, *La Destruction des Juifs d'Europe*[3], qui décrit et analyse les divers acteurs ayant permis le génocide. C'est la première somme de cette ampleur, constamment rééditée et augmentée depuis sa première parution aux États-Unis, en 1961, et qui reste inégalée. Comme son aîné Léon Poliakov, Hilberg s'intéresse aux exécuteurs. « La destruction des Juifs d'Europe était une réalité allemande », écrit-il dans *La Politique de la mémoire*, que je relis souvent. « J'étais convaincu, et cela dès le tout début de ma recherche, qu'il était impossible de saisir la pleine dimension de ce fait historique si l'on ne comprenait pas les mécanismes des actes des exécuteurs. C'est l'exécuteur qui avait la vue d'ensemble. » Et il poursuit : « La certitude que la perspective de l'exécuteur

---

1. Daniel Jonah Goldhagen, *Les Bourreaux volontaires de Hitler. Les Allemands ordinaires et l'Holocauste*, traduit de l'américain par Pierre Martin, Paris, Seuil, 1997.

2. Raul Hilberg, *La Politique de la mémoire*, traduit de l'anglais par Marie-France de Paloméra, Paris, Gallimard, 1996.

3. *Id.*, *La Destruction des Juifs d'Europe*, t. 1, 2 et 3, nouvelle édition augmentée et définitive, traduit de l'anglais par Marie-France de Paloméra, André Charpentier et Pierre-Emmanuel Dauzat, Paris, Gallimard, 2006.

offrait la première piste à suivre devint pour moi une doctrine dont je ne me départis jamais. »

À la différence de Poliakov, il ne pose pas la question du pourquoi, mais celle du comment. Le *Béhémoth*[1] de Franz Neumann, publié en 1944, lui fournit un modèle théorique dont il ne s'écarte guère. Sous le national-socialisme, la société allemande était organisée en quatre groupes centralisés et rivaux – le service public, l'armée, l'industrie et le parti nazi – relativement autonomes : une polyarchie. Tous ces groupes, constate Hilberg, participent à la Solution finale, constituant « l'appareil de destruction ». Reste à en établir le processus, que le politiste résume à trois étapes : la définition des Juifs, leur concentration ou arrestation, leur anéantissement. Il divise l'anéantissement en deux grands ensembles, « les opérations mobiles de tuerie », ces massacres itinérants par fusillades commis avec l'invasion de l'Union soviétique en juin 1941, et les « centres de mise à mort » comme Belzec ou Birkenau, ainsi distingués des camps de concentration (Buchenwald, Mauthausen). Ce sont ces catégories que je reprends chaque fois que je dois écrire sur le génocide. J'ai été agacée, comme beaucoup de mes collègues, quand les médias ont « découvert » ce que le Père Desbois a nommé d'une expression contestée « la Shoah par balles », comme si l'agent de la destruction, la balle, pouvait définir l'événement.

Hilberg est un boulimique d'archives et, une fois posé son cadre général, il le remplit sans discontinuer. Il commence sa recherche par les 40 000 documents de l'accusation au procès de Nuremberg. Les 6 000 pages de la transcription des minutes du procès Eichmann lui permettent d'augmenter son texte. Il met ensuite à profit chaque congé sabbatique universitaire pour écumer les centres d'archives en Israël, Allemagne,

1. Franz Neumann, *Béhémoth : structure et pratique du national-socialisme, 1933-1944*, traduit de l'anglais par Gilles Dauvé avec la collaboration de Jean-Louis Boireau, Paris, Payot, 1987.

Autriche, enrichissant son ouvrage au gré des traductions et des nouvelles éditions. Seule sa mort en 2007 rend désormais définitive l'édition française de 2006. Lors de la parution de celle-ci, la presse a insisté sur le fait qu'Hilberg avait ajouté « un chapitre » sur le génocide des Tutsis. Erreur : son livre en a toujours compté douze. Hilberg a simplement conclu le dernier, « Les implications », par quelques pages sur la ségrégation raciale aux États-Unis et sur le Rwanda, tout comme il avait précédemment introduit la question des Tsiganes.

Raul Hilberg fut un pionnier solitaire. *La Destruction des Juifs d'Europe* demeure l'ouvrage de référence sur la Solution finale. Si d'autres historiens, comme Christopher Browning qui fut un de ses disciples, ont approfondi tel ou tel aspect, aucun ne s'est lancé dans une étude si globale, aventure de toute une vie. Et bien que, dans sa rigidité, son schéma explicatif semble désormais réducteur, la somme d'informations que recèle l'œuvre d'Hilberg est unique. Au point parfois d'être utilisée comme un dictionnaire. Ma gratitude envers lui est totale, d'autant qu'il fut longtemps méconnu et incompris. Néanmoins, je me sens plus proche des questionnements de Saul Friedländer. Son *Allemagne nazie et les Juifs*[1], en deux tomes, fait lui aussi référence.

Mon admiration est ancienne, elle s'ancre dans la lecture, dès sa parution en 1978, d'un autre de ses livres, *Quand vient le souvenir*[2]... À l'époque, Friedländer a quarante-cinq ans, l'âge de son père au moment de sa disparition. Il a publié plusieurs ouvrages remarqués, sur Pie XII et le Reich, ou sur la psychanalyse et l'histoire. Contrairement à Billig ou à Poliakov, il n'a pas connu la précarité. Ni, comme Hilberg, les difficultés à être édité. *Quand vient le souvenir...* est écrit

1. Saul Friedländer, *L'Allemagne nazie et les Juifs*, t. I, *Les années de persécution, 1933-1939*, traduit de l'anglais par Marie-France de Paloméra, Paris, Seuil, 1997, et t. 2, *Les années d'extermination, 1939-1945*, traduit de l'anglais par Pierre-Emmanuel Dauzat, Paris, Seuil, 2008.

2. *Id.*, *Quand vient le souvenir...*, Paris, Seuil, 1978.

à Jérusalem, où il vit, et rédigé au présent de 1977. C'est la recherche d'une cohérence perdue, d'une vie brisée par l'irruption du nazisme dans une famille de la petite bourgeoisie pragoise, juive mais assimilée. Des questions taraudent Friedländer : la nature du nazisme ; le comportement des sociétés où vivent des Juifs persécutés ; leur vie qui continue malgré tout, avec ses joies et ses peines ordinaires ; l'aporie dans laquelle se trouvent les victimes quand il leur est impossible de se cacher, des victimes à qui est refusé le droit de vivre sur terre parce qu'elles sont juives, et qui ne trouvent dans cette judéité imposée aucune raison de mourir.

Entre la publication de *Quand vient le souvenir...* et du dernier volume de *L'Allemagne nazie et les Juifs*, son ouvrage majeur, une trentaine d'années auront passé. Une lente maturation. L'œuvre de Friedländer répond à trois impératifs enchevêtrés : connaître, comprendre, se souvenir. Avec, au cœur de sa réflexion, l'idée d'une spécificité nazie, celle d'un « antisémitisme rédempteur : autrement dit, par-delà l'affrontement idéologique immédiat avec le libéralisme et le communisme, qui, aux yeux des nazis, étaient des visions du monde d'invention juive et servant les intérêts juifs, Hitler perçut sa mission comme une sorte de croisade destinée à racheter le monde en éliminant les Juifs ». Saul Friedländer prend là des distances avec Raul Hilberg ou Christopher Browning. Il s'oppose aussi à ceux qui pratiquent ce qu'il appelle « un nouveau fonctionnalisme » : Götz Aly, Ulrich Herbert ou Christian Gerlach, pour qui les Allemands ont poursuivi, en assassinant les Juifs, des objectifs concrets : matériels, en convoitant leurs biens ; démographiques, en voulant remodeler ethniquement l'Europe. Sans nier ces éléments, Friedländer remet au centre de son analyse les facteurs idéologiques et culturels. Il insiste sur l'antisémitisme fanatique de Hitler, présent dès 1919 dans ses premiers textes, et qui reste au cœur du fameux testament dicté dans son bunker avant son suicide. Il prend parti avec force dans les débats historiographiques. Toutefois, pour moi, l'originalité et la puissance de son œuvre résident ailleurs : dans la construction du récit. Friedländer raconte l'histoire de plusieurs points de vue : celui des Allemands – de Hitler aux citoyens ordinaires ; celui des sociétés dans lesquelles vivent les Juifs persécutés ; et celui des victimes. Chez les historiens, c'est une innovation majeure.

Jusqu'alors deux historiographies parallèles existaient, comme je l'explique dans l'ouvrage collectif *Mille ans de cultures ashkénazes*[1]. La première est celle de la « Solution finale », dont Raul Hilberg ou Poliakov sont les représentants. La seconde, bien souvent le fait d'historiens travaillant dans les institutions juives (Yad Vashem en Israël ou le YIVO), considérée comme moins prestigieuse, est celle qu'on pourrait appeler du terme yiddish utilisé dans le monde juif survivant : l'historiographie du *Hurbn*, de la Destruction. Mon travail se rattache en grande partie à cette dernière. Et c'est donc cette histoire des victimes, de ce qu'elles surent, comprirent, et de leurs réactions, que Friedländer intègre au récit. Car, pour écrire une telle histoire, les archives des appareils du parti nazi, de l'État, de l'armée sont insuffisantes. Les victimes y ont laissé peu de traces. En revanche, partout, de l'Allemagne jusqu'au seuil de la chambre à gaz, en passant par la Roumanie, les ghettos de Pologne, la Hongrie…, elles ont tenu des journaux intimes, reçu ou envoyé des correspondances. Des textes qui m'ont toujours passionnée et dont je préface parfois l'édition.

En s'appuyant sur ces écrits des victimes, mais aussi des populations qui les environnent et des acteurs de la destruction eux-mêmes (Himmler ou Goebbels ont également tenu carnets ou journaux), Saul Friedländer renouvelle l'histoire, ainsi dite par un chœur multiforme, et dans un style précis, dépouillé, neutre, chirurgical – même si par intermittence

1. Jean Baumgarten, Rachel Ertel, Itzhok Niborski et Annette Wieviorka (dir.), *Mille ans de cultures ashkénazes*, Paris, Liana Levi, 1994.

une certaine violence sourd au travers d'un humour grinçant, qui semble bien être la marque des historiens se confrontant à cette histoire, et se défendant d'y sombrer. Je tiens *L'Allemagne nazie et les Juifs* pour un chef-d'œuvre d'écriture de l'histoire.

À cette galaxie de chercheurs, j'ajouterai enfin Serge Klarsfeld, parce que c'est au CDJC qu'il fit ses premières recherches. Je l'ai rencontré à la suite de la publication de son *Mémorial de la déportation des Juifs de France*[1]. Son père, Arno, avait été déporté de Nice en octobre 1943, par le même convoi que mes grands-parents. Serge m'avait reçue et donné copie de tous les documents de ce convoi. Il a déposé ses archives au 17, rue Geoffroy-l'Asnier.

Tous ces historiens font partie de mon univers, même s'ils appartiennent à d'autres générations que la mienne, celle contemporaine des événements auxquels ils consacrent leur travail. Ma génération est celle qui interroge leur transmission. Je m'identifie tour à tour à l'un ou à l'autre, selon mon humeur et le thème sur lequel je travaille. Mes pas sont souvent dans ceux de Léon Poliakov. Comme lui, j'ai écrit sur le procès de Nuremberg, sur celui d'Eichmann et sur Auschwitz. Je suis avec Saul Friedländer dans la volonté de comprendre. J'éprouve les souffrances d'Olga Wormser-Migot, une femme aux prises avec des attaques dont elle ne comprend pas la violence. J'admire la ténacité de Raul Hilberg qui a passé sa vie entouré d'archives, et l'imagination d'Isaac Schneersohn. Pris tous ensemble, ils dessinent un idéal-type de l'historien : l'esprit d'aventure, la créativité, la curiosité infinie pour l'homme, l'amour de la liberté intellectuelle et le courage, la distance qui se traduit par l'humour, la finesse, le caractère obsessionnel, le goût d'écrire.

---

1. *Le Mémorial de la déportation des Juifs de France : listes alphabétiques par convois des Juifs déportés de France, historique des convois de déportation, statistiques de la déportation des Juifs de France...*, Paris, B. et S. Klarsfeld, 1978.

1.

Du Centre de documentation juive contemporaine au Mémorial de la Shoah[1]

[1986 et 2004]

Le 27 janvier 2005, soixante ans après la découverte par les Soviétiques des camps du complexe d'Auschwitz, doit être inauguré le Mémorial de la Shoah, un parmi les centaines de mémoriaux qui, depuis les années 1990, ont poussé de par le monde. Les éléments qui le composent sont tout à la fois anciens et nouveaux, reflétant la continuité d'une histoire née de l'imagination fertile d'un visionnaire entreprenant et opiniâtre, Isaac Schneersohn, mais aussi les nouvelles demandes sociales et politiques qui se sont fait jour ces trente dernières années et qui trouvent ainsi leur traduction institutionnelle. Le Mémorial de la Shoah est bien un lieu de mémoire, au sens où l'entend Pierre Nora, tel qu'il a été adopté par l'édition du Grand Robert de la langue française : « Unité significative, d'ordre matériel ou idéel, dont la volonté des hommes ou le travail du temps a fait un élément significatif d'une quelconque communauté. » Il est – et il le sera probablement encore davantage dans les années à venir – le cœur d'un paysage mémoriel qui a subi d'importantes transformations depuis une trentaine d'années, quand le génocide des Juifs a fait son apparition sur la scène publique, devenant un enjeu politique et un objet universel d'enseignement.

1. « Du centre de documentation juive au Mémorial de la Shoah », article publié dans la *Revue d'histoire de la Shoah*, n° 181, 2004.

Le 28 avril 1943, à Grenoble alors occupée par les Italiens, rue Bizanet, est créé à l'initiative d'Isaac Schneersohn le Centre de documentation juive contemporaine[1]. De ce que furent les motifs de cette création, de ce qui se dit lors de la réunion inaugurale, il n'y a guère de trace. Les Archives départementales de l'Isère sont muettes[2]. Il nous reste une date, un lieu, un homme surtout.

Isaac Schneersohn a alors une soixantaine d'années. Il était arrivé en France de Russie bolchevique en 1920[3] avec sa femme, Élisabeth, née le 3 mars 1882 à Gornostaïpol, et qu'il a épousée le 14 octobre 1900 à Tcherkassy, dans le gouvernement de Kiev. Il avait vécu à Kamenetz-Podolsk jusqu'à l'âge de dix ans, puis à Homel où son père était grand rabbin. Il demeure dans cette ville jusqu'à l'âge de vingt-quatre ans, puis gagne Tchernigov où il exerce la profession de rabbin d'État jusqu'à la guerre. En

1. Nous reprenons ici, en la modifiant et la développant, notre étude : « Un lieu de mémoire et d'histoire : le Mémorial du martyr juif inconnu », *Revue de l'Université de Bruxelles*, 1-2, 1987, p. 107-132. Pour cette étude, réalisée en 1984, en vue du colloque *Les Juifs entre la mémoire et l'oubli*, organisé par le Centre communautaire laïc juif belge à Bruxelles en avril 1985, et dont la revue citée a publié les actes, nous avions consulté des piles de papiers que nous avait communiquées l'archiviste du CDJC, Vidar Jacobsen. Pour le colloque Justin Godart (Annette Wieviorka [dir.], *Justin Godart, un homme dans son siècle [1871-1956]*, Paris, CNRS-Éditions), nous avons revisité les mêmes archives, celles qui, au CDJC, concernent son histoire et celle de la construction du Mémorial. Elles sont désormais mises en cartons (plus de 80 cartons), mais n'ont pas encore été classées, ni inventoriées. Chercher ce qui concerne Justin Godart dans ces conditions relève de la pêche à la ligne, et nous ne prétendons pas avoir tout vu, malgré la compétence et le dévouement de l'actuelle archiviste, Karen Taieb. Qu'elle trouve ici l'expression de notre gratitude. Nous avons aussi regardé quelques dossiers aux Archives nationales. Un article de Renée Poznanski (« La création du Centre de Documentation juive contemporaine en France [avril 1943] », *Vingtième Siècle. Revue d'Histoire*, 63, juillet-septembre 1999, p. 51-63) reprend une à une nos conclusions, qu'il conforte par de nouvelles archives, notamment celles du Consistoire central.

2. Merci à Tal Bruttmann, auteur de *La Logique des bourreaux (1943-1944)*, Paris, Hachette, 2003, d'avoir procédé à toutes les vérifications possibles et imaginables dans les archives départementales.

3. Tous ces éléments proviennent du dossier de naturalisation d'Isaac Schneersohn, AN 21553X30.

1916-1917, l'homme qui avait fait son service militaire en 1903 est mobilisé dans l'armée, incorporé dans le 32e régiment d'infanterie à Riazan, puis au service sanitaire à l'Union des municipalités russes, toujours à Riazan. Il devient maire adjoint de cette municipalité. En 1918, n'étant guère favorable aux bolcheviques, il quitte Riazan pour Rostov, puis émigre en France avec sa femme. Il se révèle très vite un homme d'affaires prospère. Pendant la guerre, il séjourne à Bordeaux, à Bègles, à Mussidan où il possède des entreprises bien vite aryanisées. Pourtant, la nationalité française, malgré un examen de son dossier, ne lui est pas retirée : il n'y a rien à dire au sujet de son comportement, assurent divers rapports, ses fils se sont battus pour la France et sont, pour deux d'entre eux au moins, prisonniers de guerre en Allemagne. En 1942, Isaac Schneersohn sillonne la zone sud, noue des contacts avec diverses organisations juives pour accomplir la tâche qu'il s'est fixée : créer un centre de documentation juive. Les archives ne gardent pas trace de ses pérégrinations. Il réussit pourtant cet exploit de réunir à Grenoble quarante responsables des principales organisations juives – ceux de l'UGIF, du Consistoire notamment, alors que l'année 1942 avait bouleversé les cadres et la géographie des institutions juives. Parmi ces responsables communautaires, Raymond-Raoul Lambert, président de l'UGIF zone sud, qui note dans son journal : « Du 28 avril au 1er mai, à Grenoble, pour parler des problèmes futurs de la paix. On songe à me demander pour le futur un rôle précis[1]. » Nous sommes en 1943, après Stalingrad. La fin de la guerre est proche, et les Juifs de France demanderont des comptes. L'horizon de la création du CDJC est donc l'organisation et les revendications des Juifs après la Libération.

La plupart des personnes présentes à la fondation du CDJC ont survécu – cinq d'entre elles furent arrêtées et périrent en déportation, sans lien aucun avec la réunion de Grenoble, dont les deux responsables de l'UGIF, André Baur et Raymond-Raoul Lambert, et celui du rabbinat, le rabbin Hirchler. Le travail qui fut celui des débuts du CDJC n'a jamais été retrouvé. Un travail colossal, si

1. Raymond-Raoul Lambert, *Carnet d'un témoin-1940-1943*, présenté et annoté par Richard Cohen, Paris, Fayard, 1985, p. 220.

l'on en croit Schneersohn. Un travail qui semble avoir été effectué à sa seule initiative, avec très peu de concours des grandes organisations juives. Une commission des camps, par exemple, collectait les informations sur les rafles de Juifs, les internements, les déportations. Un travail que le jeune Léon Poliakov avait, à l'époque, jugé dérisoire : « Je me souviens, écrit-il, dans *L'Auberge des musiciens*, que, pour commencer, il [Isaac Schneersohn] avait installé un bureau à Grenoble, rue Bizanet, où une demi-douzaine de dactylos étaient chargées de dépouiller le Journal officiel pour dresser l'interminable liste des entreprises aryanisées, ce que je trouvais suprêmement ridicule, ne comprenant pas qu'il faut un commencement à tout[1]. »

Certains documents (cette liste d'entreprises, un fichier dont Schneersohn parle comme caractérisant l'attitude des fonctionnaires de l'État français à l'égard des Juifs) sont rassemblés à une fin utilitaire et l'entreprise elle-même est fondée sur un postulat : les Juifs de France seront là à la Libération. Ils devront être rétablis dans leurs biens et dans leurs droits. Les archives que réunissent les gens de Schneersohn sont des archives « ordinaires », des archives de type administratif. Nulle trace d'un archivage « volontaire », spécifique à la persécution, destinée à écrire l'histoire d'un peuple dont on a la claire conscience qu'il ne survivra pas. Si nous le notons, c'est que, très vite, par contamination avec ce qui se passa en Pologne, Schneersohn travailla avec succès à la création de son propre mythe. « Vers la fin 1942, écrit-il pour le dixième anniversaire de la création du CDJC, j'avais moi-même commencé à travailler dans le domaine du rassemblement documentaire et ma persévérance, ma conviction ferme de la nécessité de recueillir cette documentation se renforçaient toujours davantage [...]. Je ne savais pas si je survivrais, aucun de nous ne croyait qu'il sortirait vivant de l'enfer. Mais je n'avais qu'un seul désir, aussi longtemps que je le pourrais, consigner ce qui se passait[2]. »

« Consigner ». C'est ainsi qu'est parfois traduite l'injonction prêtée à l'historien Simon Doubnov à ses compagnons avant

1. Léon Poliakov, *L'Auberge des musiciens*, Paris, Mazarine, 1980.
2. Isaac Schneersohn, in *Le Monde juif*, n° 63-64, mars-avril 1953.

d'être assassiné le 8 décembre 1941, à Riga, par un milicien letton : « *Schreibt und farschreibt* », « Écrivez et consignez ». Mais, surtout, l'histoire des archives de Ringelblum est devenue célèbre, avec notamment la parution du roman *La Muraille*, dont il est en quelque sorte le héros. L'historien Emanuel Ringelblum avait mis sur pied, dans le ghetto de Varsovie, une véritable organisation chargée de l'archivage systématique de tout document concernant le ghetto, l'*Oneg Shabbat*, l'« Allégresse du shabbat », dont il avait la certitude, largement justifiée d'ailleurs, que le contenu serait préservé. Car, au cœur du génocide, l'intuition de l'urgente nécessité de porter témoignage pour que l'Histoire puisse un jour être écrite est d'abord, en Pologne, le fait d'historiens, de Simon Doubnov à Emanuel Ringleblum, en passant par Ignacy Schiper, assassiné à Majdanek, et qui avait confié à Alexandre Donat : « Tout dépend de ceux qui transmettront notre testament aux générations à venir, de ceux qui écriront l'histoire de cette époque. L'Histoire est écrite, en général, par les vainqueurs. Tout ce que nous savons des peuples assassinés est ce que leurs assassins ont bien voulu en dire. Si nos assassins remportent la victoire, si ce sont eux qui écrivent l'histoire de cette guerre, notre anéantissement sera présenté comme une des plus belles pages de l'histoire mondiale, et les générations futures rendront hommage au courage de nos croisés. Chacune de leurs paroles sera parole d'Évangile. Ils peuvent ainsi nous gommer complètement de la mémoire du monde, comme si nous n'avions jamais existé, comme s'il n'y avait jamais eu de judaïsme polonais, de ghetto à Varsovie, de Majdanek[1]. »

L'idée de créer des archives était née chez Ringelblum dès les premiers mois de l'Occupation allemande. Aidé par un petit groupe d'amis, il s'employa d'abord à réunir témoignages et rapports qu'il sollicitait auprès des Juifs qui se réfugiaient alors, nombreux, à Varsovie. Il avait clairement conscience que ce qui se

1. Ignacy Schiper (1884-1943) était, dans la Pologne de l'entre-deux-guerres, l'un des deux principaux spécialistes de l'histoire des Juifs. Cité par Rachel Ertel, *Dans la langue de personne. Poésie yiddish de l'anéantissement*, Paris, Seuil, 1993, p. 23.

passait était inédit dans l'Histoire. Son petit groupe grossit, rejoint par des militants de tout bord, par des écrivains et des journalistes, et constitua une organisation de résistance sans pareille qu'ils nommèrent *Oneg Shabbat*. Cette organisation recueillit des documents très variés : traces de la vie culturelle dans le ghetto, comme les affiches des représentations théâtrales ou des concerts, tickets d'alimentation, décrets des autorités nazies, presse clandestine, minutes des réunions du *Judenrat*, le conseil juif qui administrait le ghetto, etc. Ces archives avaient été enterrées en trois lots, dans des bidons de lait ou des caisses métalliques sur le territoire du ghetto avant sa « liquidation ». Or, après l'écrasement de l'insurrection du ghetto de Varsovie, en mai 1943, son emplacement fut systématiquement arasé afin que ne demeurât plus une seule pierre de l'ancien quartier juif de Varsovie. Il fallait, dans l'esprit des nazis, non seulement que les Juifs disparussent, mais aussi que le cadre même dans lequel ils avaient vécu fût effacé. Le ghetto était devenu un désert de pierres. Pour retrouver les archives, il fallut, selon les termes de Michel Borwicz qui participa à ce travail, recourir à des « procédés archéologiques[1] ». Deux lots d'archives sur trois ont été retrouvés, en 1946 et 1950. On n'a jamais désespéré de retrouver le troisième lot. Pourtant, des fouilles récentes dans les jardins de l'ambassade de Chine à Varsovie n'ont rien donné. Les archives se trouvent à l'Institut historique juif, le pendant polonais du CDJC. Elles constituent 60 % des fonds : 1696 cartons, en tout 27000 pages désormais publiées en polonais et dont la traduction en français est en cours.

Non, Isaac Schneersohn n'est pas Emanuel Ringleblum. Les archives quasi inexistantes réunies par le Centre de documentation juive contemporaine pendant le temps de l'Occupation ne sont pas les écrits du ghetto. Les Juifs de France sont présents dans toutes les formes de résistance, dans les rangs gaullistes ou communistes, dans des organisations de combat armé, comme les FTP-MOI ou l'Armée juive, dans la mise sur pied de filières de sauvetage d'enfants, dans la fabrication de faux papiers… Mais ils

1. Michel Borwicz, *Écrits des condamnés à mort sous l'occupation nazie*, Paris, Gallimard, coll. Idées, 1973, p. 122.

ne sont pas saisis de la fièvre, de l'urgence de témoigner, par l'écrit ou par l'image, comme ceux des ghettos.

Cette différence de comportement a sa source dans une réalité autre de la persécution. À l'Est, les ghettos isolaient les Juifs, les muraient dans une préfiguration de ce que serait leur mort. Une mort individuelle, une mort collective. Il ne leur restait que les souterrains, que la terre à qui confier leur témoignage. En France, les Juifs étaient plus dilués dans le tissu d'une nation qui, depuis le fameux décret d'émancipation de 1791, malgré l'affaire Dreyfus, malgré la montée de l'antisémitisme pendant les années 1930, avait constitué une terre de liberté. Les législations complémentaires de l'État français et de l'occupant allemand, qui définissaient pour la première fois en France qui était juif, n'avaient pas pu effacer complètement le modèle républicain qui voulait qu'être juif ressortisse de la vie privée. Certes, le 28 avril 1943, quand est créé le Centre de documentation juive contemporaine, des dizaines de milliers de Juifs ont déjà été déportés vers un lieu dont on ignore très largement la nature. Même si certains ont l'intime conviction que la déportation signifie la mort, même si les organisations juives en ont eu l'intuition fulgurante lors des grandes rafles et déportations de l'été 1942, la transportation vers l'Est, qui concernera un cinquième des Juifs de France, la proportion la plus faible des pays occupés par les nazis, n'est pas généralement perçue comme signifiant la mort. De la même façon, le rôle de Vichy dans la persécution est très souvent l'objet d'un déni, la seule responsabilité étant attribué aux nazis. La guerre pouvait être une parenthèse douloureuse, mais il y avait un passé où il avait fait bon être juif en terre de France. Il pouvait y avoir un avenir. Témoigner n'était pas une urgence.

De retour à Paris, Schneersohn installe son centre chez lui, rue Marbeuf. Les représentants des organisations juives qui étaient présents à Grenoble ne semblent plus s'intéresser à son projet. La Communauté juive organisée ne connaît en fait guère de restructuration[1]. Chacun, en quelque sorte, reprend ses billes et ses habi-

1. Sur la reconstruction de la Communauté, voir la troisième partie de mon livre, *Déportation et génocide*, Paris, Plon, 1992; Hachette, coll. « Pluriel », 1995.

tudes. Restent autour de Schneersohn quelques fidèles, comme Henri Hertz, quelques collaborateurs qui deviendront au fil des années des historiens de premier ordre, comme Joseph Billig et Poliakov. Mais surtout, un véritable compagnonnage naît avec un homme politique : Justin Godart, dont l'aide sera précieuse.

Hommes et destins juifs[1] firent partie de l'univers de Justin Godart. S'il ne fut pas associé à la création du CDJC à Grenoble, rue Bizanet, en avril 1943, car cette création fut de bout en bout une affaire juive, si rien ne permet de penser qu'il connaissait alors Isaac Schneersohn, il apporta dès la Libération non seulement son nom, mais aussi son réseau, qui était vaste, et ses multiples talents.

Le nom de Justin Godart apparaît en effet très vite dans l'histoire du Centre de documentation juive contemporaine, dès la Libération, quand il s'installe à Paris. C'est sa lettre de recommandation, raconte Léon Poliakov dans ses mémoires[2], qui, « dans le climat extravagant des lendemains de la Libération », lui permet de récupérer à la Sûreté nationale les archives de l'administration SS en France ; c'est aussi lui qui préface le premier ouvrage édité par le CDJC dès 1945[3].

Rien ne permet pourtant de dire avec certitude pourquoi Isaac Schneersohn choisit Justin Godart, et pourquoi ce dernier accepta. Une première explication banalise en quelque sorte la présence de l'ancien ministre dans cette œuvre particulière : « Je pense, écrit Henri Hertz, qu'il n'y a pas de chef de quelque organisation juive que ce soit qui n'ait voulu obtenir la présence, la parole, ou, à tout le moins, le nom de Justin Godart pour consacrer certaines décisions, assurer des liaisons administratives, briser des hésitations, hâter des instructions pour l'exercice de l'égalité[4]. » Pourtant, on ne peut se satisfaire de cette vision trop générale. Si – comme ce fut le cas de l'Œuvre de secours aux enfants (OSE), par exemple – Justin

1. Nous empruntons cette formulation à Henri Hertz, « Justin Godart et le monde juif », *Le Monde juif*, décembre 1956-février 1957.

2. L. Poliakov, *L'Auberge des musiciens*, *op. cit.*, p. 164-165.

3. Il s'agit de l'ouvrage de Joseph Lubetzki, *La Condition des Juifs en France sous l'occupation allemande (1940-1944)*, Paris, CDJC, 1945.

4. H. Hertz, « Justin Godart et le monde juif », art. cité, p. 6.

Godart donne son nom à des associations avec lesquelles il est en accord, sans y être particulièrement actif, les archives montrent qu'il fit preuve d'un investissement profond. Parmi les organisations juives auxquelles Justin Godart apporta la caution de son nom, le Centre de documentation juive contemporaine et, par conséquent, le Mémorial furent au nombre de celles où il fut le plus actif.

Risquons l'hypothèse que le lien fut Henri Hertz[1] et, par là, le sionisme, élément capital de « la vie juive » de Justin Godart[2], ce « Balfour français », comme l'appelle Isaac Schneersohn que n'effraie jamais l'hyperbole, dans son hommage funèbre. Un exemplaire de la monographie sur la « France et la Palestine », qu'Henri Hertz rédigea à Lyon en 1942, est dédicacé à Justin Godart « en témoignage de [leur] amitié dans l'exil commun[3] ». Renée Poznanski fait d'autre part justement remarquer l'absence des communistes[4], et la majorité sioniste parmi les quarante délégués des organisations juives qui portèrent à Grenoble le CDJC sur les fonts baptismaux.

Ainsi, grâce notamment à la recommandation de Justin Godart, se sont constituées les véritables archives du CDJC. Leur richesse provient de la rencontre du flair d'un homme, Léon Poliakov, avec la chance. Il avait travaillé, nous l'avons déjà noté, dans la première

1. Sur Henri Hertz (1875-1966), poète, romancier, journaliste, militant sioniste, voir André Spire, *Souvenirs à bâtons rompus*, Paris, Albin Michel, 1962, et Renée Poznanski, « Des Juifs parlent aux Français. “Le document vert” d'Henri Hertz (1942) », in Esther Benbassa (dir.), *Transmission et passages en monde juif*, Paris, Publisud, 1997, p. 201-225.

2. L'expression est d'H. Hertz, « Justin Godart et le monde juif », art. cité. Dans ce même texte, l'écrivain note : « Il [Justin Godart] s'étonna, nous nous étonnâmes, ces dernières années, que, dans la relève qu'en firent de nouvelles associations, on rendît si mal compte de l'énorme travail accompli par le Comité France-Palestine, et lui rendît si mal justice. » Cet « oubli » de Justin Godart, qui dirigea les revues *Palestine* et la *Nouvelle Revue juive*, a contaminé la recherche universitaire, puisque le livre qui fait référence sur ce sujet, *La France et le sionisme, 1897-1948. Une rencontre manquée ?*, Paris, Calmann-Lévy, 1992, de Catherine Nicault, ne cite pas une seule fois le nom de Justin Godart.

3. R. Poznanski, « Des Juifs parlent... », art. cité, p. 203.

4. Isaac Schneersohn a quitté la Russie après la révolution bolchevique. Ce qui explique qu'il n'ait ni attirance ni indulgence pour le communisme.

équipe Schneersohn. À la Libération, Schneersohn l'avait chargé de constituer les fonds quasi inexistants d'un Centre de documentation qui n'était alors qu'une coquille vide. Les Allemands, pensa-t-il, avaient dû abandonner des archives en évacuant Paris en catastrophe. Et la police avait peut-être mis la main dessus. La lettre de Godart permet à Poliakov de rencontrer le commissaire Berger, de la Sûreté nationale, qui lui confie une caisse en bois. Cette caisse contenait les archives de l'administration SS en France. Des papiers précieux, une « manne de documents inédits », qu'Edgar Faure utilisera à Nuremberg pour rédiger le réquisitoire français sur les crimes de guerre et les crimes contre l'humanité perpétrés à l'Ouest, un réquisitoire fondé seulement sur des documents allemands, sans appel à témoin. « J'examinai ces archives sur microfilms des après-midis entiers, écrit Edgar Faure. C'était la mécanique de la criminalité d'État qui se photographiait sur un certain nombre de pièces décisives, permettant de saisir la complicité à tous les niveaux et dans tous les rameaux de cette arborescence. »

L'apport des archives du CDJC est si considérable que Léon Poliakov fit agréer son ami Joseph Billig en qualité de permanent du CDJC à Nuremberg et qu'il put ainsi faire inclure le Centre « parmi les destinataires officiels des documents en voie de répartition ». « C'est ainsi, écrit-il, que surgit, aux côtés de la French Division ou de la Norvegian Division, une Billig Division. » Et de conclure : « Mon adjoint figurait un État qui ne se trouvait pas sur les cartes[1]. » Ainsi, le CDJC possède non seulement les quarante-deux volumes bleus contenant l'ensemble du procès des grands criminels, mais encore des documents qui n'ont pas été retenus comme pièces à conviction et n'ont donc pas été imprimés. Il est aussi dépositaire de la documentation concernant les douze procès dits procès successeurs, ou procès des professionnels, tenus aussi à Nuremberg, mais devant un tribunal américain : procès des médecins, procès des industriels, procès du haut commandement… Grâce aux documents rapportés de Nuremberg par Joseph Billig, le CDJC a pu constituer une photothèque qui s'est ensuite considérablement enrichie.

---

1. L. Poliakov, *L'Auberge des musiciens*, *op. cit.*, p. 165.

Si l'on en croit le témoignage de Poliakov – et il n'y a nulle raison de ne pas s'y fier –, la préoccupation principale de l'industriel Schneersohn était la récupération des biens spoliés. Il évoquait le dépouillement du Journal officiel dans la clandestinité. Sans pouvoir rien prouver, puisque la plus grande partie des archives de cette période n'a pas été retrouvée, on peut pourtant légitimement penser que ce travail est à l'origine du fichier des spoliés et des administrateurs provisoires – des dizaines de milliers de fiches – transformé à la fin des années 1940 en deux ouvrages : le Bottin des administrateurs provisoires et celui des spoliés.

Parmi les quatre commissions créées par le CDJC dès la période de l'Occupation, la première, « la commission juridique, est composée d'éminents juristes qui examinent le régime des personnes (législation et jurisprudence) ainsi que l'incidence de la législation de Vichy et des ordonnances allemandes sur l'économie juive ».

Le travail de cette commission porte ses premiers fruits immédiatement à la Libération. Deux ouvrages paraissent, aux Éditions du Centre, dès 1945, qui avaient été préparés pendant l'Occupation. Le premier s'intitule *Les Juifs sous l'Occupation. Recueil des textes français et allemands, 1940-1944*. Il résulte du véritable travail de bénédictin de deux licenciés en droit, L. Czerol et A. Kerlin. Ce travail de recueil donne l'essentiel des textes français et allemands, indispensables pour comprendre les mécanismes d'exclusion et de spoliation. La même année, comme complément à ce recueil, J. Lubetzki publie un ouvrage qui fait toujours référence, *La Condition des Juifs sous l'Occupation allemande. 1940-1944. La législation raciale*. Les juristes, qui travaillent avec le CDJC, comme Sarraute ou Tager, ou avec le Consistoire, comme Me Kiefe, assistent le Conseil représentatif des institutions juives de France (CRIF) dans ses interventions auprès des pouvoirs publics et des députés.

La loi du 21 avril 1945 règle en principe la question des restitutions des biens aryanisés et l'on considère que, à la fin des années 1940, le problème est réglé. Seul le Centre de documentation juive contemporaine s'acharne à aller plus loin. En juin 1947, il a déjà établi 65 000 fiches de spoliés et réalisé le Bottin des administrateurs provisoires. Il souhaite mettre sur pied une équipe de dix personnes pour faire le bilan des non-restitutions et inciter le gouvernement à donner les biens qui n'ont pas été réclamés aux organisations juives. Grâce à une subvention de la grande organisation philanthropique américaine, le *Joint*, dix personnes travaillent un temps à cette question, jusqu'en mai 1948 où l'argent manque pour les payer. Quand le Service des restitutions ferme, en 1951, le CDJC propose de prendre son relais. Il est autorisé par le ministère des Finances à consulter les dossiers. Il se propose de réaliser une étude sur les occupations professionnelles des Juifs avant la guerre – projet resté sans suite. Il souhaite l'établissement d'une commission qui dresserait un inventaire des dossiers non revendiqués – ceux en cours de liquidation chez des administrateurs judiciaires nommés par les domaines, ceux gérés par les administrateurs provisoires ou des « accapareurs ». Elle rechercherait les produits des liquidations restés à la Caisse des dépôts et consignations. Le 6 juin 1951 se réunit la Commission des biens en déshérence, qui a remplacé la Commission juridique, puis la Commission économique. La Commission examine un grand nombre de dossiers. Elle dresse la liste des comptes établis dans différentes banques. L'enquête sur les banques est alors relancée, mais ne donne aucun résultat : la plupart des établissements opposent le secret bancaire. En 1953, il semble bien que l'enquête s'arrête. C'est en 1955 qu'Isaac Schneersohn jette officiellement l'éponge. On peut dire que la mission d'étude sur la spoliation des biens des Juifs de France, dite Mission Mattéoli, a repris le travail là où Schneersohn l'avait laissé ! C'est qu'entre-temps le travail historique et la mémoire ont pris le pas sur les questions économiques.

Le travail historique, d'abord. Il se lit dans les publications des Éditions du Centre, et dans les articles de la première revue – et longtemps la seule – mensuelle puis trimestrielle consacrée à ce que l'on n'appelle pas encore la Shoah, au titre ambitieux : *Le Monde juif*. La première étude est consacrée par Joseph Billig aux camps d'internement (1946). Georges Wellers, qui collabora régulièrement au *Monde juif*, publie ses souvenirs *De Drancy à Auschwitz*[1].

1. Georges Wellers, *L'Étoile jaune à l'heure de Vichy : de Drancy à Auschwitz*, Paris, Fayard, 1973.

En 1946, Polonsky publie un ouvrage sur la presse, la propagande et l'opinion publique. En 1948, c'est *Le pitre ne rit pas* de David Rousset. Léon Poliakov, qui fit d'abord ses armes d'historien au Centre avant d'entrer au CNRS et de devenir le grand historien de l'antisémitisme que l'on sait, publie *L'Étoile jaune*, puis, surtout, *Bréviaire de la haine*, repris par Calmann-Lévy en 1951. C'est le premier grand livre sur le génocide des Juifs, constamment réédité depuis, qui fait de Poliakov, avec l'Anglais Gerald Reitlinger et l'Américain Raul Hilberg, le premier historien d'une histoire qui n'intéresse guère à l'époque. En 1955, grâce aux autorisations de consultation de dossiers, Joseph Billig publie le premier tome de son *Commissariat général aux questions juives*. Les deux autres tomes paraissent en 1957 et 1960.

De 1945 à 1975, les Éditions du Centre auront publié quarante-six monographies couvrant tous les champs de la recherche. Elles dessinent en quelque sorte un programme qui sera repris bien plus tard, quand la recherche universitaire découvrira enfin le génocide des Juifs.

L'ambition du Centre est donc, comme l'indique son intitulé, la documentation. Dans ce sens, et de façon très surprenante, puisque Schneersohn n'a jamais été de près ou de loin historien, il s'inscrit dans un mouvement de sécularisation de l'histoire. Est-ce une remarque que lui aurait faite Pavel Milioukov, s'étonnant de ce qu'il n'ait pas trouvé d'institution juive qui aurait permis de prouver que les *Protocoles des Sages de Sion* étaient un faux? « Comment se fait-il, lui aurait demandé Milioukov, que les Juifs, qui dépensent des sommes si considérables pour venir en aide à leurs coreligionnaires en toute occasion, n'aient pas songé à créer un centre scientifique qui rassemblerait la documentation concernant la vie et la situation des Juifs dans le monde[1] ? » Documenter le massacre est, de fait, une nouveauté dans le monde juif. Les travaux publiés par le CDJC sont d'abord des recueils de documents, puis des ouvrages de caractère historique, c'est-à-dire soucieux de l'établissement des faits. Rien ne les rattache aux traditionnelles

1. Jacques Sabille, « Sur la signification du CDJC », *Le Monde juif*, mars-avril 1953, p. 13, cité par R. Poznanski, « Des Juifs parlent... », art. cité, p. 56.

chroniques des massacres comme *La Vallée de pleurs* de Joseph ha-Cohen, chronique de la souffrance des Juifs depuis la chute du Second Temple, ou *Le Fond de l'abîme* de Nathan Hannover[1], chronique des massacres perpétrés par Bogdan Chmielnicki en Pologne et en Ukraine. Si ces deux chroniques empruntaient leur titre à la Bible et étaient truffées de références scripturaires, les publications du Centre sont de même type que les ouvrages publiés par les historiens non juifs.

Le génocide est le premier grand massacre qui suscite véritablement une historiographie, car il est vécu par la majorité des Juifs comme une catastrophe profane. Ce qu'il est, puisque ceux qui sont persécutés, à la différence de ceux des temps plus anciens, sont définis « racialement » et non plus religieusement. Les Juifs ne sont pas morts pour le *Kiddoush Hashem*, pour la Sanctification du Nom, quoique le terme de *Kadoshim* (martyrs) soit conservé dans les écrits en yiddish, dans un malheur envoyé par Dieu au même titre que les pestes ou les tremblements de terre. Pendant le génocide, contrairement à l'époque des croisades, aucune conversion ne permettait d'échapper à la mort. Dans les chroniques traditionnelles de l'horreur qui souhaitaient garder la mémoire des grands massacres du passé, l'honneur et le courage juifs sont exaltés. Mais honneur et courage, aujourd'hui, n'ont plus le même sens. Dans les chroniques, ils consistaient à ne pas se dérober à la mort par la conversion.

Privés de ce sens que la Tradition donne aux massacres, privés d'ailleurs d'une façon plus générale de la Tradition par le long mouvement de sécularisation qui a profondément transformé depuis le XIXe siècle les modalités de l'être juif, il reste aux Juifs élevés dans le siècle, éloignés de toutes les façons possibles du judaïsme de leurs ancêtres, à se faire historiens. Les malheurs millénaires des Juifs procéderaient-ils d'une carence de l'analyse historique ? Le passé a-t-il été suffisamment éclairé pour qu'il soit

1. Joseph ha-Cohen, *La Vallée des pleurs*, présentation de J.-P. Osier, Paris, Centre d'études Don Isaac Abravanel, 1981, et Nathan Nata Hannover, *Le Fond de l'abîme*, présentation, traduction, notes par J.-P. Osier, Paris, Centre d'études Don Isaac Abravanel, 1982.

possible d'en tirer des leçons et éviter ainsi, grâce à la connaissance, de nouveaux massacres ? L'historien qui compile des documents, au contraire des chroniqueurs du passé, ne cherche pas à donner un sens. Il cherche des explications jusque dans l'idéologie des bourreaux. Ce qui pousse Léon Poliakov, qu'un presque rien rattache au judaïsme, à écrire *Bréviaire de la haine*, le premier ouvrage « scientifique » sur le génocide paru en France, c'est la nécessité qu'il ressent de percer « le secret des bourreaux », c'est le besoin de comprendre « les circonstances dans lesquelles les dirigeants du IIIe Reich avaient décidé de me tuer, en même temps que des milliers d'autres êtres humains dont la particularité était d'être nés dans un lit pas dans un autre »[1]. Quel que soit l'investissement personnel du chercheur – et il est, dans ces premiers temps, considérable –, il met son objet à distance, le regarde de l'extérieur alors qu'il est un des nœuds de sa propre vie.

En rupture avec la Tradition, le CDJC est une entreprise privée, une association née de la loi de 1901 fonctionnant en dehors de toute institution. Des institutions juives, d'abord. Les archives du Centre auraient pu être rattachées à celles de l'Alliance israélite universelle, par exemple. Mais Schneersohn est une sorte d'électron libre. Son « réseau », comme on dirait aujourd'hui, est autre que ceux qui constituent les grandes organisations de la Communauté. Mais, surtout, le génocide et son histoire qu'il faut écrire sont intuitivement vécus comme une affaire débordant l'Hexagone et, quand des liens sont établis, ils le sont d'abord avec des centres analogues existant ailleurs en Europe, tous, à l'exception de celui de Varsovie, éphémères. En 1947 eut lieu la première, et pour plusieurs décennies la seule, conférence européenne des particuliers et des institutions qui étudient la persécution (il faut attendre le Colloque international de 1982, réuni sous l'égide de l'École Pratique des Hautes Études, pour qu'une expérience semblable, mais d'une tout autre ampleur, se renouvelle). Car le rideau de fer était tombé, isolant momentanément la Pologne. Les institutions d'Allemagne, d'Autriche et d'Italie avaient été dissoutes quand les derniers rescapés se trouvant encore dans des camps

1. Léon Poliakov, *Bréviaire de la haine*, Paris, Calmann-Lévy, 1951.

pour personnes déplacées trouvèrent un pays: les États-Unis ou le tout nouvel État d'Israël.

Ainsi, dans les faits, sinon par un mouvement volontaire, la transnationalité du peuple juif, comme celle du génocide, fut-elle retrouvée. Le patriotisme exacerbé d'une partie des Juifs, ces «fous de la République» qui existent dans d'autres déclinaisons en Hongrie ou en Allemagne, est aboli, comme il l'avait été dans le génocide.

Mais le CDJC s'inscrit aussi en marge des institutions chargées de consigner l'histoire de la France. Ce sont des archives privées, ôtant aux archives de France des documents qui auraient dû s'y trouver. Les relations entre les archives de France et le CDJC, aujourd'hui apaisées, furent longtemps exécrables, et le point culminant du conflit fut atteint avec «l'Affaire du fichier» (en réalité de plusieurs fichiers) qui fut finalement confié au CDJC en 1996, les Archives nationales en restant propriétaires, le conservant et gérant sa consultation. D'autant que, jusqu'aux années 1990, les archives de la guerre et de l'Occupation n'étaient pas accessibles à tous dans leur totalité, comme d'autres archives d'ailleurs appartenant aux institutions juives, tel le Consistoire.

Ainsi, quand Poliakov déclare de Billig que son adjoint «figurait un État qui ne se trouvait pas sur les cartes», c'est beaucoup plus qu'une boutade, car derrière se profilent les statuts de l'histoire du génocide en France: une histoire qui s'est écrite dans les marges de la communauté juive organisée, pour laquelle il n'existait pas de chaire à l'Université, et qui fut le fait d'autodidactes passionnés apprenant leur métier sur le tas en se pliant, souvent avec bonheur, à la discipline rigoureuse de l'écriture de l'histoire.

Dans son livre *Zakhor* (1982), Yosef Hayim Yerushalmi rappelle ce que fut le grand mérite de Maurice Halbwachs: «Avoir soutenu, face aux psychologues comme aux philosophes, que la mémoire chez l'individu est elle aussi structurée par des cadres sociaux, mais surtout que la mémoire collective n'est pas une métaphore, mais une réalité du groupe[1].» Or, depuis les Lumières, la

1. Yosef Hayim Yerushalmi, *Zakhor, Histoire juive et mémoire*, trad. de l'anglais Éric Vigne, Paris, La Découverte, 1984, p. 3.

Haskala, et son corollaire, la sécularisation, les Juifs se sont regroupés en divers courants. La caractéristique principale des judaïcités, la judaïcité française notamment, est son éclatement en multiples groupes. Ainsi la judaïcité française s'est-elle formée par strates successives à la manière d'un bassin sédimentaire. La mémoire de chacun des groupes constituant ce qu'on appellera par commodité la « communauté » a trouvé ses vecteurs : plaques, mémoriaux dans les cimetières, Livres du souvenir par bourgade… Or « la mémoire collective est plus activement transmise par les rites que par la chronique[1] », note Yerushalmi. C'est probablement ce que ressent Schneersohn. Son Centre de documentation végète. Il court en permanence après l'argent qui lui permettra de continuer à publier sa revue et ses ouvrages, lesquels ne se vendent pas : quelques centaines d'exemplaires par publication. C'est alors que naît l'idée d'ériger un panthéon-musée, un tombeau du martyr juif inconnu. Les dénominations sont fluctuantes, mais l'inspiration (panthéon, tombeau du martyr, tombeau-mémorial juif inconnu) viennent du culte français aux morts, et non du judaïsme, qui ignore ce genre de pratiques. Il le pense comme devant regrouper dans le même bâtiment les cendres des morts des ghettos et des camps, « son » Centre de documentation, une salle de conférence, une exposition permanente. Aujourd'hui, tout cela est d'une banalité absolue. Archives, bibliothèque, mémorial, exposition sont les ingrédients de tous les musées-mémoriaux qui ont surgi comme des pousses de bambou après l'orage dans le monde entier et qui concernent, certes, ce que les Américains nomment l'Holocauste, mais aussi toutes les guerres, tous les événements historiques. Reste qu'on n'insistera jamais assez sur le côté génial et visionnaire de son concept.

Cette idée de tombeau-mémorial ne suscite guère d'enthousiasme. Elle doit sa concrétisation au sens de l'entreprise de Schneersohn, à son indomptable énergie, à une inébranlable confiance en soi qui lui fait se sentir de plain-pied avec tous les grands de ce monde. Car les oppositions furent nombreuses, et la polémique agita sporadiquement les communautés juives de France, de la diaspora, d'Israël, du début 1951, quand le projet fut

1. *Ibid.*, p. 30.

rendu public, jusqu'au 30 octobre 1956, jour de l'inauguration. Car il ne s'agissait pas d'un tombeau, d'un panthéon-musée, mais DU tombeau qui devait être le lieu de la commémoration des six millions de morts du génocide, tous les morts du génocide. Bref, pour utiliser un terme d'aujourd'hui, un lieu de mémoire européen.

L'oubli est possible, pense Schneersohn. Le CDJC a élevé par ses publications « un monument spirituel aux communautés juives victimes du nazisme. Mais elles ne touchent que les milieux compétents, ceux des spécialistes de la politique, de l'histoire, de la justice, de la sociologie. Aussi importants que soient ces milieux, le CDJC estime que sa tâche, résumée par la devise "n'oublie pas", ne saurait être accomplie sans une "action directe et puissante sur l'imagination des masses"[1] ». Et son collaborateur, Jacques Sabille, de préciser cette pensée. Le XIXe siècle vit le triomphe de l'ère Gutenberg. Ce fut le siècle de la « civilisation du livre » qui entra en dégénérescence au XXe siècle. « En même temps, la valeur stimulante des gestes et des symboles de caractère rituel et sacral trouvait de nouveau le chemin de l'imagination des foules, désignées désormais par le terme mieux sonnant de "masses" – et cela non seulement en dehors, mais parfois même à l'encontre de vieilles religions établies. Tous les grands mouvements populaires qui déterminèrent la physionomie de notre temps, constate-t-il, l'avaient compris et en avaient fait le large usage que l'on sait. On sait aussi combien efficace se révéla ce néoritualisme, quel rôle il joua dans l'ascension des mouvements en question, indépendamment de leurs différences idéologiques. » Et de dire tout haut ce que tout le monde avait probablement compris, en entendant l'expression finalement choisie de « tombeau du martyr juif inconnu » : « Ceux qui créèrent après la Première Guerre mondiale le culte laïque du "soldat inconnu" avaient ouvert la voie. Leur initiative était bien dans la ligne nouvelle du siècle naissant[2]. » Ce siècle dans lequel ils souhaitent intégrer les morts du génocide.

---

1. Isaac Schneersohn, « Rapport moral », in *Le Monde juif*, janvier 1958, p. 47.

2. Jacques Sabille, « La Création du Mémorial », in *Le Monde juif*, juillet-décembre 1963.

C'est sur l'idée même d'un tel monument que se déchaîna tout d'abord la polémique. L'argumentaire des opposants se trouve résumé dans une lettre du docteur Engelson, publiée d'abord dans la revue *Maccabi*, reprise ensuite dans *L'Élan nouveau* et *La Terre retrouvée*, toutes ces publications appartenant à la mouvance sioniste. « Les morts, les âmes, Dieu sont de purs esprits auxquels nous ne vouons, selon les traditions les plus sacrées et les plus significatives, que de pures pensées, et non pas des monuments de pierres ou d'institutions temporelles, constituant par nature déjà une profanation. » Et il précise sa pensée : « Il est contraire à tout l'esprit du judaïsme d'édifier des monuments en relation avec des principes spirituels, qu'il s'agisse de Dieu ou de l'âme ou de morts » (dans le dernier cas, par exemple, interdiction d'apposer sur les tombes autre chose qu'une pierre tombale...). Et de conclure : « Le monument est un simple pendant au monument commémoratif du "Soldat inconnu". Il est bien loin de représenter quoi que ce soit de propre au génie juif. »

L'hostilité au monument au nom de la Tradition reprend toujours les mêmes arguments. Les Juifs sont le peuple du Livre. L'exhortation à se souvenir – le *Zakhor*, le « souviens-toi » – s'est toujours marquée par des écrits : « La Haggadah, ce monument unique de papier plus fort que la pierre », par laquelle « nos ancêtres ont prescrit de nous souvenir de notre esclavage en Égypte, la Mishna et les Talmud de Jérusalem et de Babylone après les destructions du Temple, ainsi que l'institution de la Yeshiva ». Pas de monument non plus après les massacres des croisades, l'expulsion d'Espagne et les massacres de Chmielnicki. Mais des textes : la Kabbale, le *Shulhan Akhur*, des mouvements piétistes comme le hassidisme[1]. À tous ces arguments, les partisans du Mémorial répondent de façon très simple : le rabbinat est d'accord avec le projet. Les rabbins savent mieux que les autres ce qu'est le judaïsme. Ces objections sont donc nulles et non avenues.

---

1. Une partie de cette argumentation se trouve dans l'article de Bernard Kessler, « Nous n'oublierons jamais notre passé », *La Terre retrouvée*, 3 août 1951. Un ensemble d'articles hostiles a été rassemblé dans le livre en yiddish d'Abraham Rudy, *Der emes vegn sheker* (« La vérité contre le mensonge »), Paris, 1956.

Aujourd'hui, ce débat semble d'un autre temps, tant la pratique du Mémorial est désormais banalisée, universelle, et tant la mémoire du génocide est prise dans cet universel.

Pourtant, bien que son projet emprunte au monde non juif l'essentiel de sa conception, Schneersohn a prévu dans le Mémorial un élément qui le rattache à la Tradition. C'est la salle qui doit contenir le Livre du souvenir. Dès que le projet est lancé, le comité chargé de sa réalisation s'attelle à la tâche de réunir les noms de toutes les victimes de la catastrophe « pour conserver à jamais le nom des millions de nos frères et sœurs morts sans sépulture », comme il est dit et répété dans *Le Monde juif* des années 1951 et 1952 et dans brochures de propagande éditées par le CDJC. Ces listes seront établies en double exemplaire, l'un d'eux devant être remis à l'État d'Israël. Ainsi est renouée la tradition du *Memorbuch*, ce volume conservé pendant des siècles dans les archives des communautés du monde ashkénaze où étaient inscrites, au côté des noms des rabbins, des dirigeants importants de chaque communauté, la liste des persécutions et celle des martyrs qui devaient être lues à haute voix à la synagogue à l'occasion des services anniversaires. Y. H. Yerushalmi nous dit qu'ils visent « d'abord à préserver les noms de ceux pour les âmes desquels la communauté offrait des prières dans le lieu de culte[1] ».

Mais si le « Livre du souvenir » qui prendra place dans le Mémorial se rattache à cette tradition, il la sécularise. La salle où il sera conservé n'est pas une synagogue. Il n'est pas prévu qu'elle contienne les rouleaux de la Torah. Il la mondialise aussi. Ce n'est plus le martyrologe de telle *Kehilah* (communauté, en hébreu) qui y est consigné, mais celui de tous les Juifs d'Europe assassinés sous le nazisme.

Si monument il doit y avoir, où doit-il être édifié ? À Paris ? C'est le deuxième point autour duquel se noue la polémique. Daniel Mayer, par exemple, est hostile à cette idée au départ avant de s'y rallier et d'en être l'un des plus fervents défenseurs. La France ne distingue pas entre ses citoyens. Édifier un monument à Paris en isolant les victimes juives de la barbarie nazie, n'est-ce pas

1. Y. H. Yerushalmi, *Zakhor, Histoire juive et mémoire*, *op. cit.*, p. 61.

faire du particularisme ? Aujourd'hui, on dirait du communautarisme, mais ce terme n'est pas utilisé dans les années qui suivent la guerre. Se souvenant d'un enfant juif de huit ans à qui il donnait des cours de français et qui avait disparu, il convient que les Juifs furent les premières victimes du racisme. Mais il y insiste : s'il donne son accord au projet, c'est d'abord en antiraciste (comme dans d'autres cas il précise qu'il est d'abord socialiste, et français ensuite) qu'il soutient le projet[1].

Pourquoi un monument à Paris ? se demande à son tour André Blumel, qui est alors président d'honneur du Keren Kayemet : « Ce n'est pas à Paris que les martyrs ont été assassinés », alors « si l'Allemagne avait voulu répudier son passé, elle eût dû en prendre l'initiative… À défaut, je crois que Varsovie, capitale d'un pays où l'extermination juive fut presque complète et où les Juifs donnèrent à leur Résistance une forme collective et désespérée, doit être le haut lieu choisi pour perpétuer le souvenir des martyrs. Si des raisons que je ne connais pas ou des difficultés que j'ignore empêchaient ce choix, alors c'est à Jérusalem que doit être conservé le symbole »[2].

Le choix de Paris ne relève en fait d'aucune réflexion sur l'endroit où devrait être établi le mémorial des Juifs d'Europe assassinés. Il est tout simplement le lieu où réside l'homme qui inventa le projet, Schneersohn. Pourtant, les partisans du projet convoquent toute une gamme d'arguments plaidant en faveur de cette localisation qui ainsi doit devenir évidente. La France est terre de judaïsme. C'est la patrie de Rachi. C'est là aussi qu'est née l'Alliance israélite universelle. La France est terre de révolution et de liberté : « Parce que nous sommes quelques-uns à penser que c'est à Paris, capitale de la Révolution, de la Commune, de la Libération, qui a vu tomber tant de combattants juifs, que le tombeau doit être élevé. Paris demeure le centre du monde et la cité des Libertés, où chaque rue est sanctifiée par des souve-

1. Daniel Mayer, « Compte rendu de la réunion organisée le 21 novembre à l'Hôtel Lutetia », supplément au n° 50 du *Monde juif.*

2. André Blumel, « Le choix de Paris se justifie-t-il ? », in *La Terre retrouvée*, 1er décembre 1951, p. 4.

nirs historiques[1]. » Les Juifs n'oublient pas que l'émancipation fut fille de la Révolution française. « Parce que sur le sol de l'Europe qui a été imprégné de leur sang, sous le ciel de l'Europe dont la clarté a été souillée par l'horreur des persécutions, des tortures, des massacres, pour l'honneur de l'humanité devait se dresser, dans une forme durable, l'éternelle protestation contre le crime de génocide. » Et Schneersohn précise, dans une correspondance avec Nahum Goldmann : « La France, qui, en l'espace d'un siècle, a eu l'expérience de trois agressions allemandes, est certainement le pays au monde le moins enclin à oublier les crimes de la barbarie teutonne. Elle est incontestablement le pays qui restera le plus longtemps fidèle à l'idéal humanitaire et démocratique[2]. » Voilà donc les raisons de commémorer le génocide dans la ville-lumière. En France, et non en Israël, dont la création a été célébrée dans l'enthousiasme à Paris, mais dont l'existence n'est pas réellement intégrée ni dans la pensée, ni dans le cœur des Juifs. Bleustein, président d'une des grandes organisations juives américaines, l'American Jewish Comittee, pense alors que « tout en nous efforçant de soutenir l'État d'Israël par tous les moyens possibles, nous pensons qu'un grand nombre de Juifs continuera à vivre parmi d'autres peuples ». De toutes les façons, indique-t-il encore, « en Israël, on n'a pas besoin de monuments pour se souvenir, on plante des forêts. Car, en Israël, ce qui est mort renaît »[3].

Aucune objection n'est capable d'arrêter la réalisation du projet schneersohnien. En un temps record, l'homme qui a créé bien des entreprises met sur pied une organisation transnationale. Il s'adresse par courrier aux grands de ce monde, avec une prédilection marquée pour les personnalités de sang royal, leur proposant d'entrer dans le comité mondial de patronage du monument et de présider des comités nationaux, au côté de responsables juifs. Ces

1. Jean-Pierre Bloch, « Compte rendu de la réunion organisée le 21 novembre à l'Hôtel Lutetia », art. cité.

2. Lettre d'Isaac Schneersohn à Nahum Goldmann, 9 septembre 1953, archives CDJC.

3. Bleustein, « Compte rendu de la réunion du 7 février 1955 à l'hôtel Royal Monceau », Archives CDJC.

grands personnages, que ce soient la reine des Belges, Winston Churchill ou Eleanor Roosevelt, ne connaissent rien des luttes internes qui agitent les Juifs. Ou ils n'en ont que faire. Il est bien difficile de savoir pourquoi ils acceptent. On pourrait dire, mais ce serait trop facile, que c'est une façon de compenser l'inaction qui a été la leur pendant la période du génocide. Une façon de se réhabiliter aux yeux des Juifs. Mais ce n'est peut-être rien de cela. Il arrive que, dans une opération de ce type, une fois une personnalité acquise, les autres suivent, simplement pour en être, sans savoir vraiment pourquoi il faut en être. Le Président de l'État d'Israël, Chaïm Weizmann, et son Premier ministre, David Ben Gourion, donnent aussi leur nom. Tous les membres de ce comité de patronage, excepté Einstein, sont des politiques. Aucun n'est une autorité dans le domaine intellectuel ou culturel. Schneersohn sait ce qu'est le pouvoir, où est sa réalité.

L'homme envoie ses *missi dominici* parcourir le monde pour convaincre les comités nationaux chargés (car c'est le principal problème et ça le restera) de collecter les fonds. Parmi ceux qui paient le plus de leur personne, Jean-Pierre Bloch et Justin Godart. Le premier fait une tournée triomphale en Afrique du Nord et se rend aussi en Suisse, au Danemark, en Norvège. Justin Godart parle en Suisse et au Luxembourg. Léon Meiss en Belgique. Le succès le plus patent est celui remporté par l'initiative au Danemark, où le ministre des Affaires étrangères, Ole Bjørn Kraft, président du comité danois, lance une véritable campagne de masse. « Le comité danois », écrit-il dans une lettre à un syndicat d'enseignants où il précise l'intérêt personnel que le roi porte au projet, « considère comme important que la liste inclue un grand nombre de souscripteurs donnant de petites sommes plutôt qu'un petit nombre donnant de grosses sommes. La contribution de notre pays pour réaliser le projet doit montrer par le grand nombre de souscripteurs que notre nation adhère à la défense des droits de l'homme qui ont été inscrits dans la constitution »[1].

L'argent viendra, c'est certain, de cette collecte internationale qui est, dans le monde juif, une innovation pour un tel projet. Il

1. Archives du CDJC.

faut donc se préoccuper de construire. Et pour cela, il faut d'abord trouver un terrain. C'est la Ville de Paris qui l'accorde, lors de la séance municipale des 27 et 28 novembre 1952. Il est situé au coin de la rue Geoffroy-l'Asnier et de celle du Grenier-sur-l'eau. La Ville donne aussi son adhésion au comité du monument et verse une subvention d'un million de francs. Son soutien, au-delà des variations de statut de la municipalité et de la couleur politique des élus parisiens, ne se démentira jamais.

Les architectes choisis, outre leurs qualités professionnelles, ne sont pas sans liens biographiques avec le génocide. Alexandre Persitz, mobilisé, a été fait prisonnier en 1940. Libéré, il est arrêté car juif, déporté à Auschwitz, puis évacué à Dachau. Il a réalisé les plans de la nouvelle synagogue de Strasbourg. Georges Goldberg lui aussi est juif. Il s'est battu courageusement : croix de guerre 1939-1940, il est aussi titulaire de la médaille polonaise. Pourtant, la maquette est présentée dans la revue *L'Architecture d'aujourd'hui* sans référence aucune au caractère du lieu choisi – si près du quartier Saint-Paul, le très ancien quartier juif –, sans référence au fait que le mémorial commémorera la mort des Juifs. Le monument sera tout simplement situé « au cœur de la vieille cité, à proximité de l'Hôtel de Ville ». Aucune référence à une quelconque tradition juive dans le projet des architectes : « Le pari architectural d'une sobriété et d'un dépouillement voulu a cherché à atteindre un monumental sévère et une certaine pérennité par le renoncement à tout effet plastique ou de style qui risquerait de s'affaiblir avec le temps. Le site, particulièrement difficile, a écarté au départ des solutions qui auraient peut-être été plus à l'échelle d'un tel monument. D'autre part, étant donné la situation en pleine ville, au contact de la vie quotidienne de la cité, il fallait éviter un caractère trop accusé de monument funéraire. » Ainsi, à l'exception d'un motif inspiré de l'étoile de David, d'une inscription en hébreu, mais aussi en yiddish, ce monument est un monument « ordinaire » pour une mémoire douce. Le passant, certes, ne doit pas oublier, mais il ne doit pas non plus être agressé par le souvenir des morts.

Le 17 mai 1953, le jour de gloire est arrivé pour Schneersohn. Il peut jouir de son succès, de son triomphe même, lors de la cérémonie de pose de la première pierre. Il a vaincu tous les obstacles, fait fi de toutes les oppositions. Et ils sont tous venus, ambassadeurs et ministres, personnalités religieuses et Juifs de la rue. Des voitures officielles s'étirent en longue file dans la rue Geoffroy-l'Asnier, déposent sur le lieu de la cérémonie un aréopage que n'a jamais réuni aucune manifestation juive à Paris. Un détachement du 8e régiment de transmission rend les honneurs aux militaires de haut grade. Plusieurs milliers de simples Juifs venus assister à la cérémonie peuvent admirer le décor : « Sur le terrain même, une stèle voilée de blanc se dressait entourée de tribunes. À l'arrière-plan, un motif de fond, haut de vingt mètres, orné d'oriflammes aux couleurs françaises, à celles de la Ville de Paris, encadrait une gigantesque étoile de David drapée de crêpe[1]. » On ne saurait mieux symboliser l'assimilation.

Mais, surtout, le rituel adopté pour la cérémonie de pose de la première pierre est le calque des manifestations funéraires qui se déroulent chaque 11 novembre devant les quelque 30 000 monuments aux morts de la guerre de 14-18[2]. Lors de la cérémonie de la *Hazkara*, pendant les « Jours redoutables », entre la nouvelle année, *Rosh Hashana*, et le Grand Pardon, *Yom Kippour*, ce rituel se répétera, pratiquement identique. C'est donc l'acculturation du seul rituel patriotique par excellence.

Lors de la cérémonie de pose de la première pierre, les délégations des diverses associations de victimes de la terreur hitlérienne et d'anciens combattants sont groupées autour de la stèle, et leurs drapeaux forment autour de celle-ci une vaste couronne tricolore. La « Sonnerie aux Champs », suivie de la « Marseillaise », ouvre la cérémonie. « Après la cérémonie retentit la “Sonnerie aux morts”, cette musique composée par le chef de la garde républicaine, officiellement adoptée en 1932 et qui s'est progressivement et rapidement répandue au point de devenir, à la veille de la guerre de 1940, la sonnerie spécifique des manifestations aux morts, celle que l'on ne sonne pas en dehors de cette circonstance, mais qu'on sonne

1. « Comment s'est déroulée la cérémonie », brochure CDJC.
2. Ce développement s'appuie sur Antoine Prost, « Les monuments aux morts », in P. Nora, *Les Lieux de mémoire*, *op. cit.*, p. 209 *sq.*

toujours en cette occasion[1]. » Toujours aussi lors des cérémonies au Mémorial, auxquelles s'ajoutent, appartenant aux traditions juives, la récitation par un orphelin du *kaddish* et le « Chant des partisans juifs », entonné par le chœur de la synagogue de la rue de la Victoire. Comme les enfants des écoles devant les monuments aux morts de 14-18, les orphelins défilent, déposant des fleurs sur la stèle. Ainsi est repris ce qu'Antoine Prost appelle « le culte républicain des morts ». Ce monument européen est le lieu d'un rituel français d'une autre guerre. Érigé pour honorer les morts de la plus grande catastrophe de l'histoire juive, ce monument sécrète un rituel dont la généalogie n'est pas juive, mais laïque et républicaine. Ainsi éclate l'extrême difficulté à élaborer au sein du judaïsme un rituel laïque qui se démarquerait des rituels des peuples parmi lesquels vivent les Juifs.

Dès le lendemain, les nuées se lèvent sur le Tombeau, menaçantes. Elles ne viennent pas des franges de la communauté qui y étaient hostiles et qui avaient dès le début exprimé cette hostilité. Elles ne s'expriment pas dans une presse communautaire somme toute peu lue. Elles viennent de l'État d'Israël. C'est l'amorce d'une bataille pour la mémoire dont l'enjeu engage jusqu'à la signification qui veut être donnée au génocide.

Le 1er juin 1953, *La Terre retrouvée* signale que, le lendemain de la cérémonie, un débat s'est ouvert à la Knesset, le Parlement israélien. « Tous les députés intervenus [...] convinrent que Jérusalem était le seul endroit approprié pour la construction du Mémorial des victimes du nazisme. » La « loi sur le souvenir des héros et des martyrs » est votée en première lecture, puis promulguée le 19 août 1953[2]. Elle crée un organisme, le Yad Vashem, ainsi nommé d'après Isaïe 56,5 : « À ceux-là je réserverai dans ma maison un *Yad Vashem* [mot à mot un "monument" et un "nom"], ce sera mieux que des fils et des filles. J'y mettrai un nom perpétuel qui ne sera jamais retranché. »

Cette loi comprend deux volets. Le premier énumère ce qui doit être commémoré : les six millions de victimes, les familles

---

1. *Ibid.*, p. 212-213.

2. Nous avons pris connaissance de cette loi dans *Yad Vashem Studies*, n° 2, Jérusalem, 1970.

anéanties, les synagogues détruites, les communautés annihilées, les Justes qui ont sauvé des Juifs... Le second impartit à Yad Vashem le monopole de la mémoire et de la commémoration : centralisation de la documentation, initiative et direction de la construction. Par cette loi est accordée, à titre posthume, la citoyenneté israélienne aux morts du génocide « en signe qu'ils ont été réunis à leur peuple ».

Il est clair que cette loi bouleverse les données du problème. Symboliquement d'abord, puisque Paris ne peut être ainsi le centre de la mémoire. Matériellement surtout : l'argent indispensable provient de la collecte. L'interdit sur le monument est, de fait, un interdit sur la collecte. Dans un texte où il fait le point sur la situation, Schneersohn laisse percer un peu de pessimisme. Le 13 septembre 1953, en compagnie du docteur Modiano, alors président du CRIF, membre des Sionistes généraux, il a été reçu par le docteur Nahum Goldmann, de passage à Paris. Godmann fut formel : la loi votée par la Knesset lie tous les sionistes, qu'ils résident en Israël ou qu'ils vivent en diaspora. Elle aura pour conséquence probable d'amener Ben Gourion lui-même, et le rabbin Silver, l'une des plus grandes personnalités du judaïsme américain, à se retirer du comité. Le sioniste Schneersohn argumente : les onze millions de Juifs qui vivent en diaspora ont une existence indépendante. L'attitude d'Israël est en contradiction avec de larges secteurs du judaïsme américain, l'*Americain Jewish Committee*, le *B'nai brith*... Il faut éviter à tout prix un conflit entre Israël et la diaspora. Et le Dr Modiano de remarquer que le retrait des personnalités sionistes équivaudrait à un abus de pouvoir. N'a-t-il pas rejoint lui-même le comité après avoir appris que les dirigeants de l'État d'Israël l'approuvaient ? Des engagements ont été pris, auprès des Juifs, mais aussi de non-Juifs. Renoncer découragerait la sympathie et la bonne volonté des non-Juifs et l'on perdrait la face en rendant à la Ville de Paris le terrain qu'elle a si généreusement attribué au Comité.

Nahum Goldmann est ébranlé par ces arguments et s'engage à discuter à nouveau avec Ben Zion Dinour, le ministre israélien de l'Éducation et de la Culture, président de Yad Vashem. Au cœur du problème, difficilement soluble, la question financière.

L'opposition principale est venue en France du *Keren Kayemet Leisraël,* chargé de la collecte pour l'achat de terres en Israël et qui ne supporte pas que la moindre somme soit distraite au profit d'une diaspora qui, dans l'esprit de certains sionistes, n'a plus lieu d'être. Quand la loi est votée par la Knesset, Schneersohn s'apprête à partir pour une tournée aux États-Unis où existe un comité national. Les Juifs américains, tout le monde en est conscient, sont les plus riches, les plus généreux. Le « mécénat » privé fait partie de la culture américaine. Les Juifs américains sont les seuls qui soient à même de collecter des sommes suffisantes pour la construction du Mémorial. Mais si l'appel juif arrive à imposer le boycott, c'en est fini de tous les espoirs.

C'est alors que Nahum Goldmann propose une sortie honorable pour chacun. Le Comité abandonne la collecte. À l'instar du YIVO, il demande à la Claims Conference, qu'il préside, une somme globale.

Nahum Goldmann avait été le créateur, avant guerre, du Congrès juif mondial. Il est, dans l'après-guerre, l'inspirateur, l'âme, la cheville ouvrière de ce qu'on nommera d'un terme générique les « réparations » allemandes. À la demande de l'État d'Israël, il a convoqué à New York, le 25 octobre 1951, une grande conférence de vingt et une délégations juives. Cette conférence prend le nom de « Conference on Jewish Material Claims against Germany », appelée communément la Claims, chargée de soutenir les revendications d'Israël et des communautés juives de la diaspora. Le 20 janvier 1952, la direction des négociations est confiée à un *præsidium* dont Goldmann est élu président et qui désigne comme membres quatre responsables d'organisations juives de New York, auxquels s'ajoutent ensuite un Britannique, Barnett Janner, membre élu du Board of Deputies, et un Français, Jules Braunschvig, de l'Alliance israélite universelle. Ces négociations aboutissent à la signature d'un accord d'un type inédit entre trois partenaires, le chancelier Adenauer, pour l'Allemagne, Moshe Sharett, ministre des Affaires étrangères, pour Israël, et Nahum Goldmann, pour la Claims. « Il n'y a sans doute aucun exemple, écrit Goldmann dans ses mémoires, qu'un État ait été amené à assumer la responsabilité morale des crimes commis contre un groupe ethnique non organisé en tant qu'État et à devoir verser d'énormes dommages et intérêts. Sur le plan juridique, il n'existait aucune base internationalement reconnue aux revendications collectives. Ni Israël ni le peuple juif ne pouvaient contraindre par une politique de force l'Allemagne à admettre ces revendications. Il s'agissait d'un problème moral, quoique l'Allemagne post-hitlérienne ait trouvé un intérêt politique à amoindrir l'hostilité du judaïsme mondial[1]. » Les accords de Luxembourg règlent les questions des réparations collectives, à l'État d'Israël ou, par l'intermédiaire de la Claims, aux communautés juives de par le monde. Les « réparations » aux individus, pour les dommages ou pour les pertes de biens, qui ne nous concernent pas ici, sont régies par deux grandes lois fédérales qui suivent les accords.

La proposition de Goldmann de donner de l'argent allemand pour le Mémorial ne dissuade pas Schneersohn d'entreprendre son voyage américain, dont la presse juive rend largement compte. À son retour, lors d'une escale à Paris, sur le chemin qui le mène en Israël où le gouvernement l'a invité pour qu'il prenne contact avec Yad Vashem, il déclare : « Les deux réunions qui ont eu lieu en Amérique, et qui ont été respectivement présidées par Mme Eleanor Roosevelt et par le rabbin Abbe Silver, constituent de véritables événements grâce auxquels le projet du tombeau atteint le niveau d'une grande œuvre mondiale[2]. »

Les négociations entre Dinour et Schneersohn furent brèves. Un accord est signé le 12 décembre 1953 à Jérusalem, qui dessine les frontières entre Yad Vashem et le Mémorial. Dans son préambule, l'accord précise que la loi du 17 ellul 5613 (19 août 1953) a chargé l'institution du souvenir de « reconnaître les entreprises qui ont pour but de perpétuer la mémoire des victimes de la catastrophe, de guider leur action et de collaborer avec elles ». Ainsi Yad Vashem reconnaît-il l'existence du CDJC et de ses archives ; il prend aussi en considération la pose de la première pierre d'un mémorial et l'existence de comités nationaux. Les deux institutions ont donc « intérêt à mener un travail en commun pour évi-

1. Nahum Goldmann, *Autobiographie*, Paris, Fayard, 1971, p. 257.
2. Déclaration reproduite dans *Le Monde juif*, novembre 1953.

ter concurrence et parallélisme». De ce travail en commun, il est question dans les neuf points de l'accord. La documentation du CDJC doit être remise à Yad Vashem, en original ou en copie; le CDJC a le droit de demander à Yad Vashem des copies de ses documents. Quant à l'enregistrement du nom de victimes, «il doit être concentré à Jérusalem et sera fait par Yad Vashem. Le Centre prend l'obligation de communiquer à Yad Vashem la liste des noms qu'il possède. De son côté, Yad Vashem prend obligation de mettre à la disposition du Centre les listes des noms enregistrés par lui à n'importe quelle date. Le Centre doit arrêter son action d'enregistrement des noms des victimes du nazisme un mois après la signature du présent accord».

Ainsi est affirmée la centralité d'Israël: les Juifs doivent être réunis dans leur patrie, toutes générations confondues, morts et vivants. Le présent de l'État hébreu draine à lui le passé diasporique qui prend ici un sens: l'aboutissement en Terre sainte. Les martyrs retrouvent la terre d'Israël, *Eretz Israel*, dont les Juifs avaient été privés pendant deux millénaires.

Reste l'argent, le nerf de la construction…

Yad Vashem s'engage à peser de tout son pouvoir pour que la Claims Conference accorde au Comité du tombeau les fonds nécessaires à sa construction. En retour, ce dernier s'engage à dissoudre ses comités édifiés de par le monde. Le monument n'existera donc pas, comme il l'aurait pu, par un mouvement volontaire du peuple juif de la diaspora, mais par décision d'instances censées représenter cette diaspora, les «grandes organisations juives». Dans l'avenir, et pour entretenir le CDJC et le Tombeau, un comité d'Amis pourra être créé, restreint par son nombre – pas plus de deux cent cinquante personnes – et par les pays où elles pourront être recrutées: la Suisse, la Belgique et la France[1].

Cet accord Schneersohn-Dinour, obtenu grâce à la médiation de Goldmann, sauve le Mémorial. Mais il met des limites à la mégalomanie schneersohnienne. Le centre de la mémoire n'est plus à Paris, mais en Israël. Dans les textes du moins, car la mémoire collective va à ses rythmes propres, sans s'embarras-

1. Un exemplaire de cet accord figure dans les archives du CDJC.

ser toujours des lois édictées par ceux qui souhaitent la contrôler. Ainsi, Israël a la charge de l'érection de monuments que pratiquement personne, en ce début des années 1950, n'a l'intention de construire. Quand l'air du temps sera, partout, à la construction de tels mémoriaux, aucun pays ne songera à demander l'autorisation à Yad Vashem.

En octobre 1956, le tombeau du martyr juif inconnu est enfin inauguré. C'est la dernière apparition publique de Justin Godart, qui décède peu après. La cérémonie reprend celle de la pose de la première pierre. Situé en retrait de la rue, un grand mur surmonte l'entrée de la crypte qui porte une étoile de David et une inscription en hébreu et en français : « Devant le martyr juif inconnu/ Incline ton respect, ta piété pour tous les martyrs/Chemine en pensée avec eux le long de leur voie/Douloureuse. Elle te conduira au plus haut sommet/De justice et de vérité. » On reconnaît bien là la mystique de l'universel qui anima Justin Godart. Sur le devant, un vaste cylindre de bronze qui porte les noms des lieux où les Juifs furent assassinés en masse : Belzec, Treblinka, Majdanek, Auschwitz, Sobibor, Buchenwald et le ghetto de Varsovie. Imitant ce que l'Amicale d'Auschwitz avait fait au cimetière du Père Lachaise en 1946, un coffret de cendres d'Auschwitz est transféré dans la crypte en 1957.

Le Mémorial devint très vite le lieu principal de la mémoire de la Shoah à Paris. Des cérémonies s'y déroulent, notamment celle dédiée à la mémoire de l'insurrection du ghetto de Varsovie, chaque 19 avril.

Devenu Mémorial du martyr juif inconnu en 1974, il subit une nouvelle mutation en fusionnant avec le CDJC et en devenant le Mémorial de la Shoah. Si les lieux sont désormais beaucoup plus vastes, le concept n'a pas varié, toujours fondé sur le triptyque archives, bibliothèque, mémorial. Dans l'allée qui y mène a été érigé un Mur des noms, en pierre claire, sur lequel sont gravés les noms et les prénoms de chaque Juif déporté de France, classés par année de déportation. Le Livre du souvenir est désormais inscrit dans la pierre.

2.

« Solution finale » et *Hurbn*. Essai d'historiographie[1]

[1994]

Au fur et à mesure que l'Allemagne nazie étend sa domination sur l'Europe, les populations juives sont prises au piège. Dans aucun autre espace, à aucune autre période de leur histoire, les Juifs n'ont eu aussi peu de prise sur leur propre destin. Les différences sociales, culturelles, idéologiques s'abolissent dans la persécution puis dans la mort : différence entre ceux qui ont abandonné leur condition de Juifs jusqu'à, pour certains, embrasser le christianisme et ceux qui restent fidèles à la tradition ; différence entre riches et misérables ; différence entre militants sionistes, bundistes, communistes et ceux qui restent exclusivement fidèles à la synagogue. Il n'est jusqu'à la distinction entre séfarades et ashkénazes qui n'ait perdu toute pertinence. Le sort de la Salonique juive est le même que celui de Varsovie. Ce qui unifie l'histoire des Juifs, ce ne sont plus des éléments structurant les sociétés juives mais la mise en œuvre par les nazis du processus de destruction, avec des variations dépendant essentiellement du statut qu'ils assignent à tel pays dans l'Europe hitlérienne et de l'attitude des administrations et des populations civiles de ces pays.

---

1. « Solution finale et *Hurbn*. Essai d'historiographie », publié dans Jean Baumgarten, Rachel Ertel, Itzhok Niborski et Annette Wieviorka (dir.), *Mille ans de cultures ashkénazes*, Paris, Liana Levi, 1994.

Pour nommer cet épisode de l'histoire de l'Europe, plusieurs termes ont été et sont utilisés, exprimant chacun un angle de vue, une perspective d'analyse particulière. Le terme de « Solution finale » *(Endlösung)* apparaît dans les textes nazis dès 1939. Il reste utilisé par les historiens. Un des tout premiers ouvrages, celui de Gerald Reitlinger[1], le prend pour titre, et il garde la faveur des historiens allemands. Par l'utilisation de cette expression, l'accent est mis sur l'analyse des mécanismes nazis de la destruction. Le terme « génocide », quant à lui, est un néologisme forgé par le juriste Raphael Lemkin, spécialiste de droit international, qui l'introduit dans un ouvrage publié aux États-Unis en 1944, *Axis Rule in Occupied Europe*. Constitué à partir du grec *genos* (« race ») et du suffixe « cide », du latin *caedere* (« tuer »), il désigne l'extermination méthodique d'un groupe ethnique. Comme « Solution finale », le terme « génocide » met l'accent sur les mécanismes et les agents de la destruction.

Les victimes elles-mêmes ont utilisé le terme yiddish de *hurbn*, « destruction », allusion aux destructions du Temple de Jérusalem. Dans le même temps apparaissait le terme de *shoah*, « catastrophe » en hébreu. Utilisé d'abord par les seuls Israéliens, le terme s'est peu à peu acclimaté dans le reste du monde, surtout après la sortie du film monumental de Claude Lanzmann. *Hurbn* comme *shoah* sont deux termes qui mettent l'accent sur les victimes et indiquent que les Juifs eux-mêmes sont le centre de la réflexion historique.

Reste un terme, globalement récusé par les historiens et les intellectuels français, celui d'« holocauste », qui signifie « sacrifice par le feu ». Pourtant ce terme reste couramment utilisé par les Américains, même par ceux d'entre eux qui, comme le Canadien Michael R. Marrus, plaident pour une désacralisation du génocide et pour son incorporation dans la conscience historique universelle, en utilisant le mode de discours, les techniques de recherche et le type d'analyses que l'on applique à tout problème historique.

Les ouvrages consacrés à la destruction des Juifs d'Europe constituent une immense littérature en yiddish, en hébreu, en

1. Gerald Reitlinger, *The Final Solution: The Attempt to Exterminate the Jews of Europe, 1939-1945*, Londres, Vallentine Mitchell, 1953.

anglais, en allemand et, dans une moindre mesure, en français, et aucun chercheur aujourd'hui ne peut se flatter de la maîtriser. Sur Auschwitz uniquement, plus de dix mille publications – études, récits, œuvres de fiction – ont été recensées. Or la production historiographique et les débats qu'elle suscite peuvent s'articuler autour de la dualité des termes utilisés par les historiens. D'un côté, « Solution finale » et « génocide » mettant l'accent sur l'analyse du nazisme ; de l'autre, *hurbn* et *shoah* mettant l'accent sur les victimes.

La « Solution finale »

Le procès des grands criminels de guerre, de ceux qui avaient accompli leurs crimes dans plusieurs pays, se déroula du 18 octobre 1945 au 1er octobre 1946 dans la ville de Nuremberg. Les Américains en furent la cheville ouvrière, articulant l'accusation autour des deux premiers chefs, « plan concerté ou complot » et « crime contre la paix ». Les crimes de guerre, déjà bien définis par le droit international, et le nouveau crime, celui contre l'humanité, n'existent, dans la juridiction du Tribunal international, que s'ils ont été commis en liaison avec les deux premiers crimes.

Ainsi, dans la vision de Nuremberg, la guerre était programmée dès la naissance du parti national-socialiste, et avec elle la volonté de détruire les Juifs. Au moment où se déroule le procès, nul ne songe à discuter ce point de vue. C'est un quart de siècle plus tard, alors que le débat historiographique s'installe, grâce, notamment, aux historiens allemands, que Christopher Browning, empruntant l'expression à l'historien britannique Tim Mason, désigne ce type d'analyse comme « intentionnaliste ». L'historienne la plus représentative de ce courant, et dont les ouvrages traduits de l'anglais en plusieurs langues ont atteint un très large public, est certainement Lucy Dawidowicz[1]. Pour cette historienne américaine, qui passa en 1938-1939 une année de formation au YIVO, à Vilna, Hitler conçut la « Solution finale » dès 1918, lors de son séjour à

1. Lucy Dawidowicz, *The War against the Jews, 1933-1945*, Londres, Weidenfeld and Nicolson, 1975.

l'hôpital de Pasewalk, au moment de la défaite allemande dans la Grande Guerre. En 1925, dans le second tome de *Mein Kampf*, il expose de façon explicite son plan d'annihilation. Une fois au pouvoir, il s'attache à réaliser ce grand dessein. À cette explication du génocide par l'intention, celle d'Hitler principalement, s'opposent celles des historiens qui, dans les années 1970, mettent l'accent sur le caractère improvisé des mesures antijuives : la destruction des Juifs n'est pas le résultat d'un « plan concerté », comme le laisserait penser l'acte d'accusation du procès de Nuremberg, mais elle est la réponse aux difficultés administratives engendrées par le régime lui-même. C'est le fonctionnement ou la structure polyarchique du régime nazi qui, pour ces historiens dits « structuralistes » ou « fonctionnalistes », engendrent le génocide.

Certes, la place donnée au génocide des Juifs est faible dans les débats du procès de Nuremberg. Pourtant, ce procès est un événement fondateur. Il permet d'abord, dans un temps très bref, la mise au jour d'une quantité considérable de documents qui susciteront la rédaction des premiers écrits historiques, notamment *Bréviaire de la haine* de Léon Poliakov[1], ouvrage pionnier fondé quasi exclusivement sur les documents de Nuremberg. Il introduit le crime contre l'humanité, déclaré imprescriptible en 1964. Il fonde aussi cette idée, couramment admise et pourtant largement contestable, que l'histoire et la mémoire du génocide doivent nécessairement s'enter sur la justice, et qu'elles constituent un triptyque inséparable.

Le procès de Nuremberg et ceux qui se déroulèrent dans les pays occupés pendant la Seconde Guerre mondiale par l'Allemagne nazie (celui de Rudolf Höss, le commandant d'Auschwitz, ou du général SS Jürgen Stroop en Pologne ; de Dieter Wisliceny en Tchécoslovaquie ; d'Otto Ohlendorf, commandant de l'*Einsatzgruppe D*, condamné à mort par un tribunal américain) mirent en évidence les responsabilités individuelles dans le meurtre de masse, alors que de très rares jeunes historiens cherchaient, dans l'indifférence générale, à comprendre comment le génocide avait pu se produire. Ce fut la démarche en France de Léon Poliakov ou

1. Léon Poliakov, *Bréviaire de la haine*, Paris, Calmann-Lévy, 1951.

en Angleterre de Gerald Reitlinger, déjà cités ; ce fut aussi celle de l'Américain Raul Hilberg qui, dès 1948, se lança dans l'exploration du mécanisme de destruction auquel il consacra sa vie de chercheur. La première mouture de son maître livre, *La Destruction des Juifs d'Europe*, parut en 1961 aux États-Unis ; la dernière en 1988, en français. Ce monumental ouvrage examine avec méticulosité la façon dont fut perpétrée par les divers appareils nazis la destruction et ses étapes. Rappelons-les sommairement.

En Allemagne, après l'accession de Hitler au pouvoir le 30 janvier 1933, comme dans les autres pays qu'elle occupe après le déclenchement de la guerre en 1939, les étapes de la persécution furent globalement identiques. Elles consistèrent d'abord à définir les Juifs, puis à les mettre à l'écart de la société avant de les concentrer et de les déporter. Jusqu'au printemps 1941, il n'a pas été question d'exterminer les Juifs des territoires allemands ou occupés par l'Allemagne, mais de les expulser en confisquant leurs biens, afin de rendre ces territoires *judenrein* (« propres » de Juifs) ou *judenfrei* (« libres » de Juifs). Mais cette « solution de la question juive » par l'émigration devient vite impossible. L'Allemagne compte 520 000 Juifs en 1933. En 1938, ils ne sont plus que 350 000. Mais quand l'Autriche est rattachée au Reich, en mars 1938, le chiffre remonte à 540 000. Chaque nouveau territoire rattaché, annexé ou occupé – Tchécoslovaquie, Pologne, Pays-Bas, Belgique, France – fait entrer dans l'orbite nazie une population juive.

C'est en Pologne, où vivent 3,3 millions de Juifs, que les nazis vont élaborer les formes les plus aiguës de persécution et mettre en route l'annihilation des Juifs. Dès le mois de novembre 1939, les Juifs âgés de plus de douze ans sont obligés de porter un brassard blanc arborant une étoile de David bleue. Ils sont rapidement concentrés dans des ghettos, d'abord dans les territoires incorporés au Reich. Au printemps de l'année 1940, le mouvement d'enfermement dans les ghettos gagne le gouvernement général de Pologne, avec la création en octobre 1940 du ghetto de Varsovie, puis en mars 1941 de celui de Cracovie et en avril 1941 de celui de Lublin.

Avec l'invasion de l'Union soviétique, le 22 juin 1941, commence la destruction des Juifs. Dans le sillage de la Wehrmacht, de petites unités de SS et de la police sont chargées de tuer sur place toute la population juive. Ce massacre est placé sous l'autorité du RSHA, l'Office central de la sécurité du Reich. Pour la première fois dans l'histoire de l'humanité, un appareil d'État est chargé de l'organisation d'une destruction de masse. Le RSHA a ainsi formé quatre *Einsatzgruppen*, quatre équipes spéciales, en tout trois mille hommes environ, qui assassinent au moins neuf cent mille Juifs, dont plus de trente mille dans le ravin de Babi Yar, dans la banlieue de Kiev.

La politique de destruction entre dans sa seconde phase à l'automne 1941, avec la déportation des Juifs vers des lieux installés à seule fin de les mettre à mort. Le 20 janvier 1942, alors que les déportations ont déjà commencé, que les camions à gaz fonctionnent à Chelmno-sur-Ner, rebaptisé par les Allemands « Kulmhof », Reinhard Heydrich, chef de la RSHA et adjoint de Himmler à la tête des SS, réunit dans une villa cossue de Wannsee, un faubourg berlinois, une conférence rassemblant quinze secrétaires d'État appartenant à tous les secteurs de l'État allemand pour discuter précisément de « l'évacuation » et de la mise à mort des onze millions de Juifs recensés sur le vieux continent, Angleterre et Espagne comprises. Classée « affaire secrète du Reich », la conférence de Wannsee met à l'ordre du jour la « Solution finale ». Elle affirme l'autorité de Heydrich et du RSHA dans la destruction des Juifs qu'elle systématise. « Il va sans dire, déclare Heydrich en préambule, qu'une grande partie d'entre eux s'éliminera tout naturellement par son état de déficience physique. Le résidu qui subsisterait en fin de compte, et qu'il faut considérer comme la partie la plus résistante, devra être traité en conséquence. En effet, l'expérience de l'histoire a montré que, libérée, cette élite naturelle porte en germe les éléments d'une nouvelle renaissance juive. »

Quand se tient la conférence de Wannsee, les centres où les Juifs doivent être transférés pour être mis à mort au moyen de gaz sont déjà en construction. « Le fait le plus frappant, écrit Raul Hilberg, dans les opérations du centre de mise à mort, c'est que, à la différence des phases préliminaires du processus de destruction, elles n'avaient aucun précédent. Jamais, dans toute l'histoire de l'humanité, on n'avait ainsi tué à la chaîne. » Pourtant, l'assassinat au moyen du gaz avait un précédent récent dans l'Allemagne nazie. Entre 1939 et 1941 avaient été gazés 5 000 enfants infirmes, handicapés mentaux ou physiques, et 70 000 adultes, aliénés mentaux, séniles, incurables. Ces opérations dites d'euthanasie furent en fait la « préfiguration conceptuelle en même temps que technique et administrative de la "Solution finale" qui allait être mise en œuvre dans les camps de la mort. »

Après les premiers gazages de Chelmno, au moyen de camions spécialement aménagés, sont ouverts les centres de Belzec, de Sobibor et de Treblinka. Enfin commence la transformation du camp de concentration d'Auschwitz en lieu adapté au meurtre de masse. À l'été 1941, le commandant du camp d'Auschwitz, Rudolf Höss, est convoqué par Himmler. Ce dernier l'informe que le Führer a décrété la « Solution finale » et qu'Auschwitz a été choisi pour en être le théâtre. Le camp de concentration lui-même existe depuis le printemps 1940. Himmler avait alors ordonné d'aménager, près de la ville d'Oswiecim, rebaptisée « Auschwitz » puisque appartenant à la Haute-Silésie annexée au Reich, un camp pour y interner des Polonais. En mars 1941, prévoyant que l'invasion de l'URSS ferait de nombreux prisonniers, Himmler avait décidé la construction d'un second camp, à trois kilomètres du premier, près du village de Brzezinka, Birkenau en allemand. L'espace immense de cette terre marécageuse et sa proximité du nœud ferroviaire de Katowice permettant d'y acheminer des convois de toute l'Europe expliquent le choix de Himmler. Ce sera la destination principale des convois partis de France. Höss met en construction des installations encore inédites, destinées à permettre l'anéantissement à une échelle inouïe. Ce sont de grandes chambres à gaz couplées à des crématoires. Avant leur mise en service, à partir du mois de mai 1943, les détenus sont gazés au camp principal d'Auschwitz ou à Birkenau, dans deux chaumières de paysans aménagées en chambre à gaz.

Les Juifs sont amenés par train à Auschwitz de toute l'Europe occupée. En 1942, c'est d'Allemagne, de Slovaquie, de France, de Pologne, de Belgique, de Yougoslavie, de Bohême-Moravie, de Norvège que les Juifs sont transportés. De mars à août 1943, 50 000 Juifs de Salonique sont déportés au cours d'une opération d'une rapidité et d'une violence inouïes. Ils sont suivis, à partir de l'automne, par ceux d'Italie. Mais c'est avec l'arrivée de plus de 430 000 Juifs hongrois, à partir d'avril 1944, que la destruction atteint un niveau encore inégalé. Les chambres à gaz et les fours crématoires fonctionnent jour et nuit, et une partie des corps sont brûlés dans des fosses creusées à cet effet.

Le bilan global est accablant. Raul Hilberg a établi que 800 000 Juifs étaient morts par suite de l'enfermement dans les ghettos et des privations, 1 300 000 par les exécutions en plein air des *Einsatzgruppen* ou autres fusillades et 3 millions dans les centres de mise à mort. Certaines communautés ont pratiquement disparu, comme celles d'Allemagne, des Pays-Bas ou de Salonique. Le judaïsme polonais et sa culture tissée autour de la langue yiddish furent anéantis à jamais. Des 3 300 000 Juifs qui vivaient dans ce pays en 1939, il ne restait que quelques dizaines de milliers en 1945.

Quelles furent les réponses apportées par les Juifs eux-mêmes à cette politique de destruction ? Elles diffèrent, bien évidemment, selon les pays. La situation des Juifs de France, largement intégrés – ou en voie d'intégration pour les immigrés – à une société française où l'antisémitisme, comme l'ont montré de récentes études, était loin d'être généralisé, n'est pas la même que celle des Juifs de Pologne où ils constituent une minorité nationale, vivant dans un environnement hostile. Ces réponses diffèrent aussi en fonction de ce qui est perçu de la politique nazie. Or, rappelle justement l'historien israélien Yehuda Bauer, « si jusqu'en 1941 les nazis eux-mêmes n'étaient pas conscients de leur projet d'exterminer les Juifs, il paraît difficile de demander à leurs victimes de l'avoir été avant eux ». Une remarque essentielle qu'il faut constamment garder à l'esprit quand on étudie l'histoire des Juifs pendant cette période. Ajoutons encore qu'il y eut, dans cette politique nazie, des nuances. Si elle fut précoce et sans merci en Pologne, elle put, dans d'autres territoires occupés, connaître des éclipses dues à des préoccupations stratégiques. Ce fut le cas en Hongrie, jusqu'en mars 1944, et, dans une moindre mesure, en France.

Le *hurbn*

Dès le mois d'août 1944, alors que les combats ne sont pas encore terminés en Pologne, le Comité central des Juifs de Pologne installé à Lublin prend la décision de créer une commission historique. Son objectif premier : organiser la collecte de témoignages de survivants des camps, d'insurgés des ghettos et de résistants juifs. Son but est d'abord modeste : recueillir cent témoignages, les publier pour informer la Pologne et le monde entier des crimes commis par les nazis contre les Juifs. Le travail est assumé par des bénévoles, mais un historien de métier est placé à sa tête : Philip Friedman (1901-1960), qui en assume la direction jusqu'en août 1946 et y joue un rôle moteur, avant de quitter ses fonctions pour s'occuper des programmes d'éducation destinés aux survivants du génocide dans les camps pour personnes déplacées de la zone d'occupation américaine en Allemagne, puis d'émigrer aux États-Unis en 1948. Cet homme, diplômé d'histoire des universités de Lvov et de Vienne, auteur en 1929 d'une thèse de doctorat sur « Les Juifs de Galicie à la conquête de leurs droits civiques (1848-1868) », peut être considéré comme le pionnier de l'histoire du *hurbn* pour laquelle il revendique d'emblée, dans la tradition créée par le YIVO, un caractère scientifique. Auteur d'un nombre impressionnant d'ouvrages, il est aussi le premier bibliographe du génocide avec son *Guide to Jewish History under Nazi Impact*[1] et ses deux bibliographies : *Bibliography of Books in Hebrew on Jewish Catastrophe and Heroism in Europe*[2] et *Bibliography of Yiddish Books on the Catastrophe and Heroism*[3]. Il fait partie de cette pléiade d'historiens, formés en Pologne, ayant d'abord tra-

1. Philip Friedman et J. Robinson, *Guide to Jewish History under Nazi Impact*, New York, Yad Washem Martyrs and Heroes Memorial, 1960.

2. Philip Friedman (éd.), *Bibliography of Books in Hebrew on the Jewish Catastrophe and Heroism in Europe*, Jérusalem/New York, Yad Vashem/Yivo Institute for Jewish Research, 1960.

3. Philip Friedman et Joseph Gar, *Bibliography of Yiddish Books on the Catastrophe and Heroism*, Jérusalem/New York, Yad Vashem/Yivo Institute for Jewish Research, 1962.

vaillé dans le cadre de la commission historique, avant d'essaimer, à des dates diverses, vers d'autres pays, venant animer les principaux centres de documentation et de recherches : Yad Vashem à Jérusalem pour Josef Kermisz, le YIVO à New York pour Isaiah Trunk et Lucjan Dobroszycki, le Centre de documentation juive contemporaine (CDJC) à Paris pour Adam Rutkowski.

En effet, en mars 1945, la Commission historique, devenue Commission historique auprès du Comité central des Juifs de Pologne, s'installe à Lodz et établit des antennes dans les principales villes du pays. Elle accumule une précieuse documentation sur les crimes commis par les Allemands ainsi que sur la résistance juive, fournit des pièces à conviction pour les procès, met aussi sur pied une bibliothèque et une photothèque, un musée et un centre de publications. Elle récupère les archives de Chaim Mordechai Rumkowski, le doyen du ghetto de Lodz. En septembre 1946, les recherches effectuées dans les ruines du ghetto de Varsovie aboutissent à la découverte de six boîtes en métal contenant des parties essentielles des archives Ringelblum. Un deuxième lot est retrouvé en 1950. Seul le troisième est resté perdu. Un mois plus tard, c'est la découverte dans le ghetto de Lodz d'une collection de rapports, de journaux intimes, d'ouvrages littéraires. Le travail historique proprement dit, avec la constitution d'une équipe d'historiens, commence en 1946. À la fin de cette même année, la décision est prise de transformer la Commission centrale en Institut historique juif, toujours auprès du Comité central des Juifs de Pologne, transformation qui se trouve précipitée par la reconstruction en mai 1947 du bâtiment de l'Institut des sciences du judaïsme, au 5 rue Tlomacka, à Varsovie. Nachman Blumental en devient le directeur, Josef Kermisz le secrétaire général. Parmi ceux qui le dirigent, on compte Isaiah Trunk.

C'est donc à ces historiens de Varsovie, tout à la fois yiddishophones et polonophones, que nous devons l'histoire du *hurbn*, une histoire écrite pour l'essentiel à Varsovie, à New York ou à Jérusalem, en yiddish, en hébreu ou en anglais et dont pratiquement rien n'est aujourd'hui accessible au public francophone. Une histoire centrée sur le monde juif et axée sur deux grands thèmes donnant lieu à d'importantes polémiques : le rôle des Conseils juifs et de la Résistance juive.

Les Conseils juifs

En 1963, Hannah Arendt publiait son ouvrage *Eichmann à Jérusalem. Rapport sur la banalité du mal*, traduit en 1966 en français. La polémique qu'il suscita fut considérable et tourna, entre autres, autour du thème de la «collaboration juive». «Pour un Juif, écrivait la philosophe, cette participation de responsables juifs à l'extermination de leur propre peuple est, sans aucun doute, le plus sombre chapitre de cette sombre histoire.» Ainsi, les débats qui avaient agité la rue juive pendant et après la guerre, quand certains membres des *Judenräte* et de la police juive avaient été déférés devant des jurys d'honneur, puis, après la création de l'État d'Israël, devant des tribunaux, étaient-ils portés sur la place publique.

La réponse principale aux assertions d'Hannah Arendt fut la publication de l'indispensable somme d'Isaiah Trunk, *Judenrat. The Jewish Councils in Eastern Europe under Nazi Occupation*[1]. Cette étude méticuleuse et érudite nous permet de connaître en détail ce que furent les Conseils juifs. La décision de créer un organisme juif par lequel faire transiter les ordres allemands dans les territoires polonais conquis est prise dès le 21 septembre 1939 par Reinhard Heydrich, comme il l'indique dans une lettre qu'il adresse aux chefs des Kommandos de la police spéciale. Le 28 novembre 1939, Hans Frank, qui vient d'être nommé à la tête du Gouvernement général, publie un décret précisant ce que doivent être les Conseils d'anciens *(Ältestenräte)* ou Conseils juifs *(Judenräte)*. Leur fonction principale est de transmettre aux populations juives les ordres des autorités allemandes et de veiller à leur stricte exécution. Plus tard, les Allemands imposent aux Juifs des autres pays qu'ils occupent des organismes similaires.

Les Conseils juifs ne furent pas identiques d'une ville à l'autre, d'un pays à l'autre. En Pologne, sauf exceptions, un Conseil juif est créé pour chaque ville, où les Juifs des campagnes environnantes et parfois d'autres pays (Allemagne ou Tchécoslovaquie)

1. Isaiah Trunk, *Judenrat. The Jewish Councils in Eastern Europe under Nazi Occupation*, New York, Macmillan et Londres, Collier-Macmillan, 1972.

sont regroupés : Lodz, Cracovie, Lublin ou encore Varsovie. Aux Pays-Bas ou en Hongrie, le Conseil juif a la charge de tous les Juifs du pays. La durée d'existence de ces organismes est variable, le record étant détenu par Lodz, rebaptisée Litzmannstadt (septembre 1939-août 1944). Si le mode de désignation de ses membres diffère aussi d'un endroit à l'autre, il se fait toutefois toujours sous la menace, accompagnée parfois de violence. Dans certains cas, ce sont les Allemands qui désignent membres et président, comme à Vilna ou à Minsk. Mais, le plus souvent, les membres des Conseils sont les dirigeants, laïques ou religieux, des communautés d'avant-guerre.

Les tâches incombant aux Conseils juifs sont de trois types. Celles d'abord qui sont la raison même de leur existence : pour l'essentiel, recensement de la population, fourniture de main-d'œuvre pour le travail forcé puis, en 1942, d'hommes, de femmes et d'enfants pour les déportations. Mais les Conseils juifs remplissent aussi des tâches d'assistance, d'aide médicale, d'organisation de la vie culturelle et religieuse, jouant ainsi le rôle des communautés de l'avant-guerre. Enfin, les Conseils se trouvent dans la situation d'administrer une population retranchée du monde, coupée de tous les circuits habituels de l'État ou des municipalités. À eux incombent donc, dans des conditions d'extrême pénurie, les tâches d'approvisionnement, d'organisation de la santé publique, de police et de logement. Le Conseil juif se trouve ainsi à la tête d'une véritable administration : en juin 1942, à la veille de la grande déportation, les 6 000 employés du Conseil de Varsovie gèrent une trentaine de départements. La situation tragique dans laquelle se trouvèrent leurs dirigeants ressort bien de la lecture du *Journal* d'Adam Czerniakow[1], le président du Conseil juif de Varsovie qui se suicida le 23 juillet 1942, au moment de la « grande déportation », laissant un mot à sa femme : « On veut que je tue de mes propres mains les enfants de mon peuple. »

1. Adam Czerniakow, *The Warsaw Diary of Adam Czerniakow : prelude to doom*, éd. Raul Hilberg, Stanislaw Staron et Josef Kermisz, New York, Stein and Day, 1979.

Le travail considérable d'Isaiah Trunk met en lumière l'aporie où se trouvèrent les communautés juives plongées dans une situation inextricable, ignorant ce que nous savons aujourd'hui : que les Juifs étaient destinés à être assassinés. Les Conseils juifs furent parfois un des rouages de la machine bureaucratique nazie et, en tant que tels, participèrent à la Solution finale. Avec le recul et la connaissance que nous avons aujourd'hui, les efforts considérables qu'ils firent, notamment en 1941 quand les Juifs mouraient de faim par dizaines de milliers dans les ghettos, pour assurer un peu de nourriture, d'hygiène et de soins médicaux, bref pour leur permettre de survivre en attendant la fin de la guerre, paraissent voués à l'échec. Pourtant ce serait un anachronisme de penser que leur destin était alors scellé : la décision d'extermination systématique, nous l'avons vu, n'était pas encore prise par les nazis.

Mais, surtout, ce n'est pas l'absence ou l'existence d'un Conseil juif qui est décisive. 900 000 Juifs furent assassinés dans des lieux de l'URSS où il n'existait plus aucune communauté organisée. La diversité des Conseils juifs et de l'attitude de leurs membres pesa bien peu. Comme l'écrit l'historien Randolph L. Braham, auteur par ailleurs d'une monumentale histoire des Juifs de Hongrie pendant la Seconde Guerre mondiale, « le destin des Juifs fut le même à Varsovie, où Adam Czerniakow préféra se suicider plutôt que de collaborer aux déportations imminentes, qu'à Lodz, où Chaim Rumkowski avait cru à la possibilité d'un "salut par la coopération et le travail" ; à Bialystok, où Ephraim Barash appuyait la Résistance, qu'à Minsk où Ilya Moshkin y prit part. Leur destin fut aussi le même en Slovaquie, où les dirigeants juifs tentèrent d'acheter les SS pour réaliser ce qu'on appelait "le plan Europa", qu'en Hongrie (Budapest exceptée), où ils utilisèrent des techniques qui avaient fait leurs preuves pour gagner une course désespérée contre le temps. »

En France, contrairement aux assertions de certains témoins historiens, il n'y eut pas de *Judenrat*. L'UGIF (Union générale des Israélites de France), créée en novembre 1941 par le gouvernement de Vichy, sur ordre des Allemands, ne fut jamais chargée d'appliquer aux Juifs les ordonnances allemandes. Elle ne participa ni au processus d'arrestation ni aux déportations. Elle ne fournit aucune liste aux nazis, et on n'a jamais trouvé la moindre trace de collaboration aux arrestations. Elle ne constitua pas non plus de police juive. De sa création à sa dissolution, elle ne représenta jamais la totalité du judaïsme de France, le Consistoire notamment refusant d'y entrer. Elle resta principalement une organisation d'assistance et de bienfaisance.

La Résistance juive

Tout comme la question du *Judenrat*, celle de la Résistance juive a suscité de multiples débats, plus moraux et idéologiques que proprement historiographiques. La recherche, impulsée en très grande partie par des survivants qui furent souvent des combattants, est parfois restée prisonnière d'une vision manichéenne des événements et des hommes, marquée du désir de garder l'équilibre entre les victimes et les héros. Cette même volonté d'associer héros et martyrs, voire de mettre l'accent sur les héros, est sensible dans la construction de la mémoire du génocide. Dans la diaspora, en France comme aux États-Unis, le jour anniversaire du soulèvement du ghetto du Varsovie, le 19 avril 1943, est la commémoration majeure. En Israël, la journée de deuil national, instituée le 12 avril 1951 par la Knesset, s'intitule *Yom ha-zikkaron la-shoah ve-la-gevurah* («Journée de souvenir de la *shoah* et de l'héroïsme»). Fixée au 27 Nissan, pendant la période de l'*Omer*, jours de deuil pour le peuple juif depuis l'Antiquité, elle se situe entre le jour anniversaire du soulèvement du ghetto de Varsovie et celui du souvenir des morts de Tsahal. La cérémonie d'ouverture se déroule sur l'esplanade de Yad Vashem et, depuis 1975, au pied de la copie du *Monument au peuple juif, à ses héros et à ses martyrs*, dû au sculpteur Nathan Rapoport et installé à Varsovie sur l'emplacement du ghetto pour le cinquième anniversaire de l'Insurrection, le 19 avril 1948. Ce monument est d'ailleurs emblématique de l'ambivalence de cette commémoration : sur le mur occidental, ouvert sur la grande place, sept figures de héros coulées dans le bronze. L'autre face est celle des martyrs. Sculptées dans la pierre, douze figures représentant les Juifs de l'exil, courbés, résignés à leur destin. Le souvenir des héros permet de réintégrer les Juifs dans l'humanité combattante, et par là même dans l'humanité dont le nazisme avait voulu les retrancher. Les héros de Varsovie ont, selon leur propre formule, reprise d'ailleurs dans la loi israélienne créant le jour du souvenir, « sauvé l'honneur juif ».

Que fut donc cette Résistance juive dont on célèbre les héros ? Elle pose, d'emblée, un double problème de définition. Qu'est-ce que la Résistance ? Est-ce que l'épithète « juive » en change la substance ?

La Résistance – tous les historiens en sont d'accord – est un phénomène inédit lié à la nature de la Seconde Guerre mondiale. Mais au-delà de cet accord les définitions divergent quant à ce qu'elle recouvre. Lutte patriotique contre l'occupant ? Lutte idéologique contre le nazisme ou le fascisme ? Lutte armée seule ? Résistance civile ? Si l'on accepte l'ensemble des définitions, on constate que les Juifs participèrent à toutes ces formes de résistance. Un grand nombre lutta dans les unités de partisans de Tito, dans celles, régulières, de partisans attachés à l'Armée rouge. En décembre 1941, les Soviétiques forment au sein de l'Armée rouge une division d'infanterie lituanienne composée de réfugiés lors de l'invasion nazie. Dov Levin note qu'au départ les Juifs constituent la moitié de ses effectifs, que l'on y parle yiddish et que l'on y respecte la pratique religieuse[1]. Devant cette situation, les commissaires politiques soviétiques de cette unité incluent dans leur message politique sur la guerre des informations sur la destruction des Juifs d'Europe. Dès le mois d'août 1941, d'ailleurs, Radio-Moscou avait diffusé de par le monde l'appel de Dovid Bergelson : « Si pour tous les peuples opprimés l'hitlérisme est synonyme d'esclavage, de persécution et de guerre, il signifie pour nous, Juifs, une extermination complète. [...] La question même de l'existence du peuple juif est aujourd'hui posée dans toute son ampleur ; il s'agit de la vie ou de la mort de notre peuple. » En avril 1942 est fondé le Comité juif antifasciste qui publie un journal, *Eynikeyt (L'Unité)*, rendant compte des atrocités nazies. Shimon Redlich montre comment y fut exaltée la contribution des Juifs à l'effort

1. Dov Levin, *Fighting Back: Lithuanian Jewry's Armed Resistance to the Nazis, 1941-1944*, New York/Londres, Holmes & Meier, 1985.

de guerre et leurs prouesses militaires[1]. En France, indique André Kaspi, tous les mouvements de Résistance ont compté des Juifs, en nombre non négligeable[2]. Parmi les tout premiers compagnons du général de Gaulle, René Cassin, Pierre Mendès France ou encore Raymond Aron ; à Combat, Léo Hamon. Chez les communistes, Kriegel-Valrimont et Pierre Villon, fils du rabbin Ginsburger, tous deux responsables du COMAC, le Comité d'action militaire du Conseil national de la Résistance.

Pourtant, il serait contraire à la vérité, dans le cas des Juifs soviétiques comme de ceux participant aux divers mouvements de Résistance, de parler de Résistance juive. Résistants, ces hommes le furent, combattant le nazisme. Pour eux, comme pour les Alliés, le sort des Juifs dépend de l'issue de la guerre. Qu'arrive la victoire, et les Juifs sont sauvés. En aucun cas, car, même si le génocide est utilisé, constamment rappelé pour inciter les Juifs à combattre, comme dans le cas du Comité juif antifasciste en URSS, ou en France, chez les résistants de la sous-section juive du parti communiste, leurs actions de lutte concernent peu les Juifs.

Pour définir le terme « Résistance » appliqué aux Juifs pendant la Seconde Guerre mondiale, il est indispensable de revenir au sens propre du terme : « Action par laquelle on essaie de rendre sans effet une action dirigée contre soi. » Ainsi Yehuda Bauer définit-il la résistance juive comme « toute action de groupe cherchant consciemment à s'opposer à des lois connues ou présumées, aux entreprises et aux projets contre les Juifs conçus par les Allemands et leurs alliés ». Il plaide, d'autre part, pour une approche globale de cette Résistance : « Il faut garder le corps attaché à l'âme », c'est-à-dire affirmer une existence juive tout à la fois physique, morale et spirituelle[3].

---

1. Shimon Redlich, *Propaganda and Nationalism in Wartime Russia: the Jewish Anti-fascist Committee in the USSR, 1941-1948*, Boulder, East European Monographs, 1982.

2. André Kaspi, *Les Juifs pendant l'Occupation*, Paris, Seuil, 1991.

3. Yehuda Bauer, *They Chose Life: Jewish Resistance in the Holocaust*, New York, Amer Jewish Committee, Institute of Human Relations, 1973.

Ainsi peut-on distinguer deux types de résistance juive : la première, armée ; la seconde, morale et spirituelle.

La mise sur pied des organisations juives de Résistance, pour ne prendre que l'exemple des ghettos, eut lieu en 1942. Elles furent essentiellement constituées par les membres des mouvements de jeunesses, sioniste, bundiste ou communiste. Ainsi, c'est en octobre 1942, après la déportation vers Treblinka de plus de 300 000 habitants, que naît dans le ghetto de Varsovie l'Organisation juive de combat (OJC), qui mène ses premières actions le 18 janvier 1943. Le 19 avril 1943, les troupes du général SS Jürgen Stroop pénètrent dans le ghetto pour le liquider. Les membres de l'OJC – cinq cents peut-être –, avec à leur tête un militant de l'*Hashomer Hatsair*, Mordechai Anielewicz, ouvrent le feu, obligeant les deux mille soldats de Stroop à se replier. Les combats durent trois semaines, premier exemple d'une insurrection urbaine dans l'Europe occupée. Finalement, les Allemands incendient le ghetto maison par maison. Une résistance sporadique se manifeste encore pendant un mois. L'impact du soulèvement est plus symbolique que militaire : les pertes SS furent minimes. Mais des troupes allemandes équipées comme au front avaient été tenues en échec par une poignée d'hommes mal armés.

Si l'insurrection du ghetto de Varsovie reste la principale action armée en Pologne, d'autres eurent lieu dans plus de vingt ghettos, notamment ceux de Bialystok, de Kovno, de Minsk et de Vilna. Ces actions permirent à un certain nombre de Juifs de s'établir dans les forêts et de constituer des groupes de partisans. Ainsi, Shmuel Krakowski a découvert plus de trente groupes de partisans dans le Gouvernement général. Des révoltes éclatèrent aussi dans les camps, notamment à Treblinka et à Sobibor. À Auschwitz-Birkenau, en octobre 1944, les détenus qui travaillaient au *Sonderkommando* firent sauter une des chambres à gaz couplée au crématoire.

Des organisations de Résistance eurent pour seul objet de sauver les Juifs, tentant soit de les cacher sur place, soit de les envoyer en Palestine. Ainsi, le Centre juif, équivalent du *Judenrat*, opérant sous les auspices du gouvernement slovaque, constitua un groupe de travail qui mit sur pied un vaste réseau d'informations sur ce qui se passait dans les camps et une filière de passage vers Budapest. En Hongrie fut fondé, au sein du *Judenrat*, un comité d'aide et de secours à destination des réfugiés venant de Slovaquie et de Pologne, les aidant à poursuivre leur route vers la Palestine. En France, plusieurs organismes, dont l'OSE (Œuvre de secours à l'enfance), se fixèrent la tâche de sauver les enfants, leur trouvant des lieux d'accueil ou les faisant passer en Suisse ou en Espagne.

C'est dans les ghettos que se manifesta le mieux la résistance morale et spirituelle. Partout, les Juifs mirent sur pied des soupes populaires, des dispensaires, une presse clandestine, des théâtres, des écoles, des bibliothèques publiques, des *yeshivot*. À Varsovie fut établie une faculté de médecine clandestine où furent menées des recherches systématiques sur les effets de la faim. Mais surtout, phénomène unique dans l'histoire, les ghettos écrivent, les ghettos archivent. Beaucoup tiennent leur journal, comme ceux de Chaim Kaplan ou d'Abraham Lewin qui nous sont parvenus. Pourtant, le projet le plus vaste et le plus original est celui d'Emanuel Ringelblum.

Enseignant, militant sioniste, Emanuel Ringelblum est un historien confirmé. Très vite, il rédige sa propre chronique de la vie des Juifs de Varsovie, puis constitue des équipes chargées de rassembler tout ce qui concerne le ghetto. C'est l'*Oneg shabbat*, l'« Allégresse du shabbat », nom qu'il donne à ces archives et à cette organisation de Résistance d'un type spécial. Très tôt conscient de la volonté exterminatrice des Allemands, le travail de Ringelblum devient un acte historique pur, une adresse à la postérité. Les deux parties des archives, placées dans des bidons ou des caisses métalliques, puis enterrées, qui ont été retrouvées, contenaient des matériaux précieux : presse clandestine dans sa quasi-totalité, correspondance et documents des organisations politiques, documentation sur l'Organisation juive de combat, qui constituent une source majeure pour l'histoire du ghetto. Mais c'est aussi un acte de résistance puisqu'il permit de conserver la trace de ce peuple destiné à être effacé sans laisser de traces.

3.

Serge Klarsfeld, l'archive au cœur[1]

[2002]

Depuis 1968, Serge Klarsfeld poursuit inlassablement les responsables de l'extermination, tout en construisant une œuvre unique : le Mémorial de la déportation des Juifs de France, nom par nom, convoi par convoi.

L'ensemble est impressionnant : quatre forts volumes, plus de sept mille pages, ce qu'il faut bien appeler, faute d'appellation contrôlée, une œuvre d'historien, même si cette œuvre, comme l'homme, est inclassable dans les catégories académiques.

Tout a été dit, écrit, filmé de Serge Klarsfeld et sa famille, entrés dans la légende de leur vivant. L'arrestation du père, d'abord, moment fondateur de l'œuvre et de l'engagement. Serge a alors huit ans. Ses parents Arno et Raïssa, avec leurs deux enfants, ont trouvé refuge à Nice, dans la zone occupée par les Italiens qui protègent les Juifs, de Vichy comme des Allemands. Dans une penderie de l'appartement, le père, lucide, a aménagé une cache.

Reportons-nous au *Calendrier de la persécution des Juifs de France. Septembre 1942-août 1943*, page 1 657. Le 10 septembre 1943, après que les Italiens ont signé un armistice séparé, la Gestapo

1. « Serge Klarsfeld, l'archive au cœur », article publié dans *L'Histoire*, n° 261, 2002.

antijuive – c'est-à-dire le commando spécial d'Aloïs Brunner qui a quitté le camp de Drancy début septembre et attend à Marseille – fait son entrée à Nice. Les Juifs sont alors systématiquement recherchés, arrêtés.

Lorsque la Gestapo arrive chez les Klarsfeld, le père installe la famille derrière la cloison en contreplaqué de la penderie, ouvre la porte, explique à l'Allemand que la famille est à la campagne, le suit puis, profitant d'un moment d'inattention, revient chercher ses clés, embrasse la main de sa femme, et part. Déporté à Auschwitz, il n'en reviendra pas. Cette scène, Serge Klarsfeld l'a souvent racontée. L'émotion intacte.

Les vivants sont comptables des morts

L'enfant a déjà le goût de l'histoire. À cinq ans, hospitalisé à Guéret, dans la Creuse, un ouvrage illustré en couleurs sur Charlemagne et les Lombards le fait rêver. Au lycée Claude-Bernard, l'histoire est sa matière préférée. Après le bac, il entre en hypokhâgne au lycée Henri-IV. Les difficultés en thème latin, son refus de la géographie le convainquent qu'il n'intégrera jamais l'École normale supérieure. Alors, il s'inscrit à la Sorbonne, en licence d'histoire, et à l'Institut d'études politiques, soutient son diplôme d'études supérieures, l'ancêtre de notre maîtrise. Mémoire principal : « La Perse et les grandes puissances de 1907 à 1914 ».

Ce sont des années solitaires, celles de grands voyages en autostop en Scandinavie, en Grèce, en Turquie, en Israël. Des années de persécution, il n'a jamais été question, même entre enfants de déportés, comme avec son condisciple à Claude-Bernard, l'écrivain Georges Perec.

Elles existent pourtant, comme en toile de fond. Alors qu'il est interne au lycée de Châteaudun en 1948, une des périodes malheureuses de sa vie, il suit l'actualité de Palestine avec passion. Il est présent en 1953, lors de la pose de la première pierre du Mémorial du martyr juif inconnu, comme lors de son inauguration en 1956.

Pupille de la nation, il est dispensé de guerre d'Algérie et fait son service militaire au ministère des Armées. En 1963, il entre à l'ORTF où il sera, un temps, administrateur aux émissions historiques. Il démissionne en 1966 : « L'ORTF était à la botte du pouvoir. Les émissions prévues pour les anniversaires de Budapest et de Suez réduites en raison du double rapprochement avec le monde arabe et l'Europe de l'Est. » Cette connaissance intime du fonctionnement des médias ne lui sera pas inutile.

Il rencontre Beate en 1960, jeune Allemande débarquant comme fille au pair à Paris. Alors qu'elle est enceinte, qu'à son tour il va être père, Serge Klarsfeld ressent cruellement l'absence de son propre père ; son fils se prénommera Arno.

Il se rend seul à Auschwitz. « Ce fut un choc. Certains avaient survécu, d'autres non. Il fallait faire quelque chose. » Les vivants sont comptables des morts. À son retour, il se rend au Centre de documentation juive contemporaine, à Paris, pour connaître le destin de son père. C'est son premier contact avec les archives de la persécution, bouleversant.

L'émotion n'a pas été émoussée par une longue pratique. « C'est un saut dans le temps. Je ressens les émotions que d'autres ont éprouvées. C'est une aventure merveilleuse d'entrer dans un centre d'archives, d'ouvrir un carton, surtout si personne ne l'a ouvert. Dès que l'on porte le regard sur les noms, ce sont comme des oiseaux prisonniers ou comme un démon dans une bouteille que l'on libère. Quelque chose qui était fermé s'ouvre. C'est l'aventure. »

Car l'archive chez Serge Klarsfeld – même s'il omet en général d'en indiquer la cote – participe de l'aventure. Chacun de ses ouvrages est lié à un combat dont les ingrédients sont finalement toujours les mêmes : dénonciation d'une injustice ou d'un criminel impuni au moyen de l'archive et grâce aux médias. Les archives sont une arme. Nous sommes loin du métier d'historien tel que Marc Bloch le décrit.

Premier travail, premier combat : de la campagne lancée en 1968 par Beate Klarsfeld contre le chancelier allemand Kurt Georg Kiesinger, ancien responsable de la propagande radiophonique du IIIe Reich, on a retenu la gifle retentissante de la jeune femme à l'homme politique, son procès, son emprisonnement, la mobilisation de la jeunesse allemande. On a oublié l'ouvrage publié grâce au travail d'un des historiens les plus productifs du Centre de documentation juive contemporaine, Joseph Billig.

Second combat: obtenir le jugement et la condamnation des principaux responsables nazis de la déportation ayant sévi en France, Kurt Lischka, Herbert Hagen, Ernst Heinrichsohn. Ils seront jugés à Cologne en 1980. Serge et Beate publient alors l'ouvrage de Billig, *La Solution finale de la question juive*[1], auquel Serge a collaboré. Mais, surtout, il met en chantier le Mémorial de la déportation des Juifs de France: la liste convoi par convoi, avec les noms, les prénoms, les dates et les lieux de naissance des déportés. Les familles dont les morts n'avaient pas de sépulture connaissent enfin le destin des leurs. Se tisse alors un lien très particulier entre Serge Klarsfeld et une partie des Juifs de France. Avec le Mémorial des enfants, il tente de redonner non seulement une identité, mais aussi un visage aux onze mille enfants déportés de France et assassinés dans les chambres à gaz d'Auschwitz-Birkenau.

Rendre vie et figer le dernier instant. Il y a du démiurge chez Serge Klarsfeld, qui détient le pouvoir symbolique de ressusciter les morts. Puis ce sera l'enlèvement et le procès de l'ancien chef de la Gestapo de Lyon Klaus Barbie, en 1987, celui de Paul Touvier, chef régional de la Milice du Rhône 1994, celui de Maurice Papon, en 1998.

En 1997, il est appelé à participer à la Mission d'études sur la spoliation des biens des Juifs de France, avec une obsession: faire reconnaître pour les orphelins des déportés juifs une indemnisation – sa proposition a été retenue par le gouvernement de Lionel Jospin en juillet 2000.

Sa soif de documentation reste infinie. Serge Klarsfeld publie avec Jean Ancel, lui aussi originaire de Roumanie, douze volumes consacrés au sort des Juifs roumains. Puis ce sont six volumes sur le destin des Juifs de Grodno en Biélorussie...

---

1. Joseph Billig, *La Solution finale de la question juive. Essai sur ses principes dans le IIIe Reich et en France sous l'Occupation*, éd. par S. et B. Klasfeld, Paris, 1977; réédité par l'association des Fils et Filles des déportés juifs de France en 2012.

L'homme, même s'il fait corps avec sa famille et ses « troupes » d'une fidélité à toute épreuve – l'association des Fils et Filles de déportés, ce qu'il n'a cessé d'être lui-même –, reste un solitaire têtu et inflexible, sûr de ses causes et de son droit, parfois aux dépens du droit.

Aujourd'hui, il est comme apaisé. Il a gagné tous ses combats : historique, judiciaire et matériel. Il n'aspire qu'à une chose – retourner à ses amours anciennes, l'archéologie, la renaissance, l'Italie et la Grèce, lire autre chose que les archives de la mise à mort, des biographies, comme celle de Rimbaud, *« ne pas mourir idiot »*. En Italie, de préférence.

4.

La Destruction des Juifs d'Europe de Raul Hilberg : le livre de référence sur le « comment » de la « Solution finale »[1]

[2007]

L'auteur

Né à Vienne en juin 1926 dans une famille juive, Raul Hilberg fuit en 1939, avec ses parents, l'Autriche rattachée au IIIe Reich pour les États-Unis. En 1945, il appartient aux troupes qui occupent Munich et découvre, au quartier général du parti nazi, les soixante caisses de la bibliothèque personnelle de Hitler. Étudiant en sciences politiques à l'Université Columbia (New York), il suit les cours d'histoire des Juifs de Salo Baron et ceux du politiste immigré d'Allemagne Franz Neumann, qui accepte sans enthousiasme de diriger sa thèse sur *La Destruction des Juifs d'Europe*. Ce sujet ne le quittera plus. En 1956, un an après sa soutenance, il obtient un poste à l'Université du Vermont où il fait toute sa carrière. En 1994, il publie ses souvenirs sous le titre *La Politique de la mémoire*. Il meurt le 4 août 2007.

1. « *La Destruction des Juifs d'Europe* de Raul Hilberg : Le livre de référence sur le "comment" de la "Solution finale" », article publié dans *L'Histoire*, n° 326, 2007.

La thèse

Il a bien sûr écrit aussi *Exécuteurs, victimes, témoins*[1] et *Holocauste : les sources de l'histoire*[2]. Mais Raul Hilberg est d'abord l'homme d'un livre, sans cesse repris et augmenté : *La Destruction des Juifs d'Europe*. La dernière édition, que seule la mort de l'auteur rend désormais définitive, est parue en français en 2006 et comporte quelques pages sur le Rwanda[3].

Ce « livre encyclopédique » est le fruit de la rencontre entre le modèle théorique développé par Franz Neumann dans *Béhémoth* (1944) et une quantité impressionnante d'archives allemandes. Sous le national-socialisme, a montré Neumann, la société allemande était organisée en quatre groupes centralisés (le service public, l'armée, l'industrie et le parti nazi), « chacun opérant sous une direction, chacun avec son propre pouvoir législatif, administratif et judiciaire ». Tous, les bureaux chargés de recenser, ceux de transporter, ou encore les SS dépendants du parti nazi, ont participé à la « Solution finale » et constituent « l'appareil de destruction ».

Hilberg résume à trois étapes le processus de destruction : la définition des Juifs, leur concentration et leur anéantissement que le politiste divise en deux grands ensembles, « les opérations mobiles de tuerie », ces massacres itinérants commis avec l'invasion de l'Union soviétique en juin 1941, et les « centres de mise à mort ».

L'histoire de *La Destruction des Juifs d'Europe* est liée à celle de sa réception. Hilberg fut, comme Léon Poliakov, un pionnier solitaire. La première édition de son travail ne fut publiée qu'en 1961. Il avait fallu pour cela que le procès Eichmann déclenche l'intérêt pour le génocide des Juifs. La notoriété et les traductions viennent dans les années 1980.

---

1. Raul Hilberg, *Exécuteurs, victimes, témoins : la catastrophe juive, 1933-1945*, trad. de l'anglais par Marie-France de Paloméra, Paris, Gallimard, 1994.

2. *Id.*, *Holocauste : les sources de l'histoire*, trad. de l'anglais par Marie-France de Paloméra, Paris, Gallimard, 2001.

3. *Id.*, *La Destruction des Juifs d'Europe*, Paris, Fayard, 1988 ; rééd. Gallimard, « Folio histoire », 2006, 3 vol.

Que reste-t-il ?

La Destruction des Juifs d'Europe demeure l'ouvrage de référence sur la « Solution finale ». Certes, le schéma établi par Hilberg semble désormais réducteur dans sa rigidité, mais la somme d'informations que recèle *La Destruction* reste inégalée.

Malgré lui, Hilberg a été entraîné dans la polémique suscitée par l'ouvrage d'Hannah Arendt, *Eichmann à Jérusalem* (1963). La philosophe s'est inspirée d'Hilberg pour la rédaction de son ouvrage, tout en le caricaturant. Là où elle voit en Eichmann un bureaucrate allemand insignifiant, Hilberg connaît l'ampleur de ce que ce dernier a accompli. Quand elle accuse les « Conseils juifs », mis en place par les nazis, de coopération dans la destruction, Hilberg est plus nuancé, montrant qu'ils poursuivaient des stratégies d'adaptation qui avaient été celles de l'ensemble des Juifs au cours des persécutions antérieures.

Hilberg représente un courant historiographique qui, comme le Poliakov de *Bréviaire de la haine*[1], se préoccupe des exécuteurs. Aujourd'hui, l'accent est souvent mis sur le récit des victimes et les violences dont elles furent l'objet. Il fallut attendre une autre somme, celle de Saul Friedländer, avec le premier volume de *L'Allemagne nazie et les Juifs*[2] pour que soient réunis dans la même histoire les nazis et leurs victimes.

---

1. Léon Poliakov, *Bréviaire de la haine*, Paris, Calmann-Lévy, 1951.
2. Saul Friedländer, *L'Allemagne nazie et les Juifs*, t. 1, *Les années de persécution, 1933-1939*, Paris, Seuil, 1997.

5.

La quête de Saul Friedländer[1]

[2008]

Avec le second tome de *L'Allemagne nazie et les Juifs*[2] (Le Seuil), Saul Friedländer achève une œuvre originale et puissante qui mêle, pour la première fois, récits des victimes et des bourreaux pour tenter de comprendre l'inexplicable. Une interrogation qui n'a cessé de le hanter et qui est intimement liée à son propre itinéraire.

L'auteur

En 1978, quand Saul Friedländer publie en français, la langue qui devint la sienne pendant les années d'Occupation, *Quand vient le souvenir*[3]..., il est déjà un historien reconnu. Ces Mémoires d'un homme dans la force de l'âge – quarante-cinq ans, l'âge de son père au moment de sa disparition –, « né à Prague au plus mauvais moment possible, dix mois avant l'arrivée de Hitler au

1. « La quête de Saul Friendländer », article publié dans *L'Histoire*, n° 329, 2008.

2. Saul Friedländer, *L'Allemagne nazie et les Juifs*, t. II, *Les années d'extermination, 1939-1945*, trad. P.-E. Dauzat, Paris, Seuil, 2008.

3. *Id.*, *Quand vient le souvenir*..., Paris, Seuil, 1978.

pouvoir[1] », ne sont pas à proprement parler un essai d'ego-histoire. À travers ce récit écrit à Jérusalem où il vit alors, Saul Friedländer part à la recherche d'une cohérence perdue, d'une vie brisée par l'irruption du nazisme dans une famille de la petite bourgeoise pragoise, certes juive, mais assimilée. De son travail d'historien, passé et futur, il ne dit presque rien. Pourtant, tout du style et de la quête historique de l'homme est contenu dans ce beau récit.

Au moment de l'offensive allemande de mai 1940, la famille, qui a fui Prague pour Paris l'année précédente, se réfugie à Néris-les-Bains, dans l'Allier, non loin de Montluçon, sorte de « Vichy en plus petit, moins le gouvernement et plus les Juifs[2] ». Elle y vit deux années, avant que la mère, trente-sept ans, le père, quarante-cinq ans, cachent l'enfant âgé de dix ans dans une institution catholique et tentent de passer en Suisse. Refoulés à la frontière, livrés aux forces de l'ordre françaises, tous deux sont déportés par les Allemands à Auschwitz.

Des questions taraudent Saul Friedländer. « Quel aveuglement les a ainsi menés, d'erreur en erreur, jusqu'au terme ? Quel obscur destin ? » Il essaie alors de comprendre, de se mettre à leur place, d'imaginer ce qu'il aurait fait. En vain[3]. Souvent, à Néris, le « père sombrait dans une sorte de tristesse silencieuse. Il allait s'asseoir sur un banc, toujours le même, près du viaduc. Il y restait longuement. En repensant à mon père immobile dans la lumière tombante quand parfois, après l'école, je courais le rejoindre, il m'arrive de souhaiter qu'il n'ait pu réfléchir, qu'il fût trop fatigué pour le faire. Sinon, il ne pouvait qu'admettre l'évidence : sa foi en une assimilation complète avait été trompée ; sa méconnaissance du nazisme totale ; sa confiance en la France ridicule. Nous aurions dû être en Palestine ou en Suède comme mes oncles et ma grand-mère, pour le moins hors de la portée de Hitler. Mais, le pire sans doute, c'était d'attendre désormais, réduits à une complète passivité ».

---

1. *Ibid.*, p. 13.
2. *Ibid.*, p. 52.
3. *Ibid.*, p. 54.

Saul Friedländer s'interroge sur ce qu'aurait pu faire son père. « Rien ne dépendait plus de lui : se cacher mieux encore relevait de la bonne volonté des autres ; fuir également ; se révolter n'avait aucune signification pour les quelques Juifs épars qui voyaient se refermer l'étau. À qui s'attaqueraient-ils ? Aux gendarmes de Néris ? Même l'acceptation stoïque du malheur était impossible : comment admettre avec résignation le malheur probable des autres, celui de l'enfant qui justement arrive en courant au bout du chemin, tout essoufflé et, de loin, annonce la grande nouvelle : une bonne note à l'école ou une grosse cueillette de pissenlit ?

« Quoi qu'il fît, mon père était pourchassé pour ce qu'il avait refusé de rester : un Juif. Ce qu'il voulait devenir, un homme comme les autres, lui était enlevé, sans possibilité de recours. On lui refusait le droit de vivre et il ne savait plus même au nom de quoi mourir. Bien plus qu'une impossibilité d'agir, son dénuement devenait une impossibilité d'être[1]. »

L'ensemble des questions que l'historien pose à l'histoire sont rassemblées dans ces quelques lignes : la nature du nazisme ; le comportement des sociétés où vivent les Juifs vis-à-vis des persécutés ; le contraste entre les persécutions et une vie qui continue malgré tout, avec ses joies et ses peines ordinaires ; l'aporie dans laquelle se trouvent les victimes quand il leur est impossible de se cacher, des victimes à qui est refusé le droit de vivre parce qu'elles sont juives et qui, pour certaines d'entre elles, ne trouvent dans cette judéité imposée aucune raison de mourir.

Ce sont ces mêmes interrogations qui se trouvent au cœur de son dernier ouvrage, *L'Allemagne nazie et les Juifs*, dont le second tome traitant des années d'extermination (1939-1945) paraît dix ans après le premier volume. « L'histoire de la Shoah, écrit l'historien dans la préface, ne saurait se limiter à rapporter les politiques allemandes, les décisions et les mesures qui ont débouché sur le génocide le plus prolongé et le plus systématique ; elle doit inclure les réactions, et parfois les initiatives, du monde environnant, mais aussi les attitudes des victimes, pour la raison, fondamentale, que les événements que nous appelons la Shoah représentent une

1. *Ibid.*, *cit.*, p. 57.

totalité définie par cette convergence même d'éléments distincts. » Entre la publication de *Quand vient le souvenir...* et ce second tome de ce qui constitue le chef-d'œuvre de Saul Friedländer, une trentaine d'années ont passé, une lente maturation qu'illustre en quelque sorte la phrase tirée du *Golem* de Gustav Meyrink : « Quand vient la connaissance, le souvenir vient aussi, progressivement. Connaissance et souvenir sont une seule et même chose... » Car l'œuvre de Saul Friedländer répond à trois impératifs enchevêtrés : connaître, comprendre, se souvenir.

Pavel, Paul, Paul-Henri, Saul – les variations du prénom attestent les variations ou les confusions d'une identité – vit les dernières années de la guerre caché dans des institutions catholiques, à Montluçon (Allier) d'abord, envisageant même d'entrer au séminaire. Il y renonce lorsqu'un prêtre lui fait prendre conscience tout à la fois qu'il est juif et que ses parents ne reviendront pas.

Alors qu'il est en pension au lycée Henri-IV à Paris, il décide de partir pour Israël après la proclamation de l'État par Ben Gourion, le 14 mai 1948. Le 4 juin, il quitte subrepticement son lycée, à la veille de passer son premier bac. Sa famille politique est, et restera, plutôt à gauche, mais c'est avec le Betar (mouvement sioniste de droite) que son jeune âge ne rebute pas (il a quinze ans), et pour rejoindre l'organisation armée Irgoun, qu'il s'embarque clandestinement sur l'*Altalena*. Ce bateau est attaqué et détruit au large de Tel-Aviv par les forces du gouvernement provisoire de Ben Gourion parce qu'il rompait la première trêve de la guerre israélo-arabe. Le jeune Friedländer en réchappe. Devenu Saul, il pense avoir trouvé une patrie. Il travaille quelques années pour Nahum Goldmann, président du Congrès juif mondial, dont il est le secrétaire politique, avant d'opter pour une carrière universitaire.

Sa thèse, « Le facteur américain dans la politique militaire et étrangère de l'Allemagne, 1939-1941 », soutenue en 1963 à l'Institut des hautes études internationales de Genève, est un travail classique d'histoire des relations internationales, même si les travaux portant sur l'Allemagne nazie ne sont pas légion au début des années 1960. Elle est publiée sous le titre *Hitler et les États-Unis* à Genève, chez Droz, en 1964 et, en France, au Seuil, en 1966.

Mais ce sont deux autres ouvrages qui lui assurent, à trente ans, sa notoriété d'historien. Le premier – qui est aussi sa première publication – est né tout à la fois du hasard et de l'air du temps, peut-être aussi de son long passage dans une institution catholique. À Bonn, alors qu'il travaille dans les archives, Saul Friedländer tombe sur un curieux dossier concernant Pie XII. En 1941, le pape avait fait savoir qu'il serait heureux d'entendre dans les appartements pontificaux des instrumentistes de l'opéra de Berlin venus jouer *Parsifal* de Wagner à Rome : « Cela m'a choqué, explique Saul Friedländer. Je ne m'étais jamais vraiment posé avec cette ampleur la question du "silence" de Pie XII. Et puis, il y avait son bizarre désir, en pleine guerre, d'entendre dans le haut lieu du catholicisme une œuvre fort peu catholique. Une nouvelle fois – et cela s'est produit si souvent ! – je me heurtais aux erreurs d'appréciation, parfois inimaginables, des principaux acteurs de ce temps[1]. »

Cette même année 1963, la pièce de Rolf Hochhuth, *Le Vicaire*, est créée à Berlin-Est par Erwin Piscator[2]. Le dramaturge met en scène, pour la première fois, l'hypothèse de l'indifférence du pape vis-à-vis de la Shoah. Le scandale est immédiat et mondial.

Dès lors, la polémique sur les silences de Pie XII se déchaîne. Elle ne quittera ni la scène publique ni la réflexion de Saul Friedländer, dont le livre *Pie XII et le IIIe Reich* est publié au Seuil en 1964.

La pièce de Rolf Hochhuth met aussi en scène un personnage complexe, Kurt Gerstein, qui inspire à Saul Friedländer un nouveau livre remarqué de l'historien, toujours écrit en français[3]. Kurt Gerstein, protestant profondément religieux, était un spécialiste de la désinfection au service d'hygiène de la Waffen SS. Fin juil-

1. Cité par Jean-Maurice de Montremy, « Prague, Paris, Jérusalem. Itinéraire de Saul Friedländer », *L'Histoire*, n° 215, 1997, p. 19-20.

2. C'est cette pièce qu'adapte Costa-Gavras dans *Amen*, cf. Marie-Anne Matard-Bonucci, « Les silences de Pie XII… », *L'Histoire*, n° 263, 2002, p. 16-17.

3. S. Friedländer, *Kurt Gerstein ou L'Ambiguïté du bien*, postface de Léon Poliakov, Paris, Casterman, 1967.

let 1942, ordre lui est donné de livrer à Lublin une trentaine de kilos de zyklon B. Le 2 août, Gerstein est à Belzec. Il y est témoin de l'arrivée d'un transport de Lemberg. « Il vit alors comment les auxiliaires ukrainiens faisaient descendre les Juifs des wagons de marchandises, comment les déportés étaient contraints de se déshabiller sous prétexte de se prêter à une opération de désinfection, puis poussés dans les chambres à gaz[1]. » Gerstein chronomètre l'asphyxie.

Dans le train qui le ramène de Varsovie à Berlin, il rencontre un diplomate suédois à qui il raconte ce dont il a été témoin. Ce dernier adresse un rapport au ministre des Affaires étrangères de son pays qui n'en fait aucun usage. À Berlin, Gerstein informe un certain nombre de personnes, toujours en vain. Il continue à jouer ce double rôle : tenter d'alerter les pays neutres et le Vatican tout en livrant le zyklon B aux camps. Arrêté en 1945 par les Américains, remis aux Français, il rédige des rapports de ce qu'il a vu et su avant de se pendre dans sa cellule de la prison du Cherche-Midi à Paris le 25 juillet 1945. Aux yeux de Saul Friedländer, Kurt Gerstein représente, pour reprendre le titre de sa biographie, « l'ambiguïté du bien », formule qui fait écho à « la banalité du mal », sous-titre du *Eichmann à Jérusalem* d'Hannah Arendt dont la traduction en français paraît en 1966.

C'est en 1971, avec *L'Antisémitisme nazi. Histoire d'une psychose collective*, que l'historien s'attaque directement à la question de l'antisémitisme nazi. Certes, constate-t-il alors, les faits de l'extermination sont connus. Mais les analyses manquent. On ne peut pas se contenter d'explications politiques, économiques ou sociales : Saul Friedländer a l'intuition qu'il faut les chercher dans « les puissants courants émotionnels sous-jacents ». Son ouvrage part d'une hypothèse (ou plutôt d'un postulat) : « La persécution et l'extermination des Juifs par les nazis relèvent avant tout de la psycho-pathologie collective[2]. » Il s'agit donc d'intégrer psychanalyse et investigation historique. Cette veine de la psycho-histoire, Saul Friedländer la creuse un peu plus tard dans un livre théo-

1. *Id.*, *L'Allemagne nazie et les Juifs*, t. II, *op. cit.*, p. 569.
2. *Id.*, *L'Antisémitisme nazi*, Paris, Seuil, 1971, p. 7.

rique, *Histoire et Psychanalyse*[1], avant de l'abandonner. Elle ne lui donne pas les clés de compréhension qu'il recherche.

On peut supposer que l'ouvrage autobiographique qui suit en 1978 est lié à une crise personnelle (il atteint l'âge auquel son père est mort), mais aussi à la situation créée en Israël par les victoires lors de la guerre des Six Jours en 1967, puis de la guerre de Kippour en 1973[2].

Les années 1980 sont celles où il se range résolument dans le camp israélien de la paix et où il commence à enseigner à l'Université de Californie à Los Angeles (UCLA). Il publie peu d'écrits historiques, des articles et un seul livre de petite taille, *Reflets du nazisme*[3] (toujours en français), qui témoigne tout à la fois d'une impasse conceptuelle et d'un renouveau de sa pensée.

De quoi s'agit-il ? Saul Friedländer part d'un constat : la littérature et le cinéma créent un nouveau discours sur le nazisme, avec des œuvres comme le roman *Le Roi des Aulnes* de Michel Tournier (1970) ou les films *Les Damnés* de Luchino Visconti (1969) et *Hitler, un film d'Allemagne* de Hans Jürgen Syberberg (1977). « Ces œuvres, explique-t-il, témoignaient d'une déception face aux limites de l'analyse strictement rationnelle. Elles exprimaient un désir ambigu de faire jouer la compréhension intuitive, la métaphore et surtout la pluralité des points de vue. En dépit de certaines errances voyeuristes voire de perversités, volontaires ou involontaires, cette esthétique nous imposait à nous, historiens, d'en finir avec une approche du nazisme trop simple, univoque, ordonnée. On nous rappelait qu'il avait quelque chose d'inexplicable, bref, que la théorie ou le modèle abstrait ne suffisait pas[4]. »

Ces œuvres attestent une emprise du nazisme sur les imaginaires. Surtout, elles permettent de mieux saisir ce qu'est vraiment le nazisme. Selon Saul Friedländer, qui se place ici dans la

1. *Id.*, *Histoire et Psychanalyse*, Paris, Seuil, 1975.

2. Il a publié deux ouvrages sur Israël, en 1969, *Réflexions sur l'avenir d'Israël* (Seuil), et 1974, *Arabes et Israéliens. Un premier dialogue*, avec M. Hussein et J. Lacouture (Seuil).

3. S. Friedländer, *Reflets du nazisme*, Paris, Seuil, 1982.

4. Cité dans le portrait par J.-M. de Montremy, *L'Histoire*, art. cité, p. 19.

lignée des travaux de Siegfried Kracauer sur le cinéma[1], « l'analyse du nouveau discours sur le nazisme a mis en évidence de plus en plus nettement que cette réévocation et réinterprétation du passé aidaient à mieux comprendre le passé lui-même, notamment sa dimension psychologique », dimension qui obsède l'historien. La « réélaboration contemporaine [nous sommes en 1982] présente la réalité passée d'une manière qui, parfois, en dévoile les aspects insoupçonnés »[2]. Saul Friedländer espère ainsi faire avancer la compréhension d'un phénomène dont il constate justement qu'il nous échappe.

Ce petit livre est pionnier. Depuis, les ouvrages collectifs ou les monographies portant sur la littérature ou le cinéma, comme d'ailleurs les œuvres elles-mêmes, se sont multipliés – au point qu'il est désormais impossible à un seul chercheur de maîtriser cette énorme littérature. Cependant, cette approche le déçoit probablement, même s'il n'abandonne pas la réflexion sur les représentations du nazisme, en dirigeant notamment un ouvrage collectif, issu d'un colloque qui fit date : *Probing the Limits of Representation. Nazism and the « Final Solution »*[3].

C'est une autre démarche qui l'amène à publier, en 1997, le premier tome de *L'Allemagne nazie et les Juifs*, en anglais cette fois[4]. Dix ans après, le second tome paraît, d'abord dans une traduction allemande qui vaut à l'auteur le prestigieux Prix de la paix des libraires allemands décerné lors de la foire du livre de Francfort, puis en anglais et en français. Ces deux volumes constituent un tout, une somme.

Saul Friedländer semble abandonner le fantasme de trouver un système explicatif global de l'antisémitisme nazi au profit du récit. Il s'appuie pour cela sur une immense historiographie, constituée principalement, depuis les années 1980, de la publication de mul-

1. Siegfried Kracauer, *De Caligari à Hitler. Une histoire psychologique du cinéma allemand*, Lausanne, L'Âge d'homme, 1973.

2. S. Friedländer, *Reflets du nazisme*, *op. cit.*, p. 15.

3. *Id.* (dir.), *Probing the Limits of Representation. Nazism and the « Final Solution »*, Cambridge, Mass., et Londres, Harvard University Press, 1992.

4. *Id.*, *Nazi Germany and the Jews*, New York, HarperCollins, 1997.

tiples monographies, journaux intimes, témoignages, et il met au premier plan de son analyse les facteurs idéologiques et culturels, tant chez les victimes que chez les bourreaux.

En ce sens, il prend des distances avec d'autres historiens, comme Raul Hilberg ou Christopher Browning. Il s'oppose aussi à ceux qui pratiquent ce que Saul Friedländer appelle « un nouveau fonctionnalisme » : Götz Ali, Ulrich Herbert ou Christian Gerlach. Les Allemands, selon ces derniers, auraient poursuivi, en assassinant les Juifs, des objectifs concrets : matériels par exemple, en convoitant leurs biens ; démographiques, en voulant remodeler ethniquement l'Europe. La guerre totale menée par la Wehrmacht en URSS et le massacre par les *Einsatzgruppen* (commandos mobiles d'intervention, qui suivaient la Wehrmacht) des Juifs et d'autres groupes auraient eu pour finalité de fournir du ravitaillement à la population en supprimant des bouches inutiles.

Saul Friedländer insiste sur l'antisémitisme fanatique de Hitler, présent dès 1919 dans ses premiers textes jusque dans son testament dicté dans son bunker avant son suicide.

Dans le premier volume, Saul Friedländer avait montré que l'idée de la destruction des Juifs n'était pas présente avant la guerre. L'objectif était, dans l'Allemagne d'avant 1939, de les couper de la société globale, de leur faire quitter un pays qui était le leur depuis des générations.

Quand la Wehrmacht conquiert des territoires à l'Est (la Pologne en septembre 1939 ; les territoires soviétiques à partir du déclenchement du plan Barbarossa en juin 1941), elle hérite de millions de Juifs. Les plans visant à faire émigrer les Juifs de l'Allemagne puis des territoires annexés ou occupés (Autriche, Tchécoslovaquie, Pologne) dans une réserve, à Nisko, non loin de Lublin puis à Madagascar, échouent.

C'est à partir d'octobre 1941, selon Saul Friedländer, alors que le contexte militaire devient défavorable à l'armée allemande (elle échoue devant Moscou), que la rage antisémite de Hitler se donne libre cours dans ses discours. Avec l'entrée de États-Unis dans le conflit en décembre 1941, l'Allemagne se trouve dans une situation qui n'est pas sans évoquer celle de 14-18, en guerre sur deux fronts. Selon Hitler, la défaite de l'Allemagne en 1918 avait été rendue inéluctable du fait de la trahison des Juifs. Il fallait donc non seulement tuer les Juifs, mais aussi tuer tous les germes possibles de leur réapparition. Saul Friedländer en conclut que la décision d'éradication totale est prise en décembre 1941, même si le processus « de radicalisation cumulative » est en marche depuis plusieurs mois.

Saul Friedländer prend parti avec force, comme il l'a toujours fait dans les débats historiographiques. L'originalité et la puissance de son œuvre résident ailleurs, dans la construction du récit. Saul Friedländer, un peu comme il l'avait amorcé dans *Reflets du nazisme*, décide de raconter l'histoire depuis plusieurs points de vue, principalement celui des Allemands – de Hitler aux citoyens ordinaires –, mais aussi celui des sociétés dans lesquelles vivent les Juifs persécutés et celui des victimes. C'est une novation majeure. Car, jusqu'alors, deux historiographies existaient, parallèles.

La première est celle de la Solution finale dont Raul Hilberg est le meilleur représentant avec *La Destruction des Juifs d'Europe*[1]. Comme son aîné Léon Poliakov dans *Bréviaire de la haine*, Raul Hilberg s'est intéressé aux exécuteurs. « La destruction des Juifs était une réalité allemande, écrit Raul Hilberg dans *La Politique de la mémoire.* Elle avait été mise en œuvre dans des bureaux allemands, dans une culture allemande. J'étais convaincu, et cela dès le tout début de ma recherche, qu'il était impossible de saisir la pleine dimension de ce fait historique si l'on ne comprenait pas les mécanismes des actes des exécuteurs. C'est l'exécuteur qui avait la vue d'ensemble. Lui seul formait l'élément déterminant. C'est par ses yeux que je devais voir l'événement, depuis sa genèse jusqu'à son point d'acmé. La certitude que la perspective de l'exécuteur offrait la première piste à suivre devint pour moi une doctrine dont je ne me départis jamais[2]. »

La seconde historiographie, souvent le fait d'historiens travaillant dans les institutions juives (Yad Vashem en Israël ou le YIVO, Institute for Jewish Research, basé à New York), et consi-

1. R. Hilberg, *La Destruction des Juifs d'Europe*, Paris, Fayard, 1988 ; rééd. Gallimard, « Folio histoire », 2006, 3 volumes.

2. *Id.*, *La Politique de la mémoire*, trad. de l'anglais Marie-France de Paloméra, Paris, Gallimard, 1996, p. 57.

dérée comme moins prestigieuse, est celle qu'on pourrait appeler, du terme yiddish utilisé dans le monde juif survivant, l'historiographie du *Hurbn*, de la « destruction ». C'est donc l'histoire des victimes, de ce qu'elles comprirent et de leurs réactions.

Or, pour écrire une telle histoire, les archives des appareils du parti nazi, de l'État, de l'armée sont insuffisantes. Les victimes y ont laissé peu de traces. En revanche, partout – en Allemagne, en Roumanie, dans les ghettos de Pologne, en Hongrie et jusqu'au seuil de la chambre à gaz… –, elles ont tenu des journaux intimes, reçu ou envoyé des lettres, qui, par des voies parfois surprenantes, sont parvenus jusqu'à nous alors même que la plupart de leurs auteurs n'ont pas survécu. Pour ne citer que quelques-uns des auteurs de ces écrits rédigés en français ou traduits : Victor Klemperer, qui survécut en Allemagne ; Etty Hillesum et Anne Frank à Amsterdam ; Dawid Sierakowiak à Lodz ; Adam Czerniakow, Emanuel Ringelblum, Chaim Kaplan, Abraham Lewin, Janusz Korczak à Varsovie ; Calel Perechodnik à Otwock (près de Varsovie) ; Raymond-Raoul Lambert, Jacques Biélinky, Louise Jacobson, auxquels il faudra désormais ajouter Hélène Berr en France. C'est en prenant appui principalement sur les écrits personnels, ceux des victimes, mais aussi ceux des acteurs de la destruction, comme Himmler ou Goebbels, que Saul Friedländer raconte l'histoire de la persécution et du génocide.

L'ouvrage, tout en suivant la chronologie, est construit par succession de vignettes, qui sont autant de points de vue sur les événements. L'histoire est ainsi dite par un chœur multiforme. L'ensemble fait penser à un tableau impressionniste ou à une mosaïque. Écrit dans un style précis, dépouillé, neutre, chirurgical, même si par intermittence une certaine violence sourd au travers d'un humour grinçant, *L'Allemagne nazie et les Juifs* est un chef-d'œuvre d'écriture de l'histoire.

6.

Olga Wormser-Migot[1]

[2002]

Olga Wormser-Migot est morte samedi 3 août, après une « retraite » de près de trois décennies. Le dynamisme actuel de la recherche sur le système concentrationnaire nazi comme sur le génocide des Juifs a rejeté injustement dans l'ombre ceux qui en furent les pionniers et dont les apports restent aujourd'hui essentiels.

Elle est née Olga Jungelson, le 5 juillet 1912 à Nancy, de parents russes, militants mencheviks exilés avant d'adopter définitivement la France. Son œuvre est le fruit d'une rencontre entre une formation d'historienne et les circonstances de la fin de la guerre. Fin août 1944 – en attendant une rentrée des classes qui devait lui permettre d'enseigner de nouveau l'histoire –, Olga Wormser-Migot entre au service de l'état civil du ministère des Prisonniers, Déportés et Réfugiés avec pour tâche la localisation et la recherche des déportés. Ces « neuf mois mortels » qui séparèrent la libération de la capitale du retour de trop rares déportés, Olga Wormser-Migot en fit le récit précis et sensible dans un ouvrage dont le titre fut emprunté au texte que Jean Cayrol composa pour le

1. Publié dans *Le Monde* du 8 août 2002.

film d'Alain Resnais, *Nuit et Brouillard*: *Quand les alliés ouvrirent les portes*[1].

Pour *Nuit et Brouillard*, en effet, Olga Wormser-Migot avait été, avec Henri Michel, dans le cadre du Comité d'histoire de la Deuxième Guerre mondiale, la conseillère historique, mettant dans le désir de faire ce film « tout son enthousiasme et son lyrisme » (Alain Resnais), tout son savoir sur les déportés et sur les camps, acquis notamment dans la confection, avec Henri Michel, de l'anthologie *Tragédie de la déportation, 1940-1945. Témoignages de survivants des camps de concentration allemands*[2]. C'est elle qui écuma les divers dépôts d'archives dans toute l'Europe, acquérant ainsi une connaissance intime de cette documentation qui fut d'une grande utilité dans la rédaction de sa thèse complémentaire, « Essai sur les sources de l'histoire concentrationnaire nazie 1933-1945 ».

L'immersion dans les archives pour *Nuit et Brouillard*, les multiples débats lors des projections l'amenèrent à abandonner définitivement le XVIIIe siècle et « Les femmes dans l'histoire », auxquels elle avait consacré un premier ouvrage paru chez Corrêa en 1952 qu'avaient suivi les biographies de Catherine II (1955) et de Marie-Thérèse (1960). Olga Wormser-Migot mena alors à bien « avec un exceptionnel courage » (P. Sorlin) la rédaction d'une thèse d'État, *Le Système concentrationnaire nazi. 1933-1945*[3], qui reste encore un ouvrage de référence. Elle espérait que cette thèse lui ouvrirait les portes de l'université. Une affirmation erronée, celle de l'inexistence de chambres à gaz dans les camps de l'Ouest, lui valut l'ire de certains déportés.

1. Olga Wormser-Migot, *Quand les alliés ouvrirent les portes. Le dernier acte de la tragédie de la déportation*, Paris, Robert Laffont, 1965 ; réédition Complexe, 1985, sous le titre *Le Retour des déportés*.

2. *Tragédie de la déportation, 1940-1945. Témoignages de survivants des camps de concentration allemands*, textes choisis et présentés par Olga Wormser-Migot et Henri Michel, Paris, Hachette, 1954.

3. O. Wormser-Migot, *Le Système concentrationnaire nazi. 1933-1945*, Paris, PUF, 1968.

Au-delà de l'erreur

« La véritable histoire du phénomène concentrationnaire reste encore à faire », écrivait dans une correspondance publiée par *Le Monde* Serge Choumoff, assassinant définitivement l'ouvrage dans sa totalité, ce dont Olga Wormser-Migot ne se remit jamais. Pourtant, au-delà de l'erreur (des chambres à gaz fonctionnèrent dans certains camps de l'Ouest, à Ravensbrück et à Mauthausen, mais pas dans d'autres camps comme Buchenwald ou Dachau), Olga Wormser-Migot avait vu juste – ce que les travaux d'Hilberg, entre autres, ont bien montré. Les centres, tous situés à l'Est, destinés à la mise à mort de masse des Juifs au moyen de gaz diffèrent des camps de concentration, établis dès 1933 par le nazisme, qui accueillirent des catégories diverses de détenus – opposants politiques, résistants, témoins de Jéhovah, droits communs… – et dont la fonction n'était pas l'élimination systématique.

II.

NEW YORK

À l'été 1980, je suis allée à New York prendre part au stage accéléré d'étude du yiddish co-organisé par le YIVO et l'Université Columbia où il se tenait. À mon retour de Chine, avec l'abandon de mes activités aux Amitiés franco-chinoises et la révision déchirante qui s'en est suivie, j'ai senti la nécessité de retrouver mes « racines ». L'époque était aux racines : c'était le titre du grand feuilleton télévisé américain de Marvin Chomsky (1977) qui retraçait la vie de générations de Noirs américains. L'année suivante, la télévision américaine, puis les télévisions européennes diffuseraient son nouveau feuilleton dont le rôle est essentiel pour la conscience du génocide des Juifs, *Holocauste*.

Pour moi, la quête des racines était celle de Wolf Wieviorka, mon grand-père, journaliste et novelliste en langue yiddish. L'ouvrage que j'envisageais alors d'écrire reconstituerait sa vie en Pologne, son émigration, sa vie en France, sa déportation. J'imaginais le livre à la façon du *Sac du palais d'été*[1] de Pierre-Jean Rémy, intégrant les nouvelles de Wolf comme l'écrivain

1. Pierre-Jean Rémy, *Le Sac du palais d'été*, Paris, Gallimard, 1971.

avait collé des extraits du *René Leys*[1] de Victor Segalen, un des auteurs pour qui j'eus une grande passion pendant ces années.

Il me fallait donc apprendre le yiddish pour lire les écrits de Wolf. J'ai d'abord suivi les cours de Rachel Ertel à Paris. Le livre d'entretiens qu'elle donnera des années plus tard à Stéphane Bou s'intitule : *Mémoire du yiddish. Transmettre une langue assassinée*[2]. C'est ce que je cherchais : Wolf et sa langue, tous deux assassinés. Rachel Ertel était une merveilleuse enseignante, claire, droite, exigeante, la statue du commandeur des études yiddish. Elle m'impressionnait beaucoup. Dès son plus jeune âge, alors encore étudiante, elle avait traduit les auteurs yiddish et avait créé une collection « Domaine yiddish », au Seuil, qui migra ensuite chez d'autres éditeurs. Elle avait soutenu une thèse d'État, *Le roman juif américain. Une écriture minoritaire*, et était professeure de littérature américaine à l'Institut Charles-V de Paris VII. Cette position lui avait permis d'introduire l'enseignement du yiddish, dans le cadre des études nord-américaines, alors qu'auparavant il n'existait qu'à l'Institut National des Langues et Civilisations Orientales (INALCO). Elle fut une pionnière.

Itzhok Niborski enseignait aussi à Charles-V. Il venait d'arriver d'Argentine pour établir le fichier des livres yiddish de la bibliothèque Medem, qui appartenait alors à l'*Arbeter Ring*, le cercle ouvrier, la dernière organisation d'inspiration bundiste existant à Paris. Estella et leurs trois enfants, Eliezer, Violetta et Rodolfo, l'ont rejoint. Ithzok et Estella, aujourd'hui décédée, ont fait souche à Paris. Nous nous sommes tout de suite liés d'amitié. La présence d'Ithzok était une sorte de miracle. Rachel Ertel, qui était connectée par toutes ses fibres au monde yiddish ancien et au monde universitaire – c'est du moins ainsi que je la percevais –, était née en 1939, elle était

1. Victor Segalen, *René Leys*, Paris, Plon, 1950.

2. Rachel Ertel, *Mémoire du yiddish. Transmettre une langue assassinée*, entretiens avec Stéphane Bou, Paris, Albin Michel, coll. « Itinéraires du savoir », 2019.

plus âgée que moi. Avec Itzhok et Estella, nous avions le même âge, nous étions sur un pied d'égalité, partagions de multiples préoccupations dans nos vies quotidiennes. Avec sa barbe rousse ébouriffée, son phrasé indéfinissable, mélange de tonalités espagnole et yiddish, Itzhok appartenait au monde d'hier. Mais il était aussi mon contemporain par de multiples centres d'intérêt, la psychanalyse, la littérature. N'avait-il pas traduit Borges ? Avec lui, le yiddish s'ancrait dans notre monde et en était une composante. Et c'était un savant.

Pour accélérer ce premier apprentissage, je me suis donc inscrite au cours d'été intensif organisé par le YIVO et l'Université Columbia. Ce centre de recherche avait vu le jour à Vilnius au début des années 1920.

La décennie précédente avait été terrible pour les Juifs, assignés à résidence par Catherine II dans une zone qui prend en écharpe un large territoire de la Baltique à la mer Noire. Aux déplacements forcés de populations et aux destructions dues à la Première Guerre mondiale avaient succédé des massacres d'une ampleur inouïe. Les intellectuels juifs, formés pour la plupart dans les universités de l'Europe de l'Est, eurent la conscience aiguë que le monde yiddish traditionnel, sa culture, sa langue, son folklore étaient en train de disparaître, sous l'effet des pogroms mais aussi de la modernité, de l'exode rural, de l'émigration. D'où l'urgence d'en collecter les traces, d'en étudier la langue, la société, la démographie, l'histoire. En 1940, grâce à l'action du grand linguiste Max Weinreich, la majeure partie des collections du YIVO furent transférées à New York. Dans le ghetto de Vilnius, après l'occupation de la ville par les nazis, d'autres intellectuels, le grand poète Sutzkever notamment, s'attachèrent à sauver encore livres et documents.

Le YIVO a constitué et constitue toujours le plus grand centre d'études sur le judaïsme yiddish. À l'époque où j'y ai effectué des recherches, dans le temps libre que me laissaient les cours de yiddish, Dina Abramowitch en était la bibliothécaire. Elle avait travaillé au YIVO à Vilnius et avait accompagné à New York ses archives et sa bibliothèque. Auprès de cette femme austère et digne, on avait le sentiment de toucher l'Histoire. Comme ses homologues parisiens du CDJC, elle connaissait tout de ses fonds. Elle m'a beaucoup aidée.

J'ai trouvé au YIVO divers documents concernant Wolf Wieviorka. Les cahiers d'écolier sur lesquels il collait ses articles étaient restés Cité du Petit-Thouars, à Paris, dans l'appartement plus que modeste où Esther, la demi-sœur de mon père, vécut durant la guerre. Ces cahiers sont désormais chez moi. Un dernier avait été apporté en 1956 au YIVO par un écrivain yiddish de France, Kochenhandler, anarchiste, qui gagnait sa vie en promenant des touristes sur les traces du Paris juif. Comment était-il parvenu entre ses mains ? Je lui ai rendu visite pour éclaircir cette question. Certes, il s'était bien rendu à New York, mais n'avait gardé aucun souvenir de ce cahier, ni de comment il était entré en sa possession, ni de pourquoi il avait décidé de le déposer dans ce centre.

Au YIVO, j'ai découvert le *Livre du souvenir de Zyrardow*, la ville natale de Wolf Wieviorka. Un très beau livre de quelque 700 pages, relié, doré sur la tranche, publié à Buenos Aires pour le vingtième anniversaire de la destruction, la « liquidation » selon le terme généralement employé dans ces livres, des Juifs de la ville en novembre 1941. Il se trouvait à la bibliothèque. J'ai pu en acquérir un exemplaire, il me semble que c'était dans une librairie du Workers Circle, l'équivalent du Cercle amical à Paris. Sa découverte fut pour moi bouleversante.

Comme tous les livres du souvenir, son auteur était collectif – ceux qui avaient vécu dans la ville l'avaient quittée avant la guerre ou y avaient survécu. Les textes qui étaient rassemblés étaient composites : des témoignages sollicités, d'autres écrits pour le livre, d'autres publiés ailleurs à diverses époques, des documents d'archive, des photos. L'ouvrage racontait l'histoire de la ville ou de la bourgade juive, de sa création à sa « liquidation ». Quelques pages évoquent généralement l'après-guerre et l'activité des *Landsmanshaftn*, les « sociétés d'originaires », de par le monde.

Je ne comprenais pas pourquoi personne ne savait que de tels trésors existaient. Même mon père, qui était un excellent yiddishiste, ignorait ces livres du souvenir. J'ai pensé que d'autres que moi seraient heureux de connaître leur existence ; qu'ils aideraient ceux en quête de « racines ». Je me suis aussi demandé pourquoi de tels dépositoires de la mémoire collective étaient restés ignorés. J'ai tout de suite songé à la collection « Archives », qu'avait créée Pierre Nora et dont s'occupait alors Jacques Revel. Elle était liée à un de mes souvenirs du lycée mixte d'Ermont (devenu lycée Van-Gogh). En seconde, je pense, mon professeur d'histoire-géographie, que nous appelions Mademoiselle Lalloué, nous avait montré un livre et dit son enthousiasme. Ce fut l'unique fois qu'un enseignant nous fit part d'une publication, ce qui me marqua à jamais. Il s'agissait du premier numéro de cette collection, paru en 1963, *1789. Les Français ont la parole. Cahiers de doléances des États généraux*, de Pierre Goubert et Michel Denis. Mademoiselle Lalloué vanta son caractère novateur : dans un format de poche, la collection mettait des archives à la portée de chacun. Sans doute est-ce la première fois que j'entendis parler d'archives. Christiane Lalloué, je le sus bien plus tard, était la compagne (et deviendrait l'épouse) du grand historien Robert Mandrou. C'est elle qui présida à la mise en ordre et au dépôt de ses archives aux Archives nationales.

J'ai proposé à Itzhok Niborski, qui connaissait tout de ces livres puisque rien du monde yiddish ne lui est étranger, que nous tentions ensemble l'aventure : concevoir un nouveau volume de la collection sur les livres du souvenir. J'aurais été incapable de choisir les textes et de les traduire. J'ai beaucoup appris lors de cette coopération qui a été merveilleuse, même si la gestation a été difficile et douloureuse.

Il ne s'agissait pas de constituer une simple anthologie, même thématique, mais d'offrir dans le même temps une réflexion sur la mémoire collective, objet encore dans les limbes. On a peine à l'imaginer aujourd'hui, alors qu'il existe une bibliothèque entière sur le sujet. Nous avions très peu d'écrits pour nous aider à penser : Maurice Halbwachs, *Les Cadres sociaux de la mémoire*[1], et un dialogue de Pierre Nora avec Jean-Bertrand Pontalis dans la *Nouvelle Revue de Psychanalyse*. Il faut dire aussi que nous étions tous deux assez novices et peu assurés. Cela a été un bricolage constant. *Les Livres du souvenir. Mémoriaux juifs de Pologne*, n° 93 de la collection « Archives » des Éditions Gallimard, est paru en 1983. C'est-à-dire un an avant le premier tome du grand œuvre de Pierre Nora, *Les Lieux de mémoire*, en 1984[2], comme le *Zakhor*[3] de Yerushalmi. *Le Syndrome de Vichy*[4] d'Henry Rousso est sorti en 1987.

Halbwachs nous a guidés. C'est à partir de ses écrits que nous avons réfléchi et pu affirmer qu'avec les livres du souvenir, considérés comme un corpus, se construisait une mémoire collective, élaborée par le groupe transnational des survivants, dans le cadre social des *Landsmanschaftn*. C'étaient ceux du même shtetl qui rédigeaient ces livres dans l'émigration : anciens de Zyrardow, d'Otwock, ou même de grandes villes comme Varsovie, Lodz ou Lublin. Nous avons tenté de comprendre, je nous cite : « Comment survient le souvenir, quelle fonction il a pour ceux qui écrivent ; comment se constituent, se juxtaposent, s'interpénètrent les différentes images de cette culture. Images influencées de façon

1. Maurice Halbwachs, *Les Cadres sociaux de la mémoire*, Paris, Félix Alcan, 1925 ; rééd. Albin Michel, 1994.

2. Pierre Nora, *Les Lieux de mémoire*, Paris, Gallimard, 3 vol., 1984-1992.

3. Yosef Hayim Yerushalmi, *Zakhor : histoire juive et mémoire juive*, traduit de l'anglais par Éric Vigne, Paris, La Découverte, 1984.

4. Henry Rousso, *Le Syndrome de Vichy de 1944 à nos jours*, Paris, Seuil, 1987.

irréductible par le traumatisme de la guerre et la culpabilité d'avoir survécu. »

Nous avons parlé pour ces livres de « genre littéraire » constituant une « bibliothèque du souvenir », et justifié cette expression par la structure qui leur est commune : un mélange de documents présentés dans un ordre identique à tous ces livres, la présence de très nombreux témoignages. Ces livres étaient l'œuvre de milliers d'auteurs, masculins pour l'essentiel, hommes de culture ou de religion, mais aussi hommes ordinaires qui prenaient la plume parce qu'ils avaient vécu dans la ville ou la bourgade désormais engloutie, ou qu'ils y avaient – très rarement – survécu.

De ces écrits, témoignages, mémoires rédigés par ces auteurs issus de la même ère culturelle, qui ont *grosso modo* le même passé, se dégagent des thèmes, des images, des lacunes récurrentes. Ces livres chantent la romance d'un shtetl éternel, sans conflits, sans liens avec le monde extérieur. C'est « la beauté du mort », selon la forte expression de Michel de Certeau[1]. Ce monde, radicalement détruit, avait été pourtant déjà ébranlé avant guerre, traversé par de multiples conflits, religieux, politiques, attestant qu'il était vivant. Ces livres n'en proposent qu'une vision idéalisée.

Avec Itzhok, nous avons décidé d'ouvrir notre travail sur « l'impossible retour » des Juifs en Pologne. Les très rares qui survécurent au génocide et tentèrent de revivre dans leur ville d'origine y furent généralement très mal reçus. En 1946 eut lieu un pogrom à Kielce, en Pologne. La conscience de l'horreur et de l'importance de cet événement est contemporaine des faits. Or le livre du souvenir de Kielce ne se trouvait dans aucun des centres qui, en France, en conservaient (Bibliothèque nationale, bibliothèque Medem, celle de l'Alliance israélite universelle et celle du CDJC). Mais je fis en

1. *La Culture au pluriel* (en coll. avec Dominique Julia et Jacques Revel), Paris, Christian Bourgois, 1980, p. 57.

1981 mon premier voyage en Israël. Et c'est à Yad Vashem que je l'ai trouvé, ce livre du souvenir. Yad Vashem était alors principalement un centre d'archives et une bibliothèque. Dans ma mémoire – j'y suis à vrai dire si souvent retournée depuis que je peine à retrouver le souvenir des lieux tels qu'ils étaient –, c'était un seul bâtiment, très loin du complexe qu'il forme aujourd'hui. Le texte sur le pogrom de Kielce était en hébreu. La bibliothèque était dans l'impossibilité de le photocopier. J'ai donc laissé mon passeport en échange du livre et je suis allée photocopier ce texte en ville.

Nous avons délibérément choisi de ne présenter aucun texte concernant la destruction des communautés juives de Pologne. Nous avons justifié ce choix en raison : il s'agissait de présenter la mémoire collective de la vie juive avant le génocide. En vérité, nous n'avions ni l'un ni l'autre envie de nous confronter aux terribles témoignages. Pour avoir une idée de leur nature, il suffit de lire ou d'écouter ceux qui ont été produits lors du procès d'Adolf Eichmann. Celui de Rivka Yosselevska en particulier, ou celui de Yehuda Bacon. Ils vous hantent. J'y suis venue bien plus tard[1].

Je suis devenue historienne par l'écriture de ces *Livres du souvenir. Mémoriaux juifs de Pologne*. Le souci de l'histoire familiale s'est fondu dans celui de l'histoire de tous. L'histoire de notre famille telle que je la raconterais près de quarante ans plus tard dans *Tombeaux* est unique, mais elle est aussi partagée dans ses dimensions essentielles par d'innombrables hommes et femmes.

En 1980, nous étions une poignée à nous intéresser à la vie juive en Pologne. Jean Baumgarten, aujourd'hui l'un des meilleurs spécialistes du yiddish ancien, soutint, en cette même année 1980, sa thèse sur *La Bourgade juive de Pologne* : une thèse généraliste qui s'appuie beaucoup sur les livres du

1. Voir le chapitre « De Nuremberg à Jérusalem », p. 437 et suiv.

souvenir. Et Rachel Ertel les utilise pour son livre *Le Shtetl*[1], paru en 1982. Itzhok et moi nous inscrivons donc dans un mouvement de redécouverte de la Pologne juive certes timide, mais d'autant plus significatif que deux Américains, Jonathan Boyarin et Jack Kugelmass, dont nous ignorions tout, travaillaient au même moment sur le même sujet et publièrent une anthologie : *From a Ruined Garden*[2], littéralement « D'un jardin détruit ».

Notre ouvrage n'a pourtant intéressé personne, sinon les Juifs laïcs de Bruxelles[3]. Il n'a pas eu d'audience, et cette absence de réception explique qu'il ne s'est jamais inscrit dans le corpus des livres consacrés à la mémoire. Il venait peut-être trop tôt et ne répondait à aucune demande sociale. De plus, ni Itzhok ni moi n'appartenions au monde universitaire, qui généralement ignore les écrits de ceux qui ne sont pas des leurs ; enfin, la France et les rares chercheurs qui s'intéressaient à la construction de la mémoire étaient enfermés – et ils le sont longtemps restés – dans une vision purement hexagonale de la Seconde Guerre mondiale, se focalisant sur Vichy, ne donnant qu'une faible part au génocide des Juifs. Mais s'ils restent peu familiers du grand public, ces livres du souvenir sont aujourd'hui devenus une source reconnue. Daniel Mendelsohn les utilise largement dans son grand livre *Les Disparus*[4]. L'ouvrage de Christopher Browning, *À l'intérieur d'un camp de travail nazi. Récits des survivants : mémoire et histoire*[5], s'intéresse aux Juifs de Wierzbnik, et le livre du

1. Rachel Ertel, *Le Shtetl : la bourgade juive de Pologne*, Paris, Payot, 1982.

2. Jack Kugelmass et Jonathan Boyarin (éd.), *From a Ruined Garden : the Memorial Books of Polish Jewry*, New York, Schocken Books, 1983.

3. Voir le chapitre « 17, rue Geoffroy-l'Asnier », p. 11 et suiv.

4. Daniel Mendelsohn, *Les Disparus*, traduit de l'anglais par Pierre Guglielmina ; photographies de Matt Mendelsohn, Paris, Flammarion, 2007.

5. Christopher R. Browning, *À l'intérieur d'un camp de travail nazi. Récits des survivants : mémoire et histoire*, traduit de l'anglais par Jacqueline Carnaud, Paris, Les Belles Lettres, 2010.

souvenir de cette communauté constitue sa source principale. On pourrait multiplier les exemples. Une grande partie des livres du souvenir a maintenant été traduite en anglais, et ces traductions se trouvent sur Internet. En l'espace de trente ans, ces objets inutiles, sans postérité – avec Itzhok Niborski, nous parlons de « cimetières » ou de « pierres tombales » que personne ne visite –, sont devenus des objets que quelques chercheurs ou écrivains et beaucoup de généalogistes consultent. Je trouve cela très réconfortant.

Le mouvement de *techouva*, de retour à un judaïsme laïc, de redécouverte de sa judéité, pour reprendre le concept créé sur le modèle de la « négritude » de Senghor par Albert Memmi, le premier sociologue à s'intéresser à ces questions, a touché toute une génération. La judéité, c'est la façon dont on se perçoit et dont on se vit soi-même comme Juif. Ma génération sortait d'aventures soixante-huitardes en tout genre. Luc Rosenzweig avait dirigé un *Catalogue pour les Juifs de maintenant*[1]. Dans ce sillage, nous avons créé la revue *Traces*, dont les principaux animateurs étaient Henri Raczymow, Jean Baumgarten, Laurence Podselver, Gérard Rabinovitch, Esther Benbassa et quelques autres. Notre ambition était illimitée, à la mesure de notre jeunesse. Pour certains, il s'agissait même de fonder l'école littéraire juive de Paris, comme celle de New York chère à Rachel Ertel. Certes, il n'y a pas eu parmi nous de Philip Roth ou de Saul Bellow, mais presque tous nous avons montré une certaine créativité dans notre domaine. À cette période a émergé une génération d'écrivains dont la source d'inspiration part de ces mondes juifs disparus. Henri Raczymow écrit alors *Contes d'exil et d'oubli*[2] et commence à creuser cette veine de la mémoire. Paula Jacques publie ses premiers romans. Et beaucoup d'autres, qui

1. *Catalogue pour les Juifs de maintenant*, textes réunis et présentés par Luc Rosenzweig, *Recherches*, 1979, n° 38.

2. Henri Raczymow, *Contes d'exil et d'oubli*, Paris, Gallimard, 1979.

n'ont signé qu'un ou deux livres. Ce fut le début en France d'un renouveau des études sur ce qu'Annie Kriegel appelait d'un terme large « *les affaires juives* ». Plus tard, en 2001, elle allait être à l'origine d'une autre revue, *Pardes*. J'ai cité Jean Baumgarten, il faut ajouter les noms de Sylvie Anne Goldberg ou d'Alain Dieckhoff.

Ces années-là furent aussi celles où j'ai fait la connaissance de Talila. Après avoir reçu, en 1977, le prix Charles Cros, alors très prestigieux, elle avait abandonné l'enseignement pour se consacrer entièrement à la chanson yiddish. Plusieurs fois, en 1979, je suis allée l'écouter au Café d'Edgar. Je crois n'avoir manqué depuis aucun de ses récitals. Talila est l'une de mes plus proches.

En avril 2023, à la faveur d'un séjour new-yorkais, je suis brièvement repassée au YIVO. Il avait quitté depuis quatre ans son petit immeuble du 1048 5th Avenue pour rejoindre, non loin d'Union Square, d'autres institutions dévolues à l'histoire des Juifs. Tout y était moderne, professionnel, aseptisé. J'ai à l'égard du YIVO des années 1980 la même nostalgie que pour l'ancien CDJC, même si ma raison se réjouit de le voir devenu un grand centre d'archives et de recherche.

1.

La maison de nos mémoires[1]

[1980]

Un hôtel privé de style Louis XIII à l'angle de la 86e rue et de la Ve avenue où se profile la longue ligne des gratte-ciel. En face, Central Park, où se promènent en liberté les écureuils indifférents aux modes qui se juxtaposent. Les joggers tournent au petit trot, slalomant entre les fans de skate, alors que les derniers arrivés, les patineurs à roulettes, évoluent sur un rythme qu'ils sont seuls à entendre.

Sur le mur de cette maison, une plaque en yiddish : « Yiddisher Vinshaflekher Institut ». Ou selon les initiales : YIVO : « Institut de Recherche Juive ». On pousse la lourde porte, signale à l'entrée le motif de sa visite, monte un escalier en marbre et, à gauche de l'hémicycle où sont exposés des documents sur l'immigration juive aux États-Unis et des affiches du Théâtre Yiddish de New York, on pénètre dans la bibliothèque.

Dans la salle de lecture encombrée de livres et de périodiques, des chercheurs de tous âges, avec ou sans « capelé ». Parfois, un visiteur trouble le silence studieux. Venu de Los Angeles ou de Paris, il dispose d'une heure ou deux, entre la visite du musée Guggenheim et celle de l'Empire State Building, pour trouver un peu de ses racines : le destin des siens, la localisation de son shtetl d'Europe orientale dont il a entendu parler par son grand-père mais

1. Article paru dans le numéro 2 de la revue *Traces*, 1980.

de l'existence duquel il doute un peu. Ces visiteurs sont toujours reçus avec patience par l'équipe des bibliothécaires. À leur tête, Dina Abramowicz. Comme beaucoup d'intellectuels juifs de cette génération, elle parle et lit le russe, le français, l'anglais, le yiddish, et peut-être d'autres langues. Elle connaît sa bibliothèque comme d'autres leur appartement et trouve avec une rapidité déconcertante la référence bibliographique qui manque. Elle a suivi le même trajet que ses livres et fait partie de ceux qui ont permis après la guerre à des milliers de livres sans foyer de trouver une maison.

L'Europe se relevait du chaos de la Première Guerre mondiale et de la révolution d'Octobre. On retraçait les frontières. La plupart des Juifs de ces régions avaient été affectés directement dans leur vie matérielle par la guerre. Mais l'instabilité économique n'empêcha pas les intellectuels de poursuivre leurs travaux. Nahum Shtif, un philologue yiddishiste, eut l'idée de créer un « Institut Académique Juif ». Il exposa les grandes lignes de son projet dans un memorandum qu'il fit circuler parmi ses amis, notamment l'historien Simon Doubnov, fondateur à Saint-Pétersbourg d'une société historique et ethnographique qui envoyait des équipes de chercheurs dans les villes juives pour rassembler témoignages et documents sur les folklores locaux, et Victor A. Tcherikover, un historien natif d'Ukraine qui vivait alors à Berlin. Shtif était convaincu de la nécessité de créer une organisation juive centrale pour planifier, diriger et diffuser les recherches de chercheurs isolés. La recherche pourrait ainsi se développer et prendre pleinement son sens pour la communauté dans son ensemble. La maison-mère se devait d'être à Vilno, « La Jérusalem de Lituanie », capitale de la vie et de la culture juives. En 1925, le YIVO était créé, avec des filiales à Berlin, Varsovie et New York, et des « associations d'amis du YIVO » en Argentine, au Brésil, Chili, en France, Angleterre, Autriche, Roumanie, Lettonie, Estonie et Palestine.

Les débuts du YIVO dessinèrent ce qu'il est aujourd'hui. Il comprit tout de suite trois secteurs majeurs : documentation et archives, recherches et analyses, et enfin enseignement. Le bureau central de bibliographie, la librairie et les archives eurent pour tâche de recueillir et préserver les matériaux, et on créa quatre sections de recherche : histoire, philologie et littérature, économie et statistique, psychologie et éducation. On mit sur pied un programme de formation de jeunes chercheurs.

Quand le YIVO commença à être actif, l'existence du monde séculier juif n'avait été reconnue ni par la recherche juive, ni par la recherche sur des sujets juifs. On ne connaissait pratiquement pas ses réalisations historiques, littéraires ou culturelles. Quand un historien se penchait sur l'histoire juive, il accordait à peine une brève mention aux masses anonymes de l'Europe de l'Est.

Pourtant, avec la montée des Sciences sociales, beaucoup d'intellectuels juifs formés dans les grandes universités des capitales d'Europe commencèrent à étudier le groupe juif, s'attachant à comprendre les hommes et les sociétés. Des intellectuels de grande valeur, comme Doubnov et Zhitlowsky, soutenus par des hommes comme Freud et Einstein, constituèrent le noyau vital du YIVO. Leur objectif : rassembler un corpus de connaissances capables de servir aux besoins internes du groupe au lieu de chercher à le défendre ou à le justifier vers l'extérieur. Ce travail porta ses fruits et on cessa peu à peu de considérer les juiveries de l'Europe de l'Est comme un concept géographique pour les appréhender comme un concept ethno-culturel. Une émigration sans précédent avait formé des groupes nombreux aux États-Unis, au Canada, en Grande-Bretagne, en Amérique du Sud… Ils apportaient dans ces pays leur langue, le yiddish, leurs coutumes, leur façon d'être. Les chercheurs du YIVO eurent conscience que toute étude de cette nouvelle diaspora devait se pencher sur les communautés originelles qui avaient modelé ces Juifs et leur mode de vie.

Ainsi, dès le départ, le YIVO avait posé les principes auxquels il se tiendrait :

1. La judaïcité est une unité culturelle.

2. Il faut former des intellectuels juifs et leur permettre d'étudier la vie juive afin de l'enrichir.

3. Dans cette quête, il est indispensable d'utiliser les méthodes spécifiques des sciences sociales.

Le YIVO mit tout de suite sur pied des projets collectifs dont l'ampleur dépassait l'ambition et le talent d'un chercheur isolé :

étude du mouvement ouvrier américain où l'apport des Juifs, notamment des bundistes, est déterminant, étude de la langue yiddish, recherches ethnographiques, constitution d'un musée du théâtre avec plusieurs milliers d'affiches, recueil de plus de 650 autobiographies de Juifs. En même temps, il publia les résultats de ses recherches.

Il existait dans le monde juif des institutions pour former des rabbins et des théologiens, aucune pour développer la recherche en sciences sociales juives. Le YIVO combla avec bonheur et obstination cette lacune.

Les nazis détruisirent les communautés juives de l'Europe orientale, anéantissant presque complètement un peuple, sa culture et sa langue. Pourtant, la quasi-totalité des matériaux accumulés pendant les deux décennies précédentes par le YIVO furent sauvés de l'anéantissement.

Les nazis avaient décidé de ne pas faire disparaître les archives juives, mais de les rassembler à Francfort, dans un « Institut de recherche sur la question juive ». Une trentaine de Juifs continuèrent à travailler au YIVO, à Vilno, sous direction allemande. Parmi eux, un des plus grands poètes yiddish, Abraham Suzkever, qui vit actuellement en Israël. Avec un courage têtu, lui et ses camarades commencèrent à faire sortir, document par document, des pièces d'archives en les cachant sur eux quand ils quittaient le travail. Ils les faisaient ensuite passer hors des murs du ghetto. Mais ils prirent conscience qu'en procédant ainsi, ils ne sauvaient qu'une part infime de ce qu'ils tenaient à sauver. Ils décidèrent de distraire le surveillant polonais en lui donnant chaque jour des cours d'allemand, de latin ou de mathématiques. Pendant ce temps, Suzkever et Karczerginski travaillaient à cacher les objets enfermés dans des bidons de lait sous les planchers de la cave. Après la défaite allemande, ils retournèrent dans l'immeuble du YIVO et récupérèrent ce qui constitue aujourd'hui le fonds Suzkever-Karczerginski.

On connaît la façon dont l'historien Emanuel Ringelblum, lui aussi membre du YIVO, constitua les archives du ghetto de Varsovie, elles aussi enterrées dans des bidons de lait et qui sont conservées aujourd'hui à l'Institut d'Histoire juive de Varsovie.

Tous ces actes montrent l'acharnement des membres du YIVO à empêcher le passé de leur peuple d'être anéanti avec lui pour léguer aux générations futures une histoire, fût-elle tragique.

Dès 1940, le Centre du YIVO avait été transféré à New York. Aujourd'hui, la bibliothèque est une des plus riches bibliothèques juives du monde avec ses trois cent mille volumes concernant tous les aspects de la vie juive, séculiers, religieux, anciens et actuels. Des vieilles bibles au dernier roman de Philip Roth. Ses archives, qui proviennent des matériaux rassemblés à Vilna, mais aussi à Berlin et à Paris, sont d'une richesse trop peu exploitée. Parmi celles qui concernent la vie juive en France, citons les archives de Schwartzbard, qui abattit en plein Quartier latin Petlouria, l'organisateur des terribles massacres d'Ukraine; celles du mouvement Loubavitch en France, la plus grande partie des archives de l'UGIF.

Le YIVO est resté fidèle à sa vocation de recherche et d'enseignement. En collaboration avec l'Université Columbia, il maintient et développe l'enseignement du yiddish tout au long de l'année universitaire et organise des sessions d'été ouvertes aux étudiants de tous les coins du monde. Il a aussi, entre autres, entrepris un vaste programme d'étude des *Landsmanshaftn*, ces sociétés d'originaires du même village, de la même ville, auxquelles s'affiliaient presque tous les immigrants et qui existent dans tous les pays d'accueil. Aujourd'hui, elles sont encore plus de deux mille aux États-Unis qui rassemblent quelque deux cent mille adhérents. L'objectif premier du travail de recherche est la collecte des matériaux : lettres, périodiques, cartes d'invitation aux banquets, registres.

« Nous recherchons tout le matériel relatif à ces groupes, déclarait Roselyn Schwartz, une des responsables de ce programme. Dans beaucoup de cas, les organisations se sont dissoutes sans prendre aucune disposition officielle pour leurs archives. Parfois, les enfants ou les petits-enfants d'un des membres de ces sociétés conservent les objets dans une vieille malle. Nous apprécions quand des gens nous apportent les documents pour les générations futures.

Ces sociétés étaient apolitiques. C'étaient des gens de la base, mais chacun était quelqu'un. Ils attachaient de l'importance à savoir qui vivait et qui était mort, qui était malade ou qui déménageait. Ils se rappellent votre père ou votre mère, et vous situent historiquement. La meilleure façon de se souvenir d'eux est de préserver les archives qui témoignent de leur façon de vivre et de leur travail ».

Il n'existe malheureusement rien en France de comparable. Beaucoup d'archives ont été perdues pendant la guerre, et l'étude de l'histoire de l'immigration juive orientale en France est jusqu'à présent le fait d'historiens américains.

Quelle que soit la façon dont on est Juif – et la question de l'identité est discutée avec passion –, il est indéniable qu'elle est aussi produit d'une histoire, de l'Histoire. La béance ouverte par les camps de la mort, cassure dramatique qui n'a atteint que par ricochet les Juifs américains, a peut-être rendu la génération née immédiatement après la guerre pessimiste quant à la possibilité de renouer avec le fil rompu. Pourtant, le travail du YIVO et la richesse de ses archives, de ses collections de périodiques, de sa bibliothèque montrent que c'est possible.

2.

Ken Krimstein, *Vivre*[1]

[2024]

Les stupéfiantes autobiographies de cette jeunesse illustrent de manière unique la richesse et la diversité de la vie des Juifs d'Europe de l'Est avant la Shoah. Mais elles incitent aussi à comprendre ce que fut ce Yiddishland englouti, pour lequel Ken Krimstein a inventé le nom de « Yiddishuanie », et à prendre la mesure de l'histoire incroyable du YIVO, de son rôle et de ses archives.

Le Yiddishland

À la veille de la guerre, environ dix millions de Juifs vivaient en Europe. Pour l'essentiel, ils s'étaient établis dans le territoire de l'ancienne « zone de résidence » où l'impératrice Catherine II les avait confinés depuis la fin du XVIIIe siècle. L'extension de l'Empire tsariste vers l'ouest, avec l'annexion de territoires correspondant *grosso modo* à l'Ukraine, la Biélorussie et la Lituanie d'aujourd'hui, avait fait passer sous domination russe une population juive très dense. Une politique fut alors définie, que le grand historien Simon Doubnov décrit ainsi : « Fixer les masses juives à la zone annexée, leur fermer l'accès à l'intérieur de l'Empire, et

1. Postface à Ken Krimstein, *Vivre*, Paris, Christian Bourgois, 2024.

même dans les limites de la zone annexée, restreindre la sphère de leurs activités économiques et les ériger en une catégorie sociale distincte de la classe des marchands et de celle des bourgeois, mais lourdement imposée. L'assujettissement de la population à une législation exceptionnelle est érigé en système[1]. » Avec la révolution russe de 1917 et la naissance de nouveaux États, comme la Pologne ou les pays Baltes, les Juifs de la « zone de résidence » connurent pour leur grande majorité l'extrême misère et les persécutions – notamment les pogroms de 1881 à 1883 et de 1903 à 1906. Beaucoup émigrèrent là où ils le pouvaient. Comme l'oncle de « l'épistolier », près de deux millions d'entre eux choisirent les États-Unis, qui représentaient alors la « terre promise ».

Dans les années où vivent les auteurs de ces autobiographies, trouver un pays d'accueil est devenu difficile, voire impossible. « L'épistolier », ne pouvant étudier à Vilnius, cherche où aller. Son premier choix est la Palestine. Le maire de Tel-Aviv, Meier Dizengoff, ne peut l'accueillir dans ce territoire sous mandat britannique où l'immigration juive est drastiquement contingentée. Ces difficultés n'empêchent pas de rêver. « La patineuse », quant à elle, s'imagine sur un bateau la menant à Haïfa, où elle pourrait vivre dans un kibboutz. Le rêve américain se fracasse après la Grande Guerre, quand la politique des quotas d'immigrés par nationalités rend pratiquement impossible l'immigration en provenance de l'ancien Empire tsariste. Il n'en reste pas moins présent. « L'épistolier » rêve d'y rejoindre son oncle. L'entrée dans le pays ne peut se faire qu'au prix de longues et bureaucratiques démarches fort bien décrites. Reste la France, qui devient alors le pays d'accueil, et où près de 80 000 Juifs de l'Est s'installent entre 1918 et 1939, tout comme deux sœurs de la famille brisée de « la chanteuse folk ».

1. Simon Doubnov, *Histoire moderne du peuple juif*, traduit du russe par Samuel Jankélévitch, préface de Pierre Vidal-Naquet, Les Amis de Simon Doubnov et les Éditions du Cerf, 1994, p. 351.

L'âme divisée du judaïsme

De façon pratiquement synchrone à la création de la « zone de résidence », le monde juif est le théâtre d'immenses changements. « L'époque des partages de la Pologne fut également celle des schismes au sein du judaïsme polonais, écrit Simon Doubnov. Le partage extérieur eut pour corollaires un partage intérieur, la division politique, un schisme religieux. » Et il constate que, dans un premier temps, « l'âme du judaïsme » fut divisée entre le rabbinisme et le hassidisme[1].

Le hassidisme est un mouvement de réaction aux malheurs des temps et à l'ultraorthodoxie. Fondé par le rabbi Israël ben Eliezer (1698-1760), appelé le *Baal Shem Tov*, c'est un courant mystique, piétiste, qui privilégie la relation directe avec Dieu (*hassid* signifie « qui aime Dieu »), par le chant et la danse. Les hassidim[2] se regroupent autour de leur *tsadik*, une personnalité charismatique dotée de pouvoirs thaumaturges. Chaque *tsadik* crée une dynastie. Le hassidisme est peu présent dans les récits de ces jeunes gens, sinon dans le bref intermède du séjour de « l'amoureux » dans une *yeshiva* de Bialystok.

Ce judaïsme s'oppose à celui des savants dont Vilnius, « la Jérusalem de Lituanie », est le centre. Car au XVIIIe siècle, Eliyahou ben Shlomo Zalman, plus connu comme le Gaon de Vilna, fit de sa ville un grand centre d'études religieuses et de décisions rabbiniques, en imposant un mode rationaliste dans l'étude de la Torah.

Ces conflits, s'ils demeurent présents à l'époque où furent écrites ces autobiographies, s'atténuent avec les évolutions de la fin du XIXe siècle. Car la *Haskala*, le mouvement des lumières, commence à irriguer la zone de résidence. Elle combat le style de vie traditionnel au nom des valeurs de la modernité, qui conquiert des pans toujours plus larges de la jeunesse. Après la vague de pogroms des

1. *Ibid.*, p. 393.

2. Les séries télévisées les ont rendus familiers : *Les Shtisel*, une famille juive à Jérusalem, dans le quartier hassidique de Geula ; *Unorthodox*, qui raconte la fuite d'une jeune femme de Williamsburg ; *Diamants bruts*, un thriller situé dans le quartier des diamantaires d'Anvers. Elles font aussi entendre la langue yiddish qu'ils ont conservée pour leur vie de tous les jours.

années 1880 qui suit l'assassinat du tsar Alexandre II, elle prend la forme d'une intense politisation, imbriquée aux questions culturelles et linguistiques.

Le rêve d'une nation juive

À cette époque, un puissant courant culturel voit le jour, qui défend une culture moderne en hébreu. Il s'exprime dans la création de journaux et d'œuvres littéraires, et dans la création de villages juifs en Palestine, comme celui de Petah Tikva. Ce sionisme, qui est d'abord essentiellement culturel, se mue après la parution de l'ouvrage de Theodor Herzl, *L'État juif* (1896), et la fondation du mouvement sioniste au Congrès de Bâle (1897) en sionisme politique. Celui-ci offre un autre moyen d'affirmer une identité nationale. Certes, il est divisé en diverses obédiences, plus ou moins à gauche, plus ou moins révolutionnaires. Parmi les plus importantes, le *Poele-Tsion* (textuellement « les ouvriers de Sion »), dont la fraction de gauche prône la révolution et défend la langue yiddish. Les mouvements de jeunesse reflètent cette diversité. C'est le cas du *Hashomer Hatsaïr*, signifiant la « jeune garde ».

L'autre courant politique majeur, celui du *Bund*, est lui aussi très puissant. Le congrès fondateur de l'Union générale des travailleurs juifs de Lituanie, Pologne et Russie *(Algemeyner Yiddisher Arbeter Bund in Lite, Poyln un Russland)* se tient à Vilnius en 1897. Le *Bund* est un mouvement révolutionnaire, partie prenante de ceux qui agitent l'Empire tsariste et qui déboucheront sur la révolution bolchevique d'octobre 1917. Comme les partis sionistes, et à la différence des communistes, il postule l'existence d'une nation juive. Cependant, son nationalisme n'aspire pas, comme celui des sionistes, à un territoire. Il est diasporique et prône l'autonomie culturelle fondée sur la langue yiddish là où les Juifs habitent.

Dans cette langue, Shalom Anski[1] écrit *Di Shvue (Le Serment)*, l'hymne du *Bund* que chante la « chanteuse folk », marquant ainsi

1. Il est l'auteur du *Dibbouk*, cette pièce de théâtre créée à Vilna en 1917, devenue un grand film réalisé par Michal Waszynski en 1937.

son appartenance à cette mouvance politique. *Di Shvue* a cheminé jusqu'à nous. Nous l'avons chanté lors des obsèques de mon père, Aby Wieviorka qui, une fois à la retraite, avait traduit des chefs-d'œuvre de la littérature yiddish, ou de l'historien Henri Minczeles[1]. Tous deux furent inhumés au cimetière de Bagneux, respectivement en décembre 1991 et en mars 2017, dans le caveau collectif du cercle amical, organisation bundiste. L'hymne fut aussi chanté à Varsovie en octobre 2009, lors de l'enterrement du bundiste Marek Edelman, le dernier commandant vivant de l'insurrection de Varsovie.

Anski avait conscience que le monde juif traditionnel était affecté par la modernité et qu'il pourrait bien disparaître. Il avait entrepris, à partir de 1912, des expéditions ethnographiques, rassemblant objets, chansons, écrits. Ces expéditions ethnographiques anticipent l'œuvre collective du YIVO qu'Anski, décédé en 1920, ne connut pas.

Le rôle essentiel du YIVO

Le YIVO est créé en 1925, à Wilno – puisque tel était le nom de la ville de Vilnius[2] quand elle appartenait à la Pologne (1922-1939). Sa création correspond à une période particulière et unique : celle où les jeunes Juifs élevés dans la Tradition sont par ailleurs éduqués dans la culture européenne ou américaine – ce que montrent bien les autobiographies réunies dans ce volume. Ces jeunes vont au cinéma, lisent tout à la fois la littérature universelle, comme *La*

1. Henri Minczeles, historien du Bund et de Vilnius. *Vilna, Wilno, Vilnius, la Jérusalem de Lituanie*, La Découverte, 1993 ; *Histoire générale du Bund. Un mouvement révolutionnaire juif*, Austral, 1995 ; Wladimir Medem, *Ma vie*, traduit du yiddish par Henri Minczeles et Aby Wieviorka, Champion, 1999.

2. La ville du YIVO changea en effet de nom au gré des découpages nationaux de la région. Elle fut Vilna sous domination russe avant 1922, et Wilna quand brièvement mais tragiquement les Allemands l'occupèrent (juillet 1941-1944). Capitale de la Lituanie indépendante depuis 1991, elle garda le nom de Vilnius qui était le sien sous les dominations soviétiques de juin 1940 à juin 1941 et de 1944 à 1991. En yiddish, c'est Vilne.

Case de l'oncle Tom ou *Les Frères Karamazov*, et celle en yiddish… À l'instar de leurs parents, ils s'intéressent vivement à la marche du monde, dont les nombreux journaux en yiddish rendent compte, notamment les deux grands quotidiens que sont le *Moment* et le *Haynt*. Même quand ils adhèrent à des mouvements laïcs, voire antireligieux, la Tradition imprègne leur vie quotidienne : bar-mitzvah, passage sous le dais nuptial…

Les intellectuels qui ont fondé le YIVO[1] ont été élevés dans la Tradition et ont soutenu des doctorats dans les meilleures universités, notamment allemandes. Celui qui présida à sa création et à sa destinée, le linguiste Max Weinreich, a par exemple obtenu sa thèse sur l'histoire de la philologie yiddish à l'Université de Marburg en 1923. Cependant, le YIVO est également fondé dans l'ombre de la Grande Guerre et des pogroms de la guerre civile qui ont ensanglanté une partie de l'ancienne « zone de résidence », accélérant la désintégration du monde traditionnel juif[2].

Ainsi le YIVO poursuit-il deux objectifs : d'une part, la conservation et la connaissance de la culture et de l'histoire de ce monde en voie de disparition. D'autre part, la construction d'une culture juive moderne fondée sur le yiddish, alors langue maternelle de quelque 11 millions de Juifs de par le monde. Cette langue tient un rôle central dans la conception du nationalisme diasporique. Simon Doubnov voit l'absence d'existence étatique pour les Juifs comme une chance. Le territoire, c'est la langue. Il faut donc élever cette langue de « jargon » à une langue de culture et d'éducation. Et cette haute culture portée par des intellectuels se veut « du peuple, pour le peuple, avec le peuple ». Le « peuple » est ainsi associé à la constitution des archives : le YIVO met sur pied un dense réseau de *zamlers*, c'est-à-dire de collecteurs de divers documents. Les recherches, d'une grande rigueur scientifique, sont alors en

1. Le linguiste Nahum Shtif (1879-1933), le philologue Max Weinreich (1894-1969) et l'historien Ilia Tcherikover (1881-1943) sont les principaux fondateurs du YIVO.

2. Cécile Esther Kuznitz, *YIVO and the Making of Modern Jewish Culture. Scholarship for the Yiddish Nation*, Cambridge University Press, Royaume-Uni, 2014.

lien direct avec les expériences et le quotidien des « masses juives ». Toutes les disciplines des sciences humaines et sociales sont représentées : la philologie, la démographie, l'ethnologie et l'histoire, fondamentale. « L'effort contemporain de reconstruction du passé juif commence à une époque qui est témoin d'une brutale rupture dans la continuité de la vie juive, et qui voit donc également s'accélérer chez les Juifs la perte de la mémoire du groupe, écrit l'historien américain Yosef Hayim Yerushalmi. En ce sens [...] l'histoire devient ce que jamais auparavant elle n'avait été, la foi de Juifs perdus[1]. »

L'œuvre du YIVO fut immense dans tous les domaines des sciences humaines et sociales. L'institut constitua une considérable bibliothèque et des archives permettant de documenter tous les aspects de la vie juive. À trois reprises, en 1932, 1934 et 1939, le YIVO organisa des concours d'autobiographie de la jeunesse juive, rassemblant 620 autobiographies de jeunes gens âgés de treize à vingt et un ans. Avant la découverte de 2017, 302 archives étaient conservées dans son centre de New York, principalement rédigées en yiddish. Chacun de ces trois concours était doté d'un prix de 100 à 150 zlotys, équivalant au salaire mensuel moyen d'un enseignant. La principale consigne, garantie par l'anonymat des candidats, était d'écrire sans tabous. Les candidats devaient évoquer leur famille, le souvenir des années de guerre, celle de 1914-1918 qui se prolongea en guerre civile après la victoire des Bolcheviks, leurs amours, leur implication dans les organisations de jeunesse ou politiques, leur pratique religieuse ou encore la façon dont ils envisageaient leur avenir.

Le pacte germano-soviétique du 23 août 1939, son protocole secret et ses diverses négociations aboutirent à ce que la Lituanie tombe dans la sphère d'influence soviétique avant de devenir, le 15 juin 1940, la République socialiste soviétique de Lituanie. Le 22 juin 1941, rompant unilatéralement le pacte de non-agression, la Wehrmacht entra en Union soviétique. Le 26 juin, Wilno était

1. Yosef Hayim Yerushalmi, *Zakhor. Histoire juive et mémoire juive*, traduit de l'anglais par Éric Vigne, La Découverte 1984 pour la traduction française ; Gallimard, 1992, p. 103.

occupée par les nazis. Quelque 60 000 Juifs y vivaient alors: certains de longue date, d'autres réfugiés de Pologne après l'invasion nazie de septembre 1939. Immédiatement, les nazis, aidés par des Lituaniens, arrêtèrent et tuèrent une vingtaine de milliers de Juifs. Le 7 septembre 1941, les Juifs qui avaient survécu à ces premières fusillades furent enfermés dans deux ghettos. Le «petit» fut «liquidé», selon la terminologie nazie, en janvier 1942. Le «grand» ghetto de Vilnius fut détruit les 23 et 24 septembre 1943.

La brigade de papier

Très vite après l'arrivée des nazis, l'*Einsatzstab Reischleiter Rosenberg*[1] fut en charge de la confiscation des biens culturels appartenant aux Juifs et aux francs-maçons, ainsi que du contenu des bibliothèques, telle la bibliothèque Strashun qui conservait manuscrits et livres en hébreu. La plus grande partie d'entre eux étaient voués à la destruction, tandis que les plus précieux ou les plus significatifs étaient destinés à enrichir les collections de l'Institut de recherche sur la question juive que les nazis installaient à Francfort.

La richesse des collections de Wilno était telle qu'elle nécessitait, selon les nazis, un tri effectué par des spécialistes capables de désigner les pièces les plus intéressantes. Ainsi fut constituée, en février 1942, une équipe chargée de trier, d'emballer et d'expédier les documents confisqués. Parmi ceux qui furent choisis pour accomplir cette tâche figurent Herman Kruk, militant bundiste, nommé directeur de la bibliothèque du ghetto, et le philologue Zelig Kalmanovitch, un des piliers du YIVO depuis sa fondation. Les 40 000 volumes de la bibliothèque Strashun ainsi que les livres religieux des synagogues de la ville dont celle du Gaon furent déplacés dans un bâtiment de la bibliothèque de l'Université de

1. Du nom d'Alfred Rosenberg, le théoricien nazi de l'antisémitisme, qui sera jugé et pendu à Nuremberg. L'*Einsatzstab Reichsleiter Rosenberg* (ERR) était une section du bureau de politique étrangère du NSDAP, dirigée par Alfred Rosenberg.

Wilno. Les documents non sélectionnés étaient revendus pour recyclage à une usine de papier et les parchemins à une fabrique de bottes. Une seconde équipe opérait dans les locaux du YIVO. Les deux équipes comptaient une quarantaine de personnes, parmi elles l'immense poète Avrom Sutzkever, qui survécut et en témoigna dans son ouvrage *Le Ghetto de Wilno 1941-1944*[1]. Les membres de cette équipe se surnommèrent « la brigade de papier ». Quand les deux nazis chargés de la surveillance quittaient le bâtiment, ils subtilisaient les plus précieux selon eux, les cachaient dans les combles du bâtiment ou les emportaient avec eux en réintégrant le soir le ghetto où ils leur trouvaient diverses caches.

Le YIVO et ses archives, aujourd'hui

L'Armée rouge entra dans Wilno le 13 juillet 1944. Seuls quelque 2 000 Juifs sur une population juive de plus de 60 000 personnes avant guerre avaient survécu. Avrom Sutzkever, qui s'était échappé du ghetto, avait rejoint les partisans puis gagné Moscou, retourna alors à Vilnius. Avec l'écrivain Shmerke Kaczerginski, ils se mirent immédiatement au travail pour retrouver les documents cachés. Si une partie des documents avait été découverte et détruite[2], d'autres caches souterraines étaient intactes. Dès le 26 juillet, ils établirent à leur domicile un modeste Musée d'art et de culture juifs, affilié au ministère de la Culture de la République socialiste soviétique de Lituanie. Cependant, quand ce musée fut fermé en 1948 alors que Staline entreprit de liquider la culture juive, Avrom Sutzkever et Shmerke Kaczerginski prirent rapidement conscience de la précarité de l'existence culturelle juive dans les pays soviétisés. Avant d'émigrer d'abord vers Paris, ils décidèrent d'exfiltrer

1. Traduit du yiddish par Gilles Rozier, préface d'Annette Wieviorka, Denoël, 2013.

2. L'effondrement des combles et un incendie du bâtiment du YIVO en ruine ainsi que la découverte de la cache installée dans le sous-sol de la bibliothèque du ghetto par les nazis ont conduit à la destruction de nombreux documents.

les documents vers New York, où Max Weinreich avait réinstallé une antenne du YIVO en 1940. Ils y rejoignirent les livres et manuscrits récupérés par les Américains à Francfort. Les milliers de documents qui n'avaient pu être expédiés à New York, conservés par le musée juif, avaient été récupérés et soustraits aux Soviétiques par le docteur Antanas Ulpis. La Lituanie devenue indépendante, une partie de ces collections fut expédiée au YIVO de New York en 1995 et 1996. Les originaux découverts en 2017 n'ont pas suivi le chemin des documents découverts précédemment et sont conservés à la Bibliothèque nationale de Lituanie, mais leur numérisation en cours permet leur consultation depuis partout dans le monde[1].

La benjamine du groupe mis en dessin par Ken Krimstein était « la rebelle ». Elle n'avait pas suivi la consigne du concours qui était l'anonymat et avait révélé son identité dans son autobiographie, y joignant des photographies. Elle a survécu, émigré aux États-Unis, et sa famille a été retrouvée. Une très intéressante et émouvante exposition en ligne lui a été consacrée et comporte un fac-similé de son autobiographie. Beba Epstein, puisque tel était son nom, éclaire ainsi encore la vie du Yiddishland avant sa destruction, et la façon dont elle a traversé miraculeusement l'Histoire[2].

1. Edward Blank YIVO Vilna Online Collections project, du nom de son principal donateur, est consultable sur le site : https://vilnacollections.yivo.org

2. https://museum.yivo.org/experiences/introduction/

3.

La demeure du judaïsme[1]

[1998]

Le 6 décembre 1998, un nouveau musée ouvre ses portes au cœur du quartier du Marais, à Paris : le musée d'Art et d'Histoire du judaïsme. Sa conservatrice, Laurence Sigal, a relevé avec bonheur un double défi : inscrire une culture minoritaire dans la culture nationale d'un pays marqué par le jacobinisme ; « montrer » que la civilisation et l'histoire des Juifs peuvent se raconter autrement qu'en termes confessionnels.

Les collections Strauss et Rothschild

Le choix du lieu et du bâtiment exprime en lui-même cette volonté d'ancrer le patrimoine juif dans celui de la France. Le musée est en effet installé dans un des plus beaux et des plus originaux hôtels du Marais : l'hôtel Saint-Aignan, réalisé par Pierre Le Muet, architecte du roi entre 1644 et 1647, aujourd'hui restauré dans son état du début du XVIIIe siècle.

Il hérite de deux fonds : d'une part, celui du petit musée d'Art juif (qui avait ouvert en 1948 rue des Saules, dans le XVIIIe arrondissement de Paris) auquel il succède, composé d'objets popu-

1. « La demeure du judaïsme », article publié dans *L'Histoire*, n° 227, 1998.

laires, d'art cultuel, d'estampes et de peintures réalisés du XVIIIe au XXe siècle et d'une série de maquettes de synagogues ; d'autre part, celui de la collection Isaac Strauss, ensemble exceptionnel d'objets de culte qu'offrit à l'État en 1890 la baronne Nathaniel de Rothschild. Des stèles funéraires provenant des cimetières juifs parisiens du Moyen Âge, conservées jusqu'à présent au musée national de Cluny, y ont enfin été transférées.

La difficulté principale qu'a eu à résoudre ce musée d'Art et d'Histoire réside dans la complexité même de la nature du fait juif. Être juif relève-t-il simplement de la religion ? Comment, dans un pays où la laïcité fait partie des fondements mêmes de l'idée républicaine, éviter l'écueil du communautarisme que d'aucuns dénoncent à juste titre ?

Comment, enfin, valoriser le patrimoine artistique d'un peuple qui est avant tout le peuple du Livre, de l'écrit et qui, jusqu'à l'entrée dans la modernité, est resté marqué par l'interdit biblique de la représentation figurée et s'est exprimé principalement dans l'architecture synagogale, dans les livres et les objets de culte ?

Les conservateurs ont imaginé un parcours original, ouvert au monde entier, à la fois chronologique et thématique, rendant tangibles les évolutions d'un peuple qui vécut, au cours des siècles, dans des aires de civilisation différentes, et marquant les permanences, celles du temps religieux. Être juif relève ainsi de deux phénomènes qui ne sont pas exclusifs l'un de l'autre : une religion et une histoire.

La visite commence par l'affirmation de la place centrale de l'écrit et de la lecture dans le judaïsme. Des textes en hébreu sont présentés à même les murs et des objets symboliques exposés, comme, par exemple, cet étui en argent pour la Torah, provenant de Shanghai.

Autour des stèles funéraires des cimetières parisiens vient ensuite l'évocation de la vie quotidienne dans les communautés juives du nord de la France et de la Provence au Moyen Âge.

Objets rares, manuscrits précieux initient le visiteur à ce que fut l'organisation de ces groupes qui prenaient en charge l'individu de sa naissance à sa mort et témoignent de la richesse culturelle du judaïsme médiéval. Puis sont rappelées les expulsions, qui s'inscrivent à la fin du Moyen Âge dans un contexte européen, et dont le point culminant fut le grand séisme de l'expulsion d'Espagne, en 1492, également citée ici.

Pour montrer, derrière les ruptures de l'histoire, les permanences constitutives de la culture, une salle est ensuite consacrée à deux fêtes emblématiques de la mémoire juive, Pourim et Hanouka, qui rappellent tout en les ritualisant des épisodes historiques heureux, puisqu'elles signalent toutes deux à leur façon une renaissance nationale.

Sont ainsi présentés divers rouleaux d'Esther (qui contiennent les textes lus au moment de Pourim), des manuscrits de pièces satiriques (*pourim spieln*, « jeux de pourim ») jouées à l'occasion de cette fête et des dizaines de lampes de Hanouka, de tous lieux, de tous styles, de tous temps.

L'évocation des jeux, des fêtes, du folklore

Retour à l'histoire, avec Amsterdam, cette fois, aux XVIIe et XVIIIe siècles, où coexistent les communautés ashkénaze (originaire d'Europe centrale et orientale) et séfarade (issue de la péninsule Ibérique). Nouvelle scansion avec l'évocation des fêtes de Pessah (qui commémore la sortie d'Égypte), Shavouot (qui rappelle le don de la Torah par Dieu à Moïse, sur le mont Sinaï) et Souccot (la fête des Cabanes).

Une magnifique *soucca* (cabane rituelle dans laquelle les Juifs religieux prennent leurs repas au moment de Souccot) en bois, d'origine autrichienne, datant du XIXe siècle, décorée à l'intérieur d'une vue de Jérusalem, est un des joyaux du musée. Des maquettes de synagogues, des objets domestiques, des costumes, des peintures et des photographies anciennes, des ouvrages imprimés font revivre les mondes ashkénaze et séfarade traditionnels, disparus du fait de l'exil, de l'irruption de la modernité et, pour le monde ashkénaze, du génocide.

En 1791, l'émancipation marque, en France, le début de l'intégration des Juifs dans la société moderne. Dès lors peut s'épanouir un art juif sans controverse possible – peintures de synagogues, de célébrations familiales, tableaux inspirés de sujets religieux –, mais qui n'a plus rien de liturgique.

Après une étape consacrée au bouillonnement intellectuel, culturel et politique du monde juif européen au tournant du siècle, le parcours entre dans un domaine bien souvent ignoré du grand public : celui de la présence juive dans l'art du XXe siècle, manifeste surtout en Russie et en Allemagne. Chagall, Lissitzky, Altmann ou Ryback se livrèrent alors à des recherches formelles et stylistiques, tout en puisant leur inspiration dans les sources bibliques ou le folklore du *shtetl*, avec ses personnages emblématiques. Par ailleurs, sans que les thématiques juives soient toujours visibles, figurent des œuvres relevant de ce qu'on appelle l'École de Paris : Kikoïne, Soutine, Pascin…

Restait un dernier problème. Il était impossible de ne pas inclure dans ce parcours le génocide des Juifs, déjà évoqué cependant dans d'autres lieux en France. L'artiste contemporain Christian Boltanski a simplement choisi d'exposer les noms, professions et dates de décès de ceux qui habitèrent l'hôtel Saint-Aignan avant et pendant la guerre, alors que ce quartier, voué au commerce et à la petite industrie, n'avait pas le prestige du Marais d'aujourd'hui. Au-delà de l'émotion qu'elle suscite, cette œuvre est emblématique de ce qu'est le musée. Y sont mêlés, à un moment donné, comme au cours de l'histoire de notre pays, Juifs et non-Juifs, rassemblés dans le lieu même où est installé le musée.

III.

VARSOVIE

Dans notre famille, la lecture était une valeur cardinale. Il y avait peu d'espace dans notre petit deux pièces vanvéen, peu de livres, faute aussi d'argent. Pour des raisons que je ne m'explique pas, nous n'avons jamais fréquenté la bibliothèque municipale. Quand nous étions petits, notre mère nous lisait chaque soir une histoire et, comme tous les enfants, j'aimais que ce fût souvent la même. Je connais encore par cœur *Les Chatons barbouilleurs*[1], un des petits livres d'or de l'époque. Quand je sus lire, très tôt, ce fut le temps de la Bibliothèque Verte et de la Bibliothèque Rouge et Or. J'eus alors deux livres cultes, *Madame Curie*[2] par Ève Curie (Bibliothèque Verte) et *Les Quatre Filles du docteur March.* Est-il besoin de dire que, des quatre filles, celle que j'aurais voulu devenir était Jo ? Ces deux personnages, Marie Curie et Jo March, sont-ils à l'origine de deux passions liées qui m'ont animée, la recherche et le livre ?

1. *Les Chatons barbouilleurs*, par Marguerite Brown, images d'Alice et Martin Provensen, Paris, Éditions Cocorico, 1949.

2. Ève Curie, *Marie Curie*, Buenos Aires, Hachette, 1944.

Il y eut ensuite les livres d'adulte, ceux que notre mère nous encouragea à lire, qui faisaient partie de notre petite bibliothèque. Vers mes douze ans, *Éducation européenne*[1], de Romain Gary, *La Muraille*[2], de John Hersey, et *Le Zéro et l'infini*[3] d'Arthur Koestler. Ouvrages fondateurs, que je n'ai cessé de relire, tout au long de ma vie de chercheuse. À eux trois, ils tracent le périmètre de mes curiosités : les forêts polonaises lors de la guerre contre les Juifs, pour le premier, le ghetto de Varsovie et son archiviste, Noah Levinsohn, dont Emanuel Ringelblum est le « pilotis » (Aragon), pour le deuxième, et le communisme, pour le dernier. Il a fallu le lycée et encore davantage mes études de lettres – ô ! la lecture de *La Princesse de Clèves*, sous la houlette de la merveilleuse Madame Chambard dans l'hypokhâgnette du lycée d'Enghien – pour que je mesure l'écart entre la littérature française classique et la nôtre. Les deux m'ont également nourrie.

J'ai relu *La Muraille* à diverses reprises en Folio. J'y ai repensé quand j'ai entrepris de confectionner ce livre. Une amie très chère m'a alors offert l'édition originale, celle de mon adolescence. J'ai revu avec émotion la très laide couverture. Elle représente un mur de briques marron, surplombé d'un bandeau bleu où est inscrit le nom de l'auteur, John Hersey. Le titre est incrusté dans une rangée de briques. Après le sigle NRF, il est indiqué en lettres blanches, elles aussi inscrites dans une rangée de briques, que la préface est de Joseph Kessel.

De ma première lecture avait émergé un seul souvenir. Il m'a toujours hantée. Le 6 mai 1943, les combattants rescapés de l'insurrection du ghetto se terrent dans l'abri de l'organisation juive de combat, rue Mila. Avec eux, le bébé né dans

1. Romain Gary, *Éducation européenne*, Paris, Calmann-Lévy, 1945.

2. John Hersey, *La Muraille*, traduit de l'anglais par Lucienne Escoube, préface de Joseph Kessel, Paris, Gallimard, 1952.

3. Arthur Koestler, *Le Zéro et l'infini*, Paris, Calmann-Lévy, 1946.

le ghetto, symboliquement appelé Israël, comme si, à lui seul, il portait l'avenir de son peuple. Il ne cesse de pleurer et de hurler. Rien ne peut le calmer. Il met en danger les combattants. Le commandant de l'insurrection demande que le bébé lui soit confié. Et le bébé se tait. Il le rend alors à Rutka, sa mère. « Ce n'est que lorsque la joue de l'enfant se refroidit contre son sein que Rutka se rendit compte qu'il était mort[1]. » Quelques pages encore qui narrent la fuite dans les égouts du petit groupe de résistants, et c'est la fin du livre.

La Muraille, publié en 1950, traduit en français dès 1952, fut un best-seller. John Hersey était un des très grands reporters de son temps, et son témoignage sur Hiroshima fait toujours date. Il avait été correspondant de guerre à Moscou, avait parcouru « le désert pierreux » qu'était devenu le ghetto de Varsovie après la répression de l'insurrection et la pulvérisation des ruines pour qu'aucune trace n'en subsiste ; il avait écouté les survivants d'Auschwitz et eu la révélation de « ce que l'homme peut faire à l'homme ». Il voulait écrire un roman dont le cadre aurait été Auschwitz. Il y renonça. « Les hommes dans les camps n'étaient plus des hommes et ne constituaient plus une société humaine véritable. Tandis que la tragédie du ghetto était encore un fac-similé de la vie[2]. » Le 18 septembre 1946, alors qu'il est de retour aux États-Unis, dix boîtes métalliques sont mises au jour sous les décombres de l'emplacement du 68, rue Nowoliptki. Elles contenaient une partie des archives du ghetto.

L'historien et militant sioniste, travailliste de gauche *(Linke Poale-Tsion)*, Emanuel Ringelblum avait réuni en une « société sacrée » secrète, *Oneyg Shabes*, « Allégresse du shabbat », une douzaine d'hommes et de femmes en charge de la collecte d'archives et de la rédaction d'enquêtes, susceptibles de per-

1. J. Hersey, *La Muraille*, *op. cit.*, p. 566.

2. Dans sa préface à la *Muraille*, Joseph Kessel rapporte cette conversation qu'il eut avec son confrère John Hersey, *ibid.*, p. 12-13.

mettre d'écrire l'histoire du ghetto. Ces dizaines de milliers de pages de documents, « la légende » comme ils les nommaient, avaient été enterrées en trois lots avant la « liquidation » du ghetto. Les trois survivants de l'*Oneyg Shabes*, Rachel Auerbach, Hersch et Bluma Wasser, savaient où les archives avaient été inhumées. Après la découverte en 1946 d'un premier lot, au prix d'une véritable opération archéologique, un deuxième fut retrouvé en 1950, le troisième, en revanche, malgré d'intenses recherches, semble à jamais perdu.

C'est à partir de ces sources qu'Hersey pense son roman. Le relire après tant d'années, tant d'ouvrages sur le ghetto – notamment la somme de Samuel Kassow, *Qui écrira notre histoire ? Les archives secrètes du ghetto de Varsovie*[1] –, redouble notre admiration. Comment cet homme si loin de toute culture juive a-t-il pu ainsi devenir familier tant de la religion juive que des multiples fractions politiques présentes alors à Varsovie ? Certes, il invente des personnages pour incarner les destins, mais il écrit aussi la première histoire du ghetto. Et il choisit pour l'écrire le point de vue d'un historien chroniqueur, Noah Levinsohn.

Est-ce la trace mnésique de ma lecture d'adolescente qui explique la place qu'a prise Ringelblum dans mon panthéon personnel ? Ou l'histoire de ma famille avec ses si nombreuses disparitions sans traces ? « Nous pouvons maintenant mourir en paix. Nous avons accompli notre mission. Puisse l'histoire en témoigner pour nous[2] », avait écrit le très jeune Graber, membre de l'*Oneyg Shabes*, dans le testament qu'il joignit aux archives quand il les inhuma.

Je suis allée pour la première fois à Varsovie alors que je rédigeais ma thèse. J'avais décidé de consacrer un chapitre

1. Samuel D. Kassow (dir.), *Qui écrira notre histoire ? Les archives secrètes du ghetto de Varsovie*, traduit de l'anglais par Pierre-Emmanuel Dauzat, Paris, Grasset, 2011.

2. *Ibid.*, p. 18.

à un film, *La Dernière Étape* (1947), le premier tourné dans le camp de femmes de Birkenau par une réalisatrice polonaise qui y avait été internée, Wanda Jakubowska[1]. J'avais retrouvé à la Bibliothèque de documentation internationale contemporaine, la BDIC de Nanterre (aujourd'hui baptisée La Contemporaine), le scénario du film qu'un ami, Jacques Burko (1933-2008), me traduisit. Il se trouve par ailleurs qu'en ce mois de juillet 1990 Laurent Rymkiewicz, le fils de l'écrivain Jaroslaw Marek Rymkiewicz (1935-2022), logeait chez nous. L'ouvrage de son père venait d'être traduit en français[2]. « Pendant très longtemps, avait écrit Rymkiewicz, j'ai recherché la trace de l'Umschlagplatz », ce lieu alors effacé de Varsovie d'où partaient les trains emportant leur cargaison de Juifs vers Treblinka. Or Laurent – c'est ainsi qu'il avait francisé son prénom – se rendait chaque jour chez Kazimierz Brandys, écrivain polonais en exil en France depuis l'état de siège (instauré le 13 décembre 1981). Il lui parla du travail que je menais sur la cinéaste. Selon Brandys, Wanda Jakubowska était toujours communiste et en vie, puisqu'il n'avait pas appris sa mort. Soit. Jacques Burko fit une petite recherche dans l'annuaire polonais de Varsovie, trouva l'adresse, lui adressa une belle lettre. Me recevrait-elle pour parler de son film ? Wanda Jakubowska répondit par télégramme d'un mot : « *Skoda.* » D'accord.

Nous voilà donc partis, Jacques, pour me servir d'interprète, car je supposais que Wanda ne parlait que polonais, et moi. Nous descendîmes à l'hôtel Europejski. Je le retrouve avec émotion chaque fois que je regarde *To Be or Not to Be* (1947),

1. Voir Annette Wieviorka, « La dernière étape ; un film entre témoignage et fiction », in *Déportation et génocide. Oubli et mémoire 1943-1948 : le cas des Juifs en France*, thèse sous la direction d'Annie Kriegel, 1991, p. 293-312.

2. Jaroslaw Marek Rymkiewicz, *La Dernière Gare. Umschlagplatz*, traduit du polonais par Véronique Patte, préface de Henri Raczymow, Paris, Robert Laffont, 1989.

car c'est le décor que choisit le réalisateur Ernst Lubitsch pour y installer la Gestapo. Avec son piano-bar, son immense escalier, il respirait encore, dans les débuts de la décennie 1990, malgré le communisme, un air d'Europe centrale.

Wanda Jakubowska habitait un immeuble, dans le style de nos HLM des années d'après-guerre, que la reconstruction communiste avait bâti au centre de Varsovie. La cage d'escalier sentait le chou. Nous nous attendions à rencontrer une vieille femme. Wanda était une alerte octogénaire qui me proposa de l'accompagner en randonnée dans les Carpates. Elle parlait un français presque parfait et était restée en contact avec ses amies – surtout Marie-Élisa Nordmann Cohen – du Kommando de Raysko auquel elle avait été affectée, un Kommando que l'on connaît bien grâce à l'écrivaine Charlotte Delbo. Quand nous l'avons rencontrée, elle venait d'apprendre l'espagnol pour pouvoir lire García Márquez dans le texte. Comme il était alors fort difficile de faire des photocopies à Varsovie, elle me confia la dactylographie effectuée par le cabinet Bluet du procès en diffamation qu'elle intenta en février 1950 à *Narodowiec*, le quotidien polonais qui paraissait en France et l'avait calomniée lors de la sortie de son film. Je le lui rendis par l'intermédiaire de mon ancienne professeure du lycée d'Ermont, Janine Ponty, qui, après une thèse d'État sur l'émigration polonaise en France, était devenue professeure des universités à Besançon et se rendait fréquemment en Pologne. Je n'ai pas revu Wanda Jakubowska quand elle assista à la projection de sa *Dernière Étape* au Festival international de films de femmes de Créteil de 1995.

C'était il y a plus de trente ans. Que de changements ! J'avais pu visionner le film deux fois, dans une très mauvaise copie. Aujourd'hui, grâce à la numérisation, les chercheurs peuvent l'analyser à loisir et en détail. Je suis retournée souvent à Varsovie. Au printemps 1993, invitée à participer à un colloque se tenant à l'occasion des cinquante ans de l'insurrection du ghetto, et en compagnie de Rymkiewicz, j'ai enregistré une longue émission de France Inter, *Là-bas si j'y suis*, balade sur les traces du ghetto.

La ville est méconnaissable. C'est désormais une capitale moderne. Le périmètre du ghetto a été matérialisé. De très nombreux monuments en évoquent le passé, notamment celui érigé sur l'Umschlagplatz, là où se trouvait la gare d'où partaient les déportés vers Treblinka. Sur la place où avait été installée la grande statue de Nathan Rapoport en hommage aux insurgés se dresse maintenant l'important musée de l'Histoire des Juifs de Pologne, POLIN.

Ne parlant pas le polonais, il m'a été impossible d'effectuer de véritables recherches sur l'histoire des Juifs de ce pays. Dans ce domaine, je me considère comme généraliste. Mais je n'ai cessé de m'y intéresser. Avec mon compère Jean-Charles Szurek, nous avons salué la naissance de la nouvelle historiographie en organisant un colloque à la BNF. Il fit événement. C'était en janvier 2005. Le colloque fut ouvert par Simone Veil et Wladysław Bartoszewski. Celui-ci avait été interné à Auschwitz, alors camp de concentration pour hommes polonais, de septembre 1940 à avril 1941. Il avait rejoint la Résistance et, après les grandes déportations de Juifs de juillet 1942, la Commission d'aide aux Juifs (Żegota) – il serait d'ailleurs parmi les tout premiers à être élevé à la dignité de Juste parmi les nations, en 1965, par l'Institut Yad Vashem. Luttant encore pour la démocratie dans la Pologne communiste, il avait été emprisonné, à plusieurs reprises. Et après le changement de régime, lors de la dislocation du bloc soviétique, il devint ambassadeur, puis ministre des Affaires étrangères.

À partir de 2015 et de la victoire aux élections législatives du parti Droit et Justice (PIS), la donne politique changea à nouveau en Pologne. Nos collègues et amis ont été menacés, leur travail entravé. Jean-Charles Szurek et moi-même avons alors décidé de les soutenir en organisant un second colloque. Nous avons associé à son organisation deux collègues d'une autre génération, Audrey Kichelewski et Judith Lyon-Caen, pour, en quelque sorte, passer le témoin. Notre colloque sur la nouvelle école historique polonaise s'est tenu en février 2019 à l'École des Hautes Études en Sciences Sociales dans une atmosphère perturbée par des menaces et des interventions violentes d'antisémites polonais[1]. Il avait été ouvert par une conférence de Jan T. Gross au Collège de France.

Les élections de 2023 ont marqué le retour à la démocratie. Nos collègues respirent à nouveau. Mais nous savons la fragilité des choses.

1. Les actes de ces deux colloques ont été publiés. Jean-Charles Szurek et Annette Wieviorka (dir.), *Juifs et Polonais. 1939-2008*, Paris, Albin Michel, 2009 ; Audrey Kichelewski, Judith Lyon-Caen, Jean-Charles Szurek et Annette Wieviorka, *La Shoah en Pologne. Une nouvelle école historique*, Paris, CNRS Éditions, 2019.

1.

Écrits des ghettos[1]

[1999]

« Lorsqu'Abel eut dépassé la place Krasinski et qu'il se trouva sur l'emplacement de l'ancien quartier juif, qu'il regarda à droite et à gauche, devant et derrière lui, et cela malgré son accoutumance aux autres quartiers de la ville "la plus détruite du monde", il ne voulut pas en croire ses propres yeux. S'attendant à des destructions, il les prévoyait à la mesure de celles des autres quartiers, il s'attendait à des traces permettant de reconstituer ce qui, naguère, s'était dressé ici. Il n'y avait pas de traces. »

Abel, un des personnages du romancier polonais Adolf Rudnicki, de retour à Varsovie du camp de prisonniers de guerre où il a passé la guerre, ne retrouve rien du quartier juif de Varsovie : « En cet endroit, la ville était broyée, supprimée, pierre sur pierre ne subsistait plus. Là où naguère se dressait une ville, c'était à présent un champ de décombres. [...] C'était le néant de la ville effacée, dont la forme périssable, imprécise et trompeuse tournoyait dans la mémoire de celui qui regardait[2]. »

---

1. Texte publié dans *La Shoah, témoignages, savoirs, œuvres*, Annette Wieviorka et Claude Mouchard (dir.), Saint-Denis, Presses universitaires de Vincennes, 1999.

2. Adolf Rudnicki, « Le courant pur », in *Les Fenêtres d'or*, trad. du polonais par Anna Posner, préf. de Claude Roy, Paris, Gallimard, 1966, p. 255-256.

Au néant des lieux, à l'annihilation des cadres dans lesquels aurait pu s'inscrire une mémoire de l'histoire de Varsovie et de son ghetto, fait écho le constat brutal de Marek Edelman, dernier survivant de l'état-major de l'Organisation juive de combat: «Dans le monde, il n'y a plus de Juifs. Ce peuple n'existe pas. Et il n'y en aura pas [...][1].» Dans la bouche du jeune leader bundiste, ce n'est pas tout le peuple juif qui fut assassiné, mais le sien, cette partie du peuple juif dont la langue était le yiddish, qui avait construit au cours des siècles de vie en Pologne une véritable civilisation.

Face à l'enfermement, prélude, nous le savons désormais, à la destruction, très nombreux furent ceux qui mirent en œuvre une véritable stratégie de la trace écrite qui puise très loin dans la tradition du judaïsme[2]. Certains textes ont été perdus; d'autres nous sont parvenus. Textes d'une infinie richesse, richesse que nous ne tenterons pas d'explorer ici, nous contentant de dresser une typologie de ces écrits.

Archives des ghettos

L'historien Emanuel Ringelblum met sur pied dans le ghetto de Varsovie une véritable organisation chargée de l'archivage systématique de tout document concernant le ghetto, l'*Oneg Shabbat*[3], l'«Allégresse du shabbat», dont il avait la certitude, justifiée d'ailleurs, que le contenu serait préservé. Car l'intuition au cœur de la Shoah de l'urgente nécessité de porter témoignage pour que l'Histoire puisse un jour être écrite est d'abord le fait d'historiens, de Simon Doubnov à Emanuel Ringelblum en pas-

1. Marek Edelman, cité par J. M. Rymkiewicz, in *La Dernière Gare: Umschlagplatz*, préf. d'Henri Raczymow, trad. du polonais par Véronique Patte, Paris, Laffont, 1990, p. 294-295.

2. Sur ces questions de l'écriture de la Catastrophe, voir David Roskies, *Against the Apocalypse: Response to Catastrophe in Modern Jewish Culture*, Cambridge, Harvard University Press, 1984; Rachel Ertel, *Dans la langue de personne. Poésie yiddish de l'Anéantissement*, Paris, Seuil, 1993.

3. En hébreu. *Oneg Shabbes* en yiddish.

sant par Ignacy Schiper[1] assassiné à Majdanek et qui avait confié à Alexandre Donat : « Tout dépend de ceux qui transmettront notre testament aux générations à venir, de ceux qui écriront l'histoire de cette époque. L'histoire est écrite, en général, par les vainqueurs. Tout ce que nous savons des peuples assassinés est ce que leurs assassins ont bien voulu en dire. Si nos assassins remportent la victoire, si ce sont eux qui écrivent l'histoire de cette guerre, notre anéantissement sera présenté comme une des plus belles pages de l'histoire mondiale, et les générations futures rendront hommage au courage de ces Croisés. Chacune de leurs paroles sera parole d'Évangile. Ils peuvent aussi décider de nous gommer complètement de la mémoire du monde, comme si nous n'avions jamais existé, comme s'il n'y avait jamais eu de judaïsme polonais, de ghetto à Varsovie, de Majdanek [...]. Mais, si c'est nous qui écrivons l'histoire de cette période de larmes et de sang – je suis persuadé que nous le ferons –, qui nous croira ? Personne ne voudra nous croire, parce que le désastre est le désastre du monde civilisé dans sa totalité. Nous aurons la tâche ingrate de prouver à un monde qui refusera de l'entendre que nous sommes Abel, le frère assassiné [...][2]. »

Emanuel Ringelblum s'entoura de nombreux collaborateurs pour constituer cette organisation de résistance sans équivalent puisque son objectif est la collecte de documents, et dont les membres, explique-t-il, « ont constitué et constituent toujours un corps homogène, mû par un seul esprit et nourri d'une seule idée. *Oneg Shabbes* n'est pas une association d'érudits inspirés par un esprit de compétition. C'est une entité homogène, une fraternité, où chacun aide l'autre à atteindre un but commun. Chaque membre de l'*Oneg Shabbes* sait que son travail et ses efforts, les épreuves qu'il endure, les risques qu'il prend 24 heures sur 24 en transportant clandestinement des documents – tout est entrepris pour un grand idéal et que, dans les jours de liberté à venir, la société saura comment évaluer sa contribution et le récompen-

1. Ignacy (Itzhak) Schiper (1884-1943) était, avec Meier Balaban, un des deux principaux historiens juifs de la Pologne indépendante.

2. A. Donat, *The Holocaust Kingdom*, cité par Rachel Ertel, *op. cit.*, p. 23.

sera des plus hauts honneurs existant dans l'Europe libérée. *Oneg Shabbes* est une association, un ordre fraternel sur la bannière duquel est inscrite la volonté de ses membres de se vouer complètement à leur cause et de garder foi l'un dans l'autre au service de la communauté[1] ». Enterrées dans des bidons de lait et des boîtes de métal, une grande partie de ces archives furent retrouvées après la guerre, en septembre 1946 et décembre 1950. L'histoire des archives du ghetto de Varsovie est bien connue, est même entrée dans la légende : sous les traits de Noach Levinson, Emanuel Ringelblum est le héros du roman de John Hersey, *La Muraille*, qui fut un bestseller dans les années 1950.

En revanche, celles du ghetto de Lodz restent totalement ignorées en France. En effet, le doyen du ghetto de Lodz, Mordechai Chaim Rumkowski, avait fondé le 17 novembre 1940 le département d'archives du ghetto de Lodz, rattaché au service « population » du ghetto. Son existence est connue des Allemands, mais les archives elles-mêmes sont cachées, notamment celles des diverses commissions inspectant le ghetto. Car ceux qui les conservent ont un objectif bien précis : permettre aux futurs chercheurs d'étudier la vie de la société juive pendant une des périodes les plus difficiles de son histoire. Jozef Klementynowski, pressenti pour être le directeur de ces archives, avait écrit à Rumkowski le 16 novembre 1940, en acceptant ce poste : « J'apprécie hautement la signification de ce trésor pour les historiens futurs[2]. » Les archivistes reçurent de Rumkowski autorité pleine et entière pour rassembler le matériel en provenance de toutes les sections de l'administration juive du ghetto, ainsi que l'autorisation de procéder à des interviews des représentants des diverses administrations et de conserver ces informations sous une forme écrite.

1. Cité par Antony Polonsky dans sa préface à Abraham Lewin, *Une coupe de larmes. Journal du ghetto de Varsovie*, Antony Polonsky (éd.), trad. de l'anglais par Dominique Dill, Plon, 1990 pour la trad. française, p. 30.

2. Pour tout ce développement, je me contente de résumer le contenu de l'introduction de *The Chronicle of the Lodz Ghetto, 1941-1944*, Lucjan Dobrosyscki (éd.), Yale University Press, 1984.

Les archives du ghetto de Lodz rassemblent donc des matériaux de l'administration allemande du ghetto et de l'administration juive : des ordres, des memoranda, des discours, des correspondances officielles, des statistiques. Elles rassemblent aussi des manuscrits et des livres de valeur laissés par les intellectuels lors des déportations ou par ceux qui sont morts. Dans le même temps des monographies sont mises en chantier, balayant largement les différents aspects de la vie du ghetto : histoire du ghetto, problèmes économiques, religion et culture, littérature en yiddish et en hébreu. Deux de ces monographies présentent un intérêt particulier : la première, en polonais, évoque l'histoire des Juifs de Lodz de septembre 1939 à mai 1940, date où le ghetto est entièrement scellé. La seconde, en allemand, concerne l'histoire du ghetto de mai 1940 à la fin 1940. C'est dans les archives que naît la chronique, publiée aujourd'hui pour partie en anglais. C'est un journal collectif, rédigé par des personnes différentes tant par l'âge, par la formation que par le pays d'origine[1]. En tout, de dix à quinze intellectuels qui tout à la fois travaillent au département des archives du ghetto et en rédigent clandestinement le journal, à l'initiative de Julian Cukier (1900-1943), journaliste sous le nom de plume de Stanislaw Cerski, né dans une grande famille de Lodz d'un père industriel surnommé « le Plutarque du ghetto ». Parmi les collaborateurs de cette chronique, Szmul Hecht (1923-1943), natif de Wielun, une petite ville au sud-est de Lodz, déporté dans le ghetto lors de la « réinstallation » des Juifs des provinces de Lodz, Pozna et Bydgoszcz, à l'été 1942 ; le Dr Bernard Heilig (1902-1943), spécialiste renommé de l'histoire économique des Juifs, auteur de nombreux ouvrages dont la monographie de sa ville natale, Protejov (Prossnitz), une des vieilles colonies juives de Moravie, déporté de Prague à Lodz en octobre 1941 ; Abram S. Kamieniecki (1874-1943), doyen des rédacteurs, né à Slonim, dans ce qui était du temps de l'empire tsariste la zone de résidence (éduqué dans la tradition, cet homme avait étu-

1. Cette chronique ainsi qu'une collection de textes, récits, nouvelles..., ont été publiés dans une traduction anglaise aux États-Unis : *The Chronicle of the Lodz Ghetto, 1941-1944*, *op. cit.*, et *Lodz Ghetto. Inside a Communauty under Sieg*, Alan Edelson et Robert Lpides (éd.)., Penguin Books, 1989.

dié la philosophie à Heidelberg, puis à Berlin et à Berne avant de se spécialiser en étude biblique) ; le Dr Oskar Rosenfeld (1884-1944) était quant à lui né à Korycany en Moravie, était diplômé de l'université de Vienne et avait été déporté de Prague dans le ghetto en octobre 1941 (c'était un sioniste, collaborateur de Herzl, rédacteur en chef de l'hebdomadaire sioniste de Vienne *Die Neue Welt*, correspondant du *Jewish Chronicle*. Il avait aussi traduit en allemand des classiques du yiddish).

En tout, ils sont de dix à quinze travaillant à la fois aux archives et à la chronique. Fonctionnaires de l'administration du ghetto, dont ils reçoivent un traitement et des suppléments de nourriture, ils ne survivront pourtant pas à la famine et aux déportations. Du collectif des rédacteurs, un seul connaîtra la Libération : Bernard Ostrowski. Le premier bulletin de la *Chronique* est rédigé le 12 janvier 1941. Dès lors, les bulletins seront quotidiens jusqu'à la première moitié de 1944. La chronique est d'abord rédigée en polonais (du 12 janvier 1941 au 1er septembre 1942), puis en allemand (de septembre 1942 jusqu'au 30 juillet 1944). Entre septembre et décembre 1942, elle est rédigée tout à la fois en allemand et en polonais. En tout, un millier de bulletins d'une demi-page à dix pages, pour l'essentiel conservés : les pertes ne dépasseraient pas 10 %. La partie en polonais est constituée de bulletins quotidiens. Dans de rares cas, la *Chronique* s'écarte de la chronologie et fait une sorte de synthèse des événements antérieurs. En revanche, elle est pour l'allemand strictement chronologique. Ce travail collectif laisse apparaître des différences de style. La partie rédigée en allemand est dans l'ensemble plus laconique, plus uniforme, plus lucide et semble plus détachée. Chacun des bulletins comporte des rubriques, dont certaines sont récurrentes : météo, nombre de naissances et de décès, avec, dans la chronique en allemand, le point précis sur la population du ghetto, énumération de ceux tués près des barbelés entourant le ghetto et des suicidés, indications sur l'état de l'approvisionnement et du rationnement, prix au marché noir et incidents qui lui sont liés, santé publique et maladies, ordres allemands, actes de l'administration du ghetto, activités culturelles et religieuses, rumeurs, déportations de Juifs dans le ghetto et hors du ghetto… Il est inutile de gloser sur l'intérêt d'une telle documentation.

Journaux intimes

En dehors de ces archives, toutes proportions gardées l'équivalent de nos archives municipales, les journaux intimes constituent une autre source capitale. « Tout le monde écrivait [...]. Journalistes et écrivains, cela va de soi, mais aussi les instituteurs, les travailleurs sociaux, les jeunes et même les enfants. Pour la majeure partie il s'agissait de journaux dans lesquels les événements tragiques de cette époque se trouvaient saisis à travers le prisme de l'expérience vécue personnelle. Ces écrits étaient innombrables, mais la plus grande partie fut détruite lors de l'extermination des Juifs de Varsovie[1] », note l'historien Emanuel Ringelblum. Et Menahem Kon, archiviste clandestin lui aussi, précise : « Je considère qu'il est du devoir sacré de chacun, qu'il soit instruit ou non, de noter tout ce qu'il a vu ou entendu de la bouche de ceux qui ont été les témoins des actions meurtrières commises par les barbares contre les communautés juives, afin que, quand le temps viendra – et il viendra assurément – le monde puisse lire et apprendre ce que les barbares ont fait. Ces témoignages constitueront le matériau le plus riche pour celui qui composera de ses lamentations l'élégie de notre époque ; ils constitueront aussi l'inspiration la plus puissante pour ceux qui vengeront nos souffrances[2]. » D'un simple point de vue documentaire, ces journaux intimes sont d'un intérêt capital. Eux seuls permettent d'élaborer une histoire de l'annihilation des Juifs qui ne soit pas celle des bourreaux, écrite à partir des archives nazies, mais celle des victimes. Une histoire des vaincus, pour reprendre l'expression de Shiper. Et parmi eux Adam Czerniakow, président du *Judenrat*, le Conseil juif de Varsovie jusqu'à son suicide le 23 juillet 1942, quand commence la grande déportation[3].

---

1. Emanuel Ringelblum, *Chronique du ghetto de Varsovie*, version française de Léon Poliakov, d'après l'adaptation de Jacob Sloan, Paris, Robert Laffont, 1959, p. 21.

2. Cité par Antony Polonsky, *op. cit.*, p. 9.

3. *The Warsaw Diary of Adam Czerniakow. Prelude to Doom*, Raul Hilberg, Stanislaw Staron, Josef Kermisz (éd.), trad. Stanislaw Staron et l'équipe de Yad Vashem, Stein und Day, New York ; trad. française Adam Czerniakow, *Carnets*

Son histoire est écrite en de petits carnets, que Czerniakow portait constamment sur lui et sur lesquels il notait, bien souvent en style télégraphique, les événements tels qu'il les voyait et les interprétait. Malgré un travail d'annotation exemplaire effectué par plusieurs historiens, certaines notations demeurent malheureusement opaques, ce qui n'ôte rien à l'exceptionnelle valeur du document. Czerniakow était l'homme par qui transitaient les ordres des Allemands, et ce journal jette une lumière crue, voire cruelle, sur l'aporie dans laquelle se trouvaient ces hommes fidèles à leur peuple (Czerniakow refusa le visa qui lui eût permis de quitter Varsovie), désirant dans l'abnégation lui porter secours, et rouages malgré eux d'une machine de destruction dont ils perçurent le fonctionnement trop tard. Parmi les autres journaux, concernant tous le ghetto de Varsovie, ceux de Chaim Kaplan[1], Abraham Lewin[2], Mary Berg[3] et la chronique du ghetto de Varsovie[4] d'Emanuel Ringelblum. Pour deux d'entre eux, Mary Berg et Chaim Kaplan, nous ignorons largement les conditions d'édition. Ils sont présentés en vérité comme des récits pour des lecteurs profanes, sans appareil de notes. Tel n'est pas le cas du journal d'Abraham Lewin, dont l'édition anglaise a été établie par Antony Polonsky, mais dont la totalité n'a malheureusement pas été retrouvée.

Écrire un livre

Certains n'ont pas voulu laisser un simple journal, mais faire déjà une œuvre littéraire, comme le fit Anne Frank dans « l'an-

du ghetto. 6 septembre-23 juillet 1942, traduit du polonais par Jacques Burko, Maria Elster et Jean-Charles Szurek, postface de Jean-Charles Szurek, notes préparées et adaptées par Jean-Charles Szurek, Paris, La Découverte, 1996.

1. Chaim A. Kaplan, *Chronique d'une agonie. Journal du ghetto de Varsovie*, découvert et présenté par Abraham L. Katsch, avant-propos de Jean Bloch-Michel, Calmann-Lévy, 1966.

2. A. Lewin, *Une coupe de larmes*, *op. cit.*

3. Mary Berg, *Le Ghetto de Varsovie* (journal), recueilli par S. L. Schneiderman, trad. par L. Baillion de Wailly, Albin Michel, 1947.

4. Emanuel Ringelblum, *Chronique du ghetto de Varsovie*, *op. cit.*

nexe » d'Amsterdam[1]. Cette volonté est affirmée haut et fort. Trois de ces ouvrages ont été récemment traduits en français, et publiés, tous d'un extraordinaire intérêt. Ce sont d'abord les nouvelles, les courts récits, les poèmes écrits par le jeune Abraham Cytryn (né en 1927, mort à Auschwitz) qui affirme ainsi sa vocation d'écrivain, qui furent retrouvés par sa sœur à sa sortie des camps[2]. C'est le *Livre retrouvé* de Simha Guterman, qui rédigeait l'histoire de sa ville, Plock, entre le début de la guerre, en septembre 1939, et la liquidation du ghetto, en mars 1941, pendant qu'il pérégrinait à travers la Pologne en compagnie de son fils pour échapper aux nazis, cachant les chapitres de son manuscrit enfermés dans des bouteilles là où il se trouvait. Une partie du manuscrit fut découverte par hasard en 1978 par deux Polonais sous les marches d'une habitation à Radom, lors de la reconstıuction de la maison[3]. Le livre de Calel Perechodnik, paru en français sous le titre de *Suis-je un meurtrier?*, a aussi vocation littéraire. Son auteur fit partie de la police juive du ghetto d'Otwock, et il conduisit lui-même sa femme et sa fille à l'*Umschlagplatz* lors de la liquidation du ghetto d'Otwock, pensant naïvement que sa qualité de policier leur vaudrait la vie sauve. Caché dans la partie « aryenne » de Varsovie, persuadé qu'il ne survivrait pas (de fait, il trouvera la mort, comme Simha Guterman lors de l'insurrection de Varsovie), il écrit un véritable livre, un enfant de papier, à la mémoire de sa fille de deux ans : « Puisque notre fille ne vit plus, il me faut soigner ce deuxième enfant, le protéger jusqu'au jour où aucune force ne pourra plus le tuer [...]. Je sens l'immortalité en moi, car j'ai créé une œuvre immortelle, je t'ai immortalisée. » Le manuscrit était disponible, accessible aux chercheurs dès la fin de la guerre. Pourtant, il n'a été publié pour la première fois en Pologne, par les soins

1. Voir sur ce point *Les Journaux d'Anne Frank*, texte établi par David Barnouw et Gerrold van der Stroom, trad. du néerlandais par Philippe Noble et Isabelle Rosselin-Bobulesco, Paris, Calmann-Lévy, 1989.

2. *Les Cahiers d'Abraham Cytryn. Récits du ghetto de Lodz*, préf. de Luba Jurgenson, trad. du polonais par Véronique Patte, Albin Michel, 1995.

3. Simha Guterman, *Le Livre retrouvé*, trad. du yiddish par Aby Wieviorka, édité et présenté par Nicole Lapierre, Paris, Plon, 1991.

de l'historien Pawel Szapiro, qu'en 1993[1]. C'est un livre terrible, la seule confession d'un policier juif d'un ghetto, encore que l'auteur ne soit guère loquace sur son rôle. Les conditions de son écriture, une intense culpabilité liée à la certitude de sa propre mort, fait de ce livre un texte sans complaisance aucune, d'une grande violence teintée de cynisme et d'une acuité psychologique dans la description des hommes qui confine parfois à la cruauté.

Tous ces textes ont pour point commun d'avoir été écrits au cœur même de l'annihilation par des auteurs qui n'ont pas survécu. Mémoires d'outre-tombe, elles nous font entendre des voix singulières venues d'un monde anéanti dont elles sont la seule trace.

1. Édition française : Calel Perchodnik, *Suis-je un meurtrier ?*, préf. de Jacques Burko et Annette Wieviorka, Paris, Liana Levi, 1995.

2.

L'insurrection du ghetto de Varsovie[1]

[1993]

Dans l'histoire de la déportation et de l'extermination des Juifs pendant la Seconde Guerre mondiale, l'épisode du ghetto de Varsovie, qui s'est déroulé il y a cinquante ans, occupe une place à part. D'abord parce qu'on a concentré entre les murs de ce quartier plus de 500 000 personnes. Mais surtout parce que pour la première fois, en avril 1943, quelques centaines de combattants civils y ont résisté les armes à la main.

« Encerclement du ghetto à partir de trois heures. À six heures, les Waffen SS au nombre de 16/850 [16 officiers, 850 soldats] effectuent un nettoyage de ce qui reste du ghetto. Les Juifs et les bandits ouvrent un feu nourri et méthodique sur nos unités. Ils arrosent de cocktails Molotov notre tank et les deux engins blindés. Le tank prend feu à deux reprises. Sous la pression du feu ennemi, nous effectuons le repli de nos unités engagées. Nos pertes en cette première attaque se chiffrent à douze hommes[2]. » C'est ainsi que, dans le rapport qu'il rédige quotidiennement du 20 avril au 16 mai 1943, le général SS Stroop rend compte de l'attaque du ghetto de Varsovie. Les Allemands avaient en effet décidé

1. Texte paru dans *L'Histoire*, n° 164, mars 1993.

2. *La Bataille du ghetto de Varsovie vue et racontée par les Allemands*, Centre de documentation juive contemporaine, 1946, p. 88.

d'entreprendre la liquidation totale du ghetto le 19 avril 1943, jour de la Pâque juive. Le « nettoyage » dura trois semaines. Car, à Varsovie, les nazis rencontrèrent, pour la première fois, une véritable insurrection civile.

En septembre 1939, les troupes allemandes étaient entrées dans la ville, où habitaient quelque 393 000 Juifs – un tiers de la population de la capitale polonaise[1]. Un décret du Gouvernement général[2], daté du 28 novembre, décide alors de mettre en application les mesures ordonnées par Reinhard Heydrich, chef du Bureau central pour la sécurité du Reich (RSHA), dans une circulaire diffusée une semaine plus tôt : « aryanisation » des entreprises, concentration des Juifs dans les grandes villes, création de Conseils juifs *(Judenräte)*, dont les membres sont soit désignés par le Allemands, soit issus de l'ancienne communauté *(Kelillah)*. À Varsovie, vingt-quatre notables sont chargés d'administrer la communauté juive, présidée par Adam Czerniakow, et d'appliquer les ordres des autorités allemandes qui, d'octobre 1939 à janvier 1940, édictent une série de mesures : port obligatoire, sur la manche droite, d'un brassard blanc marqué d'une étoile de David bleue ; confiscation des biens ; interdiction d'user des transports publics ou de posséder un poste de radio.

Dès octobre 1939, les hommes sont contraints au travail forcé. Les Juifs sans ressources sont désignés par le *Judenrat*. Mais, fin décembre, le nombre des volontaires étant insuffisant, le *Judenrat* recrute d'office un certain quota de travailleurs par immeuble. En janvier 1940, enfin, un ordre allemand contraint tous les hommes âgés de douze à soixante ans à se faire enregistrer. On compte alors quatorze camps de travail dans la seule région de Varsovie, où les Juifs sont occupés à paver des rues, à drainer des marécages, à construire des fortifications.

---

1. Le recensement effectué le 28 septembre 1939 par le *Judenrat* sur ordre allemand donne une population de 359 827 Juifs.

2. En octobre 1939, une partie de la Pologne est annexée par les Soviétiques, tandis que les territoires de l'ouest sont incorporés au Reich. Reste le Gouvernement général, unité d'un genre nouveau dont la capitale fut fixée à Cracovie.

Au mois de mars 1940, le quartier où résident les Juifs de Varsovie est désigné comme « zone d'épidémie ». Le *Judenrat* a charge d'en barrer les voies d'accès par des murs. En août 1940, la ville est officiellement divisée en trois quartiers : l'allemand, le polonais, le juif. Mais c'est le 12 octobre 1940, la veille de la fête juive de *Yom Kippour* (le jour du Grand Pardon), que les Allemands annoncent par haut-parleurs la création, décidée le 2 octobre par Ludwig Fischer, gouverneur du district de Varsovie, de ce qu'ils appellent un « quartier juif ». En fait, il s'agit d'un ghetto, comme ils en ont déjà établi un à Piotrkow en octobre 1939 et à Lodz, rebaptisée Litzmannstadt[1], en février 1940. Dès lors, il sera interdit aux Juifs de résider ailleurs, aux « aryens » d'habiter le ghetto.

La municipalité de Varsovie et le *Judenrat* doivent procéder à des relogements, car la décision s'accompagne d'énormes transferts de population : 113 000 Polonais « aryens » et 138 000 Juifs (selon les statistiques allemandes) doivent rejoindre dans de brefs délais leurs « quartiers » respectifs. On érige alors de nouveaux murs, hauts de trois mètres et couronnés de barbelés : « Sous nos yeux, on construit le cachot dans lequel un demi-million d'hommes, de femmes et d'enfants vont être emprisonnés, et personne ne sait pour combien de temps », écrit Chaïm Kaplan, un enseignant d'hébreu qui tient jour après jour son journal. « Le *Judenrat* construit cette énorme tombe à ses frais. »

Le 16 novembre, le quartier est bouclé. On y installe les Juifs déportés des bourgades environnantes, puis d'Allemagne et d'Autriche. Au total, ce sont 150 000 réfugiés qui affluent. Des milliers d'entre eux errent sans abri ou s'entassent dans les immeubles. Un document allemand de 1941 précise que le quartier juif couvre 403 hectares, que sa population est de 410 000 personnes, selon un recensement effectué par le *Judenrat*, de 470 000 à 590 000, selon des estimations allemandes. 550 000 semble le chiffre le plus probable. Ainsi, dans chaque appartement vivaient au moins quinze personnes, soit six ou sept, probablement davantage, par pièce.

1. Litzmann est le nom d'un général allemand de la Grande Guerre. Lodz [Litzmannstadt] faisait partie du Wartheland, zone rattachée au Reich.

La faim est durement ressentie, et le typhus fait rage : on compte 61 000 décès entre janvier 1941 et juillet 1942. Une minorité échappe au sort commun ; elle habite dans les quelques rues considérées comme luxueuses et fréquente certains lieux de distraction. Ce sont les membres du Service juif du maintien de l'ordre, communément appelé police juive, de riches commerçants en relations d'affaires avec les Allemands et rois du marché noir. La nourriture fournie officiellement ne permettant pas de survivre, c'est à cette époque qu'apparaît le *szmugler* (« contrebandier », mot identique en yiddish et en polonais), souvent un enfant très jeune, considéré comme un héros du ghetto. Un avocat juif polonais renommé, Leon Berensohn, a même prôné, après la guerre, l'érection d'un monument au « *szmugler* inconnu[1] ».

La vie s'organise. Les militants de diverses associations liées à des partis politiques créent des dispensaires, des orphelinats, des centres pour les réfugiés, des cantines populaires et surtout un important réseau de comités d'immeubles – plus de 2 000 dès septembre 1940 –, qui, lorsque le ghetto sera assiégé, construiront des abris et des écoles. Les offices religieux sont célébrés clandestinement. Des académies talmudiques *(yeshivoth)* fonctionnent, ainsi que des bibliothèques, des théâtres et même une faculté de médecine clandestine.

Mais surtout, phénomène unique dans l'histoire, le ghetto écrit, le ghetto archive : « Tout le monde écrivait. Journalistes et écrivains, cela va de soi, mais aussi les instituteurs, les travailleurs sociaux, les jeunes et même les enfants[2]. » Chaïm Kaplan confirme : « Toute personne qui tient un Journal met ses jours en danger, mais cela ne me fait pas peur. J'ai le sentiment profond de la grandeur des temps que nous vivons, de ma responsabilité à leur égard, et j'ai la conviction intime que je remplis ainsi un devoir à l'égard de l'histoire, auquel je n'ai pas le droit de me dérober. [...] Je suis convaincu que la providence m'a mis ici pour remplir cette mission. Mon Journal sera une source dont se serviront les futurs historiens. »

---

1. Cité par Antony Polonsky, dans son introduction à Abraham Lewin.

2. Emanuel Ringelblum, *Chronique du ghetto de Varsovie*, version française de Léon Poliakov, d'après l'adaptation de Jacob Sloan, Paris, Robert Laffont, 1978, p. 21.

Le rôle controversé du « *Judenrat* »

L'historien et militant sioniste Emanuel Ringelblum – dont la thèse sur l'histoire des Juifs à Varsovie jusqu'à l'expulsion de 1527 fait encore autorité aujourd'hui[1] – mit sur pied une véritable entreprise d'archivage de la vie du ghetto. Délégué à la fin d'août 1939 au 21e Congrès sioniste mondial réuni à Genève, il choisit, à l'annonce de l'entrée de la Wehrmacht en Pologne, de rentrer à Varsovie et d'y rester, alors que la plupart des responsables politiques avaient été évacués avant la chute de la ville. Il rédige alors une chronique de la vie des Juifs de Varsovie, puis constitue des équipes chargées de rassembler tout ce qui concerne le ghetto : c'est l'*Oneg Shabbat*, « l'Allégresse du Shabbat », nom qu'il donne à cette organisation de résistance d'un type spécial. Conscient de la volonté exterminatrice des Allemands, Emanuel Ringelblum entend aussi laisser un témoignage à la postérité et affirmer sa foi dans la pérennité du peuple juif. Ces archives, placées dans des caisses métalliques ou des bidons de lait avant d'être enterrées, ont été en partie retrouvées, en 1946 et 1950. Le reste est probablement perdu à jamais. Elles constituent une source majeure pour l'histoire du ghetto[2].

La vie politique s'organise, elle aussi. Mais elle est cruellement affaiblie par l'absence des élites, comme Mauricy Mayzel, président de la communauté d'avant guerre, ou Apolinary Hartglass, chef des Sionistes généraux, ou encore Shmuel Zygielbojm du Bund[3], qui ont quitté Varsovie, et par la terreur que font régner les nazis. Les groupes les plus actifs sont les groupes sionistes, ceux du Bund et les communistes après la rupture du pacte germano-

---

1. Emanuel Ringelblum, *L'Histoire des Juifs à Varsovie jusqu'à l'expulsion de 1527*, Société historique polonaise, 1932.

2. Lors de l'insurrection du ghetto, Emanuel Ringelblum fut capturé par les Allemands et envoyé au camp de Trawnicki d'où la résistance juive parvint à le faire évader. Caché dans la Varsovie « aryenne », il continua à y rédiger sa chronique. En avril 1944, il est assassiné par la Gestapo, ainsi que sa femme et son fils.

3. Union générale des ouvriers juifs de Lituanie, Pologne et Russie, fondée en 1897.

soviétique, le parachutage en Pologne des militants réfugiés en URSS et la création, en janvier 1942, du parti communiste clandestin (PPR : *Polska Partia Robotnicza*, « parti des travailleurs polonais »). Au départ, l'influence de ces groupes sur la population est faible. Aucun plan de résistance armée n'est élaboré, pas même au sein des mouvements de jeunesse, qui deviendront pourtant les forces vives de la Résistance.

Les premiers récits des meurtres de masse perpétrés par les nazis arrivent au ghetto à l'automne 1941. Ils causent un choc, mais on n'y voit encore qu'une vague de pogroms particulièrement violente, qui n'a pas nécessairement d'implication pour les Juifs de Varsovie. Le témoignage détaillé fourni en janvier 1942 par Yakov Grojanowski, un jeune Juif échappé du *Sonderkommando* de Chelmno[1], puis, en avril 1942, celui de deux frères qui ont assisté à la déportation des habitants du ghetto de Lublin, rencontrent encore le scepticisme. Pourtant, ces nouvelles modifient l'attitude des groupes politiques : on parle désormais de les unifier ; on évoque la possibilité d'une lutte armée.

Jusqu'en avril 1942, les Allemands se sont totalement désintéressés de ces groupes clandestins. Tout change dans la « nuit sanglante » du 17 au 18 avril 1942. Des camions chargés de SS en uniforme accompagnés de policiers juifs pénètrent dans le ghetto ; les officiers allemands désignent une cinquantaine de militants des mouvements sociaux, mais aussi des Juifs enrichis figurant sur leurs listes, et les fusillent dans la rue. Les dirigeants des mouvements politiques plongent alors dans une clandestinité accrue, et l'idée d'une résistance armée grandit. D'autant que des hommes sont encore abattus au cours des nuits suivantes – victimes choisies au hasard, afin de terroriser la population.

À l'été 1942, alors que trois « centres de mise à mort », selon la terminologie de l'historien américain Raul Hilberg, ont été aménagés (Belzec, Sobibor et Treblinka), Hermann Höfle, comman-

1. Le *Sonderkommando* est une équipe spéciale, constituée de détenus, chargée de procéder au gazage des déportés, puis d'enterrer ou de détruire les corps. Chelmno, rebaptisé Kulmhof, fut le premier centre de mise à mort. Il a fonctionné à partir du 7 décembre 1941. Le gazage y était effectué dans des camions.

dant l'état-major spécial chargé des rafles, arrive à Varsovie, à la tête d'un commando. À l'aube du 22 juillet, veille du 9 Av, jour de commémoration de la destruction des deux Temples, les murs du ghetto sont placés sous la garde des « bleus » – la police polonaise – et de troupes ukrainiennes, lituaniennes et lettones.

Höfle et ses aides se rendent au siège du *Judenrat*: « Le *Sturmbannführer* Höfle et ses compagnons sont arrivés à dix heures, écrit Adam Czerniakow dans son Journal. On a coupé le téléphone. Les enfants ont été éloignés de la cour proche de la communauté. On nous a déclaré que, à l'exception de quelques cas, tous les Juifs, sans exception d'âge et de sexe, seraient évacués vers l'est. Aujourd'hui, nous devons livrer un contingent de six mille personnes avant seize heures. Il en sera de même (sinon plus), chaque jour. [...] Le *Sturmbannführer* Höfle m'a prié de le suivre dans son bureau et m'a déclaré que, pour l'instant, ma femme était libre mais que, si l'évacuation n'était pas couronnée de succès, elle serait la première à être fusillée comme otage » – pour contraindre le *Judenrat* à signer l'affiche qui annonce la « réinstallation des Juifs », selon l'expression utilisée par les nazis et dont l'organisation technique lui incombe, les Allemands ont en effet pris seize personnalités en otage. Le lendemain, Adam Czerniakow se suicide. Il laisse un mot à sa femme : « On veut que je tue de mes propres mains les enfants de mon peuple. »

Le rôle du *Judenrat* a suscité de violentes polémiques. Rendu responsable par les Allemands de l'administration du ghetto, gérant trente départements (budget, santé, secours, sépultures), il employait jusqu'à six mille personnes.

Les jugements très durs concernant Adam Czerniakow sont devenus, après la découverte de son Journal, plus nuancés. Nul ne peut plus mettre en doute la sincérité de l'homme et ses bonnes intentions. Au moment où la guerre éclate, il est déjà un membre éminent de la communauté. Le maire de Varsovie le choisit pour diriger le Comité civil établi pendant le siège. Le 4 octobre, comme il le note dans son Journal, il est conduit au QG de la Gestapo qui le charge de coopter vingt-trois autres personnes pour constituer ce qui deviendra le *Judenrat*. Ainsi son rôle n'est-il pas dû à la simple désignation par les Allemands. Mais cette position dirigeante, il l'a souhaitée et il n'exprime aucune répugnance à ce qu'elle soit le fait de l'occupant.

Beaucoup de leaders des organisations juives d'avant guerre ont quitté Varsovie avant le siège; d'autres, qui avaient fait partie du *Judenrat* à ses débuts, partent encore légalement, notamment pour la Palestine, dans les premiers mois de l'occupation. Au fil des jours, son poste lui devient un fardeau, et Czerniakow témoigne d'un grand sens des responsabilités envers son peuple, d'une grande sensibilité à ses souffrances. Tous les témoignages que nous possédons, ainsi que la presse clandestine, montrent pourtant une haine générale à l'égard du *Judenrat*: «Après la sangsue nazie vient la sangsue qu'est le *Judenrat*», écrit, par exemple, Chaïm Kaplan dans son Journal. Peut-être parce que la population, jamais en contact direct avec les Allemands, déverse sa rage sur ceux qui lui sont proches. Mais aussi parce que le *Judenrat* est infiltré par des Juifs étroitement contrôlés par l'occupant. Pourtant, eût-il été sans défaut, constitué exclusivement d'hommes dévoués, les efforts du *Judenrat* étaient voués à l'échec. Il n'était – mais cela Czerniakow n'en prit conscience que tardivement, lors de la grande déportation de juillet 1942 – qu'un rouage dans l'application de la Solution finale.

C'est le service d'ordre juif *(Ordnungsdienst)* qui est chargé de conduire les Juifs sur l'*Umschlagplatz*, le lieu où ils sont concentrés avant d'être déportés. Ce service d'ordre, composé de bénévoles, avait été mis en place dès la constitution du ghetto. Il était commandé par des officiers, des juristes ou des membres de professions libérales – son chef, Josef Szerynski, colonel dans l'armée polonaise, converti au catholicisme, avait été personnellement choisi par Adam Czerniakow, qui souhaitait pour cette tâche un professionnel. Chargés de faciliter la circulation dans le ghetto, de nettoyer les rues et d'enlever les ordures ménagères, ces policiers sont au départ des personnages populaires: pour la première fois, il existe en Pologne des policiers juifs. Ce n'est que lorsque 1600 d'entre eux sont chargés, après la fermeture du mur, de lutter contre la contrebande et qu'ils en deviennent partie prenante, que leur image commence à se ternir, pour se transformer, avec le début de la grande déportation, en l'institution la plus haïe du ghetto de Varsovie.

Au rythme de 5 à 7 000 déportés par jour, pendant la grande *Aktion*, le ghetto se vide. Une gare a été aménagée sur l'*Umschlagplatz*, d'où partent les trains pour le centre de mise à mort de Treblinka, à cent vingt kilomètres de là. La déportation a duré sept semaines. Quand elle se termine, le 12 septembre 1942, il reste 33 400 Juifs dans le ghetto. 8 000 ont réussi à passer du côté « aryen ». Furent épargnés, en principe, les Juifs travaillant dans l'administration du *Judenrat* (6 000 personnes), dans la police juive ou dans les ateliers installés par les firmes allemandes : ceux de Tœbbens, gigantesques installations fabriquant des vêtements civils et militaires ; ceux de Schultz, qui a ouvert plusieurs ateliers pour traiter le cuir et la fourrure rue Nowolipie, enfin ceux des ateliers de brosserie. S'y ajoutent une trentaine de milliers de clandestins. Selon diverses estimations, 265 000 à 310 332 Juifs déportés de Varsovie ont été gazés dès leur arrivée à Treblinka ; les autres sont morts de faim ou du typhus.

Si l'on en croit l'historien Yisrael Gutman, grand spécialiste des Juifs de Varsovie pendant la Seconde Guerre mondiale, hormis une poignée de militants, la population du ghetto n'a que très tard compris ce que signifiait la *« réinstallation »* des Juifs à l'est. La vérité n'apparaît qu'à la mi-août 1942, après qu'un émissaire du Bund, Zalman Friedrich, envoyé sur les traces des déportés, eut découvert la vraie nature de Treblinka. Aucun acte de résistance violente ne marque la grande déportation. Et ce pour plusieurs raisons : l'ignorance et l'incertitude sur le sort des évacués ; la croyance dans le fait que les Allemands ne déporteraient qu'une fraction de la population, renforcée par les rumeurs constantes annonçant la fin de l'opération ; enfin, l'annihilation de toute force chez des hommes et des femmes déjà affaiblis par l'isolement, la faim, les maladies et la mort, qui hantent le ghetto depuis deux ans.

Après les déportations, le ghetto est réduit à quatre enclaves, séparées par des *no man's land :* 1) le ghetto central, dans la ville juive traditionnelle, où résident les employés du *Judenrat* et ce qui reste de la police juive – il abrite aussi plusieurs ateliers et les logements de ceux qui travaillent hors du ghetto ; 2) l'enclave des grands ateliers (Tœbbens et Schultz), où résident une vingtaine de milliers de Juifs logeant dans des dortoirs ; 3) l'usine de brosses et ses ouvriers ; 4) le « petit ghetto », enfin. Ce qui reste du ghetto est en fait devenu un camp de travail.

L'état d'esprit y a bien changé. Pendant la déportation, chacun était uniquement préoccupé de sa propre survie et de celle de ses proches. Mais à l'automne 1942 tout le monde a compris la terrible réalité. L'idée d'une résistance armée a pris forme. Elle se concrétise en octobre 1942, lorsque naît l'Organisation juive de combat (OJC). À sa tête, un responsable de l'*Hashomer Hatzaïr*[1], Mordechai Anielewicz, âgé de vingt-quatre ans. « Il mesurait exactement les chances de ce combat inégal, écrit Emanuel Ringelblum. Il prévoyait la destruction du ghetto et des échoppes. Il était certain que ni lui ni ses combattants ne survivraient à la liquidation du ghetto, qu'ils périraient comme des chiens, sans feu ni lieu, et que nul ne connaîtrait même l'emplacement de leur tombe[2]. » Son principal souci est de se procurer des armes. Il demanda de façon pressante à l'organisation de résistance polonaise, l'*Armia Krajowa*[3], de lui en fournir. Avec beaucoup « de méfiance et de réserve », elle lui fit parvenir dix revolvers.

Ses premières opérations, l'OJC les mène contre la police juive, contre les membres du *Judenrat* proches des Allemands, contre des Juifs agents de la Gestapo. Josef Szerynski est blessé dans un attentat et Jacob Lejkin, son adjoint, qui avait fait preuve d'un zèle particulier au cours de la déportation, exécuté le 29 octobre 1942. Le lendemain, une affiche annonce plusieurs condamnations à mort et l'imminence de leur exécution. Dans le même temps, l'OJC appelle les habitants à se soustraire aux éventuelles arrestations. Ils

1. *Hashomer Hatzaïr* (« jeune gardien » en hébreu) : important mouvement de jeunesse sioniste socialiste fondé en Pologne avant la Première Guerre mondiale pour éduquer la jeunesse à la vie de kibboutz en Palestine.

2. Cité par Michel Borwick.

3. *Armia Krajowa* : « armée de l'intérieur ». Organisation militaire dépendante du gouvernement polonais en exil, fondée en février 1942.

commencent donc à installer des caches et des abris, le plus souvent dans les caves des immeubles.

Le 18 janvier 1943, le ghetto s'éveille comme à l'habitude. Les ouvriers qui travaillent à l'extérieur trouvent les sorties bloquées et distinguent des déplacements de soldats et de gendarmes de l'autre côté du mur. À sept heures trente, les unités allemandes pénètrent dans le ghetto. C'est le début de la seconde *Aktion*, que nul ne soupçonnait. En effet, le 9 janvier 1943, le *Reichsführer* SS Heinrich Himmler visite le ghetto, constate la présence de quelque 40 000 Juifs et donne l'ordre d'en déporter 8 000 dans les jours qui suivent. 3 000 d'entre eux se laissent prendre le premier jour, par surprise.

Mais l'OJC décide d'agir. Un groupe commandé par Mordechai Anielewicz se dispose le long d'une colonne de déportés allant à l'*Umschlagplatz*. Au signal, les combattants surgissent et ouvrent le feu. Lors de ce court combat, plusieurs Allemands sont blessés et tués. D'autres groupes agissent par surprise, pratiquant une sorte de guérilla. Les habitants du ghetto se terrent dans les abris, les rues sont désertes. Au quatrième jour, l'*Aktion* prend fin.

Le baptême du feu du 18 janvier 1943 marque une rupture. Si les pertes sont lourdes (les quatre cinquièmes des 600 membres de l'OJC disparaissent), l'*Aktion* n'en a pas moins été stoppée. Surtout, l'attitude des habitants a changé. L'idée que toute résistance entraînerait la liquidation du ghetto a disparu. Une partie de la presse clandestine de la résistance polonaise décrit les combats et exprime son admiration pour les combattants juifs. L'OJC reçoit quarante-neuf nouveaux revolvers et décide de fabriquer des cocktails Molotov.

Contraints d'abandonner le système des rafles, les Allemands le remplacent par des convocations. Mais, quand les ouvriers des ateliers de menuiserie ou les brossiers sont convoqués pour être déportés, ils ne se présentent pas. L'OJC est désormais soutenue par tout le ghetto. Chacun lui paie l'impôt, y compris le *Judenrat*. Pour les Allemands, il est clair que les Juifs ne quitteront plus de leur plein gré le ghetto de Varsovie.

Pendant les quatre-vingt-sept jours qui séparent les premières actions armées de l'insurrection, la résistance s'organise. Elle répartit les groupes de combattants entre les différentes enclaves, les entraîne, rassemble de l'argent pour acheter des armes du côté « aryen » et les passer en contrebande. Elle purge aussi le ghetto d'une douzaine de collaborateurs. La population civile, quant à elle, parfait l'aménagement des abris et installe des bunkers parfois très sophistiqués.

Le 19 avril 1943, à deux heures du matin, les premiers rapports des postes de guet installés par l'OJC indiquent que des gendarmes allemands et des policiers encerclent le ghetto. C'est l'alerte pour tous les groupes de combat. La population civile se cache dans les bunkers, les caves, les souterrains aménagés à cet effet. À cinq heures, les Allemands pénètrent, par petits groupes, sur les terrains vagues qui entourent le ghetto. À sept heures, ils avancent, en deux colonnes serrées et au pas cadencé, dans les rues apparemment désertes du ghetto central. La première colonne, qui marche en chantant, est attaquée et obligée de battre en retraite, en abandonnant des blessés. La seconde tente de prendre position au croisement des rues Mila et Zamenhof. C'est alors que les groupes de combat ouvrent le feu. Les Allemands parviennent à se replier. Cette première attaque a fait douze morts et blessés dans leur camp. À quatorze heures, il n'y a plus un seul Allemand dans le ghetto.

« Choisir sa façon de mourir »

Le lendemain, les combats reprennent. Le général Stroop a changé de tactique et veut prendre les maisons une par une. Mais les combattants juifs tirent des toits ou des abris, si bien que trois officiers allemands, armes pointées vers le sol, cocardes blanches à la boutonnière, tentent de négocier un cessez-le-feu pour évacuer leurs deux morts et huit blessés. Le troisième jour, les Allemands s'infiltrent dans le ghetto par petits groupes, et incendient systématiquement les maisons. Les combats se poursuivront encore pendant quinze jours.

Le 8 mai 1943, le commandement de l'OJC, siégeant dans un bunker du 18, rue Mila, est encerclé par les Allemands. Aucun de ses membres ne veut se rendre vivant. La plupart se suicident ; parmi eux, Mordechai Anielewicz. Le 10 mai, il ne reste plus que deux groupes de combat dans le ghetto, soit une centaine de personnes selon certains témoignages ; leur trace se perd à la mi-juin. Le 16 mai 1943, le général SS Stroop détruit la plus grande synagogue de Varsovie, située en dehors du ghetto, et annonce la fin du quartier juif de Varsovie. En juillet 1943, les Allemands installent dans le ghetto un petit camp de concentration où ils transfèrent environ 3 000 détenus d'Auschwitz, pour récupérer les biens juifs et déblayer les ruines. Car nulle trace du ghetto ne doit subsister : ce lieu où les Juifs avaient vécu pendant des siècles sera remplacé par un parc.

Trois semaines durant, les combattants de l'OJC et ceux d'une autre organisation militaire moins bien connue, l'Association militaire juive – 750 en tout –, armés de pistolets, de grenades et de cocktails Molotov, ont donc tenu tête à quelque 2 000 soldats allemands, entraînés à la guerre, munis d'un armement identique à celui utilisé au front, de chars, de canons, de lance-flammes.

Ce combat héroïque fut mené dans la plus grande solitude. La situation dans le ghetto était pourtant connue. Le Polonais Jan Karski, par exemple, le visita en octobre 1942 avant de se rendre en mission à Londres et essaya en vain d'obtenir l'aide des Alliés. Il s'entretint avec Artur Zygielbojm, émissaire du Bund, qui avait quitté la Pologne clandestinement en janvier 1940 et fut, à partir de 1942, le représentant de l'organisation socialiste juive auprès du gouvernement polonais en exil à Londres. Ses efforts pour sensibiliser les Britanniques et les Américains au sort des Juifs de Varsovie furent vains. Le 12 mai 1943, Artur Zygielbojm se suicide. Dans sa dernière lettre, il écrit : « En assistant passivement à l'extermination de millions d'hommes, de femmes et d'enfants sans défense et torturés à mort, ces pays se sont faits les complices des assassins. [...] Je ne peux garder le silence, je ne peux continuer à vivre tandis qu'on élimine les restants de la population juive de Pologne à laquelle j'appartiens. [...] Par ma mort, je souhaite protester énergiquement contre l'extermination du peuple juif. »

Côté allemand, le nombre des victimes est peu élevé : dans son rapport, le général Stroop fait état de seize morts, et il n'y a pas de raison de contester les chiffres de celui qui s'enorgueillissait de sa victoire et se fit décerner par le maréchal Keitel la croix de fer de première classe. Parmi les combattants juifs, quatre-vingts survécurent à l'insurrection. Certains d'entre eux trouvèrent plus tard la mort dans des unités de partisans, d'autres périrent dans les combats de l'insurrection de Varsovie, à l'été 1944. À la Libération, il ne restait qu'une douzaine d'acteurs du soulèvement du ghetto.

L'histoire du ghetto a suscité une importante littérature : aux chroniques écrites pendant les événements, se sont ajoutés les romans publiés dès l'après-guerre. D'abord, celui de John Hersey, *La Muraille*, qui s'inspire directement de l'histoire de Ringelblum et de ses archives ; mais aussi ceux d'Anna Langfus *(Le Sel et le soufre)*, d'Henri Raczymow *(Un cri sans voix)* ou de J. M. Rymkiewicz *(La Dernière Gare. Umschlagplatz)*. Dès 1947, Arnold Schönberg compose *Le Survivant du ghetto*, tandis que les cinéastes tournent les premiers films sur le sujet : *Ulica Graniczna* (« Rue de la frontière », celle qui sépare le ghetto de la Varsovie « aryenne »), d'Aleksander Ford, projeté en France en 1948 sous le titre *La vérité n'a pas de frontière* ; *Le Temps du ghetto*, de Frédéric Rossif, en 1961 ; *Korczak* d'Andrzej Wajda, en 1990, qui évoque l'épisode, devenu mythique, de la déportation en juillet 1942 de Janusz Korczak avec les enfants de l'orphelinat qu'il dirigeait.

Très vite, l'insurrection du ghetto de Varsovie fut choisie comme date de commémoration du sort des Juifs pendant la Seconde Guerre mondiale. Un « Monument au peuple juif, ses héros et ses martyrs », réalisé par le sculpteur Nathan Rapoport, a été installé pour le cinquième anniversaire de l'insurrection, le 19 avril 1948, à l'emplacement du ghetto. Sur le mur occidental, ouvert sur la grande place, sept figures de héros ont été sculptées. L'autre face est celle des martyrs : douze figures courbées – les douze tribus d'Israël – représentant les Juifs de l'Exil, résignés à leur destin.

Cette représentation de l'insurrection illustre bien ce qui s'est passé dans le monde juif de l'après-guerre, en Pologne, en France comme en Israël. Le souvenir des résistants permet de réintégrer les

Juifs dans l'humanité combattante, et par là même dans l'humanité dont le nazisme avait voulu les retrancher. Les héros de Varsovie ont, selon leur propre formule, « sauvé l'honneur juif » – comme s'il y avait un déshonneur à être victime d'un assassinat de masse. Ils ont montré que « les Juifs ne se sont pas laissé conduire comme des moutons à l'abattoir ». Dans le même temps, cette vision efface ce que fut la tragédie des ghettos et permet de négliger l'angoissante réalité. Le soulèvement du ghetto n'est pas une bataille opposant deux armées, comme celle de Stalingrad à laquelle il fut souvent comparé, notamment dans le monde communiste. Ce n'est pas non plus une insurrection visant à renverser un pouvoir établi.

Au-delà de l'admiration, du respect qu'inspire cette poignée de combattants tenant en échec les troupes du général Stroop pendant trois semaines, il reste que le choix devant lequel fut placée l'OJC fut simplement celui de sa mort : mourir à Treblinka ou les armes à la main. « Peut-on même parler d'insurrection ? se demande Marek Edelman, le seul survivant des chefs de l'OJC. Ne s'agissait-il pas plutôt de ne pas les laisser venir nous égorger ? Au fond, il s'agissait seulement de choisir sa façon de mourir. »

3.

L'archiviste du ghetto[1]

[2000]

Enfermé en 1940 dans le ghetto de Varsovie, l'historien Emanuel Ringelblum n'a qu'une obsession : collecter, à vif, les témoignages de la tragédie.

Dès 1939, parce qu'il est historien, Emanuel Ringelblum prend immédiatement conscience du caractère inédit et dramatique de l'occupation allemande de la Pologne. Il est né le 21 novembre 1900 à Buczacz, en Galicie. Étudiant à l'Université de Varsovie, il se spécialise en histoire médiévale et soutient, en 1927, un doctorat sur « Les Juifs à Varsovie, des Temps anciens jusqu'à 1527 ». Comme une partie de sa génération, il est le produit d'une culture laïque de gauche : l'étude de l'histoire est pour lui un des fondements d'une nouvelle identité juive ; elle se doit d'être universelle et sociale, s'intéressant à tous les aspects de la vie du peuple juif. Cela implique de rassembler tous types de matériaux, depuis des récits de vie aux objets de la culture matérielle. Ce projet fut au cœur de la création, en 1925, de l'Institut scientifique yiddish, le YIVO, qui mit sur pied des équipes de *zamlers*, de « collecteurs ». L'homme est animé par deux passions complémentaires, où se lisent son amour du yiddish et son dévouement aux « masses

1. Publié dans *L'Histoire*, n° 475, 2000.

juives» : la politique et l'histoire. Il rejoint le Linké Poalé Zion, le parti des travailleurs de gauche, marxiste et sioniste.

« L'Allégresse du shabbat »

En septembre 1939, Emanuel Ringelblum commence à écrire un Journal, mais celui-ci n'a rien d'intime : ce sont des notes pour servir à l'histoire, plus ou moins rédigées suivant le temps dont il dispose. Fin novembre 1940, alors que le mur qui enserre le ghetto de Varsovie vient d'être construit, Emanuel Ringelblum réunit une douzaine de personnes. Ce groupe de résistants d'un genre inédit prend le nom d'*Oneg Shabbat*, l'« Allégresse du shabbat » en hébreu. Son but : constituer les archives qui permettront, au lendemain de la guerre, d'écrire cette page de l'histoire. Car nul n'imagine alors la radicalité de la Solution finale.

Les documents collectés le sont dans l'esprit du YIVO, grâce à des collaborateurs qui rassemblent tout ce qu'il est possible. À son principal adjoint, l'économiste Hirsch Wasser, qui fut l'un des trois survivants du groupe, Emanuel Ringelblum avait prescrit : « Collectez autant que possible. Ils feront le tri après la guerre. » Ainsi furent rassemblés documents administratifs, presse clandestine du ghetto, cartes de rationnement, tickets de tramway, publicités, emballages, journaux intimes, lettres et cartes postales. L'équipe d'Oneg Shabbat mena aussi des reportages sur le courrier, les bains de désinfection obligatoire, les comités d'immeuble, l'humour de la rue ou encore la contrebande.

Il fut demandé aux élèves des cours clandestins de faire des rédactions sur des sujets comme « Le meilleur moment et le pire », « Ce que représente la guerre », « Les projets d'avenir ». Les « collecteurs » firent aussi des enquêtes orales, interrogeant les Juifs réfugiés au ghetto : à partir de mars 1942, par les canaux de la résistance polonaise, l'équipe put envoyer à Londres des informations sur les exécutions de masse.

Au début de cette même année 1942, Emanuel Ringelblum pensa que le temps était venu de produire une synthèse, qu'il intitula « Deux ans et demi », conçue comme une histoire totale du ghetto. Ce projet fut stoppé par la décision prise par les nazis d'éradiquer les Juifs d'Europe. Du 22 juillet au 21 septembre 1942, quelque 300 000 Juifs furent assassinés à Treblinka. Cela changeait la signification de ces archives, réunies pour qu'un peuple vivant puisse un jour écrire l'histoire du ghetto : elles devenaient une sépulture. En trois lots, les archives furent enfouies, le dernier peu avant la « liquidation finale » du ghetto en avril-mai 1943.

Deux lots retrouvés en 1946 et 1950

Deux lots furent retrouvés en 1946 et 1950, le troisième fut irrémédiablement perdu. Caché dans un bunker avec sa femme et son fils, Emanuel Ringelblum continua d'écrire, notamment un essai sur les relations polono-juives pendant la Seconde Guerre mondiale. Sa cachette découverte par les nazis, il fut assassiné le 7 mars 1944 avec sa famille, ainsi qu'avec les 35 Juifs qui y étaient réfugiés et la famille polonaise qui les protégeait. Ses *Notices et esquisses relatives au ghetto de Varsovie* viennent d'être publiées aux Éditions Honoré Champion[1].

Comme l'écrit Samuel D. Kassow dans son livre *Qui écrira notre histoire ?*[2], Emanuel Ringelblum sut « affronter le présent terrible avec la dignité du passé ». Sa conception extraordinairement novatrice des archives et de la discipline historique mérite de franchir les murs du ghetto qui enserre encore l'histoire des Juifs et d'entrer à part entière dans les réflexions historiographiques.

1. Emanuel Ringelblum, *Notices et esquisses relatives au ghetto de Varsovie*, présentées, annotées et traduites du yiddish par Nathan Weinstock, Honoré Champion, 2020.

2. Samuel D. Kassow, *Qui écrira notre histoire ? Les archives secrètes du ghetto de Varsovie : Emanuel Ringelblum et les archives d'Oyneg Shabes*, traduit de l'anglais par P.-E. Dauzat, Paris, Grasset, 2011.

4.

Jan Gross : conscience polonaise[1]

[2019]

Depuis 2001 et son livre *Les Voisins*, l'historien américano-polonais met en lumière les complicités de Polonais dans la destruction des Juifs. Non sans risque dans la Pologne d'aujourd'hui.

Jan Tomasz Gross, professeur à l'Université Princeton, a opté pour un éméritat précoce afin de revenir vivre en Europe. À Berlin, « parce que ce n'est pas Varsovie », dit-il dans un éclat de rire. Après cinquante ans de vie new-yorkaise, la capitale polonaise est pour lui trop ethniquement homogène. Et dangereuse. D'aucuns pensent que la loi polonaise de 2018 le vise personnellement – elle prévoit d'engager des poursuites contre ceux qui évoqueraient publiquement la responsabilité ou la coresponsabilité de Polonais dans les crimes du IIIe Reich.

Ce n'est pas pour rien que cette loi est souvent appelée, dans le débat public, « *lex* Gross ». Car ce sociologue et historien polonais né à Varsovie en 1947, réfugié aux États-Unis en 1968 – il possède d'ailleurs la nationalité américaine depuis 1969 –, est l'homme par qui le scandale est arrivé. En 2002, est publié en France *Les Voisins : 10 juillet 1941, un massacre de Juifs en Pologne*[2]. Ce livre est le fruit des recherches qu'il a menées en Pologne, où il a pu revenir après

1. Article publié dans *L'Histoire*, n° 456, 2019.

2. Jan Gross, *Les Voisins : 10 juillet 1941, un massacre de Juifs en Pologne*, trad. de l'anglais P.-E. Dauzat, Fayard, 2002.

la chute du communisme. À l'Institut historique juif de Varsovie, il compile les témoignages recueillis dans l'immédiat après-guerre de Juifs ayant survécu – une infime minorité: seuls 285 000 Juifs résident encore en Pologne en 1945 contre 3,3 millions en 1939.

Le témoignage de Szmul Wasersztajn le sidère. Jan Gross se lance alors dans l'étude de ce qui s'est passé dans la petite ville de Jedwabne, le 10 juillet 1941. Face à l'avance de la Wehrmacht, les Soviétiques ont abandonné la zone orientale de la Pologne qu'ils occupaient depuis le 17 septembre 1939. Jedwabne n'est pas encore sous occupation nazie. Jan Gross est bouleversé par la radicale nouveauté du témoignage qu'il découvre – corroboré par d'autres sources: un «meurtre indigène» perpétré par un nombre important de Polonais qui s'efforcent délibérément de réunir dans une grange tous les Juifs – près d'un millier, hommes, femmes, enfants, vieillards – pour les brûler vifs. Un assassinat collectif et massif. Une sorte d'Oradour-sur-Glane.

Écrire *Les Voisins* fut une tâche relativement simple du point de vue du métier d'historien puisque l'histoire est nettement circonscrite et les sources limitées, mais «émotionnellement et intellectuellement très difficile». Comment les actes de violence commis au vu et au su de toute une population, et dont le souvenir s'était transmis dans les familles, avaient-ils pu être ignorés des historiens? Jan Gross explique que lui-même a été abasourdi d'avoir méconnu si longtemps la complicité de la population locale dans la persécution des Juifs polonais. Car toutes ses recherches, qui lui ont valu d'être reconnu par l'université, portaient précisément sur la Seconde Guerre mondiale en Pologne.

Une histoire familiale

Sa thèse, soutenue à l'Université de Yale, *Polish Society under German Occupation. The Generalgouvernment, 1939-1944*, est publiée en 1979. Dix années plus tard, il écrit *Revolution from Abroad. The Soviet Conquest of Poland's Western Ukraine and Western Bielorussia, 1939-1941*, et compile deux volumes de documents sur le même sujet. Il est donc le grand spécialiste de cette région de la Pologne où se situe la ville de Jedwabne et qui fut successivement occupée par les Soviétiques puis par les Allemands.

Cette passion pour l'histoire de la Seconde Guerre mondiale trouve peut-être son origine dans son histoire familiale. Sa mère, Hanna Szumanska, « une personne brillante, raffinée et extrêmement spirituelle », était informée de ce qui était à l'œuvre dans le pays, car elle avait été messagère du bureau d'information et de propagande de l'Armée du pays *(Armia Krajowa)*, le plus important mouvement de Résistance en Pologne. Elle était mariée à Stanislaw Wertheim, un des éditeurs du bulletin qui communiquait les informations provenant de toute la Pologne. Juif assimilé, il fut dénoncé et assassiné en 1943. Elle, qui était catholique, rencontra ensuite Zygmunt, le père de Jan, qui avait un « mauvais faciès ». Elle réussit à le protéger de façon rocambolesque.

S'ils sont de sensibilité de gauche, ils ne sont pas communistes. Jan appartient à la génération des baby-boomers, la première à ne pas faire l'expérience de la pleine puissance du totalitarisme : elle est née après le nazisme et grandit quand le régime communiste s'adoucit après la mort de Staline en 1953. Au début des années 1960, avec ses copains de lycée, dont Adam Michnik, futur grand opposant au régime, avec lequel il est resté lié, il fonde un « club des chercheurs de contradictions » : ce qu'il n'a cessé d'être ! Ensemble, ils discutent histoire et politique, aspirent à un « socialisme à visage humain » jusqu'à ce moment de vérité de 1968, lors de ce qu'il est convenu d'appeler « les événements de mars ».

Dans l'après-coup de la guerre des Six Jours (juin 1967), le Premier secrétaire du Parti Władysław Gomułka dénonce une « cinquième colonne sioniste ». Il invite donc tous ceux qui estiment qu'Israël est plus leur mère patrie que la Pologne à émigrer. La répression s'abat sur eux. Jan Gross est emprisonné pendant cinq mois, exclu de l'Université de Varsovie où il étudie la physique. Sa mère décide que la famille doit partir. Ce qu'elle fait, en renonçant à sa nationalité polonaise. Jan Gross, qui a obtenu une bourse de l'Université de Yale, se lance dans des études de sociologie. Avec le succès que l'on sait.

Universitaire reconnu, Jan Gross devient internationalement célèbre avec la publication des *Voisins*, qui déclenche deux ans de débats passionnés en Pologne, dans lesquels interviennent tous les médias, et aboutit à la reconnaissance des responsabilités polonaises par le Président de la République polonaise, Aleksander Kwaśniewski, lors d'une visite à Jedwabne, le 10 juillet 2001.

Jan Gross a toujours trouvé un peu courte l'explication selon laquelle les Polonais avaient peu aidé les Juifs parce qu'ils avaient peur de la férocité de la répression allemande. Notamment parce que l'hostilité envers les Juifs se manifesta aussi durant l'après-guerre, souvent par le meurtre de rares survivants qui revenaient. C'est le sujet de son ouvrage publié en 2006 : *La Peur. L'antisémitisme en Pologne après Auschwitz*[1], qui dissèque notamment le pogrom de Kielce : le 4 juillet 1946, une foule déchaînée par la rumeur d'un meurtre rituel y assassina 42 Juifs. En 2011, Jan Gross se penche sur le pillage par les Polonais des biens des Juifs avec *Moisson d'or*[2].

Aujourd'hui, Jan Gross est loin d'être seul. Toute une école d'historiens traite cette question des complicités de Polonais dans la destruction des Juifs de Pologne. C'est ce travail que menace le gouvernement polonais actuel. Il semble qu'il y ait de nos jours une petite trêve. À la Foire du livre de Cracovie, en octobre 2018, où Jan Gross présentait un livre d'entretiens qui venait de paraître, la foule ne s'est pas pressée au stand où il signait. L'opinion publique polonaise a suspendu pour un temps les débats liés à la Seconde Guerre mondiale pour se lancer avec passion dans celui sur la turpitude de prêtres corrompus et pédophiles. Le film *Clergé* de Wojciech Smarzowski, qui les dépeint, dépasse au box-office des succès comme *Avatar* ou *Titanic*, suscitant l'ire de l'actuel gouvernement qui estime que le clergé est traité comme *« les Juifs dans la propagande nazie »*. Ces derniers ne sont jamais très loin…

1. *Id.*, *La Peur. L'antisémitisme en Pologne après Auschwitz*, trad. de l'anglais J.-P. Ricard et du polonais X. Chantry, ; préface A. Kichelewski, Paris, Mémorial de la Shoah/Calmann-Lévy, 2010.

2. *Id.*, *Moisson d'or: le pillage des biens juifs*, avec la collaboration de I. Grudzińska Gross, trad. de l'anglais P.-E. Dauzat, Paris, Mémorial de la Shoah/Calmann-Lévy, 2014

IV.

DRANCY ET AUSCHWITZ

Quand ai-je entendu le nom d'Auschwitz pour la première fois ? Chez nous, quand on évoquait les morts, ils avaient disparu « pendant la guerre ». Il y avait bien le frère aîné de ma mère, Roger Perelman, qui avait survécu à sa déportation. Mais je n'ai jamais vu le tatouage de son numéro. En classe de quatrième au lycée mixte d'Ermont, notre professeure d'histoire, Janine Ponty, nous projeta *Nuit et Brouillard* (1956) aux images d'archives insoutenables. Le court métrage avait été commandé à Alain Resnais par le Réseau du souvenir. Il s'agissait déjà de « devoir de mémoire », même si l'expression ne connaissait pas alors la vogue qui fut la sienne avec le procès de Klaus Barbie (1987). J'ai compris que cela concernait les miens, même si notre professeure ne les évoquait pas dans le cours qui suivit où il n'était question que de Résistance. Mais je n'ai gravé dans ma mémoire aucune image du film. Je me demande même si je les ai vraiment vues.

L'année de ma terminale, mes parents, avec leurs amis Nicole et Sammy Zoberman et Henri Minczéles, ont participé à la première grande enquête sur la judéité initiée par Albert Memmi. L'écrivain était, on l'a oublié, aussi sociologue. Il s'agissait de faire remplir un questionnaire à une centaine de Juifs. Les résultats furent publiés dans un article de *La Revue française de sociologie* (1965, nº 6, vol. 1), signé notamment par mes parents. Je fus en charge d'interroger Roger Perelman. Je garde le souvenir d'une seule de ses réponses, à jamais présente : l'importance d'Israël comme refuge si les persécutions étaient de retour. C'est peut-être ce qui explique que, dans une famille où le sionisme et l'État d'Israël avaient peu d'existence, j'ai souhaité, en 1967, lors de la guerre des Six Jours, m'engager aux côtés d'Israël. Projet que je n'ai pas mené à bien. J'en ai longtemps eu des regrets.

Mai 1968 a ouvert pour moi une parenthèse d'une dizaine d'années[1]. Puis j'ai fait retour sur les questions juives. Et Auschwitz est entré dans ma vie. Mes grands-parents y avaient trouvé la mort. Wolf Wieviorka y avait sauvé la vie de l'écrivain Isaïe Spiegel en lui fournissant des dollars[2]. Mais ce lieu était pour moi un trou noir et je n'imaginais pas qu'on pût le situer sur une carte.

Par le plus grand des hasards – y a-t-il dans ce domaine des hasards ? –, j'ai participé au premier voyage officiel à Auschwitz de lycées français organisé en 1988 par l'Éducation nationale et le Congrès juif mondial. J'étais alors professeure au lycée Voltaire, qui avait été choisi pour que dix de ses élèves, accompagnés d'un enseignant, s'y rendent. Le « devoir de mémoire » montait en puissance en cette année qui suivait l'épilogue du procès Barbie. Mais aussi le négationnisme. Pendant le procès, un tract antisémite niant l'existence des chambres à gaz avait été distribué au lycée comme dans d'autres établissements secondaires. Le proviseur, René Geairain, avait été mis en cause pour l'avoir laissé circuler, ce dont *Le Monde* s'était fait l'écho (« Un tract révisionniste provoque la polémique au lycée Voltaire », 3 juin 1987). L'année

1. Voir le chapitre consacré au 17, rue Geoffroy-l'Asnier, p. 11 et suiv.
2. Voir le chapitre consacré à New York, p. 99 et suiv.

suivante, René Geairain me convoquait pour me demander d'accompagner nos élèves de première, choisis par tirage au sort, car tous étaient volontaires. Cette demande m'a sidérée. Il ne m'était jamais venu à l'esprit d'aller à Auschwitz.

Ce voyage d'une centaine de lycéens venus de divers établissements parisiens avait pour guides Serge Klarsfeld et Jean-Claude Pressac. Ce dernier avait été proche de Robert Faurisson. Il s'était rendu dans les archives d'Auschwitz pour confirmer la négation des chambres à gaz, mais, en consultant les plans des chambres à gaz et des crématoires, il s'était rendu à l'évidence : oui, les Juifs avaient bien été assassinés par le gaz et leurs corps incinérés dans des fours construits par l'entreprise Topf und Söhne. Il écrivit un livre glaçant sur cette technologie. Pour beaucoup, et particulièrement pour Pierre Vidal-Naquet qui avait écrit en 1980, dans *Esprit*, un article fondamental, « Un Eichmann de papier », Pressac était celui qui avait vaincu définitivement Faurisson. Il y avait aussi parmi nous des déportés, dont Ida Grinspan. Et de nombreux journalistes, comme Bertrand Poirot-Delpech pour *Le Monde*, car l'opération était aussi médiatique. Se noua une amitié improbable entre le journaliste écrivain académicien et Ida, qui n'avait pu faire d'études. Ils écrivirent ensemble un livre de souvenirs qui rencontra un vaste public, *J'ai pas pleuré*[1]. Ida témoigna dans des centaines d'établissements scolaires jusqu'à son décès, en 2018. Elle était simple, précise, chaleureuse. Elle fut très aimée. En juin 2021 a été ajouté au nom du collège Claude-Chappe, ancienne école primaire qu'elle fréquenta à Paris, celui d'Ida.

Nous sommes partis très tôt le matin d'Orly par avion spécial. Quatre cars nous attendaient à l'aéroport de Cracovie. Nous avons commencé la visite par Birkenau, Auschwitz II, à trois kilomètres d'Auschwitz I.

---

1. Ida Grinspan et Bertrand Poirot-Delpech, *J'ai pas pleuré*, Paris, Robert Laffont, 2002.

Quand j'ai contemplé Birkenau pour la première fois, j'ai été saisie par cette immensité désolée où se dressaient une multitude de cheminées en briques. J'ai cru fugacement voir les vestiges des crématoires dans ce reste des baraques. Je suis retournée de nombreuses fois à Birkenau et je retrouve chaque fois, face à ces chicots dressés, la même impression fugitive d'être devant des chambres à gaz. Comme beaucoup, j'ai ressenti un véritable choc en visitant l'exposition installée dans des bâtiments en briques d'Auschwitz I, devant les vitrines des blocks 4 et 5, dévolues à « l'extermination » et aux « preuves matérielles des crimes ». Des lunettes enchevêtrées, des châles de prière, des valises où sont inscrits un nom, un lieu, une date, des vêtements d'enfants y sont entassés. Et, surtout, des cheveux.

Quand le car a quitté le parking du musée d'Auschwitz, je me suis retournée pour fixer dans ma mémoire un lieu où je pensais ne plus jamais revenir. Du linge séchait aux fenêtres d'un block. Ce fut un choc. J'ai interrogé la guide du musée. Elle m'a répondu, un peu gênée, que c'était la lessive des personnes qui résidaient dans le camp. D'anciens détenus polonais, ceux qui ont construit la première version du musée, y ont vécu. Kazimierz Smoleń, qui fut directeur du musée de 1955 à 1990 et sert de modèle au personnage de Krzeminski dans le film *Et puis les touristes…* de Robert Thalheim (2007), y habitait toujours. Mais il a été le dernier. Il est mort en 2012, un 27 janvier, jour anniversaire de l'ouverture des camps choisi pour la commémoration internationale. Je regrette, comme mon ami le sociologue Jean-Charles Szurek qui a conduit la première recherche sur le camp-musée d'Auschwitz, qu'aucune étude n'ait été menée sur ces familles qui ont vécu dans le camp, sur les enfants qui y ont grandi et dont il a été le terrain de jeu.

Contre toute attente, je suis retournée très vite à Auschwitz, dans un contexte bien différent. L'anthropologue britannique Jonathan Webber, qui avait passé de longues semaines sur le site, observant notamment le comportement de ceux qui le visitaient, avait réuni en mai 1990 au Yarton College d'Oxford un groupe d'« intellectuels juifs » de neuf pays pour réfléchir au « futur d'Auschwitz », formule un peu provocante. C'était l'époque où des carmélites s'étaient installées sur le site, provoquant un scandale. Leurs prières troublaient un lieu qui, sinon, n'aurait été que silence. Mais ce que montrait Jonathan Webber dans son exposé, c'était que de silence, il n'y en avait pas à Auschwitz. 300 000 touristes visitaient alors le camp-musée. Des diapositives les montraient en short, devant les barbelés, suçant leur glace. D'autres photos avaient été prises dans l'immensité désolée de Birkenau, ce « dépotoir de la mémoire », comme le qualifiait l'auteur de polars Thierry Jonquet. Je me souviens de celle montrant des paysans y faisant les foins.

L'année suivante, nous partions pour Cracovie et Auschwitz poursuivre notre réflexion *in situ*. Nous, c'est-à-dire une quinzaine d'« intellectuels », docteurs ou professeurs. Dans la liste de ceux qui participèrent au groupe, à Oxford ou Auschwitz, j'étais la seule sans titre, simplement « Madame ». C'est là que je pris la décision de terminer ma thèse. Il y avait parmi nous Michael Marrus, professeur à Toronto, co-auteur avec Robert Paxton de *Vichy et les Juifs*[1] et pionnier de l'histoire de l'« Holocauste », comme disent les Américains. Je l'ai fréquenté jusqu'à son décès, en décembre 2022, et lui ai rendu hommage dans *L'Histoire* (janvier 2023). Je me souviens aussi de Richard L. Rubinstein qui devait être notre doyen. Il était professeur d'université et rabbin. J'avais acheté son livre, *L'Imagination religieuse : théologie juive et psychanalyse*[2], paru en 1971 avec une préface de Léon Poliakov. J'avais tenté de le lire, mais mon manque de culture dans les domaines qu'il abordait m'avait fait abandonner. Je l'ai longtemps conservé dans

1. Michael R. Marrus et Robert O. Paxton, *Vichy et les Juifs*, traduit de l'anglais par Marguerite Delmotte, Paris, Calmann-Lévy, 1981.

2. Richard L. Rubinstein, *L'Imagination religieuse : théologie juive et psychanalyse*, traduit de l'anglais par Georges Magnane, Paris, Gallimard, 1971.

ma bibliothèque. En 1989, Rubinstein était accompagné d'un étudiant qui portait son ordinateur portable, y compris quand nous arpentions l'immensité de Birkenau. Une curiosité alors. Je le vois encore lors d'une discussion maugréer : *« We will learn them how to do it. »* C'est-à-dire à perpétrer un génocide. Nous déposâmes des bougies sur les ruines de la chambre à gaz-crématoire 2 et David Roskies, éminent spécialiste américain de la littérature yiddish de la Catastrophe, entonna le chant des partisans de Vilnius, *Mir zainen do* [Nous sommes là].

L'anthropologue Jonathan Webber m'a ouvert les yeux. Ce fut le début de ma réflexion sur les défis posés par la conservation du site. J'ai alors écrit un court texte pour la revue *Pardès*, que je reproduis ici : « À propos du site d'Auschwitz. Le Symposium d'Oxford », suivi par « The Yarton Declaration of Jewish Intellectuals on The Future of Auschwitz ». Cette déclaration énonçait des principes généraux et quatorze recommandations concrètes, dont certaines ont été mises très vite en application.

Les problèmes qu'avait soulevés Jonathan Webber restent d'actualité. Comment maintenir la dignité du plus grand cimetière juif, tsigane, polonais du monde à l'heure du tourisme de masse auquel s'ajoutent, après 1988 et surtout après la chute du communisme, les très nombreux groupes de scolaires ? Quelle muséographie ? Quelles leçons, si leçons il y a, tirer d'Auschwitz ? Dans ces années, je co-animais avec les historiens Corinne Defrance, Fabrice Virgili et la psychanalyste Eva Weill un séminaire, « Traces de guerre. Vivre avec l'autre après les conflits ». Nous avons décidé d'une journée d'études autour de Piotr Cywinski, le directeur du musée d'Auschwitz postcommuniste. Elle s'est tenue en mai 2010 à la Sorbonne. Nous l'avons intitulée « Le futur d'Auschwitz » pour faire le lien avec les réflexions initiées vingt ans auparavant par Jonathan Webber.

Enfin, toujours en lien avec le site, j'ai été en charge du scénario de l'exposition française. Car il y a à Auschwitz un pavillon français. Chaque pays qui compte des déportés à Auschwitz a le droit d'installer son exposition nationale dans le block qui lui est dévolu. Ce qui est étrange, car ce n'est pas en tant que citoyens français, hongrois, belges, danois que les habitants de ces pays ont généralement été transportés, mais parce qu'ils étaient Juifs, parfois privés avant leur déportation de leur nationalité. Pour achever de brouiller les pistes, il existe aussi un pavillon juif, installé dans le block 27. C'est une incongruité. Il a abrité une première exposition conçue par les autorités polonaises, inaugurée en 1968, en pleine campagne antisémite, qui insistait sur le fait que Juifs et Polonais avaient connu le même sort (« les Juifs dans les ghettos, les Polonais dans les prisons »). Jusqu'à sa rénovation, en 1978, il n'a été ouvert que par intermittence. Puis il a été fermé à l'automne 2010, dans l'attente d'une nouvelle exposition conçue par Yad Vashem, la troisième. On l'inaugura en 2013, elle comporte notamment un grand livre, une œuvre de huit mètres de long, deux mètres de haut et un de large, où sont inscrits quelque 4,8 millions de noms, ceux qui ont été retrouvés, de Juifs assassinés. Des pages vierges attendent que d'autres noms soient reportés.

Les Français ont tardé à user de la possibilité qui leur était donnée de monter une exposition au rez-de-chaussée du block 20, le premier étage étant dévolu aux Belges. La première exposition permanente, décidée en 1975, fut inaugurée en 1979. Son thème : « La lutte et le martyre du peuple français au cours des années 1939-1945 ». Le résultat final de cette présentation aujourd'hui démontée était tout à fait déséquilibré. Il s'agissait bien de montrer ce qu'avaient été les combats et le martyre du peuple de France. Grâce aux efforts de l'historien François Marcot, la déportation des Juifs de France, bien que réduite à la portion congrue, n'avait pas entièrement disparu. Mais la communauté juive n'avait pas été impliquée dans sa conception. Elle ne s'en plaignit pas. Elle ne demandait rien. Ce qui se passait sur le site d'Auschwitz lui était encore largement indifférent.

Lors du dîner du Conseil représentatif des institutions juives de France (CRIF) de 2003, le Premier ministre Jean-Pierre Raffarin a annoncé la rénovation de l'exposition. Il souhaitait lier son inauguration aux cérémonies du soixantième anniversaire de la libération du camp, le 27 janvier 2005. Paule René-Bazin, que j'avais connue alors qu'elle dirigeait la section du XXe siècle aux Archives nationales, et qui travaillait alors au ministère des Anciens combattants à la direction de la délégation à la Mémoire, au patrimoine et aux archives (DMPA), eut en charge l'ensemble des opérations. Elle m'a sollicitée pour faire partie du comité de pilotage scientifique, un comité restreint, et m'a confié l'élaboration du scénario. Au moment où j'écris ces lignes, cette exposition est toujours en cours dans le pavillon français.

Son thème est clair : la déportation de France à Auschwitz. Elle retrace la persécution des Juifs dans la France occupée. Elle met en lumière les responsabilités propres de Vichy. Elle n'ignore pourtant pas les résistants qui y furent déportés. Signe des temps, nous avons décidé, pour rendre l'histoire sensible, de l'incarner dans cinq figures représentant chacune un groupe plus vaste.

Celle de Pierre Masse, avocat, sénateur ayant voté les pleins pouvoirs à Pétain en juillet 1940, est l'emblème de ces Israélites à la judéité ténue, patriotes, « fous de la République ». Désigné comme Juif par les législations allemande et vichyste, il en est mort. Sarah Beznos, ses enfants, ses petits-enfants, parmi eux Henri Borlant, représentent, pour leur part, tout à la fois les Juifs de l'immigration, le destin d'une femme et celui d'une famille. Georgy Halpern, lui, est un des enfants d'Izieu, un de ces 11 000 enfants déportés de France dont 900 photos, rassemblées par Serge Klarsfeld pour *Le Mémorial des enfants*[1],

1. Serge Klarsfeld, *Le Mémorial des enfants juifs déportés de France*, Paris, Association des Fils et Filles des déportés juifs de France/The Beate Klarsfeld Foundation, 1994.

figurent dans la dernière salle de l'exposition. Halpern témoigne aussi du sort des réfugiés d'Allemagne, d'Autriche, de Tchécoslovaquie, accueillis en France dans les années 1930. Quant à Jean Lemberger, il fut un des rares combattants arrêtés de la Main-d'œuvre immigrée (MOI) qui ne fut pas fusillé mais déporté. Enfin, il revient à l'écrivaine et résistante Charlotte Delbo de représenter des non-Juifs qui ont été déportés à Auschwitz. À l'issue du parcours, des moniteurs permettent de retrouver rapidement le nom et le destin de chaque déporté de France à Auschwitz et de visionner les *14 récits d'Auschwitz*. Ces 14 films d'environ 30 minutes chacun ont été réalisés par Caroline Roulet, à partir des témoignages recueillis par l'association Témoignages pour mémoire, antenne française des Fortunoff Video Archive for Holocaust Testimonies, que le professeur Geoffrey Hartman, qui fut un ami, avait créées à l'Université de Yale et dont il m'avait confié la charge pour la France.

Auschwitz figure dans le titre de deux de mes livres, témoignant de la multiplicité des usages de ce nom : *Auschwitz expliqué à ma fille*[1], en 1999, est consacré au génocide ; *Auschwitz, soixante ans après*[2], en 2005, retrace l'histoire du lieu.

C'est sur la suggestion de mon frère Olivier que les Éditions du Seuil m'ont commandé *Auschwitz expliqué à ma fille*, pour une collection destinée à la jeunesse. Le lecteur idéal pour qui je l'ai écrit avait l'âge de ma fille Mathilde à l'époque, treize ans, alors élève en classe de troisième. Il s'agissait de rédiger une leçon d'histoire sur le génocide des Juifs en partant des questions qui étaient celles de ces jeunes. Je les connaissais pour les avoir si souvent entendues quand j'enseignais dans le secondaire. Nous avons envisagé tous les titres possibles. « Holocauste » était exclu. J'étais réticente à employer le terme Shoah. Parce qu'il était déjà entré dans le

---

1. *Auschwitz expliqué à ma fille*, Paris, Seuil, 1999.
2. *Auschwitz, soixante ans après*, Paris, Robert Laffont, 2005.

vocabulaire courant, le nom d'Auschwitz s'est imposé, comme métonymie de la destruction des Juifs d'Europe, *pars pro toto*, comme dit l'actuel directeur du musée d'Auschwitz, Piotr Cywinski. Mais le « tout » s'est dilaté. Auschwitz est désormais la métonymie de toutes les victimes du nazisme, de toutes les victimes de tous les génocides et massacres de masse. Comme incarnation du Mal dans l'histoire, il est inscrit dans la culture contemporaine. Il se retrouve jusque dans la série des films *X-Men*.

Auschwitz, soixante après était une commande dans la perspective de l'anniversaire de l'ouverture des camps. Avec ce livre, j'ai voulu rendre Auschwitz à l'histoire, rendre aussi lisible que possible un lieu brouillé par tant de discours, devenu l'écran où se projettent individuellement et collectivement les cauchemars et les rêves d'une société. Je souhaitais donner quelques savoirs sur son évolution, sur les hommes qui y moururent en masse et sur la minorité qui y survécut. Hormis l'ouvrage de Léon Poliakov[1] – dont j'ai postfacé la réédition en Folio –, aucun Français n'avait écrit sur l'histoire du camp. Mon livre établit un va-et-vient permanent entre ce qu'est aujourd'hui le site, objet de transformations incessantes, et les événements qui s'y déroulèrent.

Je reste ambivalente à l'égard des visites à Auschwitz. Parfois, je trouve incongru d'aller là-bas. Comme bien des journalistes qui en font un marronnier, j'ai peur que les hordes de touristes dénaturent le lieu. Une amie m'a dit : « On va au cimetière visiter ses morts au moins une fois dans sa vie. On ne vit pas sans ses morts. Or les morts d'Auschwitz sont ceux de l'humanité. Ils méritent qu'on les visite. »

Dès ma première visite, j'ai pensé que je n'y reviendrais plus. J'y suis pourtant retournée de très nombreuses fois. À chaque voyage, je me suis dit : c'est la dernière fois.

---

1. Léon Poliakov, *Auschwitz*, Paris, Gallimard, coll. « Archives », n° 4, 1973 ; rééd. avec une postface d'Annette Wieviorka, 2006 (voir plus bas, p. 212 et suiv.).

Ces excursions ont éclairé ma compréhension de l'histoire de la Solution finale. Elles m'ont permis d'observer le site et ses mutations. Les premières fois, j'étais tout entière dans la pensée des miens qui y avaient été assassinés et de ce qu'y avaient subi mes amis survivants. Je me sens désormais en familiarité avec le lieu, et cela me dérange. On ne devrait jamais être en familiarité avec de tels endroits. Mes propres souvenirs ont laissé leurs marques.

Nous avons fait, dans le cadre du séminaire « Traces de guerre », un voyage d'étude en mai 2011. Une de nos étudiantes, atteinte de rougeole, a dû être hospitalisée à l'hôpital d'Oswiecim. Auschwitz a cessé d'être pour moi un isolat en s'intégrant dans la ville. Que l'on soit croyant ou athée, Birkenau est un lieu sacré puisque le sacré est lié à la mort ; c'est un immense cimetière. Chaque fois qu'il pleut, je l'ai dit, la terre rend des ossements et des cendres. Ce sentiment du sacré, lui, ne m'a pas quittée.

1.

Drancy[1]

[2017]

Le 20 août 1941 à 7 h 30 du matin, un autobus à plate-forme de la STRCP, la Société des transports en commun de la région parisienne, l'ancêtre de la RATP, amène dans la cour de la cité de la Muette à Drancy sa cargaison d'hommes arrêtés dans le XIe arrondissement de Paris, à une dizaine de kilomètres. « L'autobus ralentit, prit lentement le virage, avança au pas entre des soldats allemands qui gardaient une porte barbelée. On dépassa un poste de garde rempli de gendarmes, et on découvrit l'édifice entier, interminable, en fer à cheval », écrit Noël Calef. Le fleuron des cités-jardins, dont la construction n'était pas achevée, est devenu un camp pour Juifs. Il le restera jusqu'au départ du SS Alois Brunner, le 17 août 1944.

La cité de la Muette

La cité de la Muette fait partie des onze cités-jardins dont la construction est prévue par l'office des HBM (Habitations à bon marché, ancêtre de nos HLM) de la Seine, département auquel

1. Texte publié dans *Les Lieux de l'histoire de France*, Olivier Wieviorka et Michel Winock (dir.), Paris, Perrin, 2017.

appartient alors Drancy. Il s'agit de procurer confort et hygiène aux classes populaires. Confiée aux éminents architectes Eugène Beaudouin et Marcel Lods, la construction débute en 1931, en lisière orientale de l'agglomération. Sur une dizaine d'hectares, cinq tours de quatorze étages sont alignées, à côté d'un vaste fer à cheval appelé « cour d'entrée ». L'espace ainsi encadré constitue une vaste place conçue comme un lieu civique de rencontres, d'échanges et de jeu pour les enfants facilement surveillés par les mères de l'intérieur de leurs logements du fer à cheval, d'une superficie unique de 29 mètres carrés. Dix immeubles de deux ou trois étages, rattachés deux à deux aux cinq tours, constituent « le peigne ». La construction de la cité de la Muette est puissamment novatrice. Non seulement parce qu'elle comporte des gratte-ciel – ils ont été précédés par ceux de Villeurbanne –, mais parce que c'est le premier grand ensemble de bâtiments totalement préfabriqués, véritable révolution dans les techniques de construction qui préfigure les grands ensembles des années 1960.

Dès 1934, la crise économique entrave le projet. Les appartements des gratte-ciel peinent à trouver des locataires, et ce sont des gardes mobiles qui y logent. Ces logements ainsi que les « peignes » resteront occupés par des gendarmes jusqu'à leur démolition, en 1976, et des tours seront ensuite construites à leur exact emplacement, ainsi qu'une caserne pour la gendarmerie mobile. Les immeubles du fer à cheval, quant à eux, ne sont pas achevés quand, en 1940, la cité de la Muette devient un lieu d'internement.

Le 14 juin 1940, jour où les troupes allemandes entrent dans Paris déclaré ville ouverte, la Wehrmacht réquisitionne la cité de la Muette. Des soldats allemands y sont encasernés, tandis que soldats et officiers français y sont détenus en attendant leur départ, au début de septembre 1940, vers les Stalags et les Oflags d'Allemagne. Ils sont remplacés par des prisonniers civils, britanniques surtout, mais aussi canadiens. Pourtant, si Drancy a laissé son empreinte dans l'histoire, c'est parce qu'il fut un camp pour Juifs.

Un camp d'internement pour Juifs

Le 20 août 1941 à l'aube, des barrages bloquent chaque rue qui relie le XIe arrondissement de Paris au reste de la ville. Les stations de métro qui le desservent restent closes. Encadrées par des militaires allemands, munies de fiches qui détaillent l'identité des personnes à arrêter, les forces de police de la préfecture sonnent ou frappent aux portes des très nombreux habitants juifs du quartier. Ces fiches ont été établies à partir du recensement effectué en octobre 1940 par la préfecture de police sur ordre du commandant militaire allemand en France. Les hommes qui sont arrêtés, âgés en principe de 15 à 50 ans, sont conduits dans les commissariats de police du XIe arrondissement. Puis les limites d'âge sont repoussées – de 14 à 72 ans –, et les arrestations s'étendent à tout Paris. Entre le 20 et le 25 août 1941, une noria d'autobus de la STRCP et quelques voitures particulières déversent 4 230 hommes dans la cour de la cité de la Muette. Si la majorité d'entre eux sont des étrangers, des Français sont aussi arrêtés, dont quarante éminents avocats. Ceux qui arrivent sont parqués dans la cour, dans l'ignorance totale des raisons de leur arrestation, de la nature du lieu où ils sont, de ce qui les y attend. Un à un ils sont inscrits, fichés. Les formalités d'entrée au camp terminées, on les conduit dans des chambrées où ils sont regroupés par quarante.

L'improvisation est la caractéristique principale de la rafle d'août 1941, décidée à la hâte par le général Otto von Stülpnagel, tout à la fois chef de l'administration militaire allemande et gouverneur militaire de Paris, en représailles aux manifestations communistes qui se sont multipliées depuis l'entrée de la Wehrmacht en Union soviétique qui marque la rupture avec le pacte germano-soviétique. Désormais, les nazis posent l'équation : résistants = communistes = Juifs, dont il faut se débarrasser sous peine de les voir détruire l'Allemagne. Vichy n'a pas été consulté. Quand les raflés arrivent à Drancy, les soldats allemands y sont toujours encasernés et y demeurent jusqu'en octobre. Rien n'a été prévu pour assurer aux Juifs couchage et nourriture.

Drancy reste toute la durée de son existence sous pouvoir allemand. Ce sont les Allemands qui décident de qui est interné, puis, après 1942, de qui doit être déporté. Mais il est totalement gardé et administré par les Français, jusqu'en juin 1943. Le préfet de police assume la responsabilité du camp et nomme son commandant, un commissaire de police ; la gendarmerie a en charge la garde extérieure et intérieure ; l'intendance est confiée à la préfecture de la Seine.

Les deux premiers mois de l'existence du camp sont ceux d'une intense misère. Alors que ne pèse sur les internés aucune des menaces mortelles qui deviendront leur lot quand des otages seront prélevés pour être fusillés au Mont-Valérien, ou quand ils seront chargés dans des wagons pour être déportés vers l'est, le camp vit les semaines les plus difficiles de son existence. Très vite, une fois épuisées les provisions parfois apportées, la faim se fait sentir. Dès la fin du mois d'août, la situation est alarmante. La disette qui débute en septembre se mue en famine. Elle est largement le fruit de l'incurie de la préfecture de la Seine, incapable dans un contexte de restrictions de trouver des solutions à une situation imposée par les autorités allemandes. Il est notamment interdit aux internés de recevoir des colis. Les repas se prennent dans des boîtes de conserve ; on dort bien souvent à même le sol ; les internés ne disposent d'aucun linge de rechange. Les poux et la gale font des ravages.

Alors que, depuis l'Ancien Régime, on ne meurt plus de faim en France et que le corps médical n'a aucun savoir sur les maladies causées par la faim, on compte une trentaine de morts, et beaucoup de détenus sont atteints de cachexie. Le commandement militaire allemand décide au début de novembre 1941 de libérer près de un millier de détenus. L'absence du *Judenreferent SS* Theodor Dannecker, parti se marier à Berlin, facilite peut-être l'opération. Le 27 novembre, ces opérations sont arrêtées.

Les effectifs du camp ont diminué, passant à environ 3 000 détenus ; l'autorisation de recevoir des colis et la présence de la Croix-Rouge française interrompent la famine. Mais Drancy est devenu le vivier où les autorités d'occupation puisent à leur guise les otages qu'ils souhaitent fusiller ou ceux qu'ils ont décidé de déporter « vers l'est ». Le 12 décembre 1941, au lendemain de l'entrée en guerre des États-Unis qui suit Pearl Harbor, Otto von Stülpnagel lance la troisième grande arrestation de Juifs. Les hommes de la *Feldgendarmerie* et de la *Sipo-SD* procèdent à l'arrestation à leur domicile de 743 « Juifs d'influence » perçus comme des « agitateurs politiques ». La plupart sont français et appartiennent aux élites sociales et intellectuelles. Ces hommes sont regroupés à l'École militaire, puis conduits au camp de Compiègne-Royallieu.

Le général von Stülpnagel a proposé à Berlin des « mesures expiatoires » en réponse aux attentats commis en région parisienne. L'avis qui paraît le 14 décembre les annonce. Il s'agit de « frapper les véritables auteurs de lâches attentats », autrement dit principalement les Juifs, qui sont collectivement soumis à une amende de 1 milliard de francs. « Un grand nombre d'éléments criminels judéo-bolcheviks seront déportés aux travaux forcés vers l'est » et « cent Juifs, communistes et anarchistes, qui ont des rapports certains avec les auteurs des attentats seront fusillés ». Ce même jour, un détachement de la Wehrmacht, pourvu d'une liste, vient chercher à Drancy 50 otages. Il n'en trouve que 44, 6 d'entre eux étant décédés ou libérés. Le 15 décembre, ces hommes font partie des 95 otages fusillés au Mont-Valérien. D'autres otages seront prélevés à Drancy dans la première moitié de 1942.

Dans le même temps, et toujours dans le cadre de cette politique de représailles, 300 internés sont choisis pour être transférés au camp de Royallieu, à Compiègne, où sont aussi transférés la plupart des avocats internés. Les 300 doivent être ajoutés aux 743 arrêtés le 12 décembre pour constituer un convoi de 1 000 déportés. En attendant, ils restent dans ce camp strictement allemand, le *Frontstalag* 122, dans des conditions extrêmes qui évoquent celles de Drancy-la-Faim. C'est bien le camp de mort lente que décrit Jean-Jacques Bernard, le fils de Tristan, où plusieurs dizaines d'hommes périront de faim.

Le premier convoi de 1 112 déportés juifs de France, composé pour moitié d'internés du camp de Compiègne-Royallieu et, pour l'autre, d'internés de Drancy « aptes au travail » et dont le crâne a été rasé, quitte la gare du Bourget-Drancy le 27 mars 1942 à 17 heures. Il ne s'inscrit pas dans le programme de la « Solution finale de la question juive » : c'est un combat de représailles aux attentats perpétrés par la Résistance communiste. Dannecker en personne l'escorte jusqu'à Auschwitz. Il n'y a pas encore de « sélection » à l'entrée du camp, et tous y sont enregistrés ; 29 déportés seulement survivront aux terribles conditions de détention et rentreront en France en 1945.

Drancy, camp de transit vers Auschwitz

Le 5 mai 1942, Heydrich, le chef de l'Office central de sécurité du Reich, en charge, depuis la conférence de Wannsee du 20 janvier 1942, de la mise en œuvre de la destruction des Juifs d'Europe, se rend à Paris pour installer en personne le général Oberg dans ses fonctions de *Hörerer SS und Polizeiführer*, chef suprême des SS et de la police en France. La politique de déportation échappe au MBF, le commandant militaire allemand en France. Elle n'est plus de représailles, même si le deuxième convoi, celui qui part de la gare de Compiègne le 5 juin 1942, avec des hommes transférés de Drancy, en porte encore la trace. Elle s'inscrit dans la « Solution finale ». Il reste alors environ 2 000 détenus à Drancy.

Avec la rafle dite du Vél d'Hiv des 16 et 17 juillet 1942 et celles d'août en zone dite libre, Drancy inaugure sa nouvelle fonction de camp de transit. Drancy, qui n'avait jusqu'alors accueilli que des hommes, reçoit désormais des femmes et des enfants. Entre le 31 juillet et le 26 août, quelque 4 000 enfants passent par Drancy, en provenance des camps d'internement de Pithiviers et Beaune-la-Rolande. Le camp brasse désormais des masses d'hommes, de femmes et d'enfants pour des séjours plus ou moins longs, souvent très brefs. Il ne s'agit pas, comme dans le premier Drancy, d'interner, mais de déporter. Du 19 juillet au 11 novembre 1942, ils sont près de 30 000 à partir pour être, d'après la propagande nazie, « réinstallés à l'est ». Les déportations cessent ensuite un temps, pour reprendre l'année suivante : entre le 9 février et le 25 mars 1943, huit convois quittent le camp, avec quelque 8 000 internés.

C'est que la destruction des Juifs de France est désormais en route. Le 11 juin s'est tenue à Berlin, sous la présidence d'Adolf

Eichmann, une réunion de tous les responsables des affaires juives de la Gestapo (parmi eux, Dannecker) pour organiser la déportation des Juifs des pays de l'ouest de l'Europe (France, Belgique, Pays-Bas). La destination est Auschwitz-Birkenau, lieu choisi pour l'assassinat des Juifs du continent européen. Quand se tient la conférence, le camp de Drancy a été largement vidé de sa population par le départ du troisième convoi, le premier à partir de la gare du Bourget-Drancy. Les 1300 internés qui y demeurent sont de nationalités protégées de la déportation – turque, grecque, hongroise, roumaine, bulgare – et côtoient des « conjoints d'aryennes » pour l'heure non déportables. Les trois convois suivants ne partent pas de Drancy, mais des camps du Loiret, ainsi vidés de leur population.

En juin 1942, neuf hommes non juifs sont internés à Drancy, répartis dans différents escaliers, avec interdiction de communiquer entre eux et de se réunir dans la cour. Ils sont jeunes, ont été arrêtés par les Allemands ou les Français. Alors que le port de l'étoile jaune a été rendu obligatoire par une ordonnance du commandement militaire allemand à partir du 7 juin, ils s'en sont moqués, comme les onze jeunes filles internées, elles, au camp des Tourelles, en arborant des étoiles portant des inscriptions fantaisistes : « Auvergnat », « swing », « goy », « Papou »... On leur distribue de véritables étoiles juives surmontées d'une bande de tissu avec l'inscription « ami des Juifs ». Après trois mois d'internement, ils doivent rendre leurs étoiles et sont libérés.

Arrestation la plus massive des Juifs sur le territoire français, la rafle dite du Vél d'Hiv fait près de 13000 victimes à Paris et dans l'ensemble du département de la Seine, qui englobe alors les communes jouxtant la capitale. La nouveauté de ces arrestations ne tient pas seulement à leur ampleur sans précédent, mais aussi au fait que, pour la première fois, des femmes et des enfants sont arrêtés. Ne pouvant imaginer que cette fois les arrestations, dont les victimes ont largement été prévenues par des informations provenant de la préfecture de police, les toucheraient aussi, ils sont souvent restés à leur domicile, alors que les hommes se cachaient. Si les familles sont conduites dans l'enceinte du Vélodrome d'Hiver, les couples sans enfants et les célibataires le sont à Drancy.

Drancy demeure, dans cette nouvelle phase de son existence, un camp dont les clés sont aux mains des Allemands, mais dont l'administration reste française, un camp désormais de transit vers les centres de mise à mort, essentiellement Auschwitz-Birkenau. Entre juillet 1942 et juin 1943 – quand l'administration française en est chassée –, Serge Klarsfeld distingue deux périodes de déportation intense et deux périodes creuses de trois mois chacune : du 19 juillet au 11 novembre 1942, 31 convois, soit environ 7 500 déportés par mois, partent en direction d'Auschwitz ; du 9 février au 25 mars 1943, 8 convois, dont une moitié part vers Auschwitz, l'autre vers Sobibor.

Les conditions matérielles dans un camp surpeuplé sont épouvantables. Le désespoir atteint les détenus, et Georges Wellers, biologiste russe, arrêté en décembre 1941, auteur d'un témoignage fondamental sur le camp, compte un certain nombre de suicides, avec des pics lors de la préparation des convois. Dès le 19 juillet, un premier convoi est formé. Les noms de ceux qui en font partie sont appelés la veille du départ. Ils sont fouillés brutalement par des membres de la PQJ – la Police aux questions juives, sorte de milice composée de truands – qui les dépouillent de leurs effets, puis parqués dans des escaliers isolés du reste du camp par des barbelés. Ils sont ensuite chargés dans des autobus jusqu'à la gare du Bourget-Drancy où ils sont entassés dans des wagons destinés au transport des animaux.

Une détresse infinie est atteinte avec l'arrivée des enfants du Vél d'Hiv, le 15 août et les jours qui suivent. Les 8 160 hommes, femmes et enfants, entassés dans le vélodrome dans des conditions indescriptibles, avaient été transférés entre le 19 et le 22 juillet dans les camps du Loiret, Pithiviers et Beaune-la-Rolande. Là, sur ordre des Allemands, les pères et mères avaient été arrachés à leurs enfants, souvent par des gendarmes français, pour être à leur tour conduits à Drancy. Les quelque 4 000 enfants sont restés seuls en attendant qu'Eichmann reçoive de Berlin la réponse à la proposition de Pierre Laval de les déporter également, ce que les responsables de la « question juive » en France n'avaient pas prévu. Berlin prescrit aussi de déporter les enfants : l'ordre écrit parvient dans les camps du Loiret le 13 août. Chargés dans des trains dans les gares de Pithiviers ou Beaune-la-Rolande, ces enfants âgés de 2 à 12 ans, mêlés, en quatre convois, à 200 adultes, arrivent à Drancy du 15 au 25 août. Ils bouleversent tous les détenus. Georges Wellers, nommé chef du service d'hygiène de l'administration juive du camp, est l'un de ceux qui en ont la charge. Il en témoignera d'abord dans son récit, *De Drancy à Auschwitz* (1946), première esquisse d'une histoire du camp, puis au procès d'Adolf Eichmann à Jérusalem, le 9 mai 1961. André Schwartz-Bart avait intégré ce récit dans son chef-d'œuvre, *Le Dernier des Justes* (prix Goncourt 1959). Ils sont déportés en majorité entre les 17 et 28 août, gazés dès leur arrivée à Birkenau. Aucun ne survivra.

Après les rafles de la zone libre d'août 1942, la donne change. L'opinion publique exprime son hostilité aux arrestations de Juifs. Les Églises, catholique et protestante, font entendre leur désaccord. Le gouvernement de Vichy refuse la grande loi qui aurait permis d'enlever la nationalité française à tous les Juifs. Il ne souhaite plus mettre sa police à la disposition des Allemands pour procéder aux arrestations, comme cela avait été le cas lors de la rafle du Vél d'Hiv où, sur ordre allemand, elle avait été seule à agir. Le rythme des déportations chute. Face à ce manque d'enthousiasme des autorités françaises et l'hostilité grandissante de l'opinion publique, les nazis changent de méthode. Drancy ne doit plus être seulement un camp de transit, mais un camp de concentration d'où sera impulsée la politique d'arrestation des Juifs.

Alois Brunner, un des hommes d'Eichmann, est arrivé à Paris en mai 1943 avec un objectif: organiser la déportation des Juifs en en accélérant le rythme. C'est, note l'historien Tal Bruttmann, « un homme de terrain, un chasseur de Juifs doublé d'un tortionnaire ». Un homme aussi doté dans ce domaine d'une grande expérience : trois ans à Vienne, trois mois à Berlin et autant à Salonique. Il sait déporter en un temps record un maximum de Juifs avec calme et efficacité. Pour ce faire, il doit s'assurer le concours de dirigeants communautaires terrorisés qui s'imaginent sans doute que sans eux les choses pourraient être pires encore. Or, en France, les Juifs, qui ont subi depuis trois années déjà persécutions et déportations, sont méfiants. Il a été impossible de mettre sur pied une organisation rassemblant tous les Juifs de France. Le Consistoire n'a jamais intégré l'Union générale des Israélites de France (UGIF) créée par Vichy sur demande allemande le 29 novembre 1941. L'UGIF souhaite ne remplir qu'une mission : secourir une population plongée dans la misère par son exclusion de la sphère économique. Il est difficile désormais de remplir les convois.

Brunner réorganise donc de fond en comble Drancy, qui devient officiellement un camp de concentration. Les représentants des préfectures de police et de la Seine sont chassés ; seuls les SS assurent la garde intérieure du camp, reflet de leur mainmise exclusive ; les gendarmes restent, en revanche, en charge de la garde extérieure. Brunner décide aussi de ne permettre aucun intermédiaire entre les Juifs et la société. Les besoins des internés de Drancy doivent donc être assurés par la communauté juive elle-même, c'est-à-dire par l'organisation censée les représenter, l'UGIF. Les SS sont peu nombreux dans le camp et n'y résident pas. C'est, comme dans les camps de concentration ou dans les ghettos, aux internés de gérer le camp, et une milice juive est en charge de l'ordre. Brunner aurait souhaité qu'André Baur, vice-président de l'UGIF, qui n'est pas détenu, devienne le commandant juif du camp. Ce dernier paiera son refus de son internement, avec sa femme et leurs quatre enfants, et de leur déportation en décembre 1943.

Quand Brunner arrive en mai 1943, les déportations ont cessé depuis le 25 mars précédent. Il s'agit de les réactiver. Dans un premier temps, Brunner fait transférer à Drancy les internés d'autres camps. Il charge des détenus surnommés « missionnaires » d'aller repérer à Paris les Juifs qui s'y cachent. Après l'armistice dit de Badoglio en septembre 1943 et l'occupation de la zone italienne par les Allemands, il est présent en personne, accompagné de quelques cadres de l'administration juive de Drancy, tel le médecin Abraham Drucker, à Nice et à Grenoble, pour y organiser la chasse aux Juifs et les transférer à Drancy. Il crée de petits camps, comme autant de commandos dépendant de Drancy. Dans ceux de Bassano, Lévitan et du Quai de la Gare, les biens pillés par les Allemands, dans le cadre de l'action meuble consistant à vider radicalement les appartements de leur contenu, sont triés pour être acheminés en Allemagne. Il ordonne de grands travaux dans le camp, dont l'UGIF assume les coûts : installation d'ateliers pour y faire travailler les détenus, aménagement d'une infirmerie modèle, etc. Si les conditions de vie sont meilleures que du temps de Drancy-la-Faim, la terreur y règne et les déportations, désormais à partir de la gare de Bobigny, vers les chambres à gaz de Birkenau ne cessent pas.

Le 17 août 1944, le jour où Brunner quitte le camp dans un train où il emmène 51 détenus, dont Marcel Bloch – qui deviendra Dassault –, quelque 1 400 Juifs sont encore internés, les derniers y ayant été transférés le 11 du mois. Le camp est désormais sous la responsabilité du consul général de Suède, Raoul Nordling. Le 20 août 1944, le dernier Juif quitte le camp.

Drancy après Drancy

La cité de la Muette reste pourtant un lieu d'internement, désormais pour les collaborateurs réels ou supposés, sous l'appellation de « centre de séjour surveillé ». Dès les premiers jours d'octobre 1944, le nombre d'internés à Drancy acheminés par fourgons cellulaires ou par autobus dépasse les 5 000, pour atteindre son acmé le 20 octobre avec 6 274 détenus. Parmi ces internés qui le sont pour un temps variable, certains sont célèbres, comme de grandes figures du monde artistique, littéraire ou culturel : l'écrivain et metteur en scène Sacha Guitry, l'écrivain Alfred Fabre-Luce, l'académicien Abel Hermant. La comédienne Arletty n'y fit qu'un bref séjour. En septembre 1945, les derniers internés quittent le camp.

À partir de 1946, dans un contexte de crise du logement, la cité de la Muette retrouve sa vocation première de logements sociaux qu'avaient contrariée la crise économique et la guerre. Les gardes mobiles sont de nouveau logés dans des tours. En 1948, débarrassée de ses miradors et de ses barbelés, elle accueille ses premiers locataires. Des centaines de familles y bénéficient d'un confort encore rare, dans l'ignorance de l'usage du lieu pendant la Seconde Guerre mondiale.

Avant même la fin de la guerre et le retour, à partir d'avril 1945, des rares survivants de la déportation, des récits de l'internement avaient été publiés : *Relais des errants*, par Denise Aimé ; *Vie à Drancy*, par Julie Crémieux-Dunant ; *Amie des juifs*, par Alice Courouble ; suivis de deux ouvrages à mi-chemin entre le témoignage et l'étude historique : *Drancy-la-Juive ou la deuxième inquisition*, par Jacques Darville et Simon Wichené ; *De Drancy à Auschwitz*, par Georges Wellers. Trois plaques sont apposées au début des années 1950, indiquant que le lieu fut un camp de concentration, que des soldats britanniques y furent internés, que ce lieu fut un *Frontstalag*. En 1976 était inauguré le monument de Shelomo Selinger, un monument à symbolique juive, sur lequel figurent trois inscriptions, en français, en hébreu, en yiddish. C'est le début du réinvestissement du lieu comme étape essentielle de la déportation des Juifs de France. En 1988, un wagon, symbole de la déportation, était installé, relié par des rails au monument de Selinger. En 2001, alors que de vastes travaux de rénovation de la cité désormais HLM sont en cours, des voix réclament la conservation des lieux. Ce sont des urbanistes et architectes, qui voient en la cité une réalisation architecturale et urbanistique majeure, et insistent sur la nécessité de préserver les huisseries dues à Jean Prouvé ; ce sont aussi, dans ces années où la mémoire de la Shoah est omniprésente, ceux qui considèrent que Drancy est un haut lieu de la mémoire nationale. Par un arrêté du 25 mai 2001, signé par la ministre de la Culture Catherine Tasca, la cité de la Muette est classée parmi les monuments et les sites protégés de France. La construction d'un mémorial, face à l'ancien camp, commence en 2009. Le lieu est dans sa totalité – construction et fonctionnement – financé par la Fondation pour la mémoire de la Shoah. Ce bâtiment tout en baies vitrées, qui permettent lors de la visite de l'exposition sur l'histoire du camp d'embrasser du regard la cité, a été inauguré le 21 septembre 2012 par le Président de la République François Hollande.

2.

Le plus grand centre de mise à mort[1]

[2005]

Quelle est la place d'Auschwitz-Birkenau dans la destruction des Juifs d'Europe ?

À l'été 1942 est installé dans le camp un centre d'extermination qui deviendra le lieu principal de la Solution finale. Plus d'un million d'hommes, de femmes et d'enfants déportés de toute l'Europe y ont trouvé la mort.

Les camps d'Auschwitz-Birkenau forment un vaste complexe associant camp de concentration, camp de travail, centre de mise à mort. Si les premiers internés polonais du camp de concentration y arrivent le 14 juin 1940, il n'est un des lieux de la Solution finale qu'à partir du printemps 1942.

« C'était en été 1941 (je ne me souviens pas de la date exacte) que je fus soudain convoqué à Berlin chez le *Reichsführer SS* [Himmler] par l'un de ses aides de camp. Contrairement à ses habitudes, il me reçut en tête à tête et me déclara ce qui suit : "Le Führer a donné ordre de procéder à la 'Solution finale' du problème juif. Nous, les SS, sommes chargés d'exécuter cet ordre. Les centres d'extermination déjà existants dans la zone orientale ne sont pas en état de mener jusqu'au bout les grandes actions qui

1. Texte paru dans *L'Histoire*, n° 294, 2005.

sont projetées. C'est donc dans ce but que j'ai choisi Auschwitz, d'abord à cause de sa situation favorable du point de vue des communications et ensuite parce que l'emplacement destiné à une action semblable peut facilement être isolé et camouflé dans cette région[1]". »

Ce passage, si souvent cité, des Mémoires de Rudolf Höss, commandant d'Auschwitz, est partiellement limpide. La Solution finale est en route. Ce sont les SS qui en ont la charge. Les centres de la zone orientale – Chelmno, Belzec, Sobibor, Treblinka – sont insuffisants. Le choix d'Auschwitz s'explique tout à la fois par l'excellente desserte ferroviaire qui permet d'y acheminer des trains de toute l'Europe et par son isolement.

Reste la date, dont Rudolf Höss ne se souvient pas avec précision et qui est d'importance dans le cadre du débat global sur la chronologie de la Solution finale et sur le cheminement des décisions. Celle donnée par Rudolf Höss est hautement improbable. Cette conversation ne peut s'être déroulée en 1941 puisque les centres d'extermination d'Europe orientale ne fonctionnaient alors pas encore.

De nombreux historiens ont suggéré que Rudolf Höss s'était trompé d'une année, que la convocation avait eu lieu à l'été 1942, ce qui est possible. Car, en vérité, rien n'indique une quelconque préparation d'Auschwitz pour l'assassinat massif des Juifs pendant l'été et l'automne 1941. Rien non plus pendant l'hiver 1941-1942. On construit alors fébrilement à Birkenau, mais c'est pour accueillir les prisonniers de guerre soviétiques, qui vont peupler cette ville d'un type nouveau. On meurt aussi beaucoup pendant ce terrible hiver, de faim, de froid, de maladie.

Le terme de « Solution finale » qu'utilise Rudolf Höss quand il rend compte de son entretien avec Himmler est un terme nazi qui apparaît dans les textes dès 1939. Il exprime l'obsession de se débarrasser des Juifs, de rendre le Reich *judenrein*, « propre de Juifs », ou *judenfrei*, « libre de Juifs ».

---

1. Rudolf Höss, *Le commandant d'Auschwitz parle*, trad. de l'allemand par Constantin de Grunwald (Juliard, 1959), Paris, François Maspero, 1979, p. 261.

Au-delà de la force de l'obsession, la mise en œuvre de cette « Solution finale » varie au fil de la guerre. D'abord, il a été question de faire émigrer les Juifs, de les parquer dans des réserves, de les enfermer dans des ghettos. Solutions qui se sont révélées irréalisables ou insuffisantes.

Avec l'invasion de l'Union soviétique (déclenchée le 22 juin 1941 – c'est l'« opération Barbarossa »), alors même que se construit Birkenau, les Juifs sont assassinés ailleurs, à l'arrière du front de l'Est, où des *Einsatzgruppen*, des « groupes spéciaux » que l'historien du génocide Raul Hilberg baptisera « équipes mobiles de tuerie », qui avancent dans le sillage de la Wehrmacht, tuent par fusillades à ciel ouvert des centaines de milliers d'hommes, de femmes et d'enfants. Pourtant, si, avec ces massacres, il y a indubitablement génocide, ce génocide reste « régional ».

À l'automne 1941 sont mis en chantier les centres d'extermination orientaux, dont parle Rudolf Höss, Belzec notamment. À partir du 7 décembre 1941, les nazis gazent des Juifs à Chelmno dans des camions spécialement aménagés à cet effet.

Un débat fort complexe agite les historiens désireux de « dater » le moment où, de « régional », le génocide devient européen, quand la décision est prise d'aller chercher les Juifs partout où cela est possible. Dans ce processus, la conférence de Wannsee du 20 janvier 1942 occupe une place particulière. La « Solution finale » est ici définie, son processus précisé.

Les « Juifs valides », « aptes au travail », comme ils sont souvent désignés, c'est-à-dire au travail manuel dont la machine de guerre nazie a besoin, seront exploités au-delà de l'humain : « Une grande partie d'entre eux s'éliminera tout naturellement. » Ceux qui auront survécu au travail mortel constituent le principal danger. Dans la vision biologique du monde qui est celle des nazis, ils contiennent en quelque sorte la souche d'un virus capable de contaminer l'univers entier, qu'aucun traitement ne saurait éradiquer, si ce n'est un « traitement spécial » dont on peut supposer qu'il implique la mort.

Une statistique des Juifs de tous les pays d'Europe, ceux qu'il conviendra de faire disparaître quand la chose est possible, fait partie du protocole de la conférence. À cette date, le 20 janvier 1942, seule l'Estonie est déjà *judenfrei*, « libre de Juifs ».

Si la signification de cette conférence comme lieu de décision pour la Solution finale reste l'objet de controverses entre historiens, le fait qu'elle déclenche le processus administratif destiné à rassembler tous les Juifs d'Europe et à les transférer à l'Est n'est pas réellement mis en cause.

Auschwitz, qui fut de fait le lieu d'aboutissement de la plupart de ces transferts, a-t-il dès janvier 1942 une place dans ce programme ? Rien ne permet de l'affirmer. Pourtant, c'est bien dans ces mois qui suivent la conférence de Wannsee que Himmler modifie ses plans concernant Auschwitz.

La guerre éclair en Union soviétique se révèle un échec. Les nazis ne peuvent plus compter sur cette importante main-d'œuvre soviétique pour laquelle Birkenau a été construit, tandis que les besoins de l'industrie, celle d'armement notamment, toujours plus gloutonne, doivent être comblés. Les Juifs remplaceront donc les Soviétiques ; les nazis attribuent dès lors à Auschwitz deux fonctions : l'assassinat pour ceux dont ils n'ont pas besoin, déclarés « inaptes » ; la mise au travail jusqu'à l'exténuation mortelle pour les autres.

Ainsi, en mars 1942, arrivent les premiers convois de Juifs provenant de Haute-Silésie et de Slovaquie et, le 30 du même mois, le premier convoi parti de France le 27. Tous les déportés entrent dans le camp et sont enregistrés (un numéro leur est tatoué sur le bras, etc.).

C'est le 4 juillet 1942 qu'est organisée – sur un convoi de Juifs slovaques – la première « sélection » à la rampe, à la descente du train : les médecins trient parmi les déportés ceux qui sont conduits à la chambre à gaz dès leur arrivée, sans être même enregistrés. Ce fut dès lors la règle pour tous les convois. Le 29 juillet 1942, des Juifs de France, ceux du 12e convoi, subissent le même traitement ; il s'agit en majorité des hommes, des femmes et des enfants victimes de la rafle du Vél d'Hiv, qui s'est déroulée à Paris les 16 et 17 juillet.

Les six derniers mois de 1942, 175 000 Juifs arrivent à Auschwitz, de France, de Belgique, des Pays-Bas, d'Allemagne, de diverses régions de Pologne. La part des morts d'Auschwitz dans les assassinats de la seconde moitié de l'année 1942 est pourtant modeste : 140 000 environ sur plus de 1,4 million de Juifs assassinés dans cette même période dans l'ensemble des centres de mise à mort de l'ancienne Pologne.

C'est pendant que ces derniers tournent à plein régime que sont élaborés les plans de transformation de Birkenau en usine de mort. Himmler y effectue d'ailleurs sa seconde visite (la première datait de mars 1941) les 17 et 18 juillet 1942. Il assiste à la « sélection » d'un groupe de Juifs hollandais et à leur gazage dans une des deux « chaumières » (nommées Bunkers I et II) qui ont été aménagées à cet effet.

À l'été 1942, de nouvelles installations couplant crématoires et chambres à gaz sont commandées : il faut en effet tuer ceux qui arrivent en grand nombre et faire disparaître tous les corps. En 1943, Auschwitz-Birkenau a pris sa vraie dimension – une dimension inouïe par l'énormité des « masses » à traiter.

Auschwitz, à cette date, n'est pas le seul centre de mise à mort à fonctionner sur le territoire du gouvernement général de Pologne administré par les nazis : on assassine aussi à Belzec, Sobibor… Mais il est le plus grand centre de destruction des Juifs d'Europe, et c'est lui qui fonctionnera le plus longtemps, pratiquement seul durant l'année 1944.

Dans ses *Mémoires*, Rudolf Höss explique avec une froideur déconcertante comment il a dû réinventer à cette occasion une forme de « travail à la chaîne ». Le moyen principal de cette mise à mort, la chambre à gaz, est désigné par le nom de « crématoire ».

Les convois ne cessent d'arriver à Auschwitz. Au printemps 1943 sont déportés les Juifs des Balkans, ceux de Salonique notamment, et, en septembre, les premiers Juifs d'Italie. Ce sont encore les survivants de certains ghettos polonais, notamment du ghetto de Lodz (Litzmannstadt), dernier ghetto « liquidé » en août 1944. Surtout, en mai 1944, les Juifs hongrois commencent à arriver en nombre si considérable (un tiers au moins des Juifs assassinés à Auschwitz étaient hongrois) que la machine s'affole. En 54 jours, au printemps 1944, 154 trains amènent 437 000 hommes, femmes et enfants.

Ce sont les semaines où la libération du nazisme semble prochaine. Les Alliés, qui ont débarqué en Sicile, libèrent Rome le

4 juin. Ils débarquent en Normandie le 6 juin 1944. Les Soviétiques commencent le 22 juin, troisième anniversaire de Barbarossa, leur offensive d'été. En juillet 1944, ils « libèrent » le camp de Lublin-Majdanek, vidé de ses détenus, dont certains ont été transférés à Auschwitz.

En novembre 1944, sur ordre de Himmler, les installations d'Auschwitz sont détruites à la hâte. Ce qui ne signifie pas qu'on cesse d'y mourir.

Dès octobre 1944, des convois ont commencé à évacuer des détenus d'Auschwitz. À partir du 17 janvier 1945, alors que les avant-gardes de l'Armée rouge se rapprochent des camps, quelque 60 000 prisonniers sont mis sur les routes, par un froid polaire. Après ce qu'ils ont nommé eux-mêmes les « marches de la mort », ils sont acheminés, parfois en wagons découverts, dans les camps de l'Ouest, Buchenwald, Ravensbrück, Bergen-Belsen...

Selon les travaux de Franciszek Piper, près de 1 million de Juifs ont trouvé la mort, immédiatement conduits à la chambre à gaz, sans avoir été enregistrés à l'arrivée à Auschwitz, soit approximativement un sixième des morts de la Shoah.

***

Mise au point : les chambres à gaz, lieux de l'assassinat de masse

On sait presque tout des chambres à gaz d'Auschwitz-Birkenau. Aux témoignages des survivants du *Sonderkommando*, aux Mémoires du commandant du camp Rudolf Höss, se sont ajoutés les travaux des historiens sur les archives des installations de la mise à mort.

À Auschwitz I, le premier gazage homicide fut pratiqué dans les caves du Block XI, début décembre 1941, sur des prisonniers russes classés « communistes fanatiques » et des malades « irrécupérables ». Ce camp comportait un crématoire (dit Krematorium I) dont la morgue fut utilisée sporadiquement fin 1941-début 1942 comme chambre à gaz homicide.

À Auschwitz-Birkenau, les premières chambres à gaz furent aménagées dans deux bâtiments situés dans le bois de bouleaux au nord du camp, nommés Bunker I et Bunker II. Elles fonctionnèrent du 20 mars 1942 au printemps 1943 (six chambres à gaz au total). C'est dans le Bunker I, mis en service le premier, que l'on expérimenta la mise au point des gazages homicides massifs. Les morts étaient ensevelis ou brûlés dans des fosses.

Les Bunkers furent abandonnés au printemps 1943 quand les quatre installations homicides – désignées comme Krematorium II, III, IV et V – furent construites à Birkenau. Chaque bâtiment comportait une ou plusieurs chambres à gaz, une salle de déshabillage, une morgue (parfois la même pièce), enfin une salle équipée de fours crématoires pour brûler les corps.

Croyant accéder à une salle de douche, les femmes, les enfants, les hommes se déshabillaient avant d'être enfermés dans une pièce hermétiquement close où étaient déversées des boîtes de zyklon B. Il fallait quelques minutes pour tuer dans des souffrances atroces des centaines de victimes. Les hommes des *Sonderkommandos* recueillaient alors les cadavres et les transportaient vers les fours. En mai-juin 1944, au moment de l'arrivée des Juifs de Hongrie, ces installations ne suffisant plus à la masse des assassinats, le Bunker II fut réactivé.

Toutes ces opérations étaient couvertes par le secret le plus absolu. Les hommes des *Sonderkommandos* étaient régulièrement éliminés par le gaz. Les chambres à gaz-crématoires de Birkenau furent détruites à l'aide d'explosifs par les nazis avant leur départ du camp.

3.

À propos du site d'Auschwitz : le symposium d'Oxford[1]

[1990]

Dans ma propre mémoire du génocide, Auschwitz, en tant que lieu situé sur une carte de géographie, n'a pas de place. La mémoire de la Shoah, je l'ai trouvée dans les *Livres du souvenir*, dans les poèmes des écrivains yiddish, dans les chroniques. Dans les monuments de papier. Je n'ai jamais éprouvé le besoin de me rendre sur les lieux de l'extermination. Si je suis allée à Auschwitz, après avoir beaucoup hésité, c'est par une sollicitation extérieure, quand il m'a été demandé d'y accompagner un groupe de lycéens lors du premier voyage organisé par le CRIF et le Congrès mondial juif (CJM) il y a maintenant trois ans.

Pourtant, le site d'Auschwitz existe. Ce non-lieu de mémoire qu'il est pour beaucoup est devenu, et restera, un lieu de mémoire. Ce nom est devenu la métonymie du génocide des Juifs. On peut le déplorer. Chelmno, Belzec, Sobibor ou Treblinka, centres de mise à mort et rien que centres de mise à mort, eussent probablement mieux convenu puisqu'ils sont le lieu du seul martyrologe des Juifs alors qu'Auschwitz, comme Majdanek, fut un complexe concentrationnaire rassemblant sur son territoire toutes les composantes du système concentrationnaire nazi : camp pour prisonniers de guerre, camp de travail pour diverses catégories de

1. Texte publié dans *Pardès*, n° 12, 1990, *Autorité et controverse dans le judaïsme.*

détenus, comme Buchenwald ou Mauthausen, et centre d'extermination par les chambres à gaz. Au camp-mère, Auschwitz I, furent ajoutés un immense camp, Auschwitz II-Birkenau, lieu principal de la mise à mort, et un camp de travail, Auschwitz III-Monowitz, ainsi que trente-neuf Kommandos. Parmi les quelque 1,6 million de victimes[1] (et non 4 millions comme il est écrit sur le monument de Birkenau[2]), s'il y eut des Polonais, des Russes, des Français non juifs, l'écrasante majorité (90 % au moins) fut juive, et assassinée parce que juive. Mais le mélange est une des raisons qui explique la violence des enjeux de mémoire dont Auschwitz est l'objet.

Nous savons aujourd'hui que les représentations du génocide et les façons de le commémorer ne sont pas neutres. Brièvement, et en caricaturant un peu, parmi les représentations ayant triomphé en Pologne, mais aussi en France où le parti communiste fut puissant, et son idéologie dominante dans l'après-guerre, la représentation communiste. Les camps (les différences entre eux sont gommées) s'ouvrent avec l'avènement du fascisme (le terme nazi n'est pratiquement jamais utilisé) pour interner les opposants qui deviennent ainsi des antifascistes. L'utilisation constante, que l'on retrouve au musée d'Auschwitz, du terme « fasciste » au lieu de « nazi » porte en lui la négation de ce qui fut le cœur du système hitlérien : l'antisémitisme. Avec la guerre et l'occupation de l'Europe, les camps se remplissent des résistants antifascistes venus de toute l'Europe qui, solidairement, y perpétuent une résistance internationale. Deux modèles sont alors offerts de la libération de

---

1. On doit à Georges Wellers l'estimation la plus rigoureuse du nombre des morts d'Auschwitz, acceptée aujourd'hui par l'ensemble des historiens travaillant sur la question : Georges Wellers, « Essai de détermination du nombre des morts au camp d'Auschwitz », in *Mémoire du génocide*, CDJC et FFDJF, Paris, 1987, p. 652-684. Depuis, les recherches de F. Piper ont abouti à un chiffre de 1 million (A. W., 2024).

2. Le mémorial international d'Auschwitz-Birkenau, érigé en 1965, financé par une souscription du Comité international d'Auschwitz, vient de voir ses inscriptions effacées par la commission du gouvernement polonais, ce qui a suscité des protestations, notamment de l'Amicale belge des ex-prisonniers politiques d'Auschwitz-Birkenau et des camps et prisons de Silésie.

ces camps : le modèle de Buchenwald, c'est-à-dire la libération par les détenus eux-mêmes ; le modèle d'Auschwitz, c'est-à-dire leur libération par l'Armée rouge. Le fascisme n'a pas disparu avec la capitulation de l'Allemagne, bien au contraire, puisque la RFA est stigmatisée pendant des décennies comme étant l'héritière du IIIe Reich. Se souvenir, c'est continuer la lutte contre le fascisme.

Dans cette vision des choses, la mort des Juifs est diluée. Le passé sert aux luttes du présent.

Depuis la fin des années 1970, nous assistons à une instrumentalisation généralisée de la Shoah. En France, la mémoire du génocide est devenue partie intégrante de notre vie politique, avec une multitude d'« affaires ». Procès Barbie, affaire du Carmel, « détail » de Jean-Marie Le Pen. Et jusqu'à la récente « affaire » de Carpentras qu'il faudra bien un jour décrypter. Il y a toujours eu des usages du passé en politique, mais en usant et abusant dans la vie politique de la Shoah, en la banalisant et la sacralisant tout à la fois, on la vide de son contenu spécifique, on assigne aux Juifs une place centrale dans les débats politiques qui tend à en faire des citoyens pas comme les autres. Il y a là quelque chose d'inquiétant.

En Pologne aussi, les Juifs – alors qu'il n'y en a plus[1] – sont l'objet de débats concernant à la fois leur histoire et la place qui doit être la leur dans la mémoire polonaise. Le gouvernement polonais a établi une commission chargée d'élaborer les modifications à apporter au site d'Auschwitz et qui doit réunir une conférence internationale pour débattre de ces questions. C'est tout le mérite de Jonathan Webber, Antony Lerman, du rabbin Norman Solomon et d'Antony Polonsky d'avoir réuni à Yarnton Manor, dans les locaux de l'Oxford Centre for postgraduate Hebrew Studies, des intellectuels juifs de toutes disciplines et de plusieurs pays pour réfléchir avec Mme Marszalek-Mlynczyk, vice-ministre de la Culture et de l'Art, présidente de la commission d'État chargée de repenser l'aménagement du site d'Auschwitz et M. Stefan Wilganowicz, éditeur de *Znak*, secrétaire de la commission, à ce que devrait être le devenir du site d'Auschwitz. Trois jours de travail et de réflexion à l'écart des polémiques. Car le problème n'est

1. On estime leur nombre actuellement à six mille.

pas simple. Lors de l'affaire du Carmel, on a beaucoup parlé et écrit sur le nécessaire silence d'Auschwitz, sans se rendre compte que depuis 1945 ce lieu, où fut très vite érigé un musée d'État, n'avait jamais été silencieux[1]. C'est un des grands sites touristiques polonais, avec 700 000 visiteurs en moyenne par an.

L'anthropologue britannique Jonathan Webber, qui vient d'y passer plusieurs semaines, a rapporté des diapositives saisissantes : touristes en tenue estivales léchant leur cornet de glace à la sortie du musée, petits étals de vente de livres à Auschwitz I, manifestations politiques de toutes sortes. Birkenau est immense. De petits monuments commémoratifs apportés par des visiteurs, des plaques (l'une à la mémoire d'Edith Stein par exemple) y surgissent spontanément. Les paysans polonais des alentours y récoltent des baies, confectionnent des meules avec le foin qui y pousse pour le donner en fourrage à leurs bêtes. Des décors de film sont restés après le départ des cinéastes. Et domine la croix de l'église installée dans le bâtiment de l'ancienne Kommandantur.

Le symposium d'Oxford a débouché sur une déclaration, posant des principes généraux et proposant des suggestions pratiques pour la réorganisation du musée et pour le site de Birkenau. Osons formuler le vœu qu'Auschwitz cesse d'être le lieu de polémiques médiatiques pour devenir vraiment un lieu d'histoire et de mémoire.

---

1. Une intéressante étude vient d'être publiée sur le musée d'Auschwitz : Jean-Charles Szurek, « Le camp musée d'Auschwitz. De l'antifascisme comme paravent », suivie d'une table ronde : « Antifascisme et singularité. L'avenir du musée d'Auschwitz » (J.-Ch. Szurek, P. Halter, M. Goldstein, S. Creuz, H. Goldberg, Y. Thanassekos et J.-M. Chaumont), in *Bulletin trimestriel de la Fondation Auschwitz*, n° 23, janvier-mars 1990, Bruxelles, Éditions du Centre d'Études et de Documentation.

4.

Léon Poliakov, *Auschwitz*[1]

[2006]

En 1964, Léon Poliakov présentait pour le quatrième volume de la collection Archives, fondée par Pierre Nora et alors publiée chez Julliard, un recueil de documents intitulé *Auschwitz*. L'historien renouait ainsi avec la pratique de ses débuts : la compilation d'archives. En effet, Léon Poliakov avait appris son métier sur le tas, au plus près des sources qu'il avait découvertes, rassemblées, montées en des ouvrages présentant une des facettes de ce que l'on n'appelait pas alors la Shoah. C'est en 1946 *La Condition des Juifs en France sous l'occupation italienne*, en 1949 *L'Étoile jaune*, tous deux aux Éditions du Centre[2], en 1955, avec Josef Wulf, *Das dritte Reich und die Juden*[3], en 1963, *Le Procès de Jérusalem. Jugements. Documents* (Calmann-Lévy). Ce sera enfin, clôturant cette série de travaux, et dans la même collection Archives, *Le Procès de Nuremberg* (1971).

Le lien entre Léon Poliakov et ces archives est d'une nature particulière. Il n'a pas été les consulter comme le fait habituellement

1. Texte publié en postface à Léon Poliakov, *Auschwitz*, Paris, Gallimard/Julliard, 1990/2006.

2. C'est-à-dire les Éditions du Centre de documentation juive contemporaine.

3. Traduit chez Gallimard en 1959 sous le titre *Le Troisième Reich et les Juifs*.

l'historien dans un quelconque centre, il a contribué lui-même à les rassembler. Ce sont en quelque sorte « ses » archives. Or sa familiarité avec ces traces de l'histoire tient à une série de hasards.

C'est d'abord la rencontre avec Isaac Schneersohn. Elle eut lieu à Grenoble où les tribulations de Poliakov pendant l'Occupation, narrées avec verve et humour dans *L'Auberge des musiciens*, le conduisirent à plusieurs reprises. Poliakov y indique simplement qu'il lui rendit « quelques services[1] », sans en préciser la nature.

Isaac Schneersohn a alors une soixantaine d'années. Arrivé en France de Russie bolchevique en 1920 avec son épouse, Élisabeth, il devient très vite un homme d'affaires prospère, tissant quelques liens avec des hommes politiques qui lui permettent notamment d'obtenir sa naturalisation. Au tout début de la guerre, il quitte Paris, séjourne à Bordeaux, à Bègles, à Mussidan où il possède des entreprises bien vite aryanisées. En revanche, la nationalité française, malgré un examen de son dossier, ne lui est pas retirée : il n'y a rien à dire au sujet de son comportement, disent divers rapports ; ses fils se sont battus pour la France et sont, pour deux d'entre eux au moins, prisonniers de guerre en Allemagne. En 1942, il semble qu'un projet soit né dans l'esprit de Schneersohn, en lien avec la situation des Juifs en France. Il sillonne la zone Sud, noue des contacts avec diverses organisations juives pour accomplir la tâche qu'il s'est fixée : créer un centre de documentation juive. Je n'ai pas trouvé trace de ses pérégrinations dans les archives publiques consultées. Il réussit pourtant cet exploit de réunir à Grenoble, alors occupé par les Italiens, quarante responsables des principales organisations juives – ceux de l'Union générale des Israélites de France (UGIF), du Consistoire notamment, alors que l'année 1942 avait bouleversé les cadres et la géographie des institutions juives. Parmi ces responsables communautaires, Raymond-Raoul Lambert, président de l'UGIF zone Sud, qui note dans son Journal : « Du 28 avril au 1er mai à Grenoble pour parler des problèmes futurs de la paix. On songe à me demander pour le futur un rôle précis[2]. » Nous

1. Léon Poliakov, *L'Auberge des musiciens. Mémoires*, Paris, Mazarine, 1981, p. 164.

2. Raymond-Raoul Lambert, *Carnet d'un témoin. 1940-1943*, présenté et annoté par Richard Cohen, Paris, Fayard, 1985, p. 220.

sommes en 1943, après Stalingrad. La fin de la guerre est proche, et les Juifs de France demanderont des comptes. L'horizon de la création du Centre de documentation juive de France est donc l'organisation des Juifs et la satisfaction de leurs revendications après la Libération, principalement la restitution de leurs biens spoliés.

La plupart des présents à la fondation du Centre de documentation juive contemporaine (CDJC) ont survécu (même si cinq d'entre eux furent arrêtés et périrent en déportation, sans lien aucun avec la réunion de Grenoble) ; le travail qui fut celui des débuts du CDJC n'a jamais été retrouvé en dépit des recherches. Un travail colossal, si on en croit Schneersohn. Un travail qui semble avoir été effectué à sa seule initiative, peut-être par son propre financement, avec très peu de concours des grandes organisations juives. Une commission des camps, par exemple, collectait les informations sur les rafles de Juifs, les internements, les déportations. Un travail que le jeune Léon Poliakov avait, à l'époque, jugé dérisoire : « Je me souviens, écrit-il, dans *L'Auberge des musiciens*, que, pour commencer, il [Isaac Schneersohn] avait installé un bureau à Grenoble, rue Bizanet, où une demi-douzaine de dactylos étaient chargées de dépouiller le Journal officiel pour dresser l'interminable liste des entreprises aryanisées, ce que je trouvais suprêmement ridicule, ne comprenant pas qu'il faut un commencement à tout[1]. » On le voit, ces documents (une liste d'entreprises, un fichier caractérisant l'attitude des fonctionnaires de l'État français à l'égard des Juifs) sont rassemblés à une fin utilitaire, et l'entreprise elle-même est fondée sur un postulat : les Juifs de France survivront à l'Occupation nazie. Ils devront être rétablis dans leurs biens et dans leurs droits. Les archives que réunissent les gens de Schneersohn sont des archives « ordinaires », des archives de type administratif, des archives « vivantes » comme disent les archivistes, destinées à servir et non à être conservées pour écrire le passé. Nulle trace d'un archivage « volontaire », spécifique à la persécution comme celui des ghettos de Pologne, destiné à écrire l'histoire d'un peuple dont Schneersohn aurait eu la claire conscience qu'il ne survivrait pas.

1. L. Poliakov, *L'Auberge des musiciens*, *op. cit.*, p. 164.

De retour à Paris, Schneersohn installe son centre chez lui, rue Marbeuf. Les organisations juives dont les représentants étaient présents à Grenoble lors de la réunion considérée comme fondatrice ne semblent plus s'intéresser à son Centre de documentation juive. La communauté juive organisée ne connaît en fait guère la restructuration à laquelle certains aspiraient. Seule innovation, la création d'un CRIF, un Conseil représentatif des Israélites de France, rassemblant les principales organisations, mais dont le rôle est alors bien ténu. Chacun en quelque sorte reprend ses billes et ses habitudes. Restent autour de Schneersohn quelques fidèles, comme Henri Hertz, poète, romancier, journaliste, militant sioniste de la première heure. Naît aussi un véritable compagnonnage avec un homme politique radical-socialiste de la Troisième République, de longue date aux côtés des persécutés, Justin Godart[1], dont l'aide sera précieuse. En effet, alors que le futur historien qui s'ignore encore cherche en vain un gagne-pain (il sera jusqu'à sa titularisation à l'École des hautes études en 1964 ce que l'on appellerait aujourd'hui un « intellectuel précaire », à la recherche constante de « petits boulots »), Schneersohn lui offre l'emploi de secrétaire général adjoint du Centre de documentation juive contemporaine. À ce titre Poliakov devait en être la cheville ouvrière. Certes, comme il le note avec ironie, il n'est qu'adjoint, car « le poste de secrétaire général était déjà assumé par un conseiller juridique riche en relations politiques et ayant lui aussi une nuque de ministre », comme celle dont Léon Poliakov crédite Schneersohn.

Or Léon Poliakov ne s'est jamais distingué par sa capacité de régler les problèmes pratiques. Comme il le raconte avec humour, il ne dispose « pas des qualités requises. Mon éclatante nullité se manifesta à propos d'une question de local [...]. Je n'étais donc pas l'homme de la situation ; mais plutôt que de me congédier comme l'aurait fait un patron de moindre stature, Schneersohn improvisa sur-le-champ un autre poste pour moi, celui de chef du service des recherches du CDJC ».

---

1. Sur Justin Godart, voir Annette Wieviorka (dir.), *Justin Godart. Un homme dans son siècle (1871-1956)*, Paris, CNRS-Éditions, 2005, pour la 2e édition revue et corrigée.

Arrêtons-nous un instant sur cette situation quelque peu surréaliste : un homme d'affaires qui ne connaît rien aux archives, à la recherche historique et si peu à l'histoire crée une institution à elles dévolue. Il engage pour la mettre sur pied un intellectuel certes, détenteur d'un diplôme de droit, polyglotte comme l'est toute cette génération de Juifs qui nomadisa avant de se fixer en France ou ailleurs, mais qui n'a pas non plus la moindre idée de ce qu'est une archive ou la recherche historique.

Le centre s'installe bientôt dans un splendide appartement, avenue Foch. Quant à la documentation, Poliakov insiste dans ses Mémoires sur sa pauvreté : il n'y avait, pour commencer, que les listes compilées naguère à Grenoble par les dactylos de Schneersohn. Or Poliakov a probablement l'instinct du chercheur. Son coup d'essai fut aussi un coup de maître.

« Muni de lettres de recommandation de Justin Godart […], je tentai ma chance au ministère de l'Intérieur, place Beauvau, où, renvoyé de bureau en bureau, j'aboutis finalement à la Sûreté nationale dans celui du commissaire Berger. À peine ouvris-je la bouche, pour lui expliquer mon problème, qu'il me désigna du doigt une grande caisse en bois, dans un coin : "Voici des archives que nous venons de récupérer, mais je ne connais pas l'allemand, me dit-il. Voulez-vous me dire de quoi il s'agit ?" Je ne saurai jamais pourquoi le commissaire Berger et son adjoint, le commissaire Pink, me témoignèrent d'emblée une confiance totale, mais le fait est que la caisse contenait les archives de l'administration SS en France – ce qu'on appelait à l'époque, prenant la partie pour le tout, "la Gestapo" – et que je pus fouiller tout à loisir ; qui plus est, m'incombait de désigner à Berger ou à Pink les cas de collaboration ou de dénonciation qui justifiaient des poursuites ! J'avais toute latitude pour emporter les documents les plus intéressants, afin de les faire microfilmer pour le CDJC. Cette situation, hors du commun, qui n'était possible que dans le climat extravagant des lendemains de la Libération, dura plusieurs semaines[1]. »

Ainsi, la constitution d'archives obéit dès ses origines à une double fonction : documenter la « Solution finale » ; servir à la justice.

---

1. L. Poliakov, *L'Auberge des musiciens, op. cit.*, p. 166.

La caisse était inépuisable, précise Poliakov, et il fallut bien des années pour explorer son contenu. Elle nourrit d'abord les recherches des historiens du CDJC. Ceux de la première génération, adultes à la Libération comme Léon Poliakov, Joseph Billig ou Georges Wellers ; ceux de la seconde, enfants pendant l'Occupation, dont Serge Klarsfeld demeure la figure emblématique. Dans ces années, la question de la persécution des Juifs de France intéressait bien peu les historiens académiques. Quand, dans les années 1970, ces derniers commencèrent à investir ce champ alors que la loi rendait les archives de l'État encore partiellement inaccessibles, ils prirent le chemin du Centre de documentation juive contemporaine, installé depuis 1956 rue Geoffroy-l'Asnier et désormais couplé avec le « mémorial du martyr juif inconnu ». Une des sources essentielles était les papiers que Poliakov avait récupérés. Ce sont eux, entre autres, qui permirent à Marrus et Paxton d'écrire leur *Vichy et les Juifs*[1].

Auparavant, ces archives avaient nourri l'accusation française au procès de Nuremberg. Rappelons brièvement que la France ne s'intéressa que modérément à un procès très largement d'inspiration et de réalisation américaines[2]. Si les dirigeants nazis inculpés étaient dans leur très grande majorité tombés aux mains des Britanniques et des Américains, pour une minorité à celles des Soviétiques, les archives étaient aussi essentiellement celles rassemblées par les Américains lors de leur marche à travers l'Allemagne vaincue.

Or la délégation française, dirigée par François de Menthon, chargée de l'accusation de crimes de guerre et de crimes contre l'humanité perpétrés par les accusés dans les pays de l'ouest de l'Europe, était dépourvue, précise Poliakov, « de munitions de ce genre car personne ne lui avait signalé l'existence de “ma” caisse. Je ne sais plus par quels canaux Schneersohn apprit cette situation ;

1. Michael R. Marrus et Robert O. Paxton, *Vichy et les Juifs*, trad. de l'anglais par Marguerite Delmotte, Paris, Calmann-Lévy, 1981.

2. Annette Wieviorka, « La France et le procès de Nuremberg », in Annette Wieviorka (dir.), *Les Procès de Nuremberg et de Tokyo*, Bruxelles, Complexe, 1996, p. 69-89.

mais il l'exploita avec son habilité coutumière : non seulement il fit monnayer le service rendu en faisant confier au CDJC la fameuse caisse, mais il me fit intégrer en qualité d'expert à la délégation française, dans l'espoir d'autres prouesses et d'autres trouvailles[1] ». Cette caisse contenait donc, comme le note Edgar Faure dans ses Mémoires, des papiers précieux, une « manne de documents inédits » que le jeune avocat, un des procureurs adjoints de l'accusation française, allait utiliser à Nuremberg pour rédiger le réquisitoire français, un réquisitoire fondé principalement sur des documents allemands. « J'examinai ces archives sur microfilms des après-midi entiers, écrit Edgar Faure. C'était la mécanique de la criminalité d'État qui se photographiait sur un certain nombre de pièces décisives, permettant de saisir la complicité à tous les niveaux et dans tous les rameaux de cette arborescence[2]. »

L'apport des archives du CDJC est si considérable que Léon Poliakov put faire agréer son ami et collègue Joseph Billig en qualité de permanent du CDJC à Nuremberg, et qu'il put ainsi faire inclure le Centre « parmi les destinataires officiels des documents en voie de répartition. C'est ainsi, écrit-il, que surgit aux côtés de la French Division ou de la Norvegian Division une Billig Division ». Et de conclure : « Mon adjoint figurait un État qui ne se trouvait pas sur les cartes. » Cette remarque est beaucoup plus qu'une boutade. Derrière elle se profile le statut de l'histoire du génocide en France : une histoire qui est écrite par des marginaux dans les marges de la communauté juive organisée, ignorée de l'Université, et qui fut le fait d'autodidactes passionnés apprenant leur métier sur le tas en se pliant avec bonheur à la discipline rigoureuse de l'écriture de l'histoire.

Ainsi, le CDJC possède-t-il non seulement les quarante-deux volumes bleus contenant l'ensemble des minutes et des documents du procès des grands criminels, qui se trouvent dans de très nombreuses bibliothèques, mais encore des documents qui n'ont pas été retenus comme pièces à conviction et n'ont donc pas été imprimés. Il est aussi dépositaire de la documentation concernant

1. L. Poliakov, *L'Auberge des musiciens, op. cit.*, p. 170.
2. Edgar Faure, *Si tel doit être mon destin ce soir*, Paris, Plon, 1984, p. 33.

les douze procès dits procès successeurs, ou procès des professionnels tenus aussi à Nuremberg, mais devant un tribunal américain : procès des médecins, procès des industriels, procès du haut commandement… Grâce aux documents rapportés de Nuremberg, le CDJC a également pu constituer une photothèque qui s'est ensuite considérablement enrichie. Poliakov rentre à Paris « en triomphateur ». Aussi comprend-on son amertume quand il s'aperçoit qu'il est moins bien payé que les collaborateurs dits extérieurs du Centre et que finalement, en 1953, il est mis en congé définitif par une institution qui lui doit « toutes ses richesses et tout son prestige[1] ».

À Nuremberg, Léon Poliakov est saisi comme tant d'autres, accusés compris, par l'ennui qui sourd du procès. Il déserte la salle d'audience : le spectacle est par trop fastidieux. Les coulisses l'intéressent davantage, notamment parce qu'il y rencontre des Soviétiques, renoue avec sa langue russe maternelle, se lie avec eux d'amitié. Mais surtout, les documents stockés et dépouillés au Palais de Justice sont pour lui l'essentiel. « Le stock ne cessait de croître, plusieurs équipes germano-américaines inventoriaient, photographiaient, classaient et répartissaient des dizaines de milliers de documents dont un grand nombre avait trait au sort des Juifs. » D'emblée, Poliakov est frappé « par la réticence des tueurs à désigner leurs actes par leurs noms. La périphrase était de rigueur : *évacuation*, *transfert*, *action*, *liquider*, *rendre inoffensif*, *résoudre*. Hitler et Himmler préconisaient expressément des détours de langage. Telle phrase d'un témoin au cours de sa déposition résonne encore à mes oreilles : "l'action de Nowogrodek a été l'œuvre d'un commando SS qui, par idéalisme, s'acquittait des exterminations sans faire usage de gnôle[2] ».

Ces réflexions, cette intimité avec les archives de la destruction expliquent la qualité du premier vrai ouvrage d'historien de Poliakov, *Bréviaire de la haine*, publié en 1951 chez Calmann-Lévy grâce à Raymond Aron, avec une préface de François Mauriac. Cet ouvrage est doublement séminal. Il fait de Léon Poliakov un véritable historien, construisant un récit du passé au lieu de

1. L. Poliakov, *L'Auberge des musiciens*, *op. cit.*, p. 180.

2. *Ibid.*, p. 170.

se contenter d'établir les faits au moyen de sources d'archives ; dans le même temps il pose les premiers jalons d'une quête qui l'occupera des années : tenter de comprendre par une démarche historique ce qu'est l'antisémitisme. Car la question qui préside à l'écriture du *Bréviaire* est celle du « pourquoi » : « Ce qui m'obsédait alors à l'époque, et je n'étais sûrement pas le seul, c'était le secret des bourreaux, c'étaient les circonstances dans lesquelles les dirigeants du IIIe Reich avaient décidé de me tuer, en même temps que des millions d'autres êtres humains dont la particularité était d'être nés dans un lit et pas dans un autre. » Dans le même temps, *Bréviaire* constitue la première histoire du génocide des Juifs, avec celles de l'Anglais Reitlinger et de l'Américain Hilberg. Si depuis trois décennies, les travaux des historiens se sont multipliés, *Bréviaire de la haine*, constamment réédité, demeure un livre qui n'est pas dépassé. Car Poliakov y aborde avec érudition et intuition toutes les questions qui seront « redécouvertes », parfois sans vergogne, par certains historiens : le lien entre les opérations d'euthanasie et le génocide, la question des pillages et des spoliations, celle de l'attitude des Alliés ou du Vatican...

Auschwitz, puis *Le Procès de Nuremberg* peuvent être considérés comme des annexes documentaires du *Bréviaire de la haine*. Le premier de ces ouvrages est publié dans un contexte très particulier, celui des années qui suivent le procès d'Adolf Eichmann à Jérusalem (1961) et qui voient se rouvrir des procédures judiciaires, notamment contre le personnel du camp d'Auschwitz, avec le grand procès qui se tient à Francfort de 1963 à 1965. Il ne marque pourtant pas chez Léon Poliakov une réflexion nouvelle sur le nazisme ou le génocide ni un élargissement significatif du champ documentaire. L'historien procède par ajouts à la documentation et à la problématique du *Bréviaire de la haine*, sans chercher à intégrer ces documents dans un récit nouveau. Il est alors pris intellectuellement ailleurs par son grand œuvre sur l'antisémitisme dont les deux premiers tomes sont déjà parus[1].

1. *Histoire de l'antisémitisme*, tome premier, Paris, Calmann-Lévy, 1947 ; tome deuxième, *De Mahomet aux Marranes*, Paris, Calmann-Lévy, 1961. Deux autres tomes suivront ultérieurement.

Mais ces ajouts montrent son attention à tout document nouveau, comme son extrême discernement. Ainsi intègre-t-il un extrait du témoignage passé inaperçu lors de sa publication en français en 1961 de Primo Levi qu'il qualifie de « mémorialiste d'une sensibilité extrême ».

Au cœur donc de cet Auschwitz, la documentation qui nourrit *Bréviaire de la haine*, les archives de Nuremberg et celles du CDJC, que Lucien Steinberg l'aida à rassembler et que traduisit Ulrich Hessel, le fils aîné de Franz et Helene, dont l'histoire inspira *Jules et Jim*. S'y ajoutent des documents exhumés, publiés postérieurement ou produits lors des procès qui suivirent celui de Nuremberg. La « quatrième de couverture » du volume Archives indiquait : « Auschwitz. Les tonnes d'archives centralisées vingt ans après par le Centre de documentation juive à Paris – notes de service SS, plans secrets des nazis, témoignages des survivants – permettent à Léon Poliakov de présenter ici, pour la première fois, la vie de chaque jour dans ce haut lieu du génocide. Voici comment fonctionnait l'industrie de la mort. » Certes, les « tonnes » semblent un peu exagérées. Les archives en principe ne se mesurent pas au poids, mais au mètre linéaire. Mais surtout, ces quelques lignes portent en elles une tension inhérente tout à la fois à l'époque où elles ont été écrites et à la complexité des camps d'Auschwitz. S'agit-il de décrire l'industrie de la mort dans un « haut lieu » du génocide ou de raconter la vie quotidienne dans un camp de concentration ? En vérité, Léon Poliakov tiendra dans l'ouvrage, ensemble, les deux aspects conceptuellement encore mal distingués : Auschwitz, haut lieu du génocide ; Auschwitz, camp de concentration, où l'on vit, fût-ce d'une vie qui n'est pas une vie. Ce faisant, il fournit au lecteur les documents qui restent essentiels et qui permettent d'appréhender une histoire totale du camp.

Dans l'unique annexe, Léon Poliakov publie une étude, « Faim et espérance de vie à Auschwitz », rédigée en 1947 par un médecin SS d'Auschwitz, le Dr Hans Münch, alors qu'il était provisoirement détenu dans une prison polonaise. Peu après, avec trente-neuf membres de la garnison d'Auschwitz, Münch passait en jugement. Il fut le seul acquitté. Comme l'écrit Poliakov dans sa présentation du document, « il est certain que le Dr Münch était un SS hors série, et qu'il n'avait rien de commun avec les médecins expérimentateurs et bouchers qui ont déshonoré le corps médical allemand».

Pourtant, un demi-siècle après cet acquittement, alors qu'ouvrages et films le présentaient comme «le bon SS», secourable aux victimes, ce même Hans Münch était poursuivi devant le tribunal de Paris pour «apologie de crimes contre l'humanité» et «provocation à la haine raciale». Âgé alors de quatre-vingt-neuf ans, il avait réitéré sur France Inter, dans l'émission «Là-bas si j'y suis» en 1998, des propos tenus à un journaliste du *Spiegel*. Les Tziganes étaient, selon lui, de «misérables minables [qui] laissaient mourir les enfants de la manière la plus atroce», ajoutant: «Ils ont été liquidés parce qu'on n'est pas arrivé à bout d'eux [...], c'était pratiquement la seule solution possible, envoyer le camp des Tziganes au gaz.»

L'expert psychiatre allemand commis par le tribunal résumait ainsi son entretien de deux heures: «Même si à plusieurs reprises il qualifie Auschwitz d'effroyable, on remarque "l'enthousiasme" qu'il ressent pour "ses conditions de travail idylliques, ses chers et cultivés collaborateurs". Nous avons été frappés par le fait que, chaque fois que la conversation portait sur son expérience à Auschwitz, il parlait avec une attention, une jovialité particulièrement marquées. Lorsqu'on attire son attention sur l'horreur inimaginable [...], sa réaction est dépourvue de toute sensibilité.» Et l'expert de mettre cela sur le compte de la démence sénile[1]. Relaxé parce que le tribunal estimait que le discernement de Münch avait été aboli par des troubles psychiques, sa responsabilité fut finalement établie par la chambre correctionnelle de la cour d'appel de Paris en octobre 2001.

Or Poliakov avait été troublé par l'étude du Münch de 1947. Ce trouble l'avait conduit à soumettre le texte aux professeurs Georges Wellers et Bruno Minz, qui avaient tous deux attesté son intérêt. Tout en notant que le médecin s'était abstenu de prendre part «à la boucherie ignoble», les deux experts notaient qu'il

1. Cité par Jean-Michel Dumay, «Les réminiscences du médecin nazi Hans Münch devant la justice», *Le Monde*, 25 mai 2000.

s'était « pourtant laissé contaminer par leurs conceptions théoriques et philosophiques ». Il faut lire et méditer les deux pages de présentation par Poliakov de ce document, exemplaire selon l'historien de ce qu'est la science allemande à l'ère nazie : pour Münch, écrit Poliakov, « l'homme n'est qu'une machine thermodynamique, régie par les seules lois de la conservation de l'énergie et susceptible d'être "mis en équation" avec une précision absolue ». Mais surtout, « le "principe moral", systématiquement écarté par le Dr Münch, semble orienter à son insu son travail, mais revêtu en quelque sorte d'un signe contraire ».

« En effet, poursuit Léon Poliakov, en poussant ses raisonnements jusqu'au bout, on en arriverait aux conclusions suivantes : dans la société concentrationnaire, le "bien-être public" serait inversement proportionnel à l'intégrité ou au sens moral de ses membres. Dans un camp habité de détenus parfaitement intègres, où la nourriture serait répartie jour après jour, cette population succomberait en son entier, d'après les calculs du Dr Münch, après des souffrances longues de plusieurs mois. Mais lorsqu'une partie est initiée à l'art "d'organiser", c'est-à-dire de détourner la nourriture à son profit, cette minorité de "vieux détenus" survit en appliquant la loi du plus fort, et en même temps elle abrège les souffrances des autres, voués de toute manière à disparaître. Tel serait donc, conformément au vigoureux raisonnement de notre auteur, le "Contrat social" d'Auschwitz, et celui des autres camps de la mort lente : en bref, celui du pénitencier universel nazi. »

Cette analyse ignorée des parties civiles ayant poursuivi Hans Münch éclaire pourtant la cohérence du médecin nazi. Dans le même temps, elle atteste l'acuité et la lucidité de Poliakov, son intelligence profonde des hommes et des situations. Elle conduit enfin à réfléchir sur nos pratiques actuelles qui tendent à ne plus fréquenter les écrits de nos aînés, à ignorer les filiations, à privilégier le neuf qui est bien souvent redécouverte de l'ancien. Or, en histoire comme en littérature, il y a des « classiques » que l'on gagne à relire périodiquement. Les ouvrages de Léon Poliakov en font partie.

5.

Le négationniste et la chambre à gaz[1]

[2008]

En septembre 1980, Pierre Vidal-Naquet publiait dans la revue *Esprit* un important article: « Un Eichmann de papier. Anatomie d'un mensonge ». Il ne s'agissait pas à proprement parler de répondre aux propos de ceux qui niaient l'existence des chambres à gaz, et par là même le génocide des Juifs, mais de « démonter pièce à pièce les arguments pour en démasquer le faux-semblant », de comprendre « non seulement le comment mais aussi le pourquoi ».

Les seuls arguments de Robert Faurisson

La négation du génocide des Juifs avait émergé dans l'espace public à la fin des années 1970. En octobre 1978, l'ancien commissaire aux Questions juives de l'État français Louis Darquier de Pellepoix, qui avait trouvé refuge dans l'Espagne de Franco, donnait une interview à *L'Express*. Il y affirmait qu'« à Auschwitz on n'a gazé que les poux ». Le 29 décembre 1978, Robert Faurisson, maître de conférences en littérature à l'Université de Lyon, qui harcelait par courrier depuis des mois personnalités diverses et médias, réussissait à publier dans *Le Monde* « Le problème des

1. Texte paru dans *L'Histoire*, n° 331, 2008.

chambres à gaz ou la rumeur d'Auschwitz». La publication par le quotidien du soir valait légitimation : nier les chambres à gaz relèverait de la libre opinion.

La pensée de Robert Faurisson n'est guère complexe. Elle se réduit à une fameuse petite phrase, répétée pratiquement à l'identique depuis trois décennies : «Les prétendues chambres à gaz hitlériennes et le prétendu génocide des Juifs forment un seul et même mensonge historique.» Elle s'appuie sur l'affirmation d'une impossibilité technique du gazage et sur l'inexistence d'un document d'archives qui reproduirait un ordre explicite de Hitler de procéder à l'assassinat de tous les Juifs. Cependant, jusqu'à la fin des années 1970, ce genre de propos, malgré une profusion de publications, était resté confiné dans de tout petits cercles extrêmes, de droite, autour de Maurice Bardèche – dont le livre *Nuremberg ou La Terre promise* (1948) est saisi après sa parution ; de gauche, autour de Paul Rassinier, déporté à Dora, qui met en cause les témoignages de déportés avant de nier l'existence des chambres à gaz. Au contraire, les années 1980 voient la négation du génocide juif, liée à un antisémitisme que la capitulation du nazisme et la révélation de ses crimes avaient rendu tabou, émerger dans l'espace public.

Un nouvel avatar de l'antisémitisme

C'est le vieil antisémitisme d'une droite extrême qui, après avoir été disqualifiée par sa collaboration avec l'Allemagne nazie, réapparaît dans le champ politique. Mais c'est aussi un antisémitisme d'extrême gauche qui se cache derrière l'antisionisme. Il s'agit ainsi pour cette extrême gauche tiers-mondiste de délégitimer l'État d'Israël. L'ouvrage de Roger Garaudy, *Mythes fondateurs de la politique israélienne*, en 1995, en sera l'expression la plus achevée et la plus odieuse.

D'emblée le «négationnisme» (le terme qui apparaît dans *Le Syndrome de Vichy* d'Henry Rousso, en 1987, tend à remplacer celui de «révisionnisme») suscite de violentes réactions, chez les victimes, chez leurs descendants, dans les associations d'anciens déportés et chez les intellectuels. Pierre Vidal-Naquet choisit de disséquer le fonctionnement mental de ces « assassins de la mémoire », leurs motivations, les finalités de la négation. Pour lui, il n'est pas question de répondre directement à des arguments qui n'en sont pas puisqu'ils défient la raison.

La contre-offensive des historiens

D'autres, au contraire, choisissent de répondre « scientifiquement » : puisque les « négateurs » se sont engouffrés dans les lacunes de la recherche, il faut combler celles-ci. Ils se focalisent sur le lieu principal de la négation, du fait de son poids réel et symbolique : Auschwitz. Prenant au mot les négateurs, ils se font positivistes, traquant les malfaçons ou les approximations dont l'histoire des camps avait été l'objet ; ils proposent de revenir aux faits, rien qu'aux faits, minutieusement établis, minutieusement vérifiés, pour laisser à leur contestation la marge la plus faible possible.

Ce furent d'abord les études chiffrées. La première, en 1981 (*Les chambres à gaz ont existé*, Gallimard), due à Georges Wellers, survivant d'Auschwitz, qui rejoint à son retour de déportation les fondateurs du Centre de documentation juive contemporaine. Contrairement à ce qui était inscrit dans la pierre du monument international érigé à Birkenau en 1967, ce n'étaient pas 4 millions d'êtres humains qui avaient été tués à Auschwitz (chiffre qu'avait imposé la commission soviétique installée après la découverte des camps d'Auschwitz par l'Armée rouge en janvier 1945), mais plutôt entre 1 et 2 millions. Un second comptage effectué en 1998 par un historien du musée d'Auschwitz, Franciszek Piper, qui l'établit autour de 1 million, semble définitif.

Mais Auschwitz-Birkenau n'était pas le seul camp « centre de mise à mort » pour reprendre l'expression de Raul Hilberg. On en trouvait cinq autres (Chelmno, Belzec, Treblinka, Sobibor, Majdanek), tous sur le territoire de la Pologne de 1939, rayée de la carte par les nazis. On les distingua soigneusement des camps de concentration, destinés aux résistants et opposants politiques, dont certains, comme Dachau, avaient été ouverts dès 1933 sur le sol allemand.

Vinrent ensuite les études sur le fonctionnement des chambres à gaz. Un pharmacien, Jean-Claude Pressac, proche de Faurisson, conçut dans les archives du musée d'Auschwitz un doute sur les thèses de son mentor. Avec l'aide de Serge et Beate Klarsfeld, il se fit « spécialiste des archives techniques d'Auschwitz » pour les traquer dans les lieux les plus divers : musée des camps d'Auschwitz-Birkenau, archives spéciales de Moscou, placées sous la tutelle du KGB où les Soviétiques avaient rassemblé les documents pillés en Europe par les nazis.

La chute du mur de Berlin en novembre 1989 lui permit de circuler librement en Allemagne de l'Est et de se rendre directement dans l'ancienne entreprise fournisseuse des camps de concentration en fours crématoires, la Topf und Söhne. Il y retrouva les archives concernant la crémation des corps. Son travail permit d'établir « scientifiquement » la réalité matérielle des installations de gazage et de crémation, déjà bien confirmée par les témoignages des membres des *Sonderkommandos*, ces petits groupes de Juifs contraints de vider les chambres à gaz et de brûler les leurs, ou des nazis jugés lors de divers procès.

Le dernier procès s'est tenu en 2007

L'émotion suscitée par la négation du génocide entraîna une autre riposte, juridique celle-là : le 30 juin 1990, l'Assemblée nationale adopta une loi proposée par un député communiste, Jean-Claude Gayssot, qui modifiait celle du 29 juillet 1881 sur la liberté de la presse et tendait à « réprimer tout acte raciste, antisémite ou xénophobe » ; elle prévoyait des peines pour « ceux qui auront contesté [...] l'existence d'un ou de plusieurs crimes contre l'humanité tels qu'ils sont définis par l'article 6 du statut du Tribunal militaire international annexé à l'accord de Londres du 8 août 1945 ».

En novembre 1990, dans *L'Histoire* n° 138, Madeleine Rebérioux s'interrogeait sur cette loi dite « Gayssot », exprimant le sentiment de nombreux historiens : « Est-ce devant les tribunaux que doit se jouer le sort de ceux qui se baptisent indûment "révisionnistes" ?

Est-ce ainsi qu'ils peuvent et doivent être combattus ? Est-ce au droit de dire l'histoire ? Est-ce à la loi – donc au tribunal chargé de l'invoquer et de l'appliquer – de dire la vérité historique ? » L'historienne rappelait que « la loi impose des interdits, elle édicte des prescriptions, elle peut définir des libertés. Elle est de l'ordre du normatif. Elle ne saurait dire le vrai ».

La multiplication des recherches sur le génocide des Juifs depuis une trentaine d'années, la place qu'il tient désormais dans les programmes scolaires de la plupart des pays démocratiques permettent de relativiser les effets, aujourd'hui très marginaux, du négationnisme. Le dernier procès lié à un négationniste français s'est probablement tenu en 2007. Un procès quelque peu ubuesque. À l'origine, une plainte en diffamation de Robert Faurisson contre Robert Badinter et Arte. L'ancien garde des Sceaux aurait médit de Faurisson en affirmant l'avoir fait condamner comme « faussaire de l'histoire » en 1981. Les débats tenus les 12 mars et 12 avril 2007 devant la 17e chambre correctionnelle de Paris, débats exceptionnellement filmés et qui sont l'objet d'une publication (*La Justice et l'Histoire face au négationnisme. Au cœur d'un procès*, Fayard, 2008), aboutirent à un jugement, rendu le 21 mai 2007, déboutant Faurisson de sa plainte. Ce dernier ne fit pas appel.

Le négationnisme est-il mort ? En Occident peut-être. Il reste un des vecteurs par lesquels transite l'antisémitisme, notamment celui d'une partie du monde arabe ou musulman. En témoignent l'énorme succès de l'ouvrage de Roger Garaudy dans les pays arabes ou l'écho rencontré par la conférence sur l'Holocauste organisée à l'initiative du Président iranien Mahmoud Ahmadinejad : celle-ci réunit à Téhéran, les 11 et 12 décembre 2006, tous les négationnistes et autres néonazis du monde.

6.

Pierre Vidal-Naquet face aux « assassins de la mémoire »[1]

[1998]

L'œuvre de l'historien, pas moins que celle du romancier, exprime son être même ; il questionne le passé à partir du monde dans lequel il vit ; mais il le fait aussi à partir d'interrogations sur lui-même, son propre passé, celui de la lignée, elle-même inscrite dans l'histoire, dont il est issu. Ses questionnements ne sont pas indépendants de sa vision du monde, de son système de valeurs, de sa propre inscription dans son temps.

Pierre Vidal-Naquet a intitulé le premier tome de ses mémoires *La Brisure et l'attente*. Ces deux termes sont d'abord à prendre au sens littéral, au ras d'un réel dont Pierre Vidal-Naquet aime à rappeler qu'il existe, rejetant une tendance contemporaine à prétendre que tout n'est que discours sur les choses, que celles-ci ne sont au fond qu'un effet du discours qu'on tient sur elles. La brisure, c'est l'arrestation le 15 mai 1944 à Marseille de ses parents, Margot et Lucien Vidal-Naquet, et leur assassinat à Auschwitz-Birkenau. La brisure, ce n'est pas seulement celle de la famille, c'est l'occupation allemande, l'instauration du régime de Vichy qui altère le rapport à la France d'un père, patriote sourcilleux, et par ricochet, celui du fils, origine peut-être de sa méfiance à l'égard de l'État.

1. Publié dans *Pierre Vidal-Naquet, un historien dans la cité*, Fr. Hartog, P. Schmitt-Pantel, A. Schnapp (dir.), Paris, © Éditions La Découverte, 1998.

L'attente est celle, vaine, de leur improbable retour. Sur ce thème, d'ailleurs, Pierre Vidal-Naquet écrit le premier acte d'une tragédie inachevée : « L'attente n'était pas un sujet de tragédie mais c'est à cette date que je décidai de réfléchir un jour sur la tragédie[1]. » L'attente, ce peut être celle de tout adolescent dans la gestation de son être adulte : attente chez Pierre Vidal-Naquet de l'historien à venir, attente de la construction de sa propre famille et de sa descendance. C'est encore la quête inlassable et largement improbable des traces de la vie et de la mort de Margot et Lucien. Les psychanalystes appellent cette quête le travail du deuil, qui nécessite de reconstituer l'objet perdu. L'historien consacre sa vie précisément à reconstituer ou à constituer des objets qui sinon seraient perdus dans les sables du temps, reculé ou proche. Ce qui différencie essentiellement l'historien du psychanalyste, mais aussi du romancier, c'est l'exigeante nécessité, que rappelle constamment Pierre Vidal-Naquet, de construire ou reconstruire son objet en maîtrisant son propre imaginaire, en tendant, même s'il sait pertinemment que c'est de façon asymptotique, à la vérité.

L'intérêt que porte Pierre Vidal-Naquet au génocide des Juifs s'appuie sur un noyau essentiel : celui de sa propre vie, dont le cours a en quelque sorte été détourné par les années noires. Cet intérêt, Pierre Vidal-Naquet ne le rend manifeste que dans sa maturité. Non qu'il s'en fût jamais désintéressé. Il n'y a dans ce domaine ni occultation, ni refoulement. Pierre Vidal-Naquet pratique volontiers dans ses écrits sur le génocide ce que j'appellerais « l'auto-analyse ». Non pour le plaisir, mais parce que, écrit-il, « chacun d'entre nous compose son jugement présent avec ses valeurs, bien entendu, mais aussi avec son passé, sa mémoire, son histoire personnelle, avec aussi les livres ou les œuvres dont il se nourrit quotidiennement[2] ». Il n'est donc pas inutile au lecteur de savoir d'où écrit l'historien. Les œuvres sur les camps de concentration, il les lit dès leur parution. Celles de David Rousset,

1. Pierre Vidal-Naquet, *Mémoires I, La Brisure et l'attente, 1930-1955*, Paris, Seuil, 1998, p. 171.

2. Avant-propos, *Les Juifs, la mémoire et le présent (I-II)*, Paris, La Découverte, 1991, p. 189.

L'Univers concentrationnaire et *Les Jours de notre mort, Les Armes de la nuit* de Vercors. Et puis, surtout, plus tard, *La Nuit* d'Élie Wiesel. Paradoxalement, c'est un ouvrage qu'il juge pourtant « exécrable », paru en 1966, *Treblinka* de Jean-François Steiner, qui lui « fait comprendre ce qu'était un camp de pure extermination[1] » et par là, le génocide des Juifs.

C'est dans les années 1960 – ce sera aussi le cas de celle qu'il tient pour « son adversaire habituel[2] », Annie Kriegel – qu'il intervient dans divers domaines ayant trait à ce qu'elle appelait les « affaires juives » et pour lesquelles l'intérêt de Pierre Vidal-Naquet ne cessera de s'approfondir. Dans le premier tome des *Juifs, la mémoire et le présent*, deux textes sont consacrés aux années de guerre[3] ; dans le second, ce sont huit textes. Le troisième volume est quant à lui intitulé *Réflexions sur le génocide*. Entre-temps, Pierre Vidal-Naquet a rassemblé en un volume, sous le titre emprunté avec sa permission à l'auteur de *Zakhor. Histoire juive et mémoire juive*, Yosef H. Yerushalmi[4], *Les Assassins de la mémoire*, un ensemble de cinq textes, écrits de 1980 à 1987, concernant les « révisionnistes » et qui ont fait de Pierre Vidal-Naquet une autorité internationale en la matière[5].

Ces écrits peuvent se partager grossièrement en trois groupes sans frontières hermétiques : les textes autobiographiques ; les préfaces à des ouvrages, principalement des récits de survivants du génocide ; les textes de combat contre les négateurs. Comme

1. Pierre Vidal-Naquet, « Réflexions pour aujourd'hui », in *Les Juifs, la mémoire et le présent (III)*, Paris, La Découverte, 1995, p. 284.

2. *Ibid.*, p. 266.

3. Il s'agit des préfaces à l'ouvrage de Maurice Rajsfus, *Des Juifs dans la collaboration. L'UGIF, 1941-1944*, EDI, 1980, et de Richard Marienstras, *Être un peuple en diaspora*, Paris, Maspero, 1975.

4. Yosef H. Yerushalmi, *Zakhor. Histoire juive et mémoire juive*, trad. de l'anglais Éric Vigne, Paris, La Découverte, 1984.

5. Il suffit de se promener sur la « Toile », comme on dit aujourd'hui, pour faire deux constats. Le premier, c'est l'importance des sites négationnistes ou révisionnistes ; le second, c'est la présence dans un nombre considérable de sites, en français ou en anglais, de l'un ou l'autre des textes qui constituent *Les Assassins de la mémoire.*

d'autres, je les ai lus à mesure de leur parution. C'est une étrange expérience que de les relire dans leur continuité. Apparaissent alors comme des évidences la cohérence de l'approche, la constance des interrogations, la récurrence des thèmes. L'apport historique porte, selon moi, essentiellement sur trois points. Le premier, lié aux écrits autobiographiques, éclaire de l'intérieur l'histoire et l'identité des Israélites français ; le second est une réflexion sur la mémoire, le témoignage et l'histoire ; le troisième, enfin, démonte le discours négationniste.

En 1992, pour le colloque organisé par Lucette Valensi sur l'année 1942, Pierre Vidal-Naquet avait présenté le *Journal*, alors en partie inédit, que tint son père de septembre 1942 à février 1944[1]. Ce n'est pas un journal intime à proprement parler – ce qui ressortit à sa vie privée, par exemple, ne s'y donne guère à lire –, c'est plutôt une réflexion sur la situation de la France et sur le sort des Juifs par un homme qui résume de façon saisissante l'expérience qui est désormais la sienne : « Je ne suis plus qu'un demi-citoyen, sur le sol même où je suis né et où dorment les miens. » Vichy lui a en effet ôté le droit d'exercer sa profession d'avocat, profession qui était aussi celle de son père. Le coup est donc venu d'une France « qui pouvait tout nous demander ; tout, jusqu'au plus ultime sacrifice ». Et Lucien Vidal-Naquet exprime en une formule percutante ce que durent ressentir nombre de ces Français qui ne cachèrent jamais qu'ils étaient Juifs, même si les manifestations de leur judéité étaient ténues, mais qui étaient d'abord et surtout patriotes et républicains : « Je ressens comme Français l'injure qui m'est faite comme juif[2]. » Pourtant, alors que le nazisme s'était employé avec succès et en un temps somme toute très bref à couper tous les fils qui reliaient les Juifs allemands à leur société, Vichy n'y parvint guère en France. Pierre Vidal-Naquet évoque à plusieurs reprises les chaînes de solidarité qui permirent

1. Le *Journal* ainsi que sa présentation ont été publiés avec les actes du colloque dans *Annales ESC*, n° 3, mai-juin 1993. La présentation est un texte volontairement distancié, analytique. Elle ne rend pas compte de l'intense émotion de Pierre Vidal-Naquet, que les participants du colloque n'ont pas oubliée.

2. Lucien Vidal-Naquet, *Journal*, 15 septembre 1942.

à sa famille de survivre jusqu'au drame de mai 1944 et qui ensuite assurèrent fuite et sécurité aux enfants.

Il rend hommage aux hommes et aux femmes qui, tout simplement, sans bruit et sans fureur, pratiquèrent ce que Jacques Sémelin appelle la résistance civile, comme Laurette Alexis-Monet dont il préface l'ouvrage en grande partie autobiographique, *Les Miradors de Vichy*[1]. La jeune fille, étudiante à l'université d'Aix au début de la guerre, travaille dans les camps d'internement français d'août 1942 à juillet 1943. Elle est protestante comme le sont très majoritairement les habitants de Saint-Agrève et de Dieulefit où s'abritèrent les membres de la famille de Pierre Vidal-Naquet et qui constituèrent pour eux le Refuge : « Ce que l'Angleterre, la Prusse, la Hollande firent pour les réformés français, les protestants de Marseille, du Chambon, de Saint-Agrève, de Dieulefit, le firent pour nous qui n'étions pourtant pas leurs coreligionnaires[2]. » Solidarité active, courageuse, d'une minorité qui garde en mémoire le temps où elle fut elle-même persécutée[3], à l'égard d'une autre minorité.

Pour le fils de Margot et de Lucien, c'est une évidence : « Les victimes de l'hitlérisme ne sont pas des unités faites pour être comptabilisées, mais des individus ayant tous leur saveur singulière[4]. » Cette affirmation, il la reprend sous diverses formes dans les préfaces qu'il donne aux récits de survivants. Ainsi, parlant des hommes, femmes et enfants évoqués par Laurette Alexis-Monet qui passèrent par les camps d'internement français avant d'être déportés : « Ceux de ces personnages qui sont morts, morts fusillés ou morts gazés, ne figureront dans la mémoire que grâce à ces quelques pages qui ne les font pas revivre, comme le veut une expression trop facile, mais qui leur donnent une place dans le monde de l'écriture, et qui feront peut-être de Nexon un lieu de notre mémoire[5]. »

---

1. P. Vidal-Naquet, *Les Juifs III*, *op. cit.*, p. 170.
2. *Id.*, *Mémoires I*, *op. cit.*, p. 115.
3. *Ibid.*
4. P. Vidal-Naquet, *Les Juifs III*, *op. cit.*, p. 174.
5. *Ibid.*

Ou encore, introduisant le récit de Nadine Heftler[1], qui le bouleversa particulièrement car l'adolescente avait été déportée par le même convoi que ses parents : « Le génocide hitlérien doit certes se mesurer avec des chiffres. [...] Nadine Heftler a eu la vie sauve, tout comme Primo Levi, mais dans des conditions extrêmement différentes [...]. C'est là un itinéraire individuel. D'autres l'ont naturellement partagé à une étape ou à une autre – mais personne à toutes les étapes. Et il est bon de s'en souvenir : qu'elles aient été raflées dans les rues de Varsovie, arrêtées à Paris, par la police de Vichy, le 16 juillet 1942, concentrées dans tel ou tel ghetto avant d'être fusillées ou déportées en masse, voire appréhendées à leur domicile par deux messieurs courtois et "corrects", pour une simple vérification d'identité, les victimes du génocide ont été des individus – "l'art personnel, les âmes singulières", comme on le lit dans le *Cimetière marin* –, des millions d'individus, irremplaçables par définition. Dans ces individus, nous n'avons pas à distinguer les obscurs. Pour les siens, un mort est toujours un illustre[2]. »

Pierre Vidal-Naquet tient ces témoignages pour des écrits importants. Parce qu'ils ont d'abord permis dans l'après-guerre de contrecarrer le projet nazi d'effacement de la trace du crime de génocide : « Quand la guerre fut terminée, écrit-il, tout était en place pour la destruction de la mémoire, tout, sauf précisément la mémoire des témoins, puisque nombre de ceux-ci avaient tout de même survécu et que les ruines fumaient encore[3]. » Parce qu'ils apportent de la connaissance factuelle, celle de ce réel qui existe et que l'historien doit aussi reconstituer. Dans l'ouvrage de Laurette Alexis-Monet, il retient les éléments apportés sur un des camps d'internement les moins connus, celui de Nexon. Il note que Nadine Heftler, dans *Si tu t'en sors...*, apporte des informations inédites sur le convoi parti le 22 août 1944 de Clermont-Ferrand, sur lequel on ne sait presque rien, et sur le « block des enfants » où Mengele conduisait ses prétendues recherches scientifiques.

1. Nadine Heftler, *Si tu t'en sors... Auschwitz, 1944-1945*, Paris, La Découverte, 1992.

2. P. Vidal-Naquet, *Les Juifs III*, *op. cit.*, p. 175-176.

3. *Ibid.*, p. 275.

Mais surtout, Pierre Vidal-Naquet réfléchit à une question difficile, et importante : celle de la part de la mémoire individuelle dans la mémoire collective et de la part de la mémoire dans l'histoire. « La mémoire collective passe toujours par la mémoire individuelle[1] », affirme-t-il. Car l'histoire est faite aussi de « l'entrelacement de nos mémoires et de la mémoire des témoins[2] ». Les deux références en ce domaine, qu'il évoque dans pratiquement chacun de ses textes, sont *Shoah* de Claude Lanzmann et la *Recherche* de Marcel Proust. Car si « la mémoire est inscrite dans l'histoire[3] », « comment faire en sorte que la "petite madeleine" de Proust devienne partie constitutive du travail historique sans imposer à l'historien son incommunicable subjectivité[4] ? ». Pour Pierre Vidal-Naquet, « le témoignage vécu demeure irremplaçable. Il se modifie, certes, au fil des temps, et reçoit les dépôts de l'imaginaire, du mensonge, des idéologies, des influences de toute sorte, mais il peut aussi faire apparaître des dimensions du réel qui n'étaient pas perçues comme telles au moment des faits. Telles sont les ressources de ce que saint Augustin appelait les "palais de la mémoire". L'ultime ouvrage de Primo Levi, *Naufragés et rescapés*, est un exemple à vrai dire exceptionnel de cette progression d'une mémoire réflexive[5] ».

Pierre Vidal-Naquet en appelle à une histoire qui « devrait atteindre à la fois le niveau de l'individu et celui de l'histoire mondiale, *L'Unique et l'Universel*, pour citer le titre d'un ouvrage célèbre de Jacob Talman[6] ». Une histoire que, plus de cinquante ans après l'événement, Saul Friedländer est précisément en train d'écrire[7].

Pour Pierre Vidal-Naquet, comme pour tant d'autres, l'apparition du discours négationniste dans l'espace public est aussi une

1. *Ibid.*, p. 272.
2. *Ibid.*, p. 272.
3. *Ibid.*, p. 286-287.
4. P. Vidal-Naquet, *Les Juifs I-II*, *op. cit.*, p. 188.
5. *Id.*, *Les Juifs III*, *op. cit.*, p. 221.
6. *Ibid.*, p. 290-291.
7. L'importance du dernier ouvrage de Saul Friedländer, *L'Allemagne nazie et les Juifs*, I. *Les années de persécution, 1933-1939*, Paris, Seuil. 1997, parce que sa publication ne fut accompagnée d'aucun scandale, n'a pas été suffisamment perçue.

affaire personnelle : « Ceux qui entendent nier l'existence même de la *Shoah* [...] cherchent à atteindre chacun d'entre nous, que nous ayons vécu la *Shoah* directement ou indirectement, et même, dirai-je, que nous soyons juif ou non, dans sa mémoire individuelle[1]. » De 1980 à 1987, Pierre Vidal-Naquet consacre cinq textes à l'« entreprise négationniste ». Il cerne d'abord l'objet de la négation : précisément l'instrument du meurtre anonyme, la chambre à gaz, dont la fonction principale est d'éloigner la victime d'un bourreau qui ainsi peut se sentir innocent du meurtre ; il analyse les diverses composantes qui entrent en proportions variées dans le discours idéologique des négateurs : nationalisme allemand, néonazisme, anticommunisme, antisionisme et surtout antisémitisme : « Il s'agit, écrit-il, de priver, idéologiquement, une communauté de ce qui représente sa mémoire historique[2]. »

Pierre Vidal-Naquet décide donc de répondre en historien, en choisissant un point de départ en apparence fort éloigné de son objet : le cannibalisme, « de son existence et des explications qui en ont été données ». Car ce qui rapproche la négation du cannibalisme de celle de la Shoah, selon lui, c'est l'impossibilité de les inscrire dans une vision matérialiste des choses. Ainsi les rejette-t-on du côté du mythe.

Il y a dans la démarche de Pierre Vidal-Naquet à l'égard du négationnisme quelque chose qui répète son engagement au moment de la guerre d'Algérie : le travail historique se mêle à un militantisme où il paye de sa personne. Ce combat fut efficace dans le sens où il porta un coup d'arrêt aux velléités des négateurs de se présenter comme une école historique ordinaire. Quant à l'avenir de la négation, c'est une autre question qui, malheureusement, ne peut pas être contenue par une démarche intellectuelle, quelles que soient sa clarté et sa vigueur.

Pierre Vidal-Naquet ne m'en voudra pas de me mettre à son école, lui qui exprime dans certaines préfaces de vigoureux désac-

1. P. Vidal-Naquet, *Les Juifs III*, *op. cit.*, p. 272.

2. *Id.*, *Les Assassins de la mémoire. « Un Eichmann de papier » et autres essais sur le révisionnisme*. Nous utilisons ici l'édition du Seuil, coll. « Points-essais », 1995, p. 35.

cords avec l'auteur même dont il présente les travaux. Il s'agit ici de l'UGIF. Sa préface au livre de Maurice Rajsfus n'emporte pas, et c'est un euphémisme, mon adhésion. La vision de Rajsfus est sommaire, repose sur une lecture lacunaire des archives ; enfin, elle est faite à la lumière d'une vision idéologique manichéenne : d'un côté les immigrés résistants, de l'autre les notables juifs collaborateurs qui installent l'UGIF à l'instar des *Judenräte* installés à l'Est. Or la vision des *Judenräte* comme simples organes de collaborations des Juifs à leur propre destruction, comme l'écrivait Hannah Arendt à propos du procès Eichmann, est aujourd'hui beaucoup plus nuancée, grâce notamment à des textes comme les *Carnets* du doyen des Juifs du ghetto de Varsovie, Adam Czerniakow[1]. Mais surtout, l'UGIF ne fut jamais un *Judenrat*. Elle n'administra pas une « communauté » juive que les nazis ne parvinrent pas à faire exister. Elle ne procéda pas aux recensements ni aux négociations pour savoir qui devait être déporté. Le gouvernement de Vichy y pourvut, et lui seul. Malgré les efforts constants des nazis chargés en France de la question juive, et qui n'aboutirent qu'en novembre 1941, l'UGIF ne fédéra jamais l'ensemble des organisations des Juifs français, la principale d'entre elles, le Consistoire, refusant avec constance d'en faire partie. Elle s'occupa principalement des « œuvres », comme on disait à l'époque, époque où les Juifs de France étaient privés des moyens de subsistance, où, sur décision des nazis, leurs organisations étaient supprimées. Combien d'entre eux doivent leur survie à la fréquentation des cantines, des vestiaires, des dispensaires, aux subsides versés par l'UGIF ? Combien de nourrices pour enfants pourchassés furent payées par l'intermédiaire de l'UGIF ?

Historien de la Grèce ancienne, Pierre Vidal-Naquet a su ouvrir un deuxième champ de recherche, celui du génocide des Juifs, où la présence des historiens français ne brille guère, en y apportant, grâce précisément à sa culture et ses savoirs acquis dans d'autres domaines, des éclairages originaux.

---

1. Adam Czierniakow, *Carnets du ghetto de Varsovie*, Paris, La Découverte, 1996.

7.

« La Shoah ne doit pas être un cours à part »[1]

[2005]

Çà et là, des cris retentissent. Dans des collèges des « quartiers », comme on dit aujourd'hui, on ne pourrait plus « enseigner la Shoah ». Cette impossibilité attesterait à elle seule la perte, par la République, de territoires toujours plus vastes. Enseigner avec succès la Shoah, c'est œuvrer à cette reconquête. Les bonnes volontés ne manquent pas, notamment dans la classe politique. Les collectivités territoriales organisent conférences, expositions, voyages à Auschwitz, toujours accompagnés de déclarations vertueuses d'hommes politiques.

La formation ne manque pas non plus. Les enseignants n'ont cessé, depuis la fin des années 1970, de réfléchir sur le comment de cet enseignement, produisant un matériel pédagogique désormais pléthorique où un dossier efface l'autre, un ouvrage est déjà obsolète sitôt publié, recouvert par un autre ouvrage, un témoignage filmé, une nouvelle expérience pédagogique.

Dans notre pays, le fait de consacrer une séquence du programme à la Seconde Guerre mondiale a été, dès ses lendemains, une demande politique et une demande sociale. Cette demande a eu, dès l'origine, une double visée, éthique et pédagogique.

1. Texte paru dans *L'Histoire*, n° 301, 2005.

C'est aussi qu'elle s'est, très vite, adressée aux jeunes générations. Leur faire connaître la nature et la réalité des camps de concentration a fait partie des objectifs des associations d'anciens déportés dès leur création, qui ont su trouver des relais dans l'Éducation nationale. Le Réseau du souvenir a été, dans ce domaine, le plus efficace. On lui doit, dès 1955, l'instauration, par une loi de la République, de la Journée de la déportation, puis du Concours de la Résistance (qui deviendra Concours de la Résistance et de la déportation), organisé conjointement par les associations d'anciens résistants et/ou déportés et l'Éducation nationale, avant même que la Seconde Guerre mondiale ne figure dans les programmes de l'enseignement secondaire : elle entre dans ceux de classe terminale l'année scolaire 1961-1962.

Par le biais de l'organisation de ce concours, des résistants et des déportés viennent témoigner dans les classes. C'est encore la réalisation par Alain Resnais du film de commande qu'est *Nuit et Brouillard*, projeté dans les classes dès 1956.

La séquence Seconde Guerre mondiale a donc d'emblée été conçue comme porteuse de « leçons » de morale – c'est-à-dire susceptible d'aider les jeunes à distinguer entre le mal et le bien –, alors même que, partout ailleurs, l'enseignement de la morale s'effaçait pour définitivement disparaître.

Mais c'est peut-être là que le bât blesse. L'enseignement du génocide des Juifs, entré dans les programmes en 1981, ne doit pas être un cours « à part ». Partout où il est possible d'enseigner normalement, il est possible aussi d'enseigner l'histoire de la destruction des Juifs d'Europe. Ailleurs, ce n'est pas une leçon de morale qui peut éteindre l'incendie.

8.

Odette Abadie, *Terre de détresse. Birkenau - Bergen-Belsen*[1]

[2012]

Odette Rosenstock-Abadi fut parmi les premières dont nous avons recueilli le témoignage en 1992 dans le cadre de l'association « Témoignages pour mémoire », antenne française des « Fortunoff Video Archive for Holocaust Testimonies » qui sont conservées à la bibliothèque de l'Université de Yale[2]. Elle y racontait sa déportation à Birkenau et à Bergen-Belsen. Un témoignage précis, sans pathos, qu'elle délivra avec le sourire, un sourire qui était la marque de sa pudeur, sa modestie, sa discrétion. Odette était une femme élégante, aux yeux bleu pétrole auxquels était assorti le jour de l'entretien son chemisier. Elle ne dit rien alors de son action à Nice avec Moussa. Il a fallu qu'un des « enfants Abadi », Julien Engel, consulte son témoignage à Yale, s'étonne de ne rien y trouver sur le sauvetage des enfants dans la région de Nice, pour enregistrer l'autre partie de l'histoire, celle du Réseau Marcel.

C'est après avoir donné son témoignage qu'Odette décida de reprendre pour les publier les souvenirs qu'elle avait couchés sur le papier, comme tant d'autres, dès son retour. Ce fut *Terre de détresse. Birkenau - Bergen-Belsen*. Un témoignage exceptionnel, superbement écrit. Car Odette, née au début de la Grande Guerre, était médecin à une époque où cette profession était encore rarement

1. Préface au livre d'Odette Abadie, Paris, L'Harmattan, 2012.
2. Son témoignage figure dans *14 Récits d'Auschwitz*, MK2 Doc.

exercée par des femmes. Et cette profession lui permit d'avoir un regard particulier sur la déportation, sur les femmes qui furent ses compagnes auxquelles, écrit-elle, elle pense toujours, cinquante ans après, avec « la même tendresse, le même émerveillement ».

Dès le départ de son convoi, le 74ᵉ, qui quitte la gare de Bobigny le 20 mai 1944, Odette Rosenstock bénéficie d'un « douteux privilège » dû à son titre de médecin : chef d'un des trois wagons sanitaires que comporte le train. Elle peut ainsi fumer sa première cigarette matinale parmi les internés « ordinaires », s'entretenir avec quelques fonctionnaires juifs du camp qui « se sentent presque coupables, malgré eux, de ne pas partager notre sort ». Ce « douteux privilège », elle le conserve dans les camps de Birkenau et Bergen-Belsen où elle peut circuler, observant, réconfortant, se réconfortant auprès de ses amies. Ce « privilège », c'est aussi de travailler au Revier. Odette est la seule femme médecin déportée de France à avoir écrit ses souvenirs. C'est dire leur importance.

Odette décrit ainsi le premier Block auquel elle fut affectée, celui dévolu à la *Gesundheitskontrolle*, le contrôle sanitaire, où logent médecins, infirmières, préposées aux douches, mais aussi des paires de jumelles. Ce récit inaugure une série de visions, de tableaux qui évoquent Jérôme Bosch. Quand Odette pénétra dans ce bloc, alors qu'elle avait de la fièvre, elle crut délirer : « partout les femmes étaient couplées », se ressemblant tellement que parfois on ne les distinguait que par leurs robes – quand elles ne portaient pas le même modèle, dans le même tissu… Il y avait même des enfants et des vieilles femmes que cette particularité avait provisoirement sauvés des gaz.

C'est que Mengele a décidé d'étudier la gémellité. Quand les jumelles sont transférées à Auschwitz, elles sont remplacées par une troupe de naines « qui auront à leur tour les faveurs de notre Grand Expérimentateur. Le soir, au milieu de la foule ordinaire des déportées habillées de défroques sans couleur, on les verra déambuler gravement le long de la Grand-Rue, ou courir en une farandole endiablée sur leurs jambes courtes, se tenant par le petit bout du doigt, les femmes outrageusement fardées, couvertes de bijoux, en robes chamarrées de velours et de soie, les hommes vêtus des riches costumes d'une fête médiévale ». Ces lignes sont inoubliables. Elles dérangent notre vision des camps d'Auschwitz, généralement réduite à quelques stéréotypes.

Jeune médecin, Odette est confrontée, comme ses collègues plus chevronnées et plus âgées, à des maladies qu'elle n'a jamais rencontrées, du moins sous cette forme. Elle offre un précieux témoignage sur la pathologie concentrationnaire. « Typhus, dysenterie, typhus, tuberculose, typhus, *Hunger oedema* – œdème de la famine –, typhus, pieds gelés, typhus et encore typhus – et en même temps toutes les maladies du camp, les dermites purulentes, les gales infectées, les pemphigus… Pourrait-on imaginer dans le monde ce cortège de cauchemars ? Squelettes ambulants, visages ridés où la peau semble coller à l'os, lèvres pâles et crevassées, relevées sur des dents pourries que la langue desséchée et noire essaie en tremblant d'atteindre ; masses énormes couleur de suif, visages de masque gonflés d'œdème, yeux chassieux disparaissant presque sous les paupières globuleuses et ombreuses, jambes informes […] couvertes de loques, elles passent l'une après l'autre, gémissant, hurlant, suppliant qu'on les admette. »

Certains – mais lisent-ils vraiment les livres ? – font l'éloge de tout témoignage sur la déportation en usant des mêmes termes qui sont autant de stéréotypes. Il faut lire les témoignages par « devoir de mémoire ». Mais lit-on par devoir, fût-il de mémoire ? Il faut lire Odette Abadi parce que son récit est passionnant, qu'il nous fait entrer dans un univers qui n'est pas le nôtre, mais qui, par certains aspects, ne nous est pas totalement étranger. Il faut le lire parce qu'elle nous parle des femmes, comme la grande écrivaine Charlotte Delbo. Femmes hurlantes se battant comme des chiffonnières (et Odette aussi, du haut de son 1 m 56 n'hésite pas à jouer des poings), femmes volant la nourriture de leurs compagnes, mais aussi femmes solidaires jusque dans la mort. Il faut le lire parce que la langue est belle, tour à tour dépouillée et baroque. Il faut le lire parce qu'il sourd de ce récit un immense amour de l'humanité meurtrie, celle des compagnes d'Odette dont le souvenir l'accompagna sa vie durant : « Nous qui nous serrions si fort les unes contre les autres – toutes ethnies, tous jargons, toutes mentalités mêlés –, nous qui avions cru ne pouvoir vivre ou mourir qu'ensemble. » Il sourd aussi du récit d'Odette une étrange nostalgie de ces temps où ces femmes étaient ensemble, des temps d'intense souffrance, des temps de mort, mais aussi des temps où la vie avait une intensité et une violence qu'Odette n'a peut-être pas retrouvées sur la planète ordinaire où elle est retournée.

9.

Charlotte Delbo, la voix d'une revenante[1]

[2013]

Le 24 janvier 1943, 230 Françaises, pour beaucoup communistes, sont déportées à Auschwitz; 49 en reviendront. Parmi elles, Charlotte Delbo, 29 ans, l'assistante de Louis Jouvet, entrée en Résistance. De ces vingt-sept mois, elle a tiré une « œuvre-témoignage » puissante où l'on comprend que seule la solidarité avec ses compagnes de misère lui a permis de survivre. On célèbre cette année le centenaire de sa naissance.

Charlotte Delbo (1913-1985) aurait eu 100 ans en 2013, comme Albert Camus au côté duquel elle figure dans la liste des commémorations nationales. Il y aura donc une « année Delbo », lancée par la conférence de presse qui s'est tenue le 24 janvier à l'Athénée, le théâtre de Louis Jouvet, qui fut aussi « son » théâtre, et par la parution de la première biographie qui lui est consacrée. Colloques, lectures, publication de l'intégralité de son répertoire théâtral par les Éditions Fayard permettront de prendre la mesure de l'œuvre de cette personnalité singulière.

Ses archives, versées à la BNF, aideront ceux qui s'intéressent à la vie intellectuelle des années 1930, à l'histoire de la déportation de France ou aux œuvres littéraires témoignant de l'univers concentrationnaire et du génocide des Juifs à mener de nouveaux travaux.

1. « Charlotte Delbo, la voix d'une revenante », *L'Histoire*, n° 385, 2013.

La jeunesse communiste

La vie de Charlotte fut, certes, marquée par Auschwitz, mais elle ne s'y réduit pas. Cette fille d'immigrés italiens – le père est chef monteur –, née à Vigneux-sur-Seine, aînée d'une famille de quatre enfants, a su saisir les rencontres de hasard qui ont modelé son destin. D'abord avec Henri Lefebvre, docteur en philosophie qui fait alors taxi à Paris et drague les jolies filles. Il initie la jeune sténodactylo à la philosophie marxiste. Elle adhère en 1934 aux Jeunesses communistes, puis en 1936 à l'Union des jeunes filles de France, dirigée par Danielle Casanova, suit les cours du soir de l'Université ouvrière où elle rencontre Georges Dudach, bientôt permanent du parti communiste, avec qui elle milite et qu'elle épouse en 1936.

La rubrique littéraire qu'elle tient dans *Les Cahiers de la jeunesse*, la revue mensuelle de la Jeunesse communiste dont Dudach est rédacteur en chef, lui donne l'occasion d'interviewer en 1937 Louis Jouvet, qui dirige depuis 1934 le théâtre de l'Athénée. C'est un coup de foudre intellectuel qui scelle entre la jeune femme et le comédien metteur en scène une indéfectible amitié. Elle devient son assistante. Cette passion pour le théâtre et l'intimité qu'elle développe avec les grands textes du répertoire, ceux de Molière notamment, lui seront un grand recours lors de sa déportation, durant laquelle elle montera avec ses compagnes *Le Malade imaginaire*.

En juin 1941, elle embarque avec la troupe de Jouvet pour une tournée en Amérique latine. Le directeur de l'Athénée souhaite échapper à l'emprise allemande. Il a obtenu pour cela autorisations et financements de Vichy. En septembre, malgré les réticences de Jouvet, qui passera toute la guerre à l'étranger et qui souhaite la garder près de lui, Charlotte rentre en France. C'est, écrit-elle, parce qu'elle a appris qu'un de ses camarades, l'architecte Woog, a été exécuté. Pour Violaine Gelly et Paul Gradvohl, ses biographes, cette explication ne tient pas : Woog a été tué après son départ d'Argentine.

Charlotte Delbo ne veut probablement pas être loin de son pays et de son mari alors que le parti communiste, interdit depuis septembre 1939, a jeté toutes ses forces dans la lutte contre l'occupant après la rupture du pacte germano-soviétique et l'entrée de la Wehrmacht en Union soviétique. Dès son retour, en novembre 1941, elle milite au côté de Dudach. Tous deux sont arrêtés le 2 mars 1942 lors du coup de filet effectué par la brigade spéciale du commissaire David après une minutieuse filature. Ils sont loin d'être les seuls : de nombreux cadres communistes, comme Georges Politzer, Jacques Decour ou Danielle Casanova, subissent le même sort entre février et mars 1942.

Pour Georges Dudach, c'est le quartier allemand de la prison de la Santé. Condamné à mort, il est fusillé au Mont-Valérien, le 23 mai 1942. « Je lui ai dit adieu ce matin-là à la Santé, écrit Charlotte. Deux *Feldwebels* m'ont menée près de lui. Il avait 28 ans. » Charlotte Delbo passe trois mois à la Santé, puis elle est transférée au fort de Romainville où elle reste jusqu'au 22 janvier 1943, en compagnie de ses camarades de l'Union des femmes françaises, dont Danielle Casanova et Marie-Claude Vaillant-Couturier, et bien d'autres communistes avec qui elle se lie d'amitié.

Le convoi des 230

Les 22 et 23 janvier 1943, 222 internées de Romainville sont transférées au camp de Compiègne-Royallieu. Six femmes en provenance de Fresnes et deux du dépôt de la Préfecture de police les y rejoignent. Au total, elles sont 230 à être embarquées le 24 janvier 1943 dans les quatre wagons de queue d'un train qui emporte 1 200 hommes. À Halle, les quatre wagons sont détachés, et les hommes dirigés vers le camp de concentration d'Oranienburg, à la périphérie de Berlin. Les femmes, quant à elles, prennent la direction de la Pologne. Le 27 janvier 1943, « les wagons se sont ouverts [...]. Un bord de voie qui n'était pas une gare. Le froid nous a transpercées. Où étions-nous ? Nous ne l'avons su que deux mois plus tard. 150 sont mortes sans savoir qu'elles étaient à Auschwitz ».

Six mois après leur arrivée à Auschwitz, les 230 ne sont plus que 57. Dans les années 1960, Charlotte Delbo s'est faite l'historienne et la sociologue de ce convoi unique. En effet, comme toutes les femmes, qu'elles soient résistantes ou prisonnières de « droit commun », Charlotte et ses camarades auraient dû être internées au camp de Ravensbrück. Charlotte Delbo et les historiens après elle échoueront à comprendre pourquoi elles ont été dirigées vers Auschwitz, destination des Juifs de France. Il s'agissait peut-être d'une erreur. C'est en tout cas, avec le « convoi des 45 000 » hommes déportés à Auschwitz le 6 juillet 1942 et celui dit des « tatoués », parti de Compiègne pour Auschwitz le 27 avril 1944 et qui y reste trois semaines avant d'être redirigé vers Buchenwald, un des trois seuls convois de « politiques » dirigés vers Auschwitz.

Le 27 janvier 1943, c'est à pied et en chantant « La Marseillaise », soudées par une résistance commune et par les mois passés à Romainville, qu'elles font les quelques centaines de mètres qui séparent la voie de la *Judenrampe* (le « quai aux Juifs ») de l'entrée de Birkenau. Depuis 1942, ce lieu d'assassinat des Juifs de toute l'Europe est aussi un camp de concentration où a été transféré le camp des femmes, de toutes les nationalités, juives ou non.

À la fin des années 1990, les monographies de convois, écrites dans un cadre universitaire, se sont multipliées. Avec *Le Convoi du 24 janvier*, publié aux Éditions de Minuit en 1965, Charlotte Delbo est une pionnière. Son ouvrage est constitué d'un texte qui relate l'histoire de son convoi et d'une notice pour chacune des femmes à qui elle est parvenue à restituer l'identité avec l'aide de ses compagnes survivantes. Elles ont échoué à reconnaître les visages de six d'entre elles, dont les photos anthropométriques prises une semaine après leur arrivée à Auschwitz sont reproduites à la fin du livre.

Les 224 notices comportent tous les éléments biographiques qui ont pu être retrouvés au cours d'une enquête dans tous les lieux où elles vécurent, ce qu'il est advenu de chacune d'entre elles à Auschwitz et des éléments sur la vie « après ». Car Charlotte Delbo est la première à se soucier de la façon dont les survivantes ont, ou n'ont pas, renoué avec la vie, des séquelles physiques et psychiques, de la détresse des enfants dont les mères ont disparu. Elle y consacre le troisième volume de sa trilogie *Auschwitz et après*, paru en 1971 sous le titre de *Mesure de nos jours*.

Le Convoi du 24 janvier se termine par une brève sociologie de ce groupe de femmes. Ainsi, nous apprenons que les communistes étaient les plus nombreuses (119), mais que d'autres furent déportées parce qu'elles appartenaient à des réseaux gaullistes (12), parce qu'elles avaient aidé au passage de la ligne de démarcation (12), parce qu'elles avaient fait des actes de résistance (51). Deux d'entre elles étaient des délatrices, et 31 ont été arrêtées pour divers motifs sans lien avec la Résistance ; 45 ont été déportées alors que, à l'instar de Charlotte Delbo, leur mari avait été fusillé. C'est le cas de Maï Politzer, l'épouse de Georges Politzer. Ce convoi, celui des 31 000 – c'est le numéro de série dans laquelle les femmes ont été immatriculées à Auschwitz, leur numéro tatoué sur l'avant-bras gauche –, présente plusieurs particularités. Toutes entrent au camp : il n'y a pas de « sélection » à l'arrivée. Elles sont toutes classées « politiques », portant le triangle rouge avec, en son centre, la lettre « F » pour « Française », malgré les protestations de deux d'entre elles : « On n'est pas des politiques. On est des putains ! » Surtout, certaines communistes qui portent un nom célèbre – Danielle Casanova et Marie-Claude Vaillant-Couturier notamment – entrent très vite en lien avec des camarades d'autres nationalités, notamment des communistes allemandes qui, occupant des postes dans l'administration du camp, jouissent d'une certaine marge d'initiative. Grâce à elles, en mars 1943, 4 femmes du convoi, parce qu'elles sont botanistes, chimistes ou biologistes, sont affectées au Kommando situé au hameau de Rajsko, à quelques kilomètres de Birkenau, où les conditions sont sans commune mesure. Elles parviennent bientôt à y faire admettre douze autres prétendues laborantines, dont Charlotte.

La région a été vidée de sa population polonaise, et la SS a établi en ce lieu une station agricole, cultivant légumes, fleurs, fruits pour les milliers de SS qui vivent et travaillent au camp et dans ses environs. Aujourd'hui, les serres sont utilisées par un horticulteur polonais. Ces femmes sont affectées à Rajsko à une tâche particulière : travailler dans le laboratoire qui effectue la recherche sur une sorte de pissenlit, le kok-saghyz, dont la racine contient du latex, matière première qui fait défaut à l'Allemagne en guerre.

Le 3 août 1943, celles qui n'ont pas eu la chance d'être transférées à Rajsko et sont restées à Birkenau sont mises en quarantaine, c'est-à-dire soustraites aux interminables appels et au travail mortel. Elles sont sauvées. C'est peut-être, comme l'écrit Charlotte, « parce qu'un bureaucrate, un beau jour, a trouvé contraire au règlement que des Français non juifs soient à Auschwitz, que la Gestapo a décidé alors de nous transférer à Ravensbrück et jugé bon auparavant de nous remettre en état par le régime de la quarantaine». Peut-être aussi parce que Fernand Grenier, le représentant du parti communiste à Londres, a évoqué leur sort et Auschwitz lors d'une émission de la BBC qui a eu du retentissement.

Les informations dont il disposait provenaient sans doute des correspondances en allemand (une demi-douzaine de lettres) que Marie-Claude Vaillant-Couturier, qui connaissait parfaitement cette langue, a été autorisée à envoyer grâce à une intervention de la Croix-Rouge internationale. La première d'entre elles, datée du 16 juillet 1943, transmise par sa sœur, Nadine, alors l'épouse du cinéaste Marc Allégret, annonce en langage codé la mort de Maï Politzer et de Danielle Casanova, qui ont toutes deux succombé à une épidémie de typhus. Au début de l'année 1944, les survivantes sont transférées à Ravensbrück. Charlotte Delbo et sept de ses compagnes y sont transportées, après qu'on leur eut rendu leurs bagages, en wagon de troisième classe, escortées par de jeunes SS. Le 23 avril 1945, elle fait partie des Françaises libérées par la Croix-Rouge et transférées en Suède.

Une écriture poétique

Les années qui suivent le retour des camps sont difficiles. La santé de Charlotte ne lui permet pas de reprendre vraiment sa place d'assistante auprès de Jouvet. En 1946, lors d'un séjour en maison de repos en Suisse, elle rédige un témoignage qui ne sera publié que vingt ans plus tard sous le titre *Aucun de nous ne reviendra*. D'emblée, il se différencie des nombreux récits rédigés dans l'après-guerre par son style très particulier, qui alterne poèmes et prose. Charlotte écrit pour faire entrer l'histoire dans la mémoire de l'humanité, «porter à la connaissance, c'est-à-dire à la conscience [...]. Porter au langage, cela veut dire se servir du langage, des mots que savent les autres, pour leur communiquer émotions, sentiments, expériences vécues – ou imaginées –, vérité. Le langage est porté par l'émotion, par la force du sentiment». Alors que Primo Levi, dans *Si c'est un homme*, use d'un langage épuré, chirurgical, que, constamment réflexif, il cherche avant tout à comprendre, l'écriture de Charlotte Delbo s'apparente à la poésie, frappe droit au cœur, bouleverse, résonne longtemps chez le lecteur.

Elle ne se dissocie jamais de ses compagnes dont elle est la voix, celle des mortes comme des « revenantes ». Dans ce sens, elle permet aussi d'appréhender ce que fut cette solidarité de femmes bien particulière. Car si leur convoi a « eu un si grand nombre de survivantes – Oui, pour Birkenau en 1943, 57 sur 230 après six mois, c'est exceptionnel, unique dans l'histoire du camp –, c'est que nous nous connaissions déjà, que nous formions, à l'intérieur d'un grand groupe compact, de petits groupes étroitement liés [...], que nous nous aidions de toutes les manières, souvent bien humbles : se donner le bras pour marcher, se frotter mutuellement le dos pendant l'appel, et aussi que nous parlions. La parole était défense, réconfort, espoir ». C'est aussi, et Charlotte Delbo y insiste, parce qu'elles n'étaient pas juives.

Ce n'est donc pas un hasard si elle publie en 1965 le premier ouvrage de sa trilogie *Aucun de nous ne reviendra* chez Gonthier, dans la collection « Femme », créée par Colette Audry, où elle figure au côté d'Eleanor Roosevelt, de Betty Friedan ou de Virginia Woolf. Dès lors, elle ne cesse de publier, notamment pour le théâtre, tout en devenant l'assistante de son vieil ami Henri Lefebvre au CNRS. Elle reste engagée, comme le montrent ses pièces de théâtre, notamment contre la guerre d'Algérie. Son premier ouvrage publié aux Éditions de Minuit, *Les Belles Lettres* (1961), est un montage d'extraits de lettres dénonçant la torture. Sa position se démarque de celle du parti communiste et la met en délicatesse avec certaines de ses camarades.

Son « œuvre-témoignage », pour reprendre les mots de Claude Mouchard, n'a pas trouvé en France, à la différence des États-Unis, la place qui devrait être la sienne. Parce que c'est une œuvre de femme ? Parce qu'elle fait entendre une voix singulière, inclassable, qui l'a mise en marge des associations de déportés, puissantes dans les décennies de l'après-guerre ? Son œuvre mérite en tout cas de figurer au côté de celles du prix Nobel de littérature Imre Kertész ou de Primo Levi, dans le canon des grands textes de la littérature des camps et du génocide.

V.

HÔTEL LUTETIA

J'ai poussé pour la première fois la porte à tambour du Lutetia, probablement en janvier 1992, peu après la mort de notre père, Aby. Mon frère Michel avait son bureau au 54, boulevard Raspail, qui fait face à l'hôtel. Il nous avait invitées, notre mère et moi, à déjeuner à la brasserie, alors financièrement accessible. Je connaissais le rôle du Lutetia dans l'accueil des survivants des déportations et j'eus le sentiment, en foulant son sol, de transgresser un tabou. Je m'en ouvris à un rescapé du ghetto de Varsovie et du camp de Bergen-Belsen dont je menais l'entretien pour l'association Témoignage pour mémoire. C'était un an après, le 11 mars 1993. Il fut étonné et amusé. Il avait adoré le Lutetia. Il y avait été brièvement accueilli à son arrivée en France avant d'être hospitalisé. On lui avait attribué une vraie suite : une petite chambre à coucher meublée à l'ancienne, un salon plein de meubles précieux et de bibelots, dans lequel il osait à peine circuler de peur d'abîmer quelque chose, un lit élastique, des draps blancs tout propres… Quel changement pour lui après deux ans de châlits à trois étages et de baraques à trois cents personnes… Il choisit le Lutetia pour y passer sa nuit de noces et, m'avait-il raconté, pour tromper sa femme pour la première fois !

Plus tard, j'y ai déjeuné avec Jean Gavard. Très jeune résistant, il avait été déporté avec Jean Cayrol à Mauthausen. Il présida le Concours de la Résistance, succédant à Louis François, son inventeur. C'était un homme courtois, amène, soucieux de transmission. Il réfléchissait à une question importante dont il voulait s'entretenir avec moi : fallait-il dissoudre l'Amicale de Mauthausen après la disparition des derniers internés, ou la léguer à leurs enfants ? J'ignore ce que furent les débats au sein de l'association, mais l'Amicale en 2024 existe toujours.

En 2012, un incident éclata au restaurant du Lutetia dont a rendu compte le journaliste Stéphane Edelson dans le média en ligne *Rue 89*. Il y avait assisté. En le lisant, j'apprends que des déportés de la Résistance – comme l'était Jean Gavard – avaient négocié avec la direction un repas mensuel au prix modique de vingt-trois euros. Les rangs des résistants s'éclaircissant, ils avaient coopté d'anciens déportés juifs. Ce jour de 2012, les sept survivants, parmi eux Marceline Loridan-Ivens, Élie Buzyn et Armand Bulwa, constatent que les résistants ont leur table habituelle, ronde avec nappe, et que les survivants juifs sont relégués à de petites tables, sans nappe. Qui a connu Marceline peut aisément imaginer le scandale ! Comme l'affaire fut rendue publique, la direction du Lutetia lui envoya des fleurs avec ses excuses.

Mon scrupule à venir déjeuner dans ce lieu était dénué de sens. Certains de ceux qui ont survécu ont aimé y célébrer leur retour à la vie, ou les retrouvailles avec les leurs. Juliette Gréco fut parmi celles et ceux qui, jour après jour, se massèrent à l'entrée du Lutetia dans l'attente de leurs proches. Elle raconte dans *Jujube*, son livre de souvenirs écrit à la troisième personne : « Elle cherche dans cet espace les deux visages disparus dans le silence. Le visage de sa mère, celui de sa sœur. » Toutes deux déportées à Ravensbrück pour faits de Résistance. « L'odeur qui flotte au-dessus de ces survivants est l'odeur de la mort [...]. Impossible de reconnaître les siens. Impossible au nom de ce nivellement par l'humiliation. Femmes et hommes se confondent, asexués. Un frémissement léger, une aile de papillon sur l'épaule la fait se retourner. Ce qui reste de sa sœur, de son visage, fait luire une lumière de cierge au milieu de tout ce gris. Aucun son ne sort de leurs bouches entrouvertes[1]. » Si, sa vie durant, elle resta très proche de sa sœur, Charlotte Aillaud, les retrouvailles avec sa mère ne furent pas heureuses. Juliette Gréco a dit, écrit, raconté que sa mère ne l'avait pas aimée. Blessure inguérissable. Au Lutetia, la première parole de cette dernière fut pour s'inquiéter de la femme avec laquelle elle vivait avant son arrestation.

En 2000, elle est interviewée pour la revue *Je chante !* C'est une de ses premières entrevues données au Lutetia, qu'elle se choisit ensuite comme écrin favori. « Le Lutetia est le lieu où, en 1945, j'ai retrouvé ma mère et ma sœur qui rentraient de camp de concentration. Je les ai retrouvées dans ce salon qui est devant nous… Pour moi, ce lieu est un lieu sacré. J'ai eu beaucoup de mal à revenir ici la première fois, j'ai eu une très grande douleur, j'ai revu tous ces fantômes, debout, en robes rayées. Mais c'est fini, j'ai exorcisé un peu la chose et j'y reviens avec beaucoup de plaisir. Quand je viens habiter dans cet hôtel, j'ouvre les fenêtres, je regarde et j'écoute Paris la nuit. Je viens en vacances, ici[2]. »

Pour la grande majorité, l'attente fut vaine. J'ai ressenti en revisitant cette étape de mon itinérance le besoin de relire *Un paysage de cendres*[3] d'Élisabeth Gille. L'ouvrage fut publié en 1996, peu avant son décès à cinquante-neuf ans, deux ans après la rédaction de l'article que j'ai consacré au

1. Juliette Gréco, *Jujube*, Paris, Stock, 1982, p. 76-77.
2. Entretien réalisé par Raoul Bellaïche, Jean-Philippe Card et Colette Fillon le 20 septembre 2000, revue *Je Chante !*, n° 27.
3. Élisabeth Gille, *Un paysage de cendres*, Paris, Seuil, 1996.

Lutetia dans le magazine *L'Histoire*. Je l'avais rencontrée brièvement par l'intermédiaire de Rachel Ertel alors qu'elle écrivait *Le Mirador*[1], la biographie de sa mère, l'écrivaine Irène Némirovsky, déportée comme son mari, Michel Epstein, en 1942. Leurs deux filles, Denise Epstein (née en 1929) et Élisabeth (née Epstein en 1937), avaient échappé à l'arrestation. Pour *Le Mirador*, Élisabeth avait choisi la première personne. *Un paysage de cendres* est un roman. L'histoire de l'héroïne, Léa, est largement celle de l'auteure qui mêle à ses souvenirs personnels le savoir des années 1990.

Au mitan, un chapitre, le sixième d'un livre qui en compte onze, se déroule au Lutetia. La fillette, celle du roman, arrive devant l'hôtel et découvre « une peuplade hétéroclite », « une foule apathique et atone », des adultes qui tiennent des écriteaux sur lesquels s'étalent « en grosses lettres malhabiles des noms accompagnés de photos d'identité minuscules », une foule qui s'anime « brusquement lorsque deux autocars, dont les flancs et le toit arboraient les insignes de la Croix-Rouge, se garèrent devant l'hôtel ». En sortent « une cinquantaine d'hommes en pyjamas rayés, le teint blême, les joues creuses, leur calot ne dissimulant pas leur crâne rasé ». La foule crie, interpelle les arrivants, leur jette des noms au visage ; leur met des photos devant les yeux. S'efforçant de conserver le regard d'une fillette de huit ans, l'auteure décrit l'odeur de désinfectant, la bouffée de DDT qu'elle reçoit, le hall de l'hôtel aux murs couverts de dorures, divisé en petites loges avec table en bois et deux chaises, les cloisons tapissées de photos.

Marceline Loridan-Ivens, elle aussi, évoque le Lutetia dans ses ouvrages et les entretiens qu'elle donna, dans son style inimitable, cru, caustique, un brin agressif. « On nous amène à l'Hôtel Lutetia [...]. Il faut être à poil de nouveau et le DDT parce qu'on a des poux, on a ceci, on a cela [...]. Et puis, on dort là la première nuit. On ne peut pas dormir dans les lits.

1. *Ead.*, *Le Mirador : mémoires rêvés*, Paris, Presses de la Renaissance, 1992.

C'est trop mou. On dort tous par terre. On nous distribue des chambres grandioses. La chose dont je me souviens à l'arrivée, c'est des dizaines et des centaines de gens dehors devant la porte qui font le passage pour l'arrivée des déportés, qui vous montrent des photos et qui vous disent : "Vous n'avez pas rencontré ma mère avec ses trois enfants ? Vous n'avez pas rencontré mon père ?" Nous, on n'a rencontré personne [...]. Nous sommes toutes très dures. On a la dureté des déportés qui nous ont reçues quand on est arrivées à Birkenau. On dit : "Ah oui ? Déportée avec trois enfants ? Ils sont tous morts. Ils sont tous passés au gaz. [...] Il n'y a plus personne. Personne ne reviendra. Des enfants, vous dites ? Des enfants ? Non. Pas d'enfants, pas d'enfants ne reviendront." »

Aujourd'hui, le lien entre le Lutetia et la déportation est à jamais rompu. Il n'y a plus de survivants pour ces joyeux dîners mensuels. Et avec la transformation de l'hôtel en l'un des grands palaces parisiens, le seul de la rive gauche, désormais propriété du groupe israélien Alrov, le prix des chambres se monte à quelque 1500 euros la nuit, ce qui rendrait difficile, même à Juliette Gréco, d'y louer une suite pour la durée de ses vacances.

Reste la plaque, apposée en 1985, qui résume ce qui s'y est déroulé : « D'avril à août 1945, dans cet hôtel alors transformé en centre d'accueil, fut reçue une grande partie des rescapés des camps de concentration nazis, heureux de retrouver la liberté et les êtres chers auxquels ils avaient été arrachés. Leur joie ne pouvait pas effacer la peine des familles des milliers de disparus qui attendirent vainement les leurs en ces lieux. »

Au Lutetia se croisent deux histoires, celle de l'ouverture des camps et celle qui commence pour les survivants.

En 2019, l'éditeur André Versaille souhaita que je préface la réédition du *Retour des déportés* d'Olga Wormser-Migot, en accord avec son fils, Frédéric, dont j'avais fait la connaissance lors du décès de sa mère[1]. Paru une première fois en 1965, pour le vingtième anniversaire de la découverte des camps nazis, l'ouvrage avait d'abord porté comme titre *Quand les alliés ouvrirent les portes...*, avec ce qui pouvait ressembler à un sous-titre, « Le dernier acte de la déportation ». Vingt ans plus tard, il avait été réédité aux Éditions André Versaille sous ce titre de *Retour des déportés*, « Quand les alliés ouvrirent les portes » devenant le sous-titre.

Quarante ans et bien des lectures et recherches plus tard, j'ai éprouvé la même émotion à le relire que la première fois. C'est bien le grand livre de l'attente, de la recherche, de la découverte des camps et du « maigre "retour massif" des déportés », « cette grande et à la fois avare vague de retours ». Je me rends compte que cet ouvrage a guidé longtemps, sans que j'en prenne toute la mesure, une partie de mes travaux.

Alors que je travaillais à ma thèse, *Déportation et génocide*, j'ai ouvert ce chantier, jamais refermé. Une importante partie, en effet, la première, est consacrée à la période traitée par l'ouvrage d'Olga Wormser-Migot, celle de l'ouverture des portes par les Alliés, de l'organisation du retour et de l'accueil des survivants. Alors qu'Olga s'appuie sur ses souvenirs et sur des témoignages, j'ai pu consulter un grand nombre de cartons d'archives dans le fonds du ministère des Anciens combattants, la série F9. En 2014, j'ai choisi de raconter cette même histoire autrement, en écrivant une sorte de *road story*, celle de deux hommes, le photographe Éric Schwab et le journaliste et écrivain américain Meyer Levin, « couvrant » l'ouverture des camps dans la même Jeep. Mikael Levin, le fils de Meyer à qui Éric Schwab avait légué ses appareils photo et qui avait refait le périple des deux hommes pour *War Story*[2], m'a aidée et inspirée dans cette entreprise. J'ai refait à mon tour le voyage, accompagnée de mon amie Alice Tajchman, secré-

1. Cf. le chapitre « 17, rue Geoffroy-l'Asnier », p. 11 et suiv.
2. Mikael Levin, *War Story*, Munich, Gina Kehayoff Verlag, 1997.

taire générale de la Fondation pour la Mémoire de la Shoah, et de Régis Schlagdenhauffen, dont j'avais présidé le jury de thèse, et qui nous a servi d'interprète et de chauffeur. Ce fut passionnant et joyeux. De l'aéroport de Halle à Weimar et Buchenwald, de Buchenwald à Leipzig. Nous gardons impérissable le souvenir de nos nuits à l'auberge de l'Éléphant, à Weimar, de son petit déjeuner comme je crois n'en n'avoir jamais connu. Cette auberge où Adolf Hitler logeait dans les années 1920, signant modestement le livre d'or d'un « Adolf Hitler, écrivain ».

1.

Les Alliés découvrent l'horreur des camps[1]

[1995]

Le 27 janvier 1945, les soldats de l'Armée rouge entrent dans l'immense complexe concentrationnaire d'Auschwitz. En avril, les troupes anglo-américaines ouvriront les camps de Buchenwald, Bergen-Belsen, Dachau, Mauthausen… Elles découvrent un monde dont l'horreur dépasse tout ce qu'elles avaient imaginé.

« Nous savions. Le monde en avait entendu parler. Mais jusqu'à présent aucun d'entre nous n'avait vu. C'est comme si nous avions enfin pénétré à l'intérieur même des replis de ce cœur malfaisant[2]. » Ces replis du cœur malfaisant où pénètre le journaliste américain Meyer Levin qui accompagne les armées américaines dans leur marche en Allemagne, ce sont les camps de concentration nazis. Des pyramides de morts en costume zébré avec dans la nuque l'impact de la balle qui les a achevés : tel est le sinistre spectacle qu'offre le camp d'Ohrdruf, dépendant du camp de concentration de Buchenwald, au sud de Gotha. C'est le premier camp à avoir été découvert, presque fortuitement, par les Occidentaux. Puis, au hasard des combats, entre le 5 avril, date de l'ouverture

1. Texte paru dans *L'Histoire*, n° 185, 1995.

2. Meyer Levin, cité par Robert H. Abzug, *Inside the Vicious Heart. Americans and the Liberation of Nazi Concentration Camps*, Oxford University Press, 1985.

de ce premier camp de l'Ouest, et la capitulation allemande du 8 mai 1945, les armées alliées allaient découvrir les camps principaux de Buchenwald, Bergen-Belsen, Flossenbürg, Orianenburg-Sachsenhausen, Dachau, Ravensbrück, Mauthausen, ainsi que leur myriade de Kommandos.

Pourtant, ainsi que l'affirmait Meyer Levin, « nous savions ». Le monde savait que le régime nazi avait, dès son arrivée au pouvoir, ouvert des camps dans lesquels avaient été internés des opposants réels ou potentiels au parti hitlérien – communistes, socialistes, catholiques ou encore témoins de Jéhovah – et dont la gestion avait rapidement été confiée à la SS[1] : le camp-pilote de Dachau dès 1933, puis ceux de Sachsenhausen en 1936, Buchenwald en 1937, Mauthausen en 1938 et enfin, en 1939, celui de Ravensbrück, destiné aux femmes déportées. De ces camps, dont les effectifs globaux sont évalués en septembre 1939 à une vingtaine de milliers de détenus[2], il arrivait alors que l'on sortît. Ce fut le cas notamment des quelque 35 000 Juifs internés après la Nuit de cristal[3] de novembre 1938 et libérés à partir de janvier 1939 à la condition qu'ils quittent l'Allemagne en y abandonnant la totalité de leurs biens. Malgré les menaces, certains avaient publié leur témoignage, comme Wolfgang Langhoff dont l'ouvrage *Les Soldats du marais sous la schlague des nazis : 13 mois de captivité dans les camps de concentration* paraissait chez Plon en 1935.

Des dizaines de milliers de détenus jetés sur les routes

Le monde savait encore, car des camps avaient été découverts dès 1944 par les armées alliées en marche vers la victoire : Lublin-

1. *Schutzstaffel*, « échelon de protection ». Garde personnelle de Hitler avant la prise du pouvoir en 1933, la SS devient le noyau de l'État national-socialiste, constituant un véritable État dans l'État.

2. Joseph Billig, *Les Camps de concentration dans l'économie du Reich*, Paris, PUF, 1972, p. 25.

3. Nom donné à la nuit du 9 au 10 novembre 1938 durant laquelle les nazis organisèrent un gigantesque pogrom pour venger l'assassinat à Paris, le 7 novembre, du conseiller d'ambassade vom Rath par un jeune Juif, Herschel Grynszpan.

Majdanek, d'abord, ouvert en septembre par l'armée soviétique ; le Struthof ensuite, libéré en novembre 1944, lors de l'avancée des armées américaines et de la première armée française du général de Lattre de Tassigny. Tous deux cependant avaient été auparavant vidés de leurs détenus, et les journalistes qui témoignèrent de ces découvertes pour la presse ou la radio ne pouvaient décrire qu'à partir d'installations désormais inhabitées ce qu'ils imaginaient avoir été le sort des déportés. Il est vrai qu'à Majdanek, les énormes magasins remplis des effets apportés par les Juifs, les centaines de milliers de paires de chaussures que les Allemands n'eurent le temps ni de détruire ni de déménager évoquaient à eux seuls l'ampleur de la destruction.

Surtout, le 27 janvier 1945, les soldats de l'Armée rouge découvrent les camps de l'immense complexe concentrationnaire d'Auschwitz, eux aussi largement vidés de leur population de détenus : les 18 et 19 janvier, par un froid polaire, alors qu'il restait 31 894 prisonniers à Auschwitz I et Birkenau, 35 118 à Monowitz et dans les camps satellites, 58 000 d'entre eux, hommes et femmes déjà exténués, sont jetés sur les routes par les SS pour ce qui est entré dans les mémoires comme « la marche de la mort » – mort d'épuisement et de faim, ou exécutions massives ; face à l'avancée des armées alliées, à des dates différentes, les nazis entraîneront ainsi des dizaines de milliers de détenus sur les routes vers d'autres camps. Le 20 janvier 1945, il ne reste plus à Auschwitz que ceux qui sont incapables de marcher et ceux qui ont préféré se soustraire au départ : environ 7 000 hommes et femmes, selon l'historien américain Raul Hilberg. Pendant neuf jours, les détenus restent seuls, sans nourriture, sans chauffage ni soins, dans les camps abandonnés et jonchés de cadavres.

Le 27 janvier, la première patrouille de l'Armée rouge fait son apparition à Auschwitz III, encore nommé Buna-Monowitz : quatre jeunes soldats à cheval que décrit Primo Levi[1]. Le lendemain, une vingtaine de civils polonais, hommes et femmes, à l'évidence convoqués par les Russes, arrivent, nettoient et déblaient

1. Primo Levi, *La Trêve*, trad. de l'italien par Emmanuelle Genevois-Joly, Paris, Grasset, 1re éd. 1966.

les cadavres. À midi, un enfant se présente, traînant une vache destinée aux survivants ; ce sont les Russes qui la leur envoient. Abattue, dépecée, elle disparaît aussitôt. Le troisième jour, un chariot à quatre roues, conduit par un rescapé, un jeune Juif russe devenu interprète et officier de liaison des libérateurs soviétiques, fait son entrée à Buna. Il a la charge de conduire les vivants au *Stammlager*, c'est-à-dire le camp souche d'Auschwitz I.

Une libération réalisée dans l'improvisation

On le voit, l'ouverture des camps d'Auschwitz par les Soviétiques se fit sans plan préconçu, au hasard et sans que rien de particulier n'ait été prévu pour nourrir et soigner des détenus éprouvés par les derniers mois de leur détention, les plus terribles. Mais surtout, de cette première libération d'un camp contenant des survivants en nombre, certes, assez faible, de la description de ce que furent les camps d'Auschwitz, bien peu est alors rapporté dans la presse des pays qui n'ont pas connu l'occupation nazie ou qui viennent d'en être libérés, comme la France. Et la dispersion des rares rescapés de la Shoah dans des camps « ordinaires » explique en partie que la prise de conscience des réalités de l'univers concentrationnaire n'ait pas été, dans l'immédiat après-guerre, celle du génocide.

On retrouve la même impression d'improvisation qui avait marqué la libération d'Auschwitz lors de la découverte des camps situés plus à l'ouest, par les soldats des États-Unis cette fois. Les 4 et 5 avril 1945, des unités de la 4e division blindée de la 3e armée américaine se dirigent vers Gotha et Ohrdruf, à la recherche d'un centre secret de communication qui aurait été installé dans la région par les nazis. Les villes sont prises sans grands combats ; mais des éclaireurs reviennent avec une information : derrière la colline existe un camp comme on n'en a jamais vu. Les Américains, et parmi eux Meyer Levin, découvrent alors le site d'Ohrdruf où gisent des cadavres éparpillés entre les baraques ou empilés à l'intérieur. À la limite du camp se dresse un bûcher avec des corps à moitié carbonisés : à Ohrdruf, où près de 10 000 détenus étaient employés à creuser des tunnels, les SS avaient une fois encore, devant l'imminence de l'arrivée des Américains, chassé les détenus sur les routes ou bien les avaient tués sur place.

Le 11 avril 1945, la division américaine Timberwolf entre à Nordhausen[1] : elle y découvre quelque 3 000 cadavres et environ 700 survivants. Ces morts et ces vivants – trop faibles pour bouger – gisent dans les baraques, entassés à trois par châlit. Certains survivants, mourant de faim ou de tuberculose, avaient en outre été blessés la semaine précédant la libération par les bombes américaines visant les usines de V2. La découverte de ces premiers camps, Ohrdruf et Nordhausen, confronte les soldats américains qui côtoient pourtant la mort depuis le débarquement du 6 juin 1944 à l'horreur d'une autre mort, aboutissement d'une déchéance absolue qu'ils ne soupçonnaient pas.

Quant à Buchenwald, l'un des « vieux camps » de la période nazie, il est découvert en même temps que Nordhausen. En fait, le premier Américain à pénétrer dans Buchenwald où ne restaient plus qu'une vingtaine de milliers de détenus – les autres, plus de 20 000, dont la moitié de Juifs, ayant été mis sur les routes où ils trouvèrent massivement la mort entre le 3 et le 10 avril – n'y arriva que par accident, alors que l'existence du camp était connue depuis sa création, alors surtout que certains détenus avaient pu correspondre avec leurs familles jusqu'au débarquement en Normandie. Le 11 avril à midi, le groupe de combat 9 du 9e bataillon d'infanterie de la 6e division blindée avait en effet capturé, dans la ville voisine de Hottelstedt, une quinzaine de SS, rapidement identifiés comme les gardes d'un camp de concentration situé au sud-est, où le capitaine Robert Bennet décida d'envoyer quatre de ses hommes ; ceux-ci entrèrent à Buchenwald par un trou fait dans la palissade du camp principal. Accueillis avec un énorme enthousiasme, ils quittèrent les lieux après avoir distribué leurs rations ainsi que des cigarettes, et prévenu le quartier général de la localisation du camp, dont ils n'avaient vu que la « bonne » partie.

Ce n'est que plus tard, le même jour et les jours suivants, quand des éléments de la 4e division blindée et de la 80e division d'infan-

1. Baptisé Nordhausen par les Américains, il s'agit en fait du camp de Dora.

terie prirent possession du camp, que les soldats comprirent que Buchenwald n'avait rien à voir avec Ohrdruf et Nordhausen : ils étaient entrés dans une « société complètement organisée bien que sur un mode macabre[1] ». Ils se trouvaient, en effet, en face d'hommes armés, dans un état de santé acceptable, capables de distribuer la nourriture, les vêtements et l'aide médicale. Le Comité militaire international, l'organisation de résistance du camp, avec à sa tête le leader communiste allemand Hans Eiden, semblait jouir d'un contrôle total sur les autres détenus.

Qui a libéré Buchenwald ?

Qui a libéré Buchenwald? La question reste, depuis la fin de la Seconde Guerre mondiale, au cœur des débats historiographiques. Deux thèses s'affrontent. La première affirme que, le 11 avril 1945, les détenus en armes ont chassé les SS. Ainsi, la libération du camp aurait été une insurrection planifiée par le Comité militaire international. La seconde fait des Américains les libérateurs du camp.

« C'est ainsi que les premiers chars américains venant du nord-ouest trouvèrent Buchenwald libéré », écrit Eugen Kogon, chrétien autrichien déporté pendant sept années dans différents camps et qui fut membre de l'organisation de résistance de Buchenwald. Cette phrase est habituellement citée par les tenants de la première thèse. Or elle est détachée du reste du récit, où Kogon précise que le mercredi 11 avril, il y avait encore 21 000 détenus dans le camp. « Les conditions étaient favorables pour une action efficace par les armes. Mais la SS n'intervint plus. À dix heures trente, le premier chef de camp [le chef allemand] déclara au premier doyen de camp [le responsable détenu] que Buchenwald serait abandonné sans combat. Cette déclaration avait quelque prix, mais on savait aussi que, d'un autre côté, la SS avait demandé à l'aérodrome de Nora, situé à proche distance, des aviateurs pour détruire le camp

1. R. H. Abzug, *Inside the Vicious Heart…*, *op. cit.*, p. 49.

en le survolant en rase-mottes. Aussi tous les hommes restèrent-ils en état d'alerte. Lorsque, une heure et demie plus tard environ, les haut-parleurs invitèrent tous les membres de la SS à rejoindre immédiatement leurs services à l'extérieur du camp, l'angoisse fut à son comble. Peu de temps après, la SS commença à se retirer. Les dés étaient jetés. Il ne restait plus que les sentinelles sur les miradors, mais vers quinze heures, alors que le bruit de la bataille se rapprochait, elles se replièrent dans la forêt voisine. Là-dessus, les camarades de la garde du camp, qui se tenaient cachés avec leurs armes, coupèrent immédiatement les barbelés, occupèrent les miradors, s'emparèrent de la grande porte du camp et hissèrent le drapeau blanc sur la tour n° 1. C'est ainsi que les premiers chars américains, venant du nord-ouest, trouvèrent Buchenwald libéré. »

Ce récit, corroboré par d'autres témoignages, est limpide. L'organisation de résistance du camp, qui possède effectivement des armes – certaines ont été récupérées lors du bombardement américain de Buchenwald le 24 août 1944 – et dont l'action a empêché une partie des évacuations meurtrières de détenus dans la première décade d'avril 1945, est prête à une « insurrection » qui n'eut finalement pas lieu : les SS avaient quitté le camp, non par crainte des détenus, mais parce que le bruit de la bataille s'approchait. Si les Américains trouvent un camp « libéré », c'est tout simplement parce que les Allemands avaient fui, sans que l'on trouve nulle part la moindre trace d'un quelconque affrontement armé entre les détenus et eux. La libération de Buchenwald fut, comme celle des autres camps, un non-événement militaire dû à l'irrésistible avancée des armées alliées et à la débâcle du Reich.

À côté du « grand camp » de Buchenwald, existait le « petit camp » peuplé de Tziganes, de Juifs, de travailleurs exténués et de prisonniers évacués d'autres camps – agonisants qui semblaient appartenir à un autre monde. Percy Knauth, jeune journaliste américain qui assiste à la libération du camp, note alors : « Buchenwald est au-delà de la compréhension. Vous ne pouvez pas comprendre, même si vous avez vu. » Comme le souligne encore l'historien américain Robert H. Abzug, « ces prisonniers étaient tenus dans un tel mépris par les nazis et les chefs des détenus du même camp que les jours après la libération, les barbelés étaient toujours là et les kapos les plus sadiques faisaient toujours la loi dans les baraques. Pendant que le 12 avril, une cérémonie de la liberté était tenue sur la grande place d'appel du camp, les prisonniers du petit camp pourrissaient dans leurs baraques[1] ».

Bergen-Belsen, le plus complexe des camps nazis

Bergen-Belsen, le deuxième grand camp, après Buchenwald, à avoir été libéré, le fut quant à lui par les Anglais arrivés l'après-midi du 15 avril dans ce camp situé non loin de Hanovre, en Basse-Saxe. Le traducteur, le capitaine Derrick Sington, proclame dans un haut-parleur : *« Ihr seit frei, you are free »* – « vous êtes libres ». Le camp de Bergen-Belsen est le plus complexe des camps nazis, le plus difficile à définir. Aménagé à l'origine pour la détention de prisonniers de guerre, il passe, en avril 1943, des mains des autorités militaires s'occupant des prisonniers à celles du WVHA *(Wirtschafts-Verwaltungshauptamt)*, le service administratif et économique de la SS. Bergen-Belsen doit alors devenir un camp de détention pour les Juifs qui, possédant la double nationalité ou étant citoyens d'un pays neutre, pouvaient ainsi être monnayés contre des prisonniers allemands – ce sont les « Juifs de l'échange ».

La plupart d'entre eux sont internés au « camp de l'étoile », ainsi appelé parce que les détenus portent l'étoile de David. Très vite d'autres camps lui sont adjoints : le « camp spécial », avec 350 Juifs originaires de Pologne, citoyens de pays neutres ou titulaires de visas d'émigration pour la Palestine, le « camp des neutres » où sont internés environ 400 Juifs portugais et espagnols, 35 d'Argentine et 103 de Turquie, qui partent pour la Suède en mars 1945, le « camp des Hongrois », au début de juillet 1944 pour 1 683 Juifs de Hongrie destinés eux aussi à être échangés[2], puis un camp dit de « convalescence » pour les détenus trop faibles pour travail-

---

1. *Ibid.*
2. La déportation des Juifs de Hongrie est à la fois tardive et massive : 435 000 furent déportés, principalement à Auschwitz, entre le 15 mai et le 8 juillet 1944.

ler. Mais surtout – et c'est ce qui changera l'aspect du camp et le destin de ses détenus –, avec la décomposition du Reich, Bergen-Belsen devient l'un des lieux d'accueil des déportés en provenance de divers camps. Jusqu'aux derniers jours, des convois y déversent leurs cargaisons de prisonniers : les premiers convois en provenance d'Auschwitz y arrivent dès le 23 octobre 1944 ; en avril, ce sont 30 000 déportés qui viennent de Dora-Mittelbau. Selon les estimations – car les nazis ont détruit les registres –, de 40 000 à 50 000 détenus ont été ainsi transférés à Bergen-Belsen.

La mortalité y est effrayante : 35 000 morts de janvier à la mi-avril, selon la succession des épidémies – la fièvre typhoïde, dès l'été 1944, suivie par la tuberculose, puis le typhus. Au moment de la libération de Bergen-Belsen, 60 000 détenus tentent d'y survivre, dont 30 000 y ont été amenés une semaine plus tôt. De camp protégé, où les détenus n'étaient pas promis à la mort, sans chambre à gaz, sans travail exténuant dans les carrières ou les usines comme c'était le cas ailleurs, Bergen-Belsen était devenu le plus grand mouroir de cette époque.

Pourtant, dans cette même semaine – et l'on mesure là toute la folie qui s'empare du Reich hitlérien dans les derniers temps de son existence –, trois trains de « Juifs pour l'échange » partirent de Bergen-Belsen, probablement vers Theresienstadt en Tchécoslovaquie, où ils n'arrivèrent jamais : le premier fut retardé, s'arrêta sur une voie, et les prisonniers en furent libérés le 13 avril 1945 par des soldats américains ; le deuxième, qui transportait notamment les femmes et enfants de prisonniers de guerre déportés de France vers Bergen-Belsen en mai et juillet 1944, roula deux semaines avant de s'arrêter en territoire libéré par les Soviétiques ; quant au troisième, on ne sait rien de lui, si ce n'est qu'il fut aperçu à Berlin, le 17 avril, après un gros bombardement.

Dans l'enceinte même de Bergen-Belsen se trouvent un camp militaire, un hôpital et deux camps de concentration. Dans le camp n° 1 gisent une dizaine de milliers de cadavres et 45 000 agonisants. Dans le camp n° 2 se trouvent une quinzaine de milliers de détenus, en moins mauvais état car ils viennent d'arriver, et encore capables d'un peu d'enthousiasme pour accueillir les libérateurs. Le camp militaire, quant à lui, est large, moderne, pourvu de magasins et d'un hôpital bien équipé. La libération y est à peine ressentie par les détenus le jour de l'arrivée des Britanniques : les meurtres et les fusillades continuent. Pendant les trois jours suivant la libération, des dizaines de détenus qui tentaient de piller les magasins sont tués par les soldats hongrois qui assumaient sous les nazis la garde du camp et qui sont désormais en principe placés sous l'autorité des Britanniques, chargés de garder les cuisines et les miradors. Des kapos sont également lynchés.

Doyen des camps, camp-pilote conçu à l'origine pour la « rééducation » des communistes, des socialistes et des opposants à Hitler, Dachau quant à lui fut considéré pendant la guerre comme l'un des lieux de détention les moins atroces. Certes, on y pendit et fusilla, et ce fut un centre de pseudo-expérimentations médicales ; mais la mortalité y fut plus faible qu'à Mauthausen, par exemple. À la différence de ce qui se passa dans les autres camps, l'ouverture de Dachau ne fut pas le fait du hasard. Deux régiments américains, le 157e régiment d'infanterie de la 45e division et le 222e régiment de la 42e division reçurent l'ordre de l'atteindre le 29 avril 1945.

En tête des troupes du 222e régiment se trouvent trois jeeps qui transportent notamment la journaliste Marguerite Higgins et le général Henning Linden. Une rumeur affirme que dans le camp se trouvent le fils de Staline, Léon Blum et l'ancien chancelier autrichien Kurt Schuschnigg. La journaliste espère un scoop, le général la gloire ; mais ces illustres prisonniers se trouvent déjà ailleurs – l'ancien chancelier et l'ancien président du Conseil ont été évacués vers les Dolomites. Et la libération du camp est, une fois de plus, un non-événement militaire : Dachau n'est défendu que par la *Volkssturm*[1]. Les unités américaines doivent cependant livrer des combats contre des unités SS peu nombreuses mais très combatives, puis elles convergent vers la voie de chemin de fer desservant le camp. Elles y trouvent une quarantaine de wagons de marchandises remplis d'environ 2 000 corps. Les libérateurs entrent enfin

---

1. « Troupe d'assaut du peuple » constituée en septembre 1944 par Hitler et composée pour l'essentiel d'adolescents ou d'hommes ayant dépassé l'âge de porter les armes.

dans Dachau où, dans un enthousiasme extraordinaire, ils sont portés en triomphe, embrassés. La première décision américaine fut pourtant de ne laisser personne entrer ni sortir du camp par crainte de la propagation du typhus.

Mauthausen, en Autriche, non loin de Linz, qui comptait parmi les camps les plus terribles et où la mortalité des détenus fut parmi les plus élevées, fut libéré lui aussi par les Américains. Le 4 mai 1945, des unités de la 71ᵉ division de la 3ᵉ armée américaine pénètrent dans une forêt de pins, au sud de la petite ville de Wels. En s'approchant du camp de Gunskirchen, l'un des Kommandos de Mauthausen, des soldats aperçoivent « des centaines de prisonniers mourant de faim et à demi fous, qui mendiaient de la nourriture et des cigarettes au bord des routes. Si faibles qu'ils fussent, la possibilité de s'échapper, l'appel de la liberté avaient joué irrésistiblement – même s'ils n'avaient pu faire en chancelant que quelques pas à la rencontre de la mort ». Mais surtout, ils remarquent « le second signe de la proximité du camp – l'odeur [...] presque visible, qui pesait sur le camp comme un brouillard de mort »[1]. Le 5 mai et les jours suivants, les Américains pénètrent dans le camp principal et dans les autres Kommandos comme Gusen ou Ebensee où, de nouveau, ils doivent affronter le spectacle de l'horreur.

Libérés mais pas pour autant sauvés

Il faudrait, pour être exhaustif, suivre ainsi pas à pas les armées alliées, narrer leur rencontre avec de petits groupes de déportés cheminant sur les routes ou encore leur découverte de wagons remplis de morts-vivants, abandonnés sur les voies ferrées dans un Reich en déroute. Il faudrait examiner la découverte de chacun de ces Kommandos dont les noms ne sont guère entrés dans une

1. Récit du capitaine J. D. Pletcher, *The Seventy-First Came... to Gunskirchen Lager*, cité par Gordon J. Horwitz, *Mauthausen ville d'Autriche, 1938-1945*, trad. de l'anglais par André Charpentier, Paris, Seuil, 1990.

mémoire collective qui n'a retenu de l'enfer concentrationnaire que les noms des grands centres de déportation. Et il faudrait faire la part des destins si différents que connurent les survivants, une fois les combats terminés, les camps investis par les Alliés. Car le passage de l'autorité nazie à celle des Anglais ou des Américains ne signifiait pas pour autant pour les détenus la délivrance, la libération immédiate.

Bien souvent, le typhus est là, dont l'éventuelle propagation effraie des Alliés qui ont gardé le souvenir des ravages causés par l'épidémie de grippe espagnole qui suivit la Première Guerre mondiale. Les camps demeurent ainsi bouclés. Surtout, nous l'avons dit, rien n'étant préparé, il fallut improviser. À Nordhausen, par exemple, les Américains évacuent les survivants vers les hôpitaux de l'armée ou expulsent des Allemands de leurs appartements en ville, qu'ils utilisent comme des cliniques de fortune. Pour ce qui est des morts, leurs corps sont d'abord sortis des baraques et étendus côte à côte, puis 2000 habitants de Nordhausen sont réquisitionnés pour le travail d'enterrement.

Dès leur arrivée à Bergen-Belsen, les Britanniques ont, quant à eux, câblé au QG du régiment afin de réclamer de l'eau, de la nourriture et surtout de l'aide. Le 16 avril, un blindé arrive avec les premiers secours. Mais les Britanniques sont incapables de gérer la situation. Les jours suivants, les détenus pillent la cuisine, les magasins et le char Sherman. Beaucoup meurent de trop manger tandis que d'autres agonisent, trop faibles pour atteindre la nourriture. Les premières livraisons sont des conserves de viande et de légumes, aliments peu appropriés à l'état des déportés, et qui sont, de ce fait, extrêmement dangereux voire mortels. Il faut attendre deux jours pour que les Britanniques comprennent que les détenus ont besoin d'une nourriture spéciale : riz, gâteaux secs, lait frais. Mais de longues journées s'écoulent avant que ces produits parviennent à destination. Dans les jours qui suivent la libération, les morts se comptent encore par milliers. « Nous avons eu le sentiment que nos vies ne comptaient pas, alors que pourtant il y avait déjà si peu de survivants », explique Simone Veil. Les Britanniques se préoccupent aussi de l'inhumation des corps, une dizaine de milliers selon les estimations officielles, auxquels s'ajoutent quotidiennement 500 victimes supplémentaires. Le 17 avril, commencent les enterrements de masse effectués par le personnel SS, sous le regard des survivants. Ces derniers sont, quand leur santé le leur permet, chargés du nettoyage des baraques et de l'évacuation des corps tandis que les soldats hongrois creusent les fosses.

Au cours de cette première étape, aucune liste n'est tenue, et c'est anonymement que les morts sont inhumés. Sur chaque fosse, où les divers ministres du culte ont effectué un service, est posée une pancarte, avec le nombre estimé de corps et la date de l'enterrement. Ce n'est que le 28 avril que tous les corps retrouvés par les Britanniques ont été inhumés. Aux enterrements de masse succèdent alors les enterrements individuels, avec mention du nombre, de la nationalité et, quand c'est possible, du nom des disparus. Devant ces innombrables tombes, « je ne sentis rien, sinon "Jésus-Christ", "Jésus-Christ", et je me le répétais, parce que je ne pouvais penser à rien », écrit le journaliste américain Curtis Mitchell. Six semaines après la libération du camp, 23 000 corps ont ainsi été enfouis dans la terre, dont ceux de 13 000 déportés morts depuis la libération.

L'horreur de la découverte des camps de l'Ouest conduit les Alliés à s'interroger sur ce que savaient les habitants des villes environnantes, et, devant leurs dénégations, ils décident de les obliger à une visite systématique des camps. Dès le 15 avril, le général Patton exige du maire de Weimar qu'il fasse visiter Buchenwald aux habitants de sa ville. Ce dernier transmet à ses administrés la directive suivante : « Le général commandant a ordonné la nuit dernière qu'au moins mille habitants de la ville, dont la moitié de femmes, visitent aujourd'hui le camp de Buchenwald et les hôpitaux qui y existent afin de se rendre compte des conditions qui y règnent avant qu'elles ne soient changées. Doivent prendre part à cette visite des hommes et des femmes de dix-huit à quarante-cinq ans – en premier lieu les membres du NSDAP [le parti nazi] dissous – parmi lesquels deux tiers appartenant aux couches les plus aisées et un tiers aux couches de la population les moins favorisées. Ils doivent être suffisamment forts pour supporter la marche et la visite (durée : environ six heures ; marche : en gros vingt-cinq kilomètres). De la nourriture doit être apportée avec soi, mais elle doit être consommée avant la visite. Il n'arrivera rien aux participants. La marche sera accompagnée de véhicules de la Croix-Rouge allemande et de médecins de façon qu'il puisse être porté secours à ceux qui ne supporteraient pas ces efforts[1]. » La décision de Patton semble faire école. Partout, les populations allemandes seront contraintes de regarder en face la réalité des camps, une réalité que, bien souvent, elles affirmaient ignorer.

Faire connaître à tous l'horreur des camps

Mais la volonté affichée par les Alliés de dévoiler l'horreur concentrationnaire ne s'adresse pas aux seuls Allemands. Ceux qui découvrent les camps veulent faire connaître au monde ce qu'ils ont vu. Le 12 avril, après le déjeuner, les généraux George Patton, Omar Bradley et Dwight Eisenhower sont invités par le commandant du 20e corps d'armée qui commande la zone d'Ohrdruf à visiter le camp. Cinq ans après, rédigeant ses Mémoires, Bradley se rappelle qu'Eisenhower pâlit et devint silencieux, insistant cependant pour visiter la totalité du camp. Patton, lui, se retira derrière une baraque et vomit. Peu de temps après avoir vu Ohrdruf, Eisenhower décida que chaque unité qui n'était pas en train de combattre sur le front devait visiter ce camp. « On nous dit que le soldat américain ne sait pas pour quoi il combat. Maintenant, au moins, il saura contre quoi il se bat[2] », déclara-t-il.

Du quartier général de la troisième armée, Eisenhower câble à Londres et Washington, demandant à ce que des délégations d'officiels et de journalistes viennent pour témoigner. Ainsi, un comité du Congrès, avec à sa tête le sénateur Alben Barkley du Kentucky, et composé de sénateurs et membres de la Chambre des représentants républicains et démocrates, quitte Washington le 22 avril. Le 24, il est à Buchenwald ; le 1er mai, il visite les restes de

---

1. Dans Pierre Durand, *La Résistance des Français à Buchenwald*, Paris, Messidor, 1991, p. 214-215.

2. Cité dans Robert H. Abzug, *Inside the Vicious Heart…*, *op. cit.*, p. 30.

Nordhausen et y inspecte les usines de V1 et de V2. Le 2 mai, il se dirige vers Dachau tout juste libéré. Ce comité produit un rapport de dix-sept pages, comportant une brève histoire des camps, l'analyse de leur fonction, ainsi que la description détaillée des trois camps visités.

Buchenwald et Dachau surtout deviennent le lieu de visite d'une foule de journalistes. Mais à Bergen-Belsen aussi, les journalistes de la presse écrite ou de la radio sont nombreux. Et les premiers reportages publiés dans la presse anglaise à partir du 19 avril suscitent une émotion considérable. Les Britanniques ne sont pas préparés au spectacle qu'on leur montre : le 19 septembre 1944, la RAF avait pris des photos aériennes, mais les vues du camp avaient été interprétées comme représentant les sections du complexe militaire fonctionnant dans les environs. Bergen-Belsen devient alors outre-Manche le symbole de l'esprit satanique du nazisme.

Cet intérêt médiatique fut intense mais bref. Ainsi l'Anglais Sydney Bernstein, qui avait été chargé de réaliser un film sur le camp de Bergen-Belsen afin de conserver les traces de la barbarie – il avait d'ailleurs été aidé lors du montage par son ami Alfred Hitchcock –, vit-il son film, une fois achevé, bloqué par les autorités militaires. Il y avait désormais d'autres priorités, lui expliqua-t-on alors. « Ce n'était plus seulement la fin de la guerre mais le début du combat pour la paix. Les autorités estimaient qu'il y avait d'autres priorités que celle de montrer des films sur les atrocités nazies. »

Très vite, dès 1946-1947, l'évocation des camps nazis se fait rare et devient un instrument de propagande de la guerre froide servant à stigmatiser l'Allemagne de l'Ouest, l'héritière supposée de l'État nazi. Quant au génocide des Juifs, qui pour l'essentiel s'est déroulé hors de l'univers concentrationnaire, il faut attendre l'enlèvement et le procès d'Adolf Eichmann pour qu'il commence à pénétrer dans la conscience universelle.

2.

Les retours de déportation[1]

[1996]

Les survivants de la déportation qui retrouvèrent la France furent une minorité. 140 000 personnes environ furent déportées de France ; parmi elles 75 000 Juifs dont la majorité ne pénétrèrent même pas dans les camps de concentration : ils furent gazés dès leur arrivée. Seuls 2 500 Juifs, français et étrangers[2], avec une quarantaine de milliers d'autres déportés, résistants, politiques, otages, détenus de droit commun, furent rapatriés entre mars et août 1945. Les voies qu'ils empruntèrent, les modalités de leur rapatriement sont si diverses qu'il faudrait, pour en dresser un tableau complet, prendre chaque déporté un par un, ou par petits groupes, pour examiner les chemins de leur retour[3]. Certes, les grands camps comptaient des déportés de France par centaines, voire par milliers. Mais beaucoup d'internés étaient disséminés

---

1. Texte publié dans *La France de 1945. Résistances, retours, renaissances*, Christiane Franck (dir.), Caen, Presses universitaires de Caen, 1996.

2. Un nouveau comptage donne 4 000 survivants juifs (A. W., 2024).

3. Voir Annette Wieviorka, *Déportation et génocide. Entre la mémoire et l'oubli*, Paris, Plon, 1992 ; Robert H. Abzug, *Inside the Vicious Heart. Americans and the Liberation of Nazi Concentration Camps*, Oxford University Press, 1985 ; Olga Wormser-Migot, *Le Retour des déportés. Quand les Alliés ouvrirent les portes*, Bruxelles, Éditions Complexe, 1985 ; Marie-Anne Matard-Bonucci et Édouard Lynch (dir.), *La Libération des camps et le retour des déportés*, Bruxelles, Éditions Complexe, 1995.

dans les multiples Kommandos, certains ne comptant que quelques dizaines de détenus, qui avaient essaimé à partir des grands camps sur tout le territoire du Reich. De plus, à partir de l'été 1944, à des dates différentes, qui s'échelonnent jusqu'à la capitulation du 8 mai 1945, les Allemands avaient évacué les camps de concentration.

Dans le véritable maelström qui précède la capitulation d'une Allemagne en plein chaos, les déportés, déjà à bout de forces, sont mis sur les routes. Cet épisode est entré dans les mémoires comme les « marches de la mort ». Les SS qui escortent les marcheurs font un abondant usage de leurs armes, liquidant d'un coup de revolver ou d'une rafale de mitraillette ceux qui ne peuvent plus suivre. Dans certains cas, ils arment même les détenus de droit commun allemands qui tirent en rafale sur leurs codétenus[1]. Les récits des survivants sont hallucinants et donnent le sentiment d'une folie généralisée. Ces évacuations sont d'une importance fondamentale, non seulement parce que les souffrances des détenus atteignirent alors un paroxysme et que les morts furent littéralement innombrables, mais également parce qu'elles brouillèrent tout le système concentrationnaire. Le survivant est ainsi libéré dans un camp où il n'a passé que quelques mois, voire quelques semaines ou même quelques jours. Parfois, il se trouve abandonné sur une route ou bien dans un wagon de chemin de fer. Bien peu des survivants du complexe d'Auschwitz furent libérés par l'Armée rouge, le 27 janvier 1945 : la grande majorité avait été mutée entre octobre 1944, date du début des évacuations, et le 18 janvier 1945, quand le camp fut vidé, ne conservant que les malades incurables ou ceux qui préférèrent se soustraire à l'évacuation et y parvinrent.

Les déportés « raciaux » d'Auschwitz se trouvent dès lors mêlés aux « politiques » de Buchenwald. Des camps changent radicalement d'image et de fonction, comme celui de Bergen-Belsen. Avec la décomposition du Reich, il devient par sa situation géographique

1. Témoignages concordants de Marcel Jabelot et Roger Perelman, évacués de deux Kommandos différents d'Auschwitz, Günthergrube, pour le premier, Janina pour le second, enregistrés en vidéo par l'association *Témoignages pour Mémoire* et consultables aux Archives nationales.

un des lieux d'accueil de déportés en provenance de divers camps. Jusqu'aux derniers jours, des convois y déversent leur cargaison de déportés. Selon des estimations, car les nazis ont détruit les registres, de 40 000 à 50 000 détenus ont été ainsi transférés à Bergen-Belsen. La mortalité y devient effrayante. De camp protégé, où les détenus n'étaient pas promis à la mort, sans chambre à gaz, sans travail exténuant dans les carrières ou dans les usines comme ailleurs, Bergen-Belsen était devenu le plus grand mouroir de ces temps de libération, alors que les femmes et les enfants de prisonniers de guerre, les seuls dont ce camp fut la destination première pour des déportés de France, viennent de le quitter.

Pendant que ces événements se déroulent dans le Reich agonisant, le gouvernement français prépare le rapatriement de ceux que l'on nomme d'un terme générique « les absents » : prisonniers de guerre (près de 1 million), requis du Service du travail obligatoire (STO) (quelque 700 000) et déportés (40 000 environ). L'ampleur du problème est telle qu'un commissariat spécifique, transformé en ministère, celui des Prisonniers, Déportés et Réfugiés, est créé, fonctionnant à Alger, puis à Paris : il n'existera que le temps du rapatriement, et son histoire est liée à celle de l'homme à qui il fut confié, Henri Frenay[1]. Les difficultés de fonctionnement du ministère des Prisonniers, Déportés et Réfugiés sont nombreuses : des locaux éparpillés en vingt et un immeubles mal reliés entre eux, effectif en personnel constamment insuffisant. De fait, le rythme des recrutements suivra celui des retours. D'aucuns ont reproché au ministère, voire au Gouvernement provisoire, de ne pas avoir anticipé le retour en recrutant d'avance un personnel qu'il aurait ainsi eu le temps de former. Bref, de n'avoir pas fait du retour des « absents » la pierre angulaire de sa politique. C'est faire là un mauvais procès au gouvernement d'un pays exsangue qui, on a parfois tendance à l'oublier, fut à nouveau en guerre, du moins jusqu'au

---

1. Sur l'action de ce commissariat devenu ministère après la libération de Paris, voir l'autobiographie de Henri Frenay, *La nuit finira. Mémoires de Résistance. 1940-1945*, Paris, Robert Laffont, 1973 ; *Bilan d'un effort*, Ministère des Prisonniers, Déportés et Réfugiés, 1945 ; et surtout Christophe Lewin, *Le Retour des prisonniers de guerre français*, Paris, Publications de la Sorbonne, 1986.

8 mai 1945, et dont les priorités et les urgences étaient multiples : venir au secours des sinistrés des bombardements de 1944, remettre sur pied l'économie, les transports, la vie démocratique du pays, procéder à l'épuration...

Mais, avant tout, ce ministère compte parmi les moins autonomes, comme le sont souvent les administrations *ad hoc* établies pour des tâches précises et d'une durée limitée. Il dépend – et cette dépendance est fondamentale – du *Supreme Headquaters Allied Expeditionary Force* (SHAEF), qui, dans la réalité, décide du rapatriement. Les rapports entre le SHAEF et le ministère Frenay sont au début difficiles, puis tendent à s'améliorer.

Le premier souci des forces alliées est de maintenir les prisonniers et les déportés sur place, ensuite de les regrouper, toutes nationalités confondues, dans des centres de rassemblement sur lesquels Américains et Anglais auront toute autorité. C'est ce que l'on appelle alors le *Stand Still*. La tâche du Haut-Commandement allié est de gagner la guerre, et rien ne doit l'en distraire. Des foules qui se mettent anarchiquement en route, s'ajoutant aux populations civiles qui fuient vers l'ouest l'avancée de l'Armée rouge dans le chaos d'un pays qui a subi d'importants bombardements, peuvent gêner la poursuite des combats. Des « officiers de liaison » accrédités auprès du SHAEF sont chargés de récupérer leurs nationaux, mais, en tout domaine, ils demeurent subordonnés au SHAEF. Dans la pratique, il arrivera bien souvent qu'aucun officier de liaison français ne soit présent lors de l'ouverture des camps de concentration ou dans les camps de prisonniers libérés. La Mission française de rapatriement en Allemagne créée par Frenay, destinée à s'installer en Allemagne, sera contrainte de rester à Paris par la volonté du SHAEF.

Le rapatriement de ceux de Buchenwald et de ses Kommandos, commencé par les Américains, organisé par la Mission vaticane de l'abbé Rodhain, fut rapide et d'une relative efficacité. Très vite, effectivement, le 18 avril, deux avions emmènent trente-deux personnalités, parmi lesquelles Marcel Paul, le colonel Manhès, Robert Waitz, Albert Forcinal, Charles Richet, Claude Bourdet, le révérend père Leloir. Les autres sont pour la plupart conduits à Eisenach et quittent la ville les derniers jours d'avril, dans des convois où ils sont mêlés aux requis du STO et aux prisonniers de guerre. Ainsi, le convoi de Georges Wellers, qui, du camp d'Auschwitz III, Buna-Monowicz, avait été évacué à Buchenwald, quitte Eisenach en camion le 26 avril au matin. Dans des wagons de marchandises, les rapatriés gagnent Mayence où ils sont hébergés dans une caserne, poudrés au DDT avant de monter dans des camions militaires et de passer le Rhin sur des pontons. Du centre d'accueil de Longuyon, ils montent dans un train, de voyageurs cette fois, et arrivent le 29 avril à la gare de l'Est. Deux semaines environ séparent donc leur libération de leur retour en France. Mais plus difficiles furent les rapatriements de Bergen-Belsen, Flossenburg ou Dachau. Le camp de Bergen-Belsen, libéré par les Britanniques le 15 avril 1945, se trouve dans un état invraisemblable. Pas d'eau, plus de nourriture et l'épidémie de typhus qui s'étend. Il est confiné dans une rigoureuse quarantaine dont les effets sont ravageurs sur les détenus, car il interdit un rapatriement qui ne se fera qu'à la mi-mai. Les derniers Français survivants internés à Bergen-Belsen ne reverront la France qu'au mois de juin. Le camp de Dachau, en proie également au typhus, est libéré par les Américains le 29 avril : le rapatriement s'y fait aussi avec quelque lenteur.

Les Français qui se trouvaient dans la zone soviétique connaissent un destin contrasté. C'est le cas, par exemple, de ceux qui sont libérés à Auschwitz par l'Armée rouge ou qui se sont évadés lors de la marche de la mort. Une minorité part très vite d'Odessa en bateau, arrive à Marseille en mars ou avril 1945. Mais, globalement, le rapatriement des Français de la zone libérée et contrôlée par l'Armée rouge présente des difficultés spécifiques. Les autorités soviétiques, en effet, ne permettent pas aux très rares représentants de la France de les localiser, de les dénombrer, de les identifier, et elles traînent pour accepter un accord. Il faut attendre le 19 juin 1945 pour que soit signé l'accord réciproque de rapatriement entre les gouvernements français et soviétique, accord concernant aussi bien les prisonniers de guerre que les déportés. Dans le même temps qu'ils signent cet accord, les Soviétiques ouvrent la ligne de démarcation qui sépare leur zone de celle des Américains et des Britanniques, permettant ainsi que le rapatriement s'effectue par voie de terre et non plus seulement par mer. À partir de juillet 1945, les Français rassemblés à Odessa qui n'ont pas encore été réembarqués prennent le train vers l'Ouest.

Mais, surtout, brutalement, à la mi-avril, alors que le plan Frenay prévoyait d'éviter Paris, la capitale devient la plaque tournante du rapatriement. D'une part, le gonflement du trafic ferroviaire dû aux libérations massives rend indispensable le passage des trains par la capitale, compte tenu de la structure du réseau ferré français ; d'autre part, les Alliés décident brutalement d'organiser le rapatriement par avion. Ainsi, huit mille rapatriés arrivent désormais quotidiennement à l'aéroport du Bourget. Comme le note Christophe Lewin, Paris était devenu le principal centre frontalier, et il fallut d'urgence y installer des lieux capables d'accueillir vingt-cinq mille personnes par jour. Le Gaumont Palace et le Rex furent réquisitionnés pour servir de centre de transit avant que les rapatriés puissent être menés au centre d'accueil. Celui de la gare d'Orsay qui accueillit l'essentiel des requis et des prisonniers fut bâti en dix-sept jours.

Pourtant, comme le note Olga Wormser-Migot, associée à toutes les opérations du retour au ministère Frenay, le centre de la gare d'Orsay s'avère impraticable pour les déportés : « Dans une gare, on ne fait que passer. Mais les moribonds, “les épuisés”, il leur faut d'abord un lit[1]. » En songeant à la gare d'Orsay, explique-t-elle, on n'imaginait pas l'état des survivants. On pensait, précise-t-elle encore, qu'ils « pourraient après les formalités d'accueil, regagner leur logis, reprendre de plain-pied la vie normale. Pourtant, on aurait dû savoir, il aurait fallu savoir les bruits venus des camps par les messages clandestins envoyés d'Auschwitz et de Buchenwald, les révélations sur Auschwitz libéré en janvier 1945, révélations diffusées par la presse, la radio soviétique, avant même le retour des rescapés dans leurs pays respectifs[2] ». À l'évidence, il faut pour les survivants des camps un centre d'accueil à vocation hôtelière ou hospitalière, avec un accès assez large pour permettre d'installer différents services, notamment médicaux, mais aussi les services

1. O. Wormser-Migot, *Le Retour des déportés…*, *op. cit.*, p. 195.
2. *Ibid.*, p. 174.

de police chargés de contrôler l'identité du déporté. La réponse à cette nécessité, ce fut l'hôtel Lutetia, réponse improvisée sous la pression des événements, comme tout ce qui concerne le retour des déportés. Selon Olga Wormser-Migot, trois femmes, Élisabeth Bidault (Agnès dans la Résistance), secrétaire générale du Comité des œuvres sociales des organisations de la Résistance (COSOR), sœur de Georges Bidault, alors ministre des Affaires étrangères, Dorine (de son vrai nom Denise Mantoux), du service social du Mouvement de libération nationale (MLN), et Yanka (Sabine) Zlatin[1], la « Dame d'Izieu », engagèrent l'« Opération Lutetia », réquisitionnant l'hôtel sans difficulté grâce à leurs relations haut placées. Ces trois femmes vont assurer l'intendance du Lutetia, faisant en car de police le tour des dépôts de marchandises du marché noir mis sous séquestre et réussissant en un temps fort court à mettre sur pied un centre d'accueil où tout est au service du déporté rapatrié.

De la gare de l'Est ou de l'aéroport du Bourget, les déportés sont conduits directement par autobus ou camion au Lutetia. Là, ils doivent affronter, massée sur les trottoirs, la foule de ceux qui attendent depuis des jours et des nuits l'hypothétique retour de l'être cher et brandissent souvent des photos, suppliant ceux qui reviennent de leur fournir des indications. Le hall de l'hôtel est d'ailleurs tapissé en permanence de photos et de messages. Les déportés subissent alors un contrôle de police, portant sur leur état civil, les conditions de leur arrestation et leur périple dans les camps. Ce contrôle a notamment pour objet de dépister les éventuels espions ou les imposteurs se faisant passer pour déportés, mais aussi de pourvoir d'une carte de rapatrié ceux qui sont démunis du moindre papier d'identité. Parfois, le rapatrié ne reste au Lutetia que le temps de ces formalités. Sa famille peut venir le chercher, ou, muni d'un ticket de métro et accompagné d'un jeune scout – les différents mouvements, Éclaireurs israélites de France, Scouts et guides de France, sont particulièrement actifs –,

1. Sabine Zlatin offre un récit de son travail au Lutetia dans *Mémoires de la « Dame d'Izieu »*, avant-propos de François Mitterrand, Paris, Gallimard, coll. « Témoins », 1992, p. 62-65.

il peut rentrer chez lui s'il est sûr d'avoir encore un chez-lui. Si son état de santé est par trop précaire, les médecins le font conduire en ambulance, essentiellement à la Salpêtrière ou à Bichat. Ceux qui restent sont conduits vers l'une des cinq ou six cents chambres que compte cet hôtel de luxe qu'est le Lutetia.

Dans les très nombreux récits de déportés publiés dans l'après-guerre, le Lutetia occupe peu ou pas de place. Le survivant arrête en général sa plume au moment où il foule le sol de France. Dans quelques témoignages plus tardifs, parus ces dix dernières années, l'épisode du Lutetia est évoqué brièvement, l'insistance étant mise sur les formalités de police qui sont décrites en général avec un brin d'aigreur. Les années ont passé. La mesure a été prise, notamment par les déportés juifs qui n'ont pas retrouvé de famille, de l'ampleur de la perte. Mais surtout, la société française n'a pas, selon beaucoup de déportés, accordé suffisamment d'attention à ce qu'avaient été leurs souffrances. Les difficultés des années d'après guerre ont terni, dans le souvenir, le moment du retour.

3.

« Un difficile retour », entretien avec Simone Veil[1]

[1992 et 2021]

Un jour, j'ai entendu Simone Veil expliquer, lors d'une émission de radio – je ne sais plus laquelle : « J'ai toujours voulu parler. On ne voulait pas m'entendre. » La vulgate était alors d'expliquer que, si le génocide des Juifs avait été mal perçu, la responsabilité en incombait aux survivants qui n'avaient pas voulu parler. C'était donc une révolution qui a modifié ma perspective, orienté de façon décisive mes travaux et, bien au-delà, infléchi la vision générale de la libération des camps et de ses lendemains.

J'ai eu envie d'en savoir plus et j'ai sollicité un entretien. Ce fut notre première rencontre. J'ai souhaité que l'accent fût mis non sur ce qu'elle, sa sœur, sa mère avaient vécu dans les camps, Birkenau, Brobek, Bergen-Belsen, mais sur ce qui s'était passé pour Simone et Milou lors de l'entrée des Britanniques dans ce dernier camp et comment s'était opéré leur retour.

Pendant les quelque vingt années qui ont suivi, avec la remarquable stabilité qui est la marque de ses très nombreux témoignages, Simone Veil est revenue souvent, notamment dans *Une Vie*,

---

1. Propos recueillis en juin 1990 par Annette Wieviorka. Cet entretien fut ensuite publié en 1992 dans la revue *Pardès*, n° 16 et repris dans le catalogue de l'exposition, *« Nous vous aimons, Madame ». Simone Veil, 1927-2017*, Constance de Gaulmyn et Olivier Rozenberg (dir.), Paris, Flammarion, 2021.

en des termes pratiquement semblables, sur ce qui constitua un véritable traumatisme. « Le récit non écouté est un traumatisme aussi grave que l'épreuve initiale[1] », a expliqué le psychiatre et psychanalyste Dori Laub.

Le mépris pour les déportés juifs

Outre même le fait que la plupart avaient perdu toute leur famille ou, en tout cas, beaucoup d'êtres proches et d'amis, notre retour a été douloureux. L'accueil a été loin de ce que nous avions pensé. Personne ne comprenait ce que nous avions vécu. Nous gênions, comme si nous arrivions d'une autre planète.

Les déportées résistantes nous tenaient à distance. Surtout que l'on ne confonde pas nos situations.

Ainsi, je me souviens du jour où, peu de temps après mon arrivée à Birkenau, Marceline L.[2] et moi, errant toutes les deux dans le camp, tout en nous cachant parce que nous nous étions échappées du Kommando de travail, nous avons été attirées vers un bloc par des voix parlant français. Heureuses de rencontrer des Françaises, nous avons cherché à faire connaissance. L'accueil a été une véritable douche froide : nous avons été accablées par leur hostilité parce que nous étions juives et que nous n'avions pas combattu comme elles, les communistes.

Elles, elles s'étaient battues contre les nazis. Nous, nous n'étions rien. Nous avons fui aussitôt, consternées.

Au retour, alors que je m'étais naïvement rendue au dispensaire de la FNDIR [Fédération nationale des déportés et internés de la résistance] de la rue des Bauches pour des examens médicaux, on m'a carrément mise à la porte en me disant qu'il était réservé aux déportés résistants.

---

1. Cité in Annick Cojean, « Les voix de l'indicible », *Le Monde*, 25 avril 1995.
2. Marceline Loridan-Ivens (1928-2018), née Rozenberg, qui deviendra cinéaste et entretiendra des liens d'amitié avec Simone Veil toute sa vie.

Nous ne revendiquions pas les honneurs et les facilités réservés aux résistants, mais nous aurions souhaité autre chose qu'indifférence ou mépris.

Toutes les formalités que nous avions à faire – et elles étaient nombreuses – étaient compliquées. Au ministère des Anciens combattants, l'accueil était généralement soupçonneux et revêche : nous étions renvoyées d'un bureau à l'autre, comme si nous réclamions des passe-droits, alors que nous étions perdues et démunies de tout.

On ne nous reprochait pas d'être rentrées, mais nos interlocuteurs avaient toujours l'air de penser « estimez-vous contentes d'être là… ». Déportée à Ravensbrück comme résistante, une de mes sœurs[1] fut invitée à Nice, où nous vivions auparavant, pour animer des conférences, parler de la Résistance et de la déportation. Nous, nos souvenirs, nos récits n'intéressaient guère.

Administrativement, le statut des déportés résistants a été tout de suite différent de celui des déportés juifs. Il est tout à fait normal, et aucun de nous ne s'en étonne, qu'au regard de leur passé courageux, de leur engagement volontaire, les résistants aient pu avoir certains avantages et soient attachés à maintenir la distinction avec les déportés juifs ou tziganes. Elle existait d'ailleurs dans les camps. Aussi, l'argument tiré, lors du procès Barbie[2], du fait que Juifs et résistants avaient été déportés dans les mêmes convois pour assimiler leur situation au regard de la notion de « crime contre l'humanité » m'a paru mal fondé.

Pourquoi aujourd'hui vouloir nier des différences si évidentes entre la situation des déportés juifs et celle des résistants ? Ceux-ci, à juste titre, se revendiquent comme des combattants. C'est à ce titre qu'ils ont été poursuivis, torturés, déportés. Alors

1. Denise Vernay (1924-2013) dont la résistance et la déportation sont racontées dans Antoine de Meaux, *Miarka*, Paris, Phébus, 2020.

2. Il s'agit du convoi du 11 août 1944, composé de résistants et de Juifs dont Klaus Barbie, extradé de Bolivie en 1983 et jugé à Lyon en 1987, portait la responsabilité. Les résistants furent conduits dans divers camps de concentration, les Juifs à Birkenau. Les avocats des résistants réussirent à faire modifier la qualification de crimes contre l'humanité pour que Barbie fût aussi jugé pour leur déportation.

que les Juifs ont été pourchassés, déportés et exterminés en raison de ce qu'ils étaient, les résistants l'ont été pour ce qu'ils avaient fait. Les uns sont les victimes d'un génocide délibéré, les autres ont résisté contre le nazisme et l'occupation. Ils sont des combattants, parfois même des héros. Dans cette perspective, l'interprétation extensive de la notion de « crime contre l'humanité », telle qu'elle a été donnée par la Cour de cassation, représente une forme de banalisation du génocide des Juifs et des Tziganes en l'assimilant aux crimes de guerre.

La répression, aussi barbare fut-elle, contre les résistants s'inscrit dans le contexte du combat contre l'ennemi.

Le retour, le triomphe de la vision communiste d'Auschwitz

Les conditions de notre rapatriement sont à elles seules significatives de l'inconscience des autorités ou de leur indifférence. Alors que certaines étaient très malades et toutes très affaiblies, nous n'avons été rapatriées que plus d'un mois après la libération du camp de Bergen-Belsen. Nous avons voyagé durant cinq jours, entassées dans des camions avant de faire la dernière étape jusqu'à Paris en train, alors que des prisonniers de guerre français, libérés en même temps que nous, avaient été très vite rapatriés par avion.

Faute de soins et d'une nourriture appropriée, nombre de déportés sont morts durant ces semaines.

Les responsables militaires anglais qui avaient libéré le camp ainsi que la mission française de rapatriement voyaient bien la situation, mais ils étaient démunis de tout pour nous soigner. Pourquoi cette longue attente? Sans doute par crainte de répandre l'épidémie de typhus ou peut-être tout simplement parce que « ça » n'avait été prévu? Nous avons eu le sentiment que nos vies ne comptaient pas, alors que pourtant il y avait déjà si peu de survivants.

Une fois rentrées, il a fallu repartir à zéro. Beaucoup n'avaient plus aucune famille, plus de domicile, pas de travail, pas de moyen d'existence. Tout ce que nous possédions avait été pris par les Allemands lors de notre arrestation, y compris nos vêtements. Les premiers temps, nous avons dû vivre de dons ou d'emprunts. Bien plus que les problèmes matériels, il fallait réapprendre à vivre, à se supporter et supporter les autres.

Peu de temps après mon retour, je suis allée à l'Amicale d'Auschwitz – rue Leroux –, comme ça, pour voir. Ne serait-ce que pour rencontrer des camarades. Tout était en place, bien organisé, totalement accaparé par les communistes. On avait l'air d'ignorer qu'à Auschwitz il y avait eu surtout des Juifs. Aussi, je ne me suis pas inscrite à l'Amicale et je ne suis jamais retournée rue Leroux.

Il a fallu des années pour que je comprenne comment et pourquoi les communistes avaient pris l'Amicale en main. Dès la Libération, et même auparavant, le parti communiste avait songé au retour des prisonniers et déportés. Structuré, il avait des moyens. Les organisations juives, elles, avaient d'autres soucis, ne serait-ce que la prise en charge des enfants dont les parents avaient été déportés. En outre, un certain nombre d'anciens déportés qui avaient été libérés à Auschwitz par l'arrivée des Russes sont rentrés en France avant la fin de la guerre. Parmi eux, un certain nombre de communistes ont créé l'Amicale.

L'Amicale d'Auschwitz est devenue tout naturellement le représentant et le porte-parole des anciens déportés d'Auschwitz. C'est elle qui a donné le ton, façonné l'image qu'il fallait donner du camp : la présence de la résistance à l'intérieur du camp, la solidarité entre tous les déportés. Ce sont devenus des faits dont la réalité serait à nuancer mais ça arrangeait les communistes, déjà ils refaisaient l'histoire à leur profit.

Le maintien des liens avec les camarades de déportation

Ayant quitté Birkenau trois mois après mon arrivée pour un petit Kommando situé à quelques kilomètres, j'ai perdu de vue les camarades arrivées à Birkenau en même temps que moi. Nous nous sommes retrouvées progressivement dans les années qui ont suivi le retour, soit à l'occasion de rencontres d'anciens déportés, soit par hasard.

J'ai retrouvé Marceline L. par une camarade commune. Nous restons très proches, tout en nous voyant de façon intermittente selon les périodes, nos engagements et nos vies respectives ont pris des chemins différents.

Mon mari n'aime pas m'entendre parler de la déportation et ne m'accompagne jamais lorsque je rencontre d'anciens camarades. Mais nous en parlions beaucoup avec ma sœur aînée[1] lorsque nous étions seules toutes les deux. Au camp, nous n'avons jamais été séparées.

Nous étions restées particulièrement liées avec deux camarades[2], d'ailleurs plus âgées que nous, rencontrées à Bobrek, un petit Kommando à quelques kilomètres d'Auschwitz où nous sommes restées jusqu'au 18 janvier 1945, quelques jours avant l'arrivée de l'Armée rouge. Nous avons fait ensemble la longue marche dans la neige jusqu'à Gleiwitz. Nous ne nous sommes guère quittées dans cet univers dantesque de Gleiwitz ni dans les wagons ouverts roulant vers Bergen-Belsen après une halte de deux jours à Dora.

Nous ne nous sommes jamais perdues de vue. Elles avaient très bien connu Maman qui est morte à Bergen. Je peux en parler avec elles, du moins avec celle des deux qui est vivante. Nous avons beaucoup de souvenirs en commun.

Notre passé crée des liens très forts entre nous, alors que rien ne paraît nous rapprocher. Elles étaient communistes avant leur déportation et au camp même restaient des militantes dans l'âme. L'une des deux avait été arrêtée comme communiste. Elles ont quitté le parti quelques années après leur retour. C'est grâce aux filières d'entraide entre les communistes qu'elles avaient été envoyées à Bobrek.

À Bergen-Belsen, au cours des dernières semaines qui ont été horribles, nous ne nous sommes jamais perdues de vue. Et lorsque Maman est morte du typhus, elles ont été un grand appui pour

---

1. Madeleine Jacob a été déportée avec Simone et leur mère. Très proche de Simone, elle est morte dans un accident de voiture en 1952 avec son fils qui avait un an.

2. Il s'agit de Tola Glowinski et Faiga (Fanny) Zelinsky.

ma sœur elle-même très malade et moi. Elles ont compris notre lassitude de vivre et notre détresse.

Fanny est morte il y a quelques années, mais encore aujourd'hui je trouve auprès de Tola un sentiment particulier de sécurité. C'est une femme chaleureuse et maternelle. Nous nous comprenons à demi-mots.

Dans les années 1960, à la suite d'une annonce parue dans un journal, nous avons retrouvé les hommes rescapés de Bobrek. Nous avions été séparés après la longue marche. Parmi eux quelques-uns s'étaient évadés. Les autres étaient partis en transport vers divers camps autres que Bergen-Belsen. Nous avons formé une Amicale des anciens de Bobrek : un certain nombre sont en France, d'autres en Israël, quelques-uns aux États-Unis. Nous étions environ 250 déportés dans ce Kommando, dont 35 femmes. Nous conservons des relations très amicales entre nous, autant que le permettent nos vies dispersées.

Nous nous sommes réunis il y a quelques années en Israël, très heureux d'être ensemble. Nous nous retrouvons à l'occasion de mariages des enfants ou de circoncisions des petits-enfants.

Il reste entre nous des relations très particulières que les autres comprennent mal. Entre nous, nous ne parlons que du camp ou de ce qui s'y rapporte. Indéfiniment. Mais sans amertume ni tristesse. Au contraire.

La parole empêchée – perception de la déportation et assimilation

On entend souvent dire que les déportés ont voulu oublier et ont préféré se taire. C'est vrai sans doute pour quelques-uns, mais inexact pour la plupart d'entre eux.

Si je prends mon cas, j'ai toujours été disposée à en parler, à témoigner. Mais personne n'avait envie de nous entendre. Ce que nous disions était trop dur, pouvait paraître cynique. Il aurait fallu peut-être que nous disions les choses avec plus de précautions. Ainsi, à partir du mois de juin 1945 et durant tout l'été, les familles de ceux qui n'étaient pas rentrés ont continué à attendre et espérer.

Lorsque nous manifestions des doutes sur ce point, compte tenu de tout ce que nous savions, on préférait ne pas écouter, ou ne pas comprendre. On était choqué.

Il est vrai que la bêtise de certaines questions posées, le doute parfois exprimé sur la véracité de nos récits ou au contraire l'interrogation « gourmande » de ceux qui espéraient des récits encore plus horribles que la réalité pour satisfaire une imagination sadique avide de sensationnel, nous ont incités à la prudence et à choisir nos interlocuteurs. Les fantasmes existent toujours et sont d'ailleurs entretenus par des récits aux sources peu sûres.

C'est seulement lorsque je suis devenue ministre, sortant ainsi de l'anonymat, que j'ai eu l'occasion de parler publiquement de la déportation et de donner diverses interviews sur ce sujet.

En 1979, il me paraissait souhaitable que le film *Holocauste* soit diffusé. Même avec ses défauts, ce feuilleton était de nature à sensibiliser l'opinion. Aussi, j'ai accepté de participer au débat organisé à la suite de la projection du film. C'est un souvenir affreux. Sur le plateau, on faisait de la politique politicienne. Du camp lui-même, il n'était guère question. Pendant toute la projection, j'avais entendu ricaner les jeunes auxquels on avait pourtant fait « faire le voyage d'Auschwitz » pour les informer.

J'avais le sentiment d'être tombée dans un piège et je pense que c'était bien ce qu'avait voulu une des organisatrices de l'émission. C'était peu avant les élections européennes, je conduisais une liste pour ces élections. Il fallait me discréditer.

Cette incompréhension, ces difficultés, nous les retrouvons en famille. Peut-être même surtout dans nos familles : le silence, c'est un véritable mur entre ceux qui ont été déportés et les autres.

Apparemment, pour tous, tout cela n'existait plus. C'était une parenthèse. En réalité, ce n'était pas de l'indifférence, mais c'était un sujet trop pénible pour en parler. Ma belle-mère refusait de voir des films sur le camp, même à la télévision. Elle ne le supportait pas.

Encore aujourd'hui mon mari, mon beau-frère détestent lorsque nous parlons des camps. Nos rencontres avec nos anciennes camarades ne leur plaisent guère, peut-être parce qu'ils se sentent exclus d'un monde si important pour nous. Ils ne supportent pas notre souffrance. Alors nous nous taisons lorsqu'ils sont là. Je vois très souvent ma sœur qui, elle, a été déportée comme résistante à Ravensbrück. Chaque fois, nous parlons de la déportation et de ce qui s'y rapporte.

Il y a quelques années, une cousine par alliance dont le père a été déporté alors qu'elle était très jeune m'a posé des questions sur le camp. Elle ne savait rien sur ce sujet, n'en avait jusque-là parlé à personne.

C'est vrai que j'en parle peu à mes enfants, il faut que les circonstances s'y prêtent et que mon mari soit absent.

J'aurais été tentée d'écrire si j'avais eu le talent pour le faire. Certains déportés ont écrit leurs souvenirs, mais n'ont pas trouvé d'éditeur. La plupart des livres sur la déportation n'ont guère eu de succès.

Depuis que j'occupe des fonctions officielles, j'ai saisi toutes les occasions de parler, mais qui nous invite ? Le Centre Rachi, le Mémorial du martyr juif inconnu[1], le Congrès juif mondial, la LICRA ou encore le CRIF lorsqu'il organise une manifestation pour la commémoration des sinistres événements du Vél d'Hiv, le font. À ces réunions, il n'y a que peu de monde, toujours les mêmes, surtout des anciens déportés et parfois leur famille ; également quelques élus du quartier.

Il y a eu, il y a quelques années, un grand rassemblement des survivants en Israël. Un moment émouvant de retrouvailles, mais surtout un moment de mémoire, une occasion aussi de témoigner. En 1980, alors que j'étais présidente du Parlement européen, j'ai pris la parole à Bergen-Belsen pour apporter mon soutien aux Tziganes et faire reconnaître leurs droits par les autorités allemandes.

Toutes ces manifestations, qui en parle, tous ces discours, quel journal y fait écho ?

Et je ne parle pas du colloque organisé en décembre 1987 à la Sorbonne par Mme Ahrweiller, alors recteur de l'université. Les historiens auraient souhaité que les témoins ne prennent pas la parole. De même, si, à la demande du *Matin de Paris*, en 1976 ou

1. Devenu en 2005 le Mémorial de la Shoah.

1977, je n'avais pas répliqué à la scandaleuse interview de Darquier de Pellepoix dans *L'Express*, qui affirmait qu'« à Auschwitz on ne gazait que les poux » ?

Il est difficile de rendre compte du climat des années d'après guerre car il était tout à fait différent de celui qu'on imagine aujourd'hui. Le succès qu'a eu le livre de Jean-Paul Sartre, *Réflexions sur la question juive*, auprès des Juifs eux-mêmes est significatif de l'état d'esprit de l'époque. Il y a un abîme par rapport à la perception d'aujourd'hui.

Les Juifs français se reconnaissaient alors dans l'analyse faite par Sartre : les Juifs n'existent que par le regard porté sur eux, par les autres. Beaucoup ne tenaient pas à ce que l'on parle trop du passé. On voulait tourner la page, éliminer tout ce qui pouvait nous différencier des autres. Par crainte d'un retour à ce passé si récent, certains changeaient de nom, faisaient baptiser leurs enfants, étaient hostiles à la circoncision des garçons. Cette atmosphère n'était guère propice aux souvenirs. Des anciens déportés – mais très peu je crois – se sont fait opérer pour enlever le numéro tatoué sur leur bras.

Il faut dire que le tatouage peut entraîner le genre d'humiliation suivante : en 1949, mon mari et moi habitions l'Allemagne. À une réception à Mayenne au consulat de France, un haut fonctionnaire français, en voyant mon bras – sans vouloir être désagréable, mais par pure inadvertance –, m'a demandé si c'était mon numéro de vestiaire. Cela m'a fait un choc terrible et je suis arrivée en pleurs auprès de mon mari. L'intéressé a d'ailleurs été si gêné de sa gaffe que, par la suite, il a toujours nié ces propos.

Les réflexions étaient parfois bien pires. Juste après la guerre, il m'est arrivé d'entendre « Comment, il y en a encore ? On croyait qu'on les avait tous tués », dit sur un ton de regret.

Des organisations juives comme l'OSE[1] se sont occupées des enfants, le FSJU[2] a servi d'intermédiaire pour la constitution des dossiers d'indemnisation pour la spoliation des immeubles et des bijoux, mais, pour le restant, nous n'avons pu compter que sur

1. Œuvre de secours à l'enfance.
2. Fonds social juif unifié.

nos familles ou quelques personnes qui, à titre personnel, ont fait preuve d'amitié et d'une exceptionnelle solidarité.

Il fallait que la vie reprenne comme si de rien n'était, comme si rien ne s'était passé.

Quelques années plus tard, beaucoup de Juifs ont eux-mêmes revendiqué le droit à la différence, tenant à affirmer leur identité ou leur fidélité même lorsqu'ils n'étaient pas religieux.

La création de l'État d'Israël, les menaces qui pesaient sur ce jeune État y ont été pour beaucoup. Raymond Aron a parfaitement explicité ces sentiments. Par la suite aussi, l'arrivée massive des Juifs séfarades venus d'Afrique du Nord qui n'avaient jamais vécu l'appartenance à la Nation française comme un renoncement au judaïsme.

Il y a eu insensiblement une transformation des esprits et des attitudes. Ainsi on a bien davantage parlé du 40e anniversaire de la libération des camps que du 30e. Comment l'expliquer ? Sans doute par le souci de réagir aux thèses des négationnistes, de Robert Faurisson et autres qui commençaient à se manifester. Les anciens déportés ont eu le sentiment que lorsqu'ils auraient disparu, il n'y aurait plus personne pour entretenir la mémoire.

Dans le même temps, une nouvelle génération, celle des enfants ou des petits-enfants devenus adultes, voulait rompre le silence.

Peut-être quarante années étaient-elles nécessaires pour accepter d'entendre parler de l'indicible horreur de la Shoah ?

Culpabilité ou culpabilisation

Dès notre retour, le regard des autres a été soupçonneux. Pourquoi quelques-uns sont-ils rentrés, ceux-là et pas les autres ? Qu'ont-ils fait pour être là ? Comment s'en sont-ils sortis ? Des livres comme *Le Choix de Sophie* sont nourris de telles arrière-pensées ! D'ailleurs ce roman n'a-t-il pas délibérément bâti son succès sur la fiction très peu vraisemblable que Sophie aurait eu à choisir entre ses enfants celui qu'elle voulait sauver ? L'auteur laisse en outre libre cours à son imagination pour expliquer la survie de son héroïne.

Primo Levi et Bruno Bettelheim ont, eux avec sérieux, et pour cause, l'un et l'autre analysé le système concentrationnaire. Ils soulignent que la vie des uns était gagée sur la mort des autres puisque, à Auschwitz, les SS faisaient dépendre le nombre d'entrées au camp des rescapés de la chambre à gaz du nombre des morts dans les semaines ou les jours précédents. Au surplus, chaque situation privilégiée comme l'affectation à un travail ou à un Kommando moins pénible supposait un choix en faveur d'un déporté plutôt qu'un autre. Même si le choix se faisait au hasard, ce qui n'était pas toujours le cas, comment ne pas le ressentir comme une chance de survie que n'avait pas un autre ?

Enfin, même lorsqu'on parle de solidarité, il faut préciser que ces solidarités étaient généralement limitées à un petit cercle familial, amical ou national, et plus encore politique s'agissant des communistes entre eux. De telles solidarités pouvaient vous sauver la vie lorsqu'elles permettaient de faire affecter l'heureux bénéficiaire dans un bon Kommando ou à un travail relativement protégé. Les Françaises ont, dans l'ensemble, peu profité de tels privilèges car elles n'occupaient généralement pas les postes, dans les bureaux notamment, qui conféraient un certain pouvoir dans le camp. Mais cette solidarité entre nous était un soutien moral et affectif important aux moments les plus durs. On partageait au sein de ces petits groupes les avantages que l'on avait pu se procurer : supplément de soupe ou de pain par exemple.

Mais durant les marches, comme celle du 18 janvier 1945, lors de l'évacuation d'Auschwitz, on ne pouvait soutenir indéfiniment ceux qui étaient terrassés par l'épuisement.

Primo Levi, encore lui, raconte les remords qu'il conserve d'avoir partagé avec un seul de ses camarades sans en faire profiter un troisième l'eau croupie restée dans un tuyau alors que tous trois mouraient de soif.

À notre retour, bien des sous-entendus et des regards auraient pu nous donner ce sentiment de culpabilité. En 1984 un journal communiste du centre de la France a osé, dans la campagne des élections européennes, sous-entendre que je n'avais guère dû souffrir en déportation du fait que je prenais des positions antisoviétiques. Sur ce point, j'avais déjà fait l'objet de violentes attaques de la part de Marie-Claude Vaillant-Couturier[1], elle-même ancienne déportée à Auschwitz comme communiste, parce que j'avais pris parti en 1980 pour le boycott des Jeux olympiques de Moscou à la suite de l'invasion de l'Afghanistan. À l'entendre, ancienne déportée, j'aurais contracté une dette éternelle vis-à-vis de l'Union soviétique pour le rôle que l'Armée rouge avait joué durant la guerre, m'ayant ainsi sauvé la vie, et je n'aurais plus le droit de m'exprimer à son encontre !

En fait, j'ai été libérée par les Anglais et non par l'Armée rouge – ce qui d'ailleurs ne change rien. Simplement le même argument devrait alors tout autant s'imposer pour tous les anciens déportés vis-à-vis des États-Unis et de l'Angleterre.

Marqués de façon indélébile par l'enfer des camps nazis, au propre comme au figuré, nous serions en outre privés pour toujours d'une parcelle de notre liberté !

1. Grande figure du communisme français, Marie-Claude Vaillant-Couturier a été déportée dans le convoi du 24 janvier 1943. Elle est choisie pour témoigner de ce que fut Auschwitz au procès de Nuremberg.

4.

Olga Wormser-Migot, *Le Retour des déportés : quand les Alliés ouvrirent les portes*[1]

[2020]

Quarante ans et bien des lectures et recherches après, j'éprouve la même émotion que la première fois à lire *Le Retour des déportés*. C'est bien le grand livre de l'attente, de la recherche, de la découverte des camps et du « maigre "retour massif" des déportés », « cette grande et à la fois avare vague de retours ». Je prends conscience que cet ouvrage a guidé, sans que j'en prenne toute la mesure, une grande partie de mes travaux.

Pour le vingtième anniversaire de l'ouverture des camps, de leur découverte, Olga Wormser-Migot, aidée par son Journal, recréa « au jour le jour ce qui se passait dans les camps, entre la libération de Paris et la fin de la guerre : neuf mois mortels », d'août 1944, quand le ministre des Prisonniers, Déportés et Réfugiés, Henri Frenay, installa son ministère dans la capitale, jusqu'au moment où le rapatriement fut décrété terminé.

Aujourd'hui que l'on sait tout, ou presque, sur la persécution et la déportation des Juifs de France, que l'on entend ici ou là qu'on a toujours tout su et rien fait, la lecture de l'ouvrage d'Olga Wormser-Migot est salutaire pour comprendre les tâtonnements de la connaissance et les incroyables difficultés rencontrées par les

1. Préface au *Retour des déportés* d'Olga Wormser-Migot, Éditions Archipoche, coll. « Archidoc », 2020.

femmes et les hommes dont le seul souci était le destin de ceux qui avaient été transportés vers l'Est. L'historienne raconte, au ras de son expérience, comment on ne savait rien, ou si peu. Rien de la géographie des camps, hormis quelques grands noms comme Buchenwald et Dachau. Rien de la destination de ceux qui étaient partis vers l'Est, laissant parfois – mais pas toujours – une trace dans des registres, comme ceux du fort de Romainville ou sur des fiches des camps de transit de Compiègne et Drancy.

Il y eut pour Olga Wormser-Migot quatre saisons. La première : le « bel été de la Libération », qui est aussi celui des derniers départs et de la recherche sur archives ; « les brouillards de l'automne », quand s'accélèrent les rythmes des morts dans les camps ; l'hiver et les évacuations ; enfin « le printemps de la libération des camps, des exterminations massives, des ravages du typhus et de la faim, des maigres retours ».

Ce livre est hanté par le souvenir de ceux qui ne sont pas revenus, de ceux qu'Olga Wormser-Migot a accueillis et dont elle a recueilli les premières paroles, des libérateurs aujourd'hui si oubliés qui, comme elle, ont tenté de sauver les mourants et d'établir l'identité des morts. L'ouvrage est écrit dans une langue magnifique où sourdent toutes les émotions qui furent les siennes : l'inquiétude, l'angoisse, le désespoir, l'indignation, la sidération, la colère, le chagrin. De cette femme que la persécution avait juste effleurée, ces neuf mois avaient fait la compagne des survivants.

Le Retour des déportés fut un des premiers livres que je lus quand je décidai de faire une thèse sur la façon dont avaient été perçus la déportation et le génocide des Juifs pendant la guerre et ses lendemains. C'était un témoignage, et je voulus rencontrer son auteur. Elle me reçut dans son appartement, tout près de l'église Saint-Germain-des-Prés. Elle était déjà âgée et ne put m'éclairer vraiment sur la fabrique de son livre. J'aurais tant aimé qu'elle eût conservé son Journal ! Près d'un demi-siècle s'était écoulé depuis les événements qu'elle rapportait, et désormais elle n'était plus la seule, loin de là, à s'y intéresser. Les archives étaient accessibles, permettant tout à la fois de passer au crible de la critique la mémoire d'Olga et d'élargir son propos.

Je me souviens de longues semaines de trouble au CARAN, le Centre d'accueil et de recherches des Archives nationales, dans le quadrilatère du Marais, qui venait d'être inauguré. Alors qu'Olga Wormser-Migot écrivait avoir commencé son travail au ministère des Prisonniers, Déportés et Réfugiés le 12 septembre 1944, je ne trouvais pas sa trace dans les très nombreux cartons d'archives que je dépouillais. En 1952, en effet, les papiers du Commissariat aux Prisonniers, Déportés et Prisonniers du gouvernement d'Alger, ceux du ministère Frenay et des missions militaires de rapatriement avaient été versés aux Archives nationales et intégrés dans la série F/9, celle des « affaires militaires », déjà librement consultable.

Soudain, alors que les dames non mariées figuraient sous leur nom de jeune fille précédé du seul « Mlle », apparut, précédant le nom Jungelson, un prénom : Olga. Oui, elle avait bien été l'une des chevilles ouvrières de la recherche des déportés. Oui, l'incertitude sur le sort des déportés était la règle, et elle allait perdurer des mois, sinon des années en ce qui concerne les déportés juifs de France, jusqu'à ce que Serge Klarsfeld publie son *Mémorial de la déportation des Juifs de France* en 1978. Oui, son regard est précieux car il est porteur d'une infinie humanité.

Un seul exemple qui montre son acuité : Olga Wormser-Migot raconte la visite de Jules Isaac, probablement en janvier. « Un homme de haute taille, imposant et timide vint me demander "si l'on a des nouvelles ?", et se nomme Jules Isaac. "Je ne suis pas le seul, bien sûr, mais vous comprendrez mon angoisse, ma femme, ma fille, mon fils…" » Le 19 août 1945, alors que l'on sait désormais ce qu'ont été les chambres à gaz de Birkenau, Jules Isaac écrit une lettre que j'ai retrouvée dans les archives du Consistoire central : « De mes chers absents, un seul est revenu, mon fils cadet qui a pu s'évader de Dora et rejoindre les Américains. Mais dès son arrivée à Auschwitz, vers le 1er novembre 1943, il avait été séparé de sa mère et de sa sœur dont nous n'avons plus aucune nouvelle. Je sais par tout ce que j'ai appris d'Auschwitz que le pire est à redouter. Je n'ai plus guère d'espoir. Je voudrais au moins savoir. »

Depuis, mes travaux et ceux d'autres historiens se fondant sur les archives ont écrit l'histoire de ces mêmes neuf mois et l'ont considérablement enrichie. Ce qu'avait perçu Olga Wormser-

Migot, fondé sur son expérience et les si nombreux contacts qu'elle eut avec ceux qui avaient survécu à Paris, comme avec les rares survivants, s'est révélé d'une grande justesse. Le ministère Frenay avait une lourde tâche, celle de rechercher et de rapatrier tous les Français se trouvant sur le territoire du Grand Reich : prisonniers de guerre, requis du travail obligatoire, volontaires pour le travail en Allemagne et, constituant une infime minorité, les déportés. Tous composaient une vaste catégorie que Frenay avait choisi de désigner du terme générique d'« absents ». Ce terme permettait d'éviter que l'on prît en considération de façon spécifique la déportation en camp de concentration et surtout celle dite, à l'époque, « raciale ». « Ils sont unis, ne les divisez pas », disait une affiche de propagande.

Rien de particulier n'était prévu pour libérer les camps et leurs innombrables Kommandos qui constellaient le Grand Reich. On ignorait tout de cette « topographie balbutiante », de cette Allemagne qui « s'étoile monstrueusement de noms inconnus et qu'on ne pourra plus jamais oublier » et qui sont aujourd'hui, pour la plupart, des mémoriaux. Olga Wormser-Migot cite Gusen, Ebensee, Malchow, Rawa-Ruska, la grange de Gardelegen et bien d'autres lieux. Elle cite aussi Ohrdruf et Tekla, qui firent partie du périple d'Éric Schwab et de Meyer que j'ai reconstitué dans, *1945. La découverte*[1].

Aucun allié belligérant ne prévit d'équipes spéciales se hâtant d'y pénétrer, et tous furent découverts par les hasards de l'avancée en Allemagne des diverses armées. D'autant qu'à partir de l'automne 1944, les camps furent évacués les uns après les autres, les détenus mis sur les routes, sans qu'Olga Wormser-Migot et les historiens qui ont depuis retracé les circuits de ces évacuations, ces marches nommées « de la mort » dans l'après-coup, puissent discerner la moindre logique, la moindre rationalité. C'étaient bien « les méandres affolés dessinés par les hôtes d'une fourmilière à laquelle on a mis le feu », comme l'écrit Olga Wormser-Migot.

1. Seuil, 2015 ; coll. « Points », 2016.

Elle raconte encore la commission d'enquête soviétique, les jeunes femmes polonaises mutilées pour servir de cobayes (les « lapins »), les photos prises par le *Sonderkommando* d'une des chambres à gaz-crématoire d'Auschwitz, la mission vaticane de rapatriement de l'abbé Rodhain, l'aventure de l'hôtel Lutetia. Elle évoque, mêlés, ceux qu'elle recherche, dont on ignore s'ils sont morts ou vivants et d'autres qui n'ont pas été déportés : Robert Desnos, Maurice Sachs, Irène Némirovsky, Maurice Halbwachs, Claude Bourdet, France Serrazin, Julien Cain, Robert Antelme, Geneviève de Gaulle, Germaine Tillion et le petit Stefan Jerzy Zweig, Danielle Casanova, Marie-Élisa Nordmann, Paul Tillard, Wanda Jakubowska (réalisatrice du film *La Dernière Étape*), le peintre Zoran Mušič, Otto Frank (le père d'Anne), Simon Wiesenthal, Renée Lévy (qui fut professeur de lettres au lycée Victor-Hugo à Paris), Constantin Simonov, Ilya Ehrenbourg, David Rousset, Marguerite Duras, Paul Celan, Jean Cayrol, Stéphane Hessel, Michel de Boüard. Sur tout cela, il existe désormais des livres, des thèses, des documentaires…

Olga Wormser-Migot est décédée le 3 août 2002, « après une retraite de près de trois décennies ». J'étais à Paris quand un journaliste du *Monde* me téléphona pour me demander d'écrire sa nécrologie[1]. Je connaissais bien son travail sur les camps, mais j'ignorais tout de sa vie. Je fus alors mise en contact avec son fils unique, Frédéric, et il me parla longuement de sa mère. C'était à la terrasse du café Zimmer, place du Châtelet.

Olga Wormser-Migot fut la première victime de ce que l'on n'appelait pas alors la « concurrence victimaire » pour avoir affirmé qu'il n'y eut de chambre à gaz qu'à l'Est. La rancune de certaines et certains déportés, qui revendiquaient tout, et la Résistance et la chambre à gaz, fut tenace. Et elle, qui les avait accompagnés pendant tant d'années, qui se sentait des leurs, fut ostracisée. Certains aujourd'hui, qui n'ont pourtant rien vécu, s'en font les héritiers et

1. Reproduite *supra*, p. 95.

perpétuent l'opprobre. D'autres, en revanche, tiennent en grande estime son rôle et son œuvre.

Cinquante-cinq ans ont passé depuis la première édition de ce livre. Il reparaît à un moment où l'on s'interroge sur l'invisibilité des femmes dans l'Histoire. Il est donc grand temps de rendre à Olga Wormser-Migot sa place de pionnière dans l'histoire des femmes et dans celle de l'étude des camps et de la déportation nazis.

VI.

60, RUE DES FRANCS-BOURGEOIS

Ma carte de lectrice des Archives nationales porte le numéro 6103. Un très petit numéro qui atteste une fréquentation de près d'un demi-siècle. J'ai franchi l'entrée du 60, rue des Francs-Bourgeois, traversé la majestueuse cour d'honneur, monté quelques marches pour pénétrer dans l'hôtel de Soubise un jour quelconque de la fin des années 1970. J'étais alors professeure d'histoire-géographie au lycée technique Jules Siegfried, et mon collègue Noël Bozetti, qui a toujours fait preuve d'une extrême bienveillance à mon égard, m'avait proposé de rejoindre la petite équipe qui établissait des fiches pour le dictionnaire de l'inspection générale. Nous étions rémunérés en heures supplémentaires. Arrivée dès l'ouverture dans la salle de lecture qui me semblait vieillotte et plutôt exiguë, j'ouvrais les uns après les autres les huit cartons – le nombre alors autorisé pour la journée – préparés à mon intention et remplissais mes fiches. Puis repartais. Je ne crois pas avoir tiré le moindre bénéfice de ce travail, sinon pécuniaire.

Quelques dizaines d'années après, je serai nommée membre du Conseil supérieur des Archives dont je suis actuellement vice-présidente. Entre-temps avait eu lieu la

Mission de recherche sur la spoliation des biens juifs, dite Mission Mattéoli, décisive pour mon lien avec les archives et les archivistes.

Les années 1990 furent celles d'une mémoire revendicative voire vindicative, portée essentiellement par Serge Klarsfeld. Cette mémoire exigeait la reconnaissance symbolique du rôle de Vichy dans la déportation des Juifs de France, la justice et une réparation matérielle en compensation de leurs biens spoliés. Les revendications dans ces trois champs ont suscité leur lot de polémiques. Ce furent, avant celui de Maurice Papon (1998), le procès de Paul Touvier (1994) et, entre les deux, le 16 juillet 1995, le discours de Jacques Chirac qui venait d'être élu à la présidence de la République, reconnaissant la responsabilité de la France dans la déportation des Juifs qui y vivaient. Le contexte est alors bien particulier, avec la chute du mur et l'amorce d'un nouvel ordre international : la disparition des régimes communistes laisse apparaître les restes des communautés détruites de l'Europe de l'Est, dont les survivants n'ont jamais été indemnisés et qui, en partie, vivent dans une grande misère matérielle, spirituelle et culturelle. Se pose aussi le problème des biens spoliés jamais restitués par volonté politique. Enfin, l'ouverture des archives à l'Est stimule la recherche historique. C'est dans ce contexte que le Congrès juif mondial mit en accusation notamment les pays neutres, comme la Suisse et la Suède, dont les économies avaient profité de la guerre. En France, ce furent aussi les années où réémergea la question de la spoliation, déjà présente à la Libération.

Dans son discours, Jacques Chirac avait évoqué les 76000 déportés juifs de France qui n'étaient pas rentrés. « Nous conservons à leur égard une dette imprescriptible », avait-il déclaré. Une dette. Serge Klarsfeld connaissait très bien le contenu d'un discours qu'il avait lui-même inspiré, sinon sa forme, due à Christine Albanel. La veille de la commémoration, la presse rendait publiques des informations que Klarsfeld lui avait transmises. Elles concernaient le camp de Drancy. Klarsfeld avait obtenu le rapport en date du 31 juillet 1944 du commis caissier de la préfecture de police, Maurice Kiffer, qui liquidait les comptes des internés du camp. Les sommes restantes à cette date avaient été versées à la Caisse des dépôts et consignations. Il prit donc le mot « dette » au pied de la lettre : de l'argent avait été pris aux déportés et était conservé par l'État. Les enfants de déportés, eux, n'avaient rien eu.

Le 5 février 1997, le Premier ministre Alain Juppé chargea Jean Mattéoli, ancien résistant, déporté au camp de Neuengamme puis de Bergen-Belsen, d'une mission d'études sur la spoliation des biens des Juifs de France. Mattéoli présidait alors le Conseil économique et social, dont était aussi membre le professeur Ady Steg, éminent médecin et figure unanimement respectée de la communauté juive. Ancien président de l'Union des étudiants juifs de France, du CRIF, il présidait toujours l'Alliance israélite universelle. Mais il ne pensait pas souhaitable qu'une mission sur la spoliation fût présidée par un Juif. On lui doit d'avoir soufflé le nom de Mattéoli, mais c'est pourtant bien lui, Ady Steg, qui en fut l'âme.

Quels furent les critères avancés pour choisir les membres de la Mission ? Je l'ignore. La nomination de Serge Klarsfeld tenait de l'évidence. Celle des deux autres historiens, François Furet et moi-même, est plus surprenante. François Furet était le grand historien de la Révolution française, qui venait de publier avec un très grand succès *Le Passé d'une illusion*[1], celle du communisme. Il portait un vif intérêt au judaïsme et à l'État d'Israël. Ce n'était pas un spécialiste des années noires. Mais, pour les responsables des institutions juives, l'opprobre avait frappé les historiens considérés comme les plus grands spécialistes de la France de Vichy, notamment François

1. François Furet, *Le Passé d'une illusion : essai sur l'idée communiste au XXe siècle*, Paris, Librairie générale française, 1996.

Bédarida, André Kaspi et surtout Jean-Pierre Azéma, la grande vedette de ces années, omniprésent quand il s'agissait de Collaboration ou de Résistance. Il n'est pas exclu que René Rémond ait échappé au discrédit, mais je n'en suis pas certaine. Que s'était-il passé ? Pour le comprendre, il faut remonter à l'affaire dite du Fichier.

Un fil invisible relie la pièce de Jean-Claude Grumberg, *L'Atelier*[1], qu'il monta en 1979, et la « découverte » du Fichier par Serge Klarsfeld. Une des scènes de la pièce concerne le certificat de décès qu'une ouvrière de cet atelier (dont le modèle était la mère de l'auteur) venait d'obtenir. Son mari était « mort à Drancy », ce qui efface Auschwitz. Et fait naître une prise de conscience, comme une révélation. Ainsi débute l'histoire de la mention portée sur les actes de décès de ceux qui sont morts en déportation. Le 15 mai 1985, alors que Robert Badinter, dont le père avait été assassiné à Sobibor, est garde des Sceaux, une loi est adoptée qui permet l'apposition de la mention « mort en déportation » sur les actes de décès. L'apposition se fait après une enquête qui exige l'examen de chacun des dossiers.

Le 16 septembre 1991, Serge Klarsfeld travaille à l'attribution de cette mention dans le dépôt d'archives des Anciens combattants, au Val de Fontenay. Un employé lui apporte un fichier. Pour Klarsfeld, cela ne fait pas de doute. C'est LE fichier du recensement ordonné par l'occupant allemand le 27 septembre 1940 et effectué par la police française. Un fichier que l'on ne cessait de rechercher. Lors de ma visite au YIVO, en 1980, on m'avait montré des sacs en toile : ils auraient contenu le fameux fichier, volé et emporté à New York, comme le furent les archives de l'Union générale des Israélites de France (UGIF), par Zoja Szajkowski. Ce n'était pas impensable. Historien autodidacte – ses travaux pionniers

1. Jean-Claude Grumberg, *L'Atelier*, dossier dramaturgique et appareil pédagogique par Henri Mainié, Arles, Actes Sud, 1993.

sur l'histoire des Juifs en France font toujours autorité –, Zoja Szajkowski avait travaillé avant guerre à Paris, puis avait réussi à quitter la France en 1941 pour rejoindre New York, avant d'y revenir en 1944, débarquant avec les troupes américaines. Il resta en France un temps et aussi en Allemagne. Son goût de l'archive l'amena à en voler en grande quantité lors de ses séjours dans divers lieux, Strasbourg, Carpentras, jusqu'aux Archives nationales. Quand il n'avait plus besoin des pièces subtilisées, il les revendait à diverses institutions américaines peu scrupuleuses quant à leur origine. En 1978, peut-être parce qu'il allait être poursuivi pénalement pour avoir été pris à dérober des documents rares à la New York Public Library, il se suicida.

Mais le fichier n'était pas au YIVO et la découverte de Serge Klarsfeld était censée mettre fin à une énigme, comme le titra *Le Monde* du 13 novembre 1991. Restaient deux questions qui enflammèrent l'opinion : comment et pourquoi ce fichier avait-il été dissimulé aux yeux de tous ? où devait-il être conservé ? Une commission fut chargée de répondre. Le ministre de la Culture, Jack Lang, dont dépendent les Archives, choisit René Rémond pour la présider. Il était entouré des historiens Jean-Pierre Azéma et André Kaspi, de l'archiviste responsable de la section du XXe siècle, Chantal de Tourtier-Bonazzi, remplacée quand elle partit à la retraite par Paule René-Bazin, et de Jean Kahn, alors président du CRIF. Quand ce dernier fut nommé membre de la Mission Mattéoli, il ne présidait plus le CRIF, mais le Consistoire central. Le rapport de la commission fut remis à Alain Juppé quatre ans plus tard, le 3 juillet 1996. Or, nouvelle surprise : finalement, non, le fichier conservé aux Anciens combattants n'était pas le grand fichier issu du recensement (même si une partie des fiches, celles des internés ou déportés, s'y trouvaient), mais un fichier composite confectionné et conservé pour renseigner les familles et servir aux indemnisations. La commission préconisait que ce fichier fût conservé aux

Archives de France. Ce n'était pas le point de vue de Jean Kahn, qui leur préférait le Mémorial du martyr juif inconnu. Jean Kahn, c'est-à-dire les institutions juives, obtint gain de cause. En décembre 1997, en présence de Jacques Chirac et d'Ady Steg, les fichiers furent installés au Mémorial, près de la crypte, dans une enclave des Archives nationales. La rupture entre les historiens académiques, Serge Klarsfeld et les responsables communautaires était consommée. Il fallait donc trouver d'autres historiens moins capés pour la commission Mattéoli. Ce fut moi, par défaut.

Je me souviens de la mise en place de la Mission à l'hôtel Matignon. Tout m'impressionnait. Nous étions assis, chacun à une place désignée, autour de la grande table du Conseil des ministres. Le chef du gouvernement, Alain Juppé, présidait. C'était la première fois que je côtoyais un haut responsable politique. Pour le reste : que des messieurs plus âgés que moi, intimidants. Une seule femme au visage ouvert et avenant : Éliane Chemla. Maître des requêtes au Conseil d'État, elle avait été désignée comme rapporteur général de la Mission. Je pensais que nous pourrions nous lier.

Des locaux nous furent attribués rue de Bourgogne. Caroline Piketty fut détachée par le directeur des Archives de France, Alain Erlande-Brandenburg, pour être l'archiviste de la Mission. « Cela changera votre vie », lui avait-il dit, et il avait raison, car elle se convertirait au judaïsme.

Nous nous mîmes au travail. La composition de la Mission montrait que, si les objectifs fixés par Matignon étaient clairs : étude des conditions de la spoliation, de ses bénéficiaires, inventaire et devenir des biens ; si toutes les administrations concernées étaient mises à notre disposition, aucune réflexion préalable n'avait été menée sur les moyens de les atteindre. La Mission ainsi constituée était très loin d'être une mission d'historiens. Et ce qui motivait Serge Klarsfeld n'était pas l'indemnisation des biens matériels, conscient qu'il était que la grande masse des déportés était des immigrés aux maigres possessions, quand ils en avaient. Son but était d'obtenir une pension ou une somme d'argent pour les orphelins de la déportation. En janvier 1999, il publiait un recueil de quelque 300 *Lettres au Premier ministre des orphelins des déportés juifs de France. Les enfants survivants des 76 000 déportés attendent que la France répare et leur règle enfin cette dette.* On ne saurait être plus clair. Il gagna ce combat en juillet 2000.

C'est petit à petit, grâce notamment à Éliane Chemla et à la présence immédiate de l'archiviste Caroline Piketty, grâce aussi à l'intelligence d'Ady Steg que se fit jour l'originalité de la Mission, assurant ainsi son succès : son travail devait être rigoureusement historique. Dans ce sens, la recherche sur le camp de Drancy – par laquelle le scandale était arrivé – a servi de « pilote », comme on dit dans l'audiovisuel. Nous avons décidé de présenter ce travail dans le premier rapport d'étape que nous devions rendre à Lionel Jospin – la dissolution de la chambre de 1997 et les nouvelles élections ayant entraîné un changement de Premier ministre.

Je suis à mon bureau en train de rédiger cette partie du rapport. Grâce aux archives de la Préfecture de police, j'ai analysé les procédures de dépôt des biens des internés lors de leur entrée dans le camp, identiques à celles du greffe d'une prison ; trouvé des éléments permettant de comprendre qui était le commis caissier Kiffer ; compris la procédure de versement à la Caisse des dépôts et consignations de l'argent laissé par les internés. J'ouvre à nouveau, pour d'ultimes vérifications, le rapport de la commission présidée par René Rémond, *Le « Fichier juif »*, paru chez Plon en 1996. Je relis l'annexe II. Elle comporte les documents afférant à des opérations de destruction opérées dans les années ayant suivi la guerre. Ces destructions avaient pour objectif de faire disparaître tout document « fondé sur des distinctions d'ordre racial », que la légalité républicaine interdisait.

Une note du 24 août 1950 de l'Inspecteur général des services de la Préfecture de police au directeur du cabinet du ministre de l'Intérieur fait le bilan des fichiers détruits, mais indique aussi ceux qui ont été transférés au Bureau de l'état civil du ministère des Anciens combattants et Victimes de la guerre, et ceux qui ont été provisoirement conservés par la Préfecture de police. Dans la marge de la note dactylographiée, quelqu'un – le directeur de cabinet ? – a écrit : « Il n'est bien évidemment pas question de "ficher" des Israélites, mais il y a un intérêt [...] à ce que certaines pièces soient conservées. C'est le seul moyen de pouvoir, éventuellement, régler leurs droits à pension, etc. Répondre en ce sens. 4/9/50. » Parmi les archives « provisoirement conservées » figurent les documents comptables du camp de Drancy. Je pense très vite. Si les pièces comptables n'ont pas été pilonnées en 1950, il n'y a pas de raison qu'elles l'aient été plus tard. Je me revois téléphoner à Claude Charlot, directeur des archives de la Préfecture de police situées au quatrième étage du commissariat de la rue des Carmes, au même étage que son musée.

« Claude, vous avez le rapport Rémond ? Regardez l'annexe II. Vous devez avoir ces archives.

— Je descends à la cave. »

Quelques minutes après, Claude Charlot me rappelle. Oui, toutes ces archives – 1 livre de caisse, 5 livres dits de « comptes individuels », 10 classeurs de documents divers, 12 grands cabriolets et 9 petits comprenant des fiches comptables individuelles – étaient bien là. Ce fut un grand moment. Le lendemain, Caroline Piketty et moi-même procédions à l'expertise de ces archives.

Cette première année, nous avons aussi réfléchi aux modalités de l'étude de l'aryanisation. Nous ne partions pas de rien. Nous avons alors lu la grande histoire pionnière du Commissariat général aux Questions juives de Joseph Billig[1]. Nous avons effectué une plongée dans les archives de l'« arya-

1. Joseph Billig, *Le Commissariat général aux Questions juives (1941-1944)*, 3 vol., Paris, Éditions du Centre, 1955, 1957 et 1960.

nisation économique» et du service des restitutions. Si nous voulions terminer nos travaux dans un temps raisonnable, il serait impossible de traiter de façon exhaustive les 50 000 dossiers d'aryanisation ouverts par les fonctionnaires du Commissariat, quand bien même une partie des procédures n'était pas arrivée à terme. Nous avons décidé de procéder par échantillonnage. Nous nous sommes adressées à un statisticien de grande compétence, en sollicitant, sur les conseils de mon fils Nicolas qui en avait été élève, un professeur à l'ENSAE, Jean-Marie Grosbras.

Avant de rendre notre premier rapport, j'ai lu les quelque deux cents lettres que nous avions reçues à la Mission. Je les avais rapportées chez moi dans un gros sac plastique. À ma grande surprise, elles ne concernaient qu'à la marge les biens «aryanisés», ceux laissés derrière eux par les déportés au camp de Drancy, les comptes en banque, les œuvres d'art. Presque toutes évoquaient le pillage des appartements, élément que nous n'avions pas considéré au départ comme entrant dans le champ de la Mission. Ce pillage n'était pas une affaire française, mais une affaire allemande, comme celui des œuvres d'art. Une affaire allemande, puisque les nazis ont seuls eu l'initiative du déménagement des appartements dont les meubles étaient destinés aux victimes allemandes des bombardements.

Nous savions désormais quels types de biens nous recherchions, nous avions à peu près compris les circuits de spoliation. Nous savions aussi que nos maigres forces (pour l'essentiel celles de Caroline Piketty et les miennes) n'y suffiraient pas. Avec Éliane Chemla, toutes trois, dans un café, nous avons égrené les noms d'historiens susceptibles de travailler pour la Mission. Il en fallait trois pour les trois chantiers que nous avions délimités: celui de l'aryanisation; celui des banques; celui des œuvres d'art. Pour l'aryanisation, nous avons proposé le nom d'Antoine Prost. Nous savions qu'il prenait sa retraite de professeur à la Sorbonne et qu'il pourrait donc disposer d'un peu de temps, mais, surtout, spécialiste d'histoire sociale, il était le meilleur pour travailler sur les grands nombres. C'était plus important qu'une connaissance fine de la période de l'Occupation. Nous ne nous sommes pas trompées. Nous avons songé à Claire Andrieu, dont la thèse portait sur la banque sous l'Occupation, pour diriger le chantier sur les banques. Nous avons en revanche essuyé un refus de la direction de la Mission quand nous avons proposé une historienne spécialisée dans les questions de l'art sous l'Occupation. Ce refus tenait sans doute au souci de ne pas bouleverser les équilibres en lestant l'équipe d'un trop grand nombre d'historiens. En effet – et c'est là l'ambiguïté de ce type de mission –, si la lettre réclamait une expertise – ce en quoi les historiens étaient seuls compétents –, elle réclamait aussi des « recommandations », certes fondées sur la « vérité historique », mais dont la teneur était d'ordre politique et pour laquelle notre légitimité n'était pas évidente. Le travail sur les œuvres d'art a donc été effectué sous la direction de conservateurs de musées, en lien, bien évidemment, avec la Mission.

Nous avons aussi ouvert le dossier des pillages des appartements auquel nous n'avions pas initialement pensé, et dont l'importance avait été suggérée par les courriers. Il constituait un cas particulier : selon les termes de la lettre de mission, nous devions déterminer si des biens « étaient encore détenus par les autorités publiques » ; or cette recherche ne pouvait s'appliquer à ces objets que si les nazis n'avaient pas eu le temps de les transférer, ou s'ils avaient été rapatriés d'Allemagne, une fois la guerre finie.

Quand fut installée la Commission pour l'indemnisation des victimes des spoliations antisémites (CIVS), créée à l'issue de la Mission, le gros des dossiers instruits concernait le pillage des appartements ou des œuvres d'art. C'est ce dernier dossier qui explique la prolongation de la CIVS et l'ajout à son nom du mot « restitution » – elle est ainsi devenue la

Commission pour la restitution des biens et l'indemnisation des victimes des spoliations antisémites.

Nous avons remis nos dix rapports le 17 avril 2000. Tous ont été publiés à la Documentation française et sont accessibles gracieusement sur Internet. Les archives de la Mission ont été versées aux Archives nationales. Elles attendent leur historien.

La Mission eut son enfant illégitime : l'association Une Cité pour les archives nationales. Depuis des années des archivistes lançaient en vain des cris d'alerte : la catastrophe patrimoniale menaçait. Il fallait un nouveau bâtiment pour les archives. Or la Mission Mattéoli avait démontré au grand public leur importance politique. L'idée vint à un petit groupe d'archivistes (Isabelle Neuschwander, Caroline Piketty, Bruno Galland…) d'associer les professionnels des archives aux usagers – historiens et généalogistes. Les premiers étaient tenus à la réserve ; les seconds ne se privaient pas d'intervenir publiquement dans un temps où ils étaient considérés comme des autorités morales. Notre association vit le jour en janvier 2001. Les archivistes me demandèrent d'en assurer la présidence, et à Antoine Prost la vice-présidence. Françoise Mosser, archiviste, en responsabilité du minutier central des notaires, constitua un comité d'honneur prestigieux, présidé par Georgette Elgey et René Rémond. Le contexte était favorable. Le jour même où se tenait l'assemblée générale inaugurale, Martine de Boisdeffre était nommée directrice des Archives de France. Son implication dans le combat pour un nouvel équipement fut totale et, après quelques frottements, nous œuvrâmes de conserve.

Nous avons organisé un incroyable colloque au Conseil économique et social le 5 novembre 2001, *Les Français et leurs archives*. À notre demande, *Le Monde* et France Culture avaient commandé à la SOFRES un sondage, le premier et à ce jour le seul, sur la perception que les Français avaient des archives, sur leur conception de leur protection, enfin sur l'intérêt qu'ils leur portaient. Les résultats furent présentés par Pierre Mechet. Prirent la parole notamment Lionel Jospin, Valéry Giscard d'Estaing, Pierre Messmer, Pierre Mauroy, mais aussi Guy Braibant, auteur du rapport *Les Archives en France*, qui fut un de nos inspirateurs. Le Président Chirac envoya un message que lut René Rémond. Dans l'avant-propos aux actes de ce colloque, paru dès 2002 aux Éditions Fayard, Georgette Elgey et moi-même notions que le 5 novembre 2001 marquait une date dans l'histoire des archives. « Jamais un tel hommage, écrivions-nous, ne leur avait été rendu par les plus hautes autorités de l'État, toutes opinions confondues ; jamais les rapports des Français avec leurs archives n'avaient été étudiés ; jamais l'importance du métier d'archiviste n'était apparue aussi évidente. » Ce dernier constat demeure actuel.

En 2013, le bâtiment de l'architecte Massimiliano Fuksas était inauguré par le Président François Hollande. Certes, ce n'est ni l'hôtel de Soubise, ni celui de Rohan, où se trouvait la section du XXᵉ siècle dont Isabelle Neuschwander assumait la direction et que nous avons tant fréquentée durant les années Mission.

Quand je m'y rends, trop rarement désormais, je descends au métro Saint-Denis-Université, au terminus de l'épouvantable ligne 13, je laisse l'université sur ma gauche et j'aperçois le bâtiment. Je suis émerveillée par la pureté de ses lignes. Je sens une bouffée de vanité à l'idée d'avoir contribué à son existence.

1.

Entre transparence et oubli[1]

[2001]

Le 17 avril 2000, la Mission d'étude sur la spoliation des Juifs de France remettait son rapport au Premier ministre. Elle y formulait dix-neuf « recommandations ». Celles concernant les restitutions individuelles et la création d'une fondation pour la mémoire de la Shoah ont été mises en œuvre par les pouvoirs publics avec une exceptionnelle célérité, comme s'il était urgent dans le domaine matériel d'apurer définitivement les comptes de Vichy comme ils l'avaient été symboliquement par le discours de Jacques Chirac du 16 juillet 1995.

Notre travail[2], pourtant, ne s'était pas placé dans cette perspective, et l'idée d'une réparation matérielle s'est imposée au fil de nos recherches, quand nous eûmes la certitude que la totalité des biens spoliés n'avait pas été restituée. Notre priorité était – et resta – le travail historique. « L'essentiel, pour nous, étant le travail

---

1. Ce texte a été publié en 2001, dans *Le Débat*, n° 115.

2. Le « nous » ici n'est pas de majesté. Il désigne l'ensemble des membres d'une mission, qui, dans ces domaines, a été constamment consensuelle ; il désigne particulièrement ceux qui ont dirigé et effectué en partie eux-mêmes les travaux de recherche, à savoir les historiens Antoine Prost, Serge Klarsfeld, Claire Andrieu et moi-même, et le conservateur du Patrimoine mis à sa disposition, Caroline Piketty.

de mémoire, écrivions-nous dans notre rapport général, nous plaçons en tête de nos recommandations celles qui ont trait, précisément, à une meilleure connaissance de la spoliation des Juifs de France et des restitutions » ; en clair, celles concernant les archives et les recherches à poursuivre. « L'accès à tous les fonds d'archives doit être largement facilité », recommandions-nous d'abord, comme cet accès l'avait été, sans entrave aucune, aux membres de la mission et aux très nombreux chercheurs qu'elle avait employés. La mission exprimait ici un principe : ce qui est accessible aux uns doit l'être à tous, pourvu que les règles élémentaires – ne pas mettre certains éléments de la vie privée présents dans les dossiers sur la place publique, notamment – soient respectées. Les historiens membres de la mission affirmaient encore par là un des aspects essentiels de la déontologie de leur métier : « Le souci des faits en histoire est celui même de l'administration de la preuve, et il est indissociable de la référence. [...] L'historien ne demande pas qu'on le croie sur parole, sous prétexte qu'il serait un professionnel qui connaîtrait son métier, bien que ce soit en général le cas. Il donne au lecteur le moyen de vérifier ce qu'il affirme[1]. » À quoi bon des notes de bas de page si les fonds se referment derrière l'historien qui a eu la chance de les consulter ? L'historien à qui est donnée une dérogation bénéficie ainsi d'un pouvoir, une toute-puissance sur son objet d'étude, une liberté sans la limite nécessaire que constitue le contrôle de ses pairs et de ses lecteurs. Le système de dérogation individuelle peut être porteur d'effets pervers.

Si nous avons émis cette recommandation, c'est parce que les fonds concernant la Seconde Guerre mondiale sont inégalement accessibles[2]. L'histoire de la mission a été scandée par la publication d'arrêtés. Par une circulaire datée du 2 octobre 1997, le Premier ministre demandait en effet l'ouverture très large des fonds d'archives relatifs à la Seconde Guerre mondiale, par déro-

1. Antoine Prost, *Douze leçons sur l'histoire*, Paris, Seuil, 1996, p. 57.

2. Pour un descriptif des fonds et des conditions de leur consultation, voir Caroline Piketty, Christophe Dubois et Fabrice Launay, *Guide des recherches dans les archives des spoliations et des restitutions*, Paris, La Documentation française, 2000.

gation générale ou dérogation individuelle. Tous les fonds étaient concernés. Or les décrets concernèrent les seules Archives nationales. La « balkanisation », pour reprendre l'expression de Guy Braibant, qui nous a permis de nous promener pour notre plus grand bonheur de chercheur dans de très nombreux dépôts, se manifeste non seulement dans la dispersion des lieux de conservation et de communication, mais aussi dans les règles qui président à cette dernière. Ne sont pas librement communicables les fonds conservés par la direction des Archives du ministère des Affaires étrangères, ceux de la Caisse des dépôts et consignations, établissement public, ou encore la série relative à la comptabilité du camp de Drancy conservée par le service des Archives et du musée de la Préfecture de police dont Philippe Bélaval met justement en évidence le statut tout à fait hors normes, sans parler des archives privées (banques, assurances, Sacem, galeristes et marchands d'art) pour lesquelles nous recommandions un effort systématique de conservation, d'inventaire et d'ouverture, dans les mêmes conditions que pour les archives publiques.

La migration des débats de mémoire de la période de la Seconde Guerre mondiale à celle de la guerre d'Algérie montre la place fondamentale qu'occupe désormais la nécessité éthique et politique de revisiter le passé de notre pays. Or, même si elles ne sont et n'ont jamais été la source unique, il n'y a pas d'histoire sans archives et sans possibilité de les consulter. Les circulaires, comme celle en préparation concernant les archives dites « de la guerre d'Algérie » sont des réponses ponctuelles, au coup par coup, à des désordres médiatiques. Elles corrigent des situations particulières au gré des polémiques, écopant là où le pouvoir politique juge urgent de le faire. Dans le même temps, par leur nature même – réglementaire et non législative –, elles privent le pays du grand débat démocratique que mériteraient les questions des délais de consultation et, plus largement, la définition d'une véritable politique en matière d'archives. Un débat qui aurait aussi une fonction pédagogique. Car, si les archives ont été ces dernières années au centre de maints débats, voire de polémiques, elles ne recouvrent pour l'opinion aucune réalité. Il y a pourtant, dans cette référence permanente aux archives, dans l'intérêt qui leur est porté, une intuition profonde. Dans une démocratie, la question des archives intéresse toute la société, chaque citoyenne, chaque citoyen. Tous devraient se sentir concernés non seulement par ce que les archives peuvent révéler d'un passé parfois occulté, mais par les institutions mêmes qui ont en charge la collecte des documents et leur conservation.

Le secret des archives

Le travail de la mission, ses difficultés, ses apories sont comme le microcosme, le révélateur, le miroir de bien des problèmes posés par les archives. C'est une manifestation du rôle paradigmatique que la mémoire du génocide des Juifs a joué et joue encore dans les sociétés occidentales. Pour une large fraction de l'opinion publique, en *mal d'archives*, les archives sont les « archives du mal[1] ».

Le véritable « secret » des archives, ce sont les archives elles-mêmes, objet de toutes les rumeurs par l'ignorance abyssale de leur véritable nature et de leurs usages. Elles ne sont qu'à la marge les « archives du mal » puisqu'elles sont, suivant la définition de la loi du 3 janvier 1979, « l'ensemble des documents, quels que soient leur date, leur forme et leur support matériel, produits ou reçus par toute personne physique ou morale, et par tout service ou organisme public ou privé, dans l'exercice de leur activité ».

Or les archives sont des objets bien particuliers, tout à la fois par leurs conditions de production, par la façon dont elles sont classées et inventoriées (le sacro-saint principe du respect des fonds, au cœur de la pratique archivistique française, et dont le profane ignore tout) et par les modalités de leur lecture, voire de leur déchiffrement. La consultation de l'archive peut avoir un effet de réel bouleversant. Dans sa matérialité – le papier, la frappe, l'odeur, l'écriture, le carton dans lequel elle se trouve, la cordelette qui le ferme –, elle donne, avant même d'être lue, le goût d'une époque. Elle est relique : celui qui la touche peut avoir l'illusion

1. Jacques Derrida, *Mal d'archive*, Paris, Galilée, 1995.

d'accéder au mystère de la « présence réelle » d'un passé qui n'est plus. Elle semble dire, dans l'immédiateté de sa lecture, le « vrai ». L'archive, elle, ne ment pas, puisqu'elle est conservée en l'état. Pourtant, l'archive n'est pas un quatrain ou un sonnet. Elle ne se suffit jamais à elle-même. Elle ne s'explique jamais par elle-même, mais dans sa corrélation, dans sa liaison avec d'autres traces. Quand un journaliste « dérobe » un document, qu'il le présente, parfois à la « une » de son journal, comme la Vérité sur un homme ou sur un événement, il fait preuve d'ignorance, parfois de malhonnêteté. Car cet écrit est aussi une production humaine, élaborée pour des raisons particulières qui ne sont pas immédiatement lisibles, parfois volontairement mensongères. Mais, surtout, il ne photographie qu'un instant d'un processus et peut être infirmé par un autre document. Cela, les historiens le savent, puisque l'histoire est aussi un métier.

Mais surtout, dans nos États modernes, la production de papiers, notamment par les administrations, est considérable. Paradoxalement, l'historien du contemporain est bien plus confronté au trop-plein d'archives qu'à leur manque. Quand nous avons commencé nos travaux sur la spoliation et la restitution, nous avons découvert un véritable archipel d'archives. Ces archives auraient été largement suffisantes si nous avions simplement exercé notre métier. L'historien définit sa problématique, pose ses questions au passé, recherche et étudie les sources qui lui permettent de répondre à ses interrogations. Le travail effectué dans le cadre de la mission procédait d'une démarche différente. Le questionnement n'est pas né de notre propre réflexion, mais il a été imposé par la lettre de mission du Premier ministre. Il fallait « étudier les conditions dans lesquelles les biens immobiliers et mobiliers, appartenant aux Juifs de France, ont été confisqués ou, d'une manière générale, acquis par fraude, violence ou dol, tant par l'occupant que par les autorités de Vichy entre 1940 et 1944 ». La mission s'est vu fixer l'objectif d'évaluer l'ampleur des spoliations, les « catégories de personnes physiques ou morales » qui auraient pu en profiter. Elle devait chercher à identifier « la localisation actuelle desdits biens ainsi que leur situation juridique », établir, « dans la mesure du possible [...], un inventaire des biens accaparés sur le sol français qui seraient encore entre les mains d'institutions ou d'autorités publiques, françaises ou étrangères »[1].

C'est donc à une recherche bien précise qu'ont été conviés les membres de la mission, recherche qui ne pouvait avoir de chances d'aboutir qu'en utilisant les méthodes historiques éprouvées. Il fallait reconstituer les circuits des spoliations, des restitutions, des indemnisations, afin de rechercher les archives produites par les divers acteurs de ces procédures. Or, au regard de ces objectifs, les archives se sont révélées lacunaires. Il ne s'agissait pas d'écrire l'histoire, à distance de l'événement, mais de retrouver un réel en l'état, d'abolir le temps, de mettre entre parenthèses les deux générations qui nous séparent de la période de la guerre et de l'après-guerre. De faire en quelque sorte « comme si » la spoliation était actuelle, ses victimes et ses acteurs tous parmi nous. Or le passage du temps est inexorable, et les difficultés rencontrées posent en creux les questions plus générales de savoir quelles traces du passé il faut conserver et à quelles fins. Trois types d'archives nous font défaut : une partie de celles portant des mentions « raciales » ; celles des dommages de guerre pilonnées après échantillonnage ; celles des domaines que nous n'avons pas retrouvées.

Si des archives portant des mentions « raciales » ont été détruites, c'est principalement parce que le retour à la République s'accompagna de l'illusion d'un retour à l'avant-guerre. L'Occupation et Vichy n'auraient été qu'une parenthèse. Dans le cadre du retour à l'avant-guerre, de la restauration de la légalité républicaine, une circulaire du 6 décembre 1946 du ministre de l'Intérieur, Édouard Depreux, prescrivait la destruction de toutes les pièces fondées sur une discrimination raciale. L'histoire de la façon dont cette circulaire fut appliquée à tous les niveaux de l'administration française et de l'existence de « contre-circulaires » reste largement à écrire[2].

1. Lettre du Premier ministre, Alain Juppé, à Jean Mattéoli, le 5 février 1997, lui confiant la présidence de la mission d'études. Le 6 octobre 1997, le Premier ministre, Lionel Jospin, confirmait la mission.

2. Cette circulaire est analysée dans le rapport de la commission présidée par René Rémond au Premier ministre, *Le « Fichier juif »*, Paris, Plon, 1996, p. 148 et suiv.

Ainsi, pour ne prendre qu'un exemple, l'ensemble des dossiers concernant l'aryanisation des entreprises désignées comme juives fut-il conservé, versé aux Archives nationales; furent aussi conservées les pièces comptables concernant les internés de Drancy, utiles pour établir des droits[1]. Reste que d'autres documents, qui auraient pu servir au travail de la mission et, plus largement, à la recherche historique, notamment les fichiers complets du recensement ordonné par les Allemands le 27 septembre, réalisés par l'administration française, font cruellement défaut.

Le problème de la conservation (ou de la destruction) de fichiers portant des mentions «raciales», de leur libre consultation, est désormais, en ce qui concerne la Seconde Guerre mondiale, réglé: chacun peut aujourd'hui les consulter librement et les photocopier. On mesure ici l'évolution de la perception que les Juifs ont d'eux-mêmes. Alors que la culture républicaine, fortement intériorisée, postulait qu'être juif relevait de la sphère privée, les Juifs sont davantage perçus et, pour une partie d'entre eux, se perçoivent eux-mêmes comme une communauté. La judéité ressortirait ainsi à la sphère publique.

Philippe Bélaval déplore la destruction d'une grande partie des dossiers d'indemnisation dans le cadre des dommages de guerre et d'Occupation. Pour pouvoir étudier au cas par cas l'indemnisation dans sa totalité, il aurait fallu effectivement disposer de la totalité de ces archives, et qu'elles fussent inventoriées et indexées. Or, dans les années 1960, nul ne pouvait prévoir le mouvement de retour sur l'indemnisation et que chaque dossier dans ce cadre aurait son utilité. Il fut donc procédé à un échantillonnage. «[...] Pour ce qui concerne l'ensemble des dossiers, il importe de trouver des facteurs communs permettant de retenir, sans longue mobilisation d'un nombreux personnel, les documents intéressants au point de vue de l'"histoire" (politique) économique ou

1. Nous avons retrouvé en 1997, dans les dépôts des archives de la Préfecture de police, la totalité des pièces comptables. Voir *Les Biens des internés des camps de Drancy, Pithiviers et Beaune-la-Rolande*, rapport rédigé par Annette Wieviorka, Paris, La Documentation française, 2000.

sociale, etc.[1]. » Furent aussi conservés « ceux dont les titulaires ont demandé la conservation en vue d'obtenir le bénéfice de la loi fédérale allemande (loi BRüG)[2] ».

Toute législation d'indemnisation ou de réparation comporte des délais de forclusion. Ces délais largement passés, il n'y a en principe aucune raison de conserver l'intégralité des dossiers. Un échantillon (ou un autre type de tri, la question reste posée) bien pensé devrait pouvoir suffire aux historiens. Mais, si la forclusion n'existe plus, si la notion d'imprescriptibilité se dilate dans un passé infini et indéfini, la fonction des archives se modifie. Il ne s'agit plus de faire de l'histoire, mais de conserver pour tous la totalité des documents administratifs qui permettront de réparer individuellement, indéfiniment, ou de retrouver la totalité de son histoire individuelle : toutes les copies d'examen, tous les relevés bancaires, toutes les traces de remboursement de la Sécurité sociale... Dans cette perspective, que nous poussons ici jusqu'à l'absurde, l'idée même de tri trouverait son arrêt de mort. On pourrait ainsi rêver d'un nouveau paysage urbain où, à côté des mémoriaux, s'élèveraient chaque année de nouveaux bâtiments destinés à conserver des archives dans lesquels travailleraient des théories d'archivistes. Le passé ne serait ainsi jamais passé.

Les conditions du devoir de mémoire

La deuxième recommandation de la Mission Mattéoli attirait l'attention sur une des conséquences de l'ouverture des archives : leur consultation par de très nombreuses personnes. « Or pour des raisons purement matérielles (nature des papiers), les documents

1. Circulaire du 14 mars 1962 adressée par le directeur général des Archives de France aux directeurs des services d'archives des départements.

2. Cette grande loi fédérale allemande de 1957 indemnise les biens pillés par les occupants allemands en Europe et, notamment, les œuvres d'art ou les contenus des appartements des Juifs de France, de Belgique et des Pays-Bas vidés pour être transportés en Allemagne dans le cadre de l'Action meubles de 1942. Voir *Le Pillage des appartements et son indemnisation*, rapport rédigé par Annette Wieviorka et Floriane Azoulay, Paris, La Documentation française, 2000.

les plus souvent consultés dans les archives publiques se dégradent de façon inquiétante. Nous recommandions donc l'enregistrement sous forme informatique de ces documents. »

Les travaux de la Mission Mattéoli terminés, la consultation de ces fonds ne s'est pas tarie, bien au contraire. Elle s'est encore intensifiée. Ces fonds sont visités par ceux qui, pour la Commission pour l'indemnisation des victimes des spoliations, instruisent les dossiers des requérants (plus de six mille à ce jour) ; par les victimes des spoliations, parfois très âgées, qui veulent tout simplement savoir et comprendre ce qui leur est arrivé et se rendent seules, pour la première fois de leur vie, aux archives dont ils ignorent tout. Ils constituent une partie de ces « nouveaux publics » qui, après ou dans la lignée des généalogistes, modifient la physionomie des salles de lecture, confrontant les archivistes à des demandes inhabituelles, lestées souvent d'une charge émotive à laquelle rien ne les a préparés.

Si nous avons formulé ces recommandations concernant les archives, c'est que le travail singulier qui a été le nôtre nous a placés dans un contact quotidien avec les archivistes, que nous avons pris la mesure de la multiplicité et de la complexité des problèmes et des tâches auxquels ils sont confrontés. C'est aussi parce que nous avons compris dans notre pratique – car le travail de l'historien est aussi, sinon d'abord, une pratique – à quel point nos compétences, nos approches, nos savoirs étaient complémentaires. Nous avions besoin les uns des autres. Pourtant, parmi nos recommandations, seules celles concernant les archives sont tombées dans un vide vertigineux. Nous les avions, répétons-le, placées en tête. Elles n'ont pourtant ni attiré l'attention ni été mises en actes. Nous touchons, là encore, l'extraordinaire désintérêt dans lequel est tombée la question des Archives nationales.

L'impératif du devoir de mémoire consiste pour les uns à réclamer à cor et à cri l'ouverture de fonds d'archives, pour les autres à répondre ponctuellement à cette demande, sans mesurer à quel point il est vain de se focaliser sur ces demandes si les institutions qui ont la charge des archives n'ont ni les moyens de les collecter, ni ceux de les inventorier, ni, enfin, ceux de les communiquer au public ; il est vain aussi de permettre à chacun – historiens mais surtout ceux qui cherchent à établir leurs droits ou à retrouver leur histoire – la consultation des documents si les documents en question, comme c'est le cas aujourd'hui du fonds du Commissariat général aux questions juives, n'ayant pu être numérisés ou microfilmés, faute de moyens, risquent de disparaître à jamais, car ces documents, il faut le rappeler, sont, à la différence des livres, uniques, donc irremplaçables.

La demande d'une cité pour les archives n'est pas une simple demande immobilière. À travers ce bâtiment indispensable, c'est en vérité la place des Archives nationales qui doit être l'objet d'un véritable débat. Ce débat devrait envisager toutes les facettes des questions, notamment celle de la contradiction entre deux exigences opposées : le droit à l'oubli et la transparence.

Les archives contemporaines se trouvent tiraillées entre deux figures antithétiques et complémentaires, entre, d'une part, le tout garder, le tout conserver, le tout « ouvrir », le tout transparent, qui ferait de notre monde au présent une course infinie, vaine et mortifère dans la quête d'un passé qui échapperait indéfiniment, et, d'autre part, le tout pilonner, tout effacer, tout fermer, qui empêcherait les individus comme la communauté nationale de se réapproprier leur passé pour gagner leur avenir.

2.

Des spoliations aux restitutions[1]

[2004]

La question des spoliations, dans un contexte national et international complètement transformé depuis le 11 septembre 2001, semble appartenir à une autre époque, de fait très brève. Cette question émergea en France, comme dans de nombreux autres pays, après la chute du mur de Berlin, qui marquait, du moins le croyait-on, le début d'un nouvel ordre international. L'Histoire était arrivée à quelque chose qui pouvait ressembler à sa fin, avec la conclusion de la guerre froide et la certitude que les droits de l'homme constituaient une idéologie commune à toute la planète.

Avec l'ouverture des pays de l'Est apparaissaient les restes de communautés juives survivantes. Ces communautés juives, décimées durant la Seconde Guerre mondiale, qui n'existent plus que sous forme résiduelle aujourd'hui, ont perdu la totalité de leurs biens individuels et communautaires pendant la guerre. Et ces populations n'ont jamais reçu aucune indemnisation. Les Américains parlent à leur sujet de *«double victims»*, du nazisme et du communisme. La chute du mur de Berlin a également eu pour conséquence de créer un contexte nouveau en matière d'ar-

1. Texte paru dans *Persécutions et spoliations des Juifs français pendant la Seconde Guerre mondiale*, Tal Bruttmann (dir.), Grenoble, Presses universitaires de Grenoble, 2004.

chives. Les archives des pays où vivaient les communautés juives les plus importantes – Pologne, pays Baltes, Biélorussie, Hongrie, Ukraine, Roumanie – sont désormais ouvertes. On a ainsi retrouvé à Moscou, dans les archives « spéciales », celles volées en France par les nazis, puis récupérées à Berlin en 1945 par l'URSS[1].

Ce nouveau contexte, à la fois politique, moral et archivistique, a permis que fût mise en lumière la question des spoliations des biens juifs. Parmi les acteurs de ce questionnement figure le Congrès juif mondial, qui mit en accusation pour leur rôle dans le génocide et les spoliations un certain nombre de pays – notamment les nations neutres durant la guerre telles la Suisse et la Suède –, dont la France. Quelle est la spécificité de l'Hexagone dans cette évocation générale du génocide et de la spoliation des biens juifs ?

Le contexte français est marqué par une lente émergence de la mémoire de ce qu'a été la persécution des Juifs. Un fait inédit, en 1992, a contribué à cette prise de conscience. Lors de la commémoration du cinquantième anniversaire de la rafle du Vél d'Hiv, un certain nombre de personnes firent signer une pétition afin que la France reconnaisse ses responsabilités dans le génocide. C'était la première fois qu'il était demandé à l'État de reconnaître une telle charge. François Mitterrand, alors Président de la République, refusa d'abord tout net, avec indignation, que la France reconnaisse quoi que ce soit. Puis il répondit de manière indirecte à cette attente en instituant par décret, le 3 février 1993, une « journée nationale commémorative des persécutions racistes et antisémites » commises sous l'autorité de fait dite « Gouvernement de l'État français ». Cette journée nationale, fixée au 16 juillet, devait se doubler de la construction de stèles dans chaque département. Nous pouvons avoir le sentiment que cette mesure est banale, mais ce n'est pas le cas : ainsi, les monuments en mémoire de la guerre de 1914-

1. Ces archives, émanant essentiellement de la Direction de la sûreté, ainsi que de divers ministères, ont fait l'objet d'un accord de restitution entre les gouvernements français et russe le 12 octobre 1992. Ces documents, restitués entre 1993 et 2001, sont, pour l'essentiel, conservés par le Centre des archives contemporaines.

1918, présents dans toutes les communes de France, ont été érigés principalement aux frais des municipalités. Les contributions financières de l'État sont donc habituellement extrêmement modestes pour l'érection de monuments locaux. Il n'y a jamais eu, jusque-là, d'ordre de l'État d'ériger des mémoriaux dans chaque commune ou chaque département. La déportation des Juifs de France est donc commémorée au niveau national. Le premier des monuments érigés à l'initiative de l'État a été inauguré le 17 juillet 1994 sur l'emplacement du Vélodrome d'Hiver, en présence du Président de la République. Pourtant, le véritable tournant politique se situe le 16 juillet 1995. Le Président Jacques Chirac, qui vient d'être élu, prononce alors un discours important, déclarant notamment :

> Il est, dans la vie d'une Nation, des moments qui blessent la mémoire et l'idée que l'on se fait de son pays. Ces moments, il est difficile de les évoquer, parce que l'on ne sait pas toujours trouver les mots justes pour rappeler l'horreur, pour dire le chagrin de celles et ceux qui ont vécu la tragédie. Celles et ceux qui sont marqués à jamais dans leur âme et dans leur chair par le souvenir de ces journées de larmes et de honte. Il est difficile de les évoquer aussi parce que ces heures noires souillent à jamais notre histoire et sont une injure à notre passé et à nos traditions. Oui, la folie criminelle de l'occupant a été secondée par des Français, par l'État français.

Le Président décrit ensuite ce que fut la rafle du Vél d'Hiv dans des termes historiques. Il y marque la responsabilité première des nazis, qui ordonnèrent l'opération. Mais il souligne aussi que ce fut la police française qui effectua cette tâche. Il conclut en disant que « la France, patrie des Lumières et des Droits de l'homme, terre d'accueil et d'asile, commit ce jour-là l'irréparable ». Évoquant les 76 000 Juifs déportés de France, il parla de « dette imprescriptible à leur égard ». Ce terme de « dette » était utilisé dans un sens moral, symbolique. Or, la veille du discours, Serge Klarsfeld, qui connaissait probablement le texte de l'allocution et avait peut-être participé à son écriture, donnait une interview au journal *Libération*. Il y expliqua que, s'il était positif qu'il y ait une journée de commémoration, des biens appartenant aux Juifs étaient en revanche toujours conservés par des propriétaires illégitimes. Il transmit à la presse le rapport de liquidation des comptes établi en 1944 par le commis-caissier du camp de Drancy, Maurice Kiffer. Serge Klarsfeld indiqua que l'argent pris aux internés à Drancy était toujours conservé à la Caisse des dépôts et consignations. En revanche, les enfants de ces déportés n'avaient « rien eu », suivant sa formule. Le terme de « dette imprescriptible », qui se voulait symbolique, devenait dette d'argent, servant à demander que la lumière soit faite et que quelque chose soit donné aux enfants de déportés. On peut dater de ces journées des 15 et 16 juillet 1995 l'origine de ce qui va être la « Mission Mattéoli ». Non pas que le Conseil représentatif des institutions juives de France ne se soit pas inquiété avant de la question. Le président de l'époque, Jean Kahn, s'était enquis du sort des biens spoliés à la Caisse des dépôts et consignations : une première recherche extrêmement sommaire avait été faite pour annoncer que tout était en ordre. En fait, l'intuition de Serge Klarsfeld était bonne. Les biens des internés de Drancy avaient en effet été versés par le commis-caissier Maurice Kiffer à la Caisse des dépôts et consignations. Seule une infime partie de cet argent avait été restituée au lendemain de la guerre.

Ces questions continuèrent à agiter l'opinion avec l'apparition d'une nouvelle affaire. En janvier 1997, le journal *Le Monde* évoquait un rapport de la Cour des comptes dévoilant que les musées français détenaient 1 955 œuvres d'art volées aux Juifs pendant l'Occupation. Effectivement un certain nombre de pièces récupérées à la fin de la guerre se trouvent dans les musées. Mais d'une part ils ne font que les conserver – ces œuvres ne leur appartiennent pas en propre –, et d'autre part rien ne permettait (ni ne permet encore) de dire qu'elles avaient été volées aux Juifs. Elles ne sont que déposées sous le sigle MNR (Musées nationaux récupération), intitulé désignant les œuvres sans propriétaire connu.

En février 1997 le Premier ministre Alain Juppé confia une lettre de mission à Jean Mattéoli. Ce dernier, président du Conseil économique et social, mais également ancien résistant et déporté, fut chargé de créer une mission d'étude sur la spoliation des Juifs en France. En avril 1997, la mission dite « Mattéoli » était opérationnelle.

Pour comprendre le résultat de ces travaux, il est important de rappeler la distinction entre le pillage et la spoliation. La spoliation, comme l'a définie le juriste Gérard Lyon-Caen au sortir de la guerre[1], est un « vol légal ». Elle est, pour l'essentiel, le fait du processus d'aryanisation. Ce terme, issu du vocabulaire nazi et entré dans le vocabulaire français en 1940, signifie faire passer un bien de mains « juives » en mains « aryennes ». Aux yeux de Vichy, on était juif par son ascendance. Trois grands-parents d'origine juive suffisaient à faire d'un individu un « Juif ». C'était une définition raciale, qui englobait des gens qui ne se considéraient pas comme tels, convertis au christianisme ou ayant abandonné tout lien avec le judaïsme. Un imposant arsenal juridique fut mis en place, et les administrations furent chargées de le faire appliquer. Une des conséquences de cette politique officielle et légale est que l'application de ces textes a engendré des fonds d'archives considérables, reflet de l'activité des services administratifs impliqués dans la mise en œuvre de l'antisémitisme d'État. Ils nous permettent d'établir les circuits, à la fois ceux des spoliations et ceux, dans une moindre mesure, des restitutions. Car l'annulation de la législation de Vichy fut prononcée par la France Libre et appliquée à la libération du territoire par le Gouvernement provisoire, malgré quelques résistances. Un travail considérable fut réalisé par le Service de restitution, dirigé par Émile Terroine. C'est grâce au dévouement de ce dernier et d'un grand nombre de ses agents que la République a effectué des restitutions, même si elles ont été partiellement incomplètes. Nous avons découvert en menant cette étude qu'en France un travail de restitution et d'indemnisation avait déjà été entrepris dans les années d'après guerre.

Aux spoliations se superpose le problème du pillage. Celui-ci est essentiellement réalisé par les autorités allemandes. On en trouve de deux sortes, et cela essentiellement à Paris. Il y eut d'abord les pillages ciblés et préparés de longue date par les Allemands. Ils visaient les œuvres d'art des grands collectionneurs ou marchands

---

1. Gérard Lyon-Caen, *Les Spoliations*, thèse pour le doctorat présentée et soutenue le 1er décembre 1945, Université de Paris, faculté de droit.

d'arts juifs, tels Alphonse Kann, Paul Rosenberg, Wildenstein ou les Rothschild. Ces prises spectaculaires touchèrent des œuvres de grande valeur, qui furent emportées en Allemagne. Le deuxième type de pillage débuta en 1942.

Il consista à vider intégralement les appartements des Juifs de tout ce qu'ils renfermaient, des manteaux de cheminées au petit matériel de couture, en passant par les vêtements, meubles ou pianos. Tout fut emporté. Alfred Rosenberg fut au centre de ce pillage. Ce théoricien nazi, auteur du *Mythe du XXe siècle*, fut responsable de ce que le IIIe Reich appela la colonisation à l'Est. Il s'agissait pour les nazis de germaniser les régions de l'Est passées sous leur domination, en s'appuyant sur les populations germaniques locales *(Volksdeutschen)* et en favorisant l'installation de colons allemands. Nommé à la fin de l'année 1941 *Reichsminister für die besetzten Ostgebiete* (ministre du Reich pour les territoires occupés de l'Est), Rosenberg suggéra de récupérer les biens des Juifs pour les redistribuer à ces Allemands. C'est dans ce cadre que fut lancée la *Möbelaktion*, l'Action Meubles. De petites équipes, peu nombreuses, furent chargées de cette opération et s'installèrent en France, en Belgique et aux Pays-Bas. Tout dans les maisons et les appartements fut saisi, que les personnes juives habitent encore sur place ou non, aient été déportées ou en fuite. L'histoire de la famille de ma mère constitue un exemple typique à ce titre : fuyant Paris au moment de la rafle du Vél d'Hiv, ils ont trouvé refuge à Grenoble. À leur retour à Paris, après la Libération, leur appartement avait été pillé. Il ne restait rien, même les papiers de famille et les photos avaient disparu. Pour nombre de personnes qui avaient perdu leurs parents en déportation, il ne restait ainsi plus aucune trace des disparus du fait de ce pillage.

Quant aux meubles, ils ne partirent pas dans les pays de l'Est, contrairement au plan initial de Rosenberg. Les villes allemandes commençaient à être bombardées de façon massive. Les mobiliers pillés furent redistribués aux sinistrés allemands, la propagande expliquant que les Juifs étant responsables des bombardements, il était normal qu'ils payassent pour les dégâts.

Après la guerre, l'indemnisation des pillages fut prise en charge par la République fédérale d'Allemagne, de même d'ailleurs que celle des spoliations qui étaient de son fait. La résolution des restitutions fut alors complexe. Dès 1939, les organisations juives avaient demandé à ce que les biens pris par les nazis soient restitués. Le processus d'aryanisation avait en effet débuté en Allemagne, avant de s'étendre à d'autres pays au fur et à mesure des conquêtes. Après la guerre, Konrad Adenauer comprit qu'il fallait accepter d'œuvrer en faveur des restitutions afin que l'Allemagne ne restât pas au ban de la communauté internationale. Il dut cependant lutter contre son propre parti, la Démocratie chrétienne, et s'appuyer sur les sociaux-démocrates pour mener à bien sa politique. Des négociations furent menées entre Konrad Adenauer, le jeune État d'Israël, représenté par son Président Chaïm Weizmann, et Nahum Goldmann, fondateur du Congrès juif mondial. Ces discussions aboutirent aux Accords du Luxembourg : l'Allemagne s'engagea à verser des indemnités à Israël, sous forme de marchandises. Ces indemnités ont été calculées, d'une part, en fonction des biens spoliés non restitués, faute de propriétaires, et, d'autre part, sur le coût d'installation d'un émigrant allemand en Israël, le pays, alors « Foyer national juif », ayant accueilli avant la guerre un certain nombre de réfugiés, totalement démunis, fuyant l'Allemagne nazie. L'argent versé à l'État d'Israël n'était donc pas une « réparation », mais une forme de restitution de ce qui avait été spolié. De plus, les autorités allemandes s'engagèrent également à adopter des textes de restitution et d'indemnisation. Il s'agit des lois *BEG*[1] et *BRüG*[2], votées respectivement en 1953 et en 1957.

La loi *BEG* accordait une pension aux personnes victimes du nazisme, sous condition de nationalité. Sous cette définition étaient compris, par exemple, les gens qui n'avaient pu poursuivre leurs études, avaient été internés en camp de concentration, avaient porté l'étoile ou été contraints à la clandestinité.

---

1. *Bundesentschädigungsgesetz* : loi fédérale d'indemnisation des victimes des persécutions nazies.
2. *Bundesrückerstattungsgesetz* : loi fédérale de restitution.

La loi *BRüG* concerne la restitution des biens juifs spoliés, ou plutôt de leur valeur. Les organisations juives françaises, belges et néerlandaises s'étaient battues bec et ongles pour obtenir que les victimes de la *Möbelaktion* soient indemnisées par l'État allemand. En France, cela entraîna la création d'un Bureau des spoliations mobilières, sous l'égide du Fonds social juif unifié (FSJU). L'ensemble fonctionna dix ans et permit d'indemniser près de 30 000 personnes. Les documents du Bureau des spoliations mobilières du FSJU furent transférés à Jérusalem à la fin des années 1970 et sont aujourd'hui conservés aux Archives centrales pour l'histoire du Peuple juif. De son côté, la République française a œuvré à la restitution des biens « aryanisés » par le Commissariat général aux questions juives.

L'un des aspects les plus frappants durant les recherches de la Mission Mattéoli est l'absence de mémoire de la restitution, comme si rien n'avait été fait. Alors que, de fait, la République a agi avec énergie pour organiser cette action jusqu'en 1949. S'il est important que les diverses commissions aient effectué ce travail de recherche, je crois que nous devons aussi porter une grande attention à ce que l'opinion prenne conscience de ce fait. Les enfants des victimes doivent savoir, pour qu'on n'oublie pas à nouveau les restitutions dans trente ans. C'est ainsi que les familles concernées pourront faire un « travail de deuil » et que cet épisode de notre passé, cette blessure, pourra cicatriser et ainsi devenir passé.

La Mission Mattéoli a été créée par Alain Juppé, dans un large consensus politique : elle fut reconduite par Lionel Jospin. D'importants moyens matériels furent mis à sa disposition. Une centaine de chargés de recherches ont œuvré pour elle, de tous niveaux, travaillant jusqu'en Allemagne ou en Israël. Pour la consultation des archives nécessaires aux travaux de recherche, la mission a bénéficié d'une dérogation générale sur tous les fonds de la Seconde Guerre mondiale.

Nous étions au départ trois historiens membres de la mission : Serge Klarsfeld, François Furet, décédé en juillet 1997, et moi-même, ainsi que Caroline Piketty, archiviste, mise à notre disposition par les Archives nationales, chargée d'identifier et de localiser les sources nécessaires aux recherches. Ce très petit groupe a défriché le travail et défini les chantiers. Nous avons, par exemple, dès le début opté pour le travail par échantillon. Nous avons donc décidé d'organiser les travaux par chantiers, d'œuvrer par segments : aryanisation économique, confiée à Antoine Prost, nommé la deuxième année ; pillages, camps d'internement, spoliations bancaires, dont s'est occupée Claire Andrieu, nommée également la deuxième année. Je me suis notamment chargée des recherches relatives aux biens des internés à Drancy. Ce fut une étude passionnante, qui nous permit d'exhumer des caves de la Préfecture de police la totalité de la comptabilité du camp de Drancy, ainsi que les dossiers de la Caisse des dépôts et consignations. Nos travaux ont été assortis d'un certain nombre de recommandations comme il nous l'avait été demandé.

La première de ces recommandations était de favoriser l'ouverture au public des fonds d'archives que nous avions pu consulter. Il s'agissait pour nous d'une question de déontologie. Le travail de l'historien s'appuie sur des sources, se fonde sur elles. Il semblait souhaitable que n'importe qui puisse avoir accès à ces fonds afin de vérifier notre travail et de voir de quelle façon nous avions construit notre étude à partir des documents[1].

La seconde portait sur la conservation des archives. Nous avons été effondrés de découvrir l'état de certains fonds, tel celui du Commissariat général aux questions juives[2]. Bien que ces documents aient été essentiels aux chercheurs de la mission, et qu'ils continuent à servir, tant aux chercheurs qu'à ceux qui veulent connaître l'histoire de leur famille, ils se trouvent dans un état catastrophique. Le papier utilisé à l'époque était de mauvaise qualité.

1. Plusieurs décisions facilitant la consultation des archives relatives à la Seconde Guerre mondiale ont été prises par les pouvoirs publics (par exemple l'arrêté publié au *Journal officiel* du 3 mai 2002, rendant accessible la majeure partie des fonds départementaux).

2. Conservé aux Archives nationales, série AJ 38.

Nous avons pu attirer l'attention des pouvoirs publics sur les problèmes de conservation, notamment grâce à l'association « Une Cité pour les Archives nationales », créée conjointement par des historiens et des archivistes.

Les recommandations suivantes étaient relatives aux recherches. Il avait été également conseillé que les thèmes explorés par la mission d'étude continuent à faire l'objet de travaux scientifiques. De fait, de plus en plus de travaux de maîtrise et de DEA ont été consacrés à ces problématiques.

Trois mesures d'une extrême importance furent mises en place à la suite de nos recommandations. La première fut adoptée à la suite d'une demande formulée par Serge Klarsfeld. Celui-ci souhaitait que les enfants âgés de moins de 21 ans lors de la déportation de leurs parents soient indemnisés. Depuis le 13 juillet 2000, les enfants orphelins du fait de la déportation de leurs parents peuvent toucher un capital de 120 000 francs ou une rente de 3 000 francs. Cette mesure a été mise en route avec une extraordinaire célérité, et un nombre important de dossiers a déjà été traité.

La deuxième mesure fut la création, le 10 septembre 1999, d'une commission chargée d'examiner les demandes individuelles. La Commission d'indemnisation des victimes de spoliations intervenues du fait des législations antisémites en vigueur pendant l'Occupation (CIVS), présidée par l'ancien Premier président de la Cour de cassation, Pierre Drai, a reçu en un peu moins de quatre ans plus de 15 000 demandes. Une partie importante de ces demandes concerne les pillages d'appartements, alors que de nombreuses indemnisations avaient déjà eu lieu par le passé (nous avons pu en retrouver les dossiers à la direction financière du Land de Berlin). La commission « Drai » (du nom de son président) étudie chacune de ces demandes, en vérifiant à la fois dans les archives allemandes et dans les archives françaises ce qui a été déjà fait en matière de restitution. En avril 2003, parmi l'ensemble des demandes traitées, environ 6 000 ont fait l'objet de la part de la CIVS d'une recommandation en vue d'une indemnisation.

La troisième mesure fut la création de la Fondation pour la mémoire de la Shoah. Elle fut annoncée en novembre 2001 par

Lionel Jospin, lors du dîner annuel du CRIF. Cette fondation dispose de moyens considérables, puisqu'elle est dotée d'un capital de près de 400 millions d'euros. Les sommes investies ont été fixées à partir des conclusions de la commission Mattéoli. Ce capital représente environ 10 % des biens aryanisés en France par le régime de Vichy, qui n'avaient pas été restitués, généralement faute de survivants. Le financement vient pour partie de l'État, pour partie d'autres acteurs du processus des spoliations, telles la Caisse des dépôts et consignations, les banques et compagnies d'assurances. Cette Fondation, présidée par Simone Veil, réunit dans son conseil d'administration de nombreux représentants : d'une part, les pouvoirs publics (ministères de l'Éducation nationale, de la Culture, de l'Intérieur), d'autre part, des membres des principales organisations juives, ainsi qu'un certain nombre de personnalités. En outre, cinq commissions d'experts ont été créées au sein de la Fondation, chacune ayant pour objet d'examiner et de favoriser des projets ayant un rapport avec la Shoah dans un domaine précis : Histoire et recherche, liens de mémoire, pédagogie et transmission, culture juive, solidarité.

La mission française a été assez exemplaire par la manière dont elle a mis le travail historique au premier plan. Il aurait été possible de décider d'indemniser sans faire ces études, mais cela aurait été abandonner un long travail de mémoire sur la Shoah, commencé avec le procès Eichmann en 1961. Malgré nombre de critiques, ce travail était nécessaire et utile. Il répond à une exigence de vérité et de justice. S'il ne peut réparer l'irréparable, il permet néanmoins de clore cette période de l'Histoire. Je pense effectivement qu'aujourd'hui on réfléchit plus à l'intégration de cet épisode dans l'Histoire des Juifs et dans celle de l'Humanité. C'est là le travail des uns et des autres. Certains ont avancé que le travail que nous avions fait était tourné vers le passé, vers la mort. Je crois au contraire qu'il ne peut y avoir de vie, d'espace dégagé pour les vivants, que si l'on effectue ce travail d'histoire. Je reprendrai volontiers la définition de l'opération historique formulée par Michel de Certeau : un ensevelissement des morts pour qu'ils retournent moins tristes dans leurs tombeaux.

3.

La SNCF, la Shoah et le juge[1]

[2007]

Le 6 juin 2006, le tribunal administratif de Toulouse condamnait l'État et la SNCF à verser aux ayants-droit de Georges Lipietz, mort en 2003 (c'est-à-dire sa veuve et ses trois enfants, Hélène, Alain, Catherine), et à M. X, son demi-frère[2], une somme dont le total se monte à 62 000 euros.

Le jugement retient dans ses motivations deux chefs de responsabilité. D'abord que la SNCF a utilisé la marge d'autonomie dont elle disposait pour faciliter les transferts vers Drancy (dans le cas des frères Lipietz) ou d'autres camps français. Ensuite que la SNCF faisait voyager les victimes dans des conditions inhumaines.

Ce jugement ouvre une possibilité quasi illimitée de procédures ; les victimes de déportation ou leurs héritiers pourront désormais entamer des poursuites contre toute administration : la police, l'armée, mais aussi des établissements publics, etc.

Sur le blog d'Hélène Lipietz figure ainsi un long texte intitulé : « Jurisprudence Lipietz. Comment faire valoir ses droits après le jugement de Toulouse ». En ce qui concerne les plaintes

1. Article publié dans *L'Histoire*, n° 316, janvier 2007.

2. Celui-ci avait demandé l'anonymat, car, selon son avocat, certains de ses descendants « exercent des métiers où la judaïté, hélas, peut être encore un handicap » (cf. le blog d'Hélène Lipietz, helene.lipietz.net).

contre la SNCF, il propose un mode d'emploi et un barème: « On peut donc envisager de demander les sommes suivantes: contre la SNCF : 5 000 euros et plus si les conditions de transfert ont été encore pires; contre l'État 3 500 euros par mois d'internement et davantage en fonction des conditions d'internement. Personnes ayant survécu à la déportation : "Je pense que l'on peut envisager de demander au moins le triple que précédemment." Personnes décédées en déportation ou du fait de la déportation : "Il me semble que l'on peut envisager de demander au moins 150 000 euros par victime." »

Ainsi, comme l'écrivent Pierre-François Veil et Patrick Klugman dans *Le Figaro* du 28 septembre 2006, nous plongeons dans une « ère nouvelle : l'heure n'est plus à la mémoire, mais aux affaires. Combien vaut un déporté ? À cette question qui aurait auparavant insulté son auteur, on vous répondra désormais que cela dépend s'il est revenu ou non ».

Devant les sommes annoncées, l'étonnant n'est pas qu'il y ait désormais un millier de plaintes déposées contre l'État (qui n'a pas fait appel du jugement de Toulouse) et la SNCF, mais qu'il n'y en ait pas davantage, malgré le démarchage actif d'un certain nombre d'avocats. Mais il est vrai que cette plainte n'est guère populaire dans les milieux de la déportation, juifs ou résistants. Aucune association ne l'a relayée.

Ce jugement, au-delà de l'émotion qu'il a justement suscitée, pose trois questions tout à la fois liées et distinctes. La première est celle des récits historiques produits dans l'enceinte du tribunal administratif de Toulouse, fortement relayés dans les médias. La deuxième est celle du rôle de la SNCF pendant l'Occupation. La troisième est celle de la façon dont l'État a réglé la question des préjudices subis par les civils, et ce depuis la fin de l'Occupation jusqu'à aujourd'hui.

Le cas des frères Lipietz

Alors que le procès au pénal de Maurice Papon avait duré des mois en 1997-1998, que témoins et historiens avaient été convoqués à la barre, en défense ou en accusation, tentant notamment de retracer le contexte des années noires, la procédure devant un tribunal administratif est d'une extraordinaire rapidité ; les conclusions de Jean-Christophe Truilhé, commissaire du gouvernement, qui évoquent pourtant des problèmes historiques complexes, restent singulièrement sommaires. La plaidoirie de l'avocat Rémi Rouquette tient en une dizaine de pages : il s'agit pour lui de faire aboutir une plainte en trouvant des arguments juridiques ; il n'est pas tenu à une recherche scrupuleuse de la vérité historique.

L'histoire de ses clients est singulière. Le 8 mai 1944, Georges Lipietz, son demi-frère, sa mère et le second mari de celle-ci furent arrêtés à Pau parce que Juifs. Ils furent conduits au siège de la Gestapo de la ville puis transférés dans l'après-midi par le train régulier à Toulouse. Ils y restèrent enfermés dans des « salles de prison spéciale », du 8 mai au soir au 10 mai, surveillés par des gardiens de l'administration pénale française.

Le 10 mai au matin, on les fit monter dans un fourgon à bestiaux qui mit trente-six heures pour les acheminer vers Paris-Austerlitz, dans la chaleur, pratiquement sans eau, les portes seulement ouvertes lors de l'arrêt à Limoges. Le 11 mai, des autobus de la TCRP (l'ancêtre de la RATP) les conduisirent à Drancy où ils restèrent jusqu'à la libération du camp, le 17 août 1944.

De ce que fut ce séjour à Drancy, Georges Lipietz a témoigné tardivement, et sous couvert d'anonymat : il ne voulait pas nuire à la carrière de ses enfants. On ne sait pratiquement rien de son expérience. Son avocat Rémi Rouquette affirme simplement dans sa plaidoirie que si, durant ces trois mois, lui et les siens ne furent pas déportés, « c'est principalement parce qu'à cette époque la circulation des trains devient plus difficile, grâce notamment aux plasticages des cheminots et que les nazis (notamment le SS Alois Brunner) ont utilisé le train qui devait servir à des déportations pour fuir et emporter le fruit de leurs pillages, accrochant quand même à ce dernier train un wagon de déportés ».

Affirmation invraisemblable. Georges Lipietz et son frère eurent en effet, dans cette tragédie, la chance relative de se trouver parmi les 1386 personnes demeurées à Drancy jusqu'en août 1944 : figuraient principalement parmi elles les membres de l'administration juive du camp ou ceux appartenant à des pays neutres ou en guerre avec l'Allemagne ou dont l'identité de non-Juif était en voie de vérification. Mais ce n'est pas parce que la déportation cessa : entre leur arrivée et la libération du camp, les plaignants échappèrent au convoi 74, parti le 20 mai 1944 ; au convoi 75, parti le 30 mai ; à celui du 30 juin, le 76 ; enfin au dernier grand convoi, le 77, parti le 31 juillet, avec quelque 1 300 personnes, parmi lesquelles 270 enfants de moins de 18 ans. Pendant les trois mois qu'ils passèrent à Drancy, les plaignants furent témoins de la déportation d'environ 5 000 personnes[1].

Les chefs d'accusation

Le procès n'allait pas de soi. Puisque la déportation vers le Reich n'a pas eu lieu, il fallait que les arrestations, le transfert à Drancy, le séjour au camp avec comme horizon possible la mort constituent en eux-mêmes un crime contre l'humanité. C'est ce que plaide Rémi Rouquette, affirmant que « le procès de Nuremberg l'a établi de manière définitive ». Mais l'avocat innove en ajoutant que ces traitements imposés aux frères Lipietz « sont *a fortiori* des fautes de service ». Parmi les chefs d'accusation retenus dans les procès menés depuis 1945 contre les responsables de la destruction des Juifs et leurs complices dans l'appareil de Vichy, nul n'avait songé à la « faute de service »... Voilà une lacune réparée.

Dans l'historique rapide du cas de ses clients, Me Rouquette évoque la chaîne qui les conduisit à Drancy : délation, arrestation par la Gestapo, transfert à Toulouse – « l'État français prend le relais » – et, « le 10 mai, la SNCF intervient ». Ce sont les deux derniers acteurs, l'État et la SNCF, qui se trouvent seuls ici mis en accusation.

Le jugement de Toulouse se justifie ainsi par le fait que « la direction de [la SNCF], pourtant informée de la nature et de la

1. Pour l'histoire des arrivées au camp de Drancy comme pour celle de la formation des convois, cf. Serge Klarsfeld, *Le Calendrier de la persécution des Juifs de France, 1940-1944*, Paris, Fayard, 2001.

destination des convois […], n'a jamais émis ni objection ni protestation sur l'exécution de ces transports […]. La SNCF utilisait à cette fin […] des wagons destinés au transport de marchandises ou d'animaux, dont ses agents avaient eux-mêmes obstrué les ouvertures, sans fournir aux personnes transportées ni eau, ni nourriture, ni conditions minimales d'hygiène; que dès lors que les écritures de la SNCF ne font nullement état d'une quelconque contrainte susceptible de justifier de tels agissements, ceux-ci présentent un caractère fautif et engagent sa responsabilité pleine et entière». En outre, souligne le commissaire du gouvernement, les plaignants ont subi un préjudice moral dû aux conditions inhumaines du transport et au «traumatisme définitif lié au souvenir des événements dont [ils] ont été victimes».

La vision fournie ainsi est doublement étonnante. Elle juxtapose les acteurs – l'État et la SNCF – comme s'ils étaient indépendants les uns des autres, doués chacun d'autonomie; comme si les responsabilités étaient égales. Cette vision est aujourd'hui largement partagée: l'insistance portée depuis une trentaine d'années sur les responsabilités propres de l'État français ont rejeté au second plan celles du nazisme et le fait que la France fut un pays vaincu et occupé.

Mais, surtout, l'utilisation constante de termes abstraits: «administrations», «personnes morales», etc., empêche de comprendre. Marc Bloch l'avait noté dans *L'Étrange Défaite* quand il évoquait le commandement de l'armée: «Je viens de parler du commandement. À peine le mot est-il sorti de ma plume, qu'en moi l'historien se scandalise de l'avoir écrit. Car l'ABC de notre métier est de fuir ces grands noms abstraits pour chercher à rétablir, derrière eux, les seules réalités concrètes, qui sont les hommes[1]. »

Pour les déportés qui ont survécu et ont, en grand nombre, témoigné par la plume ou la parole dès la Libération, ce n'est pas la «SNCF» qui est évoquée, c'est le wagon, le plus souvent à bestiaux, dans lequel ils ont effectué ce que Jorge Semprun a appelé «le grand voyage», celui qui les menait dans les camps de l'Est et

1. Marc Bloch, *L'Étrange Défaite*, Paris, Gallimard, «Folio», 1990, p. 57.

dont les conditions inhumaines – l'enfermement, l'entassement, la promiscuité, la faim, la soif – préfiguraient celles de leur arrivée au camp. Ce sont aussi les cheminots. D'une façon systématique, qui étonne encore aujourd'hui, ceux-ci ont ramassé les petits billets lancés des wagons par les déportés pour avertir les leurs qu'ils quittaient le camp et les ont scrupuleusement fait parvenir à leurs destinataires.

Depuis soixante ans, le wagon fait partie de la gamme des symboles de la déportation. Pas un film sur le système concentrationnaire sans train, depuis le premier d'entre eux, *La Dernière Étape* (1948), de Wanda Jakubowska, réalisatrice polonaise, ancienne internée d'Auschwitz pour faits de résistance. Ainsi ont coexisté dans l'imaginaire une vision héroïque de la résistance des cheminots, avec *La Bataille du rail* (1946), de René Clément, et un symbole des camps. Pourtant, nul ne se serait avisé jusqu'à ces dernières années de déclarer, comme le fit Jean-Jacques Fraenkel, lors du colloque de 2001 sur la SNCF dans la guerre, être un de ces « enfants juifs dont les parents ont été envoyés à Auschwitz par la SNCF[1] », comme si la SNCF avait été l'instance décisionnaire.

Des plaintes tous azimuts

Les années 1990 ont en effet marqué une inflexion. La longue procédure qui a abouti en 1997 au procès de Maurice Papon s'est déroulée sur fond de polémiques concernant la destinée des biens juifs (avoirs bancaires détenus par les banques suisses, objets d'art spoliés à leurs propriétaires juifs et se trouvant dans divers musées) et la question de l'indemnisation des travailleurs forcés (requis du travail obligatoire, concentrationnaires...) par les grandes entreprises allemandes qui avaient notamment travaillé pour l'effort de guerre.

1. Association pour l'histoire des chemins de fer en France, *Une entreprise publique dans la guerre. La SNCF, 1939-1945*, Paris, PUF, 2001, p. 65. La publication très soignée des actes de ce colloque comprend les interventions du public.

Dans ce climat de plaintes tous azimuts, où l'argent était central, la SNCF fut mise en cause. C'est Jean-Jacques Fraenkel, dont les deux parents sont morts en déportation, qui, le premier, en septembre 1998, déposa auprès du tribunal de grande instance de Paris une plainte contre l'entreprise pour crimes contre l'humanité. Le juge d'instruction rejeta la procédure : les preuves étaient insuffisantes. Les tribunaux américains vers lesquels Jean-Jacques Fraenkel se tourna alors jugèrent de même que sa plainte était irrecevable.

À Kurt Schaechter, qui, en janvier 1999, porta également plainte contre la SNCF pour crimes contre l'humanité – il réclamait 1 euro symbolique –, il fut rappelé qu'en droit français une personne morale (en l'occurrence la SNCF) ne peut être mise en cause qu'à travers un de ses dirigeants. Tandis qu'en mars 2003 le tribunal de grande instance de Paris, à son tour saisi, estima que les faits étaient trop anciens pour être jugés, la notion d'imprescriptibilité ne pouvant être invoquée devant une cour judiciaire. La cour d'appel confirma : une nouvelle procédure est en cours aux États-Unis.

Dès les premières mises en cause, le président de la SNCF, Jacques Fournier, décida qu'il était de son devoir de faire toute la lumière sur le passé de l'entreprise. Il lança un grand chantier de regroupement, d'inventaire, de repérage d'archives et mit celles-ci à la disposition des chercheurs. L'entreprise passa une convention avec l'Institut d'histoire du temps présent (CNRS) qui aboutit en 1996 à la remise d'un volumineux rapport dont Christian Bachelier est l'auteur[1]. L'Association pour l'histoire des chemins de fer français organisa en 2000 un grand colloque international, faisant le point des connaissances sur les chemins de fer pendant la Seconde Guerre mondiale.

Ce sont ces travaux qui permettent aujourd'hui d'éclairer ce que fut l'histoire de l'entreprise pendant la guerre et le comportement des quelque 500 000 personnes qui y travaillèrent alors.

---

1. Christian Bachelier, *La SNCF sous l'occupation allemande, 1940-1944. Rapport documentaire*, Paris, IHTP-CNRS, 1996. Ce sont ses conclusions que nous suivons ici.

La SNCF et la Shoah

Le 22 juin 1940 fut signé entre la France vaincue et l'Allemagne nazie un armistice. L'article 13 de sa convention concerne les transports, du moins pour la zone occupée : « Le gouvernement français s'engage à veiller à ce que, sur le territoire à occuper par les troupes allemandes, toutes les installations, outils et stocks militaires soient remis intacts aux troupes allemandes. Il devra en outre veiller à ce que les ports, les entreprises industrielles et les chantiers navals restent dans l'état dans lequel ils se trouvent actuellement et à ce qu'ils ne soient endommagés d'aucune façon ni détruits. Il en est de même pour les moyens et voies de communication de toute nature, notamment en ce qui concerne les voies ferrées. […] Le gouvernement français veillera à ce que, sur le territoire occupé, soient disponibles le personnel spécialisé nécessaire et la quantité de matériel roulant de chemins de fer et autres moyens de communication correspondant aux conditions normales du temps de paix. »

Selon l'interprétation allemande du texte, la SNCF conserve la propriété de son matériel (locomotives, wagons…), mais « toutes les organisations françaises des chemins de fer, des routes et voies navigables situées dans le territoire occupé sont à la disposition pleine et entière du chef allemand des Transports ». Ainsi s'effectua une sorte de division du travail entre l'occupant allemand et le gouvernement de Vichy, jaloux, dans ce domaine comme dans tant d'autres, de ce qu'il pensait être sa souveraineté.

L'exploitation des chemins de fer resta de la responsabilité de la France. Ainsi, sur le territoire français, les trains – tous les trains – étaient conduits par des cheminots français. Mais l'entreprise était placée sous la surveillance du WVD (*Wehrmacht Verkehrs Direktion*, direction des transports de l'armée allemande). La SNCF, entreprise publique, a donc « pratiqué dans un cadre de contraintes une collaboration ferroviaire d'État[1] ». Tout le personnel

1. Michel Margairaz, « La SNCF, L'État français, l'occupant et les livraisons de matériel : la collaboration ferroviaire d'État en perspective », in *Une entreprise publique dans la guerre*, *op. cit.*, p. 71-82.

de la SNCF était ainsi soumis aux lois de guerre allemandes. Et, surtout, gares et chantiers d'exploitation étaient surveillés par des cheminots allemands : 6500 en 1944 pour quelque 414000 employés de la SNCF[1].

Certes, les négociations furent constantes pour tracer et retracer les champs de compétence. Mais ce fait massif que, dans la France occupée, ce sont les occupants qui dominaient ne fut jamais invalidé.

Dès lors, il est indéniable que la SNCF a été l'un des rouages de la déportation et de la Solution finale. Elle a effectué le transport des internés de leur lieu d'arrestation vers les camps d'internement et de déportation, celui des résistants, otages, droit-commun vers les camps de concentration d'Allemagne, Buchenwald ou Ravensbrück, ou des Juifs, principalement, vers les camps d'Auschwitz. Des responsables du service technique de l'entreprise ont participé à des réunions organisant les transferts de détenus ou les convois de déportation.

Les agents de la SNCF ont-ils eu pour autant le pouvoir de décider des conditions des transferts et des déportations ? Selon les éléments dont nous disposons, qui abondent dans le rapport de Christian Bachelier et dans les écrits de Serge Klarsfeld[2], la réponse est négative. On sait que le premier convoi de déportation vers Auschwitz, le 27 mars 1942, était composé de voitures de 3e classe. « Les portes latérales de chaque compartiment de ces voitures donnant directement sur la voie et facilitant ainsi les évasions (une évasion aura lieu durant ce transport) il sera par la suite utilisé des wagons couverts (KkW, G. Wagen) selon la terminologie ferroviaire allemande) », note Christian Bachelier. La décision de composer des trains avec des wagons de marchandises est probablement due, dès le deuxième convoi du 5 juin 1942, à Theodor Dannecker, quand il fut responsable de la mise en œuvre de la « Solution finale » en France.

1. Alfred Gottwaldt « Les cheminots allemands en France sous l'Occupation », in *ibid.*, p. 187.

2. Serge Klarsfeld, « L'acheminement des Juifs de province vers Drancy et les déportations », in *ibid.*, p. 142-167.

Nous disposons de peu de documents sur la formation des convois. Il semble pourtant que ce sont les occupants qui la contrôlaient. Le témoignage du sous-chef de la gare de Compiègne racontant la formation des convois pour les déportés de la Résistance, sous le contrôle de sentinelles allemandes, est à cet égard éclairant : « Lors des premiers trains, écrit-il, il a été possible de faire passer, par les volets, un peu d'eau ou de nourriture aux déportés, dès l'embarquement terminé, mais le comportement des sentinelles s'est rapidement durci et, quelques mois avant la Libération, il était formellement interdit de stationner jusqu'à une distance d'environ 100 mètres[1]. » Ainsi les occupants veillaient-ils à la qualité des wagons pour empêcher toute évasion et aménageaient-ils l'intérieur. Ce sont eux qui ont fait poser des barbelés aux lucarnes.

Pour ce qui est des transports à l'intérieur du pays, notamment de la zone Sud vers Drancy, particulièrement nombreux pendant l'été 1942 – date à laquelle les rafles s'amplifièrent et concernèrent pour la première fois les femmes et les enfants –, les procédures furent un peu différentes : l'occupant continuait d'être le commanditaire, mais c'est Vichy – le ministère de l'Intérieur – qui organisait le départ des convois. « La SNCF remplit le rôle d'exécution », écrit Christian Bachelier. Plus tard, les transports de détenus furent organisés par les préfectures régionales elles-mêmes. Ce sont d'elles aussi que relevaient l'aménagement des wagons et le ravitaillement.

Les correspondances administratives concernant ces transports sont, dans les détails qu'elles abordent, particulièrement déprimantes. Il y est question de paille pour garnir les wagons, de ravitaillement, de seaux hygiéniques dont les autorités prévoient qu'« ils seront descendus du train dans la dernière gare avant la ligne de démarcation pour faire retour à leur propriétaire[2] ». Le contraste entre la langue administrative et les réalités humaines concernées est, hier comme aujourd'hui, saisissant.

Reproche a été fait à la SNCF d'avoir facturé ces voyages. Arrêtons-nous un instant sur ce point. L'administration a dans ses

1. Cité par Chr. Bachelier, *La SNCF sous l'occupation allemande*, *op. cit.*
2. S. Klarsfeld, in *Une entreprise publique dans la guerre*, *op. cit.*, p. 147.

statuts la possibilité de transporter gratuitement. Son conseil d'administration l'a d'ailleurs décidé à diverses reprises sous l'Occupation pour acheminer secours et colis à des prisonniers de guerre en Allemagne. La SNCF factura en revanche à ses commanditaires ou ordonnateurs – autorités allemandes ou gouvernement français, en l'occurrence le ministère de l'Intérieur – l'acheminement des internés ou des déportés au prix du voyage en 3e classe. Le contraire n'eût pas été moins scandaleux ; il aurait signifié que déporter résistants et Juifs était une mesure caritative, justifiant la gratuité. Pour autant, les lacunes de la documentation comptable de la SNCF ne permettent pas toujours de discerner de quelle manière et à qui l'établissement public a facturé le transport des déportés : « Le statut juridique de la prestation entre parfois dans le cadre de l'obligation commerciale, la location, qui implique une rémunération, parfois dans celui de la réquisition qui implique une indemnité », note Christian Bachelier.

Les réparations

Venons-en maintenant à la question des réparations. Il est faux d'affirmer que rien n'a été fait par l'État. À la Libération, le choix, notamment celui du grand juriste que fut René Cassin, Juif, résistant de la première heure, fut de ne pas permettre que les préjudices soient réglés par des plaintes devant les tribunaux administratifs. Le choix de l'État comme celui des associations qui se constituèrent très vite pour représenter les intérêts moraux et matériels des victimes et préserver la mémoire fut d'inscrire les indemnisations des préjudices dans le cadre du droit des Anciens combattants et victimes de guerre.

Dès 1948, l'Assemblée nationale et le Conseil de la République votaient après débats deux lois créant deux statuts, celui de « déportés et internés de la Résistance » et celui de « déportés et internés politiques », incluant les Juifs déportés.

Le critère d'attribution de tel statut ne se fait pas selon le type et le lieu d'internement – camp ou prison en France, prison en Allemagne ou camp de concentration –, mais selon le motif qui a présidé à l'arrestation. À ces statuts correspondent des pensions importantes, régulièrement révisables puisque leur est attachée ce que l'on appelle « la présomption d'origine ». Cette expression signifie que toute maladie, toute infirmité advenue chez un ancien interné ou un ancien déporté est liée à l'internement ou à la déportation, sans qu'il ait à fournir la preuve de ce lien. Georges Lipietz et son frère avaient droit à une pension. En ont-ils fait la demande ? En ont-ils bénéficié ? Nous l'ignorons. Le commissaire du gouvernement n'y a pas fait allusion à Toulouse. Mais si cela a été le cas, l'État paierait deux fois.

Il est vrai que les pensions versées par l'État ne valaient pas reconnaissance de sa responsabilité propre. Celle-ci fut mise en lumière par les travaux historiques : ceux des pionniers du Centre de documentation juive contemporaine, dès les années 1950, puis les historiens français, allemands ou américains.

Lors du 50e anniversaire de la grande rafle de juillet 1942, des voix venues principalement de la génération née pendant la guerre se firent toutefois entendre, réclamant du chef de l'État un geste symbolique. François Mitterrand s'y refusa. Jacques Chirac à peine élu y consentit, et prononça le 16 juillet 1995 un important discours reconnaissant les responsabilités de Vichy, donc de la France, dans la déportation des Juifs. Ses paroles furent suivies par des actes. Un décret du Premier ministre du 13 juillet 2000 attribua une rente ou un capital à ceux qui, mineurs, avaient perdu un parent déporté parce que Juif. Cette mesure a été depuis étendue aux enfants des déportés résistants.

En outre, devant le constat que des biens spoliés aux Juifs par les mesures d'« aryanisation » prises par l'État français n'avaient pas été restitués, le Premier ministre créa une mission d'étude qui rendit ses conclusions en 2000 et émit des recommandations, que fit immédiatement siennes Lionel Jospin. Ainsi, l'indemnisation individuelle des spoliations est toujours en cours, et l'État, les banques, les assurances, la Caisse des dépôts et consignations ont contribué au capital d'une Fondation pour la mémoire de la Shoah dont la première présidente est Simone Veil.

Le procès fait à l'État et à la SNCF devant le tribunal administratif de Toulouse est donc un mauvais procès. D'abord parce qu'il brouille la chaîne des responsabilités. La responsabilité du génocide et des camps de concentration incombe d'abord aux nazis, et secondairement à ceux qui, en choisissant une politique de collaboration, en furent les complices. Les Laval, Pétain, Darnand et bien d'autres furent jugés à la Libération. Les cheminots sont à l'image des Français des années noires, dans leur majorité ni résistants ni collaborateurs, préoccupés par une vie quotidienne difficile. Même si la SNCF compta plus de résistants que d'autres grandes entreprises ou administrations qui ne font l'objet pour le moment d'aucune plainte, ils ne furent qu'une minorité. Ils sont à l'image du Français moyen, dont les comportements relèvent de la « zone grise » dont parle Primo Levi : ni bourreaux, ni victimes, ni héros.

Il est un mauvais procès ensuite parce qu'il banalise ce que furent les crimes du nazisme, en les transformant en « faute de service ».

Enfin, parce que tout ce et tous ceux qui pouvaient être indemnisés l'ont déjà été.

4.

Analyse du discours de Jacques Chirac du 16 juillet 1995[1]

[2016]

« Il est, dans la vie d'une nation, des moments qui blessent la mémoire et l'idée que l'on se fait de son pays. Ces moments, il est difficile de les évoquer, parce que l'on ne sait pas toujours trouver les mots justes pour rappeler l'horreur, pour dire le chagrin de celles et ceux qui ont vécu la tragédie. Celles et ceux qui sont marqués à jamais dans leur âme et dans leur chair par le souvenir de ces journées de larmes et de honte. Il est difficile de les évoquer, aussi, parce que ces heures noires souillent à jamais notre histoire et sont une injure à notre passé et à nos traditions. Oui, la folie criminelle de l'occupant a été secondée par des Français, par l'État français. »

C'est par ces mots que Jacques Chirac, tout juste élu Président de la République, ouvre le 16 juillet 1995 un des discours les plus fameux de l'histoire de France, celui par lequel il reconnaît les responsabilités de la France dans la déportation et l'anéantissement de près de 76 000 des Juifs qui y vivaient.

En 1992, une pétition, initiée par le Comité Vél d'Hiv, adressée au Président de la République François Mitterrand, avait demandé que par un geste symbolique l'État reconnaisse les responsabilités de la France dans le génocide. Si, pour la première fois cette année-là, François Mitterrand marque de sa présence la

1. Texte publié dans *L'Histoire*, hors-série, *Le Cas Chirac*, 2016.

cérémonie de commémoration de la rafle du Vél d'Hiv, à laquelle aucun chef d'État n'avait assisté depuis la fin de la guerre, il n'y prononce aucun discours, refuse tout geste. Pourtant, il institue par décret une journée nationale de commémoration des « persécutions racistes et antisémites commises sous l'autorité de fait dite "Gouvernement de l'État français (1940-1944)" ». Une commémoration officielle a désormais lieu le 16 juillet s'il tombe un dimanche, sinon le dimanche suivant le 16 juillet. Un « comité national pour la défense de la mémoire des persécutions racistes et antisémites commises sous l'autorité de fait dite "Gouvernement de l'État français" » est formé, chargé notamment de concevoir et de faire ériger un monument à l'emplacement de l'ancien Vélodrome d'Hiver. Le 17 juillet 1994, le monument du Vél d'Hiv, prévu pour être le support de la commémoration, est inauguré par le Président de la République, le Premier ministre Édouard Balladur et Jacques Chirac, en tant que maire de Paris.

Ces gestes de Mitterrand – la journée de commémoration, le monument commémoratif – ne marquent pas les mémoires. Ils sont trop en deçà de la demande qui lui avait été faite et brouillés par la violence et l'ampleur de la polémique sur son passé à Vichy. Le discours de Jacques Chirac, lui, fait date.

Sur le plan historique, il doit tout à Serge Klarsfeld. Et il n'y a rien à redire. Jacques Chirac explique que « le 16 juillet 1942, 4 500 policiers et gendarmes français, sous l'autorité de leurs chefs, répondaient aux exigences des nazis » et arrêtaient à leur domicile au petit matin à Paris et en région parisienne quelque 13 000 hommes, femmes et enfants juifs qui furent rassemblés dans les commissariats de police, « jetés sans ménagement dans les bus parisiens et les fourgons de la Préfecture de police ». Les victimes furent conduites au Vélodrome d'Hiver, attendirent « dans les conditions terribles » d'être dirigées « sur l'un des camps de transit – Pithiviers ou Beaune-la-Rolande – ouverts par les autorités de Vichy ». Jacques Chirac évoque les autres rafles, à Paris et en province, les 74 trains partis vers Auschwitz, les « 76 000 déportés Juifs de France qui n'en reviendront pas ». Et de commenter : « La France, patrie des Lumières et des Droits de l'Homme, terre d'accueil et d'asile, la France, ce jour-là, accomplissait l'irréparable. Manquant à sa parole, elle livrait ses protégés à leurs bourreaux. […]. Nous conservons à leur égard une dette imprescriptible. »

Ce discours, largement commenté par la presse, rencontre l'assentiment de beaucoup, notamment des instances communautaires juives. Mais il ne fait pas tout à fait l'unanimité. Des voix de gaullistes historiques – celle de Marie-France Garaud, de Pierre Juillet ou de Philippe Séguin – se font entendre : pour eux, Vichy n'était pas la France. Le régime était, selon la formule de De Gaulle, « nul et non avenu ». La France, c'était la Résistance. Or Jacques Chirac, dans une partie de son discours jamais relevée par les commentateurs, avait pris bien garde de ne pas réduire la France et les Français à la collaboration et aux collaborateurs. Il avait évoqué « l'action héroïque et fraternelle de nombreuses familles françaises », Bir Hakeim, un mois avant la rafle du Vél d'Hiv, quand « les Français libres de Koenig avaient héroïquement tenu, deux semaines durant, face aux divisions allemandes et italiennes ». Et il avait parlé de « la France, une certaine idée de la France, droite, généreuse, fidèle à ses traditions, à son génie. Cette France n'a jamais été à Vichy. Elle n'est plus, et depuis longtemps, à Paris. Elle est dans les sables libyens et partout où se battent des Français libres. Elle est à Londres, incarnée par le général de Gaulle. Elle est présente, une et indivisible, dans le cœur de ces Français, ces "Justes parmi les nations" qui, au plus noir de la tourmente, en sauvant au péril de leur vie, comme l'écrit Serge Klarsfeld, les trois quarts de la communauté juive résidant en France, ont donné vie à ce qu'elle a de meilleur. Les valeurs humanistes, les valeurs de liberté, de justice, de tolérance qui fondent l'identité française et nous obligent pour l'avenir ».

Le panache de la forme, les formules superbes et mémorables, Jacques Chirac les doit à Christine Albanel, plume de longue date du nouveau Président de la République.

Ce discours inaugure une série de sept « grands discours » classés sur le site de l'association Avec le Président Chirac dans la rubrique « Mémoire ». Trois d'entre eux concernent divers événements historiques – hommage national aux harkis (25 septembre 2001), 60e anniversaire du débarquement de Normandie (6 juin 2004), commémoration de l'abolition de l'esclavage (30 janvier 2006).

Les quatre autres sont consacrés aux liens entre la France et les Juifs. Outre le discours qui ouvre son premier mandat présidentiel, Jacques Chirac rend hommage le 8 juillet 2004, en compagnie de Simone Veil, aux Justes parmi les Nations au Chambon-sur-Lignon, ce village de la Haute-Loire qui, entre 1940 et 1944, a accueilli des centaines de Juifs fuyant les persécutions. Puis, le 12 juillet 2006, il célèbre le centenaire de la réhabilitation d'Alfred Dreyfus. C'est toujours avec Simone Veil, alors présidente de la Fondation pour la mémoire de la Shoah, qu'il clôt en quelque sorte son second mandat en dévoilant au Panthéon, le 18 janvier 2007, une plaque honorant les Justes de France. Le discours qu'il prononce alors corrige ou complète celui sur les responsabilités de la France dans la déportation des Juifs.

Les années Chirac furent celles de l'apurement des comptes laissés par Vichy. À la suite du discours du 16 juillet 1995, et dans un contexte international de scandales récurrents concernant notamment les avoirs bancaires conservés dans les banques suisses et les œuvres d'art pillées pendant la guerre, était créée la Mission d'étude sur la spoliation des biens des Juifs de France. Elle rendit ses rapports en 2000 à Lionel Jospin. Furent alors mises sur pied la Commission d'indemnisation des victimes des spoliations (CIVS), qui continue aujourd'hui encore son travail, et la Fondation pour la mémoire de la Shoah, dont Simone Veil fut la première présidente. En 1998 se tenait le procès de Maurice Papon qui se voulait celui de la coopération de l'administration avec l'occupant dans la déportation des Juifs de France. La réparation fut donc triple : symbolique, judiciaire et matérielle.

5.

Enquête sur une polémique. « La Shoah business », entretien mené par Séverine Nikel[1]

[2001]

L'Histoire : Deux livres traduits de l'américain viennent d'être publiés en même temps. L'un, consacré au rôle d'IBM dans la Shoah, IBM et l'Holocauste, *est l'œuvre d'un journaliste, Edwin Black. L'autre, intitulé* L'Industrie de l'Holocauste, *est le pamphlet d'un universitaire, Norman Finkelstein. Tous deux font l'objet de vives polémiques et reçoivent un écho important dans l'opinion. Peut-on parler à leur sujet de « coups éditoriaux » ?*

Annette Wieviorka : Je vous répondrai d'abord sur le statut, qui me semble très différent, des deux ouvrages. *IBM et l'Holocauste*, c'est en effet ce qu'on peut appeler un « coup médiatique » : un livre préparé dans le plus grand secret, dont les droits ont été vendus – probablement très chers – à la maison d'édition Robert Laffont. Et dont le lancement répond aux lois du marketing.

Seuls certains journaux ont eu l'exclusivité des épreuves et de l'interview de l'auteur. Du fait de l'embargo posé par l'éditeur, personne, avant la sortie du livre, n'a eu la possibilité de vérifier les informations et la documentation de l'auteur.

Le contenu du livre mérite à peine qu'on s'y arrête. Edwin Black dénonce le rôle supposé central d'IBM dans l'extermination des Juifs d'Europe. Il dit que les dimensions de la Shoah sont liées à l'utilisation des machines IBM. Ce qui n'est aucunement étayé.

1. Entretien paru dans *L'Histoire*, n° 254, 2001.

Quant au livre de Norman Finkelstein, enseignant de sciences politiques à New York, fils de déportés, son livre est à peine un livre : c'est un gros article-pamphlet, qui suscite polémique et intérêt. Tout simplement parce qu'il aborde des problèmes dans l'air du temps depuis quelques années.

L'H. : Résumons en deux mots : Norman Finkelstein dénonce l'existence d'une « industrie de l'Holocauste », qui extorque à son profit de l'argent à l'Europe. Et qui instrumentalise la Shoah au bénéfice de l'État d'Israël.

A. W. : Arrêtons-nous d'abord sur cette notion que Norman Finkelstein utilise sans jamais l'expliciter : « l'industrie de la Shoah » ou la « Shoah business ». Une entité qui est dotée maintenant d'une sorte d'autonomie : on a l'industrie sidérurgique, l'industrie chimique et l'industrie de la Shoah. Qu'est-ce que c'est ? Tous les gens qui gagnent leur vie en lien avec la Shoah ? Ce serait par exemple la dame-pipi du musée d'Auschwitz. Ce seraient les historiens salariés, comme moi…

Parmi les grands « industriels », les « magnats » de la Shoah, Norman Finkelstein s'acharne en particulier sur Élie Wiesel. Il stigmatise le prix qu'il exige pour ses conférences. Alors, combien devrait-il être rémunéré ? Comment devrait voyager Élie Wiesel ? En classe économique ? en classe affaires ? en première classe ? Dans quel type d'hôtel ? Auberges de jeunesse, asiles pour SDF ? Tout ça est très flou et très vain.

Ce qui est sûr c'est que, dans les sociétés libérales, capitalistes, dans lesquelles nous vivons, une valeur marchande est attachée à certaines activités, même celles en relation avec la Shoah. Un livre peut rapporter des droits d'auteur, un film nécessite un budget, et il est normal que les gens qui y travaillent soient rémunérés. Faut-il considérer cela comme des « dividendes » d'Auschwitz ?

L'H. : La cible principale de Norman Finkelstein, ce sont les organisations juives américaines – il parle de « racket » – qui exigent aujourd'hui des réparations… Qu'en est-il exactement des réparations versées aux victimes de la Shoah au lendemain de la guerre ?

A. W. : Pour éviter toute confusion, il faut commencer par faire le point sur ce qu'ont été les réparations au lendemain de la Seconde Guerre mondiale. Le terme n'était pas nouveau. C'est en 1919, dans le traité de Versailles, qu'on a utilisé pour la première fois le terme de réparations. Il s'agissait alors de faire payer aux pays fauteurs de guerre et vaincus des indemnités – d'ailleurs fort lourdes – aux pays victimes, à charge pour eux d'en répartir les sommes.

Dans le cas présent, le terme de réparations est impropre. Il faut le mettre entre guillemets, car il regroupe un ensemble de mesures d'indemnisation et de restitution de biens concernant des individus, des organismes et un État, Israël.

Dès 1939-1940, des plans de restitution avaient été élaborés par des militants d'organisations juives, qui se fondaient sur cette idée extrêmement simple : les biens des Juifs avaient été confisqués par les Allemands, dans le cadre de ces procédures d'« aryanisation » qu'on connaît bien aujourd'hui, mais aussi par le pillage. À la fin de la guerre, les Allemands devraient rendre ce qu'ils avaient pris.

Ces idées sont reprises dans l'immédiat après-guerre. Deux grandes organisations juives, d'une part l'American Joint Distribution Committee, plus communément appelé le « Joint » – une grande organisation juive américaine philanthropique –, et, d'autre part, l'Agence juive – une organisation sioniste qui s'occupe notamment de l'émigration juive en Palestine –, sont les bénéficiaires principaux de la restitution des biens pillés aux Juifs en Allemagne, qui se fait notamment pour la zone d'occupation américaine par le biais de la JSRO, la Jewish Successor Restitution Organisation.

L'H. : L'Allemagne versera aussi des réparations globales, comme après la Première Guerre mondiale ?

A. W. : Un peu comme au lendemain de la guerre de 1914-1918, des discussions ont été engagées sur le principe de réparations globales. La donne va changer en 1948-1949, avec la création de l'État d'Israël et la naissance de la RFA. C'est à ce moment-là que vont commencer des négociations secrètes entre le chancelier allemand Konrad Adenauer et Nahum Goldmann, le président et fondateur du Congrès juif mondial – un Juif allemand. C'est Nahum

Goldmann qui convainc Konrad Adenauer qu'il faut mettre sur pied une politique de « réparation », toujours entre guillemets. Le terme allemand, c'est *Wiedergutmachung* : « de nouveau faire bien ».

Ces négociations aboutissent à une déclaration de « repentance » de Konrad Adenauer devant le Bundestag, en 1951 : le chancelier affirme – ce n'était pas évident ! – que la République fédérale d'Allemagne est comptable de ce qu'a fait le IIIe Reich. Adenauer a eu, politiquement, du génie. Il a compris que l'ancrage à l'Ouest de l'Allemagne passait par ce geste.

En 1952 sont donc signés des accords très importants : les accords de Luxembourg. Sont signataires Adenauer, pour la RFA, Moshe Sharett, le ministre des Affaires étrangères de David Ben Gourion, pour Israël, et Nahum Goldmann, alors président d'un organisme très particulier : la Claims (Conference on Jewish Material Claims against Germany), qui fédère les grandes organisations juives de par le monde et reste aujourd'hui encore un acteur majeur.

Cet accord tripartite prévoit des réparations. Leur montant est discuté. Le calcul n'est pas absurde : il tient compte des biens confisqués en Allemagne. Et du coût de l'accueil des émigrants pour Israël. Or Israël a accueilli en tout à peu près un demi-million de réfugiés : soit des Juifs allemands après 1933, soit des survivants des camps, qui croupissaient dans des camps de personnes déplacées et dont aucun pays, et en particulier les États-Unis avant l'acte Truman de 1949, ne voulait.

L'Allemagne s'engage ensuite à voter des lois pour les indemnisations individuelles. Ce seront la BEG (*Bundesentschädigungsgesetz*, loi d'indemnisation), en 1953, qui prévoit l'indemnisation des individus allemands, de culture allemande ou apatrides, pour le port de l'étoile, l'impossibilité de faire des études, l'internement dans les camps, etc. ; puis la BRüG (*Bundesrückerstattungsgesetz*, loi de restitution), en 1957, qui porte sur l'indemnisation des biens, ceux pillés en France notamment.

L'H. : Ce qu'on appelle les « réparations » est donc attribué à différents bénéficiaires : des individus, des organisations juives et un État, Israël ?

A. W. : Oui, les réparations allemandes destinées à Israël vont être versées sous forme de marchandises : voitures, camions, etc. Elles ont contribué au démarrage économique de ce pays.

Quant à l'argent dévolu à la Claims dans le cadre des accords de Luxembourg, une partie a irrigué les communautés juives, notamment par le biais d'une de ses composantes, la Memorial Foundation for Jewish Culture, qui a notamment permis en France la construction du Tombeau du martyr juif inconnu.

Enfin, ce qui a été versé aux individus a été un élément important de la réhabilitation individuelle après la Shoah pour des gens qui avaient tout perdu. Ce sont des organisations juives qui s'en sont occupées, notamment l'URO (United Restitution Organisation).

Quand les biens ne font pas l'objet de réclamation parce que le propriétaire est mort ou parce qu'il s'agit d'un bien communautaire – une synagogue, une école –, les organisations juives posent comme principe, dès 1944-1945, qu'ils doivent leur revenir.

Ces choses-là doivent être dites et mises à plat. Elles sont très méconnues, même par les historiens. Voilà ce qu'on appelle d'un terme générique « les réparations ».

L'H. : Au regard de la persécution et de l'extermination des Juifs d'Europe, il ne peut s'agir de réparations au sens propre... Peut-on réparer Auschwitz ?

A. W. : Il faut dire que dans le monde juif, à l'époque, ces dispositifs ont suscité des débats d'une extrême violence... La droite israélienne, ce qui est devenu par la suite le Likoud, a manifesté – et notamment Yitzhak Shamir, le futur Premier ministre – une hostilité absolue. On s'est battu à la Knesset, le Parlement israélien. Battu ! En disant : cet argent, c'est l'argent du crime, c'est de l'argent sale, on n'en veut pas.

Et, individuellement, il y a eu des gens qui ont refusé cet argent. Qui n'ont pas fait de demande de « réparations », parce qu'ils ne voulaient rien toucher des Allemands.

Ce qu'on peut regretter, c'est qu'aujourd'hui la phase nouvelle de réparation qui s'est ouverte dans les années 1990, après la chute du mur de Berlin, n'ait pas suscité de débat public.

L'H. : Pourquoi la question resurgit-elle dans les années 1990 ?

A. W. : Ce deuxième âge des « réparations » a un lien avec le premier : l'Allemagne de l'Est. En 1949, en pleine guerre froide, la RDA décide qu'elle n'est pas héritière des crimes du Reich. Elle naît antifasciste et vierge de tout crime. Les Juifs qui vivent encore à l'Est, peu nombreux, mais qui sont les derniers représentants des importantes communautés d'avant guerre, ne sont donc pas indemnisés.

Quand le mur de Berlin est tombé, ces questions ont resurgi.

L'H. : Concrètement, comment les procédures se sont-elles engagées après 1990 ?

A. W. : La RFA reçoit des demandes individuelles de restitution et décide d'y mettre de l'ordre. Et toutes les organisations qui s'étaient occupées de la restitution – par exemple l'URO – se remettent à fonctionner. De même que la direction financière du *Land* de Berlin. Alors que les choses étaient terminées depuis les années 1970.

Dans certains quartiers de Berlin-Est, les Juifs étaient extrêmement nombreux. Potsdam également comptait beaucoup de Juifs. C'est comme ça qu'un ou deux ans avant de mourir, installé à Cambridge, l'historien anglais George Mosse, issu d'une riche famille juive de Berlin-Est qui avait fui le nazisme, reçoit une fortune : le bien de ses parents, à Berlin-Est…

Mais ces procédures ont posé des problèmes beaucoup plus compliqués que dans l'après-guerre. On pouvait supposer que quelqu'un qui, pendant la guerre, ou au lendemain de la guerre, avait habité l'immeuble ou acquis un commerce appartenant à des Juifs savait ce qu'il faisait. Mais, en quarante ou cinquante ans, ces biens ont souvent changé de mains. Quand quelqu'un achète ou loue une maison en 1980 ou 1990, il n'est pas censé savoir qui y a vécu pendant ou avant la guerre.

L'H. : D'autres pays d'Europe centrale et orientale ont été touchés par ces procédures ?

A. W. : Tous les anciens « pays de l'Est » ont été concernés. Avec une complication supplémentaire quant au statut de la propriété. Dans ces pays, il y avait eu deux confiscations : la nationalisation des biens – la « collectivisation des moyens de production », comme on disait au temps du régime communiste – s'est greffée sur la confiscation antérieure.

Le cas limite, c'est l'histoire de cette femme née après la guerre qui, à la mort de sa mère, retrouve dans ses papiers un acte de propriété d'une terre en Pologne, qui est en fait un morceau du camp d'Auschwitz-Birkenau. On ne peut pas revenir en arrière. Elle a dit qu'elle n'en voulait pas. Comment peut-on vouloir de ça ? C'est un cas limite – parce que, en général, on n'est pas propriétaire de la chaumière où on a fait les premiers gazages. Mais cela révèle ce mélange très lourd entre le meurtre, l'argent, la propriété, la souffrance. Mélange qu'on retrouve dans chaque cas de « réparation » ou d'indemnisation et qu'on ne peut pas traiter simplement par le pamphlet, simplement en disant que c'est « l'industrie de l'Holocauste ».

L'H. : Que reproche-t-on aux organisations juives américaines ?

A. W. : Le problème des procédures engagées dans les années 1990, c'est qu'elles ont été conduites par un petit nombre d'organismes américains, notamment par le Congrès juif mondial, avec des méthodes s'apparentant parfois au chantage. En disant « si vous ne donnez pas les sommes que nous réclamons, nous appelons au boycott ». Dans une économie mondialisée, ces menaces sont prises au sérieux. Ajoutons à cela la « judiciarisation » de la société américaine et les honoraires des avocats. Les avocats américains qui se saisissent de ces affaires ne sont pas des philanthropes.

Les demandes de restitution sont passées par la justice dans le cadre d'une procédure très particulière, la *« class action »* : c'est-à-dire qu'un certain nombre de personnes entament une procédure judiciaire, et que le résultat est valable pour tous ceux qui se trouvent dans le même cas qu'eux. En France, l'instance d'indemnisation qui a été mise en place ne nécessite en principe pas d'avocat.

Ajoutons que la plainte en justice se fait dans des formulations qui sont inadmissibles pour un historien. Je pense par exemple à la plainte contre IBM : IBM aurait commis « un crime contre l'humanité »…

L'H. : Les abus que dénonce Norman Finkelstein existent donc ?

A. W. : Les réparations mêlent la mort et l'argent… Elles attirent les vautours. Personne n'a étudié de près ce qui s'est passé en Normandie quand ont été versés les dommages de guerre, mais quand j'étais en poste à Caen, on en parlait : il y a eu des abus au moment de la reconstruction de toutes ces villes qui avaient souffert de la guerre.

Je ne vois pas pourquoi les Juifs seraient meilleurs que les autres. Cela ne paraît pas surprenant qu'il existe des bavures, des escroqueries. Et des gens qui veulent en profiter. Seulement, on tombe alors sur le stéréotype antisémite classique du Juif et de l'argent, et c'est pour cela que le malaise est grand sur ces questions.

L'H. : Qui concernent-elles aujourd'hui, cinquante-cinq ans après la fin de la guerre, ces restitutions ? Des survivants, des enfants de survivants ou de déportés ?

A. W. : C'est très compliqué, parce que là il faut distinguer ce qui est « bien individuel », c'est-à-dire la restitution au sens propre du terme, qui, elle, concerne les familles, par le biais de l'héritage. Comme dans le cas de George Mosse, qui était enfant quand sa famille a quitté l'Allemagne et hérite donc du bien de ses parents.

Mais il y a aussi l'indemnisation du travail forcé. Là, cela concerne un individu survivant : on n'est pas héritier de la souffrance de ses parents, du moins en droit…

L'H. : Vous-même, vous avez été membre de la Mission Mattéoli, chargée d'une étude sur la spoliation des biens des Juifs de France. Dans ce cadre, vous avez été confrontée à des demandes de restitution de biens. Quels enseignements en tirez-vous ?

A. W. : Nous avons constaté que si 90 % des biens en valeur avaient été restitués ou indemnisés dans l'après-guerre, une petite partie d'entre eux pourtant ne l'avait pas été – qui correspond à une somme d'environ 1,5 milliard de nos francs actuels. C'est ce qui explique la mise en place de la commission pour l'indemnisation des victimes de la spoliation, présidée par Pierre Drai, un ancien premier président de la Cour de cassation. Il s'agit de biens. Si le propriétaire est décédé, il peut y avoir des héritiers.

Il ne s'agit pas de souffrance ou de préjudice pour la personne. Par exemple, on n'hérite pas des pensions de déportés de ses parents.

L'H. : Qu'est-ce qu'un « survivant » ? Un rescapé des camps ?

A. W. : Les Américains ont adopté une définition très large : est survivante toute personne juive qui a vécu dans un pays occupé par les nazis – donc, qui était destinée à être exterminée. Effectivement, ça en fait beaucoup.

Il y a donc eu des débats sans fin sur le nombre de survivants. Par exemple, un Juif polonais qui vit caché dans une cave pendant toute la durée de la guerre, aidé par une famille de paysans polonais, est-ce que c'est un survivant ? Les Juifs anglais, qui auraient été anéantis, puisqu'ils figurent dans le protocole de Wannsee, si Churchill n'avait pas réussi à protéger l'Angleterre de l'invasion ? Et les Juifs polonais qui ont été déportés par Staline au Kazakhstan ou en Sibérie ?

Moi, je plaide pour une définition étroite. Est survivant celui qui a survécu aux ghettos ou aux camps.

L'H. : Qui a eu l'idée d'accorder une indemnisation aux enfants de parents morts en déportation ?

A. W. : En juillet 2000, le gouvernement français, sur la demande de Serge Klarsfeld appuyé par la Mission Mattéoli, a pris un décret sans précédent qui consiste à indemniser les enfants des victimes : les orphelins de la Shoah, tous ceux qui étaient mineurs lors de la déportation d'un parent reçoivent soit un capital de 180 000 francs, soit une rente de 3 000 francs par mois. C'est une nouveauté, ce n'était pas dans la législation allemande d'indemnisation. C'est une compensation pour les traumatismes subis par ceux qui durent se cacher et qui grandirent ensuite sans le soutien de parents déportés par les nazis avec la complicité de l'État français.

Cette mesure est dans la continuité du discours de Jacques Chirac qui, en juillet 1997, reconnaissait la responsabilité de l'État français et sa « dette imprescriptible ».

L'H. : Pourquoi l'ouvrage de Norman Finkelstein a-t-il suscité en France une telle polémique ?

A. W. : En fait, toute une partie de l'argumentation de Finkelstein a mis très mal à l'aise ceux qui sont familiers avec l'argumentaire des négationnistes. Je pense notamment à Pierre Vidal-Naquet, qui a refusé de préfacer ce livre. La postface de Rony Brauman tire le livre davantage encore du côté de l'argumentation des négationnistes.

L'H. : Pouvez-vous préciser ? Norman Finkelstein n'est pas un négationniste ?

A. W. : Non, mais il utilise une partie de la rhétorique des négateurs. Toute l'argumentation des négationnistes a été de dire : la Shoah n'a pas existé ; ou alors : les Juifs ne sont pas morts en si grand nombre. Norman Finkelstein ne dit pas cela. Mais il les rejoint quand il affirme que cette « industrie de la Shoah », synonyme pour lui de sa mémoire, n'existe que pour le profit de l'État d'Israël, pour légitimer par exemple sa politique vis-à-vis des Palestiniens. Il est très proche des discours que tient Roger Garaudy.

Un raisonnement qui éveille d'étranges échos. On a souvent entendu dire que le « mythe » de la Shoah avait servi à extorquer de l'argent aux Allemands. Ou que la seule motivation du procès Eichmann, c'est que les Juifs voulaient escroquer les Allemands au profit de l'État d'Israël.

Mais, au-delà de ces réticences, je crois que Norman Finkelstein se trompe d'époque. Cette instrumentalisation directe a été la caractéristique des années 1980 en Israël (Arafat comparé à Hitler ; la charte de l'OLP à *Mein Kampf*). Mais je n'ai pas entendu, dans les discours d'Ehud Barak ou dans ceux d'Ariel Sharon, l'obsession de la référence à la Shoah qui a existé à l'époque où Menahem Begin était Premier ministre.

Deuxième erreur d'époque, on est dans une phase où le rôle d'Israël dans la mémoire de la Shoah devient moins central, s'atténue. Alors que le mémorial de Yad Vashem, à Jérusalem, a longtemps prétendu être le cœur de la mémoire de l'extermination, rassemblant toute la documentation, accordant les autorisations de construire les autres mémoriaux, le musée de l'Holocauste à Washington a été construit et inauguré en 1993 sans susciter de débat.

Washington microfilme toute la documentation dans le monde entier. Et la centralité d'Israël en matière de mémoire de la Shoah est tout à fait compromise.

Toutefois, beaucoup de survivants du nazisme vivent en Israël. Que, deux générations après le génocide, il existe une angoisse particulière chez les Juifs, je ne trouve pas cela extraordinaire.

Je ne crois pas qu'il y ait besoin de propagande israélienne pour que les Juifs éprouvent ce sentiment d'insécurité ou d'angoisse quant à leur survie. Il y a quand même eu cinq ou six millions de Juifs qui ont été assassinés. La mémoire de la Saint-Barthélemy a aussi marqué le protestantisme français dans ce sentiment d'être menacé dans sa vie.

L'H. : Est-ce abusif alors de parler d'instrumentalisation de la Shoah ?

A. W. : Elle est évidente. Elle a toujours existé, l'histoire des nations est l'histoire de l'instrumentalisation des grands événements, souvent tragique. La Révolution française est un exemple. C'est le propre des événements historiques d'être utilisés à des fins de politique. Ce qui ne veut pas dire que l'événement n'est que son instrumentalisation, ou qu'il se réduit aux discours sur lui. Mais ce qui est frappant aujourd'hui c'est que l'instrumentalisation de la Shoah aux États-Unis se fait moins au profit de l'État d'Israël qu'à celui des valeurs américaines. Il y a eu une « américanisation de la Shoah »... C'est ce que j'explique dans mon livre *L'Ère du témoin*.

L'éducation à la Shoah est aussi le prétexte à une éducation aux valeurs américaines. D'une part la démocratie américaine, qui rend bien évidemment ces turpitudes et ces horreurs lointaines, impensables pour les braves Américains. D'autre part, le droit d'ingérence, la seule autocritique américaine portant sur le fait qu'ils ne sont pas assez intervenus, qu'ils n'ont pas accueilli assez de réfugiés.

La mémoire est toujours au présent. Et toutes les mémoires sont instrumentalisées, consciemment ou inconsciemment. Celle-là ne fait pas exception. C'est en effet plus facile d'acclimater un événement monstrueux qui a eu lieu en Europe, que de regarder sa propre histoire. Je n'établis pas d'équivalence, mais un grand musée de l'esclavage, ce serait peut-être important pour l'histoire même des États-Unis.

L'H. : Quelle conclusion tirez-vous des polémiques récentes ?

A. W. : Il faudrait une enquête sur ce qui touche à la question de la réparation matérielle. Pour l'instant, on n'a pas grand-chose pour réfléchir. Il y a des rapports partiels, le rapport de la commission Berger, la commission suisse, les rapports de la Mission Mattéoli, mais c'est vrai qu'on est encore dans une sorte de flou : on ne comprend pas bien ce qui s'est passé et ce qui se passe.

Moi, j'aimerais par exemple savoir comment est constitué exactement le fonds sur le travail forcé. Connaître la façon dont les travailleurs forcés juifs sont indemnisés, par rapport à ceux qui ne sont pas juifs, et qui sont l'immense majorité. Comment ils ont été indemnisés, pays par pays, après la guerre, et comment ils sont indemnisés aujourd'hui.

Cependant, nous éprouvons tous, nous les historiens, un malaise, par rapport à ce sentiment que la dernière étape de l'histoire de la Shoah porte sur des questions d'argent. L'inquiétude que le travail auquel un certain nombre de personnes ont consacré leur vie ne se transforme finalement en histoire de gros sous.

L'H. : Y a-t-il encore des choses à découvrir sur l'histoire de la Shoah ?

A. W. : Je pourrais dresser une liste pour les éditeurs français d'une trentaine d'ouvrages fondamentaux, qui paraissent en anglais ou en allemand, qui font énormément avancer la recherche et la réflexion sur l'événement, et qui sont complètement inconnus en France.

Un exemple précis : on retrouve dans les archives soviétiques les carnets de Himmler. Est publiée en Allemagne une édition critique savante de ces carnets. À partir de cela, il y a de nouveau des débats, notamment sur les plans de remodelage ethnique de l'Europe nazie.

Grâce à l'ouverture des archives biélorusses, ukrainiennes, il y a eu une énorme production sur ce qui s'est passé à l'Est, dont on ne savait finalement presque rien. Il y a aussi un renouvellement des travaux sur les *Judenräte*, les « Conseils juifs », et aussi sur la résistance juive. Un gigantesque chantier historiographique est ouvert, dans lequel la France n'est que très faiblement partie prenante.

VII.

IVRY-SUR-SEINE

C'était le 13 juin 2003. Je présidais l'association « Une cité pour les Archives nationales ». Isabelle Neuschwander, à la tête de la section du XXe siècle, en était la secrétaire. Avec quelques autres, nous nous étions démenées pour la construction d'un nouveau Centre, à Pierrefitte. L'implication dans ce combat avait éveillé un intérêt qui ne m'a pas quittée pour les archives, non seulement comme source, mais comme objet en soi. C'est pourquoi j'avais décidé d'assister à la journée d'études organisée à l'Institut d'Études Politiques dans le cadre du Centre d'histoire de l'Europe au XXe siècle et consacrée aux « Archives "secrètes" ». J'étais assise à côté d'Isabelle qui me lança : « Devine quelles archives on vient de rentrer ? Celles de Maurice Thorez. » Il y avait de nouvelles sources. Ma décision fut immédiate : j'écrirai la biographie du secrétaire du parti communiste français, renouvelant celle de Philippe Robrieux[1].

Comme bien des historiens, j'avais envie de me confronter à ce genre contesté. Envie aussi de montrer, de me montrer

---

1. Philippe Robrieux, *Maurice Thorez. Vie secrète et vie publique*, Paris, Fayard, 1977.

que j'étais une historienne tout court et pas une historienne « juive » confinée dans l'étude de la Shoah, trop souvent perçue comme étant plus un objet moral ou de mémoire que d'histoire. J'avais envisagé la figure de René Cassin, mais après avoir consulté les inventaires de ses archives, j'eus peur de m'ennuyer en passant des années avec lui – Antoine Prost et Jay Winter lui consacrèrent finalement un ouvrage[1]. Jules Isaac m'intéressait vivement… Mais il avait vécu très longtemps, plusieurs vies et, surtout, il avait déjà fait l'objet de bien des écrits. En fait, Thorez était pour moi une aubaine. D'autant que le communisme avait été un de mes centres d'intérêt permanent. J'avais lu tous les ouvrages importants sur le sujet, qui sont encore dans ma bibliothèque. De ceux d'Annie Kriegel, ma directrice de thèse (de loin les plus aboutis), à ceux de Danielle Tartakowsky et Serge Wolikow, en passant par Stéphane Courtois, Marc Lazar et bien sûr Philippe Robrieux, sans compter les journaux (ceux de Marcel Cachin) ou les témoignages de repentis, comme *Autocritique*[2] d'Edgar Morin. J'avais aussi consacré un ouvrage aux Juifs communistes. Je ne m'étais pas encore penchée sur la fabrication de l'Affiche rouge. Puis, en réalisant que les archives étaient tout à la fois celles de Maurice et de Jeannette, je décidais enfin de tenter, ce qui jamais n'avait été fait, une biographie du couple. J'envisageais de réhabiliter Jeannette qui avait été tant raillée. Ce fut impossible.

2003-2010. Il m'aura fallu sept ans pour que ce projet aboutisse.

À la mort soudaine de Maurice Thorez, le 11 juillet 1964, sur un paquebot en mer Noire, alors que, comme de coutume depuis une dizaine d'années, il se rendait en Union soviétique pour passer ses vacances, ses archives se trouvaient dans sa

1. Antoine Prost et Jay Winter, *René Cassin*, Paris, Fayard, 2011.
2. Edgar Morin, *Autocritique*, Paris, Julliard, 1959.

résidence de Bazainville. Le parti communiste l'avait acquise pour loger, après son second retour d'URSS en avril 1953, un Thorez encore physiquement diminué à la suite d'une congestion cérébrale survenue trois ans plus tôt. Ces archives contenaient à la fois des documents de travail, relevant largement des archives publiques – puisque depuis la période du Front Populaire Thorez avait pris l'habitude de travailler chez lui – et des papiers personnels. La bibliothèque, les cadeaux et les films de famille, notamment ceux, très nombreux, reçus lors de la célébration grandiose de son cinquantième anniversaire, avaient aussi été apportés à Bazainville. Quand, après la mort de Maurice, Jeannette se trouva en délicatesse avec la ligne du parti communiste et démissionna de toutes ses fonctions de dirigeante, elle emporta avec elle les archives, les livres et les présents qu'elle regroupa dans un local construit à cet effet dans le jardin de sa maison de Caillan.

À son décès, en 2001, qui impliquait la vente de cette maison, les héritiers décidèrent de donner le fonds aux Archives nationales, et la bibliothèque ainsi que les cadeaux à celles d'Ivry-sur-Seine. Pourquoi ce choix ? Parce que le couple avait vécu à Ivry de nombreuses années, et Jeannette encore après son veuvage, et que Maurice en fut le député sans discontinuité pendant trente-quatre ans. Christine Nougaret, conservateur général du Patrimoine alors en charge des archives privées, expertisa le fonds à Caillan. Elle pointa l'importance des papiers de Jeannette qui se trouvaient dans la maison et non dans le bâtiment dédié aux archives. Elles furent ainsi sauvées. Grâce soit rendue à Christine Nougaret.

J'aurais souhaité me plonger dans les archives dès le lendemain de ce jour de juin 2003, quand j'appris leur existence. Mais il fallait attendre qu'elles subissent un « traitement spécial » pour les débarrasser, à ce que je crois, d'un champignon. Ce qui ne m'empêcha pas de me mettre au travail.

J'ai pensé (et j'ai eu raison de le penser) que Thorez n'avait pas pu préserver ses papiers avant d'avoir une maison pour lui, c'est-à-dire au moment où il s'installa dans un pavillon à Ivry-sur-Seine, peu avant le Front Populaire. J'ai donc commencé un périple sur les traces de Maurice et de Jeannette, visitant les lieux et les centres d'archives : la ville natale de Maurice à Noyelles-Godault, à deux pas d'Hénin-Beaumont, avec ses corons et son terril, Halluin, Mouscron dans le quartier des baraques, à la recherche de l'endroit où il passa la frontière clandestinement après sa désertion d'octobre 1939 ; les archives départementales du Nord et du Pas-de-Calais, à Lille et Arras ; celles de Guéret dans la Creuse, département où Thorez s'était réfugié en 1915 avec son grand-père ; les archives municipales de Clugnat, la petite ville de la Creuse où ils séjournèrent ; je suis allée sur ses pas à Mougins et au Cannet, sur la plage de la Garoupe, au cap d'Antibes, où le couple Thorez aimait rencontrer Picasso, à Saint-Martin-Vésubie.

Quand enfin les archives ont été disponibles, il fallait encore demander à Pierre Thorez l'autorisation de les consulter. Or un historien avait décidé de mettre la main sur ces documents, et d'empêcher par d'autres leur consultation. Il avait été membre du parti communiste jusqu'en 1981 et, fort de ces attaches, convainquit Pierre Thorez qu'il ne devait laisser personne y avoir accès avant qu'il ait organisé la parution du Journal. Marie-Paule Arnauld, qui dirigeait le Centre historique des Archives nationales, intervint auprès du fils de Maurice Thorez. Dès lors, il m'accorda avec générosité les autorisations de consultation. Le Journal de 1952 que tint Maurice Thorez, d'abord comme exercice de rééducation après l'attaque qui l'avait laissé hémiplégique, jusqu'à sa mort, douze ans plus tard, a été publié en 2020 par les Éditions Fayard avec le soutien de *L'Humanité.* Ne comportant aucun éclaircissement politique, peu disert sur sa vie privée et ses sentiments, la parution de ce journal ne suscita guère d'intérêt.

Bien sûr, je pris souvent le chemin d'Ivry, chaque fois réjouie par le nom des rues, conservatoire des personnalités communistes, certaines toujours inscrites dans les mémoires comme Danielle Casanova, d'autres totalement oubliées comme Auguste Delaune. À la mairie, où l'on est accueilli par un buste de Thorez, se trouvent les archives que dirigeait Michèle Rault. Grâce à elle, j'ai vu la bibliothèque et les cadeaux « pour de vrai ». Pour de vrai, car les responsables des archives municipales ont eu l'idée fabuleuse de construire un site internet unique à ma connaissance. Il comporte l'inventaire de la bibliothèque : pour chacun des quelque dix mille ouvrages, une fiche technique avec les indications d'usage auxquelles s'ajoutent la dédicace, si dédicace il y a, et une page de notes quand il y en a. C'est une mine, et la lecture des dédicaces est souvent réjouissante. J'ai passé sur ce site un nombre incalculable d'heures sans en épuiser toute la richesse. Sur place, j'ai surtout consulté les annotations d'ouvrages auxquels je souhaitais donner du sens dans mon livre, et j'ai visionné les films de famille.

J'ai également retrouvé à Ivry le tableau du peintre Boris Taslitzky : *Staline rend visite à Maurice Thorez malade*, un Thorez représenté avec l'un des volumes des *Communistes* d'Aragon posé sur ses genoux. Ce n'est pas la meilleure toile de ce peintre que j'ai connu, et dont les dessins réalisés au camp de Buchenwald où il avait été déporté pour faits de résistance sont tout à la fois une création artistique et un témoignage saisissant. Sa fille Évelyne veille désormais sur son œuvre. Au printemps 2022, une magnifique exposition lui a été consacrée à la Piscine, à Roubaix, qui donne la mesure de son talent.

Je suis retournée à Ivry-sur-Seine en janvier 2024. C'était avant l'entrée au Panthéon de Missak et Mélinée Manouchian. Jamais encore je ne m'étais rendue sur les tombes des fusillés du Mont-Valérien enterrés au cimetière parisien d'Ivry. Il me fallait combler cette lacune avant la parution de mon libelle, *Anatomie de l'Affiche rouge*[1].

1. *Anatomie de l'Affiche rouge*, Paris, Seuil, 2024.

1.

Trois générations de communistes juifs[1]

[1989]

Qui étaient les Juifs organisés dans la MOI ? Pourquoi et comment s'engagèrent-ils dans la résistance communiste juive ? Le groupe juif eut-il une politique distincte de celle du PCF ? Quelle fut son action ? Où réside sa spécificité juive ? Comment analysa-t-il la persécution et quelle réponse lui apporta-t-il ? Autant d'interrogations auxquelles nous ne pouvons répondre dans le cadre limité qui nous est imparti. Néanmoins, nous pouvons tenter une première approche en dessinant une typologie des combattants de la résistance communiste juive[2]. Les aînés d'abord, venus au communisme dans le sillage de la Révolution bolchevique et qui émigrèrent en France entre les deux guerres. Cette « génération d'octobre » éduqua dans les quartiers populaires du Paris juif une seconde génération venue en France tout enfant, née sur les chemins de la migration ou à Paris. Nous l'appellerons « la génération de Belleville ». Enfin, la résistance communiste juive fut grossie d'un certain

1. Texte publié dans Karel Bartosek, René Gallissot, Denis Peschanski, Raya Adler-Cohen, Catherine Nicault, Gilbert Badia *et al.* (dir.), *De L'exil à la résistance. Réfugiés et immigrés d'Europe centrale en France : 1933*-1945, Saint-Denis, Presses universitaires de Vincennes, 1989.

2. Pour mon ouvrage, *Ils étaient juifs, résistants, communistes*, Paris, Denoël, 1986, j'ai effectué une enquête auprès de 70 à 80 anciens combattants de la MOI.

nombre de tout jeunes gens, d'adolescents, venus à la Résistance à cause de la persécution antijuive, surtout après la grande rafle des 16 et 17 juillet 1942. Ils constituent « la génération de la rafle ».

La génération d'octobre

Nés au début du siècle dans une Pologne partagée entre la Russie tsariste, l'Autriche et l'Allemagne, ils ont été élevés dans la tradition juive. Le judaïsme leur a enseigné que l'Histoire était vectorisée (le Messie viendra). Il leur a aussi appris la discipline : être Juif, c'est d'abord obéir à la Loi, respecter les 613 *mitsvot* sans se poser de questions sur leur sens. Pourtant, en Europe Centrale et Orientale, l'influence des Lumières et de son corollaire, la sécularisation, se répand dans la deuxième moitié du XIXe siècle et au début du XXe. Les enfants, les filles surtout, vont parfois au lycée. Sophie Szwarc, née en 1905, parle polonais avec ses frères à la grande fureur du père qui ne tolère à la maison que l'usage de la langue yiddish, l'hébreu étant réservé au domaine religieux.

En 1918, la guerre qui se termine accouche d'une Pologne indépendante. Un accouchement marqué de violences à l'égard des Juifs. Sophie Szwarc est témoin de scènes qui la marquent à jamais : « Des voyous arrachent avec ou sans baïonnette la barbe des Juifs pieux. Ça saigne. Ils rient. » Sophie nous dit avoir ressenti pour ces hommes une immense pitié qui se mélange à l'humiliation de les voir, passifs, subir des violences. Elle refuse la résignation. Elle est mûre pour l'action politique.

Au début des années 1920, elle adhère au parti communiste polonais. Un parti où les Juifs sont très nombreux. « C'est normal, nous étions les plus malheureux, les plus révoltés. » Ce qu'elle ne dit pas, c'est que les Juifs n'ont pas à l'égard de la Russie bolchevique, qui vient de livrer à la Pologne la guerre qu'on appelle « guerre polono-bolchevique » et qui a conduit l'Armée rouge aux portes de Varsovie, la même prévention que les Polonais pour qui un Russe, fût-il bolchevique, est toujours un Russe.

Sophie Szwarc comme Louis Gronowski, les parents de Jean Lemberger et bien d'autres, est fascinée par la Révolution d'octobre dont le moindre mérite n'est pas d'avoir émancipé les Juifs de Russie et de permettre à certains, pour la première fois dans l'histoire de l'Europe Centrale et Orientale, d'avoir des responsabilités gouvernementales. Trotski en est le meilleur symbole. Ils veulent construire à leur tour une société juste, fraternelle, sans antisémitisme.

Cette première génération de communistes juifs, celle dont la langue maternelle est le yiddish, qui parlera toujours français avec un accent, est celle de la rupture. Le communisme fut pour elle une conversion. « J'ai quitté la synagogue et je suis entrée dans une autre maison de Dieu », nous dira Yanina Sochaczewska.

Les uns après les autres, avec l'autorisation mais sans ordre de leur parti, quittent la Pologne. Parce que, pour eux comme pour beaucoup de Polonais, la situation matérielle est devenue intenable. « Je n'avais pas d'avenir », dit Jacques Farber. Parce qu'à chaque 1er mai, ils sont inquiétés et font souvent un bref séjour en prison, jetant l'opprobre sur leur famille. « Je ne voulais pas être révolutionnaire au détriment de ma famille », dit Sophie Szwarc.

Les chemins de leur émigration se croisent. On retrouve les mêmes lieux ; l'Allemagne, le Luxembourg, les Pays-Bas, la Belgique où, comme en France, il existe une organisation communiste yiddish. Yiddish et non juive. Car, si ces Juifs sont organisés à part, c'est qu'ils parlent une langue différente de celle du pays d'accueil. L'organisation politique juive communiste ne sera jamais, à l'exception de la période de la Résistance, que celle d'une génération, celle de l'immigration.

L'immigré communiste ou communisant qui arrive en France a en poche une adresse. En général celle de la *Kultur Ligué*, la ligue culturelle. Là, il trouvera un milieu chaleureux qui l'aidera à résoudre de multiples problèmes : papiers, travail, logement. Or la *Kultur Ligué* est une organisation de masse animée par la sous-section juive de la MOI, elle-même placée directement sous la direction du comité central du PCF et dont l'objectif est d'organiser, par groupes de langues, les différentes immigrations. En théorie, tout communiste immigré milite à la fois dans la section de langue et dans une cellule de quartier. Mais les immigrés qui manient mal le français ne se sentiront jamais tout à fait à l'aise dans la cellule et consacreront l'essentiel de leur énergie militante au secteur yiddish.

Et s'ils sont relativement peu nombreux à être adhérents au parti communiste (moins de 300 au début des années 1930 selon David Weinberg[1]), leur influence s'étend sur une grande fraction de cette immigration par le biais de sections de langue yiddish dans les syndicats, regroupés en un comité inter-syndical auprès de la CGTU, d'organisations culturelles (théâtre, chorale) ou d'entraide (dispensaire, sociétés d'aide mutuelle...), mais aussi d'organisations pour les enfants ou les adolescents.

La génération de Belleville

Les enfants issus de l'immigration s'intègrent à la société française par le biais de l'école. Mais le jeudi et le dimanche, ils fréquentent les *Tsugub Shul* (les écoles complémentaires) de leur quartier : la Nation, mais surtout Belleville qui est le véritable quartier populaire juif. Henri Krasucki, Marcel et Simon Rajman, Charles Wolmarck et bien d'autres y acquièrent une culture politique. Ils chantent en français et en yiddish la Révolution d'octobre. Ils vont au cinéma voir les films soviétiques : *Tchapaev, Le Chemin de la vie, Les Marins de Kronstadt, Les Joyeux garçons*. Car la Révolution bolchevique, ils vivent avec, en symbiose. « Dans mon enfance, je confondais russe et juif. C'était un peu la même chose. La Révolution, c'était forcément bon pour nous », dit Victor Zigelman.

Ils vont aussi au YASK, le Yiddisher Arbeter Sport Klub, le Club sportif ouvrier juif. Et beaucoup adorent le sport et le pratiquent assidûment comme s'il fallait changer de corps, grandir, se muscler, éloigner de soi l'image véhiculée par les antisémites du Juif chétif, pâle, maladif, gesticulant dans sa boutique ou se balançant penché sur ses livres. Le sport fut pour la jeunesse juive au début du XXe siècle beaucoup plus qu'une distraction, qu'une

1. David H. Weinberg, *Les Juifs à Paris de 1933 à 1939*, Paris, Calmann-Lévy, coll. « Diaspora », 1974, p. 55.

source de plaisir. Il fut la voie royale de la « régénération », la rupture avec la vie d'avant, et le YASK fut aussi le lieu de la politisation. Changer de corps comme prolégomène à changer le monde.

Si la génération d'octobre fut celle de la rupture, celle qui a gardé l'accent gouailleur du Paris populaire, de Simon Rajman, d'Henri Krasucki, de Raymond Kojitski est celle de la continuité. Car souvent on est communiste par famille entière : parents, enfants, oncles, tantes, cousins. Les enfants sont le lieu de passage, le sas entre la micro-contre-société juive communiste et la société française par le biais de l'école ou, plus tard, la société communiste. Car si, enfant, Henri Krasucki fréquente la *Tsugub Shul*, il fréquente aussi le patronage de la grande coopérative ouvrière, la Bellevilloise.

Mais il n'y a pas de jeunesse communiste juive ou de presse spécialisée pour les Juifs en langue française. L'avenir politique de ces jeunes, c'est la Jeunesse communiste et le parti communiste français.

Les Juifs communistes du pacte germano-soviétique à août 1941

Tous les éléments que nous avons rassemblés (témoignages, bribes de la presse devenue clandestine) nous permettent de dire que les Juifs communistes ne condamnèrent pas le pacte germano-soviétique. Probablement parce que la fidélité des Juifs communistes à l'Union soviétique est la pierre angulaire de leur adhésion au parti. À la différence des communistes français, la plupart d'entre eux n'ont d'autres traditions politiques que celles issues du bolchevisme.

D'août 1939 à juillet 1940, l'organisation communiste juive se trouve fortement désorganisée par la mobilisation : la plupart des hommes se sont engagés et se trouvent dans les camps des régiments de marche des volontaires étrangers à Septfons ou à Barcarès. Les contacts entre les dirigeants de la sous-section juive, Louis Gronowski en particulier, et la direction du parti communiste semblent rompus. Il faudra attendre octobre 1940 pour que les liens se renouent et que les communistes juifs tentent de se réorganiser, de rassembler leurs militants en créant un organisme destiné à l'entraide, *Solidarité*, et en éditant un journal clandestin en yiddish, *Unzer Wort* (« Notre Parole »)[1].

Deux événements marqueront le tournant pour les communistes juifs. Le premier c'est, bien entendu, l'entrée de la Wehrmacht en Union soviétique. Le deuxième, moins connu, c'est l'émission destinée « aux Juifs du monde entier » diffusée le 24 août 1941 par Radio-Moscou où s'expriment des personnalités du monde yiddish soviétique comme l'écrivain David Bergelson ou le metteur en scène Mikhoels, et des figures éminentes du monde artistique russe comme le cinéaste Eisenstein ou l'écrivain Ilya Ehrenbourg. L'objet de cet appel : l'union de tous les Juifs, en Union soviétique et dans le monde entier pour la défense de l'Union soviétique.

> Frères du monde entier, aucun de nous ne doit oublier que nous n'avons jamais eu dans notre histoire d'allié aussi puissant que l'URSS et que le devoir de tous les Juifs est de rallier au plus tôt le front mondial antifasciste. La place de tous les Juifs est dans les armées de la coalition démocratique comme aux côtés des partisans pour les actions de sabotage. Organisez le boycott de la production et du commerce ennemis ! Faites connaître au monde entier les tueries sadiques des hitlériens ! Aidez l'URSS dans la lutte sacrée contre la bête fasciste[2].

Dès lors, les « forces juives » se verront fixer un certain nombre de tâches. Elles devront procéder à « l'union de toutes les forces juives conscientes de la situation et prêtes à agir en créant des comités et des groupes de combat aux côtés des masses françaises[3] ». La

---

1. La presse clandestine d'octobre 1940 à juin 1941 a disparu, détruite ou dissimulée. Néanmoins, de très larges extraits sont reproduits dans une série de rapports de police (conservés à la Bibliothèque nationale) qui s'échelonnent du 7 octobre 1940 au 17 mars 1941.

2. *Notre Parole*, n° spécial du 1er sept. 1941.

3. *Notre Parole, ibid.* Une partie de la littérature clandestine communiste juive a été regroupée dans deux recueils publiés après guerre. *La Presse antiraciste sous*

tâche de ces comités et de ces groupes : l'éducation de la jeunesse, la propagande contre l'antisémitisme par différentes éditions en français, le boycott du commerce.

Le numéro du 1er septembre 1941 de *Notre Parole*, le deuxième en langue française (le premier reproduisait l'appel de Molotov de juin 1941), trace donc les grandes lignes de ce que sera pendant trois années la résistance communiste juive et donne la clé de la question : pourquoi ces jeunes Juifs, dont la langue était le français, qui n'étaient pas eux-mêmes des immigrés et qui, de ce fait, auraient pu être organisés dans la résistance communiste générale, se sont vus affecter à une organisation dépendante de la MOI ? La logique n'est pas à rechercher dans une dynamique interne aux communistes juifs, en quête d'une réponse spécifique à une persécution spécifique, mais dans l'impulsion, l'exemple, l'appel venu de Moscou.

Dans la période qui va de septembre 1941 à juillet 1942, la politique des communistes est le décalque jusqu'à la caricature de celle de PCF. Au cœur, l'appel à saboter la production pour la machine de guerre allemande. Les premiers FTP juifs seront utilisés pour commettre des sabotages dans les ateliers de fourrure. On intimide les artisans travaillant pour les Allemands. C'est dans une action de ce genre que tomberont Élie Wallach et Léon Pakin, un ancien d'Espagne.

Jusqu'en juillet 1942, il ne semble pas que l'organisation de la jeunesse communiste juive ait regroupé d'autres jeunes que ceux qui fréquentaient le YASK ou les *Tsugub Shul* dans l'avant-guerre, auxquels s'ajoute un petit nombre de jeunes militants dans la JC et affectés, malgré leurs réticences, au secteur juif. Les choses changent après la rafle du Vél d'Hiv.

---

l'occupation hitlérienne. Recueil de journaux, tracts, appels, proclamations et brochures édités par les organisations juives de la Résistance et divers autres mouvements pendant l'occupation de la France. 1940-1944, Centre de Documentation de l'Union des Juifs pour la résistance et l'entraide, 1950, et *Dos Vort fun Vidershtant un Zieg, recueil de publications clandestines en yiddish. 1940-1944*, *ibid.*, 1949.

La génération de la rafle

Elle est constituée de jeunes désespérés, choqués au plus profond d'eux-mêmes par ce qu'ils ont vu, subi. Un parent, parfois les deux, déportés. Ils veulent « faire quelque chose », lutter, se battre. Ne pas subir passivement. Ne pas être l'objet d'une histoire dont ils ne comprennent pas (et qui pourrait le comprendre ?) pourquoi elle s'acharne sur eux. Par leur milieu d'origine, par leurs copains d'école, par une branche de leur famille (oncle, tante, cousin), c'est avec l'organisation communiste qu'ils trouvent le contact. Immédiatement, ils sont de plain-pied avec leurs nouveaux camarades qui ont la même histoire, sont victimes de la même persécution, courent les mêmes dangers. Ils ont trouvé une nouvelle famille qui leur apporte ce dont ils ont un besoin vital : une grille d'explication du cours du monde, la promesse d'une vengeance et la certitude de vaincre, la chaleur de l'amitié. La plupart deviendront communistes dans et par la Résistance.

Les résistants communistes juifs, toutes générations confondues, se verront confier des tâches diverses : certaines politiques, d'organisation, de recrutement, de propagande ; d'autres d'action directe, sabotage, exécution d'Allemands et de collaborateurs.

Pourtant, et il y a là un paradoxe, alors que quelques militants parmi les aînés, jamais bien nombreux, seront chargés d'organiser le sauvetage des enfants, la « génération de la rafle », dont la motivation juive détermine seule l'engagement, ne se verra jamais fixer de tâches spécifiquement juives. La persécution, le désir de venger ses parents déportés sont utilisés comme un levier pour faire combattre les adolescents dans une résistance dont les objectifs sont ceux fixés par le parti communiste. Illustration de ce que Georges Lavau appelle la fonction tribunicienne du parti : se présenter comme étant les défenseurs de tous les opprimés, de tous les persécutés pour garder ou augmenter son potentiel révolutionnaire. D'ailleurs, dans un rapport daté de décembre 1943, Marcel (c'est le nom de guerre d'A. Rayski, alors responsable national de l'ensemble des organisations communistes juives regroupées dans l'UJRE) s'en explique très clairement. Il parle alors du

MNCR, le Mouvement national contre le racisme, le seul mouvement dont on pourrait croire que l'objet unique est de sauver des Juifs et répond à une question que se posent certains militants : « Est-ce que nous devons mettre au premier plan la question juive ou la question des déportations des Français et des réfractaires ? » « Déportations » des Français, le mot désigne ici, comme dans l'ensemble de la presse communiste, l'envoi en Allemagne dans le cadre du STO. Et il répond :

> Il ne s'agit pas d'établir un règlement et une gradation concernant les faits d'atrocités commis par les nazis. Il s'agit de se saisir au moment donné du fait le plus frappant et le plus apte à émouvoir la masse et à renforcer la colère contre l'envahisseur[1].

Ainsi, selon qu'on examine l'histoire individuelle de ceux qui combattirent dans la résistance communiste ou les actions qu'ils furent menés à accomplir, on aboutit à deux conclusions diamétralement opposées. Juifs d'abord, ce qu'ils font les désigne comme communistes d'abord.

Le chemin parcouru par un Jacquot Szmulewicz est à cet égard typique. Jeune Juif de Belleville, son combat part d'une affirmation juive. Il milite d'abord dans une organisation juive avant d'obtenir sa mutation au détachement FTP-MOI Liberté. Là, son combat se fond avec celui des autres FTP espagnols, italiens. Et c'est cette fusion qui, paradoxalement, éclaire la véritable fonction de l'oppression spécifique que subissent les Juifs, leur fait comprendre la nécessité de la lutte. Cette prise de conscience effectuée, les amener à la certitude qu'il y a un combat « supérieur » à mener, en l'occurrence la libération de la France selon la stratégie élaborée par le parti communiste.

---

1. « Rapport d'activité » décembre 1943. Archives CDJC.

2.

« Je est un autre » : l'identité transférée. Communisme et judéité[1]

[1988]

« Je est un autre. » Utiliser une formule rimbaldienne pour tenter de démêler chez les communistes juifs le jeu des identités peut sembler incongru. L'univers rimbaldien apparaît aux antipodes de celui des communistes. Mais le sens de la formule de Rimbaud peut être élargi, comme l'a fait Philippe Lejeune qui a intitulé ainsi son ouvrage sur l'autobiographie[2]. Cette formule exprimait alors l'angoisse qui saisit chacun devant sa propre identité. Quel je est un autre ? Quel qui ? Appliquée au communiste juif qui écrit ses mémoires, elle pourrait se lire ainsi. Je. Quel je ? Mon je juif ? Mais de quelle judéité s'agit-il ? Autre ? Le communiste que je suis est-il un autre que ce je ? Ou est-ce ce je, moi, communiste, qui est autre et alors que qui ?

Nous avons choisi ici d'analyser trois biographies de communistes juifs. Deux d'entre elles sont le fruit d'une crise. Celle d'Artur London[3], l'un des quatorze accusés du procès Slansky, et celle

1. Texte publié dans la revue *Pardès*, n° 7, 1988.

2. Philippe Lejeune, *Je est un autre. L'autobiographie de la littérature aux médias*, Paris, Seuil, 1980.

3. Artur London. *L'Aveu*, Paris, Gallimard, 1968. Nous utilisons ici l'édition de poche.

de Louis Gronovski-Brunot[1], contraint de quitter la Pologne après le « pogrom sec » de 1968. La troisième est celle de Jean Jérôme, de son vrai nom Michel Feintuch[2], resté jusqu'à ce jour membre fidèle d'un parti communiste dont il fut jusqu'aux années 1970 le grand argentier. Le mouvement qui a poussé ces trois hommes à prendre la plume est certainement différent. Pour Artur London, comme pour Gronovski qui ont tous deux consacré au Parti ce qu'ils jugent être le meilleur de leur vie, l'acte d'écrire, dans la solitude et la difficulté qu'il implique, revêt deux significations essentielles. Justification de leur engagement, il est aussi construction, reconstruction de sa personnalité. Dire « je », s'autoriser à penser, à sentir, à apprécier, c'est se séparer du grand tout dans lequel on a fondu sa vie et qui vous a rejeté comme un corps étranger. Pour le communiste resté dans l'orthodoxie, en revanche, l'acte d'écrire son autobiographie est exceptionnel. Si Jean Jérôme s'y livre au soir de sa vie (il a 77 ans quand paraît le premier tome de ses mémoires, *La Part des hommes*, 80 au moment de la parution du suivant, *Les Clandestins*), c'est probablement parce que ce personnage important du parti communiste n'a jamais été sous les feux de l'actualité et qu'il a envie de laisser une trace pour la postérité. Mais cette trace, pour le communiste qu'il a toujours été, ne peut être qu'une des figures du parti auquel il a adhéré à 17 ans.

Toute autobiographie – il faut garder cette idée présente à l'esprit – quel que soit le moteur qui pousse son auteur à l'écrire, se présente comme une tranche de vie brute, de réel. Le pacte qui unit celui qui écrit à celui qui lit est simple. Je vous livre ma vie comme elle a été. Vous me lisez, sans distance critique. Et le lecteur, tout dans cette transparence supposée, oublie que cette biographie est une construction qui révèle autant le moment qui la produit que la vision rétrospective de la propre vie de l'auteur.

1. Louis Gronovski-Brunot, *Le Dernier Grand Soir. Un Juif de Pologne*, Paris, Seuil, 1980.

2. Jean Jérôme, *La Part des hommes : souvenirs d'un témoin*, Paris, Acropole, 1983. Nous aurions pu analyser d'autres autobiographies : Faïvel Schrager, *Un Militant juif*, traduit du yiddish par Henry Bulawko, Paris, Éditions Polyglottes, 1979. Adam Rayski, *Nos illusions perdues*, Paris, Balland, 1985.

L'Aveu paraît en 1968. Écrit dix ans plus tard, il aurait peut-être été différent, en particulier dans l'analyse que London fait de sa judéité. *Le Dernier grand soir* de Louis Gronovski est publié en 1980. Écrit dix ans plus tôt, aurait-il donné une vision aussi positive de la judéité de Gronovski ?

Communisme. Judéité. Judaïsme. Comment jouent ces trois termes ? Problème aussi vieux que le marxisme ou que le communisme. Certains ont analysé ce qui rattache le marxisme au judaïsme. D'autres se sont interrogés sur les raisons qui expliquent que, dans certains pays, la Pologne notamment, les Juifs aient servi de passeurs au communisme. On pourrait aussi s'interroger sur la façon dont le mouvement communiste a utilisé les Juifs, pendant la Seconde Guerre mondiale par exemple, en créant à Moscou le Comité antifasciste juif. Notre optique, ici, sera plus modeste. Chercher dans des itinéraires individuels reconstitués à des dates précises comment le biographe de sa propre vie évalue sa judéité et son communisme, le jeu, le transfert de l'un à l'autre.

L'Aveu d'Artur London n'est pas, à la différence des livres de Jean Jérôme et de Louis Gronovski, un récit linéaire. Au cœur de ce récit, l'inquiétude de London, quand il sent que la nasse se referme sur lui, son arrestation, son interrogatoire et le procès. Sa vie d'avant, il la fait affleurer au gré des événements qu'il subit, l'intégrant dans un mouvement qui imite le fonctionnement même de la mémoire. Procédé à l'évidence efficace. Ce témoignage, à la différence des deux autres, est un vrai livre. La valeur de l'expérience d'Artur London, le récit détaillé du mécanisme des procès staliniens, mais aussi la qualité du livre et le relais par le film de Costa-Gavras font de cet ouvrage, constamment réédité depuis sa parution, un succès de librairie.

Comment London parle-t-il de sa judéité dans ce récit dont le cœur est le procès Slansky, celui des grands procès de l'ère stalinienne[1], dont, rappelons-le, le cœur est l'antisionisme et l'anti-

1. Sur les procès à Prague, voir Karel Kaplan, *Procès politiques à Prague*, Bruxelles, Éditions Complexe, 1980. En 1969 parut au Mercure de France le livre de la veuve de Rudolf Slansky, Josefa Slanska, *Rapport sur mon mari.* Si l'auteur

sémitisme, pour des raisons complexes où se mêlent le désir de satelliser étroitement la Tchécoslovaquie – celle des Démocraties populaires qui avait les meilleures relations avec Israël, lui fournissant armes et avions lors de la Guerre d'Indépendance – et de gagner la confiance arabe alors que la politique soviétique vient de connaître un renversement spectaculaire.

Au cours des interrogatoires destinés à rédiger les « aveux », les accusés furent victimes d'un antisémitisme primaire, taxés de façon grotesque de cosmopolitisme, nationalisme bourgeois, c'est-à-dire de sionisme, de sionisme-titiste. Pour onze des quatorze accusés, le bref *curriculum vitae* inclus dans l'acte d'accusation précisait : d'origine juive. Cet antisémitisme, Artur London en montre constamment le caractère odieux. Mais de son sentiment d'être juif, il dit bien peu de choses. Après avoir signalé qu'avec sa sœur Flora, vivant aux États-Unis, ils ne sont que deux à avoir « survécu au massacre de [la] famille par les hitlériens », il cherche « la source de ce qu'il est devenu » et évoque la figure de son père, la misère de sa vie, son engagement dans les années 1890 au parti socialiste, sa fréquentation des milieux anarchistes, sa vie en Amérique et l'amour qu'il ne cesse d'avoir pour ce pays qu'Artur London explique ainsi : « Un pays jeune, en plein essor, avec des perspectives fantastiques et un pouvoir stupéfiant d'absorption et d'amalgame de tous les émigrés du globe.

Après avoir supporté le joug des pouvoirs réactionnaires ou souffert mille et une vexations et misères dans les *ghettos* de la vieille Europe, les hommes comme mon père, à leur arrivée là-bas, se sentaient des hommes libres, décidés à combattre pour leurs droits[1]. »

Le mot ghetto est ici le seul référent à une quelconque vie juive. En émigrant, le Juif s'est débarrassé du problème national. Il peut alors songer à la lutte pour ses droits, c'est-à-dire au combat social.

Le père revenu en Tchécoslovaquie milite pour l'adhésion au Komintern. Il perd son travail, loue une échoppe où il répare des

---

stigmatise l'antisémitisme du procès qui coûta la vie à son mari, elle ne donne aucun élément sur sa judéité.

1. Artur London, *L'Aveu*, *op. cit.*, p. 263-264.

meubles. C'est ici que London place une deuxième allusion au fait que son père était juif, « boycotté par la bonne société et par la communauté juive qui le considérait comme un traître parce que athée et militant des organisations antireligieuses, mon père ne trouvait que difficilement du travail[1] ». London voit son père pour la dernière fois à Moscou, en 1935. « Je revois encore, écrit-il, l'image du jeune propagandiste du stand du Birobidjan, dans le parc de la culture Maxime Gorki, débordé par les questions que mon père lui posait et suant à grosses gouttes : "Pourquoi le Birobidjan ? Étant donné que le communisme ne reconnaît pas le judaïsme comme une nationalité et que nous sommes contre l'émigration vers la Palestine, pourquoi faire ici la même chose avec le Birobidjan ? Et quelles sont les conditions là-bas ?"[2] »

Ainsi le père d'Artur London ne se vit pas (ou plus) comme juif. Du judaïsme, il ne transmet rien à son fils. Et ce rien, ce vide, cette rupture dans la transmission, London ne l'interroge guère dans *L'Aveu*. Cela ne fait pas partie de son univers mental. Dans l'évocation de l'arrivée d'Hitler au pouvoir, aucune interrogation sur l'antisémitisme nazi. Artur London raconte une anecdote significative. Devenu illégal à Prague, le Parti prend la décision de l'envoyer à Moscou.

« Nous sommes à la mi-janvier [1934]. Le train roule à travers la campagne hivernale en direction de la frontière allemande. Assis dans mon compartiment, je me répète mentalement ma nouvelle identité, la justification du voyage au cas où je serais interrogé et toutes les instructions reçues. Des voyageurs en face de moi, un homme et une femme, me regardent curieusement. Nous approchons de la dernière station avant la frontière. Ils se lèvent et s'apprêtent à descendre, tout en continuant à me fixer. Je ne comprends pas pourquoi. Tout à coup, l'homme dit :

– Vous ne descendez pas ?
– Non, je continue.
– Vous continuez et vous n'avez pas peur ?
– Peur ? Et pourquoi aurais-je peur ?

1. *Ibid.*, p. 264.
2. *Ibid.*, p. 268-269.

– Mais vous allez pourtant en Allemagne, nous sommes tout près de la frontière.

– Je sais bien, je vais à Berlin, et de là encore plus loin.

Je réalise alors que mon aspect physique, mes joues bleuies par une barbe de deux jours accentuent mon aspect sémite, cause de leur crainte et de leur étonnement à me voir pénétrer en Allemagne[1]. »

Toutes les pensées de London, quand il se lit Juif dans le regard de l'autre, sont alors centrées sur la répression qui s'est abattue sur les communistes. Toute son inquiétude : que l'on découvre sa vraie identité, celle d'un communiste. Une identité reçue en héritage. Toute la formation intellectuelle de London devenu, dès l'adolescence, un permanent, tout son univers affectif, ses amis, son père, sa belle-famille surtout appartiennent au communisme.

En lisant *L'Aveu*, on cherche en vain une seule référence, une seule bribe, si ténue soit-elle, rattachant London à un judaïsme perdu aux générations précédentes. Ni référence religieuse ou culturelle, ni endogamie, ni expression d'une solidarité ethnique, ni le moindre fumet de *gefilte fish*.

Ce vide, London a-t-il cherché à le combler après le procès où il a été insulté en tant que Juif, désigné comme traître parce que Juif ? A-t-il été saisi du même mouvement que le groupe de jeunes gens réunis début 1939 autour du journal *Affirmation*[2] pour affirmer leur identité juive face au nazisme ? Si on suit *L'Aveu*, on ne trouve aucun mouvement allant dans ce sens. Entre 1952, date de son procès, et 1968, date de parution de *L'Aveu*, toute l'énergie intellectuelle de London, toutes ses interrogations déchirantes portent sur le communisme. Et dans l'épilogue écrit pendant que le Printemps de Prague, objet de ses espérances, sombre dans la tragédie, il ne dit mot de la guerre des Six Jours ni de l'antisionisme aux forts relents antisémites qui déferle alors sur les pays de l'Est.

Ce que fut l'évolution de London les dernières années de sa vie, certains de ses jeunes amis en ont témoigné dans la presse. Depuis quelques années, l'air du temps veut que l'affirmation de sa

---

1. *Ibid.*, p. 273-274.

2. *Affirmation*, un journal créé en janvier 1939 et dirigé par David Knout affirme la dignité et le militantisme juifs face au nazisme.

judéité soit un plus, social, intellectuel et surtout moral. Affirmer le retour de London au judaïsme, c'est d'abord projeter sur lui son propre itinéraire. Mais voir en lui le *Dernier des Justes*, c'est suggérer que l'aventure communiste fut une des modalités du judaïsme moderne. En caricaturant, il y aurait eu d'un côté les « bons communistes », mus par les valeurs éthiques du judaïsme. Le mal, si mal il y a, dans le système communiste, viendrait des *goyim*.

Or l'itinéraire de Jean Jérôme (mais ce serait vrai aussi de celui de Jakub Berman[1], une des plus grandes personnalités du stalinisme polonais) tel qu'il apparaît dans *La Part des hommes* montre que l'on peut avoir été élevé dans la tradition, s'être converti au communisme, avoir été un bon stalinien et être resté depuis dans l'orthodoxie communiste. En épigraphe à son livre, il place une citation de « l'historien romain » comme il dit, Flavius Josèphe. Intéressant parrainage. Flavius Josèphe n'est-il pas considéré par beaucoup comme celui qui est passé de l'autre côté ?

Le premier chapitre du livre s'intitule « Le pet du rabbi d'Otinia ». On pourrait le sous-titrer : la religion sous le signe de la dérision. Car tout ce que dit Jean Jérôme du monde de son enfance est gris, laid, grotesque. La vie y est « terne », la population juive *s'agite*[2], les boutiquiers et commerçants *guignent* l'arrivée des paysans, les pauvres *triment*, les riches *paradent* « en long cafetan de soie la semaine durant, le ventre rebondi, la chaîne en or bien en vue au travers du gilet[3] ».

De son éducation et de la vie religieuse, Jean Jérôme a retenu la méchanceté du maître du Heder pinçant de ses ongles sales les bras des enfants au point qu'ils en sont couverts de bleus, les ronflements à la synagogue, la superstition. Samson, le charretier grièvement blessé prononce à la synagogue la formule du *gomel* :

1. Jakub Berman, né en 1901, adhérent des Jeunesses communistes en 1925, puis au parti communiste polonais jusqu'en 1956. Dans *ONI, des staliniens polonais s'expliquent* (Flammarion, 1986), T. Toranska publie une longue interview qui est un document irremplaçable pour saisir la mentalité des dirigeants staliniens.

2. C'est moi qui souligne.

3. J. Jérôme, *La Part des hommes*, *op. cit.*, p. 13.

« Béni soit Dieu qui m'a sauvé du danger. » Huit jours après, il meurt. Du sionisme de son père, il évoque la barbe bien taillée, à l'imitation de celle de Theodor Herzl. Détail qui l'a marqué : il nous le dit à deux reprises en des termes semblables[1]. Ce sionisme avait, ajoute-t-il, « un contenu particulier ». « Il jouait notamment sur les deux tableaux. Lorsqu'à la fin de la cène du premier soir de la Pâque, on ouvrait largement les portes et les fenêtres et qu'il lançait le cri "l'an prochain à Jérusalem", dans son esprit c'était une manière de faire vœu pour la venue du Messie qui, au son de la corne du bélier, ramènerait miraculeusement tous les Juifs, les vivants comme les morts, en "terre sainte". Ceci dit, parallèlement à cette croyance, il ne voyait pas d'inconvénient à ce que des jeunes Juifs allassent s'installer dans des kibboutzim en Palestine, quitte pour eux à attendre là-bas le Messie et sans que cela voulût dire qu'il fût prêt lui-même à émigrer en Palestine ! Certes non ! Mais la pratique de ce genre de sionisme qu'on nommait Mizrahim lui apportait un autre dérivatif à une existence incolore[2]. » Le sionisme comme moyen de pimenter sa vie sans payer de sa personne.

Alors qu'il a dix ans et que du fait de la Première Guerre sa famille se trouve en Hongrie, Jean Jérôme entre à la yeshiva. Là, il fréquente un « pays », un « savant », rabbi Asher. On le dit hérétique : « Il s'enfermait le samedi dans les toilettes pour fumer une cigarette alors que c'était interdit et, prétextant son grand âge, il ne venait pas à la synagogue pour la prière du matin[3]. » Mais, comme il est vraiment très savant, qu'il ne fait jamais part aux étudiants de ses opinions, ces derniers ont le droit de le fréquenter. Pourtant, un jour, il leur lit un passage du Talmud que Jean Jérôme cite de mémoire, en l'esquintant quelque peu. Nous citons ici, dans son orthographe, le texte :

« Quatre sages de l'époque de la rédaction du Talmud entreprirent une étude approfondie des textes sacrés. Tous quatre, est-il dit, "entrèrent dans le Prds" (Pardas) – terme composé des initiales de *pchate*, l'étude de la lettre des textes, de *remesse*, l'étude de la

1. *Ibid.*, p. 31.
2. *Ibid.*, p. 20.
3. *Ibid.*, p. 39-40.

symbolique, de *drache*, l'interprétation et de *sod*, le mystère ou le secret. Et voici ce qui leur arriva. L'un, Rabbi Ben Aza trépassa ; un second, Rabbi ben Zoïma, devint fou ; un troisième, Elisha ben Aviou – que l'on surnomma ensuite Akher (« un autre ») – devint hérétique. Ce fut alors qu'une voix venue du ciel annonça que tous les enfants d'Israël pouvaient revenir dans le bon chemin, sauf un : Elisha ben Aviou [...].

Pour en finir, Rabbi Asher nous exposa son interprétation personnelle de la signification du texte. Rabbi Aza, nous dit-il, prit la question par le biais des symboles ; il en mourut. Rabbi ben Zoïma s'attaqua à l'interprétation : il en devint fou. Rabbi Akhiva se consacra à l'étude littérale, et ce fut pourquoi il en sortit sauf. Quant à Elisha ben Aviou, il avait mis le doigt sur la vérité, raison pour laquelle il devint hérétique[1]. » Sous-entendu : comme moi, Jean Jérôme.

Brutalement, après avoir évoqué « Kippour au temps des pogroms », c'est-à-dire le kippour de 1918, Jean Jérôme passe à l'année 1923, celle de son engagement dans le communisme où l'introduit un étudiant, curieusement prénommé Asher, comme le « savant » hérétique.

Son entrée en communisme ? Une réaction surtout contre le monde de laideur et d'horreur de son enfance. Ce qui le séduit d'abord, il y revient à plusieurs reprises : l'internationalisme. « Je me sentais transporté d'un coup au milieu d'une grande famille sans frontières, où Russes, Français, Allemands et nous autres aussi nous nous trouvions tous unis dans un même combat[2]. » « La grande lueur d'espoir » s'est levée avec la victoire bolchevique. « Des nouvelles parvenaient, parlant de l'abolition de l'exploitation des travailleurs et de fraternité entre les peuples. Et si, à l'intérieur de tous les autres partis les quatre communautés [il s'agit ici des quatre communautés, ukrainienne, allemande, polonaise, juive, de Stanislavov, la ville où il habite] vivaient séparées, s'il en allait de même jusque dans les syndicats ouvriers d'obédience non communiste, chez les communistes, au contraire, tous étaient réunis. La haine de race comme le chauvinisme semblaient bannis de leur rang. »

1. *Ibid.*, p. 41-42.
2. *Ibid.*, p. 65.

Ainsi, pour Jean Jérôme, l'entrée en communisme est-elle un moyen – peut-être le seul dont il dispose compte tenu de son origine sociale et de son existence inscrite dans un monde totalement juif – d'opérer la jonction avec les *goyim*. Et dans un chapitre intitulé : « Dans la ville de naissance d'Agnon, prix Nobel de littérature » où il n'est guère question d'Agnon [mais comment résister à citer un prix Nobel de littérature juif ! Ici Jean Jérôme retrouve malgré lui un comportement typiquement juif], Jean Jérôme met dans la bouche d'un autre sa propre conception de l'avenir des Juifs : l'assimilation. « Depuis quelques années, les sionistes font grand bruit. Ils voudraient que nous nous croyions étrangers sur cette terre où nous sommes nés, où les Juifs vivent depuis des siècles, vivent d'autres peuples dont nous prendrions la place. Non, mon jeune ami, le sionisme n'est pas la solution. Je ne cesse de le répéter à ceux qui m'entourent, et je te le dis à toi. Apprenez un métier. Devenez des ouvriers, des paysans, des intellectuels si vous le pouvez, intégrez-vous aux forces productives de ce pays, à ses forces exploitées. Avec elles, préparez-vous à aborder le socialisme en éléments actifs de la société[1]. »

Jean Jérôme établit-il un lien positif entre le judaïsme dans lequel il a été élevé et son engagement ? Aucun. Ce qui ne veut pas dire, bien sûr, que ce lien n'existe pas, à un niveau inconscient ou même conscient, mais qu'il souhaite le taire. Tout pour lui est rejet. Y compris le messianisme. Car le messianisme, si on en croit Jean Jérôme, est à la source de la déviation trotskyste. Il nous l'explique par le truchement du portrait d'un certain Alexandre, dit le Rouquin. « Il était dans l'attente non pas d'un miracle, mais d'une révolution. Une telle situation d'attente ne m'était pas inconnue. Mes grands-parents et moi-même, il y avait encore quelques années, nous attendions chaque jour le Messie qui nous conduirait tous, les vivants et les morts, à la "terre promise". À la fin de la journée de prières du Kippour, un grand cri s'échappait de la poitrine de tous les assistants : l'an prochain à Jérusalem. On y croyait. Oh ! il ne s'agissait pas de la Jérusalem de Golda Meir. Pas question d'assassiner ou de chasser des milliers d'Arabes de leur terre ancestrale. Non, ce serait le miracle : un long mugisse-

1. *Ibid.*, p. 97.

ment de la corne sacrée retentirait sur le monde et tous nous nous retrouverions sur la terre quittée vingt siècles auparavant.

Alexandre, lui, n'attendait pas le Messie. Moi non plus. Mais nous espérions quand même un autre miracle : celui de l'Armée rouge. Cette situation d'expectative impatiente, je l'ai constatée une autre fois, au niveau le plus haut de la hiérarchie du parti communiste polonais[1]. » Ainsi est justifié, discrètement, au passage, sans trop y toucher, le rappel de cette direction à Moscou et la disparition de ses membres en 1937. Mais poursuivons le portrait d'Alexandre : « Il m'apparaissait comme un de ces prophètes de la Bible qui prédisaient les temps proches où le lion et l'agneau paîtraient ensemble, alors que la décadence d'Israël se précipitait. » Son sort fut funeste : « Il a continué à attendre la Révolution, mais dans le Bund. C'est ainsi que cet impatient qui avait combattu les armes à la main les sociaux-démocrates pendant la Révolution mourut dans la peau d'un social-démocrate[2]. »

Tant qu'il vit en Pologne, tout en rejetant le judaïsme, Jean Jérôme est pourtant entouré de Juifs : la plupart de ses camarades de parti le sont. Le passage du monde juif à celui des non-Juifs se fera dans l'émigration, en Belgique.

Il y travaille en usine, une usine où les immigrés sont nombreux, « une vraie tour de Babel », dit-il. Quelques Juifs seulement y restent « le temps de s'approprier les quelques mots indispensables pour s'en aller ensuite vendre sur les marchés des chaussettes ou des articles de confection. C'était surtout des Juifs pratiquants, fréquentant la synagogue[3] ». Ils connaissent l'existence de Jean Jérôme, lui reprochent de ne pas avoir chômé les deux jours de la Nouvelle année et lui suggèrent de le faire à Kippour : « L'un d'eux me prédit qu'il m'arriverait quelque chose de mauvais si je m'obstinais dans cette position. » Et effectivement, le jour de Kippour, un faux mouvement, une tôle lui blesse la main. « La cicatrice qui m'est restée de l'accident me rappelle de temps en temps la "punition divine" dont ils se plaisaient à me voir frappé[4]. »

1. *Ibid.*, p. 74.
2. *Ibid.*, p. 21.
3. *Ibid.*, p. 108.
4. *Ibid.*, p. 111.

C'est le dernier épisode « juif » du livre. La rupture, la coupure, inscrite symboliquement dans la chair. La cicatrice est-elle aussi symbolique ? Dès lors, Jean Jérôme militera chez les ouvriers polonais, comme le Parti le lui a demandé. Expulsé de Belgique, il ne s'installera pas à Paris dans les quartiers juifs, ne choisira pas les métiers juifs (fourrure, casquette, confection) qu'il méprise si fort. Il choisira l'intégration dans « le pays de la grande révolution de 89, le pays des Droits de l'Homme ». Ce « pays qui avait assuré l'asile à des hommes bannis de leur patrie pour avoir lutté en faveur de la liberté m'attirait comme tout jeune révolutionnaire de ma génération. Et vivre à Paris m'avait permis de m'adapter à cette communauté et de m'en faire accepter : ce n'était ni la France ni le Paris du préfet de police Chiappe ou du président du conseil Tardieu, c'était celle de mes compagnons de travail, des camarades avec lesquels je militais[1] ».

L'intégration dans le parti communiste permet donc l'intégration à la France. Marginale, puis, grâce à la période patriotique de la Seconde Guerre mondiale, totale. « Naissance d'un nom », ainsi s'intitule de dernier chapitre de *La Part des hommes*. Dorénavant, son nom est celui qu'il a pris pendant la Résistance et sous lequel le connaît Jacques Duclos. Pourtant, précise l'autobiographe, mon vrai nom, Michel Feintuch, est le « nom sous lequel j'ai été naturalisé français en 1947, décoré de la médaille de la résistance ainsi que de la croix de guerre avec deux citations et homologué commandant au titre des F.F.I.[2] ».

Le « je » juif de Feintuch a disparu. Comme ces Israélites dont les immigrés révolutionnaires se gaussaient, il brandit à son tour ses médailles. Mais ce dont il n'a pas conscience, lui qui a tout fait pour se débarrasser de toute caractéristique juive, religieuse, culturelle, sociologique, c'est que son talent s'est précisément épanoui dans une fonction qui fut juive par le passé. Sa première responsabilité de communiste en Pologne : trésorier de son syndicat. À son apogée dans le Parti, il jouera un rôle comparable à celui des banquiers au temps des Juifs de cour.

---

1. *Ibid.*, p. 141.
2. *Ibid.*, p. 289.

L'itinéraire de Gronovski présente avec celui de Jean Jérôme d'énormes similitudes. Mais Gronovski écrit ses mémoires après avoir quitté la Pologne et le communisme. Son enfance dans la tradition, il l'évoque, lui, avec émotion et nostalgie : « De mes premières années écoulées avant la Première Guerre mondiale, je garde une succession d'images claires, sereines[1]. » S'il devient marxiste (il ne dit pas communiste), c'est aussi par la Révolution d'octobre. « J'appartenais à la génération des enfants de l'octobre rouge. La Révolution russe de 1917 nous avait fascinés ; elle avait éveillé de grands espoirs de liberté, d'égalité, de justice, d'un développement harmonieux de l'humanité. Pour nous, jeunes Juifs de Pologne, elle avait été le présage de la fin de l'antisémitisme, des discriminations de toutes sortes, des humiliations deux fois millénaires[2]. » Il devient un militant. Mais le communisme n'occupe pas encore toutes ses pensées. Son rêve : passer l'équivalent du baccalauréat pour entreprendre des études de médecine. Rêve cassé par une arrestation le 1er mai 1923, la prison, la privation de ses droits civiques. Dès lors, il émigre. La Belgique, puis la France. Ses capacités intellectuelles, il les investira dans le communisme. Toute son activité se déroule dans le cadre de la section de langue yiddish de la MOI. Très vite, il écrit dans la presse communiste yiddish sous le pseudonyme de Lerman (L'homme instruit) et il en devient, le 1er janvier 1934, le rédacteur politique. Dès lors, il est un permanent.

Et, quand le Parti lui demande d'abandonner le milieu juif pour devenir un membre de la commission centrale de la MOI, la Main-d'Œuvre Immigrée, il accepte : « Je n'hésitais pas un instant à abandonner tout cela pour entrer dans l'appareil central du Parti et devenir un de ses rouages. Soldat de la Révolution, je devais accepter toute tâche qui m'était assignée par la direction comme un poste de combat[3]. » Travailler parmi les Juifs ou parmi les non-Juifs ne relève pas de son propre désir, de son sentiment d'identité. Au-dessus de tout, les intérêts du Parti, de la Révolution.

1. I. Gronovski-Brunot, *Le Dernier Grand Soir*, *op. cit.*, p. 21.
2. *Ibid.*, p. 38.
3. *Ibid.*, p. 90.

Mais, dans le même temps, il se lie avec une femme qui prendra après la guerre le nom de plume de Lili Berger, passionnée de culture yiddish. Par elle, le lien avec le milieu yiddish ne sera jamais rompu, ni en France ni après 1947, quand le couple part vivre en Pologne.

Mais, alors que Jean Jérôme fait le récit de son intégration réussie à la France et qu'il exhibe à la fin de son ouvrage ses médailles de patriote français, le récit de Gronovski est celui de l'intégration impossible et de son retour au judaïsme. « Dans mon pays natal, je n'avais pu m'intégrer à cause de mes origines. C'est cela qui m'avait peu à peu rapproché du fait national juif. Et aujourd'hui, [il s'agit de 1968], j'assumais ma judéité, mon appartenance au peuple juif sans complexe, sans réticences, sans réserves[1]. » Après trente années de travail de communiste parmi les non-Juifs, sa judéité fait résurgence, comme ces rivières qui disparaissent, coulent souterraines et réapparaissent là où on ne les attend pas.

Louis Gronovski ne sera pas enterré au Père Lachaise, près du Mur des Fédérés, mais parmi les Juifs, au cimetière de Bagneux.

Que conclure de ces trois autobiographiques de communistes juifs ? Est-il possible de généraliser, de trouver un dénominateur commun à ces trois destins de communistes juifs ? Deux furent rejetés du communisme parce que Juifs. Le troisième n'eut pas à subir cette épreuve. L'un, Jean Jérôme, manifeste dans l'écriture le désir ardent de ne plus être un petit Juif. L'autre, Gronovski, retrouve intacte une judéité simplement sommeillante. La seule certitude c'est que, pendant le temps du militantisme, surtout quand on est membre de l'appareil d'un parti, le « je » juif ne peut, ne doit se manifester. Certes, on peut, comme les marranes, judaïser en secret. Mais que le communisme tue à jamais ce je juif, rien n'est moins sûr. Un choc, une évolution personnelle, la mise à l'écart, l'air du temps, pourvu qu'on n'ait pas payé son engagement de sa vie, comme ce fut le cas de Slansky, et tout est encore possible.

1. *Ibid.*, p. 283.

3.

La bibliothèque de Maurice Thorez et de Jeannette Vermeersch[1]

[2013]

« La bibliothèque de Maurice Thorez et de Jeannette Vermeersch se compose de plus de 10 000 livres et publications, dans tous les domaines de la littérature et du savoir. Elle recèle notamment de nombreux livres dédicacés ainsi que des ouvrages annotés par les époux Thorez. Préservée dans son classement original, cette bibliothèque familiale renseigne sur l'activité intellectuelle du parti communiste français et de ses deux anciens dirigeants. » C'est ainsi que cette bibliothèque, conservée aux archives municipales d'Ivry-sur-Seine, est présentée sur le site <http://www.fonds-thorez.ivry94.fr/thorez>. Cas unique et en apparence paradoxal : aucune bibliothèque d'homme politique, ni même d'intellectuel n'a été l'objet d'une telle attention et n'est ainsi librement offerte à la curiosité de tout un chacun. L'internaute peut s'y promener, lire les dédicaces de très nombreux écrivains ou scientifiques, consulter une page annotée quand l'ouvrage l'a été par Maurice Thorez ou Jeannette Vermeersch[2]. Ce souci porté au livre, aux livres, qui

1. Texte publié dans *Imaginaires des bibliothèques*, Villeurbanne, Presses de l'Enssib, 2013.

2. Pour consulter l'ensemble des annotations, il faut se rendre aux archives municipales sises à la mairie d'Ivry-sur-Seine ; celles-ci sont précieuses pour comprendre la pensée des deux dirigeants. J'ai pour ma part analysé, dans ma

permet de comprendre la fabrication d'une pensée, on l'attendrait davantage pour d'autres – intellectuels, écrivains… – que pour l'homme qui fut à la tête du parti communiste de 1930 à 1964, une fonction comme un parti qui ne sont pas associés spontanément au livre et au monde de la culture. Car la conservation de cette bibliothèque privée est une exception comme l'est d'ailleurs son inventaire. […]

Maurice Thorez aima les livres. Il les collectionna, et eux seuls. Il aurait pu déclarer comme l'empereur Julien : « Les uns aiment les chevaux, d'autres les bêtes sauvages ; moi dès l'enfance, j'ai été saisi d'un prodigieux désir d'acheter, de posséder des livres[1]. » Au commencement, il y a la lecture. Il faut le souligner. Car certains collectionneurs de livres sont de petits lecteurs ; certains gros lecteurs n'ont aucun désir de posséder des livres. Thorez appartient donc à cette catégorie de lecteurs boulimiques qui conservent pieusement chaque ouvrage, parfois en plusieurs exemplaires, qui les classent périodiquement, mais aussi les exposent ostensiblement. […]

En 1914, Maurice est évacué avec son grand-père Clément Baudry dans la Creuse alors que le Nord est occupé par les Allemands. À Clugnat, il travaille comme valet de ferme. Si l'on en croit son autobiographie, *Fils du peuple*[2], c'est là qu'il découvre véritablement la lecture. Il occupe les longs hivers polaires en dévorant – c'est le verbe qu'il emploie – des ouvrages que lui prête l'instituteur : *Le Comte de Monte-Cristo* de Dumas père ; *Les Misérables* et *Les Travailleurs de la mer* de Victor Hugo ; *Germinal*, *La Terre* et *L'Argent* d'Émile Zola ; *Jacquou le Croquant* d'Eugène

biographie du couple Thorez, la façon dont Maurice Thorez a annoté la thèse d'Annie Kriegel, *Aux origines du communisme français* (1964), et Jeannette Vermeersch l'ouvrage de son fils Paul, *Les Enfants modèles* (1982).

1. Cette citation de Julien, dit l'Apostat (empereur romain en 361-363), est placée en exergue du premier chapitre, « Des dizaines de milliers de livres », de l'ouvrage de Jacques Bonnet, *Des bibliothèques pleines de fantômes*, Paris, Denoël, 2008, p. 15.

2. L'ouvrage a fait l'objet de trois éditions : 1937, aux Éditions sociales internationales ; 1949 et 1960 aux Éditions sociales. Nos citations sont tirées de l'édition de 1960 et se trouvent page 26.

Le Roy; *L'Insurgé* de Jules Vallès; *Vingt mille lieues sous les mers* de Jules Verne; *Sans famille* d'Hector Malot. Ces ouvrages constituent en quelque sorte la bibliothèque républicaine de base. [...]

Les premières possessions de Thorez sont liées aux débuts de son militantisme professionnel, quand il devient permanent. Il s'abonne au *Bulletin communiste* créé par Boris Souvarine[1] en 1919. Il conservera, malgré ses pérégrinations, la collection de l'année 1923, classée ultérieurement dans la section « brochures ». C'est la première strate d'une bibliothèque qui pour l'heure n'existe pas encore. De très nombreuses brochures y figurent, constituant une section particulière. Ces brochures sont usées par des lectures successives, annotées, parsemées de marque-pages. C'est qu'elles constituent la base de ce que l'on appelle dans l'univers communiste « la littérature », indispensable à la formation du militant, non moins indispensable pour la préparation des très nombreux discours et écrits de Maurice Thorez qui seront en partie rassemblés dans ses œuvres complètes[2]. [...] Dans sa bibliothèque, les ouvrages concernant l'histoire de notre pays, mais aussi les histoires locales, sont très nombreux; on y trouve ceux d'Ernest Lavisse, Charles Seignobos, François Guizot, Augustin Thierry. Aucun de ces ouvrages n'est annoté.

Sa première bibliothèque, au sens matériel du terme, il l'aménage dans la prison Charles-III de Nancy où il est incarcéré de juillet 1929 jusqu'au 23 avril 1930. [...] « En liberté, écrit Thorez dans *Fils du peuple*, les tâches pratiques absorbent presque entièrement un militant ouvrier, même quand on ne se sacrifie que quelques heures au sommeil. Mais dans le calme de sa cellule, on peut concentrer sa pensée sur les grands problèmes, lire la plume à la main, méditer et écrire[3]. » Thorez aménage donc sa cellule.

1. Boris Lifschitz dit Boris Souvarine (1895-1984) – en hommage à Souvarine, l'un des personnages de *Germinal* –, est un des fondateurs du parti communiste français et son représentant à l'Internationale communiste. Il en est exclu en 1924. Voir Jean-Louis Panné, *Boris Souvarine, le premier désenchanté du communisme*, Paris, Robert Laffont, 2003.

2. Maurice Thorez, *Œuvres de Maurice Thorez*, Paris, Éditions sociales, 1950-1960 (vingt tomes répartis en cinq livres).

3. Maurice Thorez, *Fils du peuple*, *op. cit.*, éd. 1960, p. 66-68.

« J'ai obtenu un meuble étagère pour caser mes livres[1] », écrit-il à un camarade du Nord.

Quels sont ces livres qu'il lit, mais aussi qu'il peut, pour la première fois de sa vie, ranger sur des étagères ? La liste de ses lectures varie selon les éditions de *Fils du peuple*, différente en 1937, 1949 ou 1960. Elle ne correspond pas à ce que Thorez a vraiment lu, mais à ce qu'il sied à un communiste de lire, la base culturelle requise aux diverses étapes de l'édification du parti. Des livres qui pourraient constituer la bibliothèque du militant de base. Par exemple, *Le Capital* de Karl Marx disparaît de la liste au fil des éditions. Non que Thorez « mente ». Il l'a probablement lu et étudié dans sa prison de Nancy. Mais cette œuvre difficile ne peut être exigée dans le bagage d'un « fils du peuple ». De fait, Thorez insiste sur les textes courts, les plus faciles à lire : de Marx, *Le Manifeste, Les Luttes de classes en France, Le 18 brumaire de Louis-Napoléon Bonaparte* ; d'Engels, l'*Anti-Dühring* qu'il lit en allemand ; de Lénine, *Que faire ?* Car il met aussi ce séjour en détention à profit pour apprendre la langue de Goethe. Tous ces textes, dans chacune de leurs éditions en français, russe ou allemand, figurent en plusieurs exemplaires dans sa bibliothèque. La bibliothèque comprend ainsi six exemplaires des *Luttes de classes en France*, dont un avec une fiche de lecture, et quatre de l'*Anti-Dühring*, l'un d'eux comportant une réflexion sur l'homosexualité, fait de nature ou de culture, induite par la lecture de ce texte théorique, dans laquelle Thorez donne son opinion : l'homosexualité est une « déviance de l'esprit humain » pour laquelle il éprouve « une révolte, une répulsion, une incompréhension », et qui disparaîtra dans un monde futur. Les œuvres des pères fondateurs du communisme – Marx, Engels, Lénine et Staline –, en traduction ou en édition originale, sont celles qu'il relit de façon permanente.

De lectures romanesques durant ses onze mois de prison, il ne mentionne que *L'Île des Pingouins* d'Anatole France et *Jean-Christophe* de Romain Rolland. De ce dernier roman, la bibliothèque conserve deux éditions, celle de 1925 – qui faisait peut-être

1. Lettre de Maurice Thorez du 25 septembre 1929 adressée à Quinet, un militant communiste de Carvin, AN, 626AP/230.

déjà partie de la petite bibliothèque montée à Nancy –, et celle, dite définitive, de 1932 dont le troisième tome est annoté. Même si ces annotations datent à l'évidence d'après 1950 – quand il écrit de la main gauche –, elles permettent de comprendre la fabrication du texte violemment antisémite, *Léon Blum tel qu'il est.* Celui-ci, rédigé au début de l'année 1940 à Moscou, où Thorez vit depuis novembre 1939, s'ouvre sur une longue citation de Romain Rolland dressant le portrait de Lucien Lévy-Cœur dont Léon Blum, qui fut le condisciple de l'écrivain à l'École normale supérieure, est le modèle. La vie de Blum revue par Thorez *via* Romain Rolland est une vie de turpitudes. La prose de Thorez est contaminée par la violence antisémite dont Blum a été victime de la part de l'extrême droite. Appartiennent à la panoplie de l'antisémitisme les accusations de traîtrise (les Juifs ne sont pas de vrais Français), l'insistance sur la « féminité », qui insinue l'homosexualité, les liens fantasmés avec la finance « cosmopolite » et les doigts crochus[1].

Thorez, dans sa prison, s'adonne aussi à la poésie allemande : Goethe, parce qu'il a célébré Valmy et parce que « son œuvre ne manque pas d'enseignements pour un révolutionnaire » ; Heine, qualifié de « poète révolutionnaire authentique ». [...]

Pour constituer une véritable bibliothèque, il est nécessaire d'être en quelque sorte sédentaire et d'avoir la jouissance d'un logement qui le permette. Depuis son retour du service militaire, Thorez a beaucoup pérégriné. Il a aussi été clandestin. Certes, il est marié, père d'un fils, Maurice junior. Mais sa vie politique et familiale se stabilise seulement au début des années 1930. Maurice Thorez s'est mis en ménage avec Jeannette Vermeersch le 3 février 1934. Très vite, le couple emménage dans la ville qui devient celle des Thorez et des Vermeersch, Ivry-sur-Seine, d'abord au 37 boulevard Sadi-Carnot (aujourd'hui boulevard de Brandebourg), puis dans un autre logement, rue Spinoza, dépourvu de meubles. Jeannette dépense ses économies non pour acheter une armoire,

1. Ce texte est extrait de Maurice Thorez, *Œuvres de Maurice Thorez, op. cit.*, livre 5e, t. XIX (octobre 1939-juillet 1944, la Deuxième Guerre mondiale), p. 28-53.

mais pour faire présent à Maurice des douze volumes de l'encyclopédie Quillet qui demeurent encore dans le fonds. C'est le dernier logement modeste du couple qui s'installe dans un pavillon cossu, au 20 rue du Parc (renommée rue Gabriel-Péri). Celui-ci est tout à la fois le foyer familial et le bureau de Thorez où se trouve sa bibliothèque. Une vraie bibliothèque occupant un mur de son bureau. […] Et cette bibliothèque est l'un des éléments destinés à montrer la mutation du parti. […]

Après le pacte germano-soviétique et la déclaration de guerre, le parti communiste et toutes les organisations qui lui sont liées sont interdits. Maurice Thorez, mobilisé, a rejoint son régiment. Décision est prise de le faire évader et de le faire passer clandestinement en Belgique. À Jeannette revient l'organisation du passage dans la clandestinité de la famille. Et aussi, celui de la bibliothèque riche alors d'un millier de volumes, et qui est le seul bien du couple. […] Par des voies encore ignorées, la bibliothèque fut restituée à Maurice Thorez après sa réinstallation en France[1].

Maurice Thorez fut donc privé de sa bibliothèque pendant les cinq années de guerre qu'il passa en Union soviétique. Il déserte le 3 octobre 1939 au soir, séjourne brièvement en Belgique, gagne Moscou où il arrive le 8 novembre 1939. En octobre 1941, devant l'avancée allemande qui menace la capitale soviétique, il est évacué à Oufa, dans l'Oural. Il rejoint Moscou en février 1943 qu'il quitte le 20 novembre 1944.

Ces années soviétiques sont des années de relative inoccupation. Comme dans sa prison de Nancy, Maurice lit beaucoup. Le 16 octobre 1941, alors qu'il est seul à Oufa, où ont été installés les leaders du Komintern, il a ouvert un petit cahier où il note les titres de ses lectures, assorties de citations et de commentaires[2]. La lecture a toujours constitué pour lui une passion, un refuge

1. Ces pérégrinations, assorties de divers documents, sont expliquées sur le site du fonds Thorez dans la partie intitulée « Le roman de la bibliothèque » (<http://www.fonds-thorez.ivry94.fr/expo/expo.swf> ; rubrique « 80 Z, le fonds Thorez-Vermeersch »).

2. J'ai retrouvé ce cahier dans les archives Thorez, AN, 626AP/223.

et le moyen de parfaire en autodidacte une culture dont il a été privé du fait de ses origines sociales. Ses lectures sont éclectiques, et il est difficile d'y trouver une logique. Elles ne relèvent probablement pas de ses seuls désirs, mais d'un choix dans une offre limitée, celle d'une bibliothèque peut-être rassemblée pour les exilés du Komintern, où l'on reconnaît essentiellement les écrivains français autorisés par les régimes communistes. Comme à Clugnat, il lit des romans : *Paul et Virginie, La Chaumière indienne* de Bernardin de Saint-Pierre, une partie de l'œuvre de Balzac : *La Peau de chagrin, La Recherche de l'absolu, La Vendetta, Gambara, Le Chef-d'œuvre inconnu, Mémoire de deux jeunes mariées*, etc. Balzac fait partie de ses auteurs préférés. Alors qu'il courtisait Jeannette, « Maurice lui avait acheté un livre dans un kiosque de la gare [de Saint-Étienne], *Eugénie Grandet*, en lui recommandant de lire beaucoup pour combler les lacunes de son instruction et s'enrichir l'esprit », raconte Lise Ricol (laquelle épousera Artur London). « Me transmettant son savoir tout neuf, elle m'explique : bien qu'homme de droite, Balzac avait si bien su décrire la société de son temps, dénoncer le rôle de l'argent, mettre à nu les moteurs de la lutte des classes, que, sans jamais l'avoir su ni voulu, il avait fait œuvre de révolutionnaire. Marx et Engels l'avaient célébré de son vivant… Nous avons alors dévoré ses romans que nous achetions chez les bouquinistes[1]. » Ce souvenir a peut-être joué quand Lise Ricol, avec d'autres dirigeantes de l'Union des femmes françaises – Marie-Claude Vaillant-Couturier, Maria Rabaté, Mounette Dutilleul… – offrirent à Jeannette, le 22 novembre 1948, pour son anniversaire, l'édition complète de *La Comédie humaine* : « En témoignage de notre profonde affection et de notre reconnaissance pour tout ce que tu nous apportes, pour l'aide donnée à chacune de nous par tes conseils, et par ton exemple de courage et de fermeté, et d'amour du parti. »

Quand la mort le frappera brutalement sur *Litva*, le bateau le conduisant en vacances en Union soviétique, Maurice Thorez sera en train de lire et d'annoter *La Comédie inhumaine* d'André

1. Lise London (1916-2012), *L'Écheveau du temps, II, Le printemps des camarades*, Paris, Seuil, coll. « Seuil-Mémoire », 1996, p. 87.

Wurmser, consacrée à l'œuvre de l'écrivain. Il se plonge aussi dans Diderot, un de ses auteurs favoris : *Entretien d'un père avec ses enfants*, *Le Neveu de Rameau*, *Ceci n'est pas un conte*, *Regrets sur ma vieille robe de chambre*, *Les Deux Amis de Bourbonne*, *Éloge de Richardson*… Le philosophe figure en bonne place dans la bibliothèque : œuvres complètes, choisies, volumes séparés en plusieurs exemplaires.

Quand la famille Thorez, agrandie de Paul né en 1940 à Moscou, rentre en France en novembre 1944 après que Maurice a bénéficié de la part du général de Gaulle d'une grâce amnistiante, elle change de style de vie. C'en est fini du pavillon petit-bourgeois d'Ivry. Le parti a mis à sa disposition une imposante propriété à Choisy-le-Roi qui lui a été attribuée en dommages de guerre. La bibliothèque trouve place principalement dans le bureau de vastes dimensions qui est désormais celui de Thorez. Elle s'accroît considérablement : plus de la moitié des dix mille volumes qui constituent le fonds sont publiés après 1945, nombre d'entre eux dans des éditions originales issus de dons, en partie pour le cinquantième anniversaire. Les écrivains, principalement ceux de la mouvance communiste, envoient leurs livres dédicacés à Thorez. Ainsi, un cinquième des ouvrages figurant dans la bibliothèque comporte une dédicace : champions toutes catégories, Louis Aragon (trente-cinq envois dédicacés) et Elsa Triolet (dix-sept), couple en quelque sorte miroir de celui de Maurice et Jeannette. Le premier livre dédicacé par le couple que l'on trouve dans la bibliothèque est un ouvrage d'Elsa, *Bonsoir, Thérèse*. La dédicace est un simple « hommage ». Elle atteste l'absence d'une quelconque familiarité. Les deux couples ne sont pas encore liés comme ils le seront pendant la guerre froide, même si le fait que l'ouvrage est dédié « à Jeannette Vermeersch, à Maurice Thorez », et qu'Elsa signe (et c'est la seule fois) « Elsa Triolet-Aragon », suggère déjà que les liens tissés le sont de couple à couple. En 1959, quand Aragon envoie un exemplaire d'Elsa, les relations sont alors étroites entre les Aragon et les Thorez : « À Jeannette et Maurice/qui savent bien/que jusqu'au bout la vie et l'amour c'est pareil/avec notre double affection/Louis ».

Thorez possède aussi désormais un *ex-libris* qu'il colle sur la plupart des ouvrages qu'il possède. Le dessin qui y figure multiplie les symboles. *Germinal*, le roman de Zola, est ouvert sur fond de paysage minier ; à l'arrière-plan, des livres fermés. Sur leur tranche, les noms de Marx et Lénine. La symbolique est limpide : alors qu'il a quitté le Nord depuis des décennies, que la mine n'est qu'un souvenir, Thorez se revendique toujours comme un descendant des héros du roman de Zola, des héros qui sont dès lors guidés par une théorie de l'histoire qui fait de la classe ouvrière, organisée selon les principes de Lénine, le fer de lance de la société nouvelle.

Thorez a ceci de particulier, par rapport à d'autres lecteurs-collectionneurs, qu'aucun de ses écrits intimes, notamment le journal qu'il a tenu à partir de 1952, ne fait allusion à une quelconque visite de librairie ou à un achat de livre. Hormis ses jeunes années, quand il souscrit au *Bulletin communiste* de Souvarine, ou quand Jeannette acquiert l'encyclopédie Quillet, les livres sont des cadeaux envoyés par les auteurs ou les maisons d'édition communistes.

Les auteurs qui lui adressent leurs livres sont généralement membres du parti. Ce ne sont pas seulement des ouvrages de littérature, mais aussi des ouvrages scientifiques : de médecine, de physique… Ce sont eux qu'il lit, et parfois annote ; et il en accuse presque toujours réception. Certains auteurs communistes, comme Claude Roy, Louis Aragon et Elsa Triolet, publient dans des maisons « bourgeoises » et ont conservé une place dans l'histoire de la littérature ; d'autres, édités par les maisons du parti communiste, sont tombés dans un oubli total. Certains, comme André Stil *(Paris avec nous)* ou Waldeck Rochet (pour la deuxième édition de *Vers l'émancipation paysanne*), lui soumettent manuscrit ou épreuve. Les intellectuels du parti, Pierre Courtade ou Jean Fréville, lui demandent conseil pour leurs œuvres futures. Il y a aussi tout ce que Maurice et Jeannette ne lisent pas.

La bibliothèque dessine le périmètre de la culture d'un communiste et dresse une frontière hermétique avec le monde illicite. Il ne s'agit pas de s'y confronter. Il suffit de lui dénier existence. Il y a, en matière de livres comme dans d'autres domaines, eux et nous. Ainsi ne figure aucun ouvrage critique à l'égard du communisme, ouvrages qui sont pourtant dans les années d'après-guerre autant de best-sellers, *Le Yogi et le Commissaire* de l'ancien kominternien Arthur Koestler (édition de 1946, sans annotation) étant l'exception qui confirme la règle. On n'y trouve ni *Faux Passeports* du Belge Charles Plisnier, ancien dirigeant du Secours rouge international, prix Goncourt 1937, ni *Le Zéro et l'Infini* de Koestler, ni *J'ai choisi la liberté* du transfuge Kravtchenko qui attaquera en diffamation *Les Lettres françaises* pour avoir mis en doute son identité d'auteur, ce qui valut au périodique communiste un procès retentissant (1949).

Alors que Jeannette Vermeersch est la figure de proue de la lutte contre la contraception, prononçant devant les parlementaires communistes le discours fameux par lequel elle stigmatise « les vices de la bourgeoisie », aucune des auteures féministes qui réfléchissent alors sur la condition de la femme et contribuent ainsi à la changer, Simone de Beauvoir ou Françoise d'Eaubonne, n'est représentée dans sa bibliothèque. Dans cette bibliothèque ne figure également aucun roman des écrivains qui marquèrent le XXe siècle : ni Proust, ni Roger Martin du Gard, ni Camus, ni Malraux, ni Sartre… Rien en vérité qui ne soit susceptible d'ébranler ses façons de voir et de sentir. Thorez n'aime pas Stendhal, auquel Léon Blum consacra un ouvrage[1]. Il l'écrit dans son journal, alors que son fils cadet, Pierre, est allé voir *Le Rouge et le Noir*, le film de Claude Autant-Lara inspiré du roman, et où Gérard Philippe joue le rôle de Julien[2] : « Je n'aime pas ce livre qui est la glorification de l'égoïsme avec son héros Julien Sorel, monstre de l'individualisme et ambitieux forcené, activiste sans scrupule, qu'on voudrait nous faire prendre pour un révolté exprimant les sentiments et les aspirations du peuple. » Et le 11 juin 1955, il recopie cette citation de Lénine : « Dostoïevski est à la mode chez nos bourgeois parce qu'il exprime, contre l'idée et la pratique de la lutte révolutionnaire des masses pour leur libération […], une conception individua-

1. Léon Blum (1872-1950), *Stendhal et le beylisme*, Paris, Albin Michel, 1930 (2e édition).

2. Le 4 décembre 1954.

liste (anarchiste) et réactionnaire du désespoir et de la régénération pour la religion.» Le 27 septembre 1954, à l'occasion de la visite de Jean Fréville, qui est bien souvent sa plume et qui vient de republier les textes de Marx et d'Engels sur l'art et la littérature, Maurice note «l'opinion juste de Jeannette sur ce que doit être un bon roman qui éveille les consciences et les énergies».

En 1953, après la mort de Staline, quand Thorez revient d'Union soviétique où il a été soigné à la suite de son attaque en octobre 1950, le parti a acquis pour lui une grande propriété à Bazainville, dans l'actuel département des Yvelines. Il passe aussi de longs mois dans le Midi, consacrant beaucoup d'heures à la lecture. Il continue à inscrire dans le journal qu'il tient quotidiennement les livres qu'il lit. Les cadeaux et la bibliothèque quittent Choisy, où Jeannette habite encore avec les enfants, pour Bazainville; ils y sont installés dans une grange à l'intérieur de laquelle deux balcons se font face. La bibliothèque y est pour partie rangée, les tableaux accrochés au mur, les objets entreposés sur ces deux balcons. C'est ce que la famille appelle «le musée». Le tout reste à Bazainville alors que dans l'émotion du décès soudain de Thorez, en juillet 1964, est élaboré le projet d'un institut Maurice-Thorez qui abriterait notamment ses archives, la bibliothèque, les cadeaux. L'institut Maurice-Thorez n'ayant pas, aux yeux de Jeannette, tenu ses promesses, la maison de Bazainville, comme l'avait d'ailleurs été dès 1958 celle de Choisy, est rendue au parti, et Jeannette, qui démissionne de toutes ses fonctions dirigeantes après la timide condamnation par le parti communiste de l'entrée des chars soviétiques à Prague en août 1968, partage ses jours entre son HLM de la rue Danielle-Casanova et la maison de Callian dont la construction avait commencé à la veille des dernières vacances de Maurice. Jeannette y fait transporter archives, livres, cadeaux, et construire un petit bâtiment pour entreposer pieusement l'ensemble. Le problème de leur devenir se posa à sa mort, en 2001, qui entraînait la vente de la maison de Callian.

Les bibliothèques privées, note Jacques Bonnet, à de très rares exceptions près, «disparaissent la plupart du temps à la mort de leur "organisateur". Les héritiers ne savent que faire de cette masse d'ouvrages encombrants et sans intérêt pour eux. Il peut même y avoir, dans leur hâte à vendre, un intérêt lucratif[1] ». Les héritiers de Maurice Thorez et Jeannette Vermeersch furent effectivement l'objet de démarchages, leur proposant notamment l'acquisition des archives. Leur décision, en ce qui concerne les archives, fut simple : « Nous voulions maintenir l'unité du fonds, nous voulions qu'il soit entreposé dans un environnement sûr, nous voulions qu'un inventaire détaillé puisse être consulté. Nous nous sommes tout naturellement tournés vers les Archives nationales. Elles rassemblent le patrimoine national. Nous pensions que nos parents y avaient leur place. Elles font partie du service public, sans finalité marchande, ce qui nous convient[2]. » Les Archives nationales n'ayant ni vocation ni place pour recevoir les bibliothèques en rapport avec les archives qui y sont déposées, la bibliothèque fut confiée aux archives municipales d'Ivry. Ce choix s'explique par le fait que Maurice et Jeannette y vécurent de longues années et que pour partie leurs enfants y grandirent. Les archivistes décidèrent de conserver la bibliothèque dans son classement d'origine tout en la mettant à la disposition de tout un chacun par l'intermédiaire du site internet. Certes, d'un point de vue juridique, cette bibliothèque appartenait aux héritiers de Maurice Thorez et de Jeannette Vermeersch. Elle était un bien privé. Mais dans la façon dont elle fut constituée, dans la place symbolique qui fut la sienne dans l'univers des communistes français, elle représente un bien commun aux communistes, une butte témoin d'un paysage culturel et politique aujourd'hui disparu. Cette bibliothèque et les ouvrages qu'elle rassemble portent aussi témoignage sur une époque peut-être aujourd'hui révolue, celle où les dirigeants des partis politiques entretenaient un lien intime avec la culture et l'histoire de notre pays, même si cette culture et cette histoire n'avaient pas pour tous la même signification. Ce lien était par-

1. Jacques Bonnet, *Des bibliothèques pleines de fantômes*, *op. cit.*, p. 130.

2. Pierre Thorez, « Le choix des Archives nationales », *in* Association des archivistes français, *Les Archives des hommes politiques contemporains* (actes du colloque, Paris, Palais du Luxembourg, 20-21 octobre 2006), Gallimard, 2007, p. 133-138.

ticulièrement fort dans les partis d'inspiration marxiste, puisque ceux-ci se fondaient sur une philosophie de l'histoire, s'inscrivaient dans l'histoire dont ils tiraient des leçons. Notre période ne valorise plus le livre et la lecture. Elle valorise la parole subjective, l'opinion, la rapidité. Elle se caractérise par ce que l'historien François Hartog appelle « le présentisme ». Olivier Rolin le décrit dans un roman, *Tigre en papier*. Dans sa jeunesse, qui était aussi la mienne à quelques années près, « [le] monde que vous aviez sous les yeux, dans lequel vous viviez, était comme approfondi, transfiguré par une puissance qui reliait chaque événement, chaque individu, à toute une chaîne ancienne d'événements et d'individus plus grands, tragiques ». Or « aujourd'hui il semble qu'il n'y ait plus que du présent, de l'instantané même, le présent est devenu un colossal fourmillement, une innervation prodigieuse, un big bang permanent[1] ».

1. Olivier Rolin, *Tigre en papier*, Paris, Seuil, coll. « Points : roman », 2003, p. 29.

4.

Plus fort que Staline[1]

[2008]

Le portrait s'étale en une du journal communiste Les Lettres françaises *: un Staline jeune croqué par Picasso en hommage au dirigeant défunt. C'est le scandale... Mais Picasso est protégé par Thorez, et surtout par son immense talent.*

L'affaire, restée célèbre, du portrait de Staline peint par Picasso en 1953 dessine une bissectrice dans l'histoire du rapport entre le parti communiste et les peintres – ce dont rendent compte les archives du secrétaire général du Parti d'alors, Maurice Thorez[2]. Elle continue à faire couler de l'encre. Son cinquantième anniversaire a été célébré par un colloque. C'est qu'elle croise plusieurs intrigues, certaines désormais obsolètes, d'autres toujours soumises à questionnements, et qui le resteront, comme le poids de l'engagement communiste d'Aragon dans l'évaluation de son œuvre.

Un portrait de Staline très irrévérencieux

Staline meurt le 5 mars 1953. *Les Lettres françaises*, l'hebdomadaire culturel du parti communiste dirigé par Aragon depuis

1. Article paru dans *L'Histoire*, n° 335, 2008.

2. Les archives de Maurice Thorez et de Jeannette Vermeersch ont été versées aux Archives nationales (626AP).

peu, se doit de rendre un hommage à la hauteur du « père des peuples ». « Il faut quelque chose de Picasso. On ne sait jamais, s'il voulait écrire… », confie Aragon à son rédacteur en chef, Pierre Daix. Picasso est alors le communiste le plus célèbre au monde.

L'idée est pourtant curieuse. Picasso, qui travaille alors à Vallauris, a certes fait le portrait d'un certain nombre de communistes : Paul Langevin, Marcel Cachin ou encore Maurice Thorez, en 1945. C'est peu au regard de la longue liste de ses autres modèles. Il n'a, d'autre part, jamais montré d'attirance à l'égard de l'Union soviétique où il ne s'est jamais rendu. Il est de beaucoup l'aîné de la plupart des dirigeants du parti communiste français et n'appartient pas politiquement à leur génération, celle d'Octobre, devenue communiste par la révolution bolchevique de 1917 (Picasso avait déjà 36 ans).

Ses rapports avec Staline n'ont rien de déférent. Pour célébrer les 70 ans de « l'homme que nous aimons le plus », il a réalisé, en 1949, un dessin qui n'a pas dû lui coûter beaucoup de temps et de sueur. Sous un « Staline à ta santé », écrit en capitales, une main levant un verre de vin. Picasso a célébré l'anniversaire de Staline comme il le ferait de celui d'un copain. Un dessin au mieux désinvolte, au pire impertinent.

Le 6 mars, le lendemain de la mort de Staline, Daix rédige pourtant un télégramme pressant au nom d'Aragon : « Nous faisons un numéro des *Lettres françaises* en hommage à Staline – stop – il n'est pas possible que ça se fasse sans toi – stop – envoie texte ou dessin avant mardi. »

Alors que le numéro est sur le point de partir à l'imprimerie le 12 mars, Picasso n'a toujours rien envoyé. Avant de boucler la une, Pierre Daix descend au rez-de-chaussée de l'immeuble du 37 rue du Louvre, où se trouve alors une grande partie de la presse communiste, pour guetter l'arrivée du dernier courrier de la matinée. Il repère tout de suite le rouleau de carton, l'adresse rédigée de la main de Picasso, déballe le dessin sur la table même du courrier. « J'eus la révélation d'un portrait de Staline jeune, très ressemblant à une photo de 1903 ou 1904 que venait de publier *Regards* que je lui avais fait envoyer. C'était une facture à la fois naïve et étonnamment décidée. Avec ce soin tout particulier mis par Picasso à contraster les traits impérieux de fusain et les parties ombrées, de façon que la reproduction tramée de la photogravure – à cause des demi-teintes – conserve les rapports et valeurs de son dessin. » Car Picasso a réalisé, depuis plus d'un demi-siècle, de nombreux dessins de presse et en connaît les contraintes.

« Je courus porter le portrait au marbre, à l'étage au-dessus. Je le déroulai à bras tendus devant Aragon. J'eus brièvement l'impression que son visage marquait un certain soulagement. » Aragon craignait probablement un dessin plus scandaleux. Non sans raison : selon une confidence de Pierre Daix faite à Georges Tabaraud, rédacteur en chef puis directeur du *Patriote de Nice et du Sud-Est*, Picasso aurait imaginé de représenter Staline en héros, et comme tous les héros, nu sur un nuage[1].

Le dessin paraît dans l'édition du 12 mars, en une, encadré d'un article de Frédéric Joliot-Curie et d'un autre d'Aragon, avec pour seule légende : « Staline, par Pablo Picasso (8 mars 1953) ».

Les choses se gâtent dès l'arrivée des premiers exemplaires. Les protestations sont immédiates, spontanées. Picasso, Aragon, Daix ont commis un crime de lèse-Staline en le représentant autrement qu'en « vieillard chenu et rassurant », en père éternel des peuples.

« L'affaire » prend vite un tour politique. Maurice Thorez, secrétaire général du PC depuis 1930, est à Moscou (il se trouve depuis novembre 1950 en Union soviétique pour s'y faire soigner d'une hémiplégie). Jacques Duclos qui assure l'intérim est absent de Paris quand le secrétariat, composé des seuls Auguste Lecœur, François Billoux et Étienne Fajon (les deux derniers intérimaires), rédige un communiqué : « Le secrétariat du Parti communiste français désapprouve catégoriquement la publication dans *Les Lettres françaises* du 12 mars du portrait du grand Staline par le camarade Picasso. Sans mettre en doute les sentiments du grand artiste Picasso dont chacun connaît l'attachement à la classe ouvrière, le secrétariat du Parti communiste français regrette que le camarade Aragon, membre du comité central et directeur des *Lettres françaises*, qui, par ailleurs, lutte courageusement pour le développement de l'art réaliste, ait permis cette publication. »

1. G. Tabaraud, *Mes années Picasso*, Paris, Plon, 2002, p. 109.

En guise de réparation, il est demandé aux *Lettres françaises* de publier les lettres de désapprobation. Ce qui est fait dans le numéro du 26 mars. Une pleine page. Aragon ne s'en est pas mêlé. Lucie Fougeron a retrouvé toute une correspondance dans les archives du Parti. Certaines lettres figurent aussi dans le dossier constitué sur l'affaire à l'intention de Maurice Thorez et qu'il a ensuite complété[1]. Il les a lues à son retour de Moscou, et souligné certains passages en rouge. Au centre de la page publiée par *Les Lettres françaises*, une longue lettre datée du 13 mars envoyée par le peintre quasi officiel du Parti, André Fougeron (expurgée des passages où Fougeron attaquait frontalement Aragon). « Ma tristesse tient au fait que si un grand artiste, en 1953, est incapable de faire un bon mais simple dessin du visage de l'homme le plus aimé des prolétaires du monde entier, cela donne la mesure de nos faiblesses dans ce domaine dans notre pays qui compte pourtant dans son passé artistique les plus grands portraitistes que la Peinture ait connus. Alors, il fallait simplement reproduire une photo, ou mieux, l'œuvre probe [c'est l'artiste qui souligne] d'un artiste soviétique. »

Les mêmes termes reviennent dans les courriers : « ignoble », « ridicule », « manque de respect », « charge » contre Staline, « hideuse figure », « outrage », « horrible dessin », « caricature indécente ».

La publication des correspondances suscite à son tour l'indignation. Et de nouvelles lettres – non publiées, celles-là, mais conservées dans les archives Thorez. La plus violente protestation est celle du peintre Édouard Pignon qui s'en prend lui à Fougeron : « Je vous avoue que la publication d'une telle lettre a soulevé mon indignation et ma colère pour son impudeur. » Que pèse, face à Picasso, un Fougeron « méprisé en tant que tel par la majorité des artistes de notre pays » ? Et Maurice Thorez de souligner en rouge cette évaluation, comme s'il cherchait à peser la valeur des uns et des autres dans le champ artistique.

Le malaise dépasse le petit monde des seuls plasticiens. L'historienne Annie Besse (plus connue aujourd'hui sous son

1. Sauf mention contraire, les citations des documents proviennent du dossier « peinture » des archives de Maurice Thorez et Jeannette Vermeersch, AN 626AP/52.

nom d'Annie Kriegel), et qui s'occupait des intellectuels de la fédération de la Seine du PCF, adresse à son supérieur, Raymond Guyot, un courrier long de neuf pages, daté du 27 mars. Elle y dit « la stupéfaction » et « le désespoir » dans lesquels l'a plongée le communiqué du secrétariat, mais surtout la page des *Lettres françaises.* « Dois-je t'avouer que j'ai pleuré devant Victor Joannès [secrétaire politique de Thorez] à qui j'avais été demander l'argumentation à développer devant les camarades ? »

Non qu'elle souhaite justifier le dessin de Picasso. Elle le trouve « exécrable ». Elle se dit « peinée que Picasso ait commis une telle "croûte" et qu'Aragon l'ait fait imprimer dans son journal ». Mais elle s'indigne devant les insinuations contenues dans la lettre de Fougeron, faisant de Picasso un « improbe, autrement dit un faiseur. Or, à mon avis, il est un ignorant ou un misérable celui qui peut jeter le doute sur l'immense amour et la grande fidélité que porte à Staline ce cœur d'homme, ce brave homme extraordinairement bon, simple, appliqué qu'est Picasso ». Mais « le génie de Staline a été dompté par le génie de Picasso ».

Guyot communique cette lettre le 4 mai à Thorez, avec un courrier précisant que « ces notes reflètent l'état d'esprit qui était celui d'un certain nombre d'intellectuels communistes à ce moment ».

Aragon revient sur l'affaire dans le numéro des *Lettres françaises* du 2 avril 1953. Il note que « la grande majorité des lettres exprime le regret de la publication dans notre journal d'une image qui n'est pas à l'échelle des sentiments qu'inspire à nos correspondants la grandeur de Staline ». Mais il ajoute que le débat dépasse de « beaucoup un dessin de Picasso [...].

« Ce problème est celui de tous les créateurs, peintres y compris, qui doivent se placer résolument sur les positions de la classe ouvrière s'ils veulent partager complètement son grand combat à la tête du peuple de France pour les libertés démocratiques, l'indépendance nationale, la paix et le socialisme. Il s'agit bien ici de la demande renouvelée par tous les travailleurs, particulièrement à leurs camarades peintres, pour que dans le contenu comme par la forme, leurs œuvres soient imprégnées des luttes, des espoirs, des certitudes en la victoire de la classe ouvrière. » Jdanov ne pouvait trouver meilleure plume pour défendre le réalisme socialiste.

Le 9 avril, le feuilleton Picasso continue. Aragon, toujours dans l'hebdomadaire dont il est, en principe, le directeur indépendant, fait son autocritique. « J'ai vu un Staline jeune, avec le caractère géorgien très marqué, dessiné par Picasso. Je n'ai pas douté des sentiments de Picasso. J'ai été touché par le fait que Picasso, précisément parce que la mort de Staline devait l'avoir véritablement affecté, avait voulu faire un portrait de Staline, ce dont Staline vivant les aboyeurs de la presse bourgeoise le mettait au défi depuis plusieurs années. Il n'y avait dans cette image aucune des distorsions dont souvent Picasso use vis-à-vis de la figure humaine. »

Le lecteur l'aura remarqué : Aragon pas plus qu'Annie Besse ne semble douter un instant du chagrin de Picasso. Ils lui prêtent des sentiments sur lesquels l'intéressé ne s'est jamais exprimé. On peut douter pourtant de la profondeur des sentiments de Picasso à l'égard de Staline. Pour le peintre, on peut imaginer que Staline ne ressortit d'aucune sacralité, mais appartient à l'humanité moyenne à laquelle seuls échappent quelques très rares créateurs. On peut donc tout simplement boire un verre à sa santé, et le dessiner comme son œil le perçoit. J'aimerais suggérer qu'Annie Besse a l'intuition d'une vérité encore indicible quand elle suggère que « le génie de Picasso a dompté celui de Staline ». Mais, en 1953, pour les communistes, le génie de Staline est encore indomptable.

C'est à Moscou, donc, et par la radio, que Maurice Thorez et sa femme, Jeannette Vermeersch, apprennent la condamnation de Picasso. Thorez rédige quelques jours plus tard un télégramme. Un cliché de ce télégramme, écrit maladroitement, avec ses ratures, daté du 29 mars 1953, destiné non au secrétariat dont Thorez se méfie peut-être, mais au très fidèle Duclos, figure dans les archives : « Il paraît souhaitable d'arrêter la discussion ouverte avec P. [icasso] et A. [ragon] mal à propos et avec une précipitation regrettable. Une telle discussion ne peut que nuire à nos rapports avec les intellectuels et faire le jeu de l'ennemi en un moment où il faut lui opposer le plus large front possible. »

Alors qu'il est censé mettre un terme à l'affaire du portrait de Staline, nous avons vu qu'il n'en est rien. Il n'a d'ailleurs pas été publié pendant « l'affaire ». Nous ne savons même pas s'il a été envoyé. Mais il a été conservé. Jeannette Vermeersch affirme qu'elle l'a montré un jour à Picasso. Doit-on en déduire qu'elle le retrouva en classant les papiers de Maurice après sa mort en 1964, et que le peintre fut le seul à pouvoir en prendre connaissance des années après sa rédaction ?

Le 10 avril 1953, Maurice Thorez rentre en France et s'installe dans la propriété de Bazainville (dans les Yvelines). Le 22 avril, Picasso est l'un de ses tout premiers visiteurs. La photo de leur rencontre fait la une de *L'Humanité* du lendemain. Elle vaut réconciliation du Parti avec le peintre et désaveu de la condamnation de son œuvre.

Lors de la réunion à Issy-les-Moulineaux du comité central des 16 et 17 juin, Jacques Duclos développe une analyse bien proche de celle d'Annie Besse et qui, si l'on en croit le texte du télégramme, est celle du secrétaire général de retour parmi les siens. « Nous devons veiller à ce que de bons rapports soient toujours maintenus entre notre Parti et les intellectuels. À ce sujet [...] la déclaration relative à un portrait du camarade Picasso avait peut-être, dans une certaine mesure, donné l'occasion à nos ennemis de mener campagne auprès des intellectuels pour tenter de les détourner de nous, [...] de présenter notre Parti comme méconnaissant la liberté du créateur[1]. » Picasso a gagné. L'« erreur » du secrétariat du PC sera reconnue par François Billoux, lors du comité central des 22 et 23 octobre, tenu à Drancy.

Reste la vengeance d'Aragon. Le Salon d'automne en fournit le prétexte. André Fougeron y expose une grande toile de 5,60 m sur 3,80 m, *Civilisation atlantique*. Dans un article des *Lettres françaises*, intitulé « Toutes les couleurs de l'automne », Aragon juge la toile « grossière, hâtive, méprisante », la « composition antiréaliste, sans perspective vraie, par énumération de symboles sans lien ». « Antiréaliste » : l'insulte dont il a été l'objet est ainsi retournée. « Il faut dire Halte-là à André Fougeron. » Ce même Fougeron qu'Aragon, mais aussi Thorez, avait tant contribué à porter au pinacle.

1. Cité par L. Fougeron, auteur du premier article éclairant « Une affaire "politique" importante : le portrait de Staline par Picasso », *Communisme* n° 53-54, 1998, p. 119-149.

L'art à la communiste

En 1934, au premier congrès des écrivains socialistes à Moscou, la doctrine du réalisme socialiste émerge, prônant une production artistique optimiste et engagée qui éduque les travailleurs dans l'esprit du socialisme et les incite à la révolution. On attend des artistes, qui créent dès lors au nom d'un « art officiel », celui du Parti, qu'ils représentent la réalité de manière véridique et qu'ils puisent leurs sujets dans l'histoire. Cette doctrine, qui s'applique à tous les pays du bloc soviétique, se durcit à la fin des années 1940 sous l'influence de Jdanov, secrétaire du Parti qui impose des normes esthétiques strictes – on parle alors de « jdanovisme ». En France, le PCF a tenté d'appliquer ces théories, illustrées par des peintres comme Amblard ou Fougeron, non sans provoquer de nombreux débats et oppositions de la part des artistes communistes.

Le PCF et ses peintres

L'affaire du portrait de Staline s'inscrit ainsi dans un mouvement amorcé dans l'après-guerre et en constitue l'épilogue. Avec le début de la guerre froide, la politique du Parti englobe tous les secteurs de la culture, et surtout la peinture, alors que la littérature tenait la première place dans les années 1930. Comme le note l'historienne Jeannine Verdès-Leroux, « l'intervention du Parti dans la peinture fut plus continue et plus directive que dans la littérature, car ses porte-parole les plus actifs dans ce champ croyaient à une plus grande facilité d'accès de la peinture : elle leur paraissait être un langage universel, et réellement populaire pourvu que les thèmes traités soient "importants" pour le peuple et que la forme en soit le réalisme qui "parle à tous"[1] ».

---

1. J. Verdès-Leroux, *Au service du Parti. Le Parti communiste, les intellectuels et la culture*, Paris, Fayard-Minuit, 1983, p. 299.

Beaucoup d'artistes avaient rejoint le parti communiste dès avant la guerre. Édouard Pignon adhère en 1933, bientôt rejoint par Boris Taslitzky, André Fougeron en 1939. Il n'y a pour Pignon aucune contradiction entre la recherche en peinture et la ligne du Parti. Bien au contraire. La crise économique, les mobilisations du Front populaire font de tous ces jeunes artistes, souvent issus d'un milieu très modeste (Pignon, comme Thorez, est fils et petit-fils de mineur), des militants : Jean Amblard, Boris Taslitzky, André Fougeron, Auricoste, comme Pignon, contribuent aux grandes liturgies communistes qui marquent la marche vers le Front populaire, peignant banderoles et portraits (un Robespierre pour la grande manifestation du Front populaire à la Bastille pour Pignon).

En 1936, Pignon peint *L'Hommage aux mineurs des Asturies*, dont la grève a été réprimée. Certes, ses tableaux sont figuratifs ; ils ne se rattachent pas à l'art abstrait, ils ont un sujet. Mais la réalité est transfigurée par son art. Ainsi, il y a bien, dans les années 1930, des artistes révolutionnaires, prêts à servir le Parti par les moyens qui sont les leurs. Tout en conservant leur liberté dans leur pratique artistique.

Les débats sont d'ailleurs vifs. Une grande rencontre a ainsi lieu à la Maison de la Culture, à Paris, en 1936, dont les échanges ont été publiés sous le titre *La Querelle du réalisme*. En commun, chez les communistes, la condamnation de l'abstraction : elle n'a pas de lien avec le réel ; elle est sans valeur pour l'action ; c'est une peinture pour initiés. Le réalisme quant à lui est vertueux. Il est lisible : son sujet se reconnaît immédiatement. Il est édifiant. Enfin, il comble l'abîme entre le peuple et les artistes.

À la Libération, deux peintres de stature internationale, qui, jusqu'alors, avaient été de simples compagnons de route, adhèrent à leur tour au parti communiste : Fernand Léger et Pablo Picasso. L'adhésion du second fait un peu d'ombre à celle du premier. Le 5 octobre 1944, son annonce occupe quatre colonnes à la une de *L'Humanité*, illustrée d'une photo où le peintre se trouve en compagnie de Marcel Cachin, le directeur du quotidien communiste, de Jacques Duclos et de Francis Jourdain (critique d'art et ancien designer), avec pour légende une formule souvent reprise : « Je vais au Parti comme on va à la fontaine. »

Cette annonce spectaculaire accompagne l'ouverture du Salon d'automne de 1944 (qui se tient au Grand Palais), dit « Salon de la Libération », consacré aux œuvres de peintres « dégénérés » : Soutine (mort en 1943) ; Léger, qui avait vécu la guerre en exil aux États-Unis, et Picasso surtout, qui expose 79 œuvres créées durant la guerre (74 peintures et 5 sculptures). « C'était la première fois que le public du Salon d'automne voyait des Picasso et ce fut un beau scandale », raconte Pierre Daix[1].

Cette adhésion a certainement été préparée pendant la guerre : Picasso a alors fait connaissance, par le truchement de ses voisins et amis, les Leiris, de Laurent Casanova, collaborateur direct de Maurice Thorez pendant les années de Front populaire, un des responsables de la résistance communiste, chargé après la guerre des relations du Parti avec les intellectuels. C'est lui qui est probablement à l'origine de l'entrée de l'artiste dans le Parti.

Le peintre s'est expliqué sur son adhésion dans le magazine américain *New Masses* : « Je suis allé au communisme sans la moindre hésitation, car au fond, j'étais avec lui depuis toujours [...]. Ces années d'oppression terrible m'ont montré que je devais combattre non seulement par mon art, mais par ma personne. J'avais tellement hâte de retrouver ma patrie ! J'ai toujours été un exilé. Maintenant, je ne le suis plus ; en attendant que l'Espagne puisse enfin m'accueillir, le Parti communiste français m'a ouvert les bras et j'y ai trouvé tous ceux que j'estime [...]. Je suis de nouveau parmi mes frères. » Le Parti comme patrie ; le Parti comme famille. Nulle part l'idée d'une révolution, ou celle d'un soutien à l'Union soviétique. En rejoignant le PC, Picasso est aussi en phase avec son époque, son milieu : le marchand Kahnweiler ou Michel Leiris partagent ces opinions.

Mais la position du Parti en matière de peinture change avec la guerre froide et le jdanovisme : le PCF se rallie au « réalisme socialiste ». Au congrès de Strasbourg en 1947, Thorez déclare : « Nous préconisons une littérature optimiste, tournée vers l'avenir, exaltant l'effort, la solidarité, la marche vers une société meilleure qui

1. P. Daix, entrée « Le Salon d'automne », *Dictionnaire Picasso*, Paris, Robert Laffont, 1995.

est à bâtir de nos mains et que nous bâtirons. Aux intellectuels désorientés, égarés dans le dédale des interrogations, nous apportons des certitudes, des possibilités de développement illimité. Nous les appelons à se détourner des faux problèmes de l'individualisme, du pessimisme, de l'esthétisme décadent et à donner du sens à leur vie en la liant à la vie des autres. Nous les appelons à puiser dans un contact vivifiant avec les masses populaires l'élan et la force qui permettent des œuvres durables. »

Tout était plus facile dans les années 1930. Il s'agissait alors, dans le grand élan de l'antifascisme, de rallier les intellectuels les plus prestigieux – Dabit, Gide, Malraux... – et d'obtenir leur soutien à l'Union soviétique et à la lutte du parti communiste. Mais il n'était pas question de s'ingérer dans leur art. Dans l'après-guerre, si cette politique demeure – faire soutenir par les artistes et intellectuels le « camp de la paix » –, le Parti affirme pour la première fois prendre en charge les problèmes artistiques. Il y a désormais un art de parti dont les traits dominants, présents dans les discours de Strasbourg, sont confirmés, prolongés, aggravés par les interventions de Jdanov : « Ouvriérisme, optimisme de principe, moralisme, souci éducatif, art comme terrain d'application de la politique[1]. »

Un peintre est choisi pour incarner le « nouveau réalisme » : André Fougeron. Car cette « école » est née de l'exposition au Salon d'automne de 1948 et de sa toile *Parisiennes au marché*[2]. Elle est considérée comme le pendant des *Communistes* d'Aragon. Le tableau représente un groupe de cinq femmes aux visages fermés, l'une portant un enfant, devant un étal de poisson. La poissonnière montre des poissons que nulle n'achète en cette période où le Parti dénonce la vie chère.

La critique est terrible à l'égard de cette toile. « J'ai rencontré le plus mauvais tableau du monde », écrit Georges Limbour dans *Les Temps modernes* qui juge les « couleurs bobonnesques » vulgaires. D'autres parlent de « chromos », d'« académisme » et déplorent

1. J. Verdès-Leroux, *op. cit.*, p. 270.

2. Cf. L. Fougeron, « Peinture et communisme : le scandale Fougeron », *L'Histoire*, n° 227, décembre 1998, p. 20-21.

qu'un artiste prometteur ait sacrifié son art aux directives du Parti. Un parti qui, secrétaire général en tête, l'encense. Au XIIe congrès qui se tient en avril 1950 à Genevilliers, Maurice Thorez a inscrit au tableau d'honneur une toile d'André Fougeron, *L'Hommage à André Houllier*, que la Fédération de Paris achète en guise de cadeau pour le 70e anniversaire de Staline. Le réalisme triomphe. Et le Parti aussi. Les formes audacieuses ne sont pas révolutionnaires. « Peuvent l'être en revanche un sujet "juste" servi par un métier classique "universel"[1]. »

L'amitié de Thorez et de Picasso

Picasso est resté extérieur à tous ces débats, dont il est davantage un enjeu qu'un acteur. Son immense notoriété le met à l'écart des attaques frontales. À la différence des Fougeron ou des Amblard, il n'a nul besoin des commandes ou des achats du Parti pour vivre. C'est plutôt le mouvement communiste international qui a besoin de lui, symboliquement ou matériellement. Ce qu'il accepte de très bon gré.

C'est ainsi qu'il cède à Aragon, en 1949, une lithographie figurant une colombe qui sera l'affiche du congrès de la paix qui doit s'ouvrir à Paris. En juillet 1950, Picasso dessine, cette fois délibérément pour le Mouvement de la paix, *La Colombe en vol*.

La rencontre, le 22 avril 1953, entre Picasso et Thorez, de retour d'URSS, même si rien ne filtre de leur conversation, vaut, comme le note la presse « bourgeoise », adoubement du peintre. Elle renforce une amitié, dont on suit la trace dans le journal de Thorez. Jeannette comme Paul, le second fils du couple, racontent la même anecdote, que Paul date de 1949 et qui témoigne d'une certaine familiarité. Paul décrit un petit film réalisé par son demi-frère, Maurice Jr, qui montre un déjeuner réunissant Picasso et les Thorez : « Dans la bonne humeur générale, Picasso s'empara d'un coup d'une des jambes de ma mère et lui

1. B. Ceysson, cité par J.-P. A. Bernard, *Paris rouge. 1944-1964. Les communistes français dans la capitale*, Seyssel, Champ Vallon, 1991, p. 187.

dessina en deux secondes un visage sur le genou. Elle portait une robe légère, dont le liseré formait comme un foulard sur la tête que Picasso avait improvisée. Quand ma mère bougeait, le visage changeait d'expression. »

Dès l'automne 1953, Thorez prend ses quartiers d'hiver dans le midi de la France, dans les maisons que lui procure le Parti. C'est d'abord la superbe propriété de la Gatounière, à Mougins, puis celle plus modeste des Escarasses, au Cannet. Les Thorez et les Picasso (le peintre vit alors avec Jacqueline) se rendent fréquemment visite, en voisins, passent parfois la journée ensemble, déjeunent les uns chez les autres, avec ou sans les enfants, en compagnie parfois de « Mémère », la mère de Jeannette. Les Thorez retrouvent Picasso sur la plage de la Garoupe qu'il affectionne. Le peintre est associé aux fêtes familiales des Thorez, repas de Noël, de nouvel an, anniversaires. Tandis que les Thorez rencontrent les amis de Picasso – les Leiris, le dramaturge Armand Salacrou –, qui les introduit ainsi dans un univers intellectuel et mental bien éloigné du marxisme-léninisme. Ils sont également de tous les événements largement mondains liés à l'œuvre et à la carrière de Picasso, de tous les vernissages, à Paris comme dans le Midi.

Lorsqu'il s'agit de célébrer le peintre, le Parti se mobilise. Il est ainsi le grand ordonnateur des cérémonies grandioses organisées pour le 80e anniversaire du peintre en 1961.

Le secrétaire général reste l'interface entre Picasso et le mouvement communiste : il se rend chez Picasso avec certains responsables du Parti comme Gaston Plissonnier, membre du secrétariat du comité central, avec l'ambassadeur de l'Union soviétique en France Vinogradov.

Picasso, avec une générosité que tous s'accordent à considérer immense, alimente les caisses du Parti. Le 21 janvier 1957, Thorez examine l'état des finances de l'organisation. Il ne doit pas être satisfaisant puisque, l'après-midi même, il rend visite à Picasso qui « va nous faire un livre de dessins pour enfants ». C'est probablement ce livre qui rapporte 5 millions au profit du Comité national des écrivains (CNE, d'obédience communiste). Jeannette Vermeersch raconte qu'un jour Picasso les accueillit avec une valise qu'il donna à Maurice : elle contenait « 60 millions de francs de l'époque [soit plus d'un million de nos euros], en vrac et en billets[1] ».

En dehors de cette aide financière, l'implication de Picasso dans la vie du Parti, faute d'écrits de l'intéressé, reste bien difficile à évaluer. Thorez fait état de l'intérêt porté par Picasso à ses activités politiques sur lesquelles le peintre l'interroge à chaque visite.

Selon Hélène Parmelin, l'écrivaine et journaliste communiste, épouse d'Édouard Pignon, l'intervention des tanks soviétiques à Budapest a rendu l'artiste « malade de fureur et de tristesse », hésitant entre « un communiqué de départ tonitruant » et « disparaître et ne plus s'occuper de rien[2] ». Picasso, très ami du couple, a accepté de signer, avec neuf autres intellectuels, une lettre qui sera publiée par *Le Monde* et qui demande une réunion du Parti pour en débattre. Pourtant, quand le couple Thorez lui rend visite l'après-midi du 11 décembre 1956, Picasso, note Maurice dans son journal, est « heureux de [les] voir, et tout contrit d'avoir donné sa signature à un document fractionnel qu'il n'avait même pas lu ». L'incident est donc clos. Avec Picasso, l'indulgence est de mise…

En fait, la politique, dans ses méandres, n'intéresse pas Picasso. Au cœur de son engagement, sa haine précoce de la guerre, qui date de la défaite espagnole dans le conflit de 1898 avec les États-Unis. Il accepte donc le prix Lénine de la paix, en mai 1962, et, à la demande de Thorez, accepte de le recevoir l'année suivante, sans se déplacer en Union soviétique.

La « longue conversation très intéressante » que Thorez a avec Picasso le 6 février 1963 et qu'il rapporte dans son journal synthétise probablement le point de vue du peintre. En Union soviétique, après un bref dégel, rapporte Thorez, se déroule une « discussion » sur les problèmes de l'art « où il [Picasso] est plutôt malmené, comme à l'habitude ». Picasso lui aurait alors répondu : « Tu te rappelles ce que je t'ai dit il y a sept ans après les révélations sur les erreurs de Staline : "Ce qui compte, c'est la révolution : elle est là, bien vivante et toujours plus forte." » C'est donc une vision politique où Picasso, qui jouit de toutes les libertés, ne s'intéresse

1. J. Thorez-Vermeersch, *La Vie en rouge*, Paris, Belfond, 1998, p. 223.
2. Cité par J. Verdès-Leroux, *op. cit.*, p. 528.

guère au statut de l'artiste ailleurs, ni aux débats sur l'art, ni à la réalité des évolutions. Guerre/paix ; réaction/révolution : sa pensée politique semble binaire.

Après la mort de Thorez, en 1964, les liens entre le Parti et Picasso se distendent. Georges Gosnat, le trésorier du Parti que lui avait présenté Thorez, reste le seul contact de Picasso avec la direction du PC, un parti communiste largement déserté par les intellectuels et les artistes. Picasso, lui, restera membre du PC (il acquittera scrupuleusement sa cotisation tous les ans) jusqu'à sa mort, n'exprimant jamais publiquement de désaccords.

Une colombe très politique

En 1949, Aragon, en visite dans l'atelier de Picasso à la recherche d'une affiche pour le congrès de la paix qui va s'ouvrir à Paris sous l'égide des communistes, repère une lithographie représentant une colombe. Celle-ci devient, quelques années après la fin de la guerre, « la colombe de la paix ». La colombe était déjà dans la Bible un symbole de paix. Elle est l'oiseau envoyé par Noé depuis l'arche vers la terre ; son retour, un rameau d'olivier dans le bec, indique le début de la paix. Picasso n'avait pour sa part certainement pas d'autre ambition en dessinant une colombe que de représenter des oiseaux qu'il possédait en cage dans son atelier. Peut-être se souvenait-il aussi de ceux peints par son père lorsqu'il était enfant. D'ailleurs, lui-même s'étonnait qu'on puisse faire de la colombe un symbole de paix, y voyant au contraire un animal belliqueux. Reste que, dès le printemps 1949, l'image est abondamment utilisée par le Mouvement de la paix – pour le plus grand plaisir de Picasso qui en est un fervent soutien. En juillet 1950, Picasso dessine *La Colombe en vol*. Un motif désormais abondamment décliné. Ainsi dans l'illustration réalisée pour une affiche du PCF en 1962 contre la présence des troupes américaines en Europe.

5.

Annie Kriegel, à contre-courant[1]

[2002]

Annie Kriegel est décédée le 26 août 1995. Sept ans déjà. Comme si c'était hier. Pour beaucoup, une perte essentielle, une voix qui manque dans ces temps de confusion et de pessimisme, une voix qui aurait peut-être remis en route la pensée. Je ne peux écrire sur Annie, comme nous l'appelions tous, en prenant la posture de l'historienne ou de la biographe. La perte est encore trop proche, ses intonations, sa gestuelle (que je retrouve en relisant ses textes) interdisent toute mise à distance. Ma dette intellectuelle et morale, alors que je ne suis pas, à la différence de ceux dont le champ d'étude est le communisme, véritablement son élève, est pourtant imprescriptible. Car c'est à son contact, tardivement, en 1984, que j'ai compris ce qu'était l'exigeante liberté bien souvent douloureuse de penser par soi-même, parfois contre l'air du temps, et d'oser intervenir dans le débat public, à contre-courant.

J'ai rangé dans *Ce que j'ai cru comprendre*, ses Mémoires publiés en 1991 (Robert Laffont), les écrits qui lui ont été consacrés à sa mort. Les mêmes mots reviennent, qui appartiennent bien au champ sémantique de l'héroïsme : « l'incarnation du courage » (Alain Peyrefitte, Le *Figaro*), « Son univers était celui de l'action »

1. Portrait publié dans *Cahiers du judaïsme*, n° 12, « L'héroïsme au féminin », 2002.

(François Furet, *Le Nouvel Observateur*). C'était, écrit-il encore, « une femme exceptionnelle et un être compliqué », dont la vie « avait été complexe, multiple et féconde ». Cette vision de ceux qui l'ont connue, et même simplement côtoyée, contraste avec l'image réductrice qui lui est parfois attachée, celle d'une stalinienne impénitente, monstre d'intolérance, esprit simpliste.

Annie Kriegel a mis en exergue à ce qui, sans l'ouverture des archives de Moscou qui lui permit de renouer avec le vieux projet d'écrire la biographie d'Eugen Fried, aurait été son dernier livre, une curieuse citation d'Hermann Hesse exprimant une souffrance intérieure contrastant avec tout ce que nous percevions d'elle : son indomptable énergie, son intelligence aiguë teintée de pessimisme qu'elle apportait à l'analyse des hommes et des situations et qui lui faisait inlassablement rechercher les logiques, les mécanismes, les systèmes rendant intelligibles des problèmes inextricables – au risque parfois du contresens –, sa totale générosité et disponibilité aux autres, à ses très nombreux élèves notamment. « Je devais, écrit Hermann Hesse-Annie Kriegel, ou bien écrire ce livre, ou bien désespérer : c'était la seule chance de me sauver du néant, du chaos, du suicide. C'est sous cette pression que ce livre a été écrit, et il m'a apporté le secours attendu, simplement parce qu'il a été écrit, peu importe qu'il soit bon ou mauvais. C'était le principal. Et aussi : quand j'écrivais, je n'ai pu penser à d'autres lecteurs que moi-même, ou tout au plus, de temps en temps, à l'un de mes proches camarades de combat, et jamais je ne pensais alors à des survivants, mais toujours à des hommes qui sont morts à la guerre. »

Une enfant de la Deuxième Guerre mondiale

« Des hommes qui sont morts à la guerre ». Car, comme l'écrit François Furet, « Annie Kriegel était une enfant de la Deuxième Guerre mondiale, qu'elle avait faite avec un courage précoce, ayant rejoint à seize ans la résistance communiste à Grenoble ». C'est déjà sous le signe des « hommes morts à la guerre » que l'historienne avait placé le premier ouvrage écrit après sa soutenance de thèse, *Les Communistes français* (Seuil, 1968) : « À la mémoire de Charles Wolmark / né à Varsovie le 24 janvier 1921 / fusillé à Charnècles (Isère) le 30 juillet 1944 /. Il m'avait enseigné tout ce qu'il savait : la classe ouvrière, le communisme, le Parti, Staline, la France, le courage, le malheur /. Fidèlement, sans lui et contre lui, j'ai dû continuer à apprendre. "Ce n'est pas gai", dirait-il en riant, car il riait toujours. Du moins, je crois. Ou peut-être était-ce moi en ce temps-là. »

1942-1968-1991. La continuité est évidente. C'est bien la brisure de la rafle du Vél d'Hiv qui est matricielle, transformant la petite fille, puis l'adolescente modèle, à la vie tranquille entre famille et lycée, une vie ancrée dans des valeurs simples et fortes, en une « héroïne juive », substantif et qualificatif pouvant ici être pris au sens littéral. Le poids de l'éducation, celle surtout donnée par la mère, semble ici décisif : « Il est indéniable que cette philosophie du développement de l'enfant avait une connotation stoïcienne et qu'elle contribuait à proposer pour idéal la figure du héros. Ce n'était pas mal trouvé pour l'époque. Stoïcisme et héroïsme seraient bientôt les garanties de survie. Sans qu'aucun pressentiment n'eût inspiré mon initiative, je m'étais engagée dans cette voie à la manière puérile qui convenait à mes douze ans. J'avais remarqué que j'étais facilement incommodée par la chaleur ; pour m'entraîner à mieux résister à cette faiblesse constitutionnelle, je me trimbalai toute la saison d'été avec un gros pull-over à manches et col montant sous lequel je suais avec dignité[1]. » Ce dépassement de soi-même se nourrit aussi d'une formidable passion pour l'auteur probablement préféré d'Annie Kriegel, qui structure en quelque sorte sa vision de l'homme et de la société et permet peut-être aussi d'expliquer son engagement dans le communisme, auteur que la maternité, puis la grande maternité lui permettront de relire à tous les âges de la vie : la comtesse de Ségur. *Les Petites filles modèles* appartiennent bien à l'universel dont elle est nourrie, transcendant générations et cultures nationales. Et cette raison est sans doute que « l'appartenance des personnes à une société particulière et particulièrement privilégiée ne

1. *Ce que j'ai cru comprendre*, Paris, Robert Laffont, 1991, p. 28.

modifie en rien la pertinence constamment rappelée entre le bien et le mal[1] ». Il nous semble que la question du bien et du mal tout à la fois morale, philosophique et politique, sa connotation religieuse, probablement plus chrétienne que juive[2], celle du brouillage de ces catégories (comme elles le sont dans le communisme) et l'impérieuse nécessité de les repérer par l'intelligence, et, une fois repérées, de les faire connaître dans une analyse intellectuelle sans concession, sont au cœur de la vie et de l'action d'Annie Kriegel. Il nous semble aussi que ce questionnement sur le bien et le mal permet de comprendre ce qui troublait beaucoup d'entre nous : l'intransigeance des positions publiques, leur violence parfois, doublée de l'infinie indulgence et générosité pour les engagements des uns et des autres. Ceux qu'elle a pris sous son aile protectrice, qu'elle a aidés de toutes les manières possibles, qui fréquentaient sa table, qu'elle écoutait, étaient souvent ceux contre qui elle ferraillait dans ses écrits : anarchistes, trotskistes, colombes israéliennes impénitentes et autres variétés de jeunes (ou moins

1. *Ibid.*, p. 32.

2. À la déclaration de guerre, les très jeunes filles rêvent d'être infirmière, brancardière, marraine de soldats, ambulancière… « À la vérité, je sentais bien que ce n'était guère là ma vocation. J'étais plutôt faite pour prier. Malheureusement prier n'était pas le genre de la maison. […] En d'autres occasions, j'ai ressenti cette attente, ce besoin d'entendre parler de Dieu. […] Pour moi, la prière n'est pas alors dans l'affolement du moment que requête ou récrimination. Elle n'est pas davantage action, de grâces et louange pour Celui qui a déféré aux supplications de Ses créatures. Elle n'est pas non plus épanchement de hasard d'une âme trop pleine d'elle-même, de ses humeurs, de ses terreurs, ni débordement d'un cœur trop épris de ses désirs et de ses élans. Elle est acte désintéressé, imposé per soi-même à soi-même, du Service divin, loin, bien loin des tracas et des fracas d'un monde humain qui n'est que de circonstance et de passage » (p. 113). Et encore, et peut-être surtout, ce retour à la prière tout à la fin de ses mémoires : « Je m'assois sur l'escalier qui descend à la grève et comme le font autant ceux qui prient selon les formules consacrées et ceux qui ne savent pas parler à Dieu, je supplie craintivement : honorez ceux des miens qui ne sont plus, protégez ceux qui sont au loin comme ceux qui vivent tout près de moi. Quant à moi, je suis prête. À quoi ? Peu importe, en fin de compte, j'ai continué » (p. 786).

jeunes) gens en révolte ou en marge de tout *establishment*, universitaire notamment.

Jusqu'en 1942, en s'en tenant à notre seule source : ses Mémoires, on peut dire que les traits de caractère d'Annie renforcés ou modelés par son éducation sont de ceux qui peuvent en vérité produire des héros. Encore faut-il que les circonstances permettent à ces traits de caractère de se révéler. Jusqu'en 1942, face à une atmosphère de plus en plus lourde, notamment dans la famille, ce sont les études au lycée Victor-Hugo situé au cœur du Marais, monde clos et immuable, qui concentrent toute son énergie. C'est ensuite la rafle du Vél d'Hiv et le départ de Paris. Dans ce départ, Annie voit de la lâcheté. « Je n'avais aucune notion du principe des rapports de force, écrit-elle, et je n'avais pas encore fait l'expérience de la sottise qui consiste à engager un combat frontal dans une situation désespérée. Ma source d'inspiration n'était que livresque. Jeanne d'Arc, à la tête de sa petite troupe armée, obligea bien les Anglais à lever le siège d'Orléans, mais ce n'était que les Anglais, et elle, c'était la Pucelle[1]. » De l'héroïsme tempéré par la raison. La source « livresque » resta une des grandes sources d'inspiration pour Annie Kriegel, grande dévoreuse de papiers de toutes sortes : journaux, ouvrages savants, mais aussi romans et poésies. S'y ajouta pourtant la curiosité pour les hommes de toutes conditions et les rencontres les plus diverses qui nourrissaient sa réflexion. Ses obsèques au cimetière du Montparnasse rassemblèrent, au mois d'août pourtant, une petite foule hétéroclite où ses proches côtoyaient ministre et « petits Juifs » à l'accent yiddish, anciens de la section juive de la MOI.

La rafle, c'est encore le moment où la famille quitte en cachette son appartement à proximité du Carreau du Temple, celui qu'elle retrouvera, intact, la guerre finie. C'est le « bruit sec encore qu'étouffé de la porte qui se ferme avec précaution » qu'Annie dit avoir « gardé dans l'oreille au point que le même cauchemar m'a d'âge en âge poursuivie, celui d'être chassée de chez moi[2] ». Le « chez moi » peut s'entendre au sens littéral ou métaphorique.

1. *Ce que j'ai cru…*, *op. cit.*, p. 155.
2. *Ibid.*, p. 157.

« Du permis à l'interdit »

Le passage en zone sud, l'arrivée à Grenoble, le travail salarié coexistant avec la poursuite de sa scolarité, et, au lycée, à l'automne 1942, les premiers contacts avec la Résistance. De 1942 à 1944, Annie Becker est un des éléments actifs des Jeunesses communistes de la Main d'œuvre immigrée de Grenoble. C'est ce long passage dans la Résistance juive qui nous permet de l'inscrire dans la lignée des « héroïnes juives ».

Ce passage n'est pas pour elle chose facile. C'est une transgression « du permis à l'interdit, du public au clandestin », c'est aussi la peur. L'adolescente jette ainsi le premier paquet de tracts qui lui est confié et est envahie par la honte.

Ses Mémoires ne s'appesantissent pas sur ses mérites. Son frère, l'historien Jean-Jacques Becker, me disait qu'elle n'y évoquait pas ses actions armées. Le terme de modestie est ici impropre. C'est plutôt que, pour Annie, les vrais héros sont ceux qui ont sacrifié leur vie, et que le spectacle que donnèrent certains résistants de l'avant-dernière ou même de la dernière heure, cherchant honneurs et pensions, n'était guère à son goût. Elle ne revendiqua pour elle-même ni médaille ni titre. Elle les aurait pourtant mérités. En revanche, elle eut le souci de maintenir la mémoire de ceux pour qui elle écrivit, et qui perdirent leur vie dans ces combats. Charles Wolmark, bien sûr, mais d'autres encore comme Yvonne Picard, agrégée de philosophie, qui fait partie du convoi du 24 janvier 1943 vers Auschwitz[1] où elle meurt le 9 mars 1943 à l'âge de 22 ans. « De cette jeune philosophe, déplorait-elle, qui a gardé la mémoire ? Son père, avec qui, depuis son remariage à lui, elle était en froid, ce père, mort en 1965 peut-être taraudé du remords d'avoir, par inadvertance, inexpérience ou stupidité, donné aux policiers français venus s'en informer l'adresse de sa fille ? Son parti, avec qui elle était souvent en délicatesse car elle n'était pas d'une orthodoxie sans failles ? Ses amis, trop occupés

1. Charlotte Delbo, *Le Convoi du 24 janvier 1943*, Paris, Éditions de Minuit, 1965.

à exhausser leurs propres mérites et les mérites d'une Résistance intellectuelle à laquelle ils se faisaient gloire d'avoir appartenu[1]. »

L'entrée dans la MOI, comme bien des entrées en Résistance, est le fait du hasard. Mais le fait qu'Annie y reste, qu'elle ne demande pas, par exemple, à être mutée dans la Jeunesse communiste semble à première vue incongru. Depuis les années 1980, de très nombreuses études, assorties de non moins nombreuses polémiques ont permis de mieux comprendre ce qu'étaient les groupes de langues du parti communiste. Organisés dans les années 1920, celles des grandes vagues migratoires ouvrières, polonaise et italienne notamment, ils avaient pour objectif de permettre d'organiser les immigrés dans la langue qui était la leur. Parmi ces immigrés, certains étaient de langue yiddish. Les groupes communistes juifs de langue polonaise, hongroise ou roumaine n'étaient pas rattachés au groupe juif.

Or Annie appartient à une famille de vieille souche française, éloignée de la *yiddishkeyt*. Dans ses Mémoires, elle raconte son enfance heureuse près du square de la Place des Vosges, sa scolarité à l'école Sévigné puis au lycée Victor-Hugo, y décrit avec minutie le quotidien d'une famille de la petite bourgeoisie urbaine dans l'entre-deux-guerres. Qu'y a-t-il de proprement juif dans cette famille tout à la fois intégrée et assimilée ? Pour Annie, c'est « le maintien des valeurs traditionnelles transposées en valeurs profanes et laïcisées » et d'abord l'étude élevée « au rang du sacré ». C'est aussi une sociabilité exclusivement juive et l'absence d'exogamie dans chaque branche de la famille. Judéité paradoxale, à la fois profonde et ténue, ravivée par l'exclusion, mais aussi totalement nouée à l'amour de la France. Pour Annie, la scène qui se déroule le 17 juin 1940, quand le maréchal Pétain demande l'armistice, « s'est fixée dans ma mémoire comme elle est au cœur de ma vie[2] ». Le père pleure. Elle ne l'a jamais vu pleurer auparavant, « et nous, autour de lui, la tête levée en signe d'interrogation muette, nous faisons cercle. C'est alors qu'il dit d'une voix brouillée : "Mes enfants, la France est vaincue…" et puis, après un

1. *Ce que j'ai cru…*, *op. cit.*, p. 181.
2. *Ibid.*, p. 118.

temps d'arrêt, un ton plus bas, comme pour s'excuser de signaler un malheur particulier dans cet immense malheur public, il ajoute : "Et nous sommes juifs" ».

C'est bien le fait d'être juif qui explique cette entrée précoce en résistance : elle n'a pas seize ans. Elle appartient à ce que nous avons appelé ailleurs « la génération de la rafle ». Cette génération est constituée de jeunes choqués au plus profond d'eux-mêmes par ce qu'ils ont vu, subi. Ils veulent « faire quelque chose », se battre, lutter. Ne pas subir passivement. Ne pas être l'objet d'une histoire dont ils ne comprennent pas (et qui pourrait le comprendre ?) pourquoi elle s'acharne sur eux. Par leur milieu d'origine, par leurs copains d'école, par une branche de leur famille, par un professeur, c'est avec l'organisation communiste qu'ils trouvent le contact. En théorie, ces adolescents auraient pu se retrouver dans un autre type d'organisation. En théorie seulement. Car immédiatement, ils sont de plain-pied avec leurs nouveaux camarades qui sont victimes de la même persécution, courent les mêmes dangers[1]. La part juive de son identité a accéléré un engagement patriotique. Pour la génération d'Annie – ce n'est pas le cas des aînés ; ce ne sera pas non plus celui des cadets –, « tout découle du fait central que nous étions juifs[2] ».

Reste la singularité de cet engagement dans un mouvement juif et communiste. Un engagement qui dans le même mouvement assume un particularisme imposé par les événements tout en aspirant à un universel qui annule ce particularisme. « Être reçu dans la Résistance communiste, écrit Annie Kriegel, c'était aussi, après avoir perdu patronyme, logis, école, métier, foyer, recouvrer une appartenance. C'était aborder à la terre ferme d'un pays certes imaginaire mais pour une part déjà définie et concrète. C'était faire fondre l'indicible tristesse de la perte de sens que la persécution avait infligée à l'existence quotidienne et la faire fondre à la chaleur d'une patrie souterraine, flottant quelque part entre limbes et catacombes, mais vivante et toute animée de la certi-

1. Annette Wieviorka, *Ils étaient Juifs, résistants, communistes*, Paris, Denoël, 1986, p. 139-158.

2. *Ce que j'ai cru…*, *op. cit.*, p. 194.

tude de lendemains enchanteurs. Peut-être n'a-t-on jamais bien mesuré quelle irréparable déchirure fut, pour le tissu fragile de nos âmes adolescentes, le fait de s'être trouvé d'un jour à l'autre brusquement rejeté, expulsé de la communauté nationale et davantage encore de la société instituée[1]. »

L'« ENTRÉE EN COMMUNISME »

C'est probablement dans la résistance communiste juive qu'Annie Becker-Kriegel expérimente vraiment ce qu'est une contre-société – c'est ainsi qu'elle analysera le parti communiste – dans laquelle il est possible de trouver refuge. À la Libération, elle « entre en communisme ». La connotation religieuse de son engagement est sensible. À plat ventre dans l'herbe, au printemps 1943, elle murmure fiévreusement le secret qui est le sien : elle est communiste. Cette identité met entre parenthèses, recouvre toutes les autres identités, et ce pendant une dizaine d'années.

Quelle est donc cette judéité qu'elle (re)découvre une fois sortie du communisme ? « Je n'ai pas fait *teshouva* », écrit-elle à deux reprises dans le dernier chapitre de ses Mémoires. « La surdité de l'âme à la voix de l'Éternel n'est pas opérable », avait-elle déjà noté quinze ans auparavant dans *Les Juifs et le monde moderne*[2], comme si elle ressentait une sorte de nostalgie pour cet impossible accès à Dieu. La définition de la communauté qu'elle peaufina au cours des ans est très ouverte, qui postule la liberté – qui fut la sienne – d'y entrer comme d'en sortir : « La parabole de l'enfant prodigue doit continuer à être entendue, et dans les deux sens, celui de l'éloignement et celui du retour[3]. » Annie Kriegel parle encore d'« identité intermittente », fluctuante au cours de l'existence. Car, si, dans les sociétés juives d'avant l'Émancipation, l'identité est une donnée acquise de naissance, et en général constante tout au cours de la vie, la modernité se caractérise par le fait que l'iden-

1. *Ibid.*, p. 195.
2. *Les Juifs et le monde moderne*, Paris, Seuil, 1977, p. 130.
3. *Réflexions sur les questions juives*, Paris, Pluriel, 1984, p. 132.

tité se détache du groupe, n'est plus une donnée initiale reposant sur quelques éléments simples, mais une construction personnelle, aléatoire, évolutive et complexe[1].

Pour Annie Kriegel, il n'y eut plus guère d'éloignement, et elle s'engagea dans la vie communautaire, comme le montrent tout à la fois ses mémoires et ses *Réflexions sur les questions juives* où elle rassembla les textes publiés notamment dans L'Arche, puis, avec Shmuel Trigano, la création de la revue *Pardès*. Elle se sentit probablement en phase avec la communauté, jusqu'au 4 octobre 1980, date de l'attentat devant la synagogue de Copernic. Elle considéra alors que la communauté s'était égarée, le dit et l'écrivit. Pour elle – et l'histoire lui donna raison –, l'attentat ne s'inscrivait pas dans une logique française de montée de groupes néo-nazis mais était lié à la situation au Proche-Orient. Il fallait incontestablement du courage pour aller ainsi contre tous les courants.

Les interrogations d'une mère

Reste l'interrogation de la déclinaison de cet héroïsme au féminin. Certes, Annie se pensait femme, épouse, mère de famille nombreuse, grand-mère, et cette dimension de son identité fut toujours présente. Il y avait, comme elle le disait, ses enfants de papier, c'est-à-dire ses livres, et ses enfants de chair. Comment ne pas faire siennes ses interrogations, qui rejoignent d'ailleurs celles, constantes, sur le bien et le mal? « Mettre des enfants au monde, rude épreuve. » C'était bien avant la péridurale. Cette épreuve, elle la décrit. Car la bonne élève qu'elle fut toujours échoua lamentablement à accoucher sans douleur, comme il était de bon ton au parti communiste, bien que l'interne en appelât à son esprit de parti qui était grand à l'époque. Mais surtout, élever des enfants. « Comment ne pas être tourmentée: tout ce que j'aurais dû faire, tout ce que je n'ai pas fait, pas fait assez ou pas fait du tout? Ce qui leur est arrivé en bien, y ai-je ma part? Ce qui leur est arrivé

1. Annie Kriegel, « Les intermittences de la mémoire: de l'histoire immédiate à l'Histoire », *Pardès*, n° 9.10/1989, p. 248-258.

en mal, est-ce ma faute ? Le bien et le mal, en avons-nous d'ailleurs, eux les enfants, nous les parents, la même définition ? Puis-je accepter pour eux, ce que je n'ai pas accepté pour moi, que le premier critère du bien fût le bonheur personnel ? Comment ne pas souffrir s'ils sont malheureux ? »

Annie Kriegel détestait le féminisme et les féministes. Mais à y réfléchir, tout ici est aussi compliqué. Sa vie professionnelle fut une vie entourée d'hommes, et ce fut aussi une vie professionnelle qui souhaita peser sur le cours des choses, influencer l'époque. Pourtant, cette femme d'action rêvait d'une vie plus contemplative. Elle avait deux projets quand la maladie la frappa de façon irrémédiable. Le premier illustre son courage dans le domaine intellectuel, cette volonté inlassable de comprendre, peut-être aussi de se comprendre : il aurait été une étude sur les communistes juifs, interrogeant le lien entre communisme et judéité. Le second aurait illustré en quelque sorte son idéal de la féminité, et peut-être aussi de l'ordre social : « Je rêve de faire quelque jour un album de la seule collection que j'ai assez largement constituée, une collection de reproductions et de tableaux de toutes époques où une femme – aux hautes époques, en général la Sainte Vierge, jeune femme le jour de l'Annonciation ou jeune mère qui enseigne les rudiments à son Fils, plus tard saintes, reines et princesses, grandes dames, bourgeoises, jeunes filles, fillettes – tient un livre qui peut être le Livre, une lettre, une partition de musique, un journal. Une collection qui montrerait, à l'encontre d'une histoire des femmes misérabiliste et polémique, l'ancienneté dans notre société et dans la culture dite judéo-chrétienne de l'alphabétisation féminine et sa continuité[1]. »

1. *Ce que j'ai cru…*, *op. cit.*, p. 106.

VIII.

DE NUREMBERG À JÉRUSALEM

Ce matin du 2 septembre 2024, j'ouvre mon ordinateur. Pascale Cornuel vient de m'envoyer une photo. Elle date du 18 novembre 1995. Souriantes, nous posons assises sans vergogne sur les fauteuils des juges du tribunal de Nuremberg.

Pascale et moi avions fait connaissance l'année précédente. Elle était responsable des Thema historiques d'Arte et avait organisé une soirée consacrée à la mémoire des années noires, autour d'un documentaire sur leur cinéma, réalisé par l'historien Jean-Pierre Bertin-Maghit. La soirée, enregistrée en décembre 1994, fut diffusée en février suivant. Pour débattre, Marc Ferro, Henry Rousso et moi-même. Visionnant aujourd'hui l'émission, Pascale m'écrit qu'elle me trouve « tendue ». Je l'étais. À cause du froid, suggère-t-elle. Nous avions enregistré dans l'ensemble monumental des anciens studios Pathé, rue Francoeur, à Montmartre, par une température de gueux, à peine quelques degrés. En fait, si je grelottais, c'est que j'étais surtout impressionnée par la stature de Marc Ferro, comme je l'ai toujours été par celle de la génération de mes maîtres. Ce soir-là, Pascale Cornuel me faisait livrer une gerbe de fleurs.

Moins d'une année plus tard, elle me sollicitait à nouveau. Arte montait cette fois une Thema pour le cinquantième anniversaire du procès de Nuremberg. Le tournage aurait lieu au tribunal, dans la salle même où s'était tenu le procès. Elle n'était pas alors fréquentée comme aujourd'hui. Il n'y avait aucun centre de mémoire dans les locaux du tribunal qui, comme la prison à laquelle il était relié, intact au milieu des ruines, avait repris ses fonctions la guerre finie. Pour débattre du procès, Pascale avait aussi invité Henry Bulawko, survivant d'Auschwitz, et Joe J. Heydecker. Le nom de ce dernier m'était familier. La parution en 1986 de son *Soldat allemand dans le ghetto de Varsovie, 1941*[1] fut un événement : y étaient reproduites des photos qu'il avait prises clandestinement, alors qu'il était caserné dans la ville. L'ouvrage était préfacé par Heinrich Böll, postfacé par Alain Finkielkraut. J'avais également lu son livre sur le procès de Nuremberg, paru en français en 1959[2]. Mais j'ignorais qu'il avait « couvert » le procès pour Radio Munich. Quant à Henry Bulawko, il fut pendant des décennies la mémoire incarnée d'Auschwitz. N'ayant pas trouvé de compagne capable de parler yiddish avec sa mère, il était resté célibataire. Et chacun de ceux qui l'ont connu se souvient de sa gentillesse et de sa générosité. Il fut le premier survivant avec lequel je me suis liée d'amitié.

Cette visite à Nuremberg fut suivie de beaucoup d'autres. Je me souviens surtout de celle que nous fîmes avec les étudiants du séminaire « Traces de Guerre », arpentant le stade des grandes liturgies nazies, visitant le musée Germania ou la maison de Dürer, et mangeant les très fameuses saucisses de Nuremberg.

---

1. Joe J. Heydecker, *Un soldat allemand dans le ghetto de Varsovie, 1941*, trad. de l'allemand par A. Jacoubovitch, Paris, Denoël, 1986.

2. *Id.*, avec Johannes Leeb, *Le Procès de Nuremberg*, trad. de l'allemand par Max Roth, Paris, Éditions Corrêa/Buchet-Chastel, 1959.

L'amitié avec Pascale, née de ces deux tournages, ne s'est jamais éteinte. Avec son compagnon, Heniu, nous avons monté en juillet 2021 le col de Coux, refaisant le chemin effectué par mon père en octobre 1942 pour passer clandestinement en Suisse. Je raconte notre périple dans *Tombeaux.*

Depuis plus de trois décennies, je collabore au magazine *L'Histoire*. Ma première contribution fut publiée dans le numéro de février 1988 et concernait le procès Eichmann. Elle paraissait en même temps que l'ouvrage sorti sur ce thème dans la collection inventée par André Versaille, « Ce jour-là ». J'ai beau creuser ma mémoire, je ne me souviens plus comment l'idée était venue à Stéphane Khemis, qui dirigeait alors la rédaction de *L'Histoire*, de me commander un article. Ce que je sais, c'est que mon deuxième article dans le magazine portait sur le procès de Nuremberg. Il est paru en septembre 1990. Dans mon itinéraire intellectuel, les deux procès sont indissociables. Je n'ai cessé d'y revenir. Ben Gourion ne voulait-il pas faire du procès Eichmann « Un Nuremberg du peuple juif » ?

En cet automne 1990, j'étais professeure au lycée Voltaire et n'avais pas encore soutenu ma thèse. Mais j'avais publié, avec Itzhok Niborski, *Les Livres du souvenir* et, seule, *Ils étaient juifs, résistants, communistes*. Je m'étais intéressée au procès de Nuremberg en faisant des recherches sur le Centre de documentation juive contemporaine[1], destinataire de ses archives grâce aux historiens Léon Poliakov et Joseph Billig, qui avaient tous deux assisté aux audiences – Poliakov avait en outre fourni à Edgar Faure, procureur adjoint pour la France, les documents qui lui permirent d'écrire son remarquable réquisitoire sur les crimes de guerre et crimes contre l'humanité à l'Ouest. Mes deux premiers articles dans *L'Histoire* seraient suivis de dizaines d'autres. Depuis 2010, je

1. Voir le chapitre consacré au 17, rue Geoffroy-l'Asnier, p. 11 et suiv.

suis membre du comité de rédaction du magazine, que dirige avec passion Valérie Hanin. Quand j'y participe, j'ai le sentiment que, malgré les divergences d'approche ou de sensibilité qui s'expriment parfois vivement, très vivement, au sein de ce comité, nous formons une sorte de communauté, unie par la passion de l'histoire, le désir de transmettre et, aussi loin que possible des idéologies qui instrumentalisent si souvent le passé, par l'amour et la recherche de la vérité.

Le droit de Nuremberg aurait pu n'être que le droit d'un moment, celui de la réorganisation du monde issu de la Seconde Guerre mondiale. Il fut d'abord sans lendemain. Du fait de la guerre froide, l'Union soviétique, un des cinq membres permanents du Conseil de sécurité de l'ONU, bloquait toute initiative de justice internationale. Mais, avec la chute du mur, l'intérêt pour le procès se réveilla. Et lors des années pleines d'optimisme qui suivirent la dislocation de l'Union soviétique et de son empire, auxquelles le 11 septembre 2001 a porté un coup fatal, il redevint possible de juger internationalement les graves violations du droit humanitaire. Par résolution du conseil de sécurité de l'ONU, furent créés deux tribunaux internationaux. Celui de La Haye (1993), pour les divers crimes commis lors des guerres de l'ex-Yougoslavie (en Croatie, en Bosnie, au Kosovo). Celui d'Arusha (1994), qui avait pour objet le jugement des actes de génocide commis au Rwanda. La seule référence en matière de justice internationale était alors Nuremberg, auquel nul historien ne s'était intéressé, sinon Léon Poliakov, qui lui avait consacré en 1971 un livre de la collection « Archives », le numéro 45[1]. Le cinquantième anniversaire de l'ouverture du procès fut l'occasion d'un certain nombre d'événements attestant un regain d'intérêt, comme le montrait d'ailleurs la soirée Thema sur Arte.

---

1. *Le Procès Nuremberg*, présenté par Léon Poliakov, Paris, Julliard, 1971.

En 1992, après la soutenance de ma thèse en décembre de l'année précédente, j'avais été élue directrice de recherche au CNRS, sans passer par la case chargée de recherche, ce qui est exceptionnel. Cela changea ma vie. Près d'un quart de siècle plus tard, alors même que je venais de réussir le premier concours de l'agrégation interne, j'abandonnais l'enseignement secondaire – que j'ai beaucoup aimé malgré ses dix-huit heures de cours par semaine, ses monceaux de copies à corriger, ses conseils de classe. Je devais cette élection au CNRS à l'alliance improbable et pourtant réelle de Pierre Chaunu, très à droite, et de Pierre Vidal-Naquet, très à gauche. Dans la foulée, j'étais affectée au Centre de recherche d'histoire quantitative (CRHQ), dirigé par Claude Quétel. Le centre, créé en 1966, se trouvait sur le campus de l'Université de Caen-Basse Normandie, fondée par Pierre Chaunu, qui vivait à Caen et dont Quétel avait été l'élève. Claude était alors directeur scientifique du tout jeune Mémorial de la Paix, voulu par le maire de Caen, Jean-Marie Girault. À l'été 1944, alors qu'il était un jeune étudiant de dix-huit ans, il s'était porté volontaire pour rejoindre les équipes d'urgence de la Croix-Rouge qui déblayaient les ruines causées par les bombardements alliés lors des opérations du débarquement afin d'y retrouver ceux qui avaient été ensevelis, souvent des cadavres. Le titre de l'ouvrage qu'il consacra à cette expérience, pour lui fondatrice, est éloquent : *Mon été 1944, les ruines de l'adolescence*[1].

Je fus donc affectée au CRHQ. Non que j'eusse la moindre compétence ou projet en histoire sérielle, mais Claude Quétel m'avait proposé un accord informel que j'avais accepté avec joie : si j'étais élue, j'organiserais un séminaire mensuel sur la Seconde Guerre mondiale et un colloque annuel, qui se tiendraient tous deux au Mémorial de la Paix. Je rejoignis ainsi une équipe de chercheurs comportant deux spécialistes

1. Avec la collaboration de Bernard Quirin, Caen, Le Mémorial de Caen, 2004.

de la Seconde Guerre en Normandie, Michel Boivin, pour la Manche, Jean Quellien pour le Calvados. Pendant les cinq années où je fus en poste à Caen, nous avons travaillé en excellente entente, notamment au séminaire et à chacun des colloques commémorant, année après année, les épisodes marquants de la Seconde Guerre mondiale qui avaient eu lieu cinquante ans plus tôt. J'ai appris à connaître et à apprécier les historiens des services historiques des trois armées, en particulier le général Jean Delmas et le contre-amiral Jean Kessler. Je me souviens notamment du colloque consacré à juin 1944: David Brown, chef du Département d'histoire navale du ministère de la Défense britannique, répondait à la question: « Fallait-il bombarder Caen ? ». « Montgomery aurait préféré contourner Caen, mais, fatigué, il s'est laissé convaincre de tenter l'expérience des bombardements », expliqua l'éminent historien. On imagine le tollé dans la population caenaise informé par *Ouest-France* alors que le souvenir des morts et des destructions était encore si vif. Le professeur Brown dut rétropédaler et expliquer qu'il s'était mal exprimé.

Claude Quétel accueillit avec tout l'enthousiasme dont il était capable le projet d'un colloque sur les procès de Nuremberg et de Tokyo, tandis que les Éditions Ouest-France me commandaient un ouvrage. Mon *Procès de Nuremberg* n'a depuis cessé d'être réédité. Il comporte notamment un tableau que j'ai mis des heures à construire indiquant pour chacun des inculpés les crimes – complot contre la paix, crimes contre la paix, crimes de guerre, crimes contre l'humanité – dont ils étaient accusés et ceux pour lesquels ils ont été condamnés. Ce tableau est désormais reproduit dans des ouvrages et articles, souvent sans indiquer qui l'a établi.

Les premières années du Mémorial de Caen furent des temps d'abondance, nous pouvions inviter tous les historiens compétents de par le monde. Le colloque sur les procès de Nuremberg et de Tokyo se tint les 26, 27 et 28 octobre 1995. Ce fut un immense succès, salué par la presse. Sous la plume de Luc Rosenzweig, notre colloque eut les honneurs du « ventre » du *Monde*, cet article au centre de la une qu'il barrait. Ouvert par André Kaspi, conclu par Pierre Chaunu, ce colloque défricha bien des pistes parcourues depuis par tant de juristes et d'historiens. J'y fis la connaissance de Denise Pouillon, la fille du juge Falco, qui avait représenté la France pendant la conférence de Londres, à l'été 1945 – laquelle aboutit aux accords créant le tribunal militaire international –, puis qui fut le suppléant du juge français Henri Donnedieu de Vabres lors du procès de Nuremberg. Denise me donna les trois tapuscrits des mémoires de son père. J'ai préfacé celui qu'il consacra à Nuremberg quand elle parvint enfin à le faire publier.

Comme pour celui de Nuremberg, j'ai revisité le procès Eichmann à diverses reprises depuis la première édition du livre que je lui ai consacré en 1989 jusqu'à la seconde de 2011. Deux épisodes m'ont suffisamment marquée pour que je les partage.

En 2010-2011, j'écrivis avec le réalisateur Michaël Prazan un documentaire, *Le Procès d'Adolf Eichmann.* Nous tournâmes en Israël. Gabriel Bach, le très jeune adjoint au procureur Gideon Hausner, vivait encore, à Jérusalem. Nous l'interrogeâmes. Certes, il n'avait plus la prestance du très jeune homme en robe noire que l'on voit sur les films du procès, mais il avait toujours belle allure et avait gardé son profil d'aigle et son éloquence. Cinquante ans après, il surgissait de l'histoire. Il est décédé presque centenaire en 2022. Nous avions aussi interviewé Haïm Gouri. Ce grand poète, journaliste, véritable conscience israélienne, avait publié un journal du procès, traduit en français, *La Cage de verre*[1], que j'ai lu et relu et que je cite d'abondance. C'est à mon sens le témoignage le plus important par l'acuité de sa vision et sa qualité littéraire.

1. Haïm Gouri, *La Cage de verre : journal du procès Eichmann*, traduit de l'hébreu par Raphaël Cidor, Paris, Albin Michel, 1964.

Dans les années 1970, Haïm Gouri avait contribué à la réalisation de trois films documentaires sur la Shoah. Le troisième s'intitulait *Le 81e coup*. Une allusion à l'histoire de Michael Goldman. Adolescent, celui-ci avait été enfermé dans le ghetto de Przemyśl où il fut battu. 80 coups de bâton ou de fouet qui le laissèrent pour mort. Mais il survécut, fut déporté dans divers camps, dont Auschwitz. En 1947, sur le bateau qui le conduisait en Palestine, ou dans un autre lieu (les versions de son récit diffèrent légèrement), il raconta son histoire et entendit un passager dire à sa compagne : « Ne l'écoute pas. Tous ces gens ont un peu des fantasmes qui s'expliquent par ce qu'ils ont vécu »... Ce fut, dit Michael Goldman, le 81e coup, celui reçu par les survivants qu'on ne voulut pas croire ou qu'on empêcha de raconter. En Israël, devenu policier, il fit partie de l'unité de police 06 qui interrogea Eichmann. On le voit lors du procès, son numéro tatoué bien visible dans le nu de son avant-bras gauche, actionner le magnétophone afin de diffuser l'interrogatoire enregistré de l'accusé. Il fut encore choisi pour être témoin de la pendaison d'Eichmann et de la dispersion de ses cendres au-delà des eaux territoriales israéliennes. Quelque cinquante ans plus tard, lors du tournage de notre documentaire, tous ceux que nous rencontrâmes s'étonnèrent que nous n'ayons pas interviewé Goldman. Il s'avéra impossible de le faire en Israël. Il fut donc décidé de lui proposer de venir à Paris.

L'entretien eut lieu à mon domicile de la rue du Faubourg Poissonnière. C'est là que, pour le film déjà, nous avions longuement interrogé en anglais l'historien David Cesarani, l'auteur de la première véritable biographie d'Adolf Eichmann. Il faisait partie du petit groupe d'historiens pionniers, comme Michael Marrus, et nous nous connaissions depuis longtemps. Il est décédé à cinquante-huit ans, en 2015, ce qui fut pour Michaël Prazan et moi-même un choc et un chagrin.

Dans mon salon, Michael Goldman raconta donc son histoire. Je me souviens si bien de lui et de sa femme, assis sur le canapé… De la pièce adjacente qui me sert de bureau, Valérie Zenatti, équipée d'oreillettes, traduisait l'hébreu que ni Michaël Prazan ni moi ne parlions. J'avais donc sous mon toit l'homme qui avait vu pendre Eichmann et jeter ses cendres dans la mer. J'ai hésité quand ce canapé a été trop usé à m'en débarrasser. Mais je l'ai fait.

Le second souvenir date de la même période. La réalisatrice allemande Margarethe von Trotta avait réalisé en 2012 un biopic d'Hannah Arendt tout entier centré sur sa vision du procès Eichmann. J'ai accompagné maintes projections et débats du film, pointant ses éminentes qualités, mais aussi les grandes libertés prises par la philosophe et après elle par la réalisatrice avec la vérité historique. J'ai écrit sur ce film un article dans *L'Histoire*, que je reproduis ici. Le *Eichmann à Jérusalem. Rapport sur la banalité du mal* d'Hannah Arendt est pour moi l'exemple par excellence d'un ouvrage s'installant comme une référence qu'aucun écrit critique d'historiens, de politistes, de philosophes n'arrive véritablement à déplacer…

Quant à la justice internationale, quel chemin parcouru pendant les trente années qui nous séparent du colloque sur les procès de Nuremberg et de Tokyo de 1995 ! Mais ce chemin a aussi ses effets pervers. Les qualifications juridiques – le crime contre l'humanité, défini à Nuremberg, celui de génocide, terme inventé en 1944 par le juriste Raphaël Lemkin – vivent désormais « leur trouble vie de place publique », suivant l'expression de Marc Bloch.

1.

Le procès de Nuremberg[1]

[1990]

Faire l'histoire du nazisme tout en jugeant les hommes qui l'avaient incarné: c'était l'ambition démesurée du tribunal international de Nuremberg qui siégea du 18 octobre 1945 au 1er octobre 1946. On peut s'interroger sur la légitimité de son verdict, rendu par des vainqueurs contre des vaincus.

Mais, pour la première fois dans l'histoire, le crime contre l'humanité y fut juridiquement reconnu. Et, pour la première fois aussi, un procès permit de démonter la formidable mécanique de destruction qu'était l'Allemagne hitlérienne.

« Non coupable », plaidèrent les vingt-deux accusés défilant devant le tribunal international de Nuremberg. « Mort par pendaison », fut le verdict rendu pour onze d'entre eux[2], après presque un an de procès. Du 18 octobre 1945 au 1er octobre 1946, les magistrats américains, britanniques, français et soviétiques ont jugé les crimes auxquels seule la capitulation du régime nazi avait mis fin : crimes contre la paix, crimes de guerre et crimes contre l'humanité.

---

1. Texte publié dans *L'Histoire*, n° 136, 1990.

2. Il faut y ajouter la condamnation à mort par contumace de Martin Bormann, chef de la chancellerie de Hitler à partir de 1941. Resté introuvable, il est sans doute mort dans les derniers combats de Berlin.

Deux autres grands criminels de guerre nazis ont comparu depuis devant un tribunal : Adolf Eichmann à Jérusalem, en 1961, et Klaus Barbie à Lyon, en 1987[1]. Mais c'est à Nuremberg qu'est apparu ce crime inédit, fondateur d'un nouveau droit international au nom duquel on inculpa Eichmann et Barbie : le crime contre l'humanité. C'est aussi à Nuremberg que, pour la première fois, des alliés conçurent l'ambition démesurée de faire l'histoire d'un régime vaincu en jugeant les hommes qui l'avaient incarné.

Ce procès exceptionnel apportait une masse considérable de documents et de témoignages, mais il soulevait aussi de graves problèmes juridiques. 1) N'avait-on pas affaire à une justice de vainqueurs ? N'eût-il pas mieux valu constituer un tribunal international, composé également de neutres et d'antinazis allemands ? 2) Le caractère rétroactif de la législation utilisée contredisait le principe traditionnel, issu du droit romain : *nulla poena sine lege* (« nulle peine sans loi antérieure au crime »). Les procureurs américain et anglais s'en expliquèrent longuement.

L'idée de punir les fauteurs de guerre date de la Grande Guerre. L'article 227 du traité de Versailles (1919) stipulait que « les puissances alliées et associées mettent en accusation publique Guillaume II de Hohenzollern, ex-empereur d'Allemagne, pour offense suprême contre la morale internationale et l'autorité sacrée des traités ». Un tribunal spécial devait être constitué pour « déterminer la peine qu'il estimera devoir être appliquée ». Mais la Hollande refusa de livrer le Kaiser et le procès n'eut pas lieu[2].

Au fur et à mesure que l'Allemagne nazie étend sa domination sur l'Europe, des informations parviennent aux Alliés sur la violence avec laquelle sont traitées les populations civiles. Dès l'année 1941, les gouvernements en exil et les Britanniques lancent des

1. Ce dernier procès, comme l'inculpation de Paul Touvier, a été rendu possible en raison de l'imprescriptibilité des crimes contre l'humanité, décidée par la loi du 26 décembre 1964.

2. Le tribunal international de Tokyo, qui siégea du 13 juin 1946 au 12 novembre 1948, se voulait le pendant asiatique de celui de Nuremberg. Le verdict condamna à mort par pendaison pour « crimes de guerre » sept inculpés, dont le général Tojo (il avait dirigé le Japon de 1941 à 1944 et s'était montré partisan de la lutte à outrance contre les États-Unis) et l'ancien Premier ministre Hirota.

avertissements. Ainsi Churchill, le 25 octobre 1941, réclame-t-il « le châtiment de ces crimes, qui doit être désormais l'un des objectifs de cette guerre[1] ». En octobre 1942, alors que le conflit est devenu mondial, Londres et Washington se déclarent prêts à fonder ensemble une commission d'enquête sur les crimes de guerre. Composée de délégués des gouvernements alliés, elle aurait pour objectif de réunir les preuves et les témoignages, et de dresser la liste des criminels de guerre appartenant aux puissances de l'Axe. Un grand nombre d'États acceptent d'y participer.

Un an plus tard, les ministres des Affaires étrangères des trois Grands (États-Unis, Angleterre, URSS), réunis à Moscou, prennent position sur les crimes allemands. Le secrétaire d'État américain Cordell Hull est partisan d'une justice expéditive ; le ministre des Affaires étrangères soviétiques, Molotov, l'approuve. Le Britannique Eden préférerait, quant à lui, agir dans un cadre juridique. Ils ne prennent alors aucune décision mais adoptent une déclaration commune, contresignée plus tard par Churchill, Roosevelt et Staline, précisant que les principaux criminels « coupables de forfaits dans différents pays doivent être punis en vertu d'une décision commune des Alliés ». On distingue les criminels dont les forfaits ont été commis en un lieu déterminé (ils seront livrés à l'État intéressé qui les fera juger d'après sa législation) et ceux dont les crimes concernent plusieurs pays. Mais selon quelle procédure seront-ils jugés ? Cour martiale ? Procès ? Pourrait-on même avoir recours à une exécution sommaire ?

Il faut encore plus d'un an et demi pour que triomphe l'idée d'un grand procès. Robert H. Jackson, nommé le 2 mai 1945 par le tout nouveau Président américain Harry Truman procureur général des États-Unis au procès des criminels de guerre, s'y est entièrement dévoué. Réunies à San Francisco en juin 1945, pour la création de l'Organisation des Nations Unies, les puissances victorieuses ont finalement décidé que les grands criminels de guerre seraient traduits en justice devant un tribunal international.

1. Cité par Gerhard E. Gründler et Arnim von Manikowsky, *Nuremberg ou la justice des vainqueurs*, trad. de l'allemand par Herbert Lugert, Paris, Robert Laffont, 1969.

Entre-temps, dans une Allemagne en proie au chaos, la chasse aux criminels de guerre de toute envergure est menée rondement par les Alliés, notamment les Américains. Manqueront Adolf Hitler, qui s'est suicidé dans son bunker, tout comme Joseph Goebbels, Heinrich Himmler, qui a avalé une capsule de cyanure après son arrestation, Hans Fritzsche et Erich Raeder, détenus par les Soviétiques, Rudolf Hess, prisonnier en Angleterre – où il s'était rendu en mai 1941, avec l'idée folle de conclure une paix séparée – et le vieux baron Gustav Krupp von Bohlen und Halbach, gravement malade, aux arrêts chez lui.

Les Américains ont en outre mené une implacable chasse aux documents. Chaque armée américaine a ainsi pu saisir et mettre en sûreté des tonnes de documents et d'archives, dont une partie seulement sera présentée à Nuremberg. Robert Jackson veut que l'accusation s'appuie au maximum sur les documents, au minimum sur les témoignages. L'histoire y gagne ce que le procès perd en effet médiatique.

Après quatre mois de débats, la signature des Accords de Londres

Pourtant, alors que les inculpés sont rassemblés au Grand Hôtel de Bad Mondorf, à Luxembourg, rien n'est encore décidé : ni l'endroit où se déroulera le procès ni la procédure qu'il conviendra d'adopter. C'est seulement en juin 1945 que des juristes américains, anglais, français et soviétiques se réunissent à Londres pour discuter des modalités d'un procès qui est loin de faire l'unanimité. Après quatre mois de débats à huis clos, les Alliés signent, le 8 août, les Accords de Londres. Ceux-ci comprennent les statuts du tribunal militaire international chargé de juger les grands criminels de guerre et définissent les crimes dont ils peuvent être inculpés.

Pour les Américains et les Britanniques, qui n'ont pas connu l'occupation, le « crime contre la paix » doit constituer l'essentiel de l'accusation. Cela ne va pas sans arrière-pensée : si la guerre d'agression allemande a violé le droit, l'intervention américaine sur le territoire européen est pleinement justifiée. Plus tard, la notion de complot contre la paix *(conspiracy)* s'ajoutera à ce premier chef d'accusation.

Mais, pour les Soviétiques et les Français, l'important, ce sont les « crimes de guerre » : exécutions, déportations des populations civiles dans les territoires occupés, exécutions des prisonniers ou mauvais traitements exercés contre eux, exécutions d'otages, destructions sans motifs militaires de villes et de villages. Comme ils sont reconnus depuis la fin du XIXe siècle comme passibles de châtiments, leur définition n'offre aucune difficulté.

Reste le génocide. Au terme des Accords de Londres, la grande majorité des actions menées par les Allemands contre les Juifs relève des crimes de guerre : « La mise à mort des Juifs camouflée en opération contre les partisans était un crime de guerre. L'exécution par balle des Juifs de l'Armée rouge dans un Stalag allemand était un crime de guerre. Le gazage des Juifs originaires du Reich sur le sol polonais était un crime de guerre. Au terme de la législation de guerre traditionnelle, la presque totalité du processus mis en œuvre de 1939 à 1945 consistait en des actes pouvant entraîner la condamnation et dans beaucoup de cas la condamnation à mort de ceux qui les avaient commis[1]. » Mais cette définition ne règle pas la question, puisque, sur le territoire des puissances de l'Axe, les persécutions raciales sont antérieures à 1939. Et, si l'on s'en était tenu à la législation traditionnelle sur les crimes de guerre, l'antisémitisme fanatique du journaliste Julius Streicher aurait échappé à toute condamnation.

D'où la création d'une nouvelle catégorie juridique internationale : le crime contre l'humanité. Refusant de définir une condamnation spécifique pour crime d'extermination, les rédacteurs des statuts se conforment au respect d'un principe général selon lequel, comme le dit Robert H. Jackson, « les affaires internes d'un autre État ne nous regardent pas ; autrement dit, la façon dont l'Allemagne traite ses habitants, ou dont n'importe quel pays traite les siens, n'est pas notre affaire ». Le crime contre l'humanité, défini par les Accords de Londres, n'existe donc que s'il a été

1. Raul Hilberg, *La Destruction des Juifs d'Europe*, trad. de l'anglais par Marie-France de Paloméra et André Charpentier, Paris, Fayard, 1988.

perpétré « à la suite de tout crime entrant dans la compétence du Tribunal ou en liaison avec ce crime ».

Les Accords de Londres présentent une dernière originalité. L'article 9 stipule qu'une organisation peut être, au même titre qu'un individu, déclarée criminelle (on en inculpera d'ailleurs six : le Cabinet du Reich, le Corps des chefs politiques du parti, le Haut commandement des forces armées allemandes, la SS, la SA, la Gestapo). L'article 10 précise en outre que les individus pourront être traduits devant les tribunaux en raison de leur affiliation à telle organisation : il introduit ainsi la notion de responsabilité collective, habituellement récusée par le droit libéral.

Les Soviétiques voulaient que le procès eût lieu à Berlin, enclavée dans leur zone d'occupation, mais les Américains avaient déjà choisi Nuremberg. Pour des raisons symboliques, peut-être, puisque la ville avait été le théâtre des grandes liturgies nazies. Mais surtout, plus prosaïquement, parce que, parmi les ruines, le palais de justice, la prison et le Grand Hôtel sont restés miraculeusement intacts. Soviétiques et Américains acceptent un compromis : le siège permanent du tribunal est fixé à Berlin où se tient, le 18 octobre 1945, la séance inaugurale ; le procès lui-même se déroulera à Nuremberg.

Des vingt-quatre accusés, le principal est Hermann Goering, maréchal du Reich, dont le nom figure en tête de l'acte d'accusation. Les militaires sont bien représentés, avec le chef de l'OKW (haut commandement de la Wehrmacht), Wilhelm Keitel, le chef d'état-major de l'armée, Alfred Jodl, les amiraux Karl Dönitz et Erich Raeder. Leur présence indique que l'accusation compte mettre l'accent sur la guerre d'agression. Albert Speer et Fritz Sauckel étaient responsables de l'armement et de l'exploitation de la main-d'œuvre étrangère. Rudolf Hess, représentant personnel de Hitler, Martin Bormann qui lui avait succédé à la chancellerie du Führer à partir de 1941, Robert Ley, chef du front du Travail (il se suicide avant l'ouverture du procès), Julius Streicher enfin, l'éditeur du très antisémite *Stürmer*, représentent le parti nazi.

Côté ministres et diplomates, Hjalmar Schacht, directeur de la Reichsbank jusqu'en 1939, Wilhelm Frick, ministre de l'Intérieur, Joachim von Ribbentrop, ministre des Affaires étrangères, l'ex-chancelier Franz von Papen. La bureaucratie centrale est représentée par Ernst Kaltenbrunner, à la tête du RSHA (Bureau principal chargé de la sécurité du Reich) après la mort de Heydrich, et Hans Fritzsche, membre du ministère de la Propagande (dont le rang est bien inférieur à celui de ses coaccusés et qui, en fait, représente Goebbels).

Comparaissent aussi cinq chefs territoriaux dans les régions conquises par l'Allemagne : Baldur von Schirach, gauleiter de Vienne, Konstantin von Neurath, protecteur de Bohême-Moravie, Alfred Rosenberg, commissaire pour les territoires de l'Est, Arthur Seyss-Inquart, commissaire du Reich aux Pays-Bas, Hans Frank, gouverneur de Pologne. Le cumul d'activités était d'ailleurs fréquent. Baldur von Schirach, par exemple, était également responsable de toutes les organisations de jeunesse du Reich. Enfin, pour représenter les milieux de la grande industrie, Gustav Krupp ; mais son état de santé est tel qu'après de longs débats on décide de disjoindre son cas et de juger son fils Alfred lors d'un autre procès.

Le 20 novembre 1945, à dix heures du matin, dans la salle 600 du palais de justice de Nuremberg, le colonel Charles W. May annonce : « Messieurs, la Cour ! » Accusés, avocats, procureurs, spectateurs, journalistes se lèvent : les quatre juges, accompagnés de leurs quatre suppléants, font leur entrée. Les Français Donnedieu de Vabres et Robert Falco d'abord, puis les Anglais Lord Justice Lawrence, président du tribunal, et Birkett, suivis des Américains Francis Biddle et John J. Parker, enfin des Soviétiques, le major général Nikitchenko et le lieutenant-colonel Volchkov. Ils prennent place sur l'estrade derrière laquelle ont été tendus les quatre drapeaux nationaux. À leur gauche, le box des accusés, et, plus loin, les ministères publics. Greffiers, interprètes et avocats font face aux accusés et ne peuvent pas communiquer avec eux pendant les audiences.

Lord Justice Lawrence ouvre alors le procès. Les quatre procureurs généraux, l'Américain Robert H. Jackson, l'Anglais Sir Arthur Shawcross, le Français François de Menthon, le colonel soviétique Roman Rudenko se relaient pendant cinq heures pour lire l'acte d'accusation, traduit simultanément en trois langues, ce qui ralentit les débats. On développe ainsi les quatre chefs d'accusation, puis, en appendice, les responsabilités de chacun des prévenus, et le caractère criminel des groupements et des organisations inculpés.

Le lendemain, 21 novembre, les accusés plaident tous non coupables. Certains ajoutent, après Goering, « au sens de l'acte d'accusation », ou assortissent leur réponse d'un commentaire. Ainsi Fritz Sauckel : « Au sens de l'acte d'accusation, devant Dieu et devant le monde, et particulièrement devant mon peuple, je me déclare non coupable en quelque manière que ce soit. »

Le procès débute vraiment lorsque Robert H. Jackson reprend l'acte d'accusation, selon la procédure anglo-saxonne. Les prévenus, considérés aussi comme des témoins, n'ont pas encore la parole. Pendant près de quatre mois, du 21 novembre 1945 à la fin du mois de février 1946, les séances consistent en des lectures effectuées par les ministères publics, interrompues par la présentation de nombreux documents et par la comparution des vingt-neuf témoins de l'accusation.

Les Américains et les Anglais traitent du complot hitlérien et du crime contre la paix, les Français et les Soviétiques des crimes de guerre et des crimes contre l'humanité – les premiers à l'Ouest, les seconds à l'Est. Mais les chefs d'accusation ne sont pas distincts. La conception même du procès, qui veut que tout s'organise autour du complot hitlérien, implique que les accusations anglo-américaines développent aussi le chapitre des crimes de guerre et des crimes contre l'humanité, et que Soviétiques et Français abordent celui de la guerre d'agression.

La procédure d'accusation, minutieuse, sécrète l'ennui et, derrière leurs lunettes noires, les accusés somnolent. Début mars 1946, la parole est à la défense. Le procès trouve alors sa vedette : Goering. Salle comble, tribune de presse bondée, procureurs au grand complet : on assiste à un véritable spectacle. Six heures durant, l'ancien maréchal du Reich retrace une carrière qui se confond avec le passé récent de l'Allemagne. Jackson, excédé, perd son calme.

Début juillet, les avocats entament leurs plaidoiries ; le 26 commencent les réquisitoires des procureurs. Un mois encore est consacré aux organisations. Moins spectaculaire, l'enjeu est cependant fondamental pour des centaines de milliers d'Allemands.

Le 31 août, les accusés prononcent leur ultime déclaration. Il ne leur reste plus qu'à attendre le verdict.

Le « plan concerté contre la paix » du parti nazi

Les chefs d'accusation n°s 1 et 2 (plan concerté ou complot, et crimes contre la paix) englobent par définition des faits antérieurs au déclenchement de la Seconde Guerre mondiale. L'accusation américaine s'attache à démontrer que la guerre est déjà contenue dans le programme du parti nazi (fondé en 1920) et dans *Mein Kampf* (1924) : le NSDAP est bien le noyau de ce complot – les accusés sont fréquemment appelés « conspirateurs ». Politiquement, le parti a institué la persécution des Juifs ; économiquement, il a organisé le réarmement du pays pour déclencher une guerre d'agression qui est un crime, comme l'affirme le procureur britannique, puisqu'elle contrevient aux traités et aux pactes internationaux (notamment le pacte Briand-Kellogg de 1928 qui a mis la guerre « hors la loi »).

L'accusation fait le récit détaillé des violations des traités, surtout celui de Versailles, des annexions (Autriche, Tchécoslovaquie), enfin des agressions menées contre la Pologne, la Norvège, les Pays-Bas, le Luxembourg, la France, les Balkans et l'Union soviétique. Ainsi apparaissent des documents essentiels qui permettent de mieux comprendre la marche à la guerre. On découvre par exemple les conditions de la remilitarisation de la Rhénanie (1936), le compte rendu de la réunion du 5 novembre 1937 où Hitler expose aux chefs de la Wehrmacht et au ministre des Affaires étrangères ses objectifs radicaux. L'un des ouvrages parus en France sur le procès de Nuremberg, celui du journaliste Raymond Cartier, s'intitule d'ailleurs *Les Secrets de la guerre dévoilés par Nuremberg* (1947).

Mais le voile n'est pas levé sur le pacte germano-soviétique du 23 août 1939, le « cadavre dans le placard du procès », selon l'expression de Léon Poliakov. Le protocole secret du pacte – prévoyant le partage des zones d'influence en Pologne, en Finlande et dans les pays Baltes – prouverait la complicité de l'URSS dans la guerre d'agression. L'enjeu est de taille pour la défense, qui apprend l'existence de ce document au cours du procès. Quand le docteur Seidl, avocat de Rudolf Hess, entreprend d'exposer son contenu, le président l'interrompt. Seidl s'acharne : dans le protocole secret, l'Allemagne déclarait son intention de se désintéresser des pays Baltes et de la Finlande, laissant ainsi le champ libre à l'URSS. Il veut déposer comme document une déclaration du docteur Friedriech Gaus, chef des services juridiques au ministère des Affaires étrangères, présent aux négociations et rédacteur du pacte. Le président Lawrence conteste l'utilité d'une telle lecture et demande au Ministère public soviétique s'il a des objections. Rudenko élève alors « une objection formelle contre [cette] lecture ». Seidl abat sa dernière carte : il demande la comparution comme témoin de Molotov, ministre soviétique des Affaires étrangères. On la lui refuse.

L'interrogatoire de Ribbentrop n'est d'aucun secours. Préoccupé de sauver sa tête, de ne pas contrarier l'accusation, l'ancien ministre des Affaires étrangères d'Hitler, signataire du pacte, reste évasif. Son défenseur, le docteur Horn, a pourtant préparé un dossier de plus de trois cents documents qu'il souhaite citer et communiquer pièce par pièce. Le président Lawrence cède au procureur soviétique et accepte que ces documents ne soient ni présentés au procès ni communiqués à la presse. Le débat est bien clos. Dans les attendus du jugement, sur près de quatre mille mots traitant des événements d'août 1939, une seule phrase, d'une banalité parfaite, est consacrée au pacte : « Von Ribbentrop fut envoyé à Moscou pour négocier un pacte de non-agression avec l'Union soviétique. » La raison d'État a triomphé de la vérité, en l'occurrence la nécessité de préserver la « Grande Alliance » des vainqueurs de l'Allemagne nazie.

Les larmes du docteur Fritzsche

Les chefs d'accusation n°s 3 et 4, crimes de guerre et crimes contre l'humanité, se recoupent parfois. Ainsi, le système concentrationnaire nazi est le cadre de crimes de guerre (la mise à mort de prisonniers soviétiques, par exemple) et de crimes contre l'humanité (l'extermination des Juifs). À Nuremberg, la distinction entre camps de concentration et centres d'extermination (Chelmno, Belzec, Sobibor, Treblinka et, en partie, Auschwitz et Majdanek) reste floue. Elle ne sera mise en lumière que plus tard, par les historiens.

Le 29 novembre 1945, alors que l'accusation américaine est loin d'avoir terminé son exposé sur le complot hitlérien, on projette un film d'une heure. « Ceci ne constitue pas une preuve absolue de l'accusation relative aux camps de concentration. Mais le film que nous présentons nous montre d'une façon brève et inoubliable ce que les mots "camps de concentration" veulent dire », déclare M. Dodd. Ces images, filmées par les autorités militaires alliées lors de l'ouverture des camps, aujourd'hui bien connues, eurent alors un impact considérable. Fritzsche s'écrie : « Aucune puissance céleste ou terrestre n'effacera cette honte de mon pays ! Pas au cours des générations, pas même au cours des siècles ! » Et Sauckel : « C'est une honte ! Une honte pour nous et pour nos enfants[1] ! »

La liste des crimes de guerre est longue. Le pillage et les spoliations économiques dans les territoires occupés de l'Ouest, par exemple, sont minutieusement rapportés, chiffres à l'appui, par le ministère public français, ainsi que la mise en place par les bureaux de Sauckel du Service du travail obligatoire. Parmi les crimes les plus odieux, les fusillades, les prises d'otages, les déportations.

On évoque longuement la directive « Nuit et brouillard » du 7 décembre 1941, prise dans le but de terroriser les peuples occupés « à l'aide de mesures qui laissent planer l'incertitude sur le sort des coupables chez les parents et dans la population » (il s'agissait de déporter clandestinement les personnes coupables de crimes contre les troupes d'occupation allemandes). Or ce décret concerne les résistants et non les Juifs en tant que tels. La déportation des *Nacht und Nebel* s'est effectuée vers l'Allemagne et non vers les centres d'extermination de Pologne. C'est, selon les termes de l'accusation, un crime de guerre, non un crime contre l'humanité.

On évoque aussi en détail le sort des cinq millions de prisonniers de guerre soviétiques, dont trois millions sont morts en captivité.

---

1. Cf. Gustave Mark Gilbert, *Le Journal de Nuremberg*, trad. de l'anglais par Maurice Vincent, Paris, Flammarion, 1948.

Tous ces crimes de guerre étaient mentionnés par les Conventions de Genève (1864) et de La Haye (1899). Le tribunal y a ajouté un nouveau crime, le « serment de fidélité et de germanisation des territoires occupés ». Edgar Faure, membre de la délégation des juristes français, l'explique : « Le concept de germanisation consiste essentiellement dans l'imposition, aux habitants des territoires occupés, des normes de la vie sociale et politique, telles que les nazis les ont définies selon leur doctrine et pour leur avantage. » Sont alors décrits la germanisation du Luxembourg, de la Norvège, de l'Alsace-Lorraine incorporée au Reich, ainsi que divers projets concernant la Belgique ou la création d'un État autonome breton.

Parmi les crimes de guerre, il en est un que le procès finira par occulter, à l'instar du pacte germano-soviétique, c'est l'affaire de Katyn. En avril 1943, les Allemands avaient annoncé la découverte, dans la forêt de Smolensk, de fosses contenant les corps d'environ quatre mille cinq cents officiers polonais, exécutés selon eux par les Soviétiques. Riposte immédiate de ces derniers, qui imputent le crime aux nazis. Une Commission d'enquête internationale confirme la version allemande, mais les Soviétiques mettent sur pied leur propre commission d'enquête, qui leur est favorable. Et, dès son réquisitoire introductif, l'accusation soviétique s'étend sur les massacres de Katyn. Les avocats de la défense n'allaient pas laisser passer cet épisode qui avait déjà agité les opinions publiques pendant la guerre. Le docteur Stahmer, avocat de Goering, présente donc une requête au tribunal. Il s'agit en fait de la mise en accusation des Soviétiques pour crimes de guerre.

Le 1er juillet 1946, six témoins, trois pour l'accusation, trois pour la défense, donnent leur version des faits. La vérité semble bien être cette fois dans le camp nazi. Le verdict préfère cependant taire cette affaire. Ainsi, « l'indolence des Anglo-Saxons, leurs intérêts immédiats et probablement leur admiration justifiée pour le courage du peuple et des soldats russes à Stalingrad et à Berlin sauvèrent à Nuremberg le pouvoir politique soviétique de l'opprobre public[1] ». C'est le début d'une polémique qui semble toucher

1. Alexandra Kwiatkowska-Viatteau, *Katyn. L'armée polonaise assassinée*, Bruxelles, Éditions Complexe, 1982 (rééd. 1990).

aujourd'hui à son épilogue, avec la déclaration officielle publiée par l'agence Tass le 13 avril 1990, par laquelle l'URSS reconnaît sa responsabilité dans le massacre de quinze mille officiers polonais en 1940 et, parmi eux, ceux de Katyn.

L'affaire de Katyn met en lumière un des problèmes majeurs du procès de Nuremberg, soulevé par la défense, évoqué par les accusés lors de leurs conversations hors des séances du tribunal, celui de la réciprocité des crimes imputés aux inculpés. Les statuts du tribunal interdisaient qu'il y fût fait référence : Nuremberg serait alors devenu le procès des vainqueurs. Casamayor, qui sous son vrai nom de Serge Fuster fit partie du ministère public français, se fait l'écho de cette critique, quarante ans après le procès : « Fusiller cent mille hommes, femmes, enfants, vieillards comme la Wehrmacht le fit en Ukraine, c'est mal. Tuer cent mille, deux cent mille, trois cent mille hommes, femmes, enfants, vieillards par bombardements comme à Dresde, Hiroshima, Nagasaki, c'est bien[1]. »

Les nazis assument cependant seuls la responsabilité de l'extermination des Juifs, qui constitue l'essentiel des crimes contre l'humanité – le sort des Tziganes est peu évoqué alors. Les accusés nient en avoir eu connaissance. Albert Speer ouvre ses Mémoires en évoquant un « souvenir indélébile » du procès, un document montrant « une famille juive allant à la mort, l'homme, la femme et les enfants sur le chemin de la mort. Cette image, je la vois encore aujourd'hui ». Et si vingt ans de prison ont « mis fin à [sa] vie de citoyen », l'image a « ôté toute substance à [sa] vie même. Elle se perpétue par-delà le jugement[2] ».

La persécution et l'extermination des Juifs sont constamment rappelées : programme du NSDAP, lectures d'extraits de *Mein Kampf*, litanie des lois et décrets antisémites promulgués après l'installation d'Hitler au pouvoir, pogrom de la « Nuit de cristal » (1938)... Deux témoins capitaux comparaissent au début du procès, Otto Ohlendorf, commandant de l'*Einsatzgruppe D*,

1. Casamayor, *Nuremberg, 1945. La guerre en procès*, Paris, Stock, 1985.

2. Albert Speer, *Au cœur du IIIe Reich*, trad. de l'allemand par Michel Brottier, Paris, Fayard, 1971.

et Dieter Wisliceny, expert pour la déportation en Slovaquie, Grèce et Hongrie. Le premier décrit les massacres perpétrés par les *Einsatzgruppen*, ces groupes mobiles chargés de l'exécution des commissaires politiques soviétiques et des Juifs à l'arrière des lignes de la Wehrmacht, lors de l'invasion de l'Union soviétique pendant l'été 1941. Le second évoque le programme d'extermination et met en lumière le rôle d'Adolf Eichmann. En avril comparaît un autre témoin de premier plan, le commandant d'Auschwitz, Hoess, appelé à la barre par le docteur Kauffmann, défenseur de Kaltenbrunner. Hoess raconte comment il fut convoqué par Himmler, informé de ce que serait la « Solution finale » et de sa propre tâche : transformer le camp d'Auschwitz en centre d'extermination.

Les Soviétiques contestent le verdict

De multiples documents sont produits : le Journal de Hans Frank, gouverneur de Pologne, des discours de Himmler, mais aussi le testament de Hitler, qui montre le lien entre la défaite et l'extermination des Juifs – Léon Poliakov note que, curieusement, les historiens n'utilisent guère ce texte.

Le 30 septembre 1946 commence la lecture du jugement. L'accusation renonce à considérer comme crimes susceptibles d'être punis par le tribunal les faits commis en Allemagne avant 1937. Elle ne réussit pas non plus à établir une relation entre la persécution des Juifs et la guerre d'agression.

C'est maintenant l'heure du verdict. Le 1er octobre, Lord Justice Lawrence fait entrer les accusés, les uns après les autres, pour bien marquer qu'il s'agit de châtiments individuels. À douze reprises, les condamnés à mort entendront la même formule : « Suivant les chefs de l'acte d'accusation dont vous avez été reconnu coupable, le tribunal militaire de Nuremberg vous condamne à la peine de mort par pendaison. » Pour trois autres, la prison à vie, pour quatre, des peines de dix à vingt ans d'emprisonnement. Trois des accusés enfin sont acquittés : Hjalmar Schacht, Franz von Papen et Hans Fritzsche.

Le verdict est contesté par l'accusation soviétique, qui rompt ainsi l'unanimité de façade entre les vainqueurs. Ses objections portent sur les trois acquittements et sur l'emprisonnement à vie de Rudolf Hess, qui, selon elle, méritait la peine de mort. Les Soviétiques protesteront aussi contre le verdict relatif aux organisations, jugé trop clément. En effet, si trois d'entre elles sont déclarées criminelles (la SS, le Corps des chefs du parti nazi et la Gestapo), le cabinet du Reich, le Haut commandement et la SA, dont les méfaits remontaient à avant 1934, ne sont pas condamnés. Le jugement invalide en outre la thèse de la responsabilité collective. Il aurait fallu, en effet, prouver que l'accusé connaissait le caractère criminel de l'organisation au moment où il y entrait pour pouvoir le condamner.

Dans la nuit du 16 au 17 octobre 1946, les condamnés à mort sont pendus, leurs corps incinérés, leurs cendres dispersées – seul Goering a réussi à se procurer une capsule de cyanure.

Dans son ouvrage sur le procès publié en 1985, Casamayor constate le peu d'intérêt éprouvé par les Français pour Nuremberg, évacué de leur mémoire. Le fait est qu'à l'exception des juristes, les Français ont très peu écrit sur Nuremberg. Pourquoi ? Parce que le procès appartint d'abord aux Américains, à qui l'on doit l'essentiel de la documentation, des témoignages, de l'organisation matérielle des débats ? Parce que son déroulement a mis en lumière à maintes reprises la faiblesse coupable des démocraties devant l'Allemagne nazie ? Peut-être aussi parce que l'ambition des vainqueurs était de mettre définitivement la guerre hors la loi, de fonder un nouveau droit international permettant la condamnation des crimes contre l'humanité et que ce but n'a pas été atteint. En effet, si l'Assemblée générale de l'ONU a adopté en 1948 une convention pour prévenir et punir le crime de génocide, elle n'a mis sur pied aucune juridiction internationale compétente.

Certes, les crimes contre l'humanité ont été décrétés imprescriptibles en 1964, ce qui a permis l'ouverture de nouveaux procès. Mais l'apport essentiel du jugement de Nuremberg, dernière manifestation de la Grande Alliance de la Seconde Guerre mondiale, demeure l'éclairage qu'il a offert sur le régime nazi et sa mécanique de destruction.

2.

À propos des femmes dans les procès du nazisme[1]

[2014]

Le nazisme présente la particularité unique d'un événement historique dont les acteurs, à quelque niveau qu'ils fussent dans la hiérarchie, ont été jugés pendant sept décennies. Justice interminable puisqu'à l'été 2013 le centre Simon Wiesenthal a en effet lancé à Berlin, Hambourg et Cologne une campagne d'affiches, *« Spät aber nicht zu spät »* (« Tard, mais pas trop tard »), pour débusquer les derniers nazis encore vivants et en état de comparaître devant un tribunal. Il serait encore une soixantaine. Parallèlement, l'office central de recherche des crimes nazis de Ludwigsburg informait qu'il transmettait à la justice allemande les dossiers d'une quarantaine de gardiens du camp d'Auschwitz, parmi eux ceux de femmes dont les noms et les identités n'ont pas été communiqués, pour que des procédures soient lancées à leur encontre.

Cette très longue histoire judiciaire apparaît au premier abord toute masculine. Les appareils judiciaires des pays vainqueurs sont en effet fermés aux femmes, et, quand on étudie les procès principaux, dans des cadres nationaux ou internationaux, les équipes de procureurs comme celles des juges sont uniformément masculines. Photos et films laissent voir des femmes secrétaires, sténotypistes

1. Texte paru dans *Clio. Femmes, genres, histoires*, n° 39, *Les lois genrées de la guerre*, 2014, p. 151-156.

ou encore journalistes, parmi lesquelles Rebecca West, Erika Mann, Marguerite Higgins ou encore Elsa Triolet. Inutile d'épiloguer longuement sur cette répartition des rôles : elle est tout simplement à l'image de ce qu'elle était dans les sociétés de l'époque.

Les dossiers du personnel des camps ont été conservés. Il est donc possible de savoir où et quand ces hommes ont servi. Il est en revanche difficile, faute de témoins, de savoir ce qu'ils ont personnellement accompli. Or cette question, au cœur de tous les procès, est désormais évacuée par la jurisprudence dite Demjanjuk. Cet Ukrainien, émigré aux États-Unis, avait été extradé en Israël pour y être jugé comme Ivan le Terrible, l'homme qui avait dirigé les gazages à Treblinka. Condamné à mort (1988), ce jugement fut cassé (1993) par la Cour suprême israélienne pour erreur sur l'identité du condamné. Le feuilleton juridique continua : tribunaux américains, retrait de sa nationalité, extradition vers l'Allemagne, dernier procès où il fut condamné à cinq ans de prison pour participation à l'assassinat de 29 000 Juifs au centre de mise à mort de Sobibor (2011). Le jugement s'appuya sur le fait que sa présence seule sur les lieux, sans qu'il soit possible par des témoignages d'établir ce qu'il fit avec précision, suffisait à attester sa culpabilité.

Lors du procès international de Nuremberg, il s'agissait de juger les « grands » criminels, définis comme ayant accompli leurs forfaits dans plusieurs pays. Ce sont donc les plus hautes autorités de l'État nazi aux mains des Alliés. Aucune femme parmi ces accusés. Parmi les témoins appelés à la barre par l'accusation ou la défense, trois femmes seulement : la secrétaire de Ribbentrop à qui on demande d'attester le contenu des protocoles secrets du pacte germano-soviétique de 1939 ; Marie-Claude Vaillant-Couturier, une grande figure du communisme français, arrêtée pour faits de Résistance, qui vient raconter ce qu'était le camp d'Auschwitz où elle avait été déportée par le seul convoi de femmes non juives, celui du 24 janvier 1943[1], et Severina Shmaglewskaya, polonaise qui, pour l'accusation soviétique, évoqua elle aussi Auschwitz où

1. Ce convoi a fait l'objet de la première monographie sur un convoi, celle de l'écrivaine Charlotte Delbo (*Le Convoi du 24 janvier 1943*, Paris, Éditions de Minuit, 1965). Outre un historique du convoi et une étude sociologique

elle avait été internée. Elle fit partie de la petite poignée de témoins – le plus célèbre d'entre eux étant le poète yiddish Sutzkever – appelés à la barre pour illustrer la criminalité du « fascisme hitlérien », comme les Soviétiques désignaient le nazisme. Si l'on considère les douze procès successeurs, menés par la seule justice américaine, deux femmes figurent parmi les centaines d'accusés dans ceux consacrés aux médecins et aux acteurs du programme de purification de la race. Si Inge Viermetz, qui fut impliquée dans le programme du Lebensborn, fut acquittée, Herta Oberheuser fut, elle, condamnée. Au camp de Ravensbrück, elle avait travaillé avec le Dr Karl Gebhardt, qui avait expérimenté les sulfamides, nouvellement inventés, sur des détenues polonaises (surnommées « les lapins ») qu'il avait auparavant mutilées. Gebhardt fut condamné à mort. Herta Oberheuser, qui avait aussi procédé à des injections létales sur des enfants, fut condamnée à vingt ans de prison pour crimes de guerre et crimes contre l'humanité. Libérée pour bonne conduite en 1952, elle devient médecin à Stocksee. Elle perd son poste en 1956, après qu'une survivante du camp de Ravensbrück l'a reconnue ; son permis de pratiquer la médecine est révoqué en 1958. Dans son film, *Memory of justice*, Marcel Ophuls monte des extraits de films de son procès et la traque en vain pour l'interroger. Elle meurt en 1978.

Il faut changer d'échelle pour trouver des femmes accusées, condamnées et exécutées. Ce sont des femmes qui ont travaillé dans les camps de concentration[1] et centres de mise à mort qui comparaissent en nombre lors des procès des divers camps : ceux de Bergen-Belsen et de Ravensbrück tenus respectivement à Lüneburg (du 17 septembre au 17 novembre 1945) et Hambourg (5 décembre 1946 au 3 février 1947) devant des tribunaux militaires britanniques ; celui du Stutthof tenu à Gdansk du 25 avril au 31 mai 1946 devant une cour spéciale polono-soviétique. Ces procès ne relèvent pas, à la différence de Nuremberg, de la justice

sur ce groupe de femmes, l'ouvrage comporte pour chacune d'elles une notice individuelle.

1. Voir http://massviolence.org/fr/La-violence-des-surveillantes, qui fait le point sur la grosse bibliographie allemande sur le sujet.

internationale. Ils se font selon une législation déjà éprouvée qui est celle de chacun des pays libérateurs.

Prenons l'exemple du procès de Bergen-Belsen[1]. Les Britanniques qui étaient entrés dans le camp le 15 avril 1945 avaient arrêté quelque 70 SS et Kapos, la plupart d'entre eux avaient exercé leurs fonctions dans les camps d'Auschwitz avant l'évacuation, devant l'avancée de l'Armée rouge, de leurs détenus en janvier 1945 et avaient été affectés au camp de Bergen-Belsen. Sur les 45 personnes qui furent alors mises en accusation, 16 étaient des femmes. Comme le tribunal de Kharkov (décembre 1943), il s'agissait d'un tribunal militaire, et les prévenus furent jugés pour crimes de guerre. Onze d'entre eux, parmi lesquels trois femmes (Irma Grese, Elisabeth Volkenrath, Johanna Bormann) – toutes trois ayant débuté leur carrière dans divers camps de concentration, dont celui de femmes, Ravensbrück, d'où elles avaient été mutées à Auschwitz et à Birkenau –, furent condamnés à mort sans appel possible et pendus le 13 décembre 1945 par le célèbre bourreau britannique Albert Pierrepoint.

Car, si les femmes n'étaient pas admises dans la SS, cette dernière eut besoin de leurs services pour les camps où les femmes étaient internées, suivant la tradition du système pénitentiaire allemand : les femmes devaient être gardées par des femmes. Ainsi des femmes signèrent-elles des contrats avec la SS. Elles furent gardiennes dans le camp du château de Lichtenburg où les femmes remplacèrent les hommes en 1937, puis à Ravensbrück à partir de 1939[2]. C'est dans ce camp que les gardiennes recevaient leur formation : quelque 3 500 femmes y furent formées pendant toute la durée de la guerre. De ce camp, elles essaimèrent dans les autres camps pour femmes, Auschwitz et Auschwitz-Birkenau, à partir de

1. Nous avons choisi de mettre l'accent sur ce procès car les transcriptions sont facilement consultables : http://www.bergenbelsen.co.uk/pages/TrialTranscript/Trial_Day_001.html.

2. Ces informations proviennent de Aleksander Lasik, « Les femmes au service de la SS », in Waclaw Dlugoborski et Franciszek Piper (dir.), *Auschwitz. 1940-1945. La Construction et l'organisation du camp*, traduit du polonais par Cécile Bruley-Meszaros et Branislav Meszaro, Musée d'État Auschwitz-Birkenau, p. 347-358.

mars 1942 ; le Stutthof à l'embouchure de la Vistule, à partir de 1942 ; Bergen-Belsen, surtout à partir de janvier 1945, quand des détenues d'Auschwitz y furent évacuées. Elles ne furent jamais très nombreuses, si on les compare aux SS-Totenkopf qui avaient la charge des camps. Par exemple, si quelque 7 000 SS hommes travaillèrent un temps variable dans la nébuleuse des camps d'Auschwitz (ils étaient 4 500 en 1944), le nombre de femmes ne dépassa pas 200. Elles purent accéder à des postes de responsabilité. Maria Mandel (jugée à Cracovie, condamnée à mort, exécutée) fut la *Lagerführerin* du camp des femmes de Birkenau. Elle fut remplacée à cette fonction en novembre 1944 par Elisabeth Volkenrath (née en 1919), une ancienne coiffeuse. L'une puis l'autre assumèrent donc la direction du camp des femmes. Mais, même dans cette position de très grand pouvoir, elles n'avaient pas le droit de donner un ordre à un SS, fût-il de rang inférieur. Surtout, elles diffèrent des hommes par leur âge – elles sont souvent très jeunes, dans la vingtaine –, et par leur formation initiale. Souvent, elles n'ont pas fait d'études, ont exercé divers petits boulots avant de passer contrat avec la SS. Ainsi, le personnage du roman de Bernhard Schlink, *Le Liseur*, gardienne de camp dont le secret honteux est d'être analphabète, et qui est rattrapée par la justice, ne manque pas de véracité. Ces très jeunes femmes portent l'uniforme. De la femme, elles conservent la jupe. De l'homme, elles ont le calot, des chaussures d'officier, la veste et la cravate, même si elles sont privées de grade et de décorations. Elles ont l'autorisation de porter une arme de poing, se munissent souvent d'un fouet et se voient aussi attribuer, pour certaines d'entre elles, un chien. Les détenues ont témoigné dans les divers procès de leur violence, des brutalités extrêmes qu'elles avaient, selon elles, plaisir à infliger. Pourtant, à lire les témoignages et les réquisitoires, il ne semble pas qu'une quelconque différence ait été faite entre les hommes et les femmes, et que jamais le stéréotype qui aurait consisté à s'étonner qu'une femme se conduise ainsi ait été brandi, ni par les témoins, ni par les juges, ni par les avocats.

Parmi les trois femmes exécutées à Bergen-Belsen, Irma Grese, née le 7 octobre 1923, était la cadette. Elle fut la plus jeune exécutée par la justice britannique du XXe siècle. Elle avait été vendeuse avant d'obtenir un contrat avec la SS pour travailler au camp de Ravensbrück (juillet 1942). En mars 1943, elle avait été transférée au camp de Birkenau, affectée d'abord à la surveillance des détenues construisant des routes. Elle monta rapidement en responsabilité, chef de Block dans les divers secteurs dévolus aux femmes au camp de Birkenau, pour terminer sa carrière comme une des principales responsables du camp des femmes d'Auschwitz[1].

Ainsi, la justice de l'immédiat après-guerre n'eut aucune indulgence particulière pour les femmes. Celles qui furent arrêtées furent lourdement condamnées. Mais la mémoire collective n'a retenu que le grand procès de Nuremberg, donnant ainsi l'impression que les femmes ne furent pas partie prenante de la criminalité nazie.

1. Voir Annette Wieviorka, *Auschwitz, 60 ans après*, Paris, Robert Laffont, 2005, notamment p. 75-79.

3.

Le témoin filmé[1]

[2007]

Au mois de janvier 2005, la commémoration du soixantième anniversaire de l'ouverture des camps d'Auschwitz a été, en France mais aussi dans la plupart des pays du monde occidental, médiatisée comme jamais. La télévision y a pris une très grande part, multipliant les sujets en amont de la cérémonie commémorative. Les responsables des programmes se sont livrés à une chasse au survivant assortie de véritables castings, cherchant le « meilleur » déporté. Le présentateur de TF1, Patrick Poivre d'Arvor, a ainsi emmené en avion privé deux des incontestables vedettes de ces manifestations, Henri Borlant et Ida Grynspan[2]. Leur visite à Birkenau a ouvert le « 20 heures » du 27 janvier 2005. Simone Veil, ancien ministre d'État, ancienne présidente du Parlement européen, a été présente dans des dizaines d'émissions de télévision et de radio. *Paris Match* a consacré un reportage à sa visite à Birkenau accompagnée de ses enfants et de ses petits-enfants. Car, ont dit et répété les journalistes, il fallait faire vite

---

1. Texte publié dans *Le Cinéma et la Shoah. Un art à l'épreuve de la tragédie du XXe siècle*, Jean-Michel Frodon (dir.), Paris, Éditions des Cahiers du cinéma, 2007.

2. Leur témoignage est facilement disponible dans le DVD de *14 récits d'Auschwitz*, MK2, 2005.

pour entendre, pour voir les derniers survivants. Bientôt, il n'y aurait plus de témoins, et la mémoire de la Shoah serait menacée par leur mort annoncée. Ainsi, les millions de témoignages publiés ou enregistrés ne serviraient à rien. Le témoin – terme qui est devenu dans le langage commun synonyme de victime – n'existerait que dans le présent de l'acte de témoigner, de préférence face à l'objectif de la caméra.

Dans *L'Ère du témoin*[1], j'avais noté le tournant multiforme qu'avait constitué à Jérusalem, en 1961, le procès d'Adolf Eichmann. Un procès puissamment novateur qui avait marqué l'avènement du témoin. À Jérusalem, le procureur Gideon Hausner l'avait affirmé, il ne s'agissait pas de juger un homme mais de donner une leçon d'histoire, aux Israéliens comme au reste du monde. *A contrario*, lors du procès de Nuremberg, le procureur Jackson avait volontairement fondé l'accusation sur des documents, malgré l'opposition de son premier adjoint William J. Donovan, l'homme de l'OSS, l'Office of Strategic Service, ancêtre de la CIA, orfèvre en propagande, qui plaidait pour un procès construit à partir des témoins oculaires, à ses yeux tout à la fois plus humain et plus pédagogique[2]. C'est l'option choisie par Gideon Hausner : construire la scénographie du procès sur la déposition des témoins. « Le seul moyen de faire toucher du doigt la vérité était d'appeler les survivants à la barre en aussi grand nombre que le cadre du procès le permettait et de demander à chacun un menu fragment de ce qu'il avait vu et de ce qu'il avait vécu. Le récit d'un certain enchaînement de circonstances fait par un seul témoin est suffisamment tangible pour être visualisé. Mises bout à bout, les dépositions successives de gens dissemblables, ayant vécu des expériences différentes, donneraient une image suffisamment éloquente pour être enregistrée. Ainsi espérais-je donner au fantôme du passé une

1. Annette Wieviorka, *L'Ère du témoin*, Paris, Plon, 1998 ; Hachette, 2002.

2. Lawrence Douglas, *The Memory of Judgment. Making Law and History in the Trials of the Holocaust*, New Haven et Londres, Yale University Press, 2001, p. 17. Cet ouvrage remarquable consacre une première partie « le film comme témoin » à la projection de *Nazi Concentration Camps* devant le tribunal de Nuremberg. Le fait qu'il n'ait pas été traduit autorise tous les pillages.

dimension de plus, celle du réel[1]. » L'essence du procès Eichmann est donc la litanie des cent onze témoignages.

À Nuremberg, des témoins sont certes appelés à la barre, par la défense (61 témoins) comme par l'accusation (33 témoins). Mais ils ne sont pas là pour « dire l'Histoire », simplement pour la compléter, la préciser, la documenter. « Ordres, comptes rendus, rapports officiels, projets, notes personnelles et même transcriptions dactylographiques de conversations téléphoniques interceptées par la Gestapo ! Il semble que toutes les archives officielles, publiques, privées ou secrètes du IIIe Reich n'aient été conservées par des fonctionnaires consciencieux que pour être par la suite utilisées contre les anciens maîtres de l'Allemagne », note le témoin attentif que fut Didier Lazard. Ces documents sont lus à l'audience, certains d'entre eux à plusieurs reprises. Et ces lectures ont un pouvoir soporifique. Nuremberg fut un procès où on s'ennuya beaucoup, affirment tous ceux qui y assistèrent, y compris les accusés qui risquaient pourtant leur peau. « D'emblée, la salle paraît silencieuse et paisible », remarque un des accusés. « On entend quelqu'un parler, quelque part, et on a l'impression d'assister à une simple conversation. En apparence, il ne se passe rien : c'est une pièce sans action jouée par des muets. Il est impossible de deviner que les vainqueurs sont en train d'évaluer la responsabilité de ceux qui ont déclenché une guerre au cours de laquelle le monde a failli sombrer. Seuls les écouteurs placés devant chaque siège laissent supposer qu'il se passe quelque chose dans cette salle, traduisant en quatre langues ce que l'orateur débite à voix basse[2]. »

Parmi les témoins de l'accusation, ceux choisis par le procureur adjoint Charles Dubost, chargé de présenter les atrocités perpétrées par les nazis à l'Ouest, ont pour tâche d'expliquer ce que furent les camps de concentration. Quelques minutes de leur témoignage ont été filmées, comme l'ont été d'autres extraits du

---

1. Gideon Hausner, *Justice à Jérusalem. Eichmann devant ses juges*, Paris, Flammarion, 1966, p. 384.

2. Didier Lazard, *Le Procès de Nuremberg. Récit d'un témoin*, Paris, Éditions de la Nouvelle France, 1947, p. 33.

procès[1]. On y retrouve la même lenteur, le même murmure que dans d'autres séquences du procès. Le premier témoin français est Maurice Lampe. Résistant arrêté en novembre 1941, interné deux ans en France, il fut déporté à Mauthausen. Il décrit l'infernal voyage en wagons à bestiaux, son arrivée au camp le 25 mars 1944 dans un convoi de 1200 Français, le travail à la carrière et le calvaire des 186 marches qui y conduisent. Le lundi 28 janvier, paraît à la barre, présentée par Dubost, Marie-Claude Vaillant-Couturier. Son témoignage fait sensation. Si on excepte la secrétaire de Ribbentrop, c'est la première femme à apparaître dans un procès où ne figurent que des hommes : ministères publics, juges, accusés. C'est une héroïne incontestée de la Résistance. Députée communiste à l'assemblée constituante, elle vient d'être promue chevalier de la Légion d'honneur. Mais son témoignage est aussi, après celui du commandant du camp Rudolf Höss, le 15 avril, le seul témoignage d'un déporté ayant survécu à Auschwitz. Marie-Claude Vaillant-Couturier raconte son histoire, son arrestation le 9 février 1942 par la police de Vichy qui la remet au bout de six semaines aux autorités allemandes ; le séjour de cinq mois à la prison de la santé, puis le fort de Romainville et, enfin, le 23 janvier 1943, le départ pour une destination inconnue dans un convoi de 230 femmes, parmi lesquelles Maï Politzer et Danielle Casanova. Elle explique son arrivée à Auschwitz, comment on a déplombé les wagons puis dirigé les femmes vers le camp de Birkenau, « une dépendance du camp d'Auschwitz dans une immense plaine qui, au mois de janvier, était glacée ». Puis c'est la désinfection, le rasage du crâne, le tatouage du numéro sur l'avant-bras gauche qui n'exista que dans les camps du complexe d'Auschwitz. Elle décrit les conditions de vie innommables, l'appel, les morts, le travail, les pseudo-expérimentations médicales, notamment les stérilisations.

---

1. Il fut décidé de filmer le procès, probablement pour fournir des images aux actualités télévisées et pour réaliser ultérieurement un documentaire. Contrairement à ce qui est parfois affirmé en cédant au péché d'anachronisme, l'idée de constituer des archives filmées est absente des motivations des promoteurs du procès. Quelques dizaines d'heures seulement ont été captées, dans une logique qui, faute d'étude sérieuse sur le sujet, reste opaque.

Charles Dubost l'interroge sur le sort des Juifs, et Marie-Claude Vaillant-Couturier décrit la « sélection » dont elle fut un témoin direct quand elle travaillait au « bloc de la couture », en face de la rampe où les trains s'arrêtaient : « Quand un convoi de Juifs arrivait, on sélectionnait : d'abord les vieillards, les vieilles femmes, les mères et les enfants qu'on faisait monter en camions, ainsi que les malades et ceux qui paraissaient de constitution faible. On ne prenait que les jeunes femmes et les jeunes gens qu'on envoyait au camp des hommes. » Et le témoin explique : « Il arrivait en général, sur un transport de 1 000 à 1 500, qu'il en entrait rarement plus de 250 – et c'est tout à fait un maximum – dans le camp. Le reste était directement dirigé aux gaz. »

Alors que Marie-Claude Vaillant-Couturier évoque son transfert au camp de femmes de Ravensbrück, le président s'énerve, souhaite que le témoin en finisse, interroge : « Les conditions du camp de Ravensbrück semblent être les mêmes que celles d'Auschwitz ; serait-il possible, après avoir entendu ces détails, de s'occuper de la question de façon plus générale à moins qu'il y ait une différence substantielle entre Ravensbrück et Auschwitz ? »

Dubost reprend la parole : « Je crois qu'il y a une différence qui nous a été exposée par le témoin et qui est la suivante : c'est qu'à Auschwitz les internées étaient exterminées purement et simplement, il ne s'agissait que d'un camp d'extermination, tandis qu'à Ravensbrück, elles étaient internées pour travailler, elles étaient exténuées de travail jusqu'à ce qu'elles en meurent. » Ainsi, le rôle particulier d'Auschwitz dans la destruction des Juifs d'Europe et dans celle des Juifs de France n'est pas alors totalement perçu. La mort systématique est le lot de tous les déportés. Seules les modalités diffèrent. Pour les uns, le gaz, pour les autres, l'exténuation par le travail. Il est d'ailleurs significatif que parmi les témoins de l'accusation française ne figure aucun Juif survivant de la déportation et que, pour illustrer le cas d'Auschwitz, une résistante ait été choisie.

Pourtant, le témoignage n'est pas filmé en totalité, loin s'en faut. Mais les extraits dont nous disposons permettent de mesurer l'assurance du témoin, son maniement courant de l'anglais et de l'allemand, sa posture accusatrice notamment quand elle quitte le prétoire et lance un regard vengeur aux accusés. Marie-Claude Vaillant-Couturier n'est pas une victime. Elle est et reste une combattante avant comme après sa déportation. En bref, une héroïne.

D'autres témoins viennent ensuite parler des camps de concentration. Ainsi Jean-Frédéric Veith, déporté à Mauthausen, puis Victor Dupont, qui évoque Buchenwald où il a passé vingt mois, et François Boix, réfugié espagnol, reporter photographe qui a réussi à prendre à Mauthausen un certain nombre de clichés qu'il présente au tribunal. C'est encore l'évocation par Paul Roser du camp de Rawa Ruska, un camp de représailles pour prisonniers de guerre ayant tenté de s'évader, souvent assimilé aux camps de concentration, mais qui est gardé par la Wehrmacht et non par la SS. C'est enfin le tour du Dr Alfred Balachowsky, chef de laboratoire à l'institut Pasteur, déporté à Dora, puis ramené à Buchenwald. Il commence par décrire le camp de Dora, ce qui a le don d'agacer le président Justice Lawrence qui s'impatiente :

> Monsieur Dubost, vous avez dit que vous citeriez ce témoin pour l'interroger sur des expériences. Il nous donne en ce moment tous les détails de la vie des camps que nous avons déjà entendus à plusieurs reprises.
> M. Dubost – Personne ne nous avait jamais parlé du camp de Dora, Monsieur le président.
> Le président – Oui, tous les camps dont nous avons entendu parler sont décrits avec à peu près les mêmes brutalités d'après les témoins qui ont été appelés ; j'avais compris que vous aviez appelé ce témoin parce qu'il allait parler des expériences.
> M. Dubost – Si le Tribunal est persuadé que tous les camps ont eu le même régime, ma démonstration est faite et le témoin passera à l'exposé des expériences au camp de Buchenwald. Mais je tenais à démontrer que tous les camps allemands étaient les mêmes. Je crois que cette preuve est faite.
> Le président – Si nous pensions que cela devait être prouvé, il faudrait appeler les témoins de tous les camps, il y en a des centaines.

Entendre les récits des survivants, avec les redondances inévitables, n'intéresse alors personne. Ils présentent fort peu d'intérêt pour écrire l'Histoire. De plus, on peut couper la parole du témoin, le faire taire sans avoir l'impression de commettre un sacrilège.

La fiction de reconstitution d'Yves Simoneau, *Nuremberg* (2000), tournée pour la télévision, montre bien par les anachronismes qu'elle contient la migration du sens donné à l'attestation. En effet, le procureur Jackson (Alec Baldwin) s'inquiète de l'ennui qui gagne les audiences et de la désinvolture des accusés devant les crimes qu'on leur reproche. Décision est alors prise de montrer les souffrances en appelant les témoins à la barre. Parmi les deux témoins choisis, Marie-Claude Vaillant-Couturier (Charlotte Gainsbourg). Quand elle raconte (le texte est composé d'extraits de son témoignage), seuls des sanglots brisent le silence qui s'est abattu dans le prétoire. Le président l'interroge avec douceur, prévenance, délicatesse. Cette reconstruction montre ce que l'on attend aujourd'hui du témoin : qu'il bouleverse ceux qui l'écoutent.

Cette sacralisation du témoin date du procès Eichmann. Peu importe que l'un répète l'autre, que les récits des atrocités se recouvrent. Le témoin n'est pas là pour « prouver ». Il est là pour faire entendre sa parole. Une parole qui est faite pour être diffusée et pour être, selon le terme d'Hausner, « visualisée ». En effet, le procès Eichmann est fortement médiatisé. La radio israélienne a la charge d'enregistrer les débats, qui sont diffusés à travers tout le pays, pour certains épisodes par haut-parleurs, dans les rues. Mieux, le gouvernement décide de filmer intégralement le procès. C'est une innovation. Il s'agit tout à la fois de fournir des images aux télévisions du monde, alors même qu'Israël ne dispose pas de son propre réseau, et de conserver le procès dans sa totalité. À la différence de Nuremberg, le film ici doit devenir archive. Ces enregistrements s'inscrivent dans le cadre de ce qu'Hannah Arendt avait dénoncé comme « un procès spectacle ». Par-delà ce que cette désignation véhicule d'ambiguïté (pour les contemporains du procès Eichmann, elle évoque les procès nazis ou soviétiques, celui de Dimitrov à Leipzig, ceux de Moscou ou de Prague), l'enregistrement intégral du procès s'inscrit bien dans cette logique de spectacularisation.

La décision historique de filmer la totalité des audiences est partie prenante de sa publicisation. La cour, en acceptant le filmage, cite Bentham : « Là où il n'y a pas de publicité, il n'y a pas de justice… La publicité est l'âme même du procès. » Elle s'inscrit également dans le cadre de l'émergence d'un nouveau médium : en 1960 en effet, l'élection présidentielle américaine qui a conduit Kennedy au pouvoir a été pour la première fois centrée sur la télévision ; c'est à une compagnie privée américaine (CCBC) qu'est confié l'enregistrement vidéo du procès. Les 30 heures du verdict furent tournées par les Israéliens en 35 mm. Sur les quelque 500 heures tournées, 150 environ auraient été perdues.

L'enregistrement du procès de Jérusalem est l'œuvre d'un authentique réalisateur, l'Américain Leo Hurwitz. Si John Ford fut à la tête de l'équipe chargée d'organiser le tournage du procès de Nuremberg, il disparut très vite. Son rôle fut donc ténu, à la différence de celui d'Hurwitz. Ce fils d'immigrés juifs originaires de d'Europe de l'Est avait été un des principaux animateurs des trois groupements successifs de documentaristes d'extrême gauche américains, *The Worker's film* (1930-1935), *Nykino* (1935-1937) et *Frontier Film Group* (1936-1942), y affirmant notamment son souci du racisme dont étaient victimes les Noirs américains auxquels il consacra à nouveau son premier film de l'après-guerre (*Strange Victory*, 1948). Sur les traces d'Alain Resnais, il réalise en 1956 *The Museum and The Fury*, sur et autour du musée d'État d'Auschwitz. Hurwitz a donc déjà un regard sur le génocide des Juifs et il procède à sa propre mise en spectacle de l'événement : choix des angles, usage des plans de coupes, variation des échelles de plans… À l'issue de chaque audience, un montage d'une heure proposant un « résumé » quotidien du procès est acheminé vers les régies télévisées américaines et européennes.

Les images qui circulèrent au moment du procès furent celles des témoins les plus bouleversants, choisis parmi les « Cent onze émissaires venus l'un après l'autre à la barre des témoins pour nous guider à travers le royaume de la désolation » (Haïm Gouri). Ils ne témoignent pas pour la première fois : ils ont rédigé leurs souvenirs ou participé à des collectes de témoignages. Mais c'est la première fois qu'ils sont filmés. Pour certains, ce ne sera pourtant pas la dernière, Simon Shrebnik ou Mordechaï Podklebnik seront des personnages du film de Claude Lanzmann, *Shoah*; d'autres seront enregistrés par des caméras vidéo dans le cadre des grands projets comme ceux de Yale ou de Spielberg.

Chaque procès du nazisme voit émerger un témoin capital, qui en devient généralement l'icône. Pour Nuremberg, ce fut incontestablement Marie-Claude Vaillant-Couturier. Des témoins du procès Eichmann, c'est KaTzetnik (ce qui signifie dans l'argot des camps « le détenu ») et son très bref témoignage qui surnagent dans les mémoires et qui sont régulièrement repris dans les films évoquant le procès. Son vrai nom, Yehiel Dinur, hébraïsation de Dinenberg, est révélé par le procès. En effet, cet ancien de la « planète Auschwitz » est un écrivain que ses deux récits, le premier écrit en yiddish dès sa libération, puis son best-seller *Maison de filles*[1] ont rendu célèbre. À Gideon Hausner qui lui demande son patronyme, il déclare : « Ce n'est pas un nom de plume. Je ne me considère pas comme un écrivain au sens littéraire du terme. Je ne suis que l'historien de la planète Auschwitz. J'y suis resté environ deux ans. Le temps là-bas n'avait pas la même mesure que sur la terre. Chaque fraction de seconde s'inscrit dans une échelle différente. Les habitants de cette planète n'avaient pas de nom, ils n'avaient pas de famille ; ils n'étaient pas nés là et ils n'engendraient pas d'enfants. Ils respiraient selon des lois qui n'étaient pas les lois de la nature. Ils ne vivaient ni ne mouraient comme on meurt sur terre. Leur nom était n°… KaTzetnik. » Hausner l'interrompt alors, lui montre un vêtement d'interné. « Oui, répond le témoin, voici l'uniforme de la planète Auschwitz. Je crois de tout mon corps que je devrais continuer à porter le nom de KaTzetnik aussi longtemps que le monde ne se sera pas soulevé après la crucifixion de cette nation pour venir à bout du mal, comme il s'est soulevé avec la crucifixion d'une seule personne. Je crois, de tout mon cœur, que les astres ont une influence sur notre destinée, cette planète de cendres Auschwitz est en opposition avec la planète Terre et l'influence encore. » Quelques mots encore du

1. Paru chez Gallimard en 1958 dans une traduction de Francis Max faite à partir de l'anglais, et qui ne remporta aucun succès en France.

témoin qui s'autodésigne «historien» et il s'évanouit. Cet évanouissement est devenu emblématique de la vision du face-à-face entre la victime et le bourreau. Eichmann reste impassible dans sa cage de verre (qui fait désormais partie des collections du Musée des combattants du ghetto, en Israël), alors que la seule évocation d'Auschwitz annihile le témoin.

Avec le procès Eichmann qui institue pour la première fois le génocide des Juifs en événement distinct, ayant sa propre dynamique, poursuivant ses propres fins, et non plus comme un des aspects de la criminalité multiforme du nazisme, le témoin acquiert son identité sociale de survivant, parce que la société la lui reconnaît. Parce que la technique aussi le permet, le témoin est désormais filmé. Avant le procès Eichmann, le survivant, du moins celui qui le souhaitait, maintenait cette identité par et dans la vie associative, une vie associative close sur elle-même, qui tout à la fois permet d'honorer le souvenir des morts et de maintenir une sociabilité entre personnes qui ont vécu les mêmes événements, un peu comme dans les amicales d'anciens combattants. Ceux – et ils étaient nombreux – qui ne souhaitaient pas être considérés comme des survivants construisaient une vie familiale et professionnelle et se tenaient à l'écart de ces associations. Le procès Eichmann change la donne. Au cœur de cette identité de survivants nouvellement attribuée, celle de porteur d'histoire. Or ce porteur d'histoire est aussi une victime dont le récit et le visage sont exposés à tous.

Ce changement est en phase avec ceux qui affectent les sociétés occidentales. C'est la naissance de la télévision de masse et de la société du spectacle. C'est aussi la montée de l'individualisme. Les difficultés psychologiques s'exposent publiquement, dans de multiples émissions de ce que la sociologue Dominique Mehl appelle *La télévision de l'intimité*. Le droit à entrer dans la dignité de l'Histoire n'est plus réservé aux Grands Hommes, comme l'était le Panthéon, il est démocratiquement le droit de chacun. Toutes les vies se valent et sont bonnes à raconter. Une vulgate psychanalytique nous apprend aussi que trouver les mots pour dire une histoire traumatisante a une vertu curative. Or, dans une période où, avec et après le procès Eichmann, le génocide des Juifs a acquis une centralité dans l'histoire de la Seconde Guerre mondiale voire aussi dans l'après-guerre, et où la victime juive est la victime par excellence, la quête du récit de ce qu'elle a vécu se généralise, avec les moyens d'enregistrement nouveaux, la vidéo principalement.

À la fin des années 1970, à la suite des controverses qui suivent aux États-Unis, comme en France et en Allemagne, la diffusion du feuilleton télévisé américain *Holocauste*, apparaît pour la première fois l'idée qu'il faut recueillir sous forme d'enregistrements vidéo les témoignages de ceux que les Américains nomment désormais les *Survivors*, les survivants, qu'ils définissent comme tous les Juifs ayant vécu sous la domination nazie dans le IIIe Reich ou dans les pays qu'il occupa. L'impulsion vient des victimes elles-mêmes qui ne reconnaissent pas leur histoire dans le feuilleton télévisé et qui souhaitent donc la raconter. À l'initiative d'une amicale de survivants de la ville de New Haven, les enregistrements commencent. En 1982, l'Université de Yale, en la personne de Geoffrey Hartmann, offre son aide. Les Fortunoff Video Archive for Holocaust Testimonies sont nées[1]. Des antennes se créent dans diverses villes des États-Unis et dans de nombreux pays. Ainsi, quelque 4 000 témoignages ont été recueillis. Au cœur du projet, le souci pour la personne du survivant. Le psychiatre et psychanalyste Dori Laub, qui a assuré une grande partie des formations des interviewers et a été un de ceux qui a mis au point le protocole d'interviews, explique : « Le mensonge est toxique et le silence étouffe. Chaque survivant a un besoin impérieux de dire son histoire pour parvenir à en réunir les morceaux ; besoin de se délivrer des fantômes du passé, besoin de connaître sa vérité enterrée pour pouvoir retrouver le cours de sa vie. C'est une erreur de croire que le silence favorise la paix. Il ne fait que perpétuer la tyrannie des événements passés, favoriser leur déformation et les laisser contaminer la vie quotidienne. » Et il poursuit en insistant sur le fait que parler ne doit se faire que si l'on est écouté : « Le récit non écouté est un traumatisme aussi grave que l'épreuve initiale[2]. » Les

1. Leur site présente le fonds d'archives. Des extraits de témoignages peuvent être téléchargés : www.library.yale.edu/testimonies

2. Cité in Annick Cojean, « Les voix de l'indicible », *Le Monde*, 25 avril 1995.

témoignages sont enregistrés dans un dispositif qui rappelle celui de la cure analytique, en studio, pour permettre le retour sur soi. La caméra, pratiquement fixe, filme en gros plan le visage, cherchant à y capter les émotions. L'interviewer intervient le moins possible. Il est là simplement pour permettre au récit d'advenir. Un récit dont le témoin décide de la longueur (parfois plusieurs heures) et qui se fait en une seule fois selon le postulat de l'unité de la séance d'analyse.

Aujourd'hui, les archives vidéo se sont multipliées, et certaines d'entre elles sont disponibles sur Internet. En 1994, après avoir réalisé *La Liste de Schindler*, pour répondre à une demande venus de « survivants » et pour produire un contrepoint factuel au film revendiquant certes une authenticité historique mais relevant néanmoins du cinéma de fiction, Steven Spielberg a mis sur pied la Survivors of the Shoah Visual History Foundation, dont l'objectif quelque peu mégalomaniaque était d'enregistrer les témoignages de tous les survivants. Elle a aujourd'hui recueilli 52 000 témoignages[1]. Des musées, des mémoriaux, des associations créent leurs propres archives. La même personne peut ainsi être interviewée à de multiples reprises. La multiplication de ces témoignages pose un problème qui n'est pas sans évoquer celui de l'archive à notre époque, et qu'avait bien compris Borges en créant le personnage de Funes. À la suite d'un accident, quand il revient à lui, « le présent ainsi que les souvenirs les plus anciens et les plus banals étaient devenus intolérables à force de richesse et de netteté [...]. Sa perception et sa mémoire étaient maintenant infaillibles ». Non seulement il se rappelle « chaque feuille de chaque arbre de chaque bois, mais chacune des fois qu'il l'avait vue ou imaginée. Il décida donc de réduire chacune de ses journées passées à quelque soixante-dix mille souvenirs, qu'il définirait ensuite par des chiffres. Il en fut dissuadé par deux considérations : la conscience que la besogne était interminable ; la conscience qu'elle était inutile. Il pensa qu'à l'heure de sa mort, il n'aurait pas fini de classer tous ses souvenirs d'enfance ». Le narrateur soupçonne pourtant

1. Elle fait désormais partie de l'University of South California. Le site permet de consulter les témoignages : www.usc.edu/schools.colleges

Funes de n'être « pas très capable de penser. Penser, c'est généraliser, abstraire. Dans le monde surchargé de Funes, il n'y avait que des détails, presque immédiats »[1]. Ainsi, trop de mémoire tue la mémoire, et surtout la pensée, comme trop d'archives tue l'archive et trop de témoignages le témoignage.

La double finalité de ces collectes est partout la même : créer des archives pour le temps proche où ces hommes et ces femmes ne seront plus parmi nous ; à partir de ces entretiens, fabriquer du matériel pédagogique pour ce que l'on nomme « l'éducation à l'holocauste » et qui est devenu une préoccupation internationale. Éducation et non enseignement. En effet, dans ces années où a été fortement posée la question de la spoliation des biens des Juifs, par les banques suisses, d'abord, puis dans divers pays, « l'holocauste », pour reprendre le terme en usage aux États-Unis, est devenu l'objet de conférences internationales. Celle qui s'est tenue en 1997 à Washington concernait les avoirs bancaires et les œuvres d'art ayant appartenu aux Juifs assassinés. Des voix, notamment celle d'Élie Wiesel, le témoin par excellence aux États-Unis, s'y étaient élevées pour exprimer la crainte que la question de l'indemnisation matérielle des victimes et celle de la restitution de leurs biens masquent ce qui semblait à certains essentiel alors que le temps faisait son ouvrage, que les contemporains disparaissaient : la mémoire de l'extermination pour les générations nées après, toujours plus loin de l'événement. Était mise alors sur pied une « Task Force for Holocaust Education » dont sont membres aujourd'hui 28 pays et qui finance et anime des programmes éducatifs, dans les ex-pays de l'Est notamment. Trois ans après, en janvier 2000, les dirigeants de 46 pays, parmi lesquels le Premier ministre Lionel Jospin et le chancelier Gerhardt Schroeder, se réunissaient à Stockholm et adoptaient une déclaration engageant les participants à promouvoir l'éducation, le souvenir et la recherche pour que les générations futures puissent « en tirer les conséquences ».

1. Jorge Luis Borges, « Funes ou la mémoire », in *Fictions*, trad. de l'espagnol par Roger Caillois, Nestor Ibarra et Paul Verdevoye, Paris, Gallimard, 1952.

La cérémonie organisée le 27 janvier 2005 à Auschwitz-Birkenau pour le soixantième anniversaire de l'ouverture de ces camps par l'armée soviétique attestait l'importance politique prise par le souvenir de la destruction des Juifs d'Europe : une quarantaine de chefs d'État et de gouvernement y prirent part, dont Vladimir Poutine, Gerhardt Schroeder, Jacques Chirac. Diffusée en direct sur les télévisions du monde entier, elle constituait en quelque sorte l'acmé d'une évocation commencée dans l'ensemble des médias dès le début du mois de janvier et qui se poursuivit jusqu'au 8 mai, avec la cérémonie de l'ouverture des camps de l'Ouest par les Alliés (Buchenwald, Bergen-Belsen, Dachau, Mauthausen...) et de la capitulation sans conditions de l'Allemagne nazie. L'année suivante, l'ONU institue le 27 janvier, date de l'ouverture des camps d'Auschwitz-Birkenau par les soldats de l'armée soviétique, une journée internationale de commémoration.

« Éduquer » n'est pas « enseigner ». Le premier impératif est de l'ordre de la morale. Il signifie que l'on va apprendre aux jeunes les usages de la société, voire ce qui distingue le bien du mal. L'enseignement vise à transmettre un savoir.

Dans cette « éducation », le témoin et le témoignage, en chair et en os quand cela est possible, filmés quand cela ne l'est point, occupent une place capitale dans une vision quelque peu caricaturale. D'un côté le bourreau, qui incarne le mal, mais qui n'apparaît plus dans le dispositif du témoignage, qui n'est là que dans la parole du témoin-victime ; de l'autre la victime, du côté du bien. La monstration de ses souffrances par le biais du témoignage a donc une vertu « éducative ». Certes, l'effet, notamment sur les jeunes, ne peut être le même. Le témoin par sa seule présence physique, avant même qu'il ne prononce le moindre mot, marque la contemporanéité des événements qu'il atteste. Il dit que plusieurs générations partagent le même monde. Quelle que soit la proximité induite par les modalités du filmage (le gros plan sur le visage, l'absence totale de l'interviewer à l'écran, qui permet de penser que le témoin s'adresse directement au spectateur, et à lui-seul), le récit est médiatisé. Même si les concepteurs du projet de l'Université de Yale ont tenté de ne pas faire de ces interviews des films en réduisant la caméra simplement à un œil fixe enregistreur, dont le survivant qui raconte et le spectateur qui le regarde et l'entend raconter sont censés oublier la présence, ils n'en restent pas moins des films.

Le récit du témoin est, comme tout récit, une construction. Cette construction-reconstruction est l'armature même, la colonne vertébrale de la vie présente de celui qui raconte. La mémoire est constitutive de l'identité. Mais cette mémoire n'est pas l'Histoire, qui implique une opération de déconstruction et de critique, et surtout de mise à distance. En ce sens, l'envahissement du témoignage, celui des poilus de la Grande Guerre comme celui des appelés de la Guerre d'Algérie, illustre un nouveau rapport au passé, ou plutôt de gommage du passé qu'avait bien perçu Olivier Rolin dans son roman, *Tigre en papier*. Il y opposait notre époque à celle de sa jeunesse révolutionnaire : « Le monde que vous aviez sous les yeux, dans lequel vous viviez, était comme transfiguré par une puissance qui reliait chaque événement, chaque individu, à toute une chaîne ancienne d'événements et d'individus plus tragiques [...]. Aujourd'hui il semble qu'il n'y ait plus que du présent, de l'instantané même, le présent est devenu un colossal fourmillement, une innervation prodigieuse, un big bang permanent[1]. » L'enregistrement sans cesse renouvelé des témoins de la Shoah, aujourd'hui celui des « enfants cachés », participe de ce « big bang » permanent.

Avec la chute du mur de Berlin, la fin des grands récits historiques et des héros qui font l'Histoire, la victime est devenue la grande figure. Aux « jeux olympiques victimaires » (Peter Novick), les survivants du peuple juif assassiné ont longtemps été seuls, hors compétition en quelque sorte. Aujourd'hui, la litanie de ceux qui ont souffert de l'Histoire, descendants d'esclaves, de colonisés, survivants des génocides arménien, cambodgien, Tutsis ayant échappé aux machettes Hutus dont ils portent les stigmates et tant d'autres produisent aussi dans la scène publique les récits de leur absolu malheur, filmés quand cela est possible. Or ces souffrances, hors du contexte dans lesquelles elles ont été infligées, se

1. Olivier Rolin, *Tigre en papier*, Paris, Seuil, coll. « Fiction & Cie », 2002.

ressemblent. Ainsi, le paradoxe de l'ère du témoin réside dans le fait que, en voulant sortir l'individu de la masse, on aboutit dans notre époque de globalisation à unifier, à uniformiser les destins individuels dans un grand tout où les souffrances se répondent et se confondent. Ainsi, la Shoah, cet événement qu'on a dit sans image puisqu'aucun film ne montre ce qui en est le cœur, l'assassinat en masse dans les chambres à gaz, aura produit le plus vaste corpus d'images, probablement une centaine de milliers, dont on peut se demander quels en seront les usages et même si usage il y aura.

4.

Les vagues du procès Eichmann[1]

[1988]

Fonctionnaire nazi scrupuleux, Adolf Eichmann symbolise la Solution finale depuis son procès, en 1961, en Israël. Devait-il pour autant être jugé par ses victimes et par un État qui n'existait pas au moment des faits reprochés ? La question court tout au long d'un procès exceptionnel qui a ancré, tardivement, le génocide des Juifs dans la conscience de l'État hébreu.

« La Cour ! » Ce 11 avril 1961, le monde entier a les yeux tournés vers le tribunal de district de Jérusalem où va être jugé un homme de taille moyenne, la cinquantaine bien entamée, mince, un peu chauve, le visage émacié en partie mangé par d'épaisses lunettes de myope. Le personnage se tient à la droite du tribunal, protégé d'une éventuelle agression par une cellule de verre à l'épreuve des balles, ouverte du côté des magistrats.

En regard de la polémique internationale que son enlèvement et l'ouverture de son procès ont suscitée, l'homme semble bien falot. Mais le débat engagé autour du procès d'Eichmann survivra longtemps à son exécution. Était-il légitime de l'enlever ? Devait-il être jugé en Israël et par des juges israéliens ? Quels furent son rôle et ses responsabilités réels dans le génocide des Juifs ? Quelle est

1. Texte publié dans *L'Histoire*, n° 108, 1988.

sa vraie personnalité ? Durant les longs mois du procès, témoignages et documents produits par la défense et par l'accusation tentèrent aussi de dessiner l'histoire du génocide. D'autres questions surgirent alors, surtout après la publication en 1963 de l'ouvrage controversé de Hannah Arendt, *Eichmann à Jérusalem. Essai sur la banalité du mal.* Elles portent sur la solitude des Juifs abandonnés par la « Grande Alliance » des vainqueurs de la Seconde Guerre mondiale et sur l'attitude des Juifs eux-mêmes face à l'extermination.

Le 23 mai 1960, le Premier ministre israélien David Ben Gourion, visiblement ému, prend la parole devant la Knesset, le Parlement israélien : « Je dois informer la "Knesset" qu'il y a peu de temps, un des principaux criminels de guerre nazis, Adolf Eichmann, qui fut responsable avec les dirigeants nazis de ce qu'ils appellent la "Solution finale de la question juive", c'est-à-dire de l'extermination de six millions de Juifs en Europe, a été découvert par les services secrets israéliens. Adolf Eichmann est d'ores et déjà en Israël, en état d'arrestation, et sera jugé prochainement, conformément aux dispositions de la loi sur le châtiment des nazis et de leurs collaborateurs. »

Les députés sont frappés de stupeur. Ils savent qui est Adolf Eichmann, même si son nom est inconnu du grand public. Il n'est pas une des vedettes échappées aux poursuites comme Martin Bormann, le second d'Hitler, ou comme le sinistre docteur Mengele. Il ne figurait pas sur la liste des grands criminels de guerre jugés par le tribunal militaire international de Nuremberg. Pourtant, c'est lors du procès de Nuremberg qu'est affirmé son rôle clé dans l'extermination des Juifs. « Au cours de l'été 1941, dit le jugement, des plans furent établis pour la "Solution finale de la question juive" en Europe. Cette Solution finale signifiait l'extermination des Juifs dont Hitler avait prédit, en 1939, qu'elle serait une des conséquences de la guerre ; une section spéciale de la Gestapo sous les ordres d'Adolf Eichmann, chef de la section IV B4 de cette police, fut créée pour atteindre ce résultat. » Or Adolf Eichmann est alors introuvable. On sait aujourd'hui que, fait prisonnier à deux reprises sous une fausse identité par les Américains, il s'est à chaque fois évadé et qu'il est resté caché, en Allemagne de l'Ouest. En 1950, aidé par un organisme clandestin d'anciens nazis, il passe en Autriche, puis en Italie. C'est à Gênes qu'un moine franciscain lui procure le passeport au nom de Ricardo Klement qui lui permet d'obtenir un visa pour l'Argentine où il fait venir sa famille. Son quatrième fils y naîtra en 1956.

Un faubourg désolé de la capitale argentine

Les recherches ont rapidement perdu de leur vigueur. Les Israéliens avaient, à cette époque, d'autres chats à fouetter. Et quand, en 1957, par l'intermédiaire du procureur de l'État allemand de Hesse, Fritz Bauer, les services secrets israéliens apprennent qu'Eichmann se cache en Argentine, rien de sérieux n'est entrepris. Il faut plus de deux ans encore pour qu'un agent secret soit envoyé à Buenos Aires, rapporte des photos d'Eichmann, de sa famille et de la petite maison sans eau courante ni électricité où ils habitent, rue Garibaldi, dans le quartier de San Fernando, un faubourg désolé de la capitale argentine.

Pourquoi le Premier ministre David Ben Gourion prend-il alors, dans le plus grand secret, une décision politique, celle d'enlever Adolf Eichmann pour faire son procès en Israël ? « Pour rappeler à l'opinion mondiale de qui sont les adeptes ceux qui préparent la destruction d'Israël et qui sont leurs complices conscients ou inconscients », comme l'écrit Ben Gourion dans une lettre du 27 mai 1960 ? Pour exalter le courage des Israéliens qui contraste avec la passivité supposée de leurs aînés ? Pour faire honte au monde d'avoir abandonné les Juifs et inciter les grandes puissances à soutenir davantage l'État d'Israël ? Pour éduquer la jeunesse, la faire renouer avec l'histoire, resserrer les liens avec la diaspora et montrer ainsi l'unicité du peuple juif ? Toutes ces hypothèses ont été émises. Elles comportent probablement chacune leur part de vérité. Durant les premières années de l'existence de l'État d'Israël, il n'y a pas d'emphase mise sur le génocide, pour de multiples raisons. Toutes les énergies sont mobilisées pour assurer la survie de l'État, intégrer les nouveaux immigrants ; les survivants préféraient oublier leurs souffrances et tourner le dos au passé. Sa légitimité,

Israël ne la trouvait pas dans la catastrophe qui avait englouti la plus grande partie du judaïsme européen, mais dans le combat presque séculaire du mouvement sioniste. Il faut attendre la pose de la première pierre du Mémorial du martyr juif inconnu à Paris, en mai 1953, pour qu'Israël réagisse, qu'un débat s'ouvre à la Knesset et que soit votée la loi créant l'organisme du Yad Vashem[1]. Israël s'affirme ainsi pour la première fois comme le centre de la mémoire et de l'histoire du génocide. Mais cette affirmation ne prend tout son poids qu'avec le procès d'Eichmann.

Adolf Eichmann identifié et la décision de faire son procès prise, il faut l'enlever et le transporter en Israël. Une équipe de trois agents secrets débarque à Buenos Aires *via* Paris. Un quatrième, envoyé en éclaireur, les y attend. Isser Harel, le chef des services secrets, est sur place pour superviser l'opération. Des planques sont louées, les repérages effectués. On procédera à l'enlèvement quand Adolf Eichmann, *alias* Ricardo Klement, descendra de l'autobus qui le ramène chaque jour de son travail de contremaître dans une usine Mercedes Benz. Le 11 mai, tout se passe comme prévu. Peter Man, si l'on en croit ses souvenirs, saute sur Eichmann. Il l'immobilise grâce à une clé au cou et le hisse sur ses épaules « comme un sac de sable », écrit-il dans *Capturer Eichmann*[2]. Puis il le porte dans la voiture qui démarre aussitôt en direction de la villa où il doit être gardé jusqu'à son départ pour Israël. Il y passera neuf jours, la plupart du temps attaché sur un lit (c'est de cela seulement qu'il se plaindra), et acceptera de signer une déclaration, dont le texte était déjà rédigé, dans laquelle il affirme être prêt à se rendre en Israël et à comparaître devant un tribunal compétent.

Le 20 mai, Adolf Eichmann maquillé, revêtu d'un uniforme de steward de la compagnie El Al, drogué par le médecin qui a été

1. Ainsi nommé d'après Isaïe, 56, 5 : « À ceux-là je réserverai dans ma maison, dans mes murs, un Yad Vashem [mot à mot, un « monument » et un « nom »], ce sera mieux que des fils et des filles. J'y mettrai un nom perpétuel qui ne sera jamais retranché. »

2. Peter Man et Uri Dan, *Capturer Eichmann*, trad. de l'anglais par Frédérique Nathan-Sfez, s.l., Édition° 1, 1987.

adjoint au commando, est conduit sans problème à l'aéroport et embarque dans un avion israélien à destination de Tel Aviv.

Pendant plusieurs jours, le monde ignore où et par qui Eichmann a été enlevé. Mais quand la vérité éclate, l'Argentine réagit vigoureusement contre cette violation de sa souveraineté. Le 15 juin 1960, elle porte plainte devant le Conseil de sécurité de l'ONU dont elle réclame immédiatement la convocation. À la réunion qui se tient une semaine plus tard, son représentant permanent déclare que l'enlèvement constitue un « affront inexplicable ». Il adjure Israël d'en punir les auteurs et estime inacceptable qu'une action contraire à la loi permette la traduction d'Eichmann en justice. C'est Golda Meïr, alors ministre des Affaires étrangères, qui présente les excuses de son pays tout en insistant sur l'importance du rôle d'Eichmann dans l'extermination des Juifs, mis en évidence à Nuremberg. Seule l'Union soviétique, par la bouche d'Arcady Sobolev, se montre intransigeante à l'égard d'Israël, au nom de « l'observation scrupuleuse du principe de la souveraineté universellement reconnu dans les relations entre États ». Les autres pays s'efforcent au compromis et adhèrent immédiatement à la proposition de l'Américain Henry Cabot-Lodge : la plainte de l'Argentine est fondée, mais le Conseil de sécurité est « sensible au souci des peuples de chaque pays qu'Eichmann soit traduit devant un tribunal compétent pour répondre des crimes dont on l'accuse ». La résolution est votée à l'unanimité, avec deux abstentions, celles de la Pologne et de l'URSS. L'ambassadeur d'Israël est déclaré *persona non grata*, mais les relations diplomatiques entre les deux pays ne sont pas rompues, et l'Argentine se garde bien de réclamer Eichmann. Au mois d'août, l'incident est clos.

Depuis 1950, une loi existe en Israël, qui permet de juger Eichmann, celle sur le châtiment des nazis et de leurs collaborateurs. Son article 1 stipule que quiconque a commis un acte constituant un crime contre le peuple juif, un crime contre l'humanité ou un crime de guerre est passible de la peine de mort. Les définitions des crimes de guerre et des crimes contre l'humanité correspondent à celles données après la Seconde Guerre mondiale lors du procès de Nuremberg. Les crimes contre le peuple juif recouvrent les actes visés par la Convention pour la prévention du crime de génocide. Ainsi, cette loi de 1950 n'innove en rien mais incorpore dans le droit israélien les principes du droit international pénal moderne.

Peut-on juger un homme selon une loi votée des années après les faits par un État qui n'existait pas encore ? Cette question sera reprise par la défense. Le débat qui s'instaure alors est dans l'ensemble bien peu nouveau et renoue avec celui qui avait été déclenché au moment du procès de Nuremberg. À crime sans précédent ne faut-il pas une loi nouvelle ? Les nazis n'ont-ils pas profité du « rideau » de la guerre pour se livrer à une politique d'assassinats à grande échelle ? Dans le cas précis d'Eichmann, qui d'autre que des Israéliens auraient pu le juger ? Un tribunal international, comme le souhaitait le président du Congrès juif mondial, Nahum Goldmann ? Il n'en existe pas. L'Allemagne fédérale ? Elle n'existait pas non plus au moment des faits et elle se garda bien de demander qu'on lui rende son ressortissant. Comme l'écrit Hannah Arendt, dans *Eichmann à Jérusalem. Essai sur la banalité du mal*, « les Juifs avaient été tués en tant que Juifs. Là-dessus, aucun doute n'était possible [...]. Dès que les Juifs possédèrent un territoire à eux, ils eurent autant le droit de juger les crimes commis contre leur peuple que les Polonais de juger les crimes commis en Pologne ».

Ben Gourion avait promis qu'Eichmann aurait un procès équitable et qu'il pourrait choisir un défenseur, fût-il allemand. Sur les conseils de son demi-frère, l'accusé choisit maître Servatius, du barreau de Cologne. Doté d'une solide expérience en matière de défense des criminels de guerre, il avait servi dans la Wehrmacht de 1936 à l'effondrement du Reich mais n'avait jamais appartenu au parti nazi. La Knesset vote une loi d'exception qui lui permet de s'inscrire au barreau de Jérusalem, et l'État d'Israël accepte de payer ses honoraires et les frais de la défense.

La préparation du procès commence dès l'arrivée d'Eichmann. Pendant que le commissaire Avner Less interroge dans sa prison de Haïfa ce prisonnier modèle, apparemment plein de bonne volonté et du désir de coopérer, des documents sont rassemblés, triés et classés. Plus de 1500 pièces seront produites au procès. La plus grande partie en est déjà connue. Elle a été présentée lors des différents procès de criminels nazis où la question de l'extermination était abordée : sur les 190 pages du jugement de Nuremberg, 16 concernaient la Solution finale. Mais à Jérusalem, il s'agit d'autre chose, d'un « Nuremberg du peuple juif », comme le dit David Ben Gourion. Cette préparation dure presque une année.

Le procès doit s'ouvrir le 11 avril 1961, dans la Maison du peuple de Jérusalem à peine achevée et transformée pour la circonstance en une citadelle que les habitants de la ville ont surnommée « *Eichmanngrad* ». Les caméras de télévision sont prêtes à filmer.

Au sous-sol est aménagée une salle de presse avec téléscripteurs, téléphones, circuit de télévision intérieur, bar et restaurant. Car on attend 500 journalistes venus du monde entier. Pourtant, plusieurs envoyés spéciaux, Roger Vaillant de *France-Observateur* ou Jean-Marc Théolleyre du *Monde*, notent une certaine indifférence de la population à l'événement.

Le jour de l'ouverture, alors qu'entrent dans la salle d'audience les membres de la cour du district de Jérusalem – le juge Landau et ses assesseurs, Benjamin Halévy et Isaac Raveh – et le procureur Gideon Hausner et ses adjoints, tous les regards sont braqués sur l'habitacle d'Eichmann, sur ce personnage dont l'aspect insignifiant étonne. Mais, dès la lecture de l'acte d'accusation, il apparaît que le procès dépasse de beaucoup le cas Eichmann. Pour le juger, le condamner, un tout petit nombre de pièces et de témoignages eût suffi. Mais « il nous fallait bien plus qu'un verdict, il nous fallait le récit écrit en lettres de feu d'un désastre national », écrit Gideon Hausner dans *Justice à Jérusalem. Eichmann devant ses juges*[1].

Dire toute l'histoire du génocide impliquait que l'acte d'accusation fût étendu, qu'il englobât les exterminations de Pologne et d'URSS où l'action d'Eichmann était moins manifeste qu'ailleurs. Les chefs d'accusation sont donc au nombre de quinze. Huit concernent les faits accomplis contre les Juifs dans dix-huit pays d'Europe : meurtres par millions, blessures morales et physiques, stérilisations, réduction en esclavage et à la famine, spoliations. Quatre concernent les non-Juifs : déportation d'un million et demi de Polonais, meurtres de Slovènes, de Tziganes et

1. Gideon Hausner, *Justice à Jérusalem*, trad. de l'anglais par Pierre Javet, Paris, Flammarion, 1966.

déportation d'une centaine d'enfants du village tchécoslovaque de Lidice. Les trois derniers chefs d'inculpation visent l'appartenance d'Eichmann à des organisations considérées comme criminelles par le tribunal militaire international de Nuremberg : SS (sections de protection), Gestapo (police secrète d'État) et SD (service de sécurité). À quinze reprises, à la question « Plaidez-vous coupable ou non coupable ? », l'accusé répond selon la formule de ceux de Nuremberg : « Au sens où l'entend l'accusation, non coupable. »

La carrière et la personnalité de l'accusé

D'emblée, le docteur Servatius engage une bataille de procédure. Il veut d'abord récuser en suspicion légitime les juges israéliens : ils auraient pu être victimes de la Solution finale, ils ne peuvent juger sereinement. Puis il critique la loi israélienne de 1950. Enfin, il met en cause la façon dont son client a été livré à la justice, réclame les témoignages de Zvi Tohar, qui aurait organisé l'enlèvement, et de Jacob Chimoni, qui aurait piloté l'avion d'El Al, pour établir que l'État d'Israël est responsable du « rapt » d'Eichmann. Le procureur Hausner s'attache longuement, avec méticulosité, à réfuter les objections de la défense, livrant en vrac tous les arguments, multipliant les citations. Comme le notent les journalistes qui couvrent le procès, la salle s'est alors vidée aux deux tiers. D'autant qu'Eichmann a un concurrent de poids : Youri Gagarine, que les Soviétiques viennent de lancer dans l'espace le 12 avril 1961.

Après cette première semaine d'ennui nécessaire, le procès reprend une forme ordinaire. Gideon Hausner détaille l'acte d'accusation : « Juges d'Israël, à l'heure où je me lève devant vous pour introduire l'acte d'accusation contre Adolf Eichmann, je ne suis pas seul. À mes côtés, en cette heure, en ce lieu, se lèvent six millions d'accusateurs. Mais ils ne sauraient se dresser sur leurs pieds ni montrer d'un doigt vengeur l'homme assis dans sa cellule de verre, ils ne sauraient crier "j'accuse". Car leurs cendres furent entassées dans les collines d'Auschwitz, dispersées dans les champs de Treblinka, emportées par les rivières de Pologne ; leurs tombes sont éparpillées le long des chemins de l'Europe. Leur sang crie, mais on ne peut entendre leur voix. Je prendrai donc la parole en leur nom et j'ouvrirai la plus inouïe des accusations. » Pendant plus de dix heures, Hausner démontre quel rôle a joué Eichmann dans le génocide juif. L'accusé écoute, attentif, la tête un peu penchée, sans manifester aucune émotion. Et c'est l'évocation des camps de concentration, de Chelmno et de Belzek, de l'usine à mort d'Auschwitz, qui est « la plus écoutée par le peuple d'Israël à qui la radio [la] transmettait directement. On écoutait un peu partout dans la ville. Dans la rue, on croisait des gens le transistor à la main. On retrouvait la voix de M. Hausner dans les taxis[1] ».

D'Adolf Eichmann, on sait pratiquement tout. Il est né en 1906, à Solingen, en Rhénanie, de parents protestants très pratiquants. En 1914, sa famille s'installe à Linz, en Autriche. Sa mère meurt, son père se remarie. Eichmann fréquente pendant quatre ans le collège, puis étudie deux ans dans une école de construction mécanique. En 1927, après avoir exercé différents métiers, il devient représentant de commerce d'une firme autrichienne, la Vacuum Oil Company. Une éducation et une vie somme toute terriblement banales pour une personnalité bien médiocre. Il adhère cependant en 1928 ou 1929 à l'Union des jeunes combattants, l'organisation de jeunesse de l'Association austro-allemande des anciens combattants.

Dans une brasserie de Linz, il assiste à un meeting nazi et y rencontre Ernst Kaltenbrunner, le fils d'un ami de son père, alors chef du national-socialisme à Linz. « Viens chez nous », dit Kaltenbrunner à Eichmann. Un *curriculum vitae* écrit de la main de ce dernier précise effectivement qu'il adhère au NSDAP (parti national-socialiste des travailleurs allemands) et aux SS le 1er avril 1932. Il a alors vingt-six ans. Et quand il perd son travail, c'est vers Ernst Kaltenbrunner qu'il se tourne. Celui-ci lui conseille de se rendre en Allemagne où une brigade SS constituée d'Autrichiens est en cours d'instruction. Là, il se porte volontaire pour le SD, le service de sécurité des SS, où il est nommé sergent le 1er octobre 1934.

---

1. Jean-Marc Théolleyre, *Le Monde*, 20 avril 1961.

Il travaille d'abord au service de recherches sur les francs-maçons, puis est affecté à la section juive.

Son domaine, c'est l'Organisation sioniste mondiale, le néo-sionisme, l'orthodoxie. Il porte un grand intérêt à son travail, apprend quelques rudiments de yiddish et d'hébreu, lit *L'État juif* de Theodor Herzl, rédige un manuel sur les questions sionistes, donne des conférences devant les commandants SS. En 1936, il est nommé *Oberscharführer* (adjudant), puis promu au rang d'officier SS en 1937.

Cette même année, il part pour la Palestine en compagnie de Herbert Hagen, alors à la tête de la section juive du SD. Y a-t-il été invité, comme il le dit, par un émissaire de la *Haganah*, la milice chargée de défendre les colonies juives implantées dans la région contre les populations arabes ? A-t-il pour mission, comme l'affirme l'accusation, de prendre contact avec le grand mufti de Jérusalem, Haj Amin El Husseini ? Il est avéré qu'après une brève escale à Haïfa, les deux hommes se rendent au Caire et que, là, les autorités britanniques mandataires leur interdisent l'entrée de la Palestine. Eichmann voit dans ce voyage la preuve de sa sympathie pour le sionisme (Hannah Arendt le suit sur ce point). Pourtant le rapport produit par le tribunal est fort loin de ces conclusions : il déconseille l'émigration de 50 000 Juifs par an parce que « le Reich doit empêcher la création d'un État juif indépendant en Palestine ».

De 1934 à 1938, le travail d'Eichmann est un travail classique de renseignements. En 1938, il reçoit une nouvelle promotion, le voilà *Untersturmführer* (sous-lieutenant). C'est en mars 1938, quelques jours après l'*Anschluss*, le rattachement de l'Autriche à l'Allemagne, qu'Eichmann, envoyé à Vienne, acquiert réellement sa spécialisation. Car en s'annexant l'Autriche, le « Reich de 1 000 ans » a aussi hérité de ses Juifs. Il faut les faire partir, rendre ce territoire *judenrein*, « propre de Juifs ». Dans ce but est créé l'Office central pour l'émigration juive qu'Eichmann réorganise sous les ordres de l'inspecteur de la Gestapo et du SD Stahlecker.

Les institutions de la communauté juive peuvent continuer à fonctionner normalement, pourvu qu'elles contribuent à l'émigration. « J'eus l'idée d'un tapis roulant, explique avec fierté Adolf Eichmann lors de son interrogatoire. On poserait à l'un des bouts le premier document, puis les diverses autres pièces nécessaires et, à l'autre bout, on récupérerait le passeport dans un panier. » De fait, le Juif qui pénètre dans les bureaux de l'Office d'émigration est dépouillé de tout ce qu'il possède. En échange, on lui remet un passeport, charge à lui de trouver un pays pour l'accueillir. Pour permettre le départ des plus démunis, des notables de la communauté viennoise collectent de l'argent à l'étranger.

Décideur ou simple fonctionnaire obéissant aux ordres ?

Cette période viennoise est la plus heureuse de la vie d'Eichmann qui pensait, déclare-t-il au tribunal, avoir trouvé une « solution acceptable, équitable pour les deux parties [...]. C'est à cette fin que je travaillais joyeusement. J'ai contribué avec joie et plaisir à la découverte de cette solution que les Juifs eux-mêmes, par l'intermédiaire de leurs organisations, approuvaient ». À Vienne, Eichmann a mûri. Il a fait preuve de dons d'organisateur et approfondi sa connaissance des organisations juives.

Son succès – le départ en six mois de quelque 50 000 Juifs, le quart environ de la communauté autrichienne – l'a sacré spécialiste des questions juives. Après le pogrom de la Nuit de cristal[1], Reinhard Heydrich, créateur et chef du SD, le cite en exemple. Et, quand les Allemands entrent à Prague, en mars 1939, Heydrich nomme tout naturellement Eichmann pour y accomplir le même travail qu'à Vienne. Puis ce sera Berlin. Mais les temps changent vite. Toute solution migratoire est rendue impossible par la fermeture des frontières des pays qui auraient pu accueillir les Juifs.

Et c'est la guerre, l'invasion de la Pologne et son démantèlement. Une partie de son territoire devient soviétique, une autre est intégrée au Reich. Le gouvernement général lui-même sera bientôt dirigé par un fidèle d'Hitler, l'avocat Hans Frank. Que faire de

1. L'assassinat du troisième secrétaire de l'ambassade d'Allemagne à Paris, vom Rath, par un jeune Juif, Herschel Grynszpan, sert de prétexte à une explosion de violence sur le territoire du Reich, dans la nuit du 9 au 10 novembre 1938. Le verre qui jonche les rues donne à ce pogrom le nom de Nuit de cristal.

tous les Juifs tombés ainsi aux mains du Reich ? En septembre 1939 Eichmann assiste (il le nie devant le tribunal mais son nom figure sur le procès-verbal) à la réunion organisée par Heydrich, où celui-ci distingue le « but final », encore éloigné, de ce qu'il faut entreprendre immédiatement, la création de ghettos essentiellement. Dans le même temps, Eichmann et Stahlecker, alors son chef au SD, élaborent une solution territoriale : installer les Juifs dans une « réserve », au sud de la ville polonaise de Radom, dans la région de Nisko. Des Juifs commencent, en effet, à y être déportés, principalement de Tchécoslovaquie. Mais Hans Frank est furieux que le RSHA (Bureau principal chargé de la sécurité du Reich) dispose de « son » territoire. Et le projet du Nisko, ce « fiasco monumental », écrit Hannah Arendt, est abandonné au printemps 1940. Les Juifs qui ont survécu aux conditions d'installation sont rapatriés.

Ce plan est très vite relayé par un autre projet territorial, dont il semble bien que l'initiative relève du ministère des Affaires étrangères mais dont Eichmann s'attribue toute la paternité tant il y est attaché : Madagascar. L'idée d'y faire émigrer les Juifs avait déjà été évoquée à plusieurs reprises avant la guerre. La réalisation du projet suppose que la France signe avec l'Allemagne un traité de paix dont une clause prévoit la cession de Madagascar. L'île serait alors vidée de sa population indigène et des Juifs s'y installeraient. Le financement de l'opération serait assuré par la saisie des avoirs juifs. Lors du procès, Eichmann présente le plan de Madagascar comme un plan de type sioniste. Il oublie de dire que cet État doit être gouverné par les SS. Il n'y eut jamais de traité de paix avec la France. Après une période d'euphorie, le projet tomba en déshérence et sera officiellement abandonné en février 1942.

Si l'on en croit les différentes déclarations faites par Eichmann en 1961, c'est l'échec du plan de Madagascar qui sonne le glas de son enthousiasme. Ainsi, l'abandon définitif de la solution du problème juif par l'émigration au profit de la Solution finale (l'extermination systématique des Juifs de la nouvelle Europe hitlérienne) marquerait une rupture dans la carrière de l'*Obersturmbannführer SS* (lieutenant-colonel SS), puisqu'il a été promu en novembre 1941 à ce grade qu'il ne dépassera plus. Du rang de décideur, il serait passé à celui de simple fonctionnaire, « un petit rouage », comme il ne cesse de le répéter, obéissant aux ordres à contrecœur. Rien n'est pourtant moins sûr.

En mars 1941, il a été nommé à la tête du bureau IV B4 du RSHA, celui qui s'occupe des affaires juives et des évacuations. Ainsi assiste-t-il aux grandes conférences, en particulier à celle de Wannsee du 20 janvier 1942, pour laquelle il a rédigé les convocations et qui définit la Solution finale. La destruction physique des Juifs a de fait commencé avec l'invasion de l'Union soviétique et l'action des *Einsatzgruppen*, les groupes d'action. Les témoins de l'horreur sont venus déposer au procès, et c'est parfois la première fois qu'ils racontent, douloureusement.

Là se situe l'ambivalence majeure du procès. L'accusation veut faire le bilan historique du génocide, tout en jugeant un homme dont elle doit établir les responsabilités propres. Le système de défense d'Eichmann est simple : fonctionnaire subalterne, il s'est contenté d'obéir aux ordres ; son service n'était qu'un service secondaire de la Gestapo dont les fonctions se limitaient strictement à l'organisation de la concentration et du transport des Juifs des différents pays de l'Europe vers les camps d'extermination de l'Est.

La façon dont fut mise en œuvre la politique d'extermination des Juifs est l'objet de débats parmi les historiens. Les « intentionnalistes » – Ernst Nolte ou Klaus Hildebrand – pensent qu'il y eut un ordre oral d'Hitler au printemps 1941. Les « fonctionnalistes », comme Martin Broszat ou Hans Mommsen, pensent qu'il n'y eut pas d'ordre d'ensemble, mais des actions individuelles qui se sont cristallisées au printemps 1942, après la construction des camps d'extermination en Pologne[1]. Aucune de ces interprétations ne donne à Adolf Eichmann l'initiative de la destruction. Son rôle est autre. La lutte contre les Juifs est au centre de sa carrière. Le bureau dont il fut le chef était un des pivots de la politique d'extermination. Il envoyait notamment à l'extérieur du Reich ses « conseillers pour les affaires juives » et remplissait les trains qui

1. Saul Friedländer fait le point sur ce débat fondamental dans « De l'antisémitisme à l'extermination. Esquisse historique et essai d'interprétation », in *L'Allemagne nazie et le génocide juif*, Colloque de l'École des Hautes Études en Sciences Sociales, Paris, Gallimard/Seuil, 1985.

roulaient vers l'Est suivant des horaires minutieusement établis et qui, même dans la dernière période – celle où les militaires avaient besoin de moyens de transports –, continuaient à livrer leur cargaison d'hommes destinés à la mort.

Cette ténacité des nazis à accomplir leur œuvre alors même que le IIIe Reich s'écroule est particulièrement manifeste dans l'extermination des Juifs hongrois – le dernier épisode de la carrière d'Eichmann, celui où sa responsabilité personnelle est clairement engagée et qui donna lieu lors du procès aux seuls incidents sérieux.

Jusqu'au 19 mars 1944, date où les Allemands occupent la Hongrie, ce pays dont le gouvernement est pourtant officiellement antisémite refuse obstinément de laisser déporter ses quelque 800 000 Juifs. Mais, dès que la Hongrie passe sous domination allemande, se met en place la politique déjà classique de concentration, et la déportation de masse commence à la mi-mai 1944, livrant une cargaison quotidienne de 6 000 à 9 000 Juifs aux chambres à gaz d'Auschwitz. Le 25 mai 1961, Philipp von Freudiger, chef d'une communauté juive orthodoxe de Budapest, témoigne au procès. Alors qu'il décrit le passage d'un convoi de déportés à Budapest, un homme se dresse dans la salle en hurlant : « On nous a fait des piqûres de calmants pour nous empêcher de réagir. Vous avez aidé les Allemands. Ma famille a été anéantie, pas la vôtre ! » L'émotion est telle que le juge Landau est obligé de suspendre l'audience.

Lorsque l'audience reprend, le témoin Freudiger évoque ses rapports avec Dieter Wisliceny, délégué d'Eichmann en Slovaquie, en Grèce puis en Hongrie, et Eichmann, et aborde le chapitre de la fameuse tractation qui aurait permis de sauver un million de Juifs hongrois en échange de 10 000 camions fournis par les Alliés. En effet, des négociations eurent lieu entre les dirigeants juifs de Budapest et des agents de Himmler pour échanger des vies juives contre des marchandises dont les Allemands avaient besoin. L'homme de cette tractation, Joël Brandt, dépose le 30 mai. Il raconte son entrevue avec Eichmann en mai 1944 et la proposition de troc que lui fit ce dernier, comment il fut autorisé à quitter Budapest, son arrestation à la frontière syrienne par les Anglais qui le laissèrent pourtant s'entretenir avec le directeur politique de l'Agence juive, Moshe Sharett (qui s'appelait alors Moshe Shertok et sera le premier ministre des Affaires étrangères de l'État d'Israël en 1948, puis son Premier ministre en 1954). Il présenta à ce dernier un rapport détaillé de la situation des Juifs et lui fit part de la proposition d'Eichmann.

Le procureur demande alors de suspendre l'audition du témoin pour produire un ensemble de documents jusque-là ignorés et qui constituent un violent réquisitoire contre l'Angleterre. Parmi eux, la déposition que Haïm Weizmann (1874-1952), le premier Président de l'État d'Israël, ne put faire au procès de Nuremberg. Il y révèle ce que les dirigeants sionistes avaient alors demandé à l'Angleterre qui le leur refusa : une déclaration précisant que tous les cheminots, fonctionnaires, policiers qui faciliteraient la déportation soient considérés comme criminels de guerre, que Joël Brandt puisse rentrer en Hongrie, que les voies ferrées conduisant à Auschwitz soient bombardées[1].

Le 11 décembre 1961, huit mois jour pour jour après l'ouverture du procès, lecture est donnée du jugement, qui est un historique complet de la persécution raciale menée par les nazis. Le 15 décembre, « le tribunal condamne Adolf Eichmann, reconnu coupable pour ses crimes commis contre le peuple juif, pour ses crimes commis contre l'humanité, pour ses crimes de guerre, à la peine de mort ». Le 28 mars 1962, le jugement est confirmé en appel et Eichmann présente un recours en grâce devant le chef de l'État.

De grandes voix s'élèvent alors pour demander que la sentence ne soit pas exécutée. Le philosophe Martin Buber essaie deux heures durant de convaincre David Ben Gourion. L'historien des religions Gershom Scholem signe une lettre réclamant la grâce. « Il ne fait pas de doute qu'Eichmann méritait la peine de mort, écrit-il à Hannah Arendt. Je n'ai là-dessus aucune hésitation. » Pourtant, ajoute-t-il, « la mise en exécution de la peine de mort d'Eichmann fut un dénouement inadéquat. Elle a faussé la signification historique du procès en créant l'illusion qu'il était possible de trouver une conclusion à cette affaire en pendant un être humain – ou

1. L'ensemble de ce dossier est repris dans l'ouvrage définitif de David S. Wyman, *L'Abandon des Juifs. Les Américains et la Solution finale*, trad. de l'anglais par Claude Blanc, Paris, Flammarion, 1987.

inhumain. Illusion très dangereuse car elle peut engendrer le sentiment d'avoir trouvé un moyen pour expier l'inexpiable[1]. »

Le recours en grâce fut refusé, et Eichmann pendu vers minuit, le 31 mai. Ses dernières paroles furent celles du serment des nazis, prononcé quand on leur demandait de quitter leurs Églises. « J'ai vécu dans la croyance de Dieu et je mourrai dans la croyance de Dieu » et « Vive l'Allemagne ! Vive l'Autriche ! Vive l'Argentine ! trois pays que j'ai aimés. J'ai obéi aux lois de la guerre et à mon drapeau. Je salue ma femme, ma famille et mes amis ». Son corps fut incinéré et ses cendres dispersées en Méditerranée, au-delà des eaux territoriales israéliennes. À aucun moment il n'avait exprimé de remords. Il ne s'était senti coupable de rien.

Le procès Eichmann est un procès historique, parce qu'il permet d'enrichir la connaissance des événements du passé, même si les documents nouveaux présentés alors furent finalement peu nombreux. Il s'inscrit de la sorte dans la lignée de celui de Nuremberg (20 novembre 1945-1er octobre 1946) qu'il complète. Mais historique, il l'est aussi par sa portée, son impact. Il ouvre en Allemagne fédérale une nouvelle vague d'arrestations de criminels nazis et de procès. Son souvenir encore frais pèse peut-être en 1964 lorsque s'approche, en Allemagne comme en France, le délai de vingt ans au-delà duquel sont prescrits les crimes non encore jugés. La France, puis l'Allemagne décident l'abolition de cette prescription pour les crimes contre l'humanité.

D'autre part, c'est à l'occasion du procès Eichmann qu'une certaine idéologie refait surface. Elle n'a alors qu'un écho restreint et ne sera portée à la connaissance du grand public, en France, qu'en 1978, lors de l'émergence de Robert Faurisson, mais sa récurrence est frappante. Paul Rassinier publie, en effet, en 1962, un nouvel ouvrage, *Le Véritable Procès Eichmann ou les vainqueurs incorrigibles*[2]. Il y affirme qu'il n'y a jamais eu d'extermination des Juifs

1. La correspondance entre Hannah Arendt et Gershom Scholem est reproduite dans *Fidélité et utopie. Essais sur le judaïsme contemporain*, traduit par Marguerite Delmotte et Bernard Dupuy, Paris, Calmann-Lévy, 1978, p. 213-228.

2. Paul Rassinier, *Le Véritable procès Eichmann ou les vainqueurs incorrigibles*, Paris, Les Sept Couleurs, 1962. Cet ouvrage fait suite au *Mensonge d'Ulysse* et à

et que les chambres à gaz sont une invention de la propagande sioniste pour obtenir la création de l'État d'Israël et extorquer à l'Allemagne des sommes d'argent considérables.

Le génocide et la conscience universelle

Au même moment apparaît dans la propagande soviétique un nouveau thème qui n'a cessé de se développer. « C'est à cette occasion, écrit Léon Poliakov, que le sionisme commença à être rapproché du nazisme, l'idée étant qu'en accordant une si grande publicité à Eichmann, Israël cherchait à protéger les vrais coupables, les néo-nazis censés préparer à Bonn la Troisième Guerre mondiale. Les caricatures – Dayan travesti en Goebbels, la croix gammée superposée à l'étoile de David – vinrent à la rescousse[1]. »

Pourtant, au lendemain du procès, ce n'est ni la négation de la réalité des chambres à gaz, ni la nouvelle orientation de la propagande soviétique qui attire l'attention. La grande affaire, ce sont les articles publiés par Hannah Arendt dans le *New Yorker* et la parution de son ouvrage, *Eichmann à Jérusalem. Essai sur la banalité du mal.* Il existe bien peu d'exemples d'une polémique qui traverse ainsi les frontières. Au-delà des nombreuses erreurs factuelles du livre qu'un Jacob Robinson, conseiller du procureur général Hausner pour les problèmes historiques et de droit international, a pu recenser avec une extrême méticulosité, le débat s'articule autour de quelques thèmes, et notamment celui de la complicité de certains notables juifs, ceux qui acceptèrent de constituer les Conseils juifs, les *Judenräte* institués dans chaque ghetto pour y gérer la vie juive et par lesquels transitaient les décisions allemandes, condamnés sans appel par Hannah Arendt. « Partout, affirme-t-elle, il y eut des responsables juifs pour coopérer [...], si le peuple juif avait vraiment été désorganisé et sans chefs, le chaos

Ulysse trahi par les siens, tous deux réédités en 1961 à la Librairie française. Sur cette question, voir Pierre Vidal-Naquet, *Les Assassins de la mémoire. Un « Eichmann de papier » et autres essais sur le révisionnisme*, Paris, La Découverte, 1987.

1. *De Moscou à Beyrouth. Essai sur la désinformation*, Paris, Calmann-Lévy, 1983.

aurait régné [...], mais le nombre des victimes n'aurait pas atteint de quatre et demi à six millions. » Gershom Scholem a reproché à l'auteur son « insensibilité », son « ton sarcastique et malveillant » ; mais surtout, de nombreuses recherches, entreprises en particulier depuis les années 1960, infirment les thèses de Hannah Arendt : l'absence de Conseils juifs, comme ce fut le cas dans la majeure partie de l'Union soviétique occupée par la Wehrmacht, n'empêcha en rien la destruction. En outre, les membres des Conseils juifs n'avaient pas le choix. « Le facteur déterminant dans la destruction des Juifs ne fut ni la composition, ni l'action spécifique des Conseils juifs, mais bien les conditions et la réalité dans lesquelles il leur fallait agir[1]. »

Le second sujet de controverse, c'est la personnalité d'Eichmann, un homme trop médiocre, trop banal, un fonctionnaire de la bureaucratie nazie, pas même antisémite. Gideon Hausner, répondant dans son livre à Hannah Arendt, s'efforce au contraire de diaboliser Eichmann, insistant sur son antisémitisme profond, sur sa perversité. Le contenu de cette polémique a été largement oublié et, paradoxalement, la mémoire collective semble avoir retenu deux choses : alors que les noms des supérieurs hiérarchiques d'Eichmann, Himmler, Heydrich, Kaltenbrunner, Müller, ne sont pas nécessairement associés à la Solution finale, Eichmann la résume à lui tout seul, tant son procès a été, malgré l'attention intermittente de l'opinion publique, le premier événement d'une chaîne qui fit pénétrer le génocide des Juifs dans la conscience universelle. Mais, en même temps, une partie des thèses de Hannah Arendt – celle où elle montre comment le système nazi a transformé un homme « normal », un citoyen discipliné en instrument du crime capable de parler seulement un langage administratif où les mots n'ont plus la fonction de dire la vérité – est entrée dans le domaine public et a été évoquée, notamment lors du procès Barbie. C'est « la banalité du mal ».

1. Cf. l'ouvrage le plus complet, celui d'Isaie Trunk, *Judenrat. The Jewish Councils in Eastern Europe under Nazi Occupation*, New York, Macmillan, 1972. Randolph L. Braham fait le point sur la question, « Les Conseils juifs : aperçu », dans *L'Allemagne nazie et le génocide des Juifs*, *op. cit.*, p. 420-442.

5.

Hannah Arendt : la controverse à l'écran[1]

[2013]

« Vous comprendrez, je pense, écrit Hannah Arendt afin de se dégager de ses obligations, pourquoi je dois couvrir ce procès : je n'ai pu assister au procès de Nuremberg, je n'ai jamais vu ces gens-là en chair et en os, et c'est probablement ma dernière chance de le faire. » Assister au procès est une « obligation » qu'elle doit à son « propre passé »[2]. Avant de devenir une affaire publique du fait de l'intensité de la polémique qui suit la publication de son *Eichmann à Jérusalem. Rapport sur la banalité du mal*, le procès d'Adolf Eichmann est d'abord pour Hannah Arendt une affaire personnelle.

Le scénario du film de Margarethe von Trotta s'appuie notamment sur les nombreuses correspondances d'Hannah Arendt, toutes publiées aujourd'hui, celles avec le philosophe Karl Jaspers, avec son amie intime l'écrivaine et grande figure du féminisme américain Mary McCarthy, personnage important du film, comme avec son mentor en sionisme Kurt Blumenfeld, qui se fait aussi dans le film le porte-voix du philosophe Gershom Scholem.

1. Publié dans *L'Histoire*, n° 387, 2013.

2. Lettre à la fondation Rockefeller du 20 décembre 1960, citée dans la biographie de référence d'Elisabeth Young-Bruehl, *Hannah Arendt*, Paris, Calmann-Lévy, 1999, p. 430.

Hannah Arendt apprend par la presse l'enlèvement d'Eichmann par le Mossad en Argentine (il y vivait avec sa famille sous le nom de Ricardo Klement), sa présence en Israël et la déclaration du Premier ministre israélien David Ben Gourion à la Knesset annonçant qu'il allait être jugé. Elle obtient du magazine *New Yorker* d'être son envoyée.

On est toujours un peu gêné de confronter fiction et histoire. Un film n'est pas un livre d'histoire. Celui de Margarethe von Trotta réussit la gageure de faire revivre le petit milieu d'intellectuels allemands installé à New York et son goût infini du débat, de donner à voir une pensée en marche, de mettre en scène un débat philosophique. Il ne s'agit donc pas ici de critiquer un film, mais de mettre en lumière les écarts, inévitables, entre la fiction et l'écriture historique de l'événement.

Trois semaines à Jérusalem

La « couverture » du procès, mise en scène grâce à la fiction d'une Hannah Arendt suivant l'ensemble du procès devant l'écran de télévision installé dans la salle de presse du tribunal, prend quelques libertés avec l'histoire. Certes, cette représentation présente un immense mérite : elle permet de restituer des extraits des vidéos du réalisateur américain Leo Hurwitz qui filma l'ensemble du procès, en respectant scrupuleusement l'intégrité de l'archive[1]. Mais on y voit Hannah Arendt taper à la machine fébrilement. Or rien n'atteste qu'elle prit des notes lors du procès. À la différence d'un Joseph Kessel pour *France-Soir* ou d'un Jean-Marc Théolleyre pour *Le Monde*, elle n'avait pas à rendre compte au jour le jour des audiences. Son « rapport » *(report)* n'était en rien un reportage et la philosophe Michelle-Irène Brudny qui a effectué des recherches extensives dans ses archives n'a retrouvé aucune note décisive concernant le déroulement du procès. Hanna Arendt n'a pas forcément assisté aux épisodes du procès qui sont montrés

1. Cf. Sylvie Lindeperg et Annette Wieviorka, « Les deux scènes du procès Eichmann », *Annales ESC*, n° 63, juin 2008.

dans le film. Le 2 décembre 1960, elle écrit à Karl Jaspers qu'elle ne compte pas consacrer plus d'un mois à cette « plaisanterie ». Le 20 avril 1961, elle confie à son mari, Heinrich Blücher : « Je veux partir le plus vite possible, mais pas au point de manquer quelque chose d'essentiel. »

Hannah Arendt n'est restée à Jérusalem que trois semaines, alors que le procès a duré plusieurs mois. L'historien Raul Hilberg a été le premier à noter la brièveté de sa présence. Arrivée le 10 avril, la veille de son ouverture, elle quitte Israël le 7 mai pour rejoindre Karl Jaspers à Bâle. Elle est donc présente lors du long et ennuyeux débat juridique qui ouvre le procès, lors du non moins long exposé introductif du procureur Gideon Hausner – dont le caractère théâtral l'horripile –, mais lors d'une très petite partie seulement de la comparution des témoins.

Elle n'est en revanche plus à Jérusalem lorsqu'est évoqué l'épisode de la déportation des Juifs hongrois. Le premier témoin est, le 24 mai, Pinhas Freudiger, qui était à la tête de la communauté juive orthodoxe de Budapest. Alors qu'il décrit le passage dans la ville d'un convoi de déportés, un homme se dresse dans la salle et hurle : « Vous nous avez administré des calmants. Vous avez aidé les Allemands. Ma famille a été anéantie. Pas la vôtre ! » Les caméras de Leo Hurwitz saisissent l'expulsion du perturbateur. Margarethe von Trotta intègre cet incident dans son film. Hannah Arendt ne l'a pas vu.

La philosophe repasse brièvement à Jérusalem du 17 au 23 juin[1], peut-être pour assister aux premières séances de l'interrogatoire et du contre-interrogatoire d'Eichmann. Elles débutent le 20 juin (74e audience du procès) et se terminent le 24 juillet (107e audience). Hannah Arendt assiste donc aux séances où l'accusé est principalement interrogé par son avocat, maître Robert Servatius. La philosophe n'a pas été témoin en revanche du contre-interrogatoire mené par le procureur israélien Gideon Hausner, ni de l'âpreté, de la pugnacité et de la vivacité avec lesquelles Eichmann se défend. Elle n'a finalement que très peu vu parler l'homme dans la cage de verre.

1. Merci à Michelle-Irène Brudny, qui a consulté le passeport d'Hannah Arendt dans le fonds d'archives, pour ces précisions.

Un portrait ironique

Hannah Arendt dresse donc d'Eichmann un portrait qu'elle dessine principalement d'après les minutes écrites du procès. Pour elle, Eichmann n'est ni un pervers ni un doctrinaire fanatique. Son entrée dans la SS en 1932 ne résulte ni d'une réflexion longuement mûrie, ni d'une adhésion idéologique profonde. Il devient nazi sans savoir tout à fait pourquoi et se transforme en produit exemplaire du IIIe Reich.

C'est dans le langage de l'accusé qu'Hannah Arendt puise ses arguments, un langage administratif où les mots n'ont plus la fonction d'exprimer le réel. Elle le présente comme un assassin d'un type nouveau. Un assassin qui n'a jamais tué personne de ses mains. Un chef de service ponctuel, à la fois flatté et gêné d'être auprès des puissants, mais surtout incapable de distinguer entre le bien et le mal et qui ne fait qu'obéir aux ordres. C'est tout cela qu'Hannah Arendt appelle, d'une expression destinée à une très grande fortune, « la banalité du mal[1] ».

Détachée de l'œuvre d'Arendt, cette formule est devenue un stéréotype dont on use et abuse chaque fois que l'on évoque les auteurs de génocide ou de massacres génocidaires. Cette image de bureaucrate de la mort a bénéficié de l'impact considérable des expériences menées aux États-Unis au début des années 1960 par le psychologue Stanley Milgram, qui visaient à démontrer que les individus sont capables d'aller jusqu'au crime pourvu qu'ils soient placés en situation d'être de simples exécutants soumis à une autorité.

La démonstration a conservé sa force. S'agissant d'Adolf Eichmann cependant, les historiens, depuis cinquante ans, ont pris de la distance avec la vision qu'avait de lui Hannah Arendt.

1. M.-I. Brudny, « Anatomie de “la banalité du mal” », in M.-I. Brudny et J.-M. Winkler (dir.), *Destins de « la banalité du mal »*, Paris, Éditions de l'Éclat, 2011, p. 135-145.

Eichmann, antisémite actif

L'historien britannique David Cesarani montre bien dans la biographie qu'il a consacrée à Eichmann[1] que ce dernier ne fut pas, contrairement à ce qu'affirmait l'accusation israélienne, l'architecte de la Solution finale. Ce rôle revint à Himmler. Il n'en reste pas moins qu'Eichmann est un homme tout imprégné d'idéologie nazie, un antisémite fanatique, comme le sont tous ceux qui travaillèrent avec lui et qui mirent en œuvre la déportation des Juifs, d'Amsterdam à Salonique, de Paris à Budapest. Christian Ingrao, dans son ouvrage *Croire et détruire*[2], rappelle avec force ce qui fondait cette idéologie. Croire que les Juifs voulaient la perte de l'Allemagne. Les détruire pour assurer la pérennité millénaire du Reich. C'est ce que Saul Friedländer appelle « l'antisémitisme rédempteur ». C'est cet antisémitisme qui meut Eichmann.

Eichmann n'est pas seulement un « criminel de bureau ». C'est également un homme de terrain. Il se rend à Auschwitz comme sur les sites de fusillades, à Salonique, à Paris, à Budapest. Et, dans un cadre qu'il n'a certes pas lui-même mis en place – celui de la Solution finale –, il a su faire preuve d'initiatives.

La violence, tout à fait réelle, de la polémique qui a suivi la publication en 1963 par Hannah Arendt des cinq articles du *New Yorker*, un an après l'exécution d'Eichmann et deux ans après son procès, vient pourtant d'ailleurs.

Le procès Eichmann, largement présent à la télévision américaine grâce aux images de Leo Hurwitz, du moins sur les chaînes des villes de la côte est où résidait la grande majorité des Juifs américains, a frappé les consciences. C'est aussi que, pour la première fois, il donnait à entendre avec amplitude la voix des survivants et marquait « l'avènement du témoin[3] ». Le film de Margarethe

1. David Cesarani, *Adolf Eichmann*, trad. de l'anglais par Olivier Ruchet, Paris, Tallandier, 2010.

2. Christian Ingrao, *Croire et détruire. Les intellectuels dans la machine de guerre SS*, Paris, Fayard, 2010.

3. Cf. A. Wieviorka, *L'Ère du témoin*, *op. cit.*

von Trotta le montre bien. Pour beaucoup de Juifs américains, notamment les plus jeunes, le procès fut le moment de la prise de conscience de l'histoire de la Shoah. Ce fut le cas de l'auteur de bandes dessinées Art Spiegelman, qui l'explique bien dans *MetaMaus*[1].

Or Hannah Arendt, en s'emparant de ce procès pour une réflexion sur la responsabilité du mal qu'elle élève à la hauteur de l'universel, donne le sentiment d'être insensible aux souffrances des Juifs, en quelque sorte de s'en désolidariser. Le grand philosophe juif Gershom Scholem qui était pourtant son ami lui reprocha un ton « sarcastique et souvent malveillant, désinvolte ». Et, reprenant un concept de la tradition juive, il dénonce son absence d'« amour du peuple juif ». Pour ne pas multiplier ses personnages sans doute, Margarethe von Trotta a mis ces violentes critiques dans la bouche de Kurt Blumenfeld. Pour le reste, en montrant une Hannah Arendt amoureuse, aimant les fleurs et la vie, ayant un sens profond de l'amitié, la réalisatrice offre un contre-portrait d'une femme qui n'aurait été que froide pensée.

La polémique se focalise sur l'accusation proférée à l'encontre des Conseils juifs *(Judenräte).* Dans sa volonté de débusquer toutes les responsabilités, la philosophe, en effet, porta dans son livre une accusation lourde, en partie fondée sur la lecture de *La Destruction des Juifs d'Europe* de Raul Hilberg, dont elle avait pourtant refusé la publication. Les Juifs auraient coopéré à leur propre destruction : « Toute la vérité, écrit-elle, c'est que, si le peuple juif avait vraiment été désorganisé et sans chefs, le chaos aurait régné, et beaucoup de misère aussi, mais le nombre des victimes n'aurait pas atteint de quatre et demi à six millions. » Elle accusait le procureur, et derrière lui le Premier ministre David Ben Gourion dont elle faisait le grand ordonnateur du procès, d'avoir dissimulé au cours du procès l'action de ces Conseils. Sa réprobation englobe les organisations juives obligatoires mises en place par les nazis en Allemagne ou en Autriche et les Conseils juifs proprement dit, imposés avec l'occupation de la Pologne, en charge

1. Art Spiegelman, *MetaMaus*, trad. de l'anglais par Nicolas Richard, Paris, Flammarion, 2012, p. 15.

de l'organisation de la vie dans les ghettos et par qui transitaient les ordres nazis. Cette affirmation d'Hannah Arendt est fausse. La question du rôle des responsables communautaires fut bien abordée au procès : les premiers qui en témoignèrent, alors qu'Hannah Arendt était encore à Jérusalem, furent les responsables des communautés juives d'Allemagne et d'Autriche qui détaillèrent leurs entrevues et leurs négociations avec Eichmann. Ils expliquèrent comment ils tentèrent notamment d'obtenir l'émigration en Palestine grâce à de complexes accords.

Dans son introduction à la dernière édition française d'*Eichmann à Jérusalem*, Pierre Bouretz note que 37 témoins, soit environ un tiers de ceux qui comparurent à la barre, étaient des anciens de ces Conseils ou les ont évoqués[1]. Les historiens, là encore, ont pris beaucoup de distance avec cette interprétation. À la suite de l'historien des Juifs hongrois Randolph L. Braham ou de Léon Poliakov, de nombreuses études ont montré l'absurdité de la remarque. Léon Poliakov, par exemple, rappelle qu'en Union soviétique, où toutes les organisations juives avaient été dissoutes par Staline, les pertes furent aussi grandes qu'en Pologne.

La violence de la polémique

La polémique qui éclata d'abord aux États-Unis fut, comme le montre le film de Margarethe von Trotta, d'une grande violence. Sans avoir la même ampleur, elle rebondit en France en 1966, quand *Eichmann à Jérusalem. Rapport sur la banalité du mal* sort dans la collection « Témoins » de Gallimard. *Le Nouvel Observateur* qui avait publié en bonnes feuilles la partie de l'ouvrage portant sur la « collaboration » des Juifs fait paraître une réponse collec-

1. *Eichmann à Jérusalem. Rapport sur la banalité du mal* a d'abord été publié en 1966 dans une traduction d'Anne Guérin. La traduction a été entièrement revue par Michelle-Irène Brudny de Launay et est sortie en « Folio » en 1991. Cette traduction revue à la marge figure dans le volume « Quarto » de Gallimard, édité sous la direction de Pierre Bouretz, qui comporte aussi les correspondances d'Hannah Arendt pendant le procès ainsi que d'autres documents de la polémique.

tive dans son numéro du 26 octobre 1966, signée notamment par Michel Borwicz, Vladimir Jankélévitch, Jacques Madaule, Richard Marienstras et Olivier Revault d'Allones. Le titre en est volontairement provocateur: « Hannah Arendt est-elle nazie ? » Les signataires trouvent « proprement scandaleux d'enfermer dans la même réprobation ceux qui, par tradition ou par principe, ne veulent pas se défendre – même si leur attitude est catastrophique pour leur entourage – et ceux qui ont fait du meurtre un principe ». Et de noter qu'il existe toujours de par le monde des Juifs pour s'estimer responsables du malheur des leurs.

Même s'il est le plus controversé de tous les ouvrages d'Hannah Arendt, *Eichmann à Jérusalem* est de très loin le plus lu. Et malgré les efforts des historiens qui en proposent une autre lecture, il a largement imposé sa vision du procès. Le film de Margarethe von Trotta, dramatisation d'une controverse intellectuelle, montre en tout cas que ce débat est inépuisable.

IX.

PARIS X^{e}

J'aurai donc beaucoup itinéré. Mais c'est chez moi que j'écris, sauf exception. Je ne possède pas de résidence secondaire et n'ai jamais eu de bureau à l'extérieur, ni comme enseignante, ni comme chercheuse. En revanche, depuis mon installation à Paris après mon retour de Chine, fin août 1976, j'ai toujours eu la chance de disposer d'une pièce à moi. J'ai habité exclusivement le Xe arrondissement. Rue Taylor d'abord, aux limites du IIIe, où ma tante Berthe, la sœur de ma mère, et son mari Raoul vivaient et travaillaient – au 17 rue de Lancry, une parallèle de la rue Taylor. Rue du Faubourg du Temple, ensuite, frontière avec le XIe arrondissement. Rue du Faubourg Poissonnière aujourd'hui et depuis plus de vingt ans, aux limites du IXe, dans le quartier où vécut mon grand-père maternel de 1930 à son décès, en 1988, et où ma mère grandit.

Le travail à domicile, dans une pièce dédiée, m'a permis de garder sous la main un fonds de documentation et de livres constitué au fil des années, et qui m'est indispensable pour avancer – même si Internet a atténué ce besoin. Il permet aussi, quand on est chargée d'enfants, de réaliser quelques tâches domestiques dans les interstices. Elles offrent une respiration : mettre en route la machine à laver, accrocher le linge, vider le lave-vaisselle, préparer le dîner au risque de brûler quelques casseroles.

Longtemps, je me suis levée de bonne heure. À 5 heures du matin, en guise de mise en route, nous nous téléphonions avec Henriette Asséo, alors professeure en khâgne. La retraite et l'âge venus, j'ai perdu l'habitude de ces réveils matutinaux. J'aimais ces heures tranquilles, seule à travailler, régnant sur un monde endormi, avant d'emmener un enfant à l'école ou de retrouver mes élèves au lycée. Longtemps aussi, de ce fait, je me suis couchée de bonne heure. Je n'ai pas été une personne très festive.

J'ai toujours aimé écrire, même si j'ai douté de ma capacité à le faire. Lycéenne à Ermont, avec l'un de mes camarades, Hervé Le Goff, j'avais fabriqué un petit journal clandestin que nous recopions pendant les cours. Nous l'avions intitulé *Le petit manuscrit*… j'en ai totalement oublié le contenu et je ne sais plus si nous avons dépassé le premier numéro. Plus tard, lors de mes deux ans de professeure à l'Institut des langues étrangères de la province du Guangdong, j'ai envoyé des articles pour la revue de l'Association des amitiés franco-chinoises, *Aujourd'hui la Chine*. Au retour, j'en ai été brièvement la rédactrice en chef. Nous maquettions les numéros rue Taylor. Et c'est à cette même adresse que se sont tenues certaines réunions de la revue *Traces*, dont je fus la première directrice de la publication. Nous nous retrouvions dans notre très grande cuisine… Ce qui me valut d'être comparée à Golda Meir. Je ne sais s'il faut se réjouir d'une telle comparaison ! Puis il y eut *Pardès*, dont les réunions avaient lieu chez Annie Kriegel, au 67, rue Caumartin, une maison particulière au fond d'une cour où avait habité Labiche et qui est aujourd'hui démolie. Annie y recevait aussi ses étudiants ; dans son bureau, une table basse était couverte de livres. Elle tenait table ouverte et les déjeuners rassemblaient tous ceux de passage, membres de la famille, voyageurs venus de loin, étudiants. On y discutait avec acharnement politique, à voix très haute, car Annie était sourde.

En 1993, André Kaspi fut nommé à la présidence de la Commission française des archives juives, fondées en 1963 par l'historien Bernhard Blumenkranz. Il me confia la tâche de refonder une revue, *Archives juives*. Ce que je fis, épaulée par l'historien des Juifs de Metz, Pierre-André Meyer. Nous élaborâmes un projet : un dossier thématique, des articles divers, des biographies de Juifs de France destinées à la confection d'un dictionnaire, des rubriques comprenant archives, livres, informations variées. Ma nièce, Nadia Bachiri, dessina la couverture de cette revue semestrielle, et l'éditrice Liana Levi accepta de la publier. Nous nous étions liées d'amitié après la formidable aventure que fut la parution de *Mille ans de cultures ashkénazes* (1994). Nous avons codirigé ce fort volume, avec Jean Baumgarten, pilier des aventures *Traces* et *Pardès*, éminent spécialiste de la langue et de la culture yiddish, Rachel Ertel et Itzhok Niborski. Nadia Déhan-Rotschild et Catherine Morhange en ont assuré le secrétariat de rédaction. Ce fut joyeux. Quelques années plus tard, avec Liana, nous refaisions l'aventure d'une publication collective avec *Les Juifs de France* (1998) aux côtés de Jean-Jacques Becker. D'*Archives juives*, j'ai assumé la rédaction en chef pendant trois ans, du numéro 1 (daté du 1er semestre 1994) au numéro 7 (1er semestre 1997). À la suite d'un différend avec André Kaspi, alors directeur des Sciences humaines et sociales du CNRS, j'ai donné la démission qu'il réclamait. *Archives juives* continue à être publié, dans un format pratiquement inchangé, avec un autre éditeur. Un jour aussi on écrira son histoire.

Désormais et depuis des années, c'est ma voisine, collègue et amie Catherine Brice que je retrouve à 10 h 20 précises, chaque premier vendredi du mois, au coin que fait sa rue avec celle du Faubourg Poissonnière. Nous marchons jusqu'au 8, rue d'Aboukir, où se tient le comité de rédaction de *L'Histoire*

– revue où s'est forgée pour moi une autre amitié profonde avec Séverine Nikel, qui en fut l'une des rédactrices en chef. Grâce à, et pour, *L'Histoire* j'aurais écrit les portraits d'hommes qui ont compté à mes yeux, par exemple celui de Philippe Lejeune. Si ma réflexion d'historienne sur le témoignage a été nourrie par Marc Bloch, elle le fut tout autant par les écrits de Philippe Lejeune et plus récemment de Javier Cercas.

Les revues, les ouvrages collectifs permettent d'éclairer des fragments d'histoire laissés de côté par les livres plus généraux. Mis bout à bout, ils peuvent aussi composer un récit. Ainsi en est-il de mes textes sur les Juifs de France. La dernière partie de ma thèse, très rarement citée, portait sur la reconstruction de la communauté en France après la guerre. J'ai complété ce travail par un certain nombre d'articles.

Aujourd'hui, alors que 2024 touche bientôt à sa fin, je pose les dernières lignes de ces itinérances. De retour chez moi, comme toujours, dans ma pièce, bureau encombré et chambre d'amis. Sur les murs est accroché, encadré, le diplôme « Shalom » du CRIF 2000 pour ma contribution à la Mission Mattéoli. Une photographie très rare de Barbara, sans doute dans le jardin de sa maison de Précy-sur-Marne, offerte par ma fille. Un dessin de Folon intitulé *La mémoire*. Une affiche représentant Mao, détourné par un artiste dissident contemporain chinois. Et les visages de celles et de ceux que j'aime, en particulier une photo de ma famille de naissance réunie lors du dernier Noël où mon père était encore parmi nous.

1.

Les conflits de Stefan Zweig : la guerre, la paix et les Juifs[1]

[2014]

« Je ne suis que perpétuel conflit, toujours ennemi de moi-même[2] », écrit Stefan Zweig dans son *Journal* le 18 décembre 1914, se promettant de « surmonter tout grâce au travail ». Il est alors plongé dans l'écriture de son *Dostoïevski*, qu'il suspend bientôt pour se consacrer à l'œuvre théâtrale présentée ici, *Jérémie*, dans la traduction d'Olivier Mannoni de la version « définitive » de 1928, inédite en français.

GENÈSE DE *JÉRÉMIE*

L'idée d'une telle pièce prend forme peu à peu. Le 15 mars 1915, il a noté dans son *Journal* : « Un livre, une brochure contre la divinisation de la guerre me préoccupe[3]. » Le 17 mai 1915, il semblerait que le sujet de la guerre devienne celui d'une pièce de théâtre. Zweig est dans un moment de grand pessimisme : « Je prévois un effondrement, je pense à cette tragédie sur Jérémie que

1. Préface à Stefan Zweig, *Jérémie*, Paris, Payot, 2014.
2. Stefan Zweig, *Journaux, 1912-1940*, traduit par Jacques Legrand, préface de Knut Beck, Paris, Belfond, 1986, p. 89.
3. *Ibid.*, p. 102.

j'ai toujours eu envie d'écrire[1]. » Ainsi, « effondrement » et « tragédie sur Jérémie » sont liés dans son esprit. Pourtant – et c'est l'une des contradictions si nombreuses dans les divers écrits de Zweig de cette période témoignant probablement de ce perpétuel conflit intérieur –, il célèbre la reconquête de la Galicie, cette province de l'Empire austro-hongrois qui avait été, dans les débuts de la guerre, conquise par les Russes et pour laquelle il a manifesté dans son *Journal* tant d'inquiétude : « Victoire à Przemysl[2] », cette ville-forteresse qui verrouille la frontière, écrit-il le 25 mai. Alors que le 1er juin il a « ébauché *Jérémie* », il semble satisfait de cette victoire : « À midi, cris de joie. Przemysl est pris [...]. Ce n'est pas tant le succès militaire que le fait de pouvoir prononcer à nouveau en Autriche le nom de Przemysl, la tache est effacée[3]. » Il pense alors que la guerre ne durera pas plus de trois mois et note chaque victoire autrichienne. Certes, il est plongé dans sa pièce, qui avance bien : « Le monde extérieur me fait moins mal, depuis que je suis justifié à mes propres yeux[4]. » Quand Lemberg tombe, « une houle qui passe sur la ville. – Gaîté, jubilation. On dirait que tout est fini et que la paix va se faire demain. » Rien n'indique que Zweig ne partage pas l'euphorie de cette victoire : « Entretemps, travaux préliminaires pour *Jérémie*, bien que l'ambiance ne s'y prête pas. » Le 29 juin, il a terminé l'ébauche du premier acte et le prélude. Il est content de lui : « Le travail me fait vraiment du bien [...]. J'ai abordé là comme il le faut, et avec audace, un grand problème[5]. »

C'est alors qu'un « espoir perce à l'horizon », celui de quitter Vienne, de « pouvoir fuir en Galicie pour deux semaines[6] ».

Stefan Zweig est âgé de trente-trois ans à la déclaration de guerre. Volontaire, il est affecté le 12 novembre 1914 pour un an au dépôt de Klosterneuburg comme soldat du train. Il déteste

1. *Ibid.*, p. 117.
2. *Ibid.*, p. 118.
3. *Ibid.*, 3 juin 1915, p. 120.
4. *Ibid.*, 22 juin 1915, p. 122.
5. *Ibid.*, 3 juillet, p. 124.
6. *Ibid.*, 7 juillet, p. 125.

et le travail qu'il doit y faire et la compagnie qui lui est imposée. Aussi est-il soulagé quand, en décembre 1914, il rejoint les Archives de guerre. « Revêtu l'uniforme pour la première fois aujourd'hui, note-t-il, – sentiment étrange malgré tout ! on se sent un peu ridicule avec ce sabre quand on n'a pas à s'en servir[1]. » Dans *Le Monde d'hier*, il décrit ainsi le travail qui est alors le sien : « Je devais assurer un service de bibliothèque, pour lequel mes compétences en langues étaient utiles, ou améliorer le style de bon nombre de communiqués adressés au public – ce qui n'avait rien de glorieux, j'en conviens volontiers, mais me paraissait personnellement plus convenable que d'enfoncer une baïonnette dans le ventre d'un paysan russe[2]. » C'est dans ce cadre qu'il effectue une mission en Galicie : « Les Archives de guerre souhaitaient collecter pour leur bibliothèque les originaux de toutes les proclamations et affiches russes dans les territoires autrichiens occupés avant qu'elles ne fussent arrachées ou détruites par d'autres moyens. Le colonel, qui connaissait par hasard ma technique de collectionneur, me demanda si je pouvais me charger de cette tâche ; je saisis naturellement l'occasion et on me délivra un laissez-passer si bien que, sans dépendre d'aucune autorité particulière ni être soumis à un supérieur quelconque, je pouvais emprunter n'importe quel train militaire et me rendre librement où je voulais[3]. »

Des jours passés en Galicie, du 14 au 26 juillet 1915, nous connaissions les pages du *Journal* que Zweig leur a consacrées. Cette publication de *Jérémie* est accompagnée de deux textes de l'écrivain, contemporains de l'élaboration de l'œuvre. Le premier, « Guérison galicienne », a été publié le 31 août 1915 dans le grand journal viennois des débuts littéraires de Zweig, la *Neue Freie Presse* ; le second, le 1ᵉʳ octobre 1915 dans le journal militaire de la IVᵉ armée à Stuttgart. Ces deux textes – le premier surtout – ont été l'objet de bien des fantasmes. On imaginait y trouver une

---

1. *Ibid.*, 1ᵉʳ décembre 1914, p. 85.

2. J'utilise ici l'édition parue dans Stefan Zweig, *Romans, nouvelles et récits*, tome II, Paris, Gallimard, coll. « Bibliothèque de la Pléiade », 2013, p. 1062.

3. *Ibid.*, p. 1079.

peinture du sort des Juifs pendant la période de l'occupation russe, quand les chefs militaires avaient décidé que les Juifs, suspects par essence d'une traîtrise que facilitait la proximité de leur langue, le yiddish, avec la langue allemande, devaient être violemment expulsés des zones frontières. Il n'en est rien. Les Juifs, si nombreux dans les villes de Galicie – presque un tiers de la population de Przemysl par exemple –, sont absents de ces textes. Surtout, la vision de la guerre donnée par ces écrits offre un contraste saisissant avec celle qui est au cœur de *Jérémie* comme d'ailleurs du *Monde d'hier*. Le conflit permanent dans lequel Zweig disait se débattre trouverait son expression dans une sorte de dédoublement : Zweig propagandiste de guerre autrichien *versus* Zweig pacifiste, voire défaitiste, comme il le revendique et ne cessera de le revendiquer.

Essayons donc de démêler un peu les deux questions historiques principales qui se posent à propos des écrits de Zweig pendant le premier conflit mondial : son attitude face à la guerre ; son souci du peuple juif et la nature de sa judéité.

Zweig et la Grande Guerre, entre patriotisme et défaitisme

Les journaux et les très nombreuses correspondances apportent des nuances à ce que raconte Zweig dans son chef-d'œuvre, *Le Monde d'hier* – un ouvrage écrit, il faut le rappeler, alors que, après l'Anschluss, le rattachement de l'Autriche à l'Allemagne en mars 1938, l'écrivain est en exil, sans ses livres et ses papiers, et qu'il ne dispose que de sa seule mémoire.

Car Zweig, comme tant d'autres intellectuels viennois qui sont ses contemporains, – comme Freud, pour ne prendre qu'un exemple –, est atteint par la fièvre patriotique. Il écrit, le 8 septembre 1914, une lettre ouverte à ses amis de l'étranger qui paraît dans le *Berliner Tageblatt* du 19 septembre. « Je ne suis plus, en ces jours, le même que celui qui s'asseyait avec vous, mon être est comme transformé, et ce qui en moi est allemand submerge tout ce que j'éprouve [...]. Je ne trouve plus la volonté d'être équitable. Maintenant, la mesure des choses est modifiée et chaque être n'est vrai que par ce qu'il a en commun avec sa nation[1]. » Il songe même alors à partir sur le front. Les notations patriotiques abondent dans son journal, mais aussi dans ses correspondances, avec des nuances selon ses interlocuteurs. À travers ces écrits se lit aussi la représentation contrastée qu'il se fait de l'Allemagne et de l'Autriche, une Allemagne qu'il admire, une Autriche dont il déplore la frivolité. Dès août 1914, son « angoisse pour l'Allemagne est indicible », alors qu'il trouve la « mollesse de Vienne » « écœurante »[2]. Il a « honte face à l'Allemagne[3] ». Il suit avec une évidente satisfaction les victoires de l'Allemagne sur les deux fronts, celui de l'Est comme celui de l'Ouest : « Tout semble marcher à merveille[4]. » Il souhaite la victoire de l'Allemagne et souhaiterait s'y trouver : « Tous les Autrichiens deviennent des Allemands ces jours-ci, on se sent frustré et l'on est ébahi d'appartenir à ce peuple indolent[5]. » Il juge inévitable la rupture avec ses amis de l'autre camp. Entre lui et eux, « quelque chose est détruit pour des années[6] ». Il ne cache pas sa joie, après la victoire allemande sur Metz : « Le courage vous revient d'un coup ; on est fier de la langue allemande, de la parler, de l'écrire. Enfin une *vraie* victoire[7] ! »

Pourtant, ces accents patriotiques ne l'empêchent pas d'exprimer sans cesse son souci des hommes, sa compassion pour les soldats blessés et mutilés, quel que soit leur camp, son chagrin de leur mort.

Le voyage en Galicie

Ce sont ces accents que l'on retrouve dans « Guérison galicienne ». Il avait, dans son *Journal*, pleuré la perte de la province.

---

1. Cité par Jacques Le Rider, *Les Juifs viennois à la Belle Époque*, Paris, Albin Michel, 2013, p. 231.
2. Stefan Zweig, *Journaux, op. cit.*, 5 août 1914, p. 63.
3. *Ibid.*, 22 août, p. 67.
4. *Ibid.*, 7 août, p. 63.
5. *Ibid.*, 19 août, p. 66.
6. *Ibid.*, 10 août, p. 66.
7. *Ibid.*, 21 août, p. 67.

Il célèbre son retour dans le giron de l'Autriche. Il est aussi tout à la joie d'avoir pu s'approcher de la guerre. Il l'écrit à Romain Rolland: « Tout près du front, j'ai vu des choses inimaginables. Je ne puis vous donner des détails, mais je peux vous dire ceci: quiconque se permet des jugements à distance, de son salon ou de sa rédaction, agit en ignare et doit forcément se montrer injuste, même si ses intentions sont les meilleures du monde. La vérité ne souffre pas d'intermédiaire, seul un regard lucide peut la capter, et toute parole, qu'elle soit écrite ou parlée, est déjà altération et falsification. J'ai vu beaucoup de choses, des choses déprimantes et des choses encourageantes – une nuit passée dans un train hôpital a fait le reste pour m'ouvrir les yeux sur ce monde de la souffrance. Et je suis reconnaissant au destin de m'avoir laissé approcher de près cet univers et me faciliter ainsi la tâche d'être juste[1]. » Il est aussi heureux d'avoir pour la première fois visité une contrée de son pays où lui, qui a parcouru le monde, ne s'était jamais rendu. Ce qu'il résume en introduction du texte: « En une heure inoubliable, j'ai vu pour la première fois ce pays qui est le nôtre, ce pays perdu et désormais reconquis, à l'heure de sa guérison après une époque de souffrances héroïques. » Et, dans une lettre à Romain Rolland, il résume ainsi le propos de « Guérison galicienne »: « Vous verrez que je me suis efforcé d'y fixer les reflets de la guerre et aussi de capter la lumière au-dessus des ténèbres; cet essai est devenu, malgré moi et au milieu de tout ce chaos, un hymne au caractère indestructible de toute vie organique. Les peuples peuvent se déchirer, les pays souffrir – il n'y aura pas, pour autant, de naufrage[2]. » La « guérison » de la Galicie est sa résurrection après le « cauchemar russe ».

Dans ce texte, il n'est pas question directement des Juifs. Comme Zweig l'écrit à Romain Rolland: « J'ai vu encore là-bas bien des choses encore, que je n'ai confiées qu'à mon journal, mais vous allez pouvoir vous en faire une idée quand même. Tout ce que je dis est absolument exact et la joie des populations (en grande

1. Romain Rolland, Stefan Zweig, *Correspondance, 1910-1919*, Paris, Albin Michel, 2014, p. 262.

2. Lettre du 23 août 1915, *ibid.*, p. 267.

partie juive) au moment du retour des Autrichiens n'est pas exagérée. La souffrance de ces Juifs était, comme partout, davantage due à la peur et aux récits des atrocités qu'aux tourments infligés par les Cosaques[1]. » Absents de « Guérison galicienne », les Juifs y sont présents en filigrane. Zweig évoque les « stries sanglantes de la guerre » laissées sur « la peau de ce Job entre les peuples », le « tourment » et la « détresse des hommes effarouchés, déplacés, arrachés dans un tourbillon à leur foyer et à leurs droits ». Sans qu'ils soient nommés, c'est bien des Juifs dont il s'agit.

Il faut donc, comme Zweig lui-même nous y invite, se reporter à son journal du voyage en Galicie[2]. Dès son départ, par la gare du Nord de Vienne, le 14 juillet 1915, l'écrivain constate la présence d'« une foule de réfugiés, de pauvres Juifs polonais avec femmes et nourrissons, le tout baigné de cette étrange et pénétrante odeur de la misère et plongé dans le chaos de la fuite. C'est le revers de la victoire de Lemberg, l'impression est fantastique. Le ver de terre qui, après l'averse, remonte à la surface et va chercher sa nourriture ». À Cracovie, ville intacte, comme hors de la guerre, il note le « mélange de population paysanne effarouchée et de Juifs en kaftan ». À Tarnow, « les boutiques, surtout les juives, sont barricadées », alors qu'au marché ce sont de « magnifiques types slaves, comme gravés dans le bois, au milieu des Juifs affairés et infiniment misérables, les deux peuples offrent le contraste le plus violent, seule les unit leur piété ». Ils trouvent ces Juifs « remarquables, parce qu'on les voit se livrer à des occupations inhabituelles, cochers, âniers, hommes de peine. Étrange aussi le ghetto, sale, chaque cabane est aussi noire qu'un cercueil ». Ces images l'ont fortement marqué. Dans *Le Monde d'hier*, il se souvient avoir vu « la misère de la population juive des ghettos, où on habitait à huit, à dix dans des pièces à ras du sol ou sous terre[3] ».

Mais surtout, si les Polonais marquent une certaine hostilité à l'égard des soldats autrichiens, « les Juifs se découvrent respectueusement ». Car, note encore Zweig, « ce sont les seuls qui restent

1. Lettre du 20 septembre 1915, *ibid.*, p. 271.
2. Le voyage en Galicie occupe les pages 125 à 140 des *Journaux*.
3. S. Zweig, *Le Monde d'hier*, *op. cit.*, p. 1079.

vraiment fidèles à l'Autriche». Cette fidélité s'explique en partie par ce qu'ils ont subi de la part des Russes. Ainsi, à Grodek, «le ghetto commercial, d'une pauvreté indescriptible, mais dans la joie à présent. Les gens viennent de vivre une période d'angoisse sans pareille – on les ramassait dans les rues pour les expédier au travail ou en exil».

Ce sont d'ailleurs les Juifs qui lui fournissent ce qui est nécessaire à sa mission pour les archives de guerre. Car on l'a conduit chez un tailleur, dans le ghetto, qui affirme avoir jeté tout ce qui vient des *goyim*. Zweig veut une cocarde russe: «En un clin d'œil, un millier de Juifs de Tarnow savent que je désire une cocarde russe, tout le monde cherche, tout le monde est en émoi.» Il reviendra dans *Le Monde d'hier* sur cette aide que lui apportèrent ses coreligionnaires: «Chaque fois que j'arrivais dans une de ces villes de Galicie, Tarnow, Drohobycz, Lemberg, je trouvais à la gare quelques Juifs qu'on appelait "facteurs", dont le métier consistait à vous procurer tout ce dont vous pouviez avoir besoin; il me suffisait de dire à un de ces praticiens universels que je souhaitais les proclamations et affiches de l'occupation russe, et le facteur filait comme un lièvre et transmettait la commission par des voies mystérieuses à des dizaines de sous-facteurs: trois heures après, sans avoir fait moi-même un seul pas, j'avais réuni le matériel au grand complet[1].»

Pourtant, on chercherait en vain un portrait hagiographique de ces Juifs. Le propriétaire de l'hôtel crasseux où il loge à Jaroslaw est un «Juif insolent marqué de petite vérole». À Grodek, «une Juive à mine rusée se faufile avec un panier pansu: elle vend de l'eau-de-vie à des prix prohibitifs».

Ce voyage n'est pas ce qui l'incite à écrire *Jérémie*: il a commencé à élaborer ce projet plusieurs mois auparavant, même si l'écriture se nourrit de toutes ses observations attentives de la guerre, à Vienne comme lors du voyage en Galicie.

1. *Ibid.*

Jérémie, Romain Rolland et la guerre

Il faut tenter de lire cette pièce en neuf tableaux, du moins ses sept premiers, en faisant abstraction de son thème biblique, en ne cherchant pas les références scripturaires, en tentant de se reporter à l'époque où Zweig l'écrivit. Ce qu'il met dans la bouche de ses personnages – en particulier dans les voix de la foule – sont les remarques que l'on peut lire dans son *Journal* ou ses correspondances, notamment sur la force des rumeurs, l'inconséquence et la versatilité des foules, la « suprême détresse » causée par la guerre.

Qui est alors le Jérémie de Zweig ? L'écrivain affirme avoir voulu décrire sous forme de drame sa « propre situation tragique de “défaitiste” », un mot inventé, dit-il, « pour insinuer que ceux qui œuvraient pour l'entente désiraient la défaite ». Il choisit alors la figure de Jérémie, celui qui avertissait en vain, écrit-il dans *Le Monde d'hier*. « Mon propos n'était aucunement d'écrire une pièce “pacifiste”, de mettre en mots cette lapalissade que la paix vaut mieux que la guerre, mais de représenter que celui qui est décrié, à l'époque de l'enthousiasme, comme un être faible et peureux, se révèle être la plupart du temps, à l'heure de la défaite, non seulement le seul à la supporter, mais aussi à la dominer. Depuis ma première pièce, *Thersite*, la question de la supériorité morale du vaincu n'avait cessé de m'occuper. Ce qui me tentait, c'était de montrer le durcissement intérieur que toute forme de pouvoir produit chez un homme, la sclérose de l'âme que toute guerre provoque chez des peuples entiers, et de leur opposer le pouvoir bouleversant de la défaite labourant l'âme de ses horribles souffrances. En pleine guerre, tandis que les autres célébraient un triomphe prématuré, se convainquant les uns les autres que la victoire était certaine, je me jetai déjà au plus profond de l'abîme de la catastrophe et cherchai comment s'en relever[1]. »

Or s'il y eut en 1914 un Jérémie, ce ne fut pas Zweig – nous avons vu comment il céda à la fièvre patriotique et travailla à la

1. *Ibid.*, p. 1 083.

propagande de guerre –, mais son ami et correspondant assidu, Romain Rolland, l'homme qu'il ne cessa d'admirer. À chaque lettre qu'il lui écrit, il lui dit son admiration. Zweig rend constamment hommage à un Romain Rolland qui refusa d'emblée la guerre. Les deux hommes ne sont pas toujours d'accord, et Zweig généralement plaide pour les puissances centrales : elles n'ont pas commis les exactions dont elles sont accusées, en particulier par celui qui fut un ami, et presque un père spirituel, l'écrivain belge Émile Verhaeren. Seule sa mort accidentelle préservera la rupture. Elles ne sont pas responsables du déclenchement du conflit. « Zweig voit Rolland se dresser périodiquement devant lui en statue du Commandeur, note Serge Niémetz, lui rappelant ses manquements, et s'éloigner politiquement de lui[1]. » Dans son *Journal*, Zweig dit se sentir « petit, l'âme basse devant la noblesse de son sacrifice. Son être réunit tous les éléments de cette perfection à laquelle je tends, tout ce qui en moi est absorbé par les passions, et je considère sa seule existence comme un stimulant aux qualités que je peux posséder[2] ». Romain Rolland pourrait le sauver de lui-même. « Cet homme représente pour moi, en ces journées, ce qu'il y a de plus beau et de plus émouvant », écrit-il encore. « Ah, s'élever à une telle perfection de l'âme ! quel but[3] ! »

C'est par l'écriture que Zweig s'élèvera, en créant deux personnages, écho du couple qu'il forme avec Romain Rolland : Jérémie et Baruch. L'écriture de sa pièce constitue en quelque sorte sa sortie de guerre. Sa publication rencontra un très beau succès, dont il s'étonna, mais qui pourtant s'explique simplement. Nous sommes au printemps 1917, et les peuples mesurent les pertes incommensurables causées par cette guerre et aspirent à la paix.

1. Cité par Jacques Le Rider, *Les Juifs viennois à la Belle Époque, op. cit.*, p. 26.

2. Stefan Zweig, *Journaux, 1912-1940, op. cit.*, 18 mars 1915, p. 102.

3. *Ibid.*, 15 décembre 1915, p. 159.

Jérémie et la question juive

Jérémie est donc d'abord une pièce sur la guerre. Mais Zweig a aussi choisi un sujet biblique. Comme il l'écrit à Martin Buber, il aurait pu choisir le personnage de Cassandre. Mais il constate plus tard, dans l'après-coup de l'arrivée d'Hitler au pouvoir, qu'il avait « inconsciemment touché à quelque chose qui, jusque-là, était resté inemployé : ma communauté de destin avec les Juifs obscurément fondée sur le sang ou la tradition. Ne s'agissait-il pas de mon peuple, ce peuple toujours vaincu par tous les autres peuples, toujours et toujours, et qui leur avait pourtant survécu grâce à une force mystérieuse – cette force justement de transformer la défaite par la volonté de vaincre encore et encore ? Et nos prophètes ne l'avaient-ils pas anticipée, cette existence perpétuellement traquée, cet éternel exil qui nous emporte une fois encore sur les routes comme le vent emporte les fétus, et n'avaient-ils pas accepté cette soumission à la violence, la bénissant même comme une voie qui mène à Dieu ? L'épreuve n'avait-elle pas été fructueuse pour tout un chacun – je le sentais avec bonheur en écrivant ce drame, le premier de mes livres qui eût une valeur à mes propres yeux. Je le sais aujourd'hui : sans tout ce que j'ai souffert à cette époque, pendant la guerre, de compassion pour les autres et de pressentiment pour l'avenir, je serai resté l'écrivain que j'étais avant la guerre, "agréablement animé" comme on dit en musique, mais jamais atteint, pris, saisi aux tripes. À présent, et pour la première fois, j'avais le sentiment de parler tout à la fois du fond de moi-même et de mon temps. En m'efforçant d'aider les autres, c'est moi que j'ai aidé à ce moment-là : à écrire mon œuvre la plus personnelle, la plus intime à côté de mon *Érasme*, dans lequel en 1934, l'époque de Hitler, j'ai lutté pour sortir d'une crise analogue. Dès le moment où j'essayai de lui donner une forme, je ne souffris plus autant de la tragédie de l'époque[1]. »

C'est dans les deux derniers tableaux que, par ce qu'il appelle « le retournement », il exprime sa conception de ce qu'est le

1. Stefan Zweig, *Le Monde d'hier, op. cit.*, p. 1083-1084.

peuple juif: un peuple destiné à l'exil. Le Temple n'a pas à être à Jérusalem, il est partout. L'exil du peuple juif est éternel. Lire le dernier tableau aujourd'hui, après la destruction des Juifs d'Europe, est saisissant. Certes, les réminiscences du récit de la fuite d'Égypte, l'Exode, répété chaque année lors du Seder, le repas de la Pâque juive, sont présentes. Mais comment ne pas voir, dans le tableau donné de la destruction de Jérusalem, une autre destruction, dans les foules qui partent pour un destin inconnu sous les rires des guerriers chaldéens, une autre déportation ?

Pourtant, dans une vision christique, Zweig semble voir dans la souffrance la rédemption. Pour Jérémie, « si Dieu nous envoie cette épreuve, c'est pour que nous Le reconnaissions. À d'autres peuples, on ne donne que petits signes et faible reconnaissance, ils croient voir le visage de l'Éternel dans des morceaux de bois et dans des pierres. Mais notre Dieu, le Dieu de nos pères, c'est un Dieu caché, et c'est seulement dans la profondeur de la souffrance que nous prenons conscience de Lui ». Ou encore : « Croyez à la résurrection, mes frères, et déjà vous êtes ressuscités. Qui sommes-nous en effet, si nous ne sommes pas croyants ? Une terre ne nous a-t-elle pas été donnée, comme aux autres peuples, pour que nous y restions attachés, une patrie pour que nous y restions, le repos pour que notre cœur y engraisse ! Ce n'est pas en vue de la paix que nous avons été élus parmi les peuples : la pérégrination est notre tente, la fatigue notre champ, et Dieu notre patrie dans le temps. Laissez leur bonheur aux autres, laissez-leur la maison et le foyer de la terre, mais toi, peuple de la souffrance, laisse-toi mettre à l'épreuve et crois, toi, peuple de Dieu, car la souffrance est ton héritage sacré, c'est pour elle, et pour elle seule, que tu as été élu au nom de ton éternité. »

Les thèmes juifs apparaissent par intermittence dans l'œuvre de Zweig. Ainsi la très belle et émouvante nouvelle *Dans la neige* (1901) : au Moyen Âge, une petite communauté juive fuit un pogrom – déjà l'exil – pour mourir collectivement lors d'une tempête de neige. Puis ces thèmes disparaissent. Ils réapparaissent sporadiquement. Citons *Le Bouquiniste Mendel* (1929), dans lequel Jacques Le Rider voit le double de Zweig, *Le Chandelier enterré* (1936) ou encore le personnage à double identité – Juif venu du ghetto devenu aristocrate de Kekesfakva-Kanitz – dans un des livres les plus lus de Zweig, *La Pitié dangereuse*.

Pourtant, pour Jacques Le Rider, Zweig adopte le modèle dominant : celui de l'« assimilation à la culture allemande, dans sa variante autrichienne[1] », sans jamais occulter sa judéité. D'autres Juifs allemands ou autrichiens ont choisi des voies différentes, comme Martin Buber ou Gershom Scholem : l'ancrage dans le judaïsme et le projet sioniste. Comme l'explique Zweig, qui reconnaît sa dette à l'égard de Theodor Herzl qui lui a accordé, quand il était tout jeune homme, sa confiance sur les plans littéraire et humain, « le sionisme et la Palestine ne me sont jamais apparus comme étant "la" solution, mais comme l'une des idéologies les plus pertinentes et les plus stimulantes qui existent à l'intérieur du judaïsme, qui a énormément contribué au renouvellement de son idéal. Mais je ne voudrais pas pour autant que le judaïsme abandonne son universalité et sa supranationalité pour se figer entièrement dans la dimension hébraïque et nationale. Il y a toujours eu deux partis à l'intérieur du judaïsme : l'un qui voyait le salut dans le Temple, et l'autre qui, au moment du siège de Jérusalem, disait que si ce temple venait à être détruit, c'est le monde entier qui se transformerait en temple [...]. Je ne crois pas qu'il nous faille créer une littérature "juive", nationale ; mais seulement qu'il faut écrire ce qui nous tient à cœur. Et comme justement nous sommes juifs et ne le renions pas, alors cette œuvre en elle-même prend un caractère juif[2]. » *Jérémie* illustre cette conception.

1. Cité par Jacques Le Rider, *Les Juifs viennois à la Belle Époque, op. cit.*, p. 7.
2. Lettre à Alfred Wolf, citée in *ibid.*, p. 221-222.

2.

L'œuvre de Jean-Claude Grumberg sous le regard de l'historien[1]

[2012]

Une œuvre-témoignage

En 1979, nous avons reçu à l'Odéon la révélation de *L'Atelier*. L'auteur y jouait lui-même le rôle principal, celui du patron, arpentant nerveusement la scène. Car Jean-Claude Grumberg oscille en permanence entre colère, révolte et énervement. Ces émotions, comme ce « don fantastique pour l'inquiétude, la peur, l'angoisse[2] », auraient pu l'engloutir, mais il les a mis en mots et en a fait une œuvre.

Un théâtre à la recherche de l'histoire familiale

On s'est beaucoup interrogé sur les frontières qui séparent l'Histoire du roman, laissant généralement de côté celles qui la séparent du théâtre. Or Jean-Claude Grumberg est un auteur dont toute l'œuvre – théâtrale, d'abord, à laquelle se rattache l'écriture de scénarios pour le cinéma ou la télévision ; ouvrages pour enfants ; récits – se nourrit de l'Histoire. « La grande, l'Histoire

1. Texte publié dans *Jean-Claude Grumberg*, Jean-Claude Lallias *et al.* (dir.), *Théâtre Aujourd'hui*, nº 14, 2012.

2. *Mon père. Inventaire*, suivi d'*Une leçon de savoir-vivre*, Paris, Seuil, 2003. Nous utilisons ici l'édition parue dans la collection « Points. Essai », 2010, p. 144.

avec sa grande hache[1] » qui imprima sa marque indélébile, irréparable, sur son contemporain Georges Perec. Mais la littérature n'est pas l'histoire. Son régime de vérité est différent. L'écrivain a droit à l'invention qui n'est pas seulement langagière. L'œuvre pourtant s'inscrit dans l'histoire, elle a parfois le pouvoir d'en éclairer le cours, d'en faire comprendre certains aspects, de l'interpeller, de lui faire se poser d'autres questions, grandes ou petites. Surtout – et c'est le cas de Jean-Claude Grumberg – quand l'auteur est explicitement témoin d'un temps qui travaille son œuvre, le temps du « ça[2] », mais aussi celui de l'« après », un après sans limite, car « après, c'est encore aujourd'hui[3] ».

L'Atelier est la première œuvre autobiographique de Grumberg mettant en dialogues, qui font rire et pleurer, le poids tangible du génocide des Juifs dans un après-guerre sombre, si sombre pour tant de familles décimées. Tous les thèmes qu'aborde l'auteur nourrissent ses écrits ultérieurs, pièces de théâtre, livres pour enfants, récits autobiographiques (comme *Pleurnichard* ou *Mon père. Inventaire*).

L'Atelier est écrit et mis en scène dans le contexte de l'extraordinaire montée en puissance de la mémoire du génocide des Juifs. Certes, il y avait eu, côté roman, ceux d'André Schwarz-Bart[4] et d'Anna Langfus[5]. Côté théâtre, la pièce *Le Vicaire*, de l'Allemand Rolf Hochhuth, représentée au théâtre de l'Athénée en 1963 dans une adaptation de Jorge Semprún, dénonçait les silences de Pie XII. Jean-Claude Grumberg adaptera d'ailleurs cette pièce pour le film de Costa-Gavras, *Amen* (2002). Côté histoire, Léon Poliakov avait publié en 1951 son *Bréviaire de la haine*, avec une préface de François Mauriac. Mais c'est bien la fin des années 1970 et le début des années 1980 qui voient l'explosion de cette mémoire sous toutes ses formes. Après bien des hésitations, la télévision française diffuse le feuilleton américain *Holocauste*. L'évocation du

1. Georges Perec, *W ou le Souvenir d'enfance*, Paris, Gallimard, 1993, p. 17.
2. *Pleurnichard*, Paris, Seuil, 2010, p. 11.
3. *Ibid.*, p. 15.
4. *Le Dernier des justes*, d'André Schwarz-Bart, fut publié en 1959 et reçut le prix Goncourt la même année.
5. *Le Sel et le Soufre*, d'Anna Langfus, fut publié en 1959 et *Les Bagages de sable* reçut, à son tour, le prix Goncourt 1962.

sort des Juifs de France est permanente, principalement à l'occasion d'affaires qui rythment l'actualité. L'émergence du négationnisme y contribue fortement. L'affaire Louis Darquier de Pellepoix éclate en 1978. Cet ancien commissaire aux questions juives pendant l'Occupation, condamné à mort par contumace alors qu'il avait trouvé refuge dans l'Espagne de Franco (il y décède en 1980), avait déclaré à un journaliste de *L'Express* qu'à Auschwitz on n'avait gazé que des poux. La même année, Robert Faurisson, héraut de la bonne nouvelle annonçant que les chambres à gaz n'ont pas existé, parvient à faire paraître une tribune dans *Le Monde*. Serge Klarsfeld publie en 1978 son *Mémorial de la déportation des Juifs de France*: y figure le nom de Zacharie Grumberg, le père de Jean-Claude, né le 19 décembre 1898 à Galatz, déporté à Auschwitz par le convoi n° 49 le 2 mars 1943. Cette même année, la psychiatre Claudine Vegh publie les récits de ceux qui, dans la décennie suivante, inventèrent pour se désigner l'appellation d'« enfant caché ». *Je ne lui ai pas dit au revoir*[1] fut un immense succès en librairie. Deux ans après, dans un numéro de la *Nouvelle Revue de psychanalyse*, Nadine Fresco évoquait l'emprise de « la diaspora des cendres[2] ». *Vichy et les Juifs* de Michael Marrus et Robert Paxton[3] est traduit en français, alors que Serge Klarsfeld publie *Vichy-Auschwitz*[4], deux volumes constitués pour l'essentiel de documents montrant la part prise par l'État et les administrations françaises dans la déportation des Juifs de France.

Quand Jean-Claude Grumberg monte *L'Atelier*, une pièce consacrée à « après », il a quarante ans. Il a découvert le théâtre, écrit sur « avant » (*Dreyfus*...). Il lui faudra du temps pour aborder « pendant », ce « ça » qui n'a pas de nom. « C'était l'extermination, le génocide, la déportation, les camps, les chambres à gaz, les fours, c'était Drancy, Compiègne, Beaune-la-Rolande, Auschwitz, Birkenau, Majdanek, Treblinka[5]. »

---

1. *Je ne lui ai pas dit au revoir: des enfants de déportés parlent. Entretiens avec Claudine Vegh*, Paris, Gallimard, 1979.

2. Nadine Fresco, « La diaspora des cendres », *Nouvelle Revue de psychanalyse*, n° 24, 1981, p. 205-220.

3. Michael R. Marrus et Robert O. Paxton, *Vichy et les Juifs*, Paris, Calmann-Lévy, 1981.

4. Serge Klarsfeld, *Vichy-Auschwitz*, Paris, Fayard, 1981.

5. *Pleurnichard*, *op. cit.*, p. 11.

Ce que sa famille a vécu, Jean-Claude Grumberg était trop petit pour s'en souvenir. Son frère aîné et quelques papiers retrouvés sont les seules traces à partir desquelles il reconstruit son histoire, imaginant ce qu'il ignore. L'historien, lui aussi, construit son récit par traces, mais toutes ces traces doivent avoir un lien établi, et vérifié, avec la réalité. Il doit affecter à chaque élément une note qui permet à d'autres d'y aller voir. Il cherche toujours à contextualiser les faits. Là où l'écrivain fait entendre sa voix singulière, l'historien recherche comment un itinéraire s'inscrit dans un contexte collectif et comment il en diffère. Il essaie de comprendre, de faire comprendre plutôt que de faire ressentir. Les deux démarches ne s'opposent pas. L'œuvre de l'historien et celle de l'écrivain se nourrissent parfois l'une de l'autre, même si elles remplissent des fonctions différentes.

Le sort de la famille Grumberg est le lot commun de bien des familles juives en France. À la déclaration de guerre, Zacharie Grumberg, de nationalité roumaine, s'engage volontairement comme des milliers d'autres Juifs étrangers. Il ne combattra pas. Après l'effondrement de l'armée française, il regagne Paris et reprend son métier de tailleur à son domicile du 34 rue de Chabrol, dans le Xe arrondissement. Le 22 août, il est arrêté lors de ce que l'on a appelé par métonymie « la rafle de Drancy », puisque c'est là, dans le camp improvisé dans les bâtiments inachevés de la cité de la Muette, que 4232 hommes furent internés. La rafle visait au départ les hommes juifs du XIe arrondissement et devait se dérouler en une journée, celle du 20 août. C'était une mesure de représailles décidée par les autorités militaires allemandes alors que la résistance communiste devenait très visible. Avec l'entrée de la Wehrmacht en Union soviétique, les nazis avaient posé l'équation : résistants = communistes = Juifs-voulant-la-destruction-de-l'Allemagne. Pour protéger les troupes d'occupation du danger communiste, il suffisait de s'en prendre aux Juifs. Dans l'arrondissement hermétiquement bouclé à l'aube, les policiers français, encadrés par des militaires allemands munis de listes de rues compilées à la préfecture de police à partir du recensement ordonné par les autorités d'occupation allemandes, frappèrent à chaque porte ; ils ne trouvèrent « que » 3022 personnes à arrêter au lieu des

5784 prévues. Les arrestations continuèrent jusqu'au 25 août 1941 dans tout Paris. Zacharie Grumberg fait partie des 325 Juifs arrêtés le 22 août dans les IIIe, IVe, X^e^, XIe, XVIIIe, XIXe et XXe arrondissements. Il est interné à Drancy « sans carte d'alimentation », précise l'une des fiches qui le concerne.

Le 12 décembre 1941 a lieu la troisième arrestation massive, celle de 743 notables, avocats, professeurs, chefs d'entreprises, ingénieurs… Parmi eux, Jean-Jacques Bernard, le fils de Tristan, qui fit le récit de sa vie au camp de Compiègne-Royallieu dans *Le Camp de la mort lente*[1]. Pour que le compte soit rond – 1000 internés –, mais peut-être aussi pour englober dans la même catégorie de « Juifs » ceux qui appartiennent aux élites de la France et « la lie de la terre[2] » (les immigrés), Theodor Dannecker décide de transférer le soir même 300 Juifs de Drancy dans ce même camp. Zacharie Grumberg est l'un d'eux. Nous ignorons pourquoi il fut choisi. Le 12 mars 1942, alors que se prépare la première déportation (qui aura lieu le 27 mars), Dannecker visite le camp de Compiègne avec une commission militaire allemande et envisage la libération d'une centaine de vieillards et malades. Zacharie Grumberg est effectivement libéré le 14 mars.

Le 21 février 1943, il est « réintégré » à Drancy, comme le stipule une autre fiche et dans cette langue administrative qui « euphémise » la persécution. Dans son *Calendrier*, Serge Klarsfeld note que, le 20 février, pour répondre aux exigences allemandes de déporter 2000 Juifs, la police française organise des rafles dans toute la zone sud. Par une note de service, l'une d'elles vise à Paris les hommes juifs étrangers de seize à soixante-cinq ans. 7011 fiches du fameux fichier ont été sélectionnées pour permettre ces arrestations. « Le bilan est faible », note Serge Klarsfeld : une centaine d'arrestations. Zacharie et son père, aveugle, en font partie[3].

1. Jean-Jacques Bernard, *Le Camp de la mort lente : Compiègne 1941-1942*, Paris, Albin Michel, 1944.

2. C'est le titre que donne Arthur Koestler au récit de son internement dans la France de 1939-1940.

3. Les fiches sont consultables aux Archives nationales ou au Mémorial de la Shoah. Tous les autres renseignements proviennent de Serge Klarsfeld, *Le Calendrier*

Jean-Claude et son aîné sont envoyés du « bon côté de la ligne de démarcation, loin, loin même de l'endroit où on la passe[1] », quelque part en Corrèze, c'est-à-dire nulle part pour ces urbains habitués à arpenter le boulevard Barbès et dénués de toute fibre écologique. C'est la vie en zone libre, titre de la pièce que Jean-Claude Grumberg mit en chantier sitôt après *L'Atelier*. Il lui fallut dix ans pour l'écrire.

« Un après-guerre de papiers, de bureaux, de tampons[2] »

L'Atelier ouvre au public la première fenêtre sur l'après-guerre, sur la chape de plomb qui recouvrit alors la déportation des Juifs, sur les difficultés que rencontrèrent les femmes, si nombreuses à élever seules leurs enfants et contraintes de gagner chichement et durement leur vie. Car les arrestations en France concernèrent d'abord les hommes seuls ; jusqu'à la rafle du Vél d'Hiv des 16 et 17 juillet 1942, elles épargnèrent les femmes et les enfants. Il y eut plus de veuves que de veufs. L'œuvre littéraire précède ici le travail des historiens et nourrit leur réflexion. J'ai consacré ma thèse, *Déportation et génocide*[3], à cet après-guerre, dépliant en historienne bien des thèmes présents dans *L'Atelier*.

Sur les quelque 75 000 Juifs déportés de France, seuls 2 500 ont survécu. Ces derniers ont pour la plupart été libérés des camps de concentration de l'ouest (Buchenwald, Bergen-Belsen, Ravensbrück…), rapatriés mêlés aux autres catégories de déportés (résistants, otages, droit commun). Cette situation explique en partie le brouillage entre toutes les catégories, le fait que le sort des Juifs ne soit pas distingué. D'autant que le ministère Frenay, qui a en charge les prisonniers, déportés et réfugiés, prône l'union

---

de la persécution des Juifs en France : 1940-1944, Paris, Association des Fils et Filles des déportés juifs de France/The Beate Klarsfeld Foundation, 1993.

1. *Zone libre*, in *Dreyfus…, L'Atelier, Zone libre*, postface de Jean Caune, Arles, Actes Sud, coll. « Babel », 2000, p. 246.

2. *Pleurnichard*, *op. cit.*, p. 12.

3. Annette Wieviorka, *Déportation et génocide : entre la mémoire et l'oubli*, Paris, Plon, 1992. Tous les éléments concernant le retour des déportés, la constitution de leurs associations et les statuts proviennent de cet ouvrage.

et l'indistinction : « Ils sont unis. Ne les divisez pas », indique une affiche où l'on voit un déporté en costume rayé soutenu par un prisonnier de guerre et un requis du STO.

Des associations chargées notamment de défendre les droits des déportés et de venir en aide aux veuves et aux orphelins se constituent. Pour un survivant juif d'Auschwitz ou pour la famille d'un assassiné, il est difficile de trouver où adhérer. La Fédération nationale des déportés internés résistants (FNDIR) et l'Association des déportées et internées de la Résistance (ADIR) n'admettent pas dans leurs rangs les déportés « raciaux », comme on les appelle parfois alors. Reste la Fédération nationale des déportés et internés, résistants et patriotes (FNDIRP), à laquelle appartient l'Amicale d'Auschwitz, et dont une militante, survivante d'Auschwitz, visite assidûment les Grumberg. Cette fédération admet tout le monde, sans distinction. Mais on y avait « l'air d'ignorer qu'à Auschwitz il y avait surtout des Juifs, explique Simone Veil. L'Amicale d'Auschwitz est devenue tout naturellement le représentant et le porte-parole des anciens déportés d'Auschwitz. C'est elle qui a donné le ton, façonné l'image qu'il fallait donner du camp : la présence de la Résistance à l'intérieur du camp, la solidarité entre tous les déportés. Ce sont devenus des faits dont la réalité serait à nuancer[1] ».

L'heure est à l'exaltation de la Résistance, y compris dans les organisations juives. L'héroïsme, notion aujourd'hui désuète, est alors dominant. Les organisations sionistes, communistes, bundistes[2], issues de l'immigration, célèbrent les héros de l'insurrection du ghetto de Varsovie et non les victimes assassinées qui se sont « laissées conduire comme des moutons à l'abattoir », comme il était écrit dans certains tracts des résistants juifs. Les Juifs ne forment d'ailleurs pas plus qu'avant la guerre un groupe revendiquant un statut spécifique au sein de la Nation. Le modèle dominant reste celui de l'intégration. Les institutions juives s'occupent d'aider ceux qui sont dans le besoin, placent les enfants orphelins dans des maisons qui respectent les clivages de l'avant-guerre ou organisent leurs vacances. C'est le cas, dans

1. Entretien avec Simone Veil, voir le chapitre consacré à l'hôtel Lutetia, p. 251 et suiv.

2. Le Bund était le grand parti socialiste et yiddishiste.

la mouvance communiste, de la Commission centrale à l'enfance (CEE). En vérité, la communauté juive organisée est en phase avec de Gaulle : l'Occupation et Vichy sont des parenthèses. Le premier mémorial élevé en mémoire des morts de la guerre (construit à l'entrée de la Grande Synagogue de la Victoire et inauguré par le Président de la République Vincent Auriol) unit tous les morts juifs de la guerre : ceux des combats de 1939-1945, ceux de la Résistance et une partie des Juifs assassinés d'Auschwitz. La mémoire de la déportation est alors enchâssée dans une mémoire républicaine et patriotique.

Quelques textes règlent la situation des rapatriés. L'ordonnance du 11 mai 1945 fixe le montant d'une prime d'accueil pour tout rapatrié et un pécule pour les déportés politiques. Une loi de 1947 s'intéresse pour la première fois aux seuls déportés et internés, pourvu qu'ils fussent français. Mais c'est en 1948 que sont adoptées deux grandes lois, la première fixant le statut des déportés et internés de la Résistance, la seconde celui des déportés internés politiques. Ces statuts concernent la famille Grumberg, puisque les pensions qui leur sont liées sont versées à ce que l'on appelle en langage juridique les ayants droit, veufs/veuves ou enfants mineurs.

Le critère d'attribution de tels statuts ne se fait pas selon le type ou le lieu d'internement ou d'assassinat (prison ou camp en France, prison ou camp de concentration en Allemagne), mais selon le motif qui a présidé à l'arrestation. La spécificité du camp de concentration, et surtout celle du « centre de mise à mort » (pour reprendre la terminologie de l'historien américain Raul Hilberg et qui désigne ces lieux aménagés dans la seule fin de tuer les Juifs qui y sont acheminés), est absente des réflexions des parlementaires qui ont débattu de la loi.

Les résistants sont privilégiés. Ils se voient remettre une carte officielle de même format que la carte du combattant, numérotée, de couleur rouge, estampillée d'un timbre sec. Cette carte peut constituer une pièce d'identité. Elle permet d'obtenir ultérieurement une carte de combattant volontaire de la Résistance. Les déportés et internés politiques sont des victimes civiles. La différence est grande en ce qui concerne les honneurs : les premiers se voient réserver un lot de Légions d'honneur et de médailles militaires. L'une et l'autre de ces décorations, ainsi que la Croix de guerre et la Médaille de la Résistance, sont attribuées d'office, à titre posthume, aux déportés résistants. Les déportés « politiques » n'ont qu'une simple médaille. Les montants des pensions sont eux aussi très différents, celles des résistants étant beaucoup plus élevées que celles des « politiques ».

La désignation « politique » de tous les déportés et internés, à l'exception de ceux de la résistance et de droit commun, vide ce mot de tout sens. Politique, le passant pris dans une rafle ? Politiques, l'enfant ou le vieillard juifs ? La déportation des Juifs, à l'évidence, n'intéresse alors personne. Les institutions juives sont indifférentes à ce qui se discute au Parlement. On ne trouve aucune trace d'intervention du Conseil représentatif des institutions juives de France (CRIF) ou du Consistoire, ou d'une quelconque association juive dans les débats. Le 30 avril, alors que ces débats sont en cours, Me Kiefe écrit au président du CRIF, qui est aussi celui du Consistoire central : « Ainsi, tout cela est extrêmement confus, mais cependant, je crois devoir en conclure que les déportés raciaux ne sont pas assimilés aux déportés de la Résistance. » Une disposition commune aux deux lois montre d'ailleurs que l'annihilation des Juifs déportés (qui forment de très loin la majorité des victimes de la déportation et de l'internement) n'est pas arrivée à la conscience : la restitution à leur famille des corps des déportés et internés résistants ou politiques identifiés « sera effectuée dans les plus courts délais ».

Les statuts et leur discussion par le Parlement obscurcissent ce que fut la déportation, une déportation qui n'est revendiquée haut et fort que si elle est un prolongement de la Résistance. En ce sens, on peut dire qu'il y a consensus de tous les groupes parlementaires, de la droite aux communistes. Tous font glisser les termes du débat de la déportation ou de l'internement, en principe objet de la discussion, à la Résistance. Mais ces débats attestent surtout l'absence du génocide des Juifs dans l'espace public.

Pour les familles juives survivantes, il s'agit alors non de mémoire – le mot n'appartient pas au vocabulaire de ces années d'après-guerre –, mais de survie. Il faut mettre de l'ordre dans les situations familiales pour toucher les pensions ou organiser les tutelles des orphelins, en enregistrant la mort d'un ou des deux parents. Les familles avaient d'abord été dans l'obligation de faire établir des certificats de disparition, puis des jugements déclaratifs de décès valant acte de décès. C'était la condition nécessaire pour pouvoir toucher les pensions prévues par la loi de 1948. Drancy a accueilli le plus grand nombre de déportés ; une partie des certificats établis dans l'après-guerre porte donc la mention « Mort à Drancy » (comme ceux des marins disparus en mer portent comme lieu de décès le dernier port où leur bateau a mouillé). La date de décès est celle du départ vers le camp. *L'Atelier* fit prendre conscience de l'incongruité d'une telle mention[1]. Une œuvre est ainsi à l'origine d'une loi, celle promulguée le 15 mai 1985. Cette loi stipule dans son article premier que la mention « Mort en déportation » est portée sur l'acte de décès de « toute personne de nationalité française, ou résidant en France [...] qui, ayant fait l'objet d'un transfert dans une prison ou un camp [...], y est décédée. La même mention est portée sur l'acte de décès si la personne a succombé à l'occasion du transfert[2] ». La loi stipule aussi que, quand il est établi qu'une personne a fait partie d'un convoi de déportation et qu'elle n'a pas donné de nouvelles après le départ de ce convoi, « le décès est présumé survenu le cinquième jour suivant cette date, au lieu de destination du convoi[3] ». Les actes de décès doivent donc être rectifiés.

Depuis la promulgation de cette loi, le *Journal officiel* publie régulièrement les listes nominatives des personnes concernées, avec la date et le lieu de leur naissance, la date présumée et le lieu de leur décès. Or, en 2010 (soit un quart de siècle après la promulgation de la loi), 50 618 dossiers ont donné lieu à l'attribution de cette mention, alors que le chiffre des morts en déportation, toutes catégories confondues, dépasse largement les 100 000. À ce rythme, il aurait fallu des dizaines d'années pour terminer ce travail qui aurait été de toute façon incomplet. Car la loi ne s'applique qu'aux seuls déportés dont la famille a fait les démarches nécessaires pour obtenir un jugement déclaratif de décès. Dans

1. Il s'agit de la scène VII intitulée « L'acte de décès ».
2. Loi n° 85/528 du 15 mai 1985 sur les actes et jugements déclaratifs de décès des personnes mortes en déportation.
3. *Ibid.*

certains cas, la famille entière a été assassinée, dans d'autres (notamment quand les enfants survivants étaient majeurs et que la famille ne possédait rien et ne demandait rien), un tel document n'était d'aucune utilité pratique, et personne n'en fit la demande. Au regard de l'administration, ces déportés ne sont donc jamais morts. Grâce à un amendement passé en 2010, une procédure administrative spéciale et accélérée permet de porter la mention, même s'il n'y a pas eu d'acte déclaratif de décès.

L'« après » se caractérise encore par ce que l'on a souvent désigné comme le silence des survivants. On a peine aujourd'hui à imaginer la manière dont ils ont été accueillis dans tous les pays, Israël compris. Ils ont parfois été soupçonnés d'avoir commis le pire pour sauver leur vie. Ils ont rencontré le mépris, l'indifférence ou l'incrédulité quand ils ont tenté de raconter. Leurs proches, comme ceux qui avaient perdu des membres de leurs familles – et quelle famille juive n'avait pas eu de déportés ? –, ne supportaient pas d'entendre ce qu'ils avaient enduré. Dans les années qui ont suivi son retour, alors que son père, une de ses sœurs et un de ses frères étaient morts à Auschwitz, Henri Borlant raconte que, quand il lui est arrivé d'esquisser le récit de sa déportation, « ça a été insupportable aux autres ». Cinquante ans après, lors d'une réunion de famille, il tente sereinement de dire son étonnement de ce que ses frères et sœurs ne l'aient jamais interrogé sur les derniers moments de vie de leur père. Odette, l'une de ses sœurs, s'évanouit. « Ainsi, commente Henri Borlant, on ne m'interrogeait pas, craignant de me faire souffrir ; mais on se protégeait aussi de sa propre souffrance. Ceux qui sont directement concernés par ces récits ne les supportent pas[1]. »

Il y a aussi dans les années d'après-guerre un fantasme très largement partagé. On préfère parfois ne pas savoir pour pouvoir imaginer l'être cher errant quelque part en Pologne ou en Russie, voire aux États-Unis, amnésique ou ayant refait sa vie. On le trouve chez Primo Levi comme chez Jean-Claude Grumberg[2]. Il est au cœur du film d'Emmanuel Finkiel, *Voyages* (1999). La publication par

1. Henri Borlant, *Merci d'avoir survécu…*, Paris, Seuil, 2011.
2. *Mon père. Inventaire*, *op. cit.*, p. 24 et suiv.

Serge Klarsfeld du *Mémorial de la déportation des Juifs de France*, avec la liste des déportés par convois et la description du sort qui leur fut réservé, a renforcé la certitude historique des dates de décès et des décès eux-mêmes. Elle a révélé toute la réalité de cette histoire et permis, trente ans après, d'accepter ces disparitions.

« Après, c'est encore aujourd'hui »

« Pas de feuilleton d'hiver ou d'été, pas de *best-seller* sans son ancien déporté, son collabo ou, mieux encore, son nazi ou sa petite famille. Je ne me plains pas, c'est sans doute ce que nous voulions, que la mémoire des nôtres hante les vivants à jamais. Quand même, certains jours, je regrette le temps du silence », écrit Jean-Claude Grumberg[1]. Remarque d'une très grande pertinence. On ne compte plus désormais les romans policiers, les séries, les bandes dessinées qui prennent tel ou tel épisode de la Shoah comme sujet, ou qui l'introduisent au détour d'une autre histoire. Deux exemples de films sortis sur nos écrans en 2011 et ayant réuni des millions de spectateurs : *La Guerre des boutons*, version Christophe Barratier, se passe en 1944 et une partie de l'intrigue tourne autour de la petite fille juive cachée dans le village ; *X-Men : le commencement* s'origine dans Auschwitz.

Jean-Claude Grumberg offre un contrepoint corrosif sur les deux grands thèmes qui ont été omniprésents dans les années 1990, le témoignage et la réparation, là où règne un consensus apparent. Ainsi éclaire-t-il nos pratiques par la satire décapante et hilarante, et de façon critique et salutaire.

Témoignage

De quatorze à dix-huit ans, Grumberg travaille dans divers ateliers de tailleurs et y croise de nombreux survivants. Comme sa mère, ils ne parlent pas de « ça ». « Cette histoire d'en parler ou non

1. *Pleurnichard*, *op. cit.*, p. 35.

me semble aujourd'hui si indécente, si dérisoire... Où et quand en parler? Il n'y avait ni tribune, ni moment opportun. Et puis raconter quoi, et à qui? [...] Oui, nous, les enfants de déportés, ne savions rien ou pas grand-chose de la déportation. Les anciens déportés juifs, déportés parce que juifs, les survivants du génocide, se voyaient reprocher dans une sorte d'inconscient général deux choses également déshonorantes: s'être laissé prendre, comme on disait, et comme certains, hélas, disent encore aujourd'hui, "sans opposer de résistance", venus d'où on ne revenait pas[1]. »

Vint ensuite le temps des collectes de témoignages filmés. Alors qu'à leur retour personne n'avait souhaité écouter les survivants, ils sont désormais sollicités, mieux, ils sont sommés de témoigner. « Sois déporté... et témoigne! », tel est le titre donné par Anne-Lise Stern, rescapée d'Auschwitz devenue psychanalyste, à une communication pour un colloque[2]. Le début des années 1980 marque le temps de la collecte de la parole des survivants de la Shoah, une pratique originaire des États-Unis. La première collecte y débute à New Haven après la diffusion du feuilleton *Holocaust* (1978). Bientôt, elle est placée sous le patronage de la prestigieuse Université de Yale. La collecte reste artisanale et se donne un objectif principal de constitution d'archives[3]. Après avoir réalisé *La Liste de Schindler* (1993), Spielberg initie au mitan des années 1990 un nouveau programme. Il s'agit désormais d'enregistrer le plus systématiquement, pays par pays, chaque survivant. Jean-Claude Grumberg introduit cette question du témoignage dans une scène de *L'Enfant do*. Il s'agit de filmer les souvenirs de la guerre de victimes qui n'ont précisément aucun souvenir, de dire et dire encore le malheur et la misère:

> « Rose. Qui ça va intéresser? Qui? Les Américains collectionnent les écrits de camp. Chez eux, là-bas, ils ont plein de pauvres, des Blancs, des Jaunes, des Rouges, des Noirs, pas la peine d'importer des histoires de pauvres, ça déborde là-bas d'histoires de pauvres.

1. *Ibid.*, p. 25-28.
2. Sur ces questions, voir Annette Wieviorka, *L'Ère du témoin*, Paris, Plon, 1998.
3. Voir: www.library.yale.edu/testimonies

Max. Et pourquoi ils s'intéresseraient plus à mon histoire à moi ?
Rose. Mais parce que là-bas ils manquent de déportés je vous dis et d'enfants de déportés. Le devoir de mémoire, vous avez d'jà entendu parler, non ? Vous ne regardez pas la télé, vous ne lisez pas les journaux[1] ? »

Le conseil est donc d'y aller « sans chichis ». Ces témoignages sont « pour les générations futures ». Car demain « il n'y aura plus de survivants du tout et bientôt même la seconde génération va disparaître », alors « on met du malheur de côté au cas où les générations futures viendraient à en manquer... ». Ce sont ces lieux communs, cette stéréotypie, ces « éléments de langage » qui président effectivement à ces collectes. Quel avenir pour tous ces témoignages archivés ? Là encore, l'ironie mordante de Jean-Claude Grumberg met à mal le confort moral, le « vertuisme », pour reprendre un terme forgé par Pierre Nora, et oblige à réfléchir. « Y aura peut-être plus d'humanité sur terre dans cent ans ! » commente Max, un personnage de la pièce. Pour l'heure, chacun rêve d'avoir une histoire de malheur, un malheur plus malheureux, à raconter et ne supporte pas d'en être exclus. Ainsi Rose, née à Oujda, dont on refuse le témoignage, veut-elle pourtant raconter devant la caméra : « Prends-moi ! Prends-moi ! Vous allez tout savoir de mon enfance à Oujda, je peux même t'en inventer une en zone libre, qui vérifiera ! »

Réparation et restitution

Au début des années 1990, semaine après semaine, deux scandales font la une de la presse internationale. L'un concerne les banques suisses. Elles auraient conservé de l'argent déposé par les Juifs assassinés pendant la guerre et n'auraient rien fait pour en retrouver des héritiers à qui le restituer. Elles auraient aussi recyclé de « l'or non monétaire », c'est-à-dire de l'or provenant des

1. Cette scène se trouve dans « 9. Max deuxième », *L'Enfant do*, Arles, Actes Sud-Papiers, 2002, p. 48-54.

biens confisqués aux Juifs à leur arrivée dans les camps, y compris celui qui provenait de l'extraction de leurs dents. L'autre scandale concerne les œuvres d'art pillées par les nazis, et qui se retrouvent dans divers musées ou chez des particuliers. Très vite, à partir de ces deux sujets très médiatiques, la question de la réparation et de la restitution se généralise. En France, le Premier ministre Alain Juppé crée en 1997 une Mission d'étude sur la spoliation des biens des Juifs de France, dite « Mission Mattéoli », qui remet ses conclusions en 2000 au Premier ministre Lionel Jospin et préconise notamment la création d'une Commission pour l'indemnisation des victimes de spoliations, la CIVS. C'est à son président que Jean-Claude Grumberg adresse une lettre non datée – qu'il intègre dans son volume *Mon père. Inventaire* – intitulée « L'or juif[1] ». Il y énumère tous les biens familiaux pillés et non retrouvés : un Van Gogh accroché dans la cuisine, alors que « dans le salon-salle à manger-chambre à coucher [...], c'était plutôt flamand » ; dans l'atelier, une petite statuette de Degas et « un plat à légumes signé Picasso dans lequel il [son père] rangeait ses bobines de fil et ses boutons ». Le Pissarro est, quant à lui, dans les *water-closets* communs à deux appartements, sur le palier.

Jean-Claude Grumberg a raison, et son humour vaut ici démonstration : en France, les Juifs d'avant la Seconde Guerre mondiale ressemblent plus à ses parents qu'aux Rothschild. Ils ne possèdent généralement rien, sinon la machine à coudre qui leur permet de travailler, et parfois un peu de stock. Étrangers, sans argent, sans réseau social chez les non-Juifs, ou si peu, ils sont les plus fragiles, et c'est parmi eux que les déportés sont les plus nombreux. « Un détail », écrit Jean-Claude Grumberg en « P.S. » à sa lettre : « On ne retrouva pas non plus mon père, son père, sa mère, ni un wagonnet de tantes, oncles, cousins et apparentés, si bien que le deux-pièces cuisine nous sembla soudain bien grand et bien désert[2]. »

Ceux qui, comme Jean-Claude Grumberg, ont connu la peur, la honte – celle d'avoir été destinés à disparaître doublée de celle

1. *Mon père. Inventaire*, *op. cit.*
2. *Ibid.*, p. 172-173.

d'être pauvres – vivent avec les fantômes de leurs morts. Leurs petites histoires sont lestées du poids de la grande Histoire. Elles sont tout à la fois semblables, différentes, obsédantes, innombrables. Chacune mérite d'être racontée, d'être arrachée à l'histoire de l'assassinat de masse, comme celle du dentiste que fréquenta Jean-Claude Grumberg alors qu'il était enfant. Il la transforma en « tragédie dentaire ». Ce dentiste avait eu deux filles : « L'une fut raflée et déportée, l'autre fut placée par ce dentiste et sa femme dans un couvent[1]. » Cette dernière devint Marie-Caroline et entra dans les ordres. Ce cas n'est pas unique – Arno Lustiger lui aussi se convertit au catholicisme, même si aucune étude ne permet de quantifier ce phénomène. *Vers toi Terre promise* conte cette histoire telle que Jean-Claude Grumberg l'a imaginée. Une histoire poignante faite de colère et de chagrin, qui montre l'impossibilité de vivre avec « ça ». La pièce se clôt par une évocation sonore d'une « Terre promise » où la synagogue coexiste avec la mosquée et l'église. Ce qui ouvre la porte à nouveau à l'angoisse et à l'inquiétude.

Michel de Certeau, après Jules Michelet, disait que faire de l'histoire, c'est aller visiter les morts pour qu'après cette visite ils retournent moins tristes dans leurs tombeaux. Le discours de l'historien est « déposition. Il en fait des séparés. Il les honore d'un rituel qui leur manque ». Il les « pleure ». Et Certeau ajoute encore que toute quête historique « cherche à calmer les morts qui hantent encore le présent et à leur offrir des tombeaux scripturaires »[2]. On peut ainsi lire toute l'œuvre de Jean-Claude Grumberg – œuvre-témoignage[3] selon le concept élaboré par le poète et essayiste Claude Mouchard – comme une mise au tombeau que l'ampleur de la catastrophe oblige à réitérer sans fin.

1. *Ibid.*, p. 174-175.
2. Michel de Certeau, *L'Écriture de l'histoire*, Paris, Gallimard, 1975, p. 7-8.
3. Claude Mouchard, *Qui, si je criais… ? Œuvres-témoignages dans les tourmentes du XXe siècle*, Paris, Éditions Laurence Teper, 2007.

3.

Philippe Lejeune : « La faute à Rousseau »[1]

[2017]

Ce spécialiste de l'autobiographie a fait toute sa carrière en dehors des sentiers battus de l'université. Rencontre avec un militant.

Avec le « pacte autobiographique », Philippe Lejeune est l'auteur d'une formule qui résume bien sa démarche et son œuvre, lui qui n'a jamais cessé d'ausculter le genre autobiographique. Ce pacte, c'est celui que l'auteur de l'autobiographie passe implicitement avec son lecteur : son texte n'est pas de fiction ; il parle de soi-même dans un esprit de vérité. « La formule que j'ai lancée – le "pacte autobiographique" – est devenue populaire, peut-être parce qu'elle évoque une sorte de pacte avec le diable signé avec son sang », commente-t-il.

Philippe Lejeune est un héritier. Fils de Michel, éminent linguiste et helléniste, il passe par la khâgne d'Henri-IV, l'École normale supérieure (1959), est reçu à l'agrégation de lettres classiques (1962). Sa voie est toute tracée. Après une maîtrise sur Proust, son directeur de mémoire, Georges Blin, lui impose son sujet de thèse d'État : « Procès et mystique dans la littérature au XXe siècle ». « Une condamnation à perpétuité, juge Philippe Lejeune. Un sujet trop vaste. On était tout seul, et on n'avait personne avec qui en

1. Article publié dans *L'Histoire*, n° 434, 2017.

parler. » En 1966, alors qu'après une année à l'Université de Yale et son service militaire il est assistant à la faculté des lettres de Lyon, *Les Confessions* de Jean-Jacques Rousseau figurent au programme. En établissant pour ses étudiants la bibliographie, Philippe Lejeune s'aperçoit qu'il n'y a rien sur le genre autobiographique. Un vide. Il a alors l'idée d'écrire le livre dont il aurait aimé disposer pour pouvoir faire son cours. Mais Rousseau est aussi une rencontre. « Proust était écrasant, paternel ; Rousseau, plus humain, fraternel. » Il le fréquentera continûment dès lors et donnera comme titre à la revue sur l'autobiographie qu'il fonde en 1992 : *La Faute à Rousseau.*

1968 change sa vie. La loi Edgar Faure supprime la thèse secondaire et permet de soutenir sur travaux. Il soutient donc avec les quelque 300 pages qu'il a rédigées pour sa thèse secondaire – il a entre-temps abandonné sa thèse principale – au sujet en apparence plus modeste : l'histoire du mot « littérature » en français. Il est titularisé maître-assistant, à Lyon, puis dans la nouvelle Université de Villetaneuse.

Coup de foudre pour Barthes

Cet auteur internationalement reconnu, à l'œuvre originale et foisonnante, y terminera sa carrière comme il l'avait commencée : maître-assistant, toujours à Villetaneuse. Car Paris-IV, toute pétrie de classicisme, lui refuse un sujet sur ce genre alors méprisé, l'autobiographie. Il prend la thèse en horreur, ne soutiendra pas, ne dirigera pas, ne siégera dans aucun jury. Et lui, qui était persuadé que la recherche ne pouvait pas se faire hors des sentiers battus, décide de partir à l'aventure « sans couler ses recherches dans la forme de la thèse » et d'avancer en publiant librement ce qu'il voulait. D'autant que Mai 68 a un autre effet : le passage de l'érudition classique aux sciences humaines, notamment à la poétique, avec Tzvetan Todorov, Gérard Genette. Et surtout Roland Barthes, un « coup de foudre ». Philippe Lejeune a été ébloui par *S/Z*, l'ouvrage consacré à la nouvelle de Balzac, *Sarrasine* : *L'Autobiographie en France* (1971), est le premier livre de Philippe Lejeune sur les écrits du for privé, bientôt suivi par un deuxième, *Le Pacte autobiographique* (1975). Son corpus est alors constitué par les autobiographies des écrivains qu'il admire : Rousseau évidemment, Gide, Leiris, Sartre...

C'est là que l'inquiétude le gagne. Passé la quarantaine, son destin est-il de se répéter en scrutant toujours les mêmes œuvres ? Nouvelle bifurcation, qui fait de lui un auteur incontournable pour tous les historiens, notamment ceux qui étudient les témoignages ou s'intéressent à l'intime et aux émotions. Ce tournant, il le doit à Sartre et à son arrière-grand-père. Dans la dernière phrase des *Mots*, Sartre proclame qu'il est « tout un homme, fait de tous les hommes et qui les vaut tous et que vaut n'importe qui ». Quant à son arrière-grand-père, employé de commerce dans les grands magasins de l'époque du *Bonheur des dames*, il a laissé derrière lui, après sa mort en 1918, beaucoup d'écrits. Des poésies surtout, mais aussi des textes autobiographiques, en particulier une grande autobiographie, *Les Étapes de la vie*. Avec son père, il décrypte ce texte et le publie. C'est *Calicot* (1984).

Petit à petit, à partir de la fin des années 1970, Philippe Lejeune se détache du canon littéraire pour étendre ses recherches dans deux directions. D'abord vers le champ des médias et celui d'écritures ordinaires avec *Je est un autre* (détournement de la formule rimbaldienne) sous-titré *L'Autobiographie, de la littérature aux médias* (1980). Ensuite vers les journaux intimes, qu'il définit comme une « série de traces datées » ainsi qu'une « pratique de vie et pratique d'écriture ». Dans diverses archives, il retrouve les 115 journaux du XIXe siècle qui lui permettent d'écrire *Le Moi des demoiselles. Enquête sur le journal de jeune fille* (1993). Cette veine, il n'a cessé de la creuser, s'interrogeant sur les mutations apportées par Internet à cette pratique (*« Cher écran... ». Journal personnel, ordinateur, Internet* [2000]) ou sur l'histoire du genre, avec son dernier ouvrage, *Aux origines du journal personnel. France, 1750-1815*, pour lequel il a, comme il en a pris l'habitude, écumé les dépôts d'archives.

Et il devient un militant. Un militant d'une cause très particulière : l'autobiographie. En créant une association sans liens avec l'université, précise-t-il. Cette association est née d'une double prise de conscience du besoin des individus : l'intérêt des écrits autobiographiques d'une part ; le besoin que leurs auteurs manifestent pour les transmettre d'autre part.

En 1986, alors que Philippe Lejeune travaillait à un inventaire des autobiographies du XIXe siècle, il avait lancé un appel aux archives familiales de ce même siècle. Il reçut alors des lettres de correspondants bien vivants et eux-mêmes diaristes qui souhaitaient être lus avant de mourir. Vœu que Philippe Lejeune comprenait sans voir comment il pouvait être exaucé. C'est alors qu'il apprit l'existence de l'Archivio Diaristico Nazionale, créé en 1984 par un journaliste communiste, Saverio Tutino, dans un petit village de Toscane. Le maire avait mis à sa disposition une partie du palais municipal pour archiver les autobiographies rassemblées à l'occasion d'un concours. Si l'idée du concours était odieuse à Philippe Lejeune, le reste de l'entreprise était exemplaire.

En 1991, le lieu en France était trouvé : Ambérieu-en-Bugey, dans l'Ain, non loin de Lyon. L'Association pour l'autobiographie (APA) était née. En 2015, elle avait reçu et « traité » quelque 3 500 textes. Qui sont lus par les membres actifs de l'association en « sympathie », c'est-à-dire sans jugement ni sur la forme ni sur le fond. Le lecteur rédige un « écho » de lecture afin de rendre lisibles les textes, qui sont ensuite indexés. Chaque année est publié *Garde-Mémoire*, un catalogue raisonné des textes déposés l'année précédente.

« L'aventure continue », précise Philippe Lejeune. Celle de l'APA, bien sûr. Mais aussi celle qui lui fera emprunter un autre chemin de traverse, en se penchant peut-être sur les récits de témoins. Il en voit l'acte de naissance officiel dans la proclamation de Napoléon le 3 décembre 1805, lorsqu'il s'adressa à ceux de ses soldats qui avaient survécu : « Il vous suffira de dire "j'étais à la bataille d'Austerlitz" pour qu'on vous regarde et dise "Voilà un brave". »

4.

Javier Cercas, la quête de la vérité[1]

[2016]

Écrivain obsédé par la guerre civile et ses conséquences, Javier Cercas nourrit son œuvre de ce passé qui ne passe pas.

La voix est chaleureuse et, très vite, la passion y sourd : passion de la littérature ; passion de la recherche de la vérité ; passion de l'histoire. Car, si Javier Cercas, philologue, professeur de littérature espagnole à l'Université de Gérone en Catalogne, trace dans ses livres le large périmètre des écrivains qu'il fréquente – de Cervantès à Emmanuel Carrère en passant par Dickens, Flaubert, Borges, Truman Capote –, son œuvre inscrite dans leur généalogie est aussi travaillée par l'obsession du passé de son pays, surtout celui qui ne passe pas : la guerre civile. En effet, pour Javier Cercas, qui le dit et l'écrit, le « passé est une dimension du présent ».

L'histoire de sa famille – ce pourrait être le sujet de son prochain livre – n'a rien d'excentrique par rapport à celle de son pays. Javier Cercas est né en 1962 dans le petit village d'Ibahernando, en Estrémadure. Située à la frontière du Portugal, cette province est rapidement acquise aux franquistes. Et la famille de Javier Cercas a été – à des degrés variables selon ses membres – à leurs côtés. Au milieu des années 1960, au grand complet, elle a fui – comme

1. Texte publié dans *L'Histoire*, n° 427, 2016.

tant d'autres – la pauvreté de cette région désolée pour migrer vers le nord. Et c'est en Catalogne, où il réside toujours, que Javier Cercas a donc grandi.

Convaincu qu'il faut affronter le passé, Javier Cercas n'a pas pardonné à Günter Grass d'avoir caché son engagement dans les Waffen SS. S'il appartient à une génération pour laquelle l'idée d'engagement est néfaste et qui trouve suspecte l'image de l'écrivain engagé au sens sartrien du terme – peut-être par infinie méfiance à l'égard des idéologies –, Javier Cercas assume pourtant le fait d'être un écrivain qui combat et qui intervient dans le débat public. Pour la vérité, pour la morale et pour ce qui lui semble juste.

Dans les chroniques qu'il rédige régulièrement pour le quotidien *El País*, il prend position. Dernièrement, contre le Brexit – une catastrophe – car il est opposé à tout nationalisme. Pour lui, l'Europe a été la « seule utopie raisonnable », qu'il oppose aux « utopies atroces » du siècle dernier. Ainsi, cohérent, il ne trouve pas sensée l'idée d'une Catalogne indépendante. Il aimerait plutôt que la province qui est la sienne fût dotée d'un statut de type québécois – une nation, avec sa langue, le français, au sein d'un Canada uni. Il récuse le référendum, plus instrument de démagogie que de démocratie selon lui.

Une recherche opiniâtre des faits du passé

En 2001, Javier Cercas publie en Espagne, *Les Soldats de Salamine*, *best* et *long-seller* mondial, un magnifique « récit réel » qui raconte l'histoire vraie de Rafael Sánchez Mazas, écrivain et homme politique phalangiste, et du républicain qui lui laissa la vie sauve. Dans ce roman coexistent fiction et quête méticuleuse de la vérité historique, appuyée sur les travaux des historiens et sur l'enquête menée auprès des témoins. Car il y a de l'historien dans Javier Cercas, dans la recherche précise et opiniâtre des faits du passé. Javier Cercas affirme que la vérité existe. « Je suis démodé, dit-il dans un éclat de rire. Jeune, j'étais postmoderne. Aujourd'hui, je suis post-postmoderne. Je suis aussi démodé parce que je crois que la vérité est utile. » La vérité, celle des faits – mais aussi la vérité littéraire qui reste, pour l'écrivain qui se réfère à Aristote –, est l'essentiel, car il en voit la dimension morale et universelle. Un des intérêts et l'originalité de l'œuvre de Cercas résident dans cette tension permanente introduite dans ses livres entre ces deux vérités, historique et littéraire, entre la contrainte de rechercher la vérité et l'absolue liberté d'invention du romancier, entre le réel et la fiction.

Son dernier livre, *L'Imposteur* (2014), « roman sans fiction ou récit réel, exempt d'invention de fantaisie », relate la vie d'Enric Marco qui usurpe en quelque sorte la place du romancier, car il a lui-même inventé sa biographie. Un don Quichotte ou une Emma Bovary, capable de « transformer ses rêves en réalité » et de « convertir le mensonge en vérité et la fiction en réalité ». Enric Marco s'est toujours prétendu combattant antifranquiste jusqu'à devenir, quelques mois après la mort de Franco en 1975, secrétaire général de la Confédération nationale du travail (CNT) de Catalogne, puis secrétaire général de la CNT de toute l'Espagne deux ans plus tard. Célèbre comme une « rock star de la mémoire historique » atteinte de « médiapathie » chronique, il s'invente un passé de déporté au camp de Flossenbürg et raconte son parcours dans des centaines d'établissements scolaires ou dans les médias. Certes, Enric Marco avait séjourné dans l'Allemagne nazie en guerre, mais comme travailleur volontaire dans le cadre d'un accord entre Hitler et Franco destiné à solder la dette que ce dernier avait contractée en échange de l'aide allemande durant la guerre civile. Enric Marco y avait connu la prison.

En mai 2005, avant la commémoration du 60e anniversaire de l'entrée des Américains au camp de Mauthausen, durant laquelle Enric Marco devait prononcer un discours devant le chef du gouvernement espagnol présent pour la première fois à une telle cérémonie, l'historien de la déportation des Espagnols Benito Bermejo dévoilait l'imposture. Le scandale fut mondial.

S'il s'attache à dépouiller Enric Marco de chacun de ses mensonges, Javier Cercas s'intéresse aux raisons qui ont permis le succès de l'imposture. Marco est le « produit de deux prestiges parallèles et indépassables : le prestige de la victime et le prestige du témoin ». Personne n'ose mettre en doute l'autorité de la victime ni celle du témoin : « Le retrait pusillanime devant cette double subordination – la première d'ordre moral, la seconde d'ordre intellectuel – a fait le lit de l'escroquerie de Marco. » Une escroquerie sur fond d'ignorance du passé. Et sur ce que Javier Cercas appelle « le kitsch de la gauche » : la conversion de son discours « en une coquille vide, en un sentimentalisme hypocrite et de pacotille que la droite a qualifié de "bonisme". Dans ses interventions publiques, Marco a su incarner avec brio cette prostitution ou cet échec de la gauche ; autrement dit : les mensonges de Marco sont venus satisfaire une demande massive et vaguement gauchiste de venimeux fourrage sentimental assaisonné d'une bonne conscience historique ».

Bien reçue en France ou en Italie, la critique de la mémoire dont Javier Cercas conteste l'infaillibilité et la sacralité n'a pas suscité un large enthousiasme en Espagne. « L'industrie de la mémoire s'oppose à l'effort de mémoire, explique l'écrivain. On y parle sans cesse d'un "mouvement de récupération de la mémoire historique", concept sans utilité. La mémoire a envahi le domaine de l'histoire, et elle a été sacralisée. C'est ce qui explique l'affaire Marco. On n'a pas apuré les comptes du passé. On pouvait le faire. On ne l'a pas fait. Et la gauche, le camp auquel j'appartiens, pleine de bonne conscience et conformiste, ne l'a pas fait. Ce n'est donc pas seulement de la responsabilité de la droite. » Le verdict est sévère.

En novembre 2016, le lecteur français pourra découvrir le premier roman de Javier Cercas, *Le Mobile*, publié en Espagne en 1987, et lire *Le Point aveugle*, cinq essais rédigés à partir de conférences qu'il donna à Oxford.

5.

Vers une communauté ? Les Juifs en France depuis la guerre des Six Jours[1]

[1998]

Le 5 juin 1967 au matin, après que les Israéliens ont vécu des jours de formidable angoisse, Israël frappe. C'est le début d'une guerre de six jours, qui voit la victoire de l'État hébreu. La guerre des Six Jours constitue pour les Juifs de France un révélateur qui dévoile une configuration nouvelle où se mêlent divers éléments : le retour de ce qui avait été écarté de la Seconde Guerre mondiale, dans un moment où une large fraction des Juifs de France se trouvent en phase avec la société, mais en opposition avec leur gouvernement ; une nouvelle définition de qui sont les Juifs de France par le pouvoir en place ; la constitution, enfin, de la communauté en force politique.

La guerre des Six Jours : une nouvelle conscience de soi

Dans ses *Mémoires* publiés en 1983, Raymond Aron rappelle l'atmosphère des journées de juin 1967 et explique rétrospectivement son émotion : « Le 4 juin, à la veille des hostilités, dans ma

1. Ce texte est paru en 1998 dans *Les Juifs de France de la Révolution française à nos jours*, Jean-Jacques Becker et Annette Wieviorka (dir.), Paris, Liana Levi, 1998.

vieille ferme de Brannay, j'écrivis pour le *Figaro littéraire* un article qui rompait avec le style ordinaire de mes textes. Un passage, en particulier, fut depuis lors répété d'innombrables fois : Que le Président Nasser veuille ouvertement détruire un État membre des Nations unies ne trouble pas la conscience délicate de madame Nehru. Étatcide, bien sûr, n'est pas génocide. Et les Juifs français qui ont donné leur âme à tous les révolutionnaires, noirs, bruns ou jaunes, hurlent maintenant de douleur pendant que leurs amis hurlent à la mort. Je souffre comme eux, avec eux, quoi qu'ils aient dit ou fait, non parce que nous sommes devenus sionistes ou israéliens, mais parce que monte en nous un mouvement irréversible de solidarité. Peu importe d'où il vient. Si les grandes puissances, selon le calcul froid de leurs intérêts, laissent détruire le petit État qui n'est pas le mien, ce crime, modeste à l'échelle du nombre, m'enlèverait la force de vivre et je crois que des millions et des millions d'hommes auraient honte de l'Humanité. »

Tout en notant que Pierre Hassner, un de ses meilleurs élèves, dont la réflexion sur le totalitarisme fait autorité, n'aima pas le pathos de l'article, Aron ne se fait pourtant qu'un seul reproche, qu'il ne développe guère : l'oubli ou la méconnaissance du rapport de force. Israël était à l'évidence le plus fort. La peur de « l'étatcide », néologisme forgé pour la circonstance par le sociologue à partir du terme de génocide, et qui ne sera plus utilisé, n'était pas justifiée, pense-t-il près de vingt ans après les événements. De 1947 à 1967, à l'image de beaucoup de Juifs de France, Aron a largement mis sa judéité entre parenthèses, écarté de sa réflexion la période de 1940 à 1944 quand le gouvernement de Vichy, dans une France occupée, excluait les Juifs de la citoyenneté. La crise de 1967 fait surgir avec violence un sentiment d'appartenance et l'incite à en faire part publiquement.

Raymond Aron n'est pas seul à ressentir l'angoisse d'une nouvelle destruction, comme il est loin d'être le seul à prendre conscience de la force du sentiment d'appartenance qui l'habite. L'ensemble des Juifs de France, quelle que soit leur implication dans les institutions communautaires, ressent les choses de façon identique. « [...] la solidarité qui s'est manifestée – se révélant parfois à elle-même – ne tendait pas à défendre une forme de gouvernement ni une politique particulière», déclare Richard Marienstras lors d'une table ronde organisée par la revue *Esprit* en 1968. «Elle s'est manifestée de façon si vive parce que tous ont eu le sentiment qu'à travers un corps politique et un gouvernement, ce qui était menacé, c'était l'existence même d'une communauté originale qui s'était constituée en État pour se maintenir en vie et perpétuer ou approfondir sa culture. Nous avons tous senti que la menace pesant sur Israël n'était pas une menace politique [...], mais une menace ontologique, qui visait l'être physique et culturel d'Israël, qui visait la destruction des habitants, de l'État, de la collectivité. Bref, ce que l'on craignait, c'était un génocide culturel et un génocide tout court.»

Pourtant, et c'est le deuxième aspect, cette crainte du génocide de la part des Juifs de France apparaît dans un moment de grâce, de quasi-fusion avec la société française. Pour des raisons que l'on peut juger bonnes ou mauvaises (sympathie pour le jeune État et ses réalisations; nostalgie de l'expédition de Suez de 1956 ou de l'Algérie française qui fait souhaiter à certains de poursuivre la guerre contre les Arabes par Israël interposé; culpabilité diffuse née de l'indifférence, voire des complicités dans la destruction des Juifs d'Europe...), de très larges couches de la société française sont, au moment de la guerre des Six Jours, pro-israéliennes. Pour Raymond Aron, c'est ce «fait majeur qui seul explique la quasi-unanimité des Juifs de France: parce que les sympathies de la majorité des Français allaient à Israël, les Juifs vivaient avec une joie émerveillée la réconciliation de leur citoyenneté française et de leur "judéité" en manifestant leur attachement à Israël. Ils ne se séparaient pas des Français, ils se mêlaient à eux». Et il poursuit: «C'était trop beau pour durer. Eux aussi croyaient au Père Noël.»

Il y a aussi dans ces noces entre la francité et la judéité un rappel inconscient des temps de l'Occupation. Le danger venait alors principalement de l'État, et les secours ou le recours de la société civile. Cette fusion avec la société, visible notamment lors des manifestations de soutien à Israël, la communauté organisée, ou certaines de ses composantes n'auront de cesse de la rechercher dans de grandes manifestations de masse comme celles qui suivent l'attentat de la rue Copernic ou la profanation du cimetière de

Carpentras. Lors de la cérémonie à la synagogue de la Victoire, qui suivit la grande manifestation de quelque 200 000 personnes protestant le 14 mai 1990 contre la profanation, le grand rabbin Sitruk déclarait : « Mercredi soir, nous nous sommes endormis dans les bras de la République. Jeudi matin, nous nous sommes réveillés dans une France en sang, non pas du sang d'un vivant, mais du sang d'un mort [...]. Ce soir, sur la France républicaine, le soleil se couche, un soleil d'espoir [...]. Merci au peuple de France, merci à la France, la vraie France, celle qui ne cesse de lutter pour son propre idéal. »

La guerre des Six Jours induit aussi une nouvelle perception de qui sont les Juifs de France. Lors de sa fameuse conférence de presse de novembre 1967, de Gaulle prononce des mots restés célèbres, et qui, comme ceux de Aron, sont fréquemment cités : « Certains même redoutaient que les Juifs jusqu'alors dispersés, qui étaient restés ce qu'ils avaient été de tout temps, un peuple d'élite, sûr de soi-même et dominateur, n'en viennent, une fois qu'ils seraient rassemblés, à changer en ambition ardente et conquérante les souhaits très émouvants qu'ils formaient depuis dix-neuf siècles : "L'an prochain à Jérusalem". » L'essentiel des commentaires indignés portent alors sur la « petite phrase vipérine » (Wladimir Rabi) : « le peuple sûr de lui-même et dominateur » ouvre, selon Aron, le « temps du soupçon ». Pour certains, elle a des relents maurassiens, pour d'autres, comme Pierre Vidal-Naquet, elle fait écho aux *Protocoles des sages de Sion*, « dans la mesure où le mot "dominateur" [...] évoquait un thème classique de l'antisémitisme, à savoir l'idée d'une conspiration juive ».

Pourtant, avec le recul, nous savons que la France n'a pas été la proie d'une vague antisémite. Le discours du chef de l'État n'en ouvre pas moins une ère nouvelle. En effet, il peut sembler y donner une définition des Juifs de France en rupture avec celle admise depuis l'émancipation. Les Juifs ne sont plus des « Français de confession israélite », mais « un peuple », revêtu de caractéristiques nationales, existant depuis la nuit des temps. Définition en symbiose avec ce que les Juifs de France manifestent spontanément : « [...] les Juifs de France ont donné pour la première fois l'impression de former une sorte de communauté », écrit encore Raymond

Aron dans ses *Mémoires*. Les termes qu'utilise le sociologue sont vagues, d'une imprécision tranchant avec sa pratique habituelle du mot juste. Il ne sera jamais plus précis. Pour lui, les Juifs constituent une « sorte de... ». À diverses reprises, et sans y parvenir réellement, il tente de les définir : « Le choc hitlérien ranima ma conscience juive, la conscience que j'appartenais à un groupe (ou à un peuple, ou à une internationale) qu'on appelle les Juifs. D'où la question abstraite et pourtant essentielle : que signifie le "peuple juif" ? Existe-t-il ? Peut-on parler du peuple juif comme on parle du peuple français ? Ou comme on parle du peuple basque ? La seule réponse valable me paraît celle-ci : si l'on parle du "peuple juif", on emploie la notion de peuple en un sens qui ne vaut que dans ce seul cas. » Et encore : « Tout ce que je n'hésite pas à soutenir, au risque de soulever des protestations passionnelles, c'est que si peuple juif il y a, il n'existe pas d'autres peuples du même type que lui. »

La double difficulté de définition : qui est juif? qui sont les Juifs de France depuis 1967 ? est aussi visible dans les écrits d'Annie Kriegel qui, au fil de l'écriture de divers ouvrages, opte pour le terme de « communauté » dont elle peaufine la définition. Pour elle, la communauté est « un type de regroupement où le degré d'appartenance présente des intensités variables, du degré pratiquement zéro au degré cent ; où les modalités d'appartenance sont également fort disparates dans leurs manifestations concrètes [...] ce qui signifie en pratique que, d'une part, entrer et sortir d'une telle structure collective est (relativement) à la portée de tout un chacun et que, d'autre part, le lieu où chacun choisit de se situer sur le rayon très étendu qui va du centre à la périphérie n'a pas la fixité d'un point fixe ». Définition large, ouverte, qui n'implique aucun « communautarisme ».

La guerre des Six Jours, enfin, ouvre une époque nouvelle pour les Juifs de France. Un « âge d'or » pour reprendre l'expression d'Annie Kriegel, des temps « où les Juifs croyaient au Père Noël », selon Aron. Si, à certains moments de l'histoire, l'antisémitisme avait pu jouer un rôle important dans la vie politique (au moment de l'affaire Dreyfus, pendant les années 1930 ou sous l'Occupation), si des organisations avaient pu être créées précisément pour lutter contre cet antisémitisme, comme la LICA ou le MRAP, les Juifs en tant que tels n'avaient jamais constitué une force politique, si l'on excepte, pour leur frange yiddishophone, ceux qui avaient rejoint, dans les années 1920 et 1930, la sous-section juive du parti communiste. Or, dans le domaine des institutions communautaires, la guerre des Six Jours marque une mutation. Désormais, une partie de la communauté qui, jusqu'à la guerre, se définissait principalement par le cultuel (les consistoires), auquel s'étaient ajoutés après-guerre le social et le culturel, avec la création du Fonds social juif unifié (FSJU), acquiert une dimension politique. Certes, il existait depuis le début de l'année 1944 un CRIF, un Conseil représentatif des Israélites de France, représentant l'ensemble des organisations juives, celles des immigrés comme celles des Français. Pour la première fois, à la veille de la libération du territoire, les Juifs de France s'étaient dotés d'une organisation unique, débordant le champ du religieux, mais sa présidence revenait de droit au président du Consistoire central, même s'il pouvait désigner un délégué pour le représenter. Ainsi le politique restait-il en quelque sorte sous la surveillance du cultuel auquel il était associé. Pourtant, le CRIF, de sa création à la guerre des Six Jours, avait joué un rôle discret, s'occupant pour l'essentiel dans les années d'après-guerre d'affaires matérielles, de la restitution des biens juifs notamment.

Certes, au moment de la guerre des Six Jours, le CRIF affirme sa solidarité avec Israël. Mais, de façon très curieuse, il est alors doublé d'un Comité de coordination des organisations juives, regroupant la plupart des organisations adhérant au CRIF, qui relaie et déborde son action « habituelle ». Car la « communauté » se voit fixer des tâches nouvelles. Il lui faut organiser les manifestations de soutien à Israël, informer l'opinion publique. Il lui faut aussi collecter des fonds. Cette affaire de collecte éclaire bien la modification apparue dans la communauté. Simon Schwarzfuchs, qui a étudié les procès-verbaux des réunions préparant la création du FSJU, a analysé l'échec, en 1950, de la première tentative de collecte unifiée, c'est-à-dire de collecte à double finalité : l'aide à Israël et la couverture des besoins des Juifs de France. Le premier Appel unifié juif, lancé dans l'enthousiasme, fut un désastre.

Certains pensaient que 500 millions de francs (de l'époque) seraient collectés. Ce furent 109 millions sur lesquels, une fois les frais et la part de l'Agence juive déduite, il restait 27 millions pour le FSJU. Comme le faisait remarquer Guy de Rothschild, président du FSJU : « Le résultat n'a pas été mauvais, il a été très mauvais ! » Il mettait en question la survie même du FSJU. Il fallut renoncer à la collecte unique.

C'est seulement après la guerre des Six Jours que se mit en place l'Appel unifié juif de France. Ainsi, en 1968, une seule collecte doit subvenir aux besoins du FSJU et à l'aide à Israël. Dans le même temps, le Comité des organisations juives perd sa raison d'être. Après une longue négociation entre Alain de Rothschild, alors président du Consistoire et du CRIF, et son cousin Guy, président du Comité de coordination et de différentes organisations, la décision d'unification entre le comité de coordination et le CRIF – qui doit « se rénover » – est prise en novembre 1970. Alain de Rothschild délègue ses pouvoirs de président du CRIF à Ady Steg. C'est sous la présidence de celui-ci que le CRIF s'affirme comme un acteur de la vie politique juive. Le 25 janvier 1977, le CRIF rend public un document : « La communauté juive dans la cité » que publie le journal *Le Monde*. Deux organisations seulement s'en sont désolidarisées : l'UJRE, Union des Juifs pour la résistance et l'entraide, l'organisation résiduelle des communistes yiddishistes, dont les deux délégués s'abstiennent, et les « diasporistes nationalitaires » du Cercle Gaston Crémieux qu'anime Richard Marienstras.

Le préambule de ce texte, connu comme « la charte du CRIF », affirme que cette « communauté originale croit avoir un devoir à remplir, contribue par sa voix associée aux autres voix françaises à nourrir la diversité du libre débat politique en exposant les options qui découlent de la composante juive de son identité ». Langage nouveau, même s'il reste modéré. Chacune des grandes parties d'un texte qui traite de la justice et de la liberté, de la présence du judaïsme et de sa contribution spécifique à la civilisation française, des liens insécables avec Israël, de la solidarité contre la violence et contre la persécution met l'accent sur la spécificité juive dans ses aspirations à l'universel et sur la défense des droits de l'homme.

Dans son commentaire, Annie Kriegel, qui participa à la dizaine de réunions qui se tinrent en 1976 chez Claude Kelman pour préparer « la charte », explique les principes qui ont mené à son adoption : la France est un État national unitaire, alors que la société, elle, est pluraliste mais à forte exigence consensuelle. « La communauté française, écrit-elle, manifeste son existence et sa vitalité non par l'enregistrement obligatoire des individus dont elle recevrait la charge par délégation de l'État (n'est-ce pas d'ailleurs là le type de situation de fâcheuse mémoire qui fut, finalement, la situation des temps nazis ?), mais par sa capacité à se rassembler dans un réseau très ramifié et souple d'organisations volontaires faiblement coordonnées au sommet. » Réseau tout à la fois vertical, c'est-à-dire d'organisations privilégiant une dimension de la condition juive : religieuse, politique, culturelle, sociale ; réseau horizontal, celui des communautés établies sur une base géographique et que symbolise le centre communautaire.

Qui sont les Juifs de France ?

L'adoption de cette charte en 1977 marque une sorte d'apogée dans le monde juif français qui semble animé d'un nouveau dynamisme, ouvert à de nouveaux espoirs. Cette situation résulte aussi de mutations démographiques et sociologiques qui affectent les Juifs de France. Qui sont-ils ? Combien sont-ils ? Pour la première fois, les responsables communautaires, alors même qu'ils réorientent le CRIF, souhaitent connaître ces données avec précision pour pouvoir planifier l'avenir. Le 11 février 1977, le *Bulletin quotidien d'information de l'Agence télégraphique juive* publie les résultats d'une enquête-sondage de la SOFRES intitulée : « Qui sont les Juifs de France ? » C'est en soi un événement. Pour la première fois, un institut de sondage tente de cerner « scientifiquement » la population juive de France. Commandée par trois grandes institutions de la communauté organisée : le Consistoire central, l'Appel unifié juif de France et le Fonds social juif unifié, l'enquête, effectuée sur le plan national entre mai et octobre 1976, a pour objectif de préciser le pourcentage de Juifs dans l'ensemble de la population, leur répartition par tranches d'âge, leurs catégories socioprofessionnelles, ainsi que leur répartition géographique. Elle veut aussi cerner avec précision l'attachement et la définition du judaïsme de chaque Juif de France.

La première difficulté de toute enquête sociodémographique réside dans la définition de qui est juif. Selon la loi juive, est juif celui qui naît de mère juive. Cette définition ne peut satisfaire le sociologue : elle exclut celui qui, de père juif, se sent juif et le manifeste activement ; elle inclut celui qui, de mère juive, a renoncé à toute judéité. Aussi l'ensemble des sociologues ou des démographes se rallie-t-il à une autodéfinition : est juif celui qui se définit comme tel. Reste à les identifier, pour pouvoir déterminer un échantillon représentatif. Le sociologue joue alors de plusieurs techniques : l'onomastique, l'origine géographique, l'appartenance à une organisation juive...

Car, en vérité, une fraction seulement des Juifs de France, un tiers peut-être, maintient un lien, fût-il ténu, avec les organisations communautaires par le biais de l'adhésion à l'une de ses multiples organisations, par l'abonnement à une publication, par la célébration d'une des fêtes juives, Yom Kippour essentiellement. Pour les autres, la judéité ne se saisit pas dans des manifestations concrètes, ce qui ne signifie pas qu'elle n'existe pas. Elle peut resurgir lors d'une manifestation d'antisémitisme ou si Israël est en danger.

Les résultats du sondage de la SOFRES dérangent. Responsables communautaires et sociologues estimaient les effectifs entre 450 000 et 550 000 personnes ; le sondage affirme qu'il y a en France environ 700 000 Juifs. Comme l'écrit Doris Bensimon, ce chiffre « rassure et traduit la confiance en soi retrouvée par la judaïcité française ainsi que les aspirations aux rôles qu'elle pourrait jouer sur le plan national comme sur l'échiquier international des diasporas juives ». C'est ce qui explique qu'il soit promptement adopté. Il n'en est pas moins, pour la sociologue, erroné : « Il masque dangereusement, ajoute-t-elle, les courants d'érosion démographique qui menacent la judaïcité française. Nous sommes plus modestes en maintenant le chiffre de 535 000 à la fin des années 1970. » La question que pose ici Doris Bensimon est d'importance. La population juive pourrait, par le jeu des mariages mixtes, se réduire comme une peau de chagrin.

La vaste enquête sociodémographique que Doris Bensimon et Sergio Della Pergola mènent dans les années 1970, publiée en 1986 aux Éditions du CNRS, donne de précieuses indications. Prenant pour base le chiffre de 180 000 Juifs en 1944, ils estiment leur nombre à 225 000 en 1950, à 360 000 en 1960, à 535 000 en 1970. Dès lors, la population se stabilise : la natalité chute tandis que les mariages exogames augmentent. En 1980, il y aurait encore 535 000 Juifs, soit 1,1 % de la population totale du pays. Pour moitié, cette population réside dans la région parisienne : 135 000 dans Paris *intra muros*, 132 000 en banlieue, certaines communautés, comme celles de Garges, de Villiers-le-Bel, de Massy, d'Antony ou surtout de Sarcelles, comptant plus de 4 000 personnes. Avec la dissémination due aux persécutions de la Seconde Guerre mondiale et le rapatriement d'Afrique du Nord, cinq villes de province (Marseille, Lyon, Toulouse, Nice, Strasbourg) comptent plus de 10 000 Juifs. Cette population est différente de celle de l'avant-guerre. « Dans le passé, écrivent Doris Bensimon et Sergio Della Pergola, les originaires du continent européen prédominaient ; aujourd'hui, les Juifs d'origine méditerranéenne et maghrébine sont majoritaires. »

L'enquête montre aussi la forte diminution de la natalité à partir du milieu des années 1960, entraînant la réduction rapide des classes d'âge les plus jeunes. Les enfants de moins de 14 ans sont ainsi moins nombreux que dans la population globale (20,5 % contre 24,3 %). En revanche, la classe d'âge 45-64 ans, liée au rythme de l'immigration, est, elle, plus nombreuse (25,4 % contre 13,3 % dans la population totale), tandis que les plus de 65 ans, du fait des assassinats de la Seconde Guerre mondiale, sont moins nombreux (11,4 % contre 13,3 %). Ce déficit se répercute sur la génération de leurs enfants, celle des 30-44 ans, moins nombreuse que dans la population globale. Cette population se caractérise encore par un fort excédent masculin, et ce, à tous les âges.

En moins d'un siècle, note Doris Bensimon, « l'évolution de la société française et l'immigration nord-africaine ont fait éclater les structures socioprofessionnelles de la judaïcité française. Du policier et du gardien de prison, de l'ouvrier et du petit employé au médecin, à l'avocat, à l'universitaire, les Juifs exercent toutes les professions et tous les métiers». Les métiers de la confection ont largement disparu, même s'il en demeure quelques vestiges dans le Marais et surtout dans le Sentier. D'une façon générale, artisans et commerçants (22 % des actifs juifs) forment un groupe en constante régression. Les Juifs sont surtout, dans les années 1970 et au début des années 1980, cadres moyens et employés (43 % des actifs en région parisienne; 53 % en province). La spécificité par rapport à la population globale urbaine (car les Juifs sont dans leur quasi-totalité des urbains) réside, selon Doris Bensimon, dans «l'importance d'une bourgeoisie plutôt intellectuelle que financière et dans la faiblesse de la strate ouvrière».

Dix ans plus tard, à l'initiative du FSJU qui se préoccupe alors de planifier les besoins en écoles juives, une grande enquête est confiée au sociologue Erik Cohen. La population juive s'est modifiée. Géographiquement d'abord. Ils sont 29,9 % selon Erik Cohen à vivre dans Paris *intra muros*, 26,2 % en banlieue parisienne, avec une forte augmentation dans la grande couronne au détriment de la petite couronne. Le nombre de Juifs vivant en province a donc diminué. Pour Erik Cohen, ces mutations résultent principalement de la crise: les migrations de personnes juives de moins de quarante ans se feraient en direction d'une région plus prometteuse d'emplois. D'un point de vue sociologique, si les inactifs (étudiants, femmes au foyer, retraités...) constituent un peu plus du quart de la population, les artisans, commerçants, industriels 30,5 %, les cadres supérieurs, professions intellectuelles 38,9 %, les professions intermédiaires, cadres moyens, employés 29 %, les ouvriers et les agriculteurs représentent moins de 2 %. Il n'y a donc plus de «prolétariat» juif. La mobilité sociale, caractéristique des populations juives depuis l'émancipation, a joué, pour ceux venus du Maghreb comme pour les Juifs de l'Europe centrale et orientale.

Aucune de ces deux enquêtes n'évoque les «exclus» juifs, dont le nombre, selon les journalistes Frank Eskenazi et Édouard Waintrop, ne cesse de croître depuis les années 1980: en 1990, un quart des Juifs de France auraient besoin d'aide, une aide dispensée par le FSJU, relayé par des comités sociaux, le CASIP (Centre d'action sociale israélite de Paris) à Paris, le CASIM (Centre d'action sociale israélite de Marseille) à Marseille qui s'occupe notamment de la population des quartiers nord et des nombreux jeunes Juifs emprisonnés aux Beaumettes.

Mais surtout, les modalités de l'affirmation juive dans le paysage public français se sont profondément transformées entre le début des années 1970 et les années 1990. On peut discerner, de façon schématique, trois phases qui se chevauchent, s'enchevêtrent, et dessinent le paysage actuel : un paysage complexe et conflictuel. La décennie 1970 est celle de l'affirmation de la fierté d'être juif et du lien avec l'État hébreu. C'est la première phase ; elle est bientôt relayée par l'affirmation religieuse et identitaire. C'est la seconde phase. Ces affirmations sont nourries par la mémoire du génocide qui émerge au milieu des années 1970 pour devenir omniprésente dans les années 1980 et 1990, mémoire qui nourrit la lutte contre la renaissance, réelle ou fantasmée, de l'antisémitisme.

ISRAËL : LE DÉNOMINATEUR COMMUN

En 1971, Alain Guichard, journaliste au *Monde*, publie une grande enquête, « Les Juifs ». Il constate qu'Israël est désormais devenu « le plus grand dénominateur commun » pour les Juifs de France – et que la victoire dans la guerre des Six Jours a profondément modifié les manifestations de leur judéité. En effet, la majorité des Juifs s'affirme proche d'Israël. Comme le dit le baron Guy de Rothschild : « La venue au monde d'Israël a décolonisé cette partie de nous-mêmes, variable selon chacun, qui souffrait de la disgrâce des opprimés. » Pour Wladimir Rabi : « À chacun de nous, Israël a apporté consolation, dignité et fierté. » Cela demeure vrai pour les Juifs sans attaches communautaires, comme Anne Sinclair, qui déclare au début des années 1990 : « J'avais dix-neuf ans et me suis affirmée juive à cet instant précis, parce que la solitude d'Israël m'était insupportable. » Pour Ady Steg, qui a toujours été actif dans les organisations juives : « Au moment de cette guerre, les Juifs d'Afrique du Nord nous ont désinhibés. Ils nous ont poussés à crier, à pleurer, à chanter, à envahir les rues.

Ils n'avaient aucun complexe. Et la France observait avec curiosité le judaïsme extraverti. » Ady Steg note encore : « De Gaulle nous a contraints à une triple interrogation : sur notre identité, sur la façon d'être juif en France, sur notre rapport à la politique. Que de retombées pour une seule petite phrase. »

Certes, un pourcentage non négligeable de Juifs reste très critique ou hostile à l'État d'Israël (de 15 à 20 % selon les enquêtes). À l'opposé, les organisations purement sionistes recrutent avec difficulté : la FOSF, la Fédération des organisations sionistes de France, a inscrit en 1987 33 000 électeurs pour la désignation des délégués au 32e Congrès des organisations sionistes ; 8 600 d'entre eux seulement ont participé au vote ; la collecte de l'Appel unifié ne touche qu'un faible nombre de donateurs. Il n'en reste pas moins que le lien avec Israël est désormais inscrit au cœur de l'identité d'une forte majorité des Juifs de France.

La découverte physique d'Israël vient après la guerre des Six Jours. Pour Annie Kriegel, par exemple, elle date de 1969. « L'exposition massive et la confrontation directe de ses membres à la réalité israélienne sont certainement la traduction comportementale d'une conscience identitaire centrée sur Israël », note Erik Cohen. De 40 à 45 % des Juifs de France ont effectué au moins un séjour en Israël ; cette tendance s'est accentuée depuis 1976. En 1979, ils étaient 63 000 à visiter Israël, soit plus de 10 % de la population juive de France. « Le développement communautaire juif, écrit Erik Cohen, n'est-il pas en dernière analyse limité par la logique de la culture politique française où le fait juif total fait l'objet d'une réduction à un comportement confessionnel ? Le séjour en Israël serait ainsi la concrétisation d'une communauté "impossible" et pourtant ressentie comme nécessaire. »

Pourtant, ceux qui choisissent d'aller vivre en Israël, de « faire leur *alya* », restent peu nombreux : 50 000 depuis la création de l'État, avec un rythme annuel d'environ mille départs et une pointe dans les années suivant la guerre des Six Jours et les événements de Mai 68 : 6 852. Le lien à Israël se manifeste aussi par l'apprentissage de la langue. Au début des années 1990, 2 000 personnes environ suivent les cours d'hébreu dans les *oulpanim* de Paris. Ce chiffre marque une forte diminution par rapport aux quelque 3 000 élèves de 1978. Erik Cohen trace le portrait-type de celle qui fréquente l'*oulpan* : « Une femme juive entre trente et cinquante ans, séfarade, de niveau social moyen, traditionaliste, pro-israélienne et plutôt proche de la communauté. »

La politique française, largement favorable aux pays arabes, conforte les Juifs dans leur sentiment qu'ils doivent lutter pour la défense de l'État hébreu. Ils applaudissent quand Israël récupère à Cherbourg, dans la nuit de Noël 1969, les vedettes sur lesquelles le Président Pompidou avait mis l'embargo ; s'indignent d'une politique trop arabe dans le contexte de la guerre du Kippour et de la crise du pétrole. Le point culminant de l'amour pour l'État hébreu semble atteint dans les années qui vont de la guerre des Six Jours à celle du Liban, en 1982, qui voit apparaître les premières graves fissures. Dès lors, et surtout après le déclenchement de l'Intifada, la guerre des pierres, en 1987, et sa répression, les critiques s'élèvent, toujours plus nombreuses, à l'égard d'Israël. La quasi-unanimité des Juifs de France se fissure, certains prennent leurs distances. Mais le lien avec Israël reste une composante de l'identité et un facteur épisodique de rassemblement. En 1990, lors de la crise du Golfe, l'unité dans le soutien à Israël, victime des SCUD, semble un temps retrouvée. La campagne de collecte d'urgence organisée en quelques semaines, en 1991, permet de rassembler 95 millions de francs venant de 32 000 donateurs. Mais Israël est désormais aussi source de divisions, tout en demeurant, comme l'écrit Erik Cohen, le « socle identitaire de la vie juive en France, mais aussi le modèle substitution/procuration d'une communauté introuvable ».

La quête d'une identité

La décennie 1970 semble donc une décennie d'extraordinaire vitalité, de formidable certitude de soi des Juifs de France à peine ébranlés par la guerre du Kippour. Adossée sur Israël vainqueur, donc invincible pensent certains, oubliant peut-être, comme le faisait Valéry Giscard d'Estaing selon Aron, que l'histoire est tragique, certaines composantes des Juifs de France pensent alors qu'il est temps de jouer un véritable rôle dans la vie politique. Un jeune avocat, Henri Hajdenberg, crée un nouveau mouvement, le Renouveau juif, capable de rassembler plus de 100 000 visiteurs à la porte de Pantin en 1980 pour une manifestation intitulée les Douze heures pour Israël. Le Renouveau juif, qui aspire à constituer un véritable « lobby » à l'américaine, lance aussi l'idée d'un « vote juif », idée qui culmine lors de l'élection présidentielle de 1981 et qui dès lors s'installe durablement dans l'opinion publique, malgré toutes les mises en garde des sociologues – d'Annie Kriegel à Doris Bensimon, de Chantal Allouche-Benayoun à Sylvie Strudel : le vote juif est un leurre. Les Juifs ne votent pas en fonction d'intérêts juifs, mais comme les Français appartenant aux mêmes couches sociales, un peu plus à gauche seulement, et plus rarement aux extrêmes, de droite ou de gauche.

Les Juifs de France, qui se sont affirmés comme une force politique par l'intermédiaire d'un CRIF rénové, peuvent peser dans la vie politique. Et ce poids, largement fantasmé, en fait un véritable enjeu politique pour les différents partis. Ce sont les événements de Copernic et l'élection présidentielle de 1981 qui le montrèrent.

La guerre des Six Jours avait révélé chez les Juifs de France un puissant sens d'appartenance. C'est dans les années 70 et 80 que, chez une fraction d'entre eux, ce sentiment s'approfondit. Juifs imaginaires, pour reprendre le titre d'un ouvrage publié par Alain Finkielkraut en 1980, et dans lequel beaucoup de sa génération se reconnaissent, ils souhaitent donner un contenu à leur judéité. Les années qui suivent Mai 68 sont en France des années d'affirmation identitaire : éloge des cultures régionales, auxquelles *Les Temps modernes* consacrent un numéro spécial en 1973, montée des mouvements régionalistes (basque, breton…) qui mettent en cause l'État jacobin, quête de racines… Pour certains Juifs, ce sont des années de découverte de l'appartenance culturelle juive qui, pour une population à fort niveau d'éducation, prend la forme, d'ailleurs traditionnelle, de l'étude.

Certes, les études juives, héritières directes de la science du judaïsme du XIXe siècle, existaient avant 1968 : histoire ancienne et médiévale ; étude philologique ou linguistique des langues sémitiques ; hébreu biblique. Les lieux de l'excellence étaient alors le

Collège de France, la IVe et la Ve section de l'École pratique des hautes études, les facultés ou instituts catholiques et protestants.

Il existait aussi de très nombreuses publications dont certaines perdurent, comme la *Revue des études juives* dirigée par Georges Vajda, ou des collections comme « Études philosophiques médiévales », chez Vrin. Un autre pôle s'était construit, autour de l'hébreu moderne et de l'Israël contemporain, à l'INALCO, où des cours d'hébreu moderne furent donnés dès 1936-1939, puis à nouveau à partir de 1958. Une année auparavant, à Strasbourg, André Neher avait obtenu une chaire d'hébreu et choisi d'inscrire son enseignement dans le département de langues et littératures, et non dans celui d'histoire des religions, soulignant ainsi l'actualité de cette langue en pleine renaissance dans le cadre national d'Israël. Une nouvelle chaire d'hébreu était créée à Lille en 1961. L'édition marquait aussi le renouveau de la pensée juive, avec la création en 1958 de la collection « Présence du judaïsme », chez Albin Michel.

Pourtant, le vrai essor date, selon Martine Cohen, des années 1968-1974, quand les deux projets jusque-là séparés, celui de la science du judaïsme et celui des études universitaires autour de l'hébreu moderne, se développent, alors que s'amorcent les recherches sociologiques sur les Juifs. Dans ce domaine, le pionnier fut Albert Memmi, qui lança la première grande enquête au début des années 1960, et dont les résultats firent l'objet de trois importants articles dans la *Revue française de sociologie* : « Recherches sur la judéité des Juifs en France » (avec Nicole et Samy Zoberman, 1965), « Spécificité et sens de la différence chez les Juifs » (avec W. Ackermann et N. et S. Zoberman, 1969), « Pratique religieuse et identité juive » (avec les mêmes, 1973). En 1980, Dominique Schnapper publiait *Juifs et Israélites*.

Désormais, le champ était ouvert à de multiples études. De nouveaux cursus d'hébreu sont alors créés, à Paris VIII-Vincennes, Paris III-Sorbonne nouvelle, Lyon III. Des équipes de chercheurs au CNRS se préoccupent désormais de l'étude des Juifs, comme celle de Haïm Zafrani, créée en 1970 à Paris VIII (« Littératures écrites et orales des Juifs en terre d'Islam »), ou l'équipe « Judaïsme » de Doris Bensimon au sein du groupe de sociologie des religions (CNRS, fin des années 1960), ou le laboratoire Nouvelle Gallia judaica de Bernhard Blumenkranz (CNRS, 1972). Les collections à thème juif se multiplient : « Diaspora » (1971, chez Calmann-Lévy), dirigée par Roger Errera ; « Études maharaliennes » et « Initiations et méthodes » (Klincksieck, 1969), dirigée par André Neher ; « Franco-judaïca » (1972, chez Privat), dirigée par Bernhard Blumenkranz ; « Judaïsme-Israël » (chez Stock, 1980) ; « Judaïques » (Lattès, 1979). L'intérêt pour l'histoire s'accentue vers la fin des années 1970 et perdure, « comme si les Juifs de France – ou tout au moins les intellectuels qui animent ces collections et ces recherches – voulaient établir clairement, à leurs propres yeux et pour le public non juif, les signes de leur présence et de leur enracinement en France, note Martine Cohen. À l'époque précédente, c'est sur le mode de l'essai philosophique ou littéraire qu'un tel travail idéologique avait été opéré. Mais c'est désormais à travers un processus croissant de "différenciation identitaire" que va s'exprimer leur volonté identitaire. L'histoire sert alors de levier à cette recherche-affirmation identitaire – à l'image du public français qui se passionne, lui aussi, pour sa propre histoire. »

De cet intérêt nouveau pour les matières juives témoigne la croissance des effectifs étudiants à la fin des années 1970. Ils seraient environ 1 300 inscrits dans les sections hébraïques des universités. À côté de l'hébreu, les « langues juives » se voient reconnaître une légitimité nouvelle. Les effectifs des étudiants en yiddish augmentent, les lieux d'enseignement se diversifient.

Cette quête des racines entraîne une atomisation dans les recherches et les lieux d'expression. Les cours d'histoire se diversifient, par époque et par aire géographique, l'intérêt pour le passé proche s'approfondit. De nouvelles associations (Vidas Largas, de Haïm Vidal Sephiha, en 1979, Association pour l'étude et la diffusion de la culture yiddish, 1980) ou de nouvelles revues : *Combat pour la Diaspora* (1980) et *Traces* (1981) voient le jour. Martine Cohen note que l'intérêt oscille « entre la recherche de type scientifique d'un côté, et une approche plus affective et plus sensible de l'autre, par la littérature notamment ».

Pourtant, très vite, les effectifs universitaires stagnent, puis diminuent. En revanche, les cercles d'étude se multiplient. Ceux qui existaient avant le milieu des années 1970 restaient confinés aux milieux orthodoxes, c'est-à-dire à ceux qui respectent à la lettre les prescriptions de la Loi juive. Au milieu des années 1970, en même temps qu'ils se multiplient, que leurs effectifs s'accroissent, ils s'installent dans des lieux diversifiés et touchent désormais tous les milieux, des orthodoxes aux laïcs. Martine Cohen évalue leurs effectifs à environ 5000 « étudiants » en 1986-1987. Que signifie cet essor ? Probablement un déplacement du cœur de l'identité. Ces cercles ne s'intéressent ni à l'hébreu moderne ni à l'État d'Israël. Ils marquent un double mouvement d'une fraction, difficile à évaluer, des Juifs de France vers le religieux et l'identitaire, mouvement qui affecte d'autres religions ou d'autres cultures en France. Le formidable essor de l'enseignement privé juif en constitue probablement une manifestation majeure. Il constitue une nouveauté marquante de notre période.

Certes, les écoles juives ont toujours existé, à l'initiative du Consistoire notamment. Mais elles s'adressaient à la population juive démunie et, dans l'entre-deux-guerres, avaient pour but la double assimilation de la population juive immigrée qui les fréquentait : assimilation à la France, assimilation à l'israélitisme. Avant la Seconde Guerre mondiale, il existait en tout et pour tout à Paris deux écoles juives. À la fin des années 1950, cinq écoles scolarisent un millier d'enfants juifs, alors que les quatre écoles professionnelles de l'ORT sont fréquentées par 3000 jeunes. La quasi-totalité de la population juive fréquente sans état d'âme et tout naturellement l'école de Jules Ferry, et le FSJU ne soutient que quelques écoles juives destinées à former une élite de dirigeants communautaires. Dans ce domaine comme dans bien d'autres, l'arrivée des Juifs d'Afrique du Nord modifie la donne. Aidée par le FSJU, l'Alliance israélite universelle (AIU), qui n'était présente à Paris que par l'ENIO, École normale israélite orientale, dirigée depuis 1947 par Emmanuel Levinas et destinée à former les instituteurs pour ses écoles d'Afrique du Nord et de l'ancien empire ottoman, ouvre une école secondaire en banlieue parisienne en 1963 et crée un service pédagogique qui exerce un certain contrôle sur les écoles qu'il subventionne. En 1976, les principales organisations juives, FSJU, Consistoire, AIU concluent un accord avec l'Agence juive pour développer un réseau scolaire juif à plein temps.

À ces écoles créées et gérées par les grandes organisations communautaires s'ajoutent bien vite celles des associations religieuses. C'est d'abord Ohr Joseph, fondé par un rabbin, le rav Guershom Libman, rescapé des camps, qui, soucieux d'assurer la pérennité du judaïsme orthodoxe, crée une première yeshivah à Fublaines, dans la Brie. Mais c'est sa rencontre avec un ingénieur, Élie Rotnemer, ancien des Éclaireurs israélites, qui permet l'essor de l'enseignement. En 1966, Élie Rotnemer fonde Le Refuge, dont le premier objectif est de recueillir des fonds pour la *yeshivah* de Fublaines et pour une école de filles installée près de Meaux, à Trilport. Le Refuge recueille le 1 % patronal qu'il investit dans l'immobilier. C'est, à la fin des années 1980, le dixième groupe immobilier de France. Ces fonds, ainsi que l'aide des collectivités locales, permettent la construction d'un véritable réseau scolaire : le premier institut universitaire de technologie situé à Paris, quai de la Marne, un lycée *yeshivah* au Pin, et surtout une quarantaine de crèches, d'écoles, de lycées. Le groupe Otzar Hatora, un mouvement qui cherche à répandre la Torah, gère désormais une dizaine d'écoles en France, dont l'école Gan Ami, en plein centre de Marseille. S'y ajoutent les écoles du mouvement loubavitch, le mouvement le plus visible, qu'a étudié Laurence Podselver.

Le mouvement loubavitch (ou HaBaD), issu du hassidisme, fondé à la fin du XVIIIe siècle à Lyady par Shneur Zalman, s'était ensuite installé à Loubavitch, une ville de Biélorussie. Le dernier rabbi, Schneersohn, réussit à s'installer, avant la Seconde Guerre mondiale, dans le quartier de Crown Heights, à Brooklyn. Dès 1951, il ouvre en Afrique du Nord des écoles qui accueillent des enfants d'origine populaire et favorisent leur insertion sociale et leur éducation religieuse. C'est, comme le note Laurence Podselver, le « premier lien institutionnel » entre « le judaïsme nord-africain et le judaïsme ashkénaze et hassidique par les États-Unis interposés ». Les jeunes filles scolarisées dans ces écoles poursuivent d'ailleurs leurs études au séminaire de jeunes filles de New York, et ce sont elles qui aujourd'hui enseignent à Paris.

En France, le mouvement loubavitch prend son véritable essor après Mai 1968. Les parents avaient choisi la France et son projet identitaire. L'accession à la citoyenneté avait été vécue par eux comme une émancipation. Leurs enfants, « éduqués dans la convergence des principes du judaïsme et de la République », font des études supérieures, participent au mouvement de contestation de Mai 1968. « Leur intégration fut complète », note encore Laurence Podselver : ils « participent au mouvement général de critique de la “société de consommation”, se mêlent aux mouvements politiques, mais, étant donné leur jeune âge encore, c'est plutôt après 1968 que commence la recherche de leur “véritable” identité ». En ce sens, ils sont représentatifs d'une fraction de leur génération dans la quête des racines, dans le désir de retour aux sources. Mais ils redécouvrent leur identité, ou plutôt « ils la trouvent un peu en creux, en tout cas incomplète. Rassemblés autour du Rav Pachter, ils sont les pionniers du retour ». Ils organisent des cercles d'études, des cours du soir qui accueillent des jeunes toujours plus nombreux, leur donnant accès à une culture non transmise par la famille. C'est l'amorce d'un essor qui semble alors sans limites. En effet, pour « ne pas rester imaginaire, le Juif qui veut vivre une autre vérité que celle de ses concitoyens doit alors se tourner vers les détenteurs de cette tradition dans ce qu'elle a de plus visible, de plus différent, de plus exotique enfin ». Car la gageure réside dans le fait de « devenir autre pour rester soi-même ».

Les jeunes séfarades en effet empruntent aux Juifs ashkénazes de l'Europe centrale et orientale leurs coutumes, leur « look », et jusqu'à leur langue, le yiddish. Ils demeurent ou redeviennent juifs tout en changeant de tradition. Ils ne s'intéressent pas à la vie politique française, marquent une grande indifférence à l'égard de l'État, ce qui ne les empêche pas d'avoir des « pratiques politiques ponctuelles “ciblées”, servant les intérêts du groupe ». En vérité, note Laurence Podselver, « ils agissent comme l'aurait fait dans l'Ancien Régime une corporation pour laquelle l'horizon politique commun avec le reste de la nation s'arrête aux intérêts immédiats du groupe ». Ces pratiques sont facilitées par la décentralisation et l'importance donnée aujourd'hui en France au pouvoir local, mieux adapté aux revendications de groupes particuliers. Ainsi, quand les Loubavitch sont nombreux dans un arrondissement de Paris (XIXe ou XXe) ou dans une commune, entretiennent-ils d'excellents rapports avec le député ou le maire, ce qui leur permet d'obtenir des aides au développement de crèches, des terrains pour bâtir des écoles, mais aussi des autorisations pour des opérations de visibilité dans l'espace public, comme le fait d'allumer un immense chandelier sur la place de la République à Paris pour Hanouka. En échange, les hommes politiques peuvent espérer obtenir leurs voix. C'est l'illustration de « l'instrumentalisation du politique à des fins messianiques ». Désormais, le mouvement loubavitch dispose en France, dans la région parisienne comme dans les villes à forte population juive, d'un véritable réseau scolaire, allant du jardin d'enfants au lycée, et assorti d'un grand nombre de centres de loisirs qui encadrent les enfants lors des vacances scolaires. Il semble que dans les années 1990, le mouvement loubavitch ait fait le plein de ses effectifs et qu'il soit entré dans une phase de stagnation.

C'est dans les années 1970 que la population des écoles juives a commencé son ascension, augmentant annuellement de 5 à 10 %. Les parents qui choisissent ce type d'enseignement ne le font pas nécessairement pour des raisons religieuses. Ils estiment parfois que leurs enfants seront mieux protégés des maux qui frapperaient l'enseignement public et dont les médias se font largement l'écho : drogue, violence... Pour une population juive scolarisable évaluée à environ 100 000 enfants, 17 000 fréquentent des écoles juives à la fin des années 1980. Ils sont plus de 20 000 en 1994. Dans leur grande majorité, les écoles juives sont sous contrat avec l'État. Elles sont, suivant le niveau d'enseignement et en conformité avec la législation en vigueur, subventionnées par les diverses collectivités locales. Ces écoles sont un symptôme des tensions qui parcourent aujourd'hui tout à la fois la société française et le monde juif.

Pierre Birnbaum remarque une évolution des élites religieuses face à la laïcité. En décembre 1993, certains aspects de la loi Falloux, qui organisait en partie depuis 1850 l'enseignement confessionnel, sont remis en cause. Il est alors proposé que les collectivités locales puissent contribuer au financement de locaux pour l'école privée. Alors que protestants et musulmans expriment leur inquiétude par rapport à la poussée du cléricalisme, les rabbins du Consistoire ne prennent pas position. « C'est que leur attitude à l'égard de la laïcité a évolué sensiblement, note le sociologue. Le grand rabbin Joseph Sitruk a lui-même souligné, pas plus tard que le 16 novembre 1993, son hostilité à l'égard d'une "laïcité agressive". » Le CRIF, en revanche, exprime une position opposée, davantage dans la tradition républicaine : « L'enseignement privé doit se développer, mais il doit le faire dans la logique propre à la République. Il n'y a pas d'intégrisme de la laïcité [...]. Nul ne songerait à nier l'importance déterminante de l'enseignement du judaïsme, mais nul non plus, au sein de la communauté juive, ne peut accepter l'idée que la République laïque et unitaire serait aujourd'hui, contrairement à ce que prouve son histoire, un danger pour l'expression religieuse. Au contraire, elle en est la garantie. » Selon Pierre Birnbaum, l'élargissement du financement par des fonds publics de l'école libre, « en laminant davantage encore le domaine de l'école publique [...] aurait porté, de plus, atteinte à l'une des voies essentielles et traditionnelles de l'entrée des Juifs dans la modernité, ceux-ci parvenant, depuis le début du XIXe siècle, à se hisser dans la hiérarchie sociale en sacrifiant aux exigences universalistes de la méritocratie scolaire, de l'école maternelle aux lycées et jusqu'à l'École normale supérieure ou l'École polytechnique, institutions prestigieuses auxquelles ils accèdent régulièrement, année après année, au terme d'une scolarité menée le plus souvent au sein du seul secteur public. C'est souligner la gravité de l'enjeu. Du coup, face à des conséquences aussi contradictoires, les milieux juifs sont demeurés particulièrement silencieux : ils ne se sont pas réjouis à l'idée de l'abrogation de la loi Falloux, mais ils n'ont pas non plus poussé les manifestants juifs à participer à la grande manifestation laïque du 15 janvier en faveur du maintien de l'école de la République[1]. »

Mais surtout, le débat sur l'école met en évidence une situation inédite en France : de très nombreux rabbins ne se sentent plus partie prenante de l'israélitisme. Ils récusent ce qui avait constitué le fondement du Consistoire et de la vie religieuse juive depuis l'époque napoléonienne : la séparation de l'Église et de l'État, l'autonomie du politique avec pour corollaire la limitation

1. Pierre Birnbaum, *Sur la corde raide. Parcours juifs entre exil et citoyenneté*, Paris, Flammarion, 2002.

du religieux à la sphère privée. Ils souhaitent être présents dans l'espace public, souder les Juifs en une communauté strictement religieuse. C'est notamment la fonction du grand rassemblement entièrement religieux, le Yom ha Torah, qui rassembla au Bourget, en 1989, quelque 30 000 personnes. Nous sommes loin, on le voit, des 100 000 participants aux Douze heures pour Israël. La religion intégrale n'est capable de fédérer qu'une faible partie des Juifs de France, et il semble bien qu'aujourd'hui les effectifs réunis par les divers courants de l'orthodoxie stagnent. Le Yom ha Torah de 1996 n'a réuni que 15 000 personnes. Au-delà de l'affirmation publique sans cesse réitérée d'allégeance à la République et de respect de la laïcité, se profile un discours qui, dans les faits, s'oppose à cette même laïcité. En ce sens, l'élection en 1987 de Joseph Sitruk comme grand rabbin et sa réélection en 1994 marquent bien une rupture. Selon Sitruk, les Juifs doivent respecter la totalité des *mitsvot*, c'est-à-dire des commandements de la religion juive, respect qui ne peut que les séparer de la société globale. Ils doivent notamment s'abstenir d'aller en classe le shabbat, porter la kippa, ne pas se déplacer pour voter si l'élection tombe un jour de fête juive. Il se pourrait, comme le suggère Pierre Birnbaum, que cette réélection « marque un tournant impliquant la volonté de recommunautariser bien au-delà du politique les Juifs de France ».

Face à ces nouveaux courants, une myriade d'organisations prône une laïcité militante. Parmi elles, des organisations qui puisent dans les mouvements révolutionnaires propres au monde juif de la fin du XIXe et du début du XXe siècle, et pour qui la lutte pour un judaïsme séculier s'inscrivait dans un programme global de société. C'est le cas du Cercle Bernard Lazare, fondé en 1954, à la jonction de deux courants, celui de la SFIO favorable à la cause sioniste, celui du sionisme marxiste de l'*Hashomer Hatsaïr* ; ou encore des organisations regroupées autour de l'*Arbeter Ring*, le cercle ouvrier, d'inspiration bundiste, comme le Centre culturel Vladimir Medem ou le Club laïc de l'enfance juive (CLEJ). D'autres sont nées dans les années 1960, comme le Cercle Gaston Crémieux. D'autres enfin sont plus récentes. C'est le cas de Liberté du judaïsme (1987), association affiliée à la Fédération internationale du judaïsme laïc et humaniste, réunissant une centaine de familles, qui prône la liberté d'être juif sans la tutelle des rabbins, la célébration laïque des fêtes et des rituels, et qui milite pour que les conjoints non juifs, dans le cas des mariages mixtes, soient intégrés. L'Association pour un judaïsme humaniste et laïc (1989) s'est créée autour d'Albert Memmi et se veut davantage un groupe de réflexion. Quant au Centre juif laïc (1989), présidé par Jean Ellenstein, il regroupe pour l'essentiel des anciens communistes en quête de leur identité juive.

Entre la partie du rabbinat gagnée à l'orthodoxie et les militants de la laïcité existe pourtant un éventail de positions. C'est ainsi que le judaïsme libéral par exemple, né en France en 1907 après la séparation de l'Église et de l'État, est bien vivant, et ses effectifs se sont accrus. Il compte désormais trois communautés. La première est celle de Copernic, autour du rabbin Williams ; en 1977, le Mouvement juif libéral de France, animé par le rabbin Fahri, s'en détache. C'est le tour, en 1995, de Pauline Bebe, première femme rabbin, de faire scission et de créer sa propre communauté.

Pourtant, les quelque 3 000 associations de tous types qui forment le noyau dur de la communauté ne regroupent qu'une fraction limitée de l'ensemble des Juifs de France : un tiers environ seulement nourrit des liens avec une association. Le fait juif déborde donc largement la vie associative. C'est, depuis les années 1980, les enjeux de mémoire liés à l'Occupation et à Vichy et la lutte contre les résurgences de l'antisémitisme qui rassemblent les Juifs de France.

Mémoire du génocide et lutte contre l'antisémitisme

L'attentat de la rue Copernic, et l'intense émotion qu'il suscita, marqua dans ce domaine une inflexion. L'année 1979 avait commencé par des profanations de cimetières juifs et de synagogues. Le 27 mars 1979, une bombe explosait au foyer israélite de la rue Médicis, à proximité du jardin du Luxembourg, faisant une trentaine de blessés. Si le milieu juif, soutenu par la LICA (qui devient LICRA cette même année) et le MRAP, réagit alors, le monde politique quant à lui reste silencieux.

Dans les mois qui suivent, des manifestations d'antisémitisme, dont il est comme toujours difficile d'apprécier la gravité, se multiplient. Le CRIF s'en inquiète et demande, en vain, au ministre de l'Intérieur, Christian Bonnet, que soient prises des mesures de protection des édifices communautaires. Dans la nuit du 26 septembre 1980, plusieurs édifices parisiens, dont l'école Lucien-de-Hirsch et le Mémorial du martyr juif inconnu, rue Geoffroy-l'Asnier, sont attaqués à la mitraillette. Sur RTL, le ministre de l'Intérieur déclare qu'il « ne faut pas donner trop d'importance à ces affaires », qui bouleversent pourtant bien des Juifs de France. Le vendredi 3 octobre 1980, une bombe éclate devant la synagogue de la rue Copernic, quelques minutes avant la fin de l'office. Elle fait quatre morts. « L'attentat, écrit Raymond Aron dans *L'Express* du 11 octobre 1980, frappe de stupeur des millions de Français, une vague d'indignation soulève la nation : trente-cinq ans après Auschwitz, des terroristes avaient voulu tuer des Français, le jour où ils priaient en commun, à la sortie de la synagogue, pour la seule raison que les victimes désignées étaient juives. »

Le samedi matin, Simone Veil, alors présidente du Parlement européen, et François Mitterrand, alors premier secrétaire du parti socialiste, assistent à l'office. Le gouvernement, présidé par Raymond Barre, ne se manifeste pas. La veille, le Premier ministre, intervenant sur TFI, avait prononcé cette phrase pour le moins malheureuse : « Cet attentat odieux qui voulait frapper les Israélites qui se rendaient à la synagogue et qui a frappé des Français innocents qui traversaient la rue Copernic. » Le Président de la République, Valéry Giscard d'Estaing, n'intervient à la télévision que quatre jours plus tard. Le gouvernement a sous-estimé l'impact de l'événement. L'opposition, le parti socialiste notamment, l'a bien compris. Le 7 octobre, les mouvements antiracistes organisent une grande manifestation aux cris de « le fascisme ne passera pas ». Trois cent mille personnes y participent, avec, pour la première fois de leur histoire, les francs-maçons en tenue. Cette présence indique bien le sens d'une manifestation qui se veut une lutte contre le retour des temps de Vichy, quand Juifs et francs-maçons étaient exclus.

L'attentat intervient alors que les années noires sont devenues un thème de l'actualité, et que la sensibilité à tout ce qui touche au sort des Juifs pendant la Seconde Guerre mondiale est exacerbée. *Le Monde* a publié le 29 décembre 1978 une tribune libre de Robert Faurisson, installant ainsi le négationnisme dans l'espace public. En 1971 déjà, la sortie dans les salles du film de Marcel Ophuls, *Le Chagrin et la Pitié*, interdit alors de télévision, avait suscité des polémiques ; à partir de 1971, les remous provoqués par la grâce accordée à Paul Touvier par Georges Pompidou et, en 1973, la première plainte pour crime contre l'humanité déposée contre l'ancien milicien, et enfin, le 20 octobre 1978, l'interview publiée par *L'Express* de l'ancien commissaire aux Questions juives du gouvernement de Vichy affirmant qu'à « Auschwitz on n'a gazé que des poux » installent durablement le débat sur le rôle de Vichy dans le génocide.

La série d'attentats qui n'ont pas fait de morts – de celui du foyer Médicis à ceux des jours qui précèdent celui de la rue Copernic – ont été attribués par l'opinion publique, avant la moindre enquête, à un groupuscule d'extrême droite, la FANE. Malgré les mises en garde, parmi lesquelles celle d'Annie Kriegel, Copernic est perçu comme étant le fait de l'extrême droite. À tort. Est-ce une simple erreur ? Annie Kriegel ne le croit pas et voit en Copernic « un tournant parce que ce jour-là et dans les jours, les semaines et les mois qui suivirent, on assistait à un spectacle curieux. Ce furent des Juifs, ce furent les Juifs, leurs organisations et leurs institutions qui s'agitèrent avec furie pour contester que l'attentat était un attentat palestinien, pour faire obstacle à la pénétration de la vérité qui était que cet attentat était bel et bien un attentat palestinien ». La communauté était selon elle soumise pour la première fois de son histoire à une manipulation. Peut-on suivre Annie Kriegel sur ce point, et parler de manipulation ? Le poids du passé n'a-t-il pas plutôt resurgi alors avec une force telle que rien ne pouvait y résister, et surtout pas l'énoncé de la vérité ? Peut-être, plus simplement, le fantasme du retour à « l'antifascisme », récurrent dans le champ politique depuis les années 30, a-t-il obscurci les capacités d'analyse ? Que l'une ou l'autre interprétation soit la bonne, il n'en reste pas moins que Copernic place les affaires juives au cœur de la vie politique et que ce phénomène se fait avec un large consensus des institutions communautaires.

Ainsi les affaires juives prennent-elles une place considérable dans la campagne électorale présidentielle, comme l'illustre la livraison du 8 mai 1981 du journal *Le Monde* qui ne comprend pas moins de trois pages et demie consacrées à ce thème : un éditorial de politique étrangère, véritable « réquisitoire de Begin contre Giscard d'Estaing et Schmidt », comme l'écrit Annie Kriegel, un dossier de deux pleines pages, annoncé à la une, dans *Le Monde des livres* consacré à « Vichy, l'Europe, les camps. Les horreurs de la guerre » avec les comptes rendus de sept ouvrages ayant trait à l'Occupation, Vichy et l'extermination des Juifs ; dans le journal, sur deux colonnes, un article détaille les dix mesures proposées par le CRIF dont les leaders ont été reçus pendant une heure par chacun des candidats à l'élection présidentielle ; un rappel de Copernic sous la forme de l'évocation d'une des familles, les Bouissou, endeuillée par la mort de leur fils lors de l'attentat ; enfin, deux tiers de page sur Papon, alors ministre du Budget. « L'affaire », selon la terminologie désormais adoptée, c'est-à-dire son éventuelle responsabilité dans la déportation des Juifs de Bordeaux, vient d'être révélée le 5 mai dans le numéro du *Canard enchaîné* précédant l'élection présidentielle et Serge Klarsfeld réclame sa démission. Lors du débat télévisé opposant les deux candidats, François Mitterrand reproche vivement à son adversaire l'« affaire des jumelles », révélée par un tract du Renouveau juif aux environs du 3 mai. Valéry Giscard d'Estaing aurait regardé Israël à la jumelle du haut d'un fortin situé en Jordanie ; après l'élection, on dira que la photo a été prise à Longchamp, avant d'avancer qu'elle fut effectivement prise à Ryad, mais lors d'une course de chameaux.

À quoi servent ces nombreux thèmes concernant les diverses « affaires juives » ? Ils permettent d'abord d'illustrer une vaste thématique allant de la tolérance et des libertés, notamment culturelle et d'enseignement, et s'étendant jusqu'aux affaires internationales. Mais surtout chemine l'idée que « le monde juif en France ne devrait plus se suffire d'être une communauté mais qu'il se transformerait peu à peu et s'érigerait en une minorité, ce qui lui donnerait le droit et le devoir de prendre en charge les intérêts de toutes les minorités du même ordre en France» (Annie Kriegel). C'est ainsi qu'on lit dans le memorandum du CRIF au gouvernement la formule: «insertion dans les programmes d'enseignement, à tous les niveaux, de cours portant sur les apports culturels des minorités». Se ferait jour ainsi une conception d'une France «amenée à répudier la vision jacobine et unitaire qu'elle a d'elle-même, au profit d'une vision à la fois décentralisatrice et déconcentrée où elle ne serait plus que le produit installé et fluide d'un compromis entre collectivités et communautés sectorielles d'ordre territorial ou culturel» (Annie Kriegel). Conception qui est d'ailleurs fort loin de concerner les seuls Juifs, mais qui est l'amorce d'un plaidoyer pour une France multiculturelle.

La mémoire du génocide n'a plus quitté la scène publique depuis la seconde moitié des années 1970, fortement stimulée par l'action de Serge Klarsfeld et de son association, Les Fils et Filles des déportés juifs de France, créée en 1979. À cet égard, la grande enquête d'André Harris et d'Alain de Sédouy, *Juifs et Français*, publiée en 1979, est significative. Ceux qu'avaient interviewés en 1971 Alain Guichard mettaient en avant leur lien à Israël et leur fierté d'être juifs. Les interviews des deux journalistes qui mènent l'enquête huit ans plus tard sont pleines des souvenirs de l'exclusion de Vichy.

À la multiplication des commémorations, des poses de plaques, de monuments, de revendications symboliques ou matérielles, s'ajoute l'utilisation de la mémoire du génocide dans le débat politique, sous forme d'affaires: procès Barbie (1987) et Touvier (1994), assassinat de Bousquet (1993), inculpation de Papon dont le procès s'est ouvert en octobre 1997, après seize années de procédure, polémiques autour d'un fichier de Juifs découvert par Serge Klarsfeld au ministère des Anciens combattants, et dont il affirme qu'il est celui établi par la préfecture de Police en 1940. La Commission d'enquête présidée par René Rémond a nuancé fortement cette affirmation.

Parmi les polémiques suscitées par la mémoire de l'Occupation et de Vichy, celles qui ont entouré la célébration du cinquantième anniversaire de la rafle des 16 et 17 juillet 1942 revêtent une importance particulière, car elles mettent en cause le chef de l'État. En effet, à la veille des commémorations de 1992 se crée un comité Vél d'Hiv 1942, formé pour l'essentiel d'ex-communistes et d'ex-gauchistes. Ce comité lance une pétition, adressée au Président de la République, demandant un geste symbolique reconnaissant les responsabilités propres de la France dans le génocide. La presse évoque alors Willy Brandt s'agenouillant devant le monument commémorant l'insurrection du ghetto de Varsovie ou Juan Carlos demandant pardon pour l'expulsion des Juifs d'Espagne au XVe siècle.

Le 14 juillet, François Mitterrand déclare qu'il n'est pas question de demander des comptes à la République : « La République, à travers toute son histoire, a constamment adopté une attitude totalement ouverte pour considérer que les droits des citoyens devaient être appliqués à toute personne reconnue comme citoyen et en particulier les Juifs français. Alors, ne lui demandez pas de comptes à cette République ! Elle a fait ce qu'elle devait. C'est la République qui a pratiquement depuis deux siècles où les républiques se sont succédé, décidé de toutes les mesures d'égalité, de citoyenneté [...]. La République a toujours été celle qui a tendu la main pour éviter les ségrégations raciales. Alors, ne demandons pas de comptes à la République ! Mais, en 1940, il y a eu un "État français", c'était le régime de Vichy, ce n'était pas la République. Et à cet "État français", on doit demander des comptes, je l'admets, naturellement, comment ne l'admettrais-je pas ? Je partage totalement le sentiment de ceux qui s'adressent à moi mais précisément, la Résistance, puis le gouvernement de Gaulle, ensuite la Quatrième République et les autres ont été fondés sur le refus de cet "État français", il faut être clair. » La réplique de Serge Klarsfeld relance la polémique en mettant en cause le chef de l'État lui-même : François Mitterrand est fidèle à lui-même dans la mesure où il est devenu fonctionnaire à Vichy en avril 1942, avant d'entrer dans la Résistance. Et de souligner que, chaque année, le Président de la République fait déposer une gerbe sur la tombe de Pétain, à l'île d'Yeu. Jusqu'à la mort de Mitterrand, la polémique fait rage sur ce que fut sa réelle implication à Vichy et sur les liens amicaux qu'il maintint avec Bousquet, polémique dont le point culminant fut la publication, en 1994, de l'ouvrage de Pierre Péan, *Une jeunesse française*. François Mitterrand se déclare malgré tout prêt à faire un geste. C'est le décret présidentiel du 3 février 1993 instituant la journée nationale de commémoration des « persécutions racistes et antisémites commises sous l'autorité de fait dite "gouvernement de l'État français" (1940-1944) ».

Mais la réponse réelle est le discours de Jacques Chirac, nouveau Président de la République, lors de la célébration du 53e anniversaire de la rafle, alors qu'il vient d'être élu à la magistrature suprême. Une forte condamnation morale, d'abord : « Ces heures noires souillent à jamais notre histoire et sont une injure à notre passé et à nos traditions. » Et il continue : « Oui, la folie criminelle des Occupants fut secondée par des Français et par l'État français. » Le « Oui » qui ouvre la phrase montre que ce discours prend parti dans le débat et répond à une question, celle de la responsabilité de l'État, que Jacques Chirac ne pose pas lui-même, mais qui fut l'enjeu des polémiques. Il décrit ensuite ce que fut la rafle du Vél d'Hiv : « La France, patrie des Lumières et des droits de l'homme, terre d'accueil et d'asile, la France, ce jour-là, accomplissait l'irréparable ». À l'égard des 76 000 Juifs qui ne sont pas rentrés, « nous conservons [...] une dette imprescriptible », et Chirac préconise un regard lucide sur le passé : « Reconnaître les fautes du passé et les fautes commises par l'État, ne rien occulter des heures sombres de notre histoire, c'est tout simplement défendre une idée de l'homme, de sa liberté et de sa dignité. »

En vérité, et à regarder de près, Jacques Chirac n'a pas accepté ce que Mitterrand refusait : rendre la République comptable des crimes de Vichy. Un Mitterrand qui avait, peut-être consciemment, déplacé le débat, glissant de la « France » à la République. Le ton de Jacques Chirac reste tout à fait gaullien, dans l'évocation notamment de l'autre France, celle qui ne fut jamais à Vichy, celle de la Résistance.

Les leaders communautaires juifs, le grand rabbin de France, Joseph Sitruk, et le nouveau président du CRIF, Henri Hajdenberg, expriment leur profonde satisfaction. De fait, à l'exception de Jean-Marie Le Pen qui accuse Chirac de « salir la nation », peu de personnes remettent en cause un discours que 72 % des Français, selon un sondage réalisé par l'IFOP et *L'Événement du jeudi* approuvent. On aurait pu croire que ce discours mettrait fin aux « affaires » liées aux temps de la Seconde Guerre mondiale. Il n'en est rien. À l'occasion de l'ouverture du procès Maurice Papon, en octobre 1997, le débat rebondit, certains leaders du RPR prenant leurs distances à l'égard des paroles de Chirac. C'est désormais le sort des biens juifs pillés qui est à l'ordre du jour, en France comme dans d'autres pays.

Il est bien difficile de conclure quant à l'avenir des Juifs en France. Dans la lignée de ce qui s'est passé pendant la guerre des Six Jours, sur fond d'évocation permanente des années noires et de la dette de l'État français à l'égard des Juifs, s'est amorcé un double processus de « communautarisation », tout à la fois par le haut et par le bas, comme le note Pierre Birnbaum, dont les discours autour de la profanation du cimetière de Carpentras ont offert un nouvel avatar. Pourtant, la communauté juive organisée n'a probablement jamais été aussi atomisée qu'aujourd'hui. Ni Israël, ni la mémoire du génocide, ni la religion ne sont des ciments suffisants pour créer une identité dans laquelle tous se reconnaîtraient.

*

Ce texte a été écrit il y a un quart de siècle. Il est publié alors que la situation des Juifs en France et dans le monde est douloureuse et incertaine. Le pogrom du 7 octobre 2023 a ouvert une nouvelle période. Le contraste entre l'époque de la guerre des Six Jours, où les Juifs étaient en phase avec la population dans la défense de l'existence de l'État d'Israël, et celle d'aujourd'hui est saisissant. Au moment où sont écrites ces lignes, nous sommes dans l'incapacité de prévoir l'avenir de l'État d'Israël et celui des Juifs de la diaspora.

Remerciements

La confection de ce recueil, qui regroupe des textes rédigés par Annette Wieviorka au cours des quarante dernières années, a été rendue possible grâce au concours d'éditeurs et de revues, que nous tenons à remercier chaleureusement. Les voici, dans l'ordre de leur apparition dans le livre : la *Revue d'histoire de la Shoah*, les Éditions Liana Levi, la revue *L'Histoire*, *Le Monde*, la revue *Traces*, les Éditions Christian Bourgois, les Presses universitaires de Vincennes, les Éditions Perrin, la revue *Pardès*, les Éditions Gallimard, les Éditions La Découverte, les Éditions L'Harmattan, les Presses universitaires de Caen, les Éditions Flammarion, les Éditions Archipoche, la revue *Le Débat*, les Presses universitaires de Grenoble, les Presses de l'Enssib, *Les Cahiers du judaïsme*, la revue *Clio. Femmes, genres, histoires*, les Éditions des Cahiers du cinéma, les Éditions Payot, les Éditions Canopé-CNDP.

Table

Impression CPI Bussière en décembre 2024
Éditions Albin Michel
22, rue Huyghens, 75014 Paris
www.albin-michel.fr
ISBN : 978-2-226-48035-4
N° d'édition : 25283/01 – N° d'impression : 2081594
Dépôt légal : janvier 2025
Imprimé en France